P.C.L.映画の時代
ニッポン娯楽映画の源流 1932–1937
佐藤利明

目次

昭和一一（一九三六）年

昭和一二（一九三七）年

凡例

・映画・書籍・雑誌名は『　』、舞台・短編作品名は「　」、楽曲名は《　》で示した。
・人名・固有名の表記は、映画作品内でのクレジットおよびチラシ、梗概など公式出版物の表記を優先した。
・公開日については、『東宝十年史』(東京宝塚劇場、一九四三年)、『東宝三十年史』(東宝、一九六三年)を基本に、各劇場での上映開始日を当時の広告など可能な限り調査したものを掲載した。
・各作品冒頭のデータの見方は以下の通り。

公開日/製作会社/監督
製作/提供/配給/公開日・公開館/フィルム長/上映時間/同時上映・上演演目/各作品ごとの補足情報

P.C.L.映画の時代　一九三二〜一九三七年

昭和八（一九三三）年八月一〇日『音楽喜劇 ほろよひ人生』（木村荘十二）が公開された。駅でビールを売るビヤガール・千葉早智子が、音楽家・大川平八郎と恋に落ちる。クライマックスのビヤホールの場面では壮大なオペレッタとなる。それまでの日本映画とは一線を画したモダンなトーキー音楽喜劇である。

製作はトーキー専門スタジオとして前年に発足した寫眞《しやしん》化学研究所（Photo Chemical Laboratory 略称P.C.L.）。配給はヨーロッパ映画を中心に輸入・配給をしていた東和商事合資会社映画部。だから観客もホワイトカラーや学生など、洋画に親しんでいたインテリ、都市生活者が多かった。

この『ほろよひ人生』を皮切りに、エノケンこと榎本健一、古川ロッパ、横山エンタツ・花菱アチャコのコメディなど、P.C.L.映画は、昭和八年から昭和一二（一九三七）年にかけて、都会的でモダンなテイストの作品を次々と送り出した。まさに夢の映画工場である。そのスタジオでは、トーキー製作のための最新サウンドシステムを導入。アールデコの外観とも合わせ「白亜の殿堂」と呼ばれた。

映画に活写される情景には、関東大震災からの復興都市東京の晴れがましさに溢れ、モダニズムの空気を体感することができる。映画から流れるサウンドもモダン、P.C.L.管絃楽団による演奏、エノケンや岸井明たちが唄うジャズ・ソングは、当時のハリウッドやブロードウェイに最も近かったのである。

のちに「明るく楽しい東宝映画」のキャッチ・フレーズで戦前、戦後の娯楽映画の黄金時代を牽引していく東宝カラーは、ここから始まった。

寫眞化学研究所の成立

P.C.L.こと匿名組合「寫眞化学研究所」は、フィルム現像とトーキーの光学録音機材の研究機関として、昭和六（一九三二）年二月に設立。北海道帝国大学農学部出身の植村泰二が、理化学研究所でビタミン研究をしながら、父・植村澄三郎が創設した写真の印画紙メーカー「オリエンタル寫眞工業株式会社」の嘱託として、写真乳剤の研究をしていた。

植村泰二は理研で知り合った松竹キネマの現像部部長・増谷麟《りん》と研究を続け、需要が急増していた映画フィルムの現像を請け負う「寫眞化学研究所」の研究棟を東京府北多摩郡砧村《きぬたむら》（現・東京都世田谷区成城）に建てた。寫眞化学研究所の設立にあたって、植村泰二は増谷麟を松竹キネマから引き抜き、実業家である父・植村澄三郎に出資を要請。植村澄三郎は大日本麦酒の経営者でもあったので『ほろよひ人生』は、大日本麦酒との全面タイアップ作品だった。

その頃、日本無線の技師・門岡速雄が、フィルム式発声映画の録音装置を考案、寫眞化学研究所に実用段階の研究協力を求めた。そこでトーキー部が新設され、昭和六年六月に出資組合「国産トーキー社」を設立。四八平米のトーキー映画スタジオを開設した。

当時はまだ日本ではサイレント映画が主流だったがその頃、松竹蒲田撮影所では、日本初の本格トーキー『マダムと女房』を製作、昭和六（一九三一）年八月一日に公開された。植村泰二と、同作に関わった増谷麟はトーキー時代の本格到来を予見、トーキーと現像を請け負う会社として寫眞化学研究所をスタートさせた。翌、昭和七（一九三二）年二月二〇日、寫眞化学研究所は朝日新聞社と「朝日ニュース映画」の録音独占契約を締結。この年、第一〇回ロサンゼルスオリンピック、上海事変、満洲国誕生など、映画館でのニュース映画の需要が高まって、スタッフは忙しい日々を送った。

さらに三月一日には、日活（日本活動寫眞株式会社）との間に、発声劇映画（トーキー）製作契約を締結。島耕二主演『時の氏神』（四月一五日、溝口健二）、伏見直江の『女國定』（同日、清瀬英次郎）、大河内傳次郎の『上海』（四月二九日、村田實）

のアフレコを受注、これらは「P・C・L式全発声（オール・トーキー）映画」として鳴物入りで公開された。続いて大河内傳次郎の『沓掛時次郎』（六月一四日、辻吉朗）、島耕二の『春と娘』（六月一七日、田坂具隆《ともたか》）がこのスタジオで撮影された。

やがて、これまでの録音スタジオ一棟だけでは手狭となり、昭和七（一九三二）年六月一日、「匿名組合寫眞化学研究所」は「出資組合国産トーキー社」を吸収合併して、「株式会社寫眞化学研究所」を設立。さらに一〇月二五日には、白亜の本格的トーキースタジオ二棟を新築。のちの東宝撮影所の第一、第二ステージである。社長は植村泰二、相談役に父・植村澄三郎が就任。さらに澄三郎が懇請して阪急電鉄の小林一三《いちぞう》が相談役となる。

日比谷アミューズメントセンター構想

この頃、小林一三は、丸の内のオフィス街に近い日比谷地域に、ニューヨークのブロードウェイの劇場街のような「日比谷アミューズメントセンター」を構想。宝塚少女歌劇の東京進出のための劇場建設、トーキー専門劇場の開設、芝居の常設劇場などの建設を計画していた。銀座の東、木挽町にある松竹の歌舞伎座に対抗する意味もあった。少し後になるが、昭和九（一九三四）年一月には「東京宝塚劇場」、二月には洋画ロードショー館「日比谷映画劇場」、昭和一〇（一九三五）年六月には演劇劇場「有楽座」を開場して、一二月には日本劇場（日劇）を吸収合併。日比谷アミューズメントセンターを完成させることになる。この時点で「東宝」という会社はまだない。「東京宝塚」劇場の略称として、小林一三や社内では「東宝」と呼んでいた。公式に「東宝」が使用されたのは昭和九年一月、東京宝塚劇場の開場と同時に発刊された機関誌「東宝」からである。「東宝映画」が社名となるのは、P.C.L.映画などを配給するため、昭和一一（一九三六）年六月設立の「東宝映画配給株式會社」からとなる。

日活「脱退七人組」と森岩雄

話は昭和七年に戻る。寫眞化学研究所が新スタジオ建設中の一一月、日活が突如P．C．L．との録音契約を一方的に破棄して、国産ではなくアメリカのウェスタン・エレクトリック社のトーキーと提携して自社でトーキーを製作することになり、京都の日活太秦撮影所に録音スタジオを建設した。

その背景には日活の労働争議があった。日活の専務・中谷貞頼は日活太秦の撮影所長・池永浩久はじめ二〇〇名を解雇、自ら撮影所長となり強権をふるい、P．C．L．との契約も反故にしてしまった。争議を契機に九月、日活のエース監督、村田實、伊藤大輔、内田吐夢、田坂具隆、小杉勇、島耕二、製作部の蘆田《あしだ》勝ら七人組が脱退。P．C．L．の植村泰二と村田實の間で「日活を辞めたら面倒を見る」との話があったため、七人組と一緒に辞めた日活の技術スタッフ数十名が上京。それが想定を上回る人数だったので「話が違う」とトラブルとなる。そこで村田は森岩雄に相談。ここでキーマン、森岩雄が登場する。

森岩雄は、映画評論家として健筆をふるう一方、プロデューサーとして、日活で『街の手品師』（一九二五年、村田實）の脚本を手がけ、村田と共に、同作を持って欧米を回った。そこでハリウッドの映画システムを目の当たりにした。その後、日活現代劇のブレーンとなり企画部に在籍していた。またトーキーにも意欲的で、溝口健二監督によるミナ・トーキー（皆川芳造が開発した部分発声映画）『ふるさと』（一九三〇年）を企画していた。

その森岩雄は、植村泰二とは面識がなかったが、松竹キネマ出身の増谷麟とは昵懇《じっこん》にしていたので、増谷が紹介。そこで「日活からの仕事がなくなったP．C．L．」と「人材は揃っているが撮影スタジオがない村田實たち七人組」が手を組むことで、打開しようと提案。

しかし植村は、ビジネスマンである父・澄三郎から、「興行は水ものだから映画製作には関わるな、あくまでも受注仕事として請負うように」と厳命されていた。そのため「一作だけ」という条件で、七人組と提携して映画製作をすることに。

製作費はP．C．L．が持つが、森岩雄が保証人として責任を持つこととなった。

かくして村田實、伊藤大輔、内田吐夢ら、日活「脱退七人組」は「新映畫《しんえいが》社」を設立。P．C．L．と提携することとなる。そこで伊藤大輔脚本、村田實・田坂具隆監督、小杉勇主演『昭和新撰組』が、P．C．L．の新スタジオで撮影開始、一二月二九日にクランクアップ、大晦日に封切られた。作品はヒットしたが、製作費を上回ることができずに、差額は森岩雄の借金となった。

この時の活躍で森岩雄は、プロデューサーとしての実力を買われ、松竹の城戸四郎からも製作部長として声がかかっていたが、P．C．L．の製作者となったのである。

さて、トーキー専門の新スタジオでは、引き続き新映畫社が『叫ぶ亜細亜』（一九三三年五月一日・内田吐夢）を撮影。藤原義江、島耕二と共に出演した千葉早智子が、のちにP．C．L．のトップ女優となる。続いて新興キネマ出身の木村荘十二《そとじ》監督が『河向ふの青春』（六月一日）を製作。日本プロレタリア映画同盟の松崎哲次が脚本、左翼劇場出身の滝澤修、信欣《しんきん》三《ぞう》、宇野重吉が出演した実験的プロレタリア映画で、千葉早智子はこちらにも出演している。

P．C．L．自主製作へ

しかし、このままではスタジオ運営がまかなえないので、P．C．L．は自主製作に踏み切る。森岩雄製作、構成による第一作『ほろよひ人生』だった。低予算で製作できるように、植村澄三郎が経営陣に参加している大日本麦酒とタイアップ。『河向ふの青春』の木村荘十二を監督に、『叫ぶ亜細亜』でデビューした千葉早智子をヒロインに起用。既存の映画スターではなく、徳川夢声や藤原釜足など軽演劇などの他ジャンルの人材を起用して、モダンなミュージカル・コメディを製作。これがP．C．L．のカラー、作品の方向性を決定づけた。

続く第二作『純情の都』は、P．C．L．相談役・相馬半治が経営する明治製菓とのタイアップ作品。都会に生きる若者たちの哀感を、微苦笑を交えながら描く、モダンな明朗青春映画だった。公開に際しては、外国映画の配給会社・東和商事合資会社が配給を担当。前年に発生した五・一五事件など世情不安もあり、トーキー専門とはいえ後発の製作会社であるP．C．L．は、モダンで明朗な作品を連作。これがのちの「明るく楽しい東宝映画」のイメージの源泉となる。

『ほろよひ人生』と『純情の都』の成功により、植村泰二は本格的に映画製作に乗り出した。しかし父の厳命もあり、寫眞化学研究所を映画製作会社にはできないので、昭和八年一二月五日に、同社のスタジオ設備を使用する別会社「株式会社ピー・シー・エル映画製作所」を設立。代表取締役・植村泰二、取締役には増谷麟、森岩雄、山本留次、大橋武雄、阿南正茂（日本ポリドール創業者）らが就任。森岩雄は取締役支配人として、本格的に映画製作に乗り出した。

「白亜の殿堂」と呼ばれたP．C．L．のスタジオだが、「ステージの外壁がなぜ白いのか？」の問いに、常務取締役・増谷麟は「常に清潔さを保てるから」と答えたという。

J．O．スタヂオの成立

東宝の前身であるもう一社が京都のJ．O．スタヂオである。京都で時計、写真機、自動車などを輸入していた商社「大澤商会」（明治二三年創業）の大澤善夫が設立した。三代目である大澤善夫は、大正八（一九一九）年にアメリカ、プリンストン大学に留学、ハリウッドの映画産業を視察。帰国後は自動車部の主任として、ゼネラル・モータースの代理店業務を担当していたが、映画用のアグファ・フィルムの直輸入を開始する。また大澤商会はアメリカのベル・アンド・ハウエル社の極東代理店で、同社の写真機やプリンターを、松竹や日活に販売していた。

やがて昭和三（一九二八）年、大澤は商用で渡米した際に、ファースト・ナショナル社のトーキー映画『ジャズ・シンガー』（一九二七年、アラン・クロスランド）に始まる空前のトーキー・ブームを目の当たりにする。「これからはトーキーの時代だ」と、すぐに写真部員・熊沢甚之助をアメリカに派遣。昭和六（一九三一）年秋、トーキー撮影機材を輸入。トーキーに意欲的だった日活太秦《うずまさ》撮影所に売り込むことにしていた。

ところが翌昭和七年、前述のように日活の内紛があり、交渉相手だった日活太秦撮影所長・池永浩久が解雇され、売り先がなくなる。撮影スタジオを増設するも、やはり日活の内紛で仕事がなくなってしまったP．C．L．と同じケースである。しかもトーキー撮影機材の設備投資には五〇万円もかかるため、受け入れ先は見当たらない。

そこで、大澤商会は自らトーキースタジオを建設、大澤商会映画部「J．O．スタヂオ」として貸スタジオ業務に乗り出すことに方針転換。ネーミングの由来は、アメリカの録音システム「ジェンキンス」の「J」と、大澤の「O」を組み合わせたもの。

京都市太秦・蚕ノ社《かいこのやしろ》前に二千坪の土地（現在は大日本印刷京都工場）を購入、昭和八（一九三三）年三月に、九棟からなるスタジオが完成した。まず試作として、京都祇園の舞妓をフィーチャーした短編『京なまりだらりの帯』（金森万象）、代理店をしているシボレー自動車の宣伝映画などを製作。しかしP．C．L．の時と同様、借りてくれる映画会社がない。そこで顧問に、元日活太秦撮影所長・池永浩久を迎えて、映画製作会社「太秦発声株式会社」を設立、映画製作に乗り出すこととなった。

第一回作品として、志賀廼家淡海《しがのやたんかい》一座の短篇『博士の子』（一九三三年、池田富保）を製作。続いて『楠公父子』（同）などを手がけた。同時に、トーキー時代となって需要が生まれた外国映画の日本語字幕や、日本語版（吹替版）の製作で実績を上げ、昭和九（一九三四）年一二月、大澤商会の一セクションから独立して新会社「株式会社ゼー・オー・スタヂオ」を設立した。

円谷英二、市川崑たち逸材の参加

J．O．スタヂオには「漫画部」が設立され「影絵アニメーション」の短編製作をしていた。もともと同志社大学のアマチュア映画製作グループ「童映社」が、大澤善夫に働きかけて、昭和八年六月に「J．O．トーキー漫画部」を設立。ここにアニメーターの助手として入社したのが若き日の市川崑だった。また昭和一〇（一九三五）年に『かぐや姫』を演出する田中喜次も「トーキー漫画部」で切り絵アニメーションを製作。

昭和一〇年、J.O.スタヂオは、ビクターと提携して音楽映画大作『百萬人の合唱』(冨岡敦夫)を自主製作。日活太秦から移籍してきたカメラマン・円谷英二が、クレーン撮影など創意工夫を凝らして、藤山一郎、徳山璉《たまき》、小唄勝太郎などの人気歌手たちのパフォーマンスを撮影。これに手応えを感じた大澤善夫は、続いて『かぐや姫』を製作、本格的に映画製作にシフトする。そのため「トーキー漫画部」は、わずか一〇本の作品を残して昭和一一(一九三六)年に閉鎖となり、市川崑は助監督部に転籍、数々の作品を現場で支え、監督修行をしていくことになる。

P.C.L.映画製作所を設立した植村泰二、J.O.スタヂオの大澤善夫、いずれもビジネスマン出身である。松竹や日活、そして幾多の映画製作者など、興行の世界で生きてきた映画人とは全く異なる人材が、トーキーと共に映画界を牽引していく時代が到来する。

P.C.L.の画期的なシステム改革

さて、話はP.C.L.に戻る。『ほろよひ人生』『純情の都』などモダンな作品を生み出したP.C.L.映画製作所は、これまでの映画会社にはない斬新なシステム改革を行った。雇用面では契約制を採用、映画界に根強い封建的な徒弟制度や、口約束、給料未払いなどの不安定な雇用形態からの脱却を図った。運営面では予算制度を確立、プロデューサーがイニシアティブを持つ「プロデューサー・システム」を導入。何よりも企画を重視した。時代のトレンドを的確に察知して映画を企画、さらには宣伝部との連携で徹底したマーケティングを行い、ブームを仕掛けることにも力を入れた。

同時に、技術部門だけでなく、文芸部門など専門職の研究を奨励、予算も潤沢に与えて組織と人材の育成を図った。少し後になるが、J.O.スタヂオ撮影部で『かぐや姫』や、日独合作映画『新しき土』(一九三七年、アーノルド・ファンク、伊丹万作)などの特殊撮影を手がけた円谷英二が、P.C.L.とJ.O.の合併による東宝映画設立後に、東宝撮影所に移籍する際、特撮専門部門「特殊技術課」課長に就任したのも、こうした方針による。

さらにサウンド面の充実のために、音楽家・紙《かみ》恭輔を招いてP.C.L.管絃楽團《かんげんがくだん》を結成。『エノケンの青春酔虎傳』(一九三四年、山本嘉次郎）など音楽映画のサウンドトラックだけでなく、演奏活動もサポート。「トーキーはP.C.L.」のイメージを高めた。また増谷麟と共に戦後、東京通信工業（ソニー）を創業する井深大《まさる》もP.C.L.に入社、技術者としてのキャリアをスタートさせた。

こうした方針は、取締役支配人、製作本部長として陣頭指揮をとった森岩雄が、ハリウッドのプロデューサー・システム、スタジオ・システムを積極的に取り入れてのこと。つまり、旧態依然だった「映画界の近代化」を積極的に試み、それがモダンな会社のカラー、イメージにフィードバックされていくのである。

山本嘉次郎と成瀬巳喜男の移籍

新興会社であるP.C.L.映画製作所は人材不足だった。日活や松竹から積極的に人材を引き抜いた。新興キネマ出身の木村荘十二に続いて、昭和九年には日活から現代劇のエース・山本嘉次郎を招聘。喜劇王・エノケンこと榎本健一の一座「ピエル・ブリヤント」（P.B.）総出演の音楽喜劇『エノケンの青春酔虎傳』を大成功に導き、音楽映画、コメディ、文芸作などバラエティ豊かな娯楽映画を連作。木村荘十二と共に「P.C.L.カラー」を作っていく。山本が連れてきた「音楽のわかる」若手助監督、伏水修は音楽映画や都会派作品の監督として、P.C.L.のモダニズムを支えていく。

モダンな喜劇だけでなく、大衆の心を摑むためにはメロドラマ、女性映画も大事ということで、昭和一〇（一九三五）年には松竹蒲田から成瀬巳喜男を引き抜く。すでにベテランだった成瀬は松竹ではなかなかトーキーを撮らせてもらえず、また撮影所長・城戸四郎から「小津安二郎は二人いらない」と言われ、フラストレーションが溜まっていた。ちょうどその頃、P.C.L.からオファーがあり、すぐに「トーキーを撮れる」と移籍。『乙女ごころ三人姉妹』（一九三五年）を皮切りにその年だけで、『女優と詩人』『妻よ薔薇のやうに』『サーカス五人組』『噂の娘』と立て続けに五作を手がけ、P.C.L.映画のラインナップを充実させてゆく。

藤本真澄、黒澤明の入社とスターの引き抜き

森岩雄と共に重要人物となるのが藤本真澄である。子供の頃から映画好きで、慶應義塾大学高等部在学中に『キネマ旬報』に映画批評を投稿。学生時代から松竹蒲田の五所平之助や成瀬巳喜男と交流があり、五所平之助の紹介で明治製菓宣伝部に入った。当時、明治製菓は映画とのタイアップに積極的で、成瀬巳喜男の移籍直前の『限りなき鋪道』（一九三四年、松竹）でも、登場人物が明治チョコレートを食べるカットがインサートされ、明治製菓銀座売店が画面に映り込んでいた。しかも明治製菓会長・相澤半治がP.C.L.映画製作所の出資者でもあり、第二作『純情の都』では「明治製菓売店」や「チョコレートショップ」が舞台となっていた。森岩雄は明治製菓の宣伝課長・内田誠に、成瀬巳喜男の引き抜き交渉を頼んでいた。そうした経緯もあり、映画に興味があるだけでなく、新しい時代の映画製作にふさわしい人材として、森岩雄は宣伝課員の藤本真澄に、やはり内田誠を通して「P.C.L.に来ないか？」と声をかけた。

昭和一一（一九三六）年一二月、藤本真澄は明治製菓を退職してP.C.L.映画製作所に入社した。

この年、四月には黒澤明が助監督募集に応募して入社している。、昭和八年には、本多猪《い》四《し》郎《ろう》、谷口千吉も入社。三人とも山本嘉次郎作品の演出助手、製作主任として「エノケン映画」などの現場を支えた。藤本真澄、黒澤明、谷口千吉、本多猪四郎。P.C.L.映画製作所に集まった若者たちは、やがて戦後、東宝で日本映画黄金時代を牽引していく。

藤本は入社早々、製作部企画課に配属された。直属の上司、製作部長が森岩雄、副部長が渾大防五郎、企画課長は瀧村和男。いずれも映画プロデューサーとして戦後も活躍する。

作品を充実させるために監督やスタッフだけでなく、積極的に大物スターを引き抜いた。昭和一一年暮には、日活と提携していた入江たか子を引き抜き、「入江ぷろだくしょん」と契約、また新興キネマと提携していた髙田稔も「髙田プロダクション」と共にユニット契約。「前進座」との提携を機に、日活時代劇のエース監督、山中貞雄、滝澤英輔ら「鳴滝組」の面々も続々とP.C.L.へ移籍。『戦國群盗傳』『人情紙風船』（一九三七年）などの代表作を演出。

松竹蒲田の名子役・高峰秀子も翌昭和一二（一九三七）年一月にP．C．L．映画製作所に移籍。この頃、松竹、日活、新興キネマなどが、P．C．L．映画やJ．O．スタヂオ作品に対して、全国の映画館主に「ボイコット」を奨励したが、入江たか子、髙田稔、高峰秀子が出演した『良人の貞操 前後篇』（山本嘉次郎）が大ヒットして、既存映画会社の「東宝ボイコット」を撃破。この年九月一〇日、P．C．L．映画製作所、J．O．スタヂオ、東宝映画配給株式會社の合併による「東宝映画株式會社」設立に向けて、作品の充実が図られた。

同じ頃、J．O．スタヂオも日活から、昭和一二（一九三七）年三月に岡譲二、四月には黒川彌太郎、六月に大河内傳次郎、花井蘭子を引き抜いた。

この年二月公開、J．O．製作による日独合作映画『新しき土』のヒロインを務めた原節子も、同作の欧州キャンペーンと外遊から帰国後の八月に日活を退社、J．O．と契約、そして一一月には東宝の専属となる。

「配給の神様」と東宝映画への吸収合併

こうしたスタッフ、キャストの充実、時代をビビッドに反映した企画力で生まれた娯楽映画の数々が「P．C．L．映画のカラー」となっていくが、一人でも多くの観客に観てもらうための劇場での上映、「配給」が重要となる。後発の製作会社であるP．C．L．は当初、前述のように洋画系の東和商事合資会社に配給を依頼、洋画ロードショー劇場での上映からスタートしたものの「全国配給」の規模ではなかった。

そこで昭和一〇（一九三五）年五月、ちょうど一〇作品を製作したところで「P．C．L．映画配給部」を創設、東和商事の円満了解のもと五月一日から自主配給に踏み切った。さらにその一年後、昭和一一年六月、P．C．L．映画製作所、J．O．スタヂオの作品を配給するため、阪急電鉄の小林一三により「東宝映画配給株式會社」が設立された。小林一三の念願だった「日比谷アミューズメント」計画が完成して、有楽町、日比谷に東京宝塚劇場、日比谷映画劇場を開場、日本劇場を直接運営してP．C．L．映画、J．O．作品を一番館として封切っていた。また阪急の本拠地・大阪だけでなく全国各地に系列館をオープン。そこへ映画を配給して「東宝ブロック」が形成された。

その立役者が、昭和一一年一〇月一五日、東宝映画配給株式會社に常務取締役として就任した「配給の神様」佐生《さしょう》正三郎だった。ユニバーサル映画東京支社を経て、パラマウント映画極東支社の支配人となる。パラマウント映画極東支社は配給だけでなく、東京市内に五つの直営館を経営していた。昭和六（一九三一）年、佐生は松竹との配給チェーン網「松竹パ社興行社」を成立。これによりパラマウント映画は他社よりも多く、年間六〇本もの作品を公開することができた。

その「配給の神様」を、松竹側から引き抜き「東宝ブロック」配給チェーン構築を任せたのである。スターの引き抜き、作品の充実、配給網の構築は、他社にとって脅威となった。昭和一一年から一二年にかけて、前述のようにスターの引き抜きが続いて、これ以上の人材流出を懸念した松竹、日活、新興キネマ、大都映画の既存四社が、昭和一二年三月、「大日本活動寫眞協会」を結成、自分たちの系列劇場での「東宝ブロック作品」との混合上映の禁止を通告。この「東宝ボイコット」により、東宝ブロックの上映館は二四五館から一七館へと激減。のちの「五社協定」のような理不尽な、しかし四社にとっては切実な「東宝ボイコット」騒動だった。

昭和一二（一九三七）年八月二六日、「東宝映画株式會社」が設立された。九月一〇日、同社が「寫眞化学研究所」「ピー・シー・エル映画製作所」「ゼー・オー・スタヂオ」そして「東宝映画配給株式會社」を吸収合併した。東宝映画の初代社長にはP.C.L.の植村泰二、取締役にはJ.O.スタヂオの大澤善夫らが就任。P.C.L.映画撮影所は「東宝映画東京撮影所」、J.O.スタヂオは「東宝映画京都撮影所」（一九四一年九月一九日閉鎖）となり、東西スタジオで製作を続けていく。

＊　＊　＊

本書ではP.C.L.映画製作所の第一作『音楽喜劇　ほろよひ人生』（一九三三年）から、現存する作品、確認できた作品を編年体で詳説している。ビデオソフト黎明期、東宝「キネマ倶楽部」で戦前作品が次々とパッケージ化された。戦前を知る映画ファンのためのソフト企画である。僕はそのパッケージの解説を担当。まだ三〇代の頃、そのおかげで「明るく楽しい東宝映画」の原点であるP.C.L.作品を観て「時代の空気」を体感することができた。エノケンやロッパ作品のジャズ・ソングやモダンなアールデコのセット、丸の内、日比谷や銀座の風景、都会生活者たちのライフスタイルを観て、それまで抱いていた「戦前」のイメージが大きく変わった。

映画はストーリーやテーマだけでなく、そこに活写されている情景や、流れる音楽もまた魅力であることを知った。「映画時層探検」の楽しみである。

それから三〇年、CSの映画チャンネルで、P.C.L.作品はじめ各社の戦前作が順次放映され、遅れてきた世代でも気軽に戦前作品に触れる機会が増えた。しかし、あまり需要がないのか、近年ではほとんど放映されなくなった。

現在は、ソフトパッケージや配信で、気軽に映画を楽しむことができる時代になったが、戦前の邦画は滅多に観ることができない。P.C.L.映画でもDVD化されているものは、成瀬巳喜男作品やエノケン映画の一部のみ。二〇二四年になり成瀬の一九三〇年代作品は東宝で全作ディスク化されたが、エノケンのP.C.L.時代は、黒澤明が参加した『エノケンの千萬長者 前後篇』（一九三六年）と『ちゃっきり金太』総集篇（一九三七年）のみ。朝日新聞出版「黒澤明DVDコレクション」で、P.C.L.作品は『東京ラプソディ』（一九三六年）、『戦國群盗傳』『良人の貞操』『美しき鷹』（一九三七年）はディスク化されたが、ロッパ作品に至っては、東宝時代の『ロッパの新婚旅行』（一九四〇年）、『音楽大進軍』（一九四三年）以外は、皆無である。

記念すべきP.C.L.第一作『音楽喜劇 ほろよひ人生』や『エノケンの青春酔虎傳』（一九三四年）、戦前音楽喜劇の最高作『唄の世の中』（一九三六年）に、気軽にアクセスできないのである。

かつて、映画は「一期一会」だった。映画書籍や原稿も、「映画体験」や「映画の詳細」をテキストにして伝えてくれた。僕らは、そうした先輩たちの仕事を通して「映画」を知った。

「観られないからこそ語る」ことも大事である。コロナ禍で、ライフスタイルが大きく変わり、僕は依頼原稿ではない「映画詳説」を残していこうとnote「佐藤利明の娯楽映画研究所」を始めた。そこでP.C.L.の音楽喜劇を中心に「映画詳説」を連日アップしてきた。

ウエブで記事を読んだ、海外の日本映画研究者から「どうして作品を観ることができたのか？」「論文に引用したい」「もっと解説して欲しい」と連絡を頂き、交流が始まった。二一世紀の今こそ「観られないからこそ語る」重要性を感じて、本書を企画。さらに書き続けてきた。

P.C.L.映画成立から、昭和一二（一九三七）年九月一〇日の「東宝映画」創立以降、その年の年末にかけての可能な限りの作品を製作、公開日順に「詳説」したのが本書である。P.C.L.映画に加えて東宝ブロックのJ.O.スタヂオ、東京発聲映画製作所、今井映画作品も加え、未完作も含めて一一三作品を編年体で紹介している。東京発聲映画、今井映画については代表作のみ記述した。

今後、ソフト化や配信、上映が望めない作品もあるので、なるべく作品のディティールや結末にも触れている。「ネタバレ満載」だが、映画データベースや従来の映画本で取り上げられていない作品も多数ある。作品情報にすらアクセスできないものもある。この時代の映画を語ることは、文化、風俗、社会現象、流行、そして歴史的な出来事にも言及することでもある。また、執筆過程でどうしても観ることのできなかった、六本の長編、二本の短編作品については、現状で判る限りのデータ、ストーリーを記した「梗概《こうがい》」のみを記している。原版が失われたもの、CS未放映のものは、今後の発見、放映に期待したい。

それでは、昭和八年の『ほろよひ人生』から、昭和一二年の大晦日公開『エノケンの猿飛佐助』まで「P.C.L.映画の時代」へ、時層探検の旅をご一緒に！

昭和八（一九三三）年

◉日本の出来事▶2月20日 小林多喜二、治安維持法違反容疑で逮捕・虐殺／3月20日 髙島屋日本橋店開業／3月27日 日本政府が国際連盟脱退の詔書を発布／4月28日 大日本帝国陸軍、少年航空兵制度を開始／6月14日 松竹で桃色争議／7月11日 神兵隊事件／8月1日 改正図書館令施行／9月19日 伊勢丹が神田から新宿へ出店／11月18日 府中競馬場開場／12月23日 皇太子明仁誕生／12月24日 日本劇場、有楽町で開場

◉世界の出来事▶1月30日 アドルフ・ヒトラーがドイツ首相に就任／3月4日 フランクリン・ルーズベルトが第32代米大統領に就任／4月7日 アメリカで禁酒法改正、14年ぶりに飲酒が解禁／5月27日 シカゴ万国博覧会／6月6日 アメリカ・ニュージャージー州で世界初のドライブインシアターが開業／7月6日 メジャーリーグで初のオールスターゲーム開催／9月5日 キューバでバティスタによる軍事クーデター／10月14日 ドイツが国際連盟脱退／10月17日 アインシュタインがアメリカに亡命

◉映画▶成瀬巳喜男『君と別れて』、五所平之助『恋の花咲く 伊豆の踊子』、溝口健二『瀧の白糸』、小津安二郎『出来ごころ』、伊藤大輔『丹下左膳』、山中貞雄『盤嶽の一生』／メリアン・C・クーパー、アーネスト・B・シュードサック『キング・コング』、ルネ・クレール『巴里祭』、ジェイムズ・ホエール『透明人間』、エルンスト・ルビッチ『生活の設計』、バート・ジレット『三匹の子ぶた』、レオ・マッケリー『我輩はカモである』

◉音楽▶小唄勝太郎・三島一聲《東京音頭》、市丸《天龍下れば》、ミス・コロムビア《十九の春》、中野忠晴《山の人気者》、学生歌《琵琶湖周航の歌》／ジェローム・カーン《煙が目にしみる》、ハリー・ウォーレン《上海リル》、ハロルド・アレン《イッツ・オンリー・ア・ペーパー・ムーン》、フランク・チャーチル《狼なんか怖くない》

◉小説▶谷崎潤一郎『春琴抄』、浜帆一（吉川英治）『あるぷす大將』、堀辰雄『美しい村』、川端康成『禽獣』、浜田廣介『泣いた赤鬼』小林多喜二『党生活者』／エラリー・クイーン『シャム双生児の謎』、アンドレ・マルロー『人間の条件』、エーリッヒ・ケストナー『飛ぶ教室』

音楽喜劇 ほろよひ人生

一九三三年八月一〇日／P．C．L．寫眞化学研究所／木村荘十二
製作・提供＝P．C．L．寫眞化学研究所／配給＝東和商事映画部／1933.08.10 大阪松竹座／九巻・二、一〇九ｍ／七七分

【スタッフ】構成・森岩雄／演出・木村荘十二（音畫藝術研究所）／台本・松崎啓次／台本協力・瀧口修造／編輯・立花幹也／撮影・鈴木博／録音・市川綱二／音楽担當、兼常清佐、紙恭輔、奥田良三／伴奏・コロナオーケストラ／作詞・徳川夢声・松崎流子／主題歌・ポリドールレコード 番号1419・浅草〆香（ポリドール専属歌手）出演
【出演者】日本レヴュー界花形総動員／徳川夢声（大音楽院学長）／横尾泥海男（親泥棒）／大川平八郎（アサヲ）／古谷久雄（子泥棒）／藤原釜足（トク吉）／関時男（アサオの父）／中根竜太郎／丸山定夫（ルンペン）／古川緑波（ロッパ）／大辻司郎（酔漢）／岸井明（関取）／千葉早智子（エミ子）／間英子（クリーム屋の女主人）／神田千鶴子（ベンチで唄う女）／双葉芳子／堤眞佐子／宮野照子／三條正子／堀越節子／菊地のり子／新橋若手連中

株式会社寫眞科学研究所（Photo Chemical Laboratory Co. Ltd.・略称P．C．L．）は、昭和七（一九三二）年六月一日に、東京府北多摩郡砧村に設立された。研究所内に、二つのトーキースタジオを建設、トーキー製作専門スタジオとして発足した。前年には、松竹蒲田が本格的トーキー第一作『マダムと女房』（一九三一年、五所平之助）を製作・公開。ハリウッドでヴァイタフォン方式による初のトーキー、アル・ジョルソン主演の音楽映画『ジャズ・シンガー』（一九二七年、ファースト・ナショナル、アラン・クロスランド）を発表してから四年後、日本映画界でもトーキー旋風が席巻することとなる。

P．C．L．製作第一作として企画されたのは、モダンな音楽をふんだんに取り入れた『音楽喜劇 ほろよひ人生』だった。監督に抜擢された木村荘十二は、明治三六（一九〇三）年、実業家・木村荘平の十二男として生まれ、二一歳のとき、東邦映画の美術字幕係として映画界に入った。その後、

帝国キネマ『百姓万歳』（一九三〇年）で監督デビュー、新興キネマで『陽気な食客』『笑ふ父』（一九三一年）を手がけ「傾向映画の作り手」として注目を集めた。

ストライキで新興キネマを解雇され、昭和七年に独立プロ「音畫藝術研究所」設立に参加。この年、トーキー実験作『河向ふの青春』（一九三三年六月一日）を寫眞科学研究所スタジオで撮影した。原作は、日本プロレタリア映画製作同盟の松崎啓次。美術評論家でシュールレアリズムを日本に紹介した瀧口修造も製作に協力している。プロレタリアートの「理想の映画」を目指した。それゆえ同作は「最後の傾向映画」と称された。

この『河向ふの青春』のメンバーがそのまま、『ほろよひ人生』のスタッフとしてP.C.L.に参加。さらに構成の森岩雄、古川緑波、徳川夢声、大辻司郎たち、この年四月に浅草で設立されたばかりの軽演劇集団「笑の王国」のメンバーが加わり、それまでの日本映画にはない、ハリウッド映画のようなモダンなトーキー音楽映画を目指している。つまりP.C.L.映画のモダニズムは日本プロレタリア映画製作同盟と「笑の王国」。二つの最新のトレンドである創作者集団によるところが大きい。

青空に翻る三角旗「P.C.L.」マークが晴れがましい。カメラがパンダウンすると、アールデコ建築のモダンなサウンド・スタジオの威容に「P.C.L.寫眞化学研究所・製作・提供」のタイトルが載る。この建物は、東宝砧撮影所のステージとして二一世紀まで現役だった。タイトルバックに活写されるのは、いずれも撮影所の建物。つまり『ほろよひ人生』は、寫眞科学研究所そのもののお披露目、会社のアピールでもあった。

タイトルバックが明けると、これまたモダンな意匠を凝らした駅のホーム「ようようまち YOYOMACHI」のセット。帰宅を急ぐホワイトカラーのサラリーマン、学生たち。駅の広告もモダンな意匠を凝らしている。流れる音楽は《イエス・イエス Yes, Yes（My Baby Says Yes）》。コン・コンラッド作曲、サミュエル・ゴールドウィン製作、『突貫勘太』（一九三一年、エドワード・サザーランド）のなかで、主演のエディ・カンターが唄ったミュージカル・ナンバーのインスト版である。この曲は、翌年、エノケン初主演作『青春酔虎傳』（一九三四年、山本嘉次郎）のオープニング、エノケン一座の面々によっても唄われる。当時はおなじみのミュージカル・ナンバーだった。

さて、駅のホームでは、エミ子（千葉早智子）が、サーバーからビールを注ぎ、サラリーマンたちがグイっと飲み干している。彼女の仕事はビヤガール。エビスビール、アサヒビール、サッポロビールとのタイアップである。なので紙コップには「☆のマーク」が刻印されている。クライマックスのビヤホールもまた「ヱビスビール」「アサヒビール」「サッポロビール」のロゴが店内に。

さて、エミ子の仕事の相棒が、アイスクリーム売りのトク吉（藤原釜足）。アベックに見惚れるエミ子。「ねえ、ちょっとした景色じゃないこと？」。この「景色」という言い回しは、当時の言語感覚。エミ子に惚れているトク吉には夢がある。「今に、キミとね、大きなビヤホールをやろうと思う」「そしたらアタシ、アイスクリーム会社の女社長になってよ」。果てしなく広がる妄想。

しかしエミ子には、音楽家を目指している恋人・アサヲ（大川平八郎）がいる。ヘンリー大川こと大川平八郎は、実業家になるために渡米、やがてハリウッド俳優を目指し、パラマウント映画の俳優学校に入学。同期にはゲイリー・クーパーがいた。その後コロンビア大学で学び、再びハリウッドへ。ハワード・ホークス監督『空中サーカス』（一九二八年）に曲芸飛行のスタントフライヤーとして出演。『暁の偵察』（一九三〇年）、『つばさの天使』（一九三三年、ウイリアム・A・ウエルマン）などに出演するが、昭和八年、父親の危篤で帰国。そこで声を掛けられたのが本作だった。芝居はたどたどしいが、ハリウッド帰り、アメリカナイズされた雰囲気がある。

ヒロインの千葉早智子は、宮城道雄に箏《こと》を師事した才女でもある。昭和六（一九三一）年から二年間、尺八の吉田晴風と宮城道雄の代役でアメリカに親善演奏旅行。昭和七年に帰国して、新映畫社『叫ぶ亜細亜』（一九三三年五月一日、塚本洋行、伊藤大輔）で藤原義江の相手役として銀幕デビュー。木村荘十二『河向ふの青春』（六月一日）出演後、すぐに本作のヒロインに抜擢される。P.C.L.専属の看板女優第一号として、数々の映画に主演していく。大川平八郎も千葉早智子もアメリカ帰り。そのモダンな雰囲気を買われての主演である。

アサヲは、エミ子に「大事な話がある」とランデブーに誘う。二人の睦まじい姿を見て、がっかりするトク吉。駅の階段をかけ上がりながら、アサヲがハミングするのが主題歌《恋は魔術師》（作詞・作曲・山川アサヲ）。トク吉「あいつは一体、いかなる動物かい？」「未来の大音楽家よ」「せいぜいチンドン屋ぐらいにしかなれまいよ」「今日で、やっと八八杯目のお客さん」「なんだ、百に一二杯足りない奴か」。二人のセリフの応酬が楽しい。脚本は松崎啓次と、ノンクレジットながら前年P.C.L.に入社してスクリプターを務めていた瀧口修造が協力している。短いセリフが多いのは、トーキーであることと、洋画の字幕ぐらいのセンテンスを意識したもの。

　さて、場面は変わって夜の公園。音楽はW・C・ハンディ作曲《セントルイス・ブルースSt. Louis Blues》のタンゴアレンジ。そこへブレザーに白いズボン、ハットを斜めに被ったロッパ（古川緑波）がやってくる。「笑の王国」を立ち上げ、浅草での人気が急上昇中のロッパのパフォーマンスが楽しめる。「ああ、変わったことはないかな」と暇を持て余している様子。すると遠くから「♪夕陽を見ていますと〜」と《セントルイス・ブルース》を唄いながらレビューガール（神田千鶴子）がやってくる。「やぁ、レビューガールが帰ってくるな、からかってやろう」と待ち構える。

　神田千鶴子が《セントルイス・ブルース》を、ワンコーラス唄い終わったところで、ロッパが「♪ひとめ見たとき好きになったのよオ〜」と唄いかけると、神田千鶴子「何がなんだかわからないのよ」と歌で応える。佐藤千夜子の《愛して頂戴》（作詞・西條八十《やそ》、作曲・中山晋平）である。ジャズ・ソングから流行歌へ。歌の応酬は《草津節》、天野喜久代の《黒い瞳よ今いずこ》（作詞・作曲・堀内敬三）、二村定一《君恋し》（作詞・時雨音羽、作曲・佐々《さっさ》紅華《こうか》）、《カチューシャの唄》、藤本二三吉の《アラその瞬間よ》（作詞・西條八十、作曲・中山晋平）、小唄《柳橋から》と続いて、最後は《浪花小唄》（作詞・時雨音羽、作曲・佐々紅華）の「テナモンヤ　ないか　ないか道頓堀よ」で締めとなる。二人はすっかり意気投合、そのまま腕を組んで宵闇へと消えていく。見事、ロッパの唄によるナンパが大成功となる。

　ロッパが舞台で得意としていた「唄づくし」は、のちのロッパ一座旗揚げの大ヒット作『歌ふ彌次喜多』（一九三五年）でさらなる発展を遂げる。

　ロッパと神田千鶴子のアベックと入れ違いに、エミ子とアサヲが夜の公園でランデブー。本作はオール・トーキーで同録中心なので、ほとんどのシーンがセット撮影。アサヲは、エミ子のために作詞・作曲した曲を、レコード会社で吹き込みをしたことを報告する。評判も上々で「この分だと、僕もじきに世の中に出られそうだ」と嬉しそうなアサヲ。ワンコーラスを唄ったところで、エミ子は「私に教えて頂戴よ」。二人は譜面を見ながら《恋は魔術師》をデュエットする。

♪朝は朝霧夕べは夜霧
晴れぬ想いの遣る瀬なや
甘い言葉の柄ではないが
恋は魔術師 身が細る

のちの『エレキの若大将』（一九六五年、東宝・岩内克己）

で、若大将（加山雄三）が澄子（星由里子）のために作った《君といつまでも》を初披露するシーンの遥かなるルーツでもある。澄子は理不尽にもいきなりデュエットしてしまうが、エミ子はちゃんと「教えて」と理にはかなっている。もちろん《恋は魔術師》は劇中でレコードが大ヒット、という展開も同じ。これもスタジオの伝統だろう。

さて二人が《恋は魔術師》を甘くデュエットしていると、公園の繁みでは横尾泥海男と古谷久雄の二人の泥棒コンビが、隠していたお宝を探している。松竹蒲田出身の元祖・巨漢俳優・横尾泥海男《でかお》の「親泥棒」と、やはり松竹蒲田出身で小津安二郎の『朗らかに歩め』（一九三〇年）などでおなじみの古谷久雄の「子泥棒」が、ローレル&ハーディよろしく凸凹コンビを演じている。二人ともこの頃「笑の王国」に参加していた。ようやく見つけた宝箱、勢い余って坂を転げ落ちて水の中へボッチャーン。この泥棒コンビがコメディリリーフとして随所に登場する。

やがてアサヲの《恋は魔術師》がレコード発売されて大ヒット。そのヒットをモンタージュで表現。たくさんのレコード、そして海水浴場、カフェーの蓄音器、ダンスホールなどなど。アサヲの歌声が流れるなか、レコード店の前の人だかりで、トク吉がにこやかに歌詞を書き留めているショット。店頭に貼り出された歌詞カードには「ヒコドールレコード」とある。本作では、（タイトルバック以外）初めての街頭ロケーションである。

レコードの音が流れるなか「大音楽院」の教授会で、教授たちが険しい顔をして蓄音機に耳を傾けている。学長（徳川夢声）が神妙な顔をして「明治一六年、本学院開設以来、かくの如き不祥事を惹起したことは、今回が実に初めてであります」と嘆く。歌詞を読み上げる教授。さすが徳川夢声の名調子でつい聞き惚れてしまう。「あたかも都々逸に類する卑猥極まる詩を作るのみか」。ひと間置いて、歌詞を見ながら二コーラス目を唄い終わると「〜などという、実に不健康な、退廃しきったところのメロディを付し、のみならずです。これをレコードに吹き込んで広く世間に流布するに至っては、誠に言語道断であると思う」と、アサヲを満場一致で放校処分にしてしまう。

父（関時男）に「楽隊なんかなるより、故郷で芋掘りでもしたほうが間違いないんだ」と嘆かれる。これは「若大将」シリーズに通じる「若旦那もの」のパターンである。父を演じている関時男も、松竹蒲田出身のコメディアン。失意のアサヲは、親父に連れられ田舎へ帰ることに。

失意のアサヲと涙の別れをするエミ子は、仕事が手につかなくなり、売上げも落ちる。彼女を慰めようと、トク吉は覚えたての《恋は魔術師》を唄うが、エミ子に「その歌きらい、やめて」と言われて封印。ところが街角からは《恋は魔術師》ばかり流れてくるという皮肉。丸の内の東京海上ビルディングの前では、レコード会社のパレードが展開される。近代建築の粋を凝らしたビルの晴れがましさ！

売り上げが落ちたエミ子のために、トク吉が自腹でビールをどんどん飲んで売上に貢献する。気の良い弁当屋（大辻司郎）にも奢って陽気に楽しむが、酔い潰れてアイスクリームをおじゃんにしてクビに。

ここからはルネ・クレールの『自由を我等に』（一九三一年、仏）や、のちのジャン・ルノワールの『どん底』（一九三六年、仏）的な「ルンペン喜劇」の味わいとなる。冒頭の公園の池で釣りをしているルンペン（丸山定夫）が魚を焼いているのがうまそうで、一緒に釣りを始めると、なんと泥棒が落とした宝石箱を釣り上げ、中には巨大なダイヤが……。

水の中から現れた泥棒二人組と争奪戦になって、四人は追いかけっことなる。丸の内ロケーション、そしてP．C．L．スタジオのビルの外階段でのチェイスなど、スラップスティックなアクションが展開される。トク吉とルンペンが宝石箱を持って飛び込んだのは、なんと宝石店。店では奪われた時価一〇万円のダイヤが戻ってきたと大喜び。二人は賞金二万円を手にして、いきなりお大尽となる。金にあかしてルンペンが新橋芸者を揚げてお座敷遊びをして、浅草〆香が《夢かうつつか》（作詞・並木ぜんざ、作曲・兼原正清）を唄うシーンがある。

一方、《恋は魔術師》が五百万枚もの売り上げを記録。ヒコドールレコードの社長に呼ばれたアサヲはびっくり。なんと社長は「大音楽院」の学長だった。専属契約を結び大金持ちとなったアサヲは、エミ子と結婚。そこからまた、ひと展開あって、結局トク吉は念願のビヤホールEMIKOを開店してハッピーエンドとなる。後半、トク吉が、泥棒に狙われたアサヲとエミ子の新居を守るエピソードなど、コメディ映画としての趣向も凝っていて、ペーソスもある。

ラスト、ビヤホールEMIKOで、なぜか横尾泥海男の「親泥棒」と古谷久雄の「子泥棒」が酔っ払って、客たちをリードして主題歌《酒呑みの唄》（作詞・徳川夢声、作曲・紙恭輔）を唄い出す。横尾泥海男が、キーが合わずに苦労している感じもトーキーならでは。二コーラス目には、ルンペンからボーイに出世した、丸山定夫が陽気に踊りながら唄う。演奏はコロナ・ジャズ・オーケストラ。

♪それ人生は　あぶくだし
ビールの泡の　浮き沈み
どうせ泡なら　気持ち良く
ほろよひ加減で　浮いた浮いた

《恋は魔術師》は、本作の主題歌として長崎秀夫がポリドール・レコードで吹き込んでリリース。作詞・作曲のクレジットは、本作の主人公・山川アサヲ名義となっている。そのカップリングが前述の《酒呑みの唄》で、レコードではポリドール・ラッキー・ボーイズが唄っている。

なお、初期P.C.L.映画で、ポリドールの主題歌提携が多いのは、ポリドール蓄音器商会の創立者である阿南正成が、P.C.L.の取締役を兼務していたことが大きい。

朝日新聞では「わが国で最初と言っても好い音楽喜劇を作ったことは結果は兎も角として覇気のある仕事であった。」と評された。

ともあれ、本作からP.C.L.のモダン音楽映画の歴史が始まった。このモダンなテイストには、日本映画界に新風を、という新たな映画人たちの想いが感じられる。また、P.C.L.は直営映画館も持たず、配給網も整備していなかったので、洋画系の東和商事の配給で、洋画封切館で公開された。そのため観客層は、普段ヨーロッパ映画やハリウッド映画を楽しんでいた都会生活者、ホワイトカラーのサラリーマンや学生たち。彼らが「洋画のような」P.C.L.のモダン音楽映画を支持していくこととなる。

純情の都

一九三三年一一月二三日／P.C.L.寫眞化学研究所／木村荘十二
製作・提供＝P.C.L.寫眞化学研究所／配給＝東和商事映画部／1933.11.23・邦楽座／八巻・一、六六六ｍ／六一分

【スタッフ】演出・木村荘十二／島村竜三原作「モダン日本」所載「恋愛都市東京」に拠る／構成・森岩雄／脚色・松崎啓次／撮影・立花幹也／録音・早川弘次／現像・小野賢治／装置・北猛夫／編輯・岩下廣一／音楽担當・紙恭輔、奥田良三／伴奏・コロナ・オーケストラ／衣裳考案・白木屋専属・フェリシタ夫人、アデリア夫人／主題歌・ポリドールレコード・番号１４６３／獨唱・田中路子／舞踊・山田五郎、宮野照子

【出演者】竹久千恵子（喬子）／千葉早智子（道子）／堤眞佐子（淳子）／島耕二（長谷）／大川平八郎（大川）／徳川夢声（雑誌社々長）／古川緑波（キャバレエ支配人）／丸山定夫（ロバのパン屋）／藤原釜足（藤木）／岸井明（青木）／神田千鶴子（踊子）

P.C.L.寫眞科学研究所製作所第二作、木村荘十二監督『純情の都』は、昭和八年の東京、御茶の水にほど近いアパートメントに住む、都市生活者たちの日常を「純情」を切り口に描いていく。東京で公開されたのは丸の内ピカデリーの前身、丸ノ内橋のほど近く外濠川《そとぼりがわ》に面していた洋画ロードショー館・邦楽座。

本作のモダンなテイスト、フランスやドイツの音楽映画を意識した流麗な演出に酔いしれる。木村荘十二監督は帝国キネマ『百姓万歳』（一九三〇年）で監督デビュー、その後新興キネマで『陽気な食客』（一九三二年）などを演出。日本プロレタリア映画同盟の正式メンバーではなかったが、ストライキで新興キネマを解雇される。そこで音畫《おんが》藝術研究所設立に参加、トーキー実験作『河向ふの青春』（一九三三年六月一日）を演出したことがP.C.L.映画第一作『音楽喜劇 ほろよひ人生』（一九三三年八月一〇日）に繋がった。

タイトルバック。島村竜三郎原作「モダン日本」所載「恋愛都市東京」に拠る『純情の都』とモダンなタイポグラフィのロゴに、時代の自由な空気を感じる。「恋愛都市東京」はムーラン・ルージュ新宿座の舞台劇。作者・島村竜三郎は、ムーランの文芸主任だった。つまりこの頃のモダンラ

イフの象徴的な作品である。構成は、P．C．L．映画製作所創立に参加、取締役となった森岩雄。戦後、東宝の副社長として『ゴジラ』（一九五四年、本多猪四郎）などを製作していくが、昭和初期には作詞家であり脚本家でもあった。大正一二（一九二三）年に日本映画俳優学校の講師となる。この時の教え子、島耕二、岸井明は、日活に入社するが、その後退社、古川緑波（ロッパ）の「笑の王国」を経て、いずれもP．C．L．設立に参加した。P．C．L．には、志のある若い映画人たちが集結していたのである。

　P．C．L．第一作『音楽喜劇　ほろよひ人生』に続く、音楽やサウンドを最大限に活かそうと企画された『純情の都』にも、前作同様「唄って踊れる」「喜劇的演技ができる」俳優として、森岩雄も作家として創設に参加していた、古川ロッパの「笑の王国」のメンバーが集結。古川ロッパ、岸井明はそういう意味で強力なスターだった。

　脚色は、木村荘十二監督と共に、P．C．L．のスタジオで撮影された音畫藝術研究所製作、トーキー実験作『河向ふの青春』の原作、『音楽喜劇　ほろよひ人生』を手がけた松崎啓次。日本プロレタリア映画同盟出身で、翌年にかけて『只野凡児　人生勉強』『續・只野凡児』『あるぷす大將』（一九三四年）の脚本を手がける。戦後は松崎プロを立ち上げて映画製作、テレビ「鉄腕アトム（実写版）」（一九五九年）「鉄人28号（実写版）」（一九六〇年）を製作することになる。

　音楽担当には、P．C．L．のモダン音楽映画をサウンドで支えた紙恭輔と奥田良三。演奏は紙恭輔率いるコロナ・オーケストラ。声楽家の奥田良三は歌唱指導にあたり、声楽家の田中路子も「獨唱《どくしょう》」とタイトルにクレジットされている。また、これが縁で岸井明は、奥田良三に師事。本格的に声楽のレッスンを受けることになる。こうした音楽人材が集結していたのもP．C．L．映画製作所の新しさでありモダニズムであった。

　大都会東京、御茶の水。ニコライ堂の鐘から見渡す朝の光景。高級アパートメントでモガとして生きる喬子（竹久千恵子）は、パジャマ姿のままベッドでタバコに火をつけて目覚める。甲斐甲斐しく朝食の支度をしているのは、都会生活に憧れながらも純真な道子（千葉早智子）。「コーヒーすぐ沸いてよ」。道子は奔放で自由な喬子に憧れている。喬子は、道子は「純情」のままでいて欲しいと考えている。「でも、純情なんて、東京の生活じゃ、かえって重荷になるんじゃないかしら」と道子。二人の同性愛的な関係が匂わされるが、昭和八年のモラルなので性的なものでなく、精神的な繋がりとして描かれている。

　向かいのアパートに住む、若きデザイナー・大川（大川平八郎）は、道子に恋をしている。毎朝、窓から朝の支度をする姿を眺め、密かに道子の絵を描いていた。ここにも「純情」がある。そこへ、いつもの朝のようにロバのパン屋（丸山定夫）がやってくる。子供たちがお使いで「パン一斤」と買いにくる。都会の朝はパン食、というのもモダンだった。

丸山定夫は、築地小劇場第一期メンバーで、この頃、P．C．L．と専属契約を結び、数々の作品に登場。新劇の俳優たちが脇を固め、他の撮影所とは違うインテリジェンスがP．C．L．にはあった。後発の映画会社のため東和商事が配給、「日比谷映画」など洋画ロードショー館で上映。それゆえ都会のホワイトカラーや学生たちが「洋画のような邦画」として嗜んでいた。

さて、道子が朝の支度をしていると、喬子の友人三人組。失業している演出家・藤木（藤原釜足）、青木（岸井明）、レビューガール・淳子（堤眞佐子）が、彼女たちのアパートの部屋へやってきて、楽しい朝食タイム。ここで岸井明、藤原釜足の見せ場となる。朝食前のショータイムである。青木の提案で「掛け合いをやろうじゃないか」となる。これが伴奏のリズムに乗って今でいうラップのようで楽しい。ミュージカル的高揚感がある。

藤木「あの娘の口より甘いジャム」
淳子「恋人よりも頼もしい、朝本のパン」
青木「ひもじさなんぞ、蹴っ飛ばして」
藤木「朗らかな朝、楽しい夜」
淳子「さよなら、失業」
青木「くそくらえ！　失業」
藤木「思い出が楽しいというのは、そりゃ嘘だよ」
淳子「戦いの間、頑張り続けた私も」
青木「貧乏神と戦い続けた、この俺も」
三人「負けて仕舞えば、浪人暮らし」
青木「四度のメシが、一度になる……」
藤木「タバコを見て、目眩がする……」
淳子「アメ、チョコ一つも食べられぬ……」
三人「でもみんな過ぎ去った。明後日からは新生活だ。明後日の夜が明けたら……」
藤木「僕はあの娘に花を捧げる」
青木「めし屋の勘定、払わにゃならぬ」
藤木「それから一杯引っ掛けて」
淳子「日が暮れりゃ、さて、いよいよ……」
青木「ライトを浴びて」

青木の「タラッタとジャズで……」に合わせて、踊り出す三人。モダン都市東京で祝祭的な日々を過ごすモガとモボたち。しかし、純情な道子にとっては、刺激が強すぎる。

勤務先の出版社「健康往来社」社長（徳川夢声）はそんな道子を狙っていて、モラハラ、セクハラの毎日。挙句には口説かれて大弱り。さらに同僚の不良サラリーマン・長谷（島耕二）にも、その貞操を狙われている。俳優時代の島耕二。こうした色悪めいた役がぴったり。息子・片山明彦と顔立ちは似ているのだけど、明るいイメージの片山明彦とは正反対の陰のある表情が印象的。

この「健康往来社」が入っているのは、丸の内一丁目の東京海上ビルディング。大正七（一九一八）年九月竣工、日本で初めて「ビルディング」の名前を冠した鉄筋コンクリートの建物で、モダン東京の象徴として、数多くの映画に登場することになる。このビルの一階にあった明治製菓売店で、仕事帰りの女の子を長谷がナンパするシーンがある。会場ビルの内装がよくわかるショットが続く。

さて、社長に口説かれて困っていた道子。喫茶ルームに現れた大川にピンチを助けられる。一緒に帰る夜の道で、大川は道子の絵を描いていることを告白する。「ポスターの図案」と聞いて道子ががっかりしたと大川は勘違いするが、道子は「絵だけじゃつまらない」という意味で拗ねたのだ。これが二人のボタンの掛け違いとなる。純情な大川と道子は、お互い惹かれあっているのに、その掛け違いから、行き違いに、その隙を狙う悪魔のような長谷……

同じ日のこと、失業三人組と会社をサボった喬子が、遊びに出かけるアミューズメントパークは、なんと浅草松屋七階にあった「松屋スポーツランド」。現在のレストランフロアに屋内型の遊園地があったのだ！　さまざまな遊具で遊ぶ岸井明たち！　松屋はその二年前に開店したばかり。今も同じ建物というのがすごい！　ベルトコンベアのアトラクションの名前が「ミッキー横丁」。シンボルキャラは、ベティ・ブープ！　版権など関係ない時代。大の男と女が、屋内遊園地で遊ぶ楽しさ！　その夜、享楽の巷のビヤホールで、飲んで騒ぐモガ、モボたち。岸井明のタップダンス、あの巨体で、この身軽さ！

モダン東京にタイムスリップして、自由往来を楽しむ気分。後半、都心を走るバスに道子が乗るシーン、車内からの東京風景に、ああ、こういう時代だったのだと空気を感じる。洋装、和装でおめかしした人々が行き交う街角。それを眺めているだけで幸せである。

クライマックスは「明治チョコレートショップ」のキャバレー開店の当日。明治製菓宣伝部とP.C.L.とのタイアップで、店の売店には明治のチョコやドロップ、ビスケットが置かれ、ステージには巨大なチョコのオブジェがある。本作公開の翌年、明治製菓の宣伝部担当となるのが、のちに東宝で「社長」「若大将」シリーズなどを手がける藤本真澄。これが縁となり、昭和一一（一九三六）年にP．C．L．に入社。のちに東宝製作本部長となっていく。森岩雄、藤本真澄、まさに東宝映画を牽引していく面々が集結！

さて、この「明治チョコレートショップ」支配人を演じているのは「笑の王国」を率いていた古川ロッパ。『ほろよひ人生』に続いての出演となる。レビューの演出は藤木、バーテンには青木、そしてダンサー・淳子が美脚を披露する。さらにP．C．L．映画では岸井明と名コンビとなる神田千鶴子が踊り子として登場。その祝祭的空間！

アドバルーンがチョコレートショップの開店をアピールし、宙を舞うビラに子供達が歓声をあげる。その夜、ステージでは田中路子が唄う《明治チョコレートソング》（民謡調！）に合わせてダンサーが踊る。ヴィジュアルはフランス映画のキャバレーのような空間で、美脚（当時としては）のダンサーたちがバックを勧めるが、音楽とはかなりミスマッチ。まあ、それは今の感覚で、当時は違和感がなかったろう。

さらにアトラクションとして、山田五郎＆宮野照子が華麗なタンゴを披露する。これもハリウッドの音楽映画のよう！　宴の後、陽気な仲間たちが唄って踊るのは、なぜか童謡《靴がなる》。

昭和モダンを感じさせる、この時代の都会生活者のモラル！　竹久千恵子は男物のパジャマで、千葉早智子は終始和服姿。まるで二人は若夫婦みたい。クライマックス、長谷の毒牙にかかり「純真・純情・純潔」を汚されて泣き崩れる道子。彼女を心配する喬子に、長谷が言い放つ「こんな刺激には麻痺してる僕ですよ」。なんて奴だ！

そこで喬子が「お待ち！　道子、僕の道子をどうしたんだ？」とレビューの男役のような言葉で、長谷を制止するが、長谷は「さよなら」と出ていく。都会に踏みにじられたヒロインの「純情」。それに対して喬子「心の純潔は、そんなことぐらいで、消えはしない。道子の心は純真なんだ！」。続けて「ただ、道子のはじめての恋愛だけは、綺麗な夢で終わらせてやりたかった」と、自らの純情時代を振り返るように本音を漏らす。

同じ頃、外の電話ボックスから長谷は、他の女に電話をかけて、その女のところへしけ込む。ロクな男じゃない！　今朝も、丸山定夫のロバのパン屋がやってくる。そして御茶の水に朝は来るけど……。

当時の時事新報の紹介記事である。

「都會の好色的な、或いはインチキな復雑な横顔を描きこゝに一人の女性の悲劇を配してゐる、全篇を包む雰囲氣は「巴里祭」の如く淡く清く、「美はしの君」のやうな朗らかさとが展開する。」

P．C．L．寫眞科学研究所が「新しい映画技術」の可能性を最大限に活かそうと、昭和八年のモダン東京に相応しい「新しいテーマ」を目指した。その意気を感じる。映画としては、前作『ほろよひ人生』に比べるといささか観念が勝ちすぎて、流麗さが弱くなっているが、モダン都市東京の息吹きは、若者たちの都会への憧れを掻き立てたことだろう。

昭和九（一九三四）年

◉日本の出来事▶1月1日 東京宝塚劇場開場／2月1日 日比谷映画劇場開場／3月24日 日活が多摩川撮影所を買収し東京移転開始／4月18日 帝人事件／4月21日 ハチ公像除幕式／6月7日 日比谷公会堂で藤原歌劇団第1回公演／6月25日 築地本願寺完成／9月21日 室戸台風上陸／11月2日 ベーブ・ルースら大リーグ選抜が来日／11月20日 陸軍士官学校事件／12月24日 日本劇場開場／12月29日 ワシントン海軍軍縮条約単独破棄をアメリカへ通告

◉世界の出来事▶1月26日 ドイツ・ポーランド不可侵条約締結／2月12日 オーストリアで2月内乱発生／3月1日 満洲国で帝政実施。執政溥儀が皇帝となる／5月23日 ボニーとクライドがアメリカ・ルイジアナ州で射殺／6月30日 ドイツで長いナイフの夜事件発生／8月19日 ドイツで国民投票によりヒトラー総統誕生／9月18日 ソ連が国際連盟加入／10月9日 ルイ・バルトゥ仏外相とユーゴ国王アレクサンダル1世が暗殺／12月1日 ソ連でセルゲイ・キーロフ暗殺事件。ヨシフ・レーニンによる大粛清が始まる

◉映画▶五所平之助『生きとし生けるもの』、小津安二郎『浮草物語』、成瀬巳喜男『限りなき舗道』、島津保次郎『隣の八重ちゃん』、村田実『霧笛』／ジャン・ヴィゴ『アタラント号』、フランク・キャプラ『或る夜の出来事』、アルフレッド・ヒッチコック『暗殺者の家』、ジョン・クロムウェル『痴人の愛』、ジョン・フォード『肉弾鬼中隊』、フリッツ・ラング『リリオム』

◉音楽▶ディック・ミネ《ダイナ》、小唄勝太郎《さくら音頭》、東海林太郎《赤城の子守唄》、松平晃《急げ幌馬車》、貴志康一《日本スケッチ》、民謡《会津磐梯山》／ビング・クロスビー《恋はすぐそこに》、ガイ・ロンバート《サヴォイでストンプ》、ベニー・グッドマン《その手はないよ》、リチャード・ロジャース《ブルームーン》

◉小説▶室生犀星『あにいもうと』、久米正雄『金環蝕』、江戸川乱歩『黒蜥蜴』、宮沢賢治『銀河鉄道の夜』、小栗虫太郎『黒死館殺人事件』、丹羽文雄『贅肉』、三上於菟吉『雪之丞変化』／アガサ・クリスティ『オリエント急行の殺人』、ヘンリー・ミラー『北回帰線』、P・L・トラヴァース『メアリー・ポピンズ』、ジェームズ・M・ケイン『郵便配達は二度ベルを鳴らす』

只野凡児 人生勉強

一九三四年一月五日／P.C.L.映画製作所／木村荘十二
製作＝P.C.L.映画製作所／配給＝東和商事映画部／1934.01.05・大阪東洋劇場、1934.02.21・日比谷映劇／八巻・二、一一九m／八〇分
【スタッフ】演出・木村荘十二／原作・麻生豊／東京大阪 朝日新聞連載／脚色・伊馬鵜平、松崎啓次／作詞・サトウハチロー、徳川夢声／撮影・立花幹也／録音・市川綱二／編輯・岩下廣一／現像・小野賢治／装置・北猛夫／助監督・本多猪四郎／音楽擔當・紙恭輔、奥田良三／演奏・P.C.L.管絃楽團／主題歌・ポリドール・レコード番号2018／衣裳調製・白木屋
【出演者】藤原釜足（只野凡児）／丸山定夫（丸持社長）／大辻司郎（ビルの月五郎）／津村博（橋呉男爵）／吉川英蘭（ピアノ教師）／嵯峨善兵（先輩野見山）／竹久千恵子（三原山子）／細川ちか子（丸持夫人）／堤眞佐子（丸持モロ子）／清川虹子（下宿屋のおかみ）／生方明（モロ子の弟）／宮野照子（帝国玩具・社員）／特別出演・生駒雷遊、横尾泥海男（重役・甲田）、中根竜太郎、林葉三、生方賢一郎（帝国玩具・部長）、田島辰夫、フェリシタ夫人、佐藤久雄、滝澤修（帝国玩具・重役）、仁木独人、柏原徹、森野鍛治哉（帝国玩具・重役）

「ノンキナトウサン」で知られる麻生豊の漫画『只野凡児人生勉強』は、昭和八（一九三三）年から、昭和九（一九三四）年七月まで朝日新聞夕刊に連載された。只野凡児は、大学は出たけれどなかなか就職ができずに、紆余曲折を経て、ようやく玩具メーカーの社員となる。ホワイトカラーが憧れの職業、ステイタスだった時代、不景気な世の中を反映してのユーモラスなサラリーマン漫画。しかも只野凡児はノンキナトウサンの息子という設定、つまりスピンオフ漫画でもあった。

さて、この人気漫画を、伊庭鵜平と松崎啓次が脚色、『音楽喜劇 ほろよひ人生』、『純情の都』（一九三三年）でP.C.L.カラーを創出してきた木村荘十二が映画化。前二作のような大作ではなく、明朗漫画の映画化ということで、プログラムピクチャー的な気軽さが楽しい。ちなみに、『純情の都』までが株式會社冩眞化学研究所の製作だったが、同年一二月五日に株式会社ピー・シー・エル映画製作所が設立

され、その第一作となったのが本作。のちに『ゴジラ』(一九五四年、東宝)を手がける本多猪四郎が入社後、初めて助監督として参加している。

タイトル・ロールの只野凡児には、『純情の都』にも出演した藤原釜足。P.C.L.の主力スタアのひとりとなる。浅草オペラ出身で、エノケンのカジノ・フォーリーに参加し、映画俳優に転向、コメディアン、名脇役として活躍していく。しかも藤原釜足は、只野凡児と容姿が似ていて、ロイドメガネをかけたら、そっくり、ということで映画化が決まった。漫画の映画化らしく三話構成で、只野凡児の行状がコミカルに描かれる。

ノンキナトウサンの息子・凡児が大学を卒業、就職難の不景気な時代を懸命に生きていく姿をコミカルに描いて、戦後、東宝で連作される「サザエさん」シリーズなど、漫画映画の嚆矢《こうし》となった。映画は「就職運動の巻」「家庭教師の巻」「社員入門の巻」などのエピソードで構成されている。

タイトルバックは、麻生豊の書き下ろしキャラクターを、アニメーションで描く斬新なアプローチだが、音楽に合わせてキャラを点滅させたりするので見にくい。あまり効果的とは言えない。タイトルに流れる主題歌は、浅草で「笑の王国」を旗揚げして、舞台だけでなく、文筆家・ユーモリストとしても活躍していた徳川夢声が作詞。劇中音楽も手がけ、P.C.L.映画のサウンドを牽引していた紙恭輔が作曲。漫画のイメージを、ユーモラスに詞に織り込んだノヴェルティ・ソングとなっている。

♪履歴書うんざり 履歴書
履歴書毎日毎日 履歴書
卒業証書 一枚貰って
履歴書百枚 書かされる

♪それクビだがっかりクビだよ
またクビだ毎日毎日 汗だくで
就職したのは 十二時間
就職運動 三か月

メインキャストに加えて「笑の王国」から、生駒雷遊、横尾泥海男、中根竜太郎、林葉三、生方賢一郎、田島辰夫が特別出演。ムーラン・ルージュの人気者・森野鍛治哉、そして新劇からは滝澤修、仁木独人たちが「帝国玩具株式会社」重役などで特別出演。それぞれワンシーンながら、漫画チックな芝居がおかしい。特別出演枠のフェリシタ夫人は、詩人・中野秀人とフランスで恋に落ちて結婚、来日したスペイン人女性。その奔放な生活がジャーナリズムによってセンセーショナルに取り上げられた。この映画では、日本橋の白木屋のシークエンスでワンシーン登場。

第一話「就職運動の巻」

只野凡児（藤原釜足）は、可もなく不可もなくの成績で昭和大学を卒業したものの、就職先が決まらない。卒業証書一枚もらって、履歴書一〇〇枚を書いてまだ決まらない。世話焼きの下宿のおかみ（清川虹子）も心配してくれているが、届くのは「不採用通知」ばかりで、大いにクサる。不景気な世の中、先行き不明である。ちなみに凡児が住んでいる下宿があるのは本郷区本郷学生町一－三「高等下宿・頓珍館」。

そこへ、先輩・野見山ノミスケ（嵯峨善兵）から紹介状が届いて、有頂天となる。大言壮語の野見山も失業中なのだが、「大日本失業史」を執筆すると豪語している。P.C.L.映画の嵯峨善兵は、こうした失業中の先輩、同級生役が多い。

さて、凡児が会社を訪ねると「君かね、野見山ノミスケ君の後輩というのは」と、恰幅のよい会社の重役・甲田（横尾泥海男）がふんぞり返って応対する。ところが話題は世間話ばかり。しかも野見山は、この友人からも「大日本失業史」に名前を出すからと寸借している。「で、君の用事は?」「え?」。大学は卒業したけれど、まだ就職できてないと凡児。「わしの方じゃどうにもならんが、友人を紹介してみよう」。

で、次の会社に行っても「もっか人を減らしている時でね。この人を訪問してごらんなさい」とまた金融会社を紹介される。しかし、ここでもリストラ中とのことで、またまた紹介状を貰って行ったら、なんと、横尾泥海男の会社で「おや、忘れもんでもしたのかね?」

大いにクサって夜の街をさまよう凡児、酩酊中の野見山先輩とばったり。事情を聞いた先輩が、ここなら間違いないと、橋呉男爵の会社を紹介してくれる。

「今度こそ大丈夫!」と大いに張り切って凡児、橋呉男爵の五百五銀行へ。あまりの嬉しさに、トイレで出会った男（津村博）に、気安く話かけて、誤って洗面所の水をかけてしまう。激怒する男。いよいよ凡児の面接となるが、なんとさっきのトイレの男が橋呉男爵で、またもや大失敗。

こうした御難続きがユーモラスに、テンポ良く展開する。で、ようやく面接通知が「帝国玩具株式会社」から届くも、六〇〇人のうちから採用は一人という難関。頓知を聞かせて凡児は、最初の面接に滑り込む。

丸持社長（丸山定夫）はじめ、会社の重役たちを前に、いささか緊張気味の凡児。ここで「笑の王国」の面々や、森野鍛治哉、滝澤修たちが重役として登場。いずれも絵に描いたような老けメイクで、それぞれの見せ場がある。丸山定夫は見分けがつかないほど、メイクでキャラクターを作り込んでいる。

ここでも凡児の頓知が功を奏して、即座に採用が決まる。またまた有頂天の凡児、野見山に報告すると、早速祝賀会とカフェーへ足を伸ばすことに。ところが、このカフェーは丸持社長の行きつけの店で、この日も、女給を口説いているところだった。

空気の読めない凡児。社長の席まで挨拶に行くも、バツの悪い社長に逆ギレされて、その場でクビに。就職から失業まで一二時間という最短記録は「日本失業史」に記そうと、無責任な野見山先輩。

就職はしたけれど、失業してストレスが最高潮に達した凡児、夜店の風船を買ってパン、パンと割ってストレス解消。その時、帝国玩具の三原山子（竹久千恵子）が同僚とランデブー中に、与太者たちに囲まれて大ピンチ。しかし、凡児の割る風船の音を、警官のピストルと間違えた与太者たちは慌てて逃げ出す。三原山子にとっては、凡児は頼もしき男となり、二人の交際がここから始まる。

第二話「家庭教師の巻」

またもや失業者となった凡児、昭和大学卒業の強みを活かして、家庭教師の職にありつく。しかも大金持ちで、美しきお嬢さん、モロ子（堤眞佐子）に勉強を教えるのかと早合点してぬか喜び。しかもその家は帝国玩具の丸持社長の家で、凡児に弱みを握られている社長は、夫人（細川ちか子）に浮気がバレてはまずいと、凡児を言いくるめる。チャンス到来と凡児は張り切るが、教える相手は小学生の弟（生方明）。これが相当の「いたづら小僧」で、凡児は振り回される。モロ子には、いけすかないピアノ教師（吉川英蘭）がついていて、さらにクサる凡児。

しかし自由奔放なモロ子は、凡児を気に入って、ドイツ語教師として雇うが、凡児はさっぱり語学がダメ。逆にモロ子に教わる始末。「どこか遊びに行きましょうよ」と、モロ子の買い物に付き合って、日本橋へ。ここで白木屋デパートが登場。寅さんの啖呵売「赤木屋黒木屋白木屋さんで……」の白木屋である。中央区日本橋一丁目にあった江戸時代から続く老舗呉服店で、明治三六（一九〇三）年に百貨店となった。関東大震災からの復興で昭和六（一九三一）に日本橋本店が再建されるも、昭和七（一九三二）年一二月一六日、日本橋本店四階から出火する大惨事となる。

本作はそれから一年後の撮影となる。石本喜久治設計によるモダンなアールデコの外観。そして特選売り場や一階のフロアなど、すべてロケーションで撮影されている。モロ子の贅沢な買い物に付き合い、箱をいっぱい抱えてお供をする凡児。そこへ通りかかるフェリシタ夫人。一瞬、凡児に怪訝そうな顔をする。なかなかの美人である。

次のシーンで、二階から階段を降りてくる丸持社長と、凡児の恋人・三原山子の姿を見て、千々に乱れる凡児の気持ち。山子も、モロ子と凡児の仲を誤解して……しかし、モロ子には婚約者がいた。その相手は例の橋呉男爵で、モロ子がデパートに買い物に行っている間に、「約束がある」と丸持家を訪ねてくる。モロ子は、男爵のことを嫌いなわけではなく、翻弄するのが楽しくて、わざと意地悪をしている。ツンデレである。だけど橋呉は、モロ子が凡児に気があると思って、嫉妬の炎を燃やす。で、結局、丸持夫人の逆鱗に触れて、家庭教師もクビになってしまう。

第三話「社員入門の巻」

やることなすこと裏目に出てしまう凡児。再び、野見山先輩に相談。ならば、橋呉男爵とモロ子の結婚を取り持つことで、再就職の道あり。と、凡児は再び橋呉男爵の会社へ。その頃、男爵はなんとかモロ子との結婚の日取りを決めて、丸持社長のＯＫをもらおうと悩んでいた。それを聞いた用心棒・ビルの月五郎（大辻司郎）が、帝国玩具の社長を脅かそうと勝手に行動を開始する。喜劇専門の活動弁士だった大辻司郎は、漫談家となり「ナヤマシ会」から「笑の王国」設立に参加。かなりインパクトのある芸風で、奇声と強烈なルックス、「アノデスネ、ボクデスネ」のフレーズで一世を風靡《ふうび》した喜劇人。

ここでも出てくるだけでおかしい。勝手に帝国玩具に乗り込んで、丸持社長を脅かす。この社長室のシーンがいい。新劇の重鎮でもある丸山定夫と飛び道具のような大辻司郎の芸風。二人の追いかけっこが狭い室内で展開する。

そこへ男爵から事情を聞いて、その指示を受けた凡児がやってきて、月五郎を撃退せんと、ドタバタ・アクションとなる。社長は逃げ出して廊下にあった「カムチャッカ行き」と書いてある大きな箱の中へ。

ちなみに帝国玩具の主力商品は、講談社の「少年倶楽部」連載で大人気の田川水泡「のらくろ」のぬいぐるみなどのキャラクターグッズ。麻生豊の「ノンキナトウサン」は大正時代に大人気となり、関連商品が飛ぶように売れた。ヒット漫画の元祖マーチャンダイジングである。

この頃は空前の「のらくろ」ブーム。今の感覚だと、麻生豊の漫画の映画化に田川水泡の「のらくろ」グッズが登場するのは不思議だが、当時は特別なことではない。このドタバタ劇で、最後、大辻司郎がノサれてしまうのは、のらくろのぬいぐるみで一撃されて、である。

さて、野見山と月五郎、男爵とモロ子が入り乱れてのドタバタの間。凡児も社長が隠れている「カムチャッカ行き」の箱に隠れる。ここで凡児は帝国玩具への復職と、月給五〇〇円の契約を結んでしまう。このチャッカリぶり。

すべてが丸く収まって、いよいよモロ子と男爵の華燭の典となる。もちろん凡児も、三原山子も出席。二人はよりを戻して、また仲良しとなっている。式場の庭に、月五郎が帝国玩具の工場の職工たちを連れてきて、すわストライキか！　デモか！　という状況となる。この頃、労働運動がそれなりに盛んで、特にP．C．L．のスタッフや役者たちは、かつて労働運動や、左翼運動で投獄経験のあるものが多かった。

バルコニーから、凡児がポケットチーフを振ると、月五郎が労働者たちを指揮してコーラスが始まる。

♪おもちゃを作るのは　我らの尊き務め
おもちゃを作ってよ　務めよ　励め
すべてに優しき　我らの愉快な社長
儲かる頭よ　輝くハゲよ
トンチキ　インチキ　我らの愉快な仲間
おもちゃに似てるよ　どいつの顔も
朝から晩まで　我らはおもちゃで暮らす
眠れば夢にも　おもちゃを見るよ

サトウハチローがこの映画のために作詞した《おもちゃの歌》である。この労働者コーラスに来賓、出席者たちが夢中になっている間に、新郎と新婦は会場を抜け出す。その時、モロ子は、凡児にブーケを渡す。三原山子と「お幸せに」という意味で。しかし、その場面を目撃した山子は、またまた失恋したと思い込んでがっかりするも、凡児から話を聞いて、二人は相思相愛に……でエンドマークとなる。

他愛のないエピソードの連続だが、モダンなP．C．L．喜劇や東宝で連作される漫画の映画化のルーツ的作品として、うまくまとまっている。何よりも、藤原釜足の只野凡児ぶりがなかなか楽しい。

公開当時の國民新聞の映画評には「この映画は配役がなかなか成功していた。藤原釜足は氏の主役は言うまでもない、一寸した役にも注意がくばられていることを知る。森野鍛治哉などはごく端役だが良い演技を見せてくれる。そして相変わらず堤眞佐子の演技は出色であった。」とある。

また、日活太秦にいた山本嘉次郎が、京都は新京極の映画館で本作を観て次のような感想を残している。

「東京の丸ノ内あたりのビル街や、神宮外苑の並木道やら、思い切って、スパアッと抜け切った、明るい近代的な風景が、次から次へ出て来るので、そぞろに郷愁ばかりかき立てられて、たまらなかった。

そればかりか、堤眞佐子とか、千葉早智子、竹久千恵子といった出演者の、いかにも近代の女性らしく、顔一杯に笑い、体一杯に動く、そのピチピチと弾ねてるような、新鮮な生々とした姿体を見たとき、この胸が、モウッ！と熱くなってきて、おもわず、映画館の人混みのなかで、涙が出てきてしまった。……これは、ゼッタイに東京へ帰らなければいけない。東京で生活しなければ、ほんとうの映画は作れない……と心に決めた。」（「カツドオヤ紳士録」山本嘉次郎・鱒書房・一九五六年）

それから一週間もしないうちに、京都の山本嘉次郎の元に、森岩雄の使者として、『音楽喜劇 ほろよひ人生』『純情の都』（一九三三年）の脚本を執筆した松崎啓次がやってきて、P．C．L．がエノケン一座「ピエル・ブリヤント」と契約して音楽映画を撮ることになった。「ついては、エノケンさんのご指名で、監督には山本さんに是非やってもらいたい」と伝えた。こうして山本嘉次郎は、日活を辞めてP．C．L．へ移籍することになる。

踊り子日記

一九三四年二月一二日／P．C．L．映画製作所／矢倉茂雄
製作＝P．C．L．映画製作所／配給＝東和商事映画部／1934.02.12・日比谷映劇、1934.03.15・大阪東洋劇場／七巻・一．七四四m／六四分／P．C．L．1934年度作品No．2

【スタッフ】原作・島村竜三郎／脚色・小林勝／録音・早川弘二／装置・北猛夫／現像・小野賢治／編輯・岩下廣一／獨唱・《恋の月》淡谷のり子／獨唱と舞踊《島の唄》ベティ・イナダ／主題歌作詞・松崎流子・コロムビア、レコード・27748号／音楽担當・紙恭輔／演奏・P．C．L．管絃楽團／監督・矢倉茂雄／撮影・唐澤弘光
【出演者】千葉早智子（玲子）／英百合子（ユリエ）／丸山夢路（テルコ）／宮野照子（ミエコ）／大川平八郎（謙二）／藤原釜足（高木）／森野鍛治哉（劇場支配人）／丸山定夫（劇場支配人）／堀井英一（振付師島津）／岸井明（デブチャン）／生方賢一郎（ポン引き）／特別出演・古川緑波（聲帯模寫）、大辻司郎（月形半平太）、竹久千恵子（藝者）、三條正子（舞妓）、田島辰夫（間貫一）、神田千鶴子（お宮）、堤眞佐子（カチューシャ）、大崎健兒（ネフリュードフ）、藤田繁・堺千代子（ロシヤンダンス）

トップにP．C．L．「1934年度作品No．2」と出る。P．C．L．の音楽映画としては『音楽喜劇 ほろよひ人生』（一九三三年八月一〇日、木村荘十二）、『純情の都』（一一月二三日・同）に続く第三作。今回の舞台は浅草六区のレビュー劇場。そこで働く、音楽家を目指す進行係・大川平八郎、恐妻家のサックス吹き・藤原釜足、バックダンサーの女の子たちの哀感を、さまざまなステージ・ショウを織り交ぜながら描いていく。ハリウッドのバックステージものの作り方で、当時の浅草レビューの舞台裏を活写しているのが何より。

浅草レビューをテーマにした映画は、戦後も数多く作られている。大映で京マチ子が、川端康成原作『浅草紅団』（一九五二年、久松静児）や、永井荷風原作『踊子』（一九五七年、清水宏）など、いずれも大正時代や戦前を懐かしむ「ノスタルジーとしての浅草レビュー」の物語だった。

本作は昭和九（一九三四）年、リアルタイムの浅草を舞台

に描いているので、ノスタルジーではなくモダン。浅草がエンタテインメントの発信地だった頃の空気を味わうことができる。古川ロッパが、徳川夢声たちと立ち上げた「笑の王国」が、浅草常盤座で旗揚げされたのが昭和八（一九三三）年四月のこと。そこに参加した岸井明、大辻司郎もこの『踊り子日記』に出演。文芸部に参加した森岩雄は、P.C.L.の取締役となっていた。そういう意味ではP.C.L.も浅草レビュー人脈がたくさん流入していたことになる。

本作では「笑の王国」ならぬ「笑の天国」結成五周年記念がクライマックスとなる。大辻司郎が「月形半平太」をコミカルに演じ、古川ロッパが「声帯模写」をステージで披露する。ゲストも豪華で、淡谷のり子が《恋の月》を唄い、ベティ稲田がハワイアン《島の唄 Songs of Island》を唄ってフラを踊る！　昭和九年の浅草レビューの世界にタイムスリップできる楽しさ！

原作は『純情の都』の島村竜三郎、脚色は小林勝。装置は戦後『ゴジラ』（一九五四年、本多猪四郎）などの美術を手がける北猛夫。音楽担当と指揮は、紙恭輔、演奏はP.C.L.管弦楽団。音楽シーンもふんだんにある。主人公の若い男女には、『ほろよひ人生』『純情の都』に続いて大川平八郎と千葉早智子。

浅草のレビュー劇場で進行係をつとめる大川謙二（大川平八郎）は、立派な音楽家になりたいと夢想している。今日も「金色夜叉」の上演中に、肝心の「月」を出し忘れて大失態。この「金色夜叉」は、間貫一をエノケン一座の田島辰夫、お宮をP.C.L.の女優で歌手・神田千鶴子が演じている。貫一が「来年の今月今夜のこの月も〜」と、慌ててお宮を突き飛ばしても、一向に月が出てこない。慌てて謙二が舞台に持ってくる。田島辰夫は仕方なしに「♪月は無情というけれど〜」と、二村定一の流行歌《月は無情》を唄いだす。

そんな謙二は、故郷に恋人・玲子（千葉早智子）を残してきて、音楽家として身を立てたいと懸命。同じアパートに住む、レビューの楽団のサックス吹き・高木（藤原釜足）に弟子入り。劇場の楽屋で、藤原釜足が踊り子たちにご馳走するのは、カルピスのような乳酸飲料で、「蜂ブドー酒本舗」が製造していた「REX レッキス」。戦前、大人気の飲料だった。本作は「蜂ブドー酒本舗」タイアップで、浅草六区の街並みのセットに「レッキス」の広告、クライマックスに気付け薬として蜂ブドー酒が登場する。

さて、高木のサックスを借りた謙二が、楽屋でフォスターの名曲《故郷の人々 Swanee River》を練習していると、劇場支配人（森野鍛冶哉）が「うるさい！」と文藝部長（丸山定夫）に命じて、謙二のクビを高木に命じる。それを知らずに謙二、徹夜で熱心にサックスの練習をして上機嫌。

翌朝、浅草アパートの二階、元女優の妻・ユリエ（英百合子）は、ベッドでタバコをふかしながら、台所で朝食を用意している高木に、あれこれ指図。東宝映画で戦後も母親役として活躍する英百合子のモダンガールぶりに驚くが、日本映画初の映画女優と呼ばれる英百合子は大正六（一九一七）年、浅草「東京少女歌劇団」のステージに立っていたので筋金入りのレビュー育ち。その後、小山内薫の松竹キネマ研究所に参加、『路上の霊魂』（一九二〇年）に令嬢役で出演した。

朝になって謙二は、高木からようやくレビュー劇場をクビになったと知らされる。ならばとユリエは、「カフェーのコックなら」と仕事の世話を約束する。そこへ、謙二の恋人・玲子が上京、ユリエと謙二の中を誤解して、その場から立ち去ってしまう。

失恋のショックで浅草をさまよう田舎娘・玲子。隅田公園のベンチで沈んでいると、早速ポン引き（生方賢一郎）に狙われる。その場を救ったのが、サックス吹きの高木。女にはだらしない高木は、早速、玲子を連れて浅草の街へ。言問橋、松屋浅草が見える隅田公園のベンチから、雷門通りの交番、そして「雷おこし」の常盤堂の前を通る。この交番も常盤堂も九〇年後の現在も同じ場所にある。この映画が撮影された昭和九年には、まだ「雷門」が再建されていない。浅草のランドマーク「雷門」は昭和三五（一九六〇）年に、松下幸之助の寄進により、再建されることになる。

やがて浅草六区への劇場街へ。ロケーションによる昭和九年の浅草探訪は、眺めているだけでも楽しい。スタジオに組まれた六区の劇場。楽屋口から踊り子・テルコ（丸山夢路）、ミエコ（宮野照子）が出てきて、玲子に「あなたのようなお嬢さんの来るところじゃない。早くお帰りなさい」と声をかけるが「あたし家出してきたんです」と玲子。結局、玲子は踊り子になることに。

そこへ、ユリエと謙二がカフェーの面接にやってくる。ここで玲子と再会すれば万事ＯＫなのだが、ここから「すれ違い」が続いて、二人が晴れて再会するまでが、この映画の物語である。

ユリエの女優時代、レビューで活躍していたデブチャン（岸井明）がコックをしているカフェーで働くことになった謙二。つまみ食いができるからと、コック稼業を楽しんでいるデブチャン、カツレツを揚げながら《スウィート・ジェニー・リー Sweet Jennie Lee》（作曲・ウォルター・ドナルドソン）をハミングする。岸井明のジャズ・ソングに昭和モダンを感じる。このナンバーが鼻歌からバンド演奏になり、レビュー劇場の稽古場での踊り子のレッスン場面となる。

そこで踊り子となった玲子が踊っている。木村荘十二の『ほろよひ人生』『純情の都』に比べてもっさり感のある矢倉茂雄の演出だが、この一連はミュージカル的で楽しい。千葉早智子の役がモダンガールではなく田舎娘だと強調するためか、彼女と大川平八郎のシーンは「新派大悲劇」のような悠然とした感じで、映画のテンポがそこだけ違う。狙いなのだろう。

劇場では「カチューシャ」のリハーサル中。カチューシャ（堤眞佐子）とネフリュードフ（大崎健児）が大真面目に芝居をしていると、演出家が「もっとインチキにならないか？　こんなインチキな世の中に、そんなクソ真面目じゃダメだぞ！」と叱る。ああ、こうしてアチャラカ芝居が誕生したのか！　カチューシャとネフリュードフの後ろでは、藤田繁と堺千代子がロシヤンダンスを踊っている。

この後も、玲子と大川のすれ違いが続く。サックスの練習を続ける謙二。シグマンド・ロンバーグがミュージカル「ニュームーン」のために作曲した《恋人よ帰れ Lover, Come Back to Me》を演奏しながら思うは玲子のことばかり。玲子も行く方知れずの謙二を思い続ける。

ある晩、高木が玲子を口説こうと食事に誘うと、テルコ、ミエコも、彼女の貞操を守るためについてくる。入った店が、謙二とデブチャンのカフェー。厨房ではデブチャンが《デカンショ節》を唄い、キャメラがアールデコの店内をパンすると店内では客の男たちが《籠の鳥》を唄っている。玲子がカツレツにナイフを入れ、フォークを口に運ぶ。酔った高木は上機嫌。テルコとミエコは、フラッパーらしく、レコードの《ユカレリ・ベビー Ukulele Baby》に合わせて唄い、踊る。ちなみにユカレリとはウクレレのこと。この曲は『エノケンの千萬長者』（一九三六年）でエノケンと二村定一が唄っている。

店を出た玲子に、高木はもう一軒付き合ってくれと執拗に誘う。そこへデブチャンが現れて、玲子たちを帰して、高木と大立ち回り。コメディなのに、かなり本気での殴り合い。まだ現代劇では、殺陣やアクションの概念がない時代なので、くんずほぐれつのバトルは行き当たりばったりで生々しい。前作『純情の都』でも岸井明と藤原釜足がモダンボーイの仲間として共演、のちに二人を「じゃがたらコムビ」としてP.C.L.が大々的に売り出すが、その原点ともいうべき喧嘩シーンとなった。

結局、デブチャンが勝利。高木を円タクに乗せて見送る。全身アザだらけ、背広がボロボロ。翌朝・女房ユリエに「今日、初日でしょ！」と尻を叩かれても、ベッドで伸びている高木。その代役を謙二が務めることになり、ユリエが謙二をレビュー劇場に連れていく。

レビュー劇場では、いよいよ「笑の王国」ならぬ「笑の天国 五周年記念公演」初日。実際に「笑の王国」の常打ち小屋だった浅草六区・常盤座に、垂れ幕を下げて撮影。こうしたロケショットに心ときめく。舞台では、「月形半平太」を上演している。「笑の王国」で大人気のコメディアン・大辻司郎は、活動弁士出身、その後漫談家として一世を風靡。その大辻司郎が白塗りで月形半平太を演じている。頼りない感じでおかしい。「月様、雨が……」の芸妓・染八にはP.C.L.のトップ女優・竹久千恵子、芸妓には三條正子をキャスティング。このスケッチも「笑の王国」のアチャラカの味。

続いて、淡谷のり子が登場。《恋の月》(作詞・松崎流子、作曲・紙恭輔)を唄う。現存する淡谷のり子の最も古い映像かもしれない。東洋音楽学校(現・東京音楽大学)で「一〇年に一度のソプラノ歌手」と絶賛され将来を嘱望されたが、生活のために流行歌手となる。ポリドールから昭和五(一九三〇)年《久慈浜音頭》でレコードデビュー。同年、浅草常盤座に隣接していた映画館・浅草電気館の専属アトラクションで唄っていた。昭和六(一九三一)年にコロムビアへ移籍してリリースした《私此頃憂鬱よ》(作詞・高橋掬太郎《きくたろう》、作曲・古賀政男)が大ヒット。浅草と縁のある歌手だった。ちなみに《恋の月》の作詞・松崎流子は、松崎哲次のペンネーム。『ほろよひ人生』でもこの名前で作詞。

いよいよ真打登場!「笑の王国」を牽引していた古川ロッパである。笑芸史の伝説となっている「声帯模写」を披露する。それまで「声色」と呼ばれていた、いわゆる「物真似芸」に「声帯模写」という勿体ぶったネーミングをつけて、そのインテリジェンスが、ハイブロウなサラリーマン、学生観客に受けたという。ここでは俗謡《ストトン節》を、二村定一、藤原義江、榎本健一の三人の「声帯模写」で唄う。

ロッパの芸達者ぶりが堪能できる。二村定一の特徴のある長い顔、唄い方を巧みに再現している。続いては「われらのテナー」藤原義江の朗々たる歌声を再現、「藤原歌劇団」が結成され、日比谷公会堂での初舞台「ラ・ボエーム」(一九三四年六月)が上演されるのは、この映画の三ヶ月後。藤原義江の動く姿は、日活初のフィルム式トーキー(ミナ・トーキー)第一作『藤原義江のふるさと』(一九三〇年、溝口健二)で初お目見えしていた。ちなみにこの『ふるさと』の原作・脚本は、のちにP.C.L.取締役となる森岩雄だった。

エノケンこと榎本健一は、この頃、浅草で、自身の劇団「ピエル・ブリヤント」で大活躍。ロッパの「笑の王国」と人気を二分していた。しかしその姿は、東京で舞台を観たものにしかわからない。エノケンが映画に進出するのは、この『踊り子日記』の二ヶ月後、五月三日封切『エノケンの青春酔虎傳』（山本嘉次郎）から。なので全国の映画ファンは、まずロッパの「声帯模写」でエノケン体験をしたことになる。この物真似も絶品、エノケンの動きの特徴を完全に把握、再現している。

続いては、カリフォルニア生まれの日系二世でこの映画の前年に来日したベティ稲田が登場。ハワイアン、タップを得意としたベティの二〇歳の時のパフォーマンスが楽しめる。唄うは《島の唄 Song of Island》、ベティ・グレイブル主演で映画化（一九四二年）もされたハワイアン・ミュージックのスタンダードを唄う姿は、まさに眼福！　後半には得意のフラダンスも楽しめる。

続いてレビューガールたちがラインナップしてのダンス。もちろん玲子も真ん中にいる。オーケストラボックスでサックスを吹いていた謙二は、玲子の姿を見て驚く！　玲子も謙二の姿を見て吃驚！　あまりの驚きに、玲子はその場で倒れてしまい、舞台は大騒ぎ。

謙二は、舞台に駆け上がり、玲子を抱いて、舞台の袖へ。大騒ぎの舞台を収めたのは、急遽円タクで駆けつけた高木。前夜のデブチャンとの喧嘩でボロボロになった背広のまま舞台に飛び出したのが幸いして、観客に大受け！と相成る。

一方、気を失った玲子に、気付け薬としてユリエが「蜂ブドー酒」を飲ませる。もちろんタイアップ。目が覚めた玲子、謙二との再会に感激するが、またしてもユリエを恋人と勘違いしてしまう。結局、謙二が高木とユリエが夫婦と説明して、玲子は自分の勘違いを恥じる。ようやく恋人たちが結ばれ、謙二はレビュー劇場の専属バンドのメンバーに昇格。一方、高木は舞台で受けたことが支配人の目に留まって、不本意ながら専属の役者として劇場に残ることに。かくしてハッピーエンドと相成る。

大阪朝日新聞の作品評である。

「平凡な物語だがその中にレヴュー團をめぐつて色々な音樂風景が挿入されたり、ギャグがふんだんに用ひられたりして面白おかしいものを作り上げやうとした苦心の跡が見える、特別出演の古川緑波の聲帯模寫、淡谷のり子の獨唱、大辻司郎の月形半平太などこの作に箔をつけてゐる。」

昭和九年の浅草のレビューを風俗と共に活写した『踊り子日記』は、当時のエンタテインメントのスタイルを、時代の空気と共に感じさせてくれる。

さくら音頭 涙の母

一九三四年三月八日／P.C.L.映画製作所／木村荘十二

製作＝P.C.L.映画製作所／配給＝東和商事映画部／1934.03.08・日比谷映劇／一〇巻・二、〇四七m／七五分／1934年度作品No.3

【スタッフ】演出・木村荘十二／原作・脚色・木村荘十二／台詞・田中千禾夫／雑誌「近代日本」社提供／撮影・立花幹也／録音・市川綱二／装置・北猛夫／現像・小野賢治／編輯・岩下廣一／音楽監督・紙恭輔／演奏・P.C.L.管絃楽團

【特別出演】日本ビクター専属藝術家 小唄勝太郎、三島一聲、徳山璉／東京宝塚劇場専属 澤蘭子、伏見信子／他東京宝塚劇場専属女優總出演

【出演者】英百合子（母親・きよ）／千葉早智子（しづえ）／岸夢路（あき子・東宝）／三好久子（隣のおかみさん）／三條正子（おみつ）／堤眞佐子（チケットガール）／伴千鶴子（チンドン屋のおかみさん）／國華ダンスホール専属ダンサー總出演（ダンサー）／丸山定夫（健一）／澤村敞之助（輝夫・東宝）／大川平八郎（原田）／汐見洋（牧）／滝澤修（花屋の主人）／岸井明（運転手）／藤原釜足（チンドン屋）／森野鍛治哉（長屋の爺さん）／嵯峨善兵（支那料理屋）

昭和七（一九三二）年、日比谷公園の盆踊り大会で《丸の内音頭》が披露された。関東大震災からの帝都復興を祝って、有楽町の商店街のオーナーたちの発案で、都会の盆踊り大会を企画した。それに相応しい盆踊り曲をビクターに依頼、作詞は西條八十、作曲は中山晋平が手がけ、葭町《よしちょう》の鶯芸者・葭町二三吉《ふみきち》（のちに藤本二三吉）と民謡歌手・三島一聲がそれぞれレコードに吹き込んだ。これが大ヒットして、翌昭和八（一九三三）年、ビクターは《丸の内音頭》を《東京音頭》に改題して再度リリース。この時に唄ったのが小唄勝太郎と三島一聲。さらなる爆発的ヒットとなり、全国的に「音頭」ブームが巻き起こる。続いて企画されたのが、花見の季節に相応しい《さくら音頭》である。これは各社で競作された。タイトルは同じだが、レコード会社によって作詞、作曲者が異なる。

ビクター（作詞・佐伯孝夫、作曲・中山晋平、歌・小唄勝太郎、

三島一聲、徳山璉）
コロムビア（作詞・伊庭孝、作曲・佐々紅華、歌・赤坂小梅、柳橋歌丸、柳橋富勇）
ポリドール（作詞・サトウハチロー、作曲・山田栄一、歌・東海林太郎、浅草〆香、新橋喜代三）
テイチク（作詞・穂積久、作曲・片岡志行、歌・喜代治〈新橋喜代三〉、藤村一郎〈楠木繁夫〉）

しかもこのレコード盤の競作に合わせて、各社が同名映画を競作。昭和九年三月八日にP.C.L.映画、大都映画、三月一四日に新興キネマ、三月二一日に日活、四月一五日に松竹版がそれぞれ封切られた。各社版の監督、主演は次の通り。

P.C.L.『さくら音頭 涙の母』（木村荘十二、主演・英百合子）トーキー
日活太秦『さくら音頭』（渡邊邦男・マキノ正博、主演・五月潤子）トーキー
新興キネマ『さくら音頭』（清涼卓明、原作脚本・竹井諒、主演・中野かほる）サイレント
大都映画『さくら音頭』（根岸東一郎、原作・河合徳三郎、主演・琴糸路）サイレント
松竹蒲田『さくら音頭』（五所平之助、原作・脚本・伏見晁、主演・坂東好太郎）トーキー

P.C.L.版は『音楽喜劇 ほろよひ人生』（一九三三年）、『純情の都』（同）でトーキー音楽映画を成功させた木村荘十二が、『只野凡児 人生勉強』（一月五日）に続いて手がけたP.C.L.での第四作となる。それまでの都会派音楽劇から一転、他社との競作を意識したこともあり、下町の長屋を舞台にした「母もの」メロドラマとなっている。タイトルロールの「涙の母」には英百合子。『踊り子日記』にも出演しているが、撮影はこちらが先なので、これが最初のP.C.L.への出演となる。

英百合子は、小山内薫が大正九（一九二〇）年に松竹キネマ研究所を設立した際に招かれ、日本初の本格的映画女優として『路上の霊魂』（同年）に主演。その後、松竹蒲田、日活太秦、帝国キネマ、不二映画で活躍後、P.C.L.に移籍。千葉早智子、原節子などヒロインの母親役を演じ、戦後も「社長」シリーズでの小林桂樹などの母親役を演じ、東宝映画の母親役には欠かせない俳優である。

その娘に千葉早智子、次男には澤村敞之助《しょうのすけ》（のちの伊藤寿章）、そして一旗挙げると関西に行ったまま行方知らずの長男に丸山定夫。母親は次男を学校に通わせるために、無理

が祟って病気となる。のちの大映で三益愛子が主演した「母もの映画」のルーツとも言えるメロドラマである。

《さくら音頭》の華やかさとは裏腹、それまでのP.C.L.映画の都会的ムードとは対極のウエットな人情ものとなっている。とはいえ本作ではビクター版《さくら音頭》をフィーチャー。トップシーンは、ビクターレコード盤が回転して、若い女性が蓄音器に針を落とすショットから始まる。映画タイトルの前にレコードのスペック、作詞・作曲、歌手の情報が出る。

ビクターレコード・番号53003・さくら音頭　主題歌
作詞・佐伯孝夫、作曲・中山晋平
吹込・小唄勝太郎、三島一聲、徳山璉
伴奏・日本ビクター管絃楽團、日本ビクター合唱團

小唄勝太郎のヴォーカルが流れるなか、タイトルバックが始まる。続いて三島一聲が二番を唄い、徳山璉が三番、そして小唄勝太郎が四番をたっぷりと聞かせる。

タイトルが明け、富士山に桜の映像、カメラ目線で小唄勝太郎が唄い、続いて三島一聲、日本の桜風景がインサートされ、徳山璉が観客に向けて唄う。そして澤蘭子、伏見信子といった東京宝塚劇場専属女優、P.C.L.女優陣、堤眞佐子たちが音頭の輪のなかで踊る。さらに芸者連による屋外（撮影所内の空き地で撮影）での音頭デモンストレーションの映像もインサートされ《さくら音頭》が冒頭六分半も延々と流れる。

それがジャズに切り替わり、高台にある高級アパートの二階で都会生活者の男女がダンスを踊っているショットとなる。キャメラがゆっくりとパンすると、外の街並みがミニチュアセットとなり、高台の下、貧しい人々が暮らす長屋へとキャメラが移動。このミニチュアワークが見事である。アパートの窓辺にも桜の枝が見え、ミニチュアの家並みにも桜の木や枝が仕込んである。ジャズ・ソングが次第に、赤ちゃんの鳴き声に変わり「ああ、よしよし」とおかみさんの疲れた声になる。

こうしたシーンに、木村荘十二が少年時代に、武者小路実篤の村落共同体「新しき村」に参加していた経験が反映されている。モダンなP.C.L.にあって、常に庶民目線でドラマを描くことを忘れなかった。

チンドン屋（藤原釜足）とその女房（伴千鶴子）と娘・おきみが、家路に着いている。長屋から、酔った亭主たちの《さくら音頭》の歌声が聞こえてくる。レコードの音、街のノイズ、生活音をワンカットのキャメラ移動のなか聞かせる。木村荘十二のトーキー演出の巧みさである。

娘のおきみは、今日がチンドン屋デビュー。メイクが恥ずかしくて風呂に行きたがらない。「こんな顔していくとみんなが笑うんだもの」「チンドン屋だって立派な商売じゃないか」とお父さん。そう言いながら顔を洗ってやる。

長屋のセットは同録で、様々な生活音を意識的に出している。賑やかに言葉が飛び交う。セリフは、この後、昭和一二（一九三七）年に文学座の創設に関わる劇作家の田中千《ち》禾夫《かお》が担当。この映画の前年にデビュー作「おふくろ」を『劇作』に発表して注目を集めていた。

長屋の爺さん（森野鍛治哉）が「かわいいな、お前の娘にしちゃ出来すぎているぞ」とチンドン屋に声をかける。それが嬉しくて娘の歌声を自慢して「今にみろ、小唄おきみとか言われるぞ、そうなればこちとら左うちわで暮らせるぞ」。

隣のおかみさん（三好久子）は子沢山。夫が病気で臥せっている。春になれば仕事に出られると信じていたが、その夜、容態が急変して、亡くなる。そのお通夜から物語が始まる。

やはり夫が早逝して、女手一つで子供たちを育ててきたきよ（英百合子）は、次男・輝夫（澤村敞之助）が中学受験に受かり、その制服や学用品を稼ぐために連日夜鍋をしている。長女・しづえ（千葉早智子）も生活を支えるため、夜は銀座のダンスホールに勤めている。といってもダンサーではなく、チケットガールである。ホールはチケット制で、客がチケットを購入、それを相手の女の子に渡して踊る。女の子はそれを換金したものが歩合のギャラとなる。これはアメリカのシステムをそのまま取り入れたもの。撮影協力は、京橋区（現・中央区）や四谷区番衆町・新宿園跡（現・新宿区新宿五丁目）にあった國華《こっか》ダンスホール。

しづえは身持ちが固い。帰宅時は、円タク運転手の恋人・原田（大川平八郎）がクルマで送ってくれる。それが二人のランデブーでもある。

しづえは、弟から頼まれた「参考書を買いたいから本屋に寄って欲しい」と原田に話すが、原田は「話がある」とクルマを横浜の方まで飛ばす。結婚の約束をしている二人。原田はいつか自分のクルマを持てたら結婚したいと考えている。

そんな原田の先輩ドライバーが岸井明。この頃は日活芸能学校から、古川ロッパの「笑の王国」に参加して、P.C.L.と契約。『純情の都』では唄って踊ったが、ここでは円タクの運転手で、近々赤ん坊が生まれる予定の気の良い男。

やがて、あと少しで輝夫の入学式、というとき、母・きよは過労で倒れてしまう。心配そうに看病する輝夫。しづえも気が気ではない。医者に診てもらうも、すでに手遅れ。

心臓に負担がかかりすぎて、このままでは余命は幾ばくもない。転地療養することもできない。

せめて輝夫の月謝や学用品を揃えたいとしづえ。以前から、親友のダンサー、あき子（岸夢路）を通してモーションをかけてきた牧（汐見洋）の誘いに乗ってしまう。牧は待合にしづえを連れ込む。それを恋人・原田が目撃、激しい嫉妬を覚える。

この辺り、松竹蒲田のメロドラマではありがちな展開だが、P.C.L.のイメージとはおよそ結びつかない。あわや貞操の危機に、しづえが泣き出して、身の上話をする。母が病気で寝込んでいること、弟がせっかく進学できるのに準備をしてやれないこと。さすがの遊び人の牧も、その純情にほだされ、しづえに現金を渡して、何もせずに「帰りなさい」「これからはいい友達だよ」と。

汐見洋は、新劇俳優として活躍。大正一三（一九二四）年、小山内薫、土方与志らの築地小劇場設立に参加。昭和二（一九二七）年には、小山内薫監督のミナ・トーキー『黎明』に出演。その後、青山杉作、東山千栄子らと劇団東京を設立するも解散。昭和九（一九三四）年一月にP.C.L.映画と契約、準専属となり、芸名も汐見蓊《しげる》から洋へと改名、これが第一回出演作となった。

さて、しづえは、雨のなか、待合を出たところで、怖い顔した原田がクルマの中に。しづえは説明をしようとするが、怒った原田はエンジンをかけて、去ってしまう。失意のしづえ。

その頃、長屋に刑事が訪ねてくる。大阪にいるはずの長男・健一（丸山定夫）が仲間と起こした事件の容疑で指名手配されていることを知るしづえ。もちろん母には話せない。

そんなある夜、健一が訪ねてくる。しづえは兄からそれまでの経緯を聞く。一旗揚げようと思って大阪へ行ったものの、悪いことが重なり、何もかもうまくいかず、ついには悪い仲間に入ってしまったと。しづえは「お願いだから」と自首を促す。

輝夫の入学式が迫るが、病床のきよはお金のことが心配でならない。しかし、しづえは「明日になれば、輝夫の支度はちゃんとできてよ」と牧から貰ったお札を母に触らせる。すでに母は目が見えなくなっている。「どうして？誰に？」いぶかる母。しづえは咄嗟に「兄さん、大阪の兄さんよ」と嘘をつく。母さんが寝ている間に、兄さんのお使いの人が届けてくれたと、輝夫も口裏を合わせる。

母は「あの子がねぇ」と「私にも読ませておくれ」と健一の手紙を読みたがる。そこでしづえは、輝夫の合格通知を手紙に見立てて、勧進帳よろしく、兄からの手紙を即興で読む。観客の感涙を誘うシーンである。「私もつつがなく暮らし居り候えば……私事一別以来、長い事ご無沙汰申し上げ候えば……漸く最近、職工大勢を使用し事業反映に向かいつつ候えば」としづえも涙ながらに偽の手紙を読み上げる。「この度、金二〇〇円、ご送金いたし候」。

そこへ兄・健一が現れ、戸の向こうですべてを聞いている。しかし、刑事に追われて、走って逃亡する。しづえは最後まで「偽の手紙」を読み上げ、母を安心させる。「これで私も安心、もうじき春が来るねぇ……春」と言い残して亡くなる。悲しみに暮れるしづえと輝夫。

「世の中には誰の家にも悲しいことがある。だけど負けてしまっては駄目。あなたは男の子でしょう。これからはしっかり勇気を持って戦って頂戴ね」「兄さんはもう帰ってこないわ」「これからは姉さんが、あなたの母さんよ、あなたの兄さんよ」「私も働くわ、世の中と戦っていくわ」と涙ながらに弟と自分に言い聞かせる。

「僕、いっぺんでいいから洋服（制服）を着て、お母さんに見せたかったよ」。

翌朝の長屋、何事もなかったかのように、いつもの朝の風景。チンドン屋一家が景気良く出かけていく。あれほど恥ずかしがっていた娘・おきみの堂々たるチンドン屋ぶりが可愛い。

大阪毎日新聞に「これは泣くことの好きな日本の観客には相当喜ばれるであらう。」と評された『さくら音頭 涙の母』は、それまでのモダンな都会派作品とは真逆のウエットなメロドラマ、まさにプロレタリア演劇のような悲劇が展開される。田中千禾夫《ちかお》のダイアローグも含めて、大不況後で「富める者」と「貧しい者」に二極化した社会への強烈なメッセージが込められている。P.C.L.の映画人たちが左翼系の演劇人出身者が多いことがよくわかる異色作でもある。

エノケンの青春酔虎傳

一九三四年五月三日／P.C.L.映画製作所／山本嘉次郎
製作＝P.C.L.映画製作所／配給＝東和商事映画部／1934.05.03・日比谷映劇／一〇巻・二、三二二m／八四分

【スタッフ】演出・山本嘉次郎／原作・脚色・エノケン文芸部、P.C.L.文芸部／撮影・唐澤弘光／音楽・紙恭輔、栗原重一／美術・北猛夫／録音・早川弘二／現像・小野堅治／振付・鹿島光滋／助監督・伏水修

【出演者】榎本健一（エノモト）／二村定一（二村）／如月寛多（如月）／森健二（モリ）／柳田貞一（エノモトの父）／英百合子（同・母）／花島喜世子（同・姉綾乃）／吉川道夫（綾乃の夫）／堤眞佐子（リラ子）／千葉早智子（マチ子）／堀越節子（トリ子）／武智豊子（女舎監）／丸山定夫（堀先生）／藤原釜足（課長）／高清子（女秘書マユミ）／中村是好（老事務員）／大川平八郎（伯爵）／北村秀佐江（花売娘）／宏川光子（タップソロの女）／岸井明（角力取）／大友純（暴力団）

榎本健一＝エノケン映画第一作『青春酔虎傳』が作られたのは昭和九（一九三四）年。当時、浅草松竹座を拠点に活躍していたエノケン劇団＝ピエル・ブリヤント（P.B.）に、P.C.L.のプロデューサー森岩雄が、音楽映画の製作を提案した。当時、エノケンは松竹演劇部の専属で、トーキー映画に興味を持っていたが、松竹に映画出演を希望しても、その返事はつれなかった。ハリウッドの音楽映画やブロードウェイのレビューの影響を強く受けていたエノケンにとっては、洋画劇場で封切られるP.C.L.での映画製作は渡りに舟。そこでエノケンは、監督には、日活京都で活躍していた山本嘉次郎を指名した。その理由は「音楽がわかるから」。

二人の出会いは昭和三（一九二八）年頃に遡る。二人とも二〇代の半ばだった。エノケンは、関東大震災で浅草オペラが壊滅、新天地を求めて京都へ。日活京都撮影所文芸部の山本と知り合い、意気投合した。山本は「面白い役者がいる」と、撮影所長・池永浩久にエノケンを売り込んだ。しかしポートレイトを見た池永は「なんじゃ、こんな変ちくりんな顔！」と一蹴してしまった。「いや、この顔がいいんです。今にきっと、日本一の喜劇役者になります」と、ダ

メ押しをしたが相手にされなかった。それから五年、浅草で喜劇王となったエノケンに、製作本部長・森岩雄が映画出演をオファーしたのである。その時のことをエノケンは自伝でこう回想している。

「監督さんについては、僕の方で特に、当時、日活京都撮影所の文芸部にいた山本嘉次郎さんを指名して、なんとか呼んでもらうようPCLに頼んだ。僕の初めてのトーキー映画で、しかも音楽映画とあれば、音楽がわかる人で、気心の知れた人が監督さんでなければ、と贅沢なことを考えて、是非とも山本さんを希望したのであった。」（榎本健一『喜劇こそわが命』栄光出版社、一九六七年）

こうして日活からP.C.L.に移籍した山本嘉次郎は旧友のために、本格的な音楽映画を目指した。この時、山本は日活から、新人助監督・伏水修を連れてきた。伏水はジャズや音楽に詳しく、たちまちエノケンのお気に入りとなる。

「それまでのトーキーでは、音楽や舞踊の場面は、いつもセットにきまっているので、この映画では野外で歌ったり踊ったりさせたいと考えた」（山本嘉次郎『カツドオヤ紳士録』鱒書房、一九五六年）。

エノケンと山本が目指したのはハリウッド映画のカレッジ・コメディ。特に、エノケンと風貌も良く似ていた、ブロードウェイ出身の人気コメディアン、エディ・カンターの映画を意識していた。カンターは、ブロードウェイの名プロデューサー、フローレンツ・ジーグフェルドのレビュー「ジーグフェルド・フォーリーズ」の大スター。ヒット・ミュージカル「フーピー」を引っさげてハリウッド映画に出演した。

一九三〇年製作の映画版『フーピー』は、ハリウッドの大プロデューサー、サミュエル・ゴールドウィンが製作したカラーの大作ミュージカル。トーキー三年目にしてカラーというところに、カンターの大物ぶりがわかる。その後もゴールドウィンのもとで、『突貫勘太』（一九三一年、昭和八年二月公開）や『カンターの闘牛士』（一九三二年、昭和八年八月公開）などのミュージカル・コメディに出演。エノケンが映画を志向した頃、カンター喜劇は次々と日本で公開されていた。エノケンと山本が、カンター喜劇を意識していたのは『青春酔虎傳』に登場する楽曲からも判る。

オープニング、キャンパスから出てきた女子学生たちと、カレッジ・ユニフォーム姿のエノケン、二村定一、そして如月寛多が唄い出すのは《イエス・イエス Yes Yes (My Baby Says Yes)》。山本のエッセイにあるように屋外で唄い踊るミュージカル・ナンバーである。この《イエス・イエス》は、コン・コンラッド作曲による『突貫勘太』の主題曲でもあり、オリジナルではクライマックスで、映像の魔術師と呼ばれるバズビー・バークレイが演出した絢爛たるシーンで流れる。その曲から始まる『青春酔虎傳』には、エノケンと山本の音楽映画に対する強い思いが感じられる。映画の舞台となるキャンパスは、撮影所に建てられたオープンセット。女学生たちのバックの後ろの塀と、エノケンが出てくる建物の壁面だけが農場だった空き地に作られ、地面には芝生が敷き詰められた。

夜の学生寮。卒業試験を前に「♪試験の勉強、ものすごい大変～」とエノケンが唄う《ボクはユーウツだ》もまた、カンターの『フーピー』のナンバー《マイ・ベビー・ジャスト・ケアズ・フォー・ミー My Baby Just Cares for Me》(作曲・ウォルター・ドナルドソン)。この曲はエノケンの十八番でもあり、後の『エノケンの頑張り戦術』(一九三九年、中川信夫)でも「防弾チョッキ」会社のPRソングとして唄っている。はるかのち、ウディ・アレン監督、主演のミュージカル映画『世界中がアイ・ラブ・ユー』(一九九六年)で、エドワード・ノートンが、宝石店「ハリー・ウィンストン」で唄い踊るのもこの曲だった。

中盤で、エノモトがマチ子(千葉早智子)とお見合いするシーンがあるが、これは、この年一月に開場したばかりの東京宝塚劇場。劇中登場する舞台は、東宝専属男女優一座、水谷八重子一座による「さくら音頭／男装の麗人」公演(三月三日～二五日)である。昭和九年の東京の最新風俗を巧みに織り込んで、『ほろよひ人生』以上のモダンな都会派コメディが完成した。

ことほどさように、エノケン映画のモダニズムは日本映画ばなれしたハリウッド音楽的要素が魅力的である。しかし、現場での撮影は困難をきわめたようで、撮影が行われた三月、P.B.は公演中だった。

P.B.の浅草松竹座、三月前半は、「新家庭風景」(作・波島貞)、「制服よさらば」(大町龍夫)、「エノケンのさくら音頭」(鹿島滋作)、「エノケンの街のターザン」(登輝夫)。後半は、「鴨の丸焼」(中村是好)、大町龍夫「わしやつらいです」(大町龍夫)、「大学無宿」(菊谷栄)、「大久保彦佐衛門」(和田五雄)を上演していた。

終演後、浅草から世田谷区のP.C.L.スタジオまで一座全員が移動し、そのまま夜食、仮眠をとり、早朝から昼過ぎまで撮影をして、再び浅草の舞台に立つというハードスケジュールだった

モダンなジャズ・ソングや、映画的ギャグもさることながら、観客を驚かせたのはエノケンのアクション。クライマックス。親友の二村定一がオープンした銀座のビヤホールで、悪漢たちとエノモトが繰り広げる格闘場面。吹き抜けのセットを縦横に使って、その後のジーン・ケリーやジ

ャッキー・チェンもかくやの身のこなしを見せてくれる。

二村が経営するビヤホール（タイアップは『ほろよひ人生』同様大日本麦酒）での乱闘シーンでは、エノケンの抜群の運動神経と、それを映画に活かそうとしていたことがわかる。山本の回想によると、天井に吊ったシャンデリアにエノケンが二階の欄干から飛び移るシーンで、「シャンデリヤ（ママ）に塗ったペンキが乾いておらず、つかんだ手がヌルリと滑って、六七米もある高さから、コンクリートの床の上に、真っ逆さまに叩きつけられてしまった。」（『カツドオヤ紳士録』）。

エノケンは二階のバルコニーから天井のシャンデリアに飛び移る際に、シャンデリアを摑み損ねてそのまま落下。しかし、キャメラの唐澤弘光は撮影を続行。脳震盪を起こしたエノケンは病院に運ばれたが、落下シーンはそのまま映画に使用されている。このアクシデントを機に、エノケン映画撮影中は、舞台を休演することとなり、映画製作をめぐっては、舞台を仕切る松竹とP．C．L．の間で様々な折衝が行われた。

映像で確認してみると、確かにシャンデリアをつかみ損ねて、エノケンは落下。しかしその後、編集で何事もなかったかのように、アクションは小気味よいカッティングで続いてゆく。エノケンの運動神経と身のこなしの鮮やかさ。山本嘉次郎の演出、岩下廣一のリズミカルな編集によって、舞台での姿を知らぬ後の世代にも、エノケンの体技の素晴らしさがわかる。

それまで、浅草、新宿の舞台でのみしか見ることができなかった「本物のエノケン」が映画というメディアによって、全国のファンを獲得していった。エノケン映画の登場で、エノケンは文字通り「昭和の喜劇王」の道を歩むことになるのである。

公開時の報知新聞では「榎本健一とその一黨《いっとう》がスクリーンに進出した第一回作品―これは監督山本嘉次郎、撮影唐澤弘光、作曲紙恭輔によるシネ・オペレットである。エノケンをひっぱり出したP・C・Lの企畫は成功である。通俗小説の映畫化より手のない現代物に一つの清新な空氣を注入してゐると思ふ「ほろよひ人生」以來P・C・Lの持つカラーに染った十巻［上映巻数］である。」と称賛している。

浪子の一生

一九三四年六月二八日／P.C.L.映画製作所／矢倉茂雄
製作＝P.C.L.映画製作所／配給＝東和商事映画部／1934.06.28・日比谷映劇／七巻・一、七六六m／六四分／1934年度作品No.5
【スタッフ】蘆花「不如帰」の実話に基づき「浪子」実妹・竹島きみ子女史執筆／監督・矢倉茂雄／脚色・小林勝／撮影・鈴木博／録音・杉井幸一／装置・久保一雄／現像・小野賢治／編輯・岩下廣一／音楽監督並作曲・紙恭輔／演奏・P.C.L.管絃楽團／衣裳調製・銀座松坂屋／主題歌・「浪子」自作の詩より　竹島きみ子作詩、及・山川アサヲ　ポリドールレコード番号2076
【出演者】英百合子（片岡夫人）／伏見信子（浪子・東京宝塚劇場）／林千歳（川島夫人）／細川ちか子（加藤夫人）／末廣好子（女中・お幾）／堀越節子（白川秋子）／三條正子（浪子の妹）／藤田弥千代（同）／汐見洋（片岡中将）／大川平八郎（川島武男）／滝澤修（杉村中尉）／藤原釜足（山本兵造）／丸山定夫（馬丁・松田）

徳冨蘆花《とくとみろか》の『不如帰《ほととぎす》』は、明治三一（一八九八）年一一月二九日から、翌三二（一八九九）年五月二四日にかけ、国民新聞に連載された新聞小説。明治三三（一九〇〇）年に民友社から『小説 不如帰』として刊行され、ベストセラーとなった。

「片岡中将の娘・浪子は、実家の継母の冷たい仕打ち、気難しい姑に悩まされながら、海軍少尉・川島武男男爵と幸福な結婚生活を送っていた。ところが武男が日清戦争へ出陣してしまった間に、浪子の結核を理由に離縁を強いられ、夫への思慕を抱きつつ死んでいく」といったストーリーである。

この悲劇は、日本中の読者の感涙を誘った。浪子の「人間はなぜ死ぬのでしょう！　生きたいわ！　千年も万年も生きたいわ！」というセリフは芝居や映画で繰り返し演じられて、誰もが知る悲恋物語となった。

実は「浪子と武男」にはモデルがいる。蘆花が小説『不如帰』の第百版（一九〇九年）に追加したまえがきに、蘆花が逗子に住んでいた頃、療養に来ていた婦人から聞いた話を脚色したと書いている。元帥陸軍大将・元老だった大山巌の娘・信子が肺結核のため、子爵・三島彌太郎と離縁されたこと。信子の継母・捨松は日本初の女子留学生でアメリカ帰りのエリートだった。といった話を蘆花が自由脚色して『不如帰』が誕生した。

明治四二（一九〇九）年に最初の映画化『ホトトギス』が公開され、その後も松竹キネマで林長二郎と川崎弘子で『不如帰』（一九三二年、五所平之助）、オリエンタル映画で水谷八重子と汐見洋で『浪子』（同年、田中栄三）など、一八作も作られてきた。

P．C．L．版がユニークなのは、徳冨蘆花原作の映画化ではなく「実録もの」として、浪子のモデル、大山信子の実妹・竹島きみ子の原作をもとにしたリアル・ストーリーを売りにしていること。というのも『不如帰』の新聞連載から三八年後となる、昭和九（一九三四）年三月の『婦人公論』に、渡辺とめ子（竹島きみ子）が「真実の姉」の姿を語った手記が掲載されたからである。

「明治二十七年頃の教養のある女は、物靜かにつゝましやかにあるのを最もよいとされて居ました。あの當時あの境遇に生れ合せて來た彼女としては、善悪を論ずる意味でなくて、當時の女の代表であつたとも云へるかと思ひます。然し現代の考へ方から云ふと、あまりにせまく物を考へ過ぎて居た事とそれがいかにもいたましい結果になってしまつたと云ふ事になると思ひます。」（『婦人公論』第一九巻第一号、一九三四年三月、中央公論社）

そこでP．C．L．では現代女性の視点で、改めて「浪子の物語」を描こうと、竹島きみ子女史の手記をもとに製作したのが『浪子の一生』である。この頃、封建的な考えを打ち破ろうと女性の社会進出、新しい価値観の創造が、リベラルな空気のなかで進められていた。都会のオフィスで働く女性のタイピストや、職業を持つ自立した女性たちが、婦人雑誌や映画でトレンドとして描かれていた。

脚色の小林勝は、前述のオリエンタル映画社のウエスタントーキー版『浪子』のシナリオを、のちのP．C．L．取締役・森岩雄と共作。同作は日比谷の帝国劇場で大々的に封切られた。浪子を水谷八重子、川島武男を大日方傳が演じて話題となった。それに続いて企画されたのが本作。

片岡浪子には、小津安二郎の『出来ごころ』（一九三三年、松竹蒲田）でヒロインを演じた伏見信子。この年一月に開場した東京宝塚劇場と専属契約、『さくら音頭 涙の母』（三月八日）の特別出演でP．C．L．のスクリーンにお目見えした。翌年には姉・伏見直江と共に新興キネマに移籍するので、唯一のP．C．L．での主演作となった。

川島武男にはP．C．L．のトップスター、大川平八郎。また『さくら音頭 涙の母』でP．C．L．に移籍してきた英百合子が、浪子の継母・片岡夫人を好演。それまでの小説、芝居、映画では、意地悪な継母として描かれてきた片岡夫人だが、本作では誰よりも浪子が信頼をおいて心を通わせる「ママ」として、観客の感涙を誘う。

監督の矢倉茂雄は、松竹蒲田から移籍、この年の『踊り子日記』（一九三四年）からP．C．L．のエース監督の一人としてモダンな音楽映画、メロドラマ、コメディを手がけることとなる。本作でもウエットな「新派悲劇」にならぬように、随所にモダンなアイテムや描写を心がけている。トップには竹島きみ子のメッセージが出る。折々の展開に合わせて、竹島きみ子のコメント・テキストがストーリーテラーの役割を果たしている。

この物語は　姉「浪子」の　まことの姿を　描いたものでございます。　竹島きみ子

「姉の縁談が纏まった時　父と母は　大変喜んで　姉のためにお祝をして下さいました」

タイトルバック明けに、竹島きみ子のことばが直筆で画面に大写しとなる。物語設定は明治二七年ではなく昭和九年。片岡中将（汐見洋）は、リベラルで温厚な軍人。その一番の部下である陸軍の杉村中尉（滝澤修）は、中将の馬の世話をして片岡家に出入りしている。ふとした表情で杉村中尉は、浪子（伏見信子）に恋をしていることが匂わされる。

これがラストの伏線になっている。

浪子の婚約パーティに、女学校時代の友達が大勢参加。彼女たちはほとんどが洋装で、最新の流行に身を包んでいる。ノンクレジットだが、このシーンにはP．C．L．のフレッシュな女優たちが勢揃い。堤眞佐子、宮野照子、浪子の妹役の三條正子。彼女たちが「さあ唄いましょう」とピアノ伴奏で唄い始めるのが、主題歌《月の夜》（作曲・紙恭輔）。「♪あいうえを　かきくけこ〜」と唄い出しのコーラスが童謡みたいで微笑ましい。

♪あいうえを　かきくけこ　意味深なのよ
たちつてと　たちつてと　とろんとろろ
僕と君じゃんけんぽん　僕と君げんまんよ
なにぬねの　はひふへほ　本当なのよ

竹島きみ子が「姉・浪子の詩」をもとに作詞、「及」と共同クレジットされている山川アサヲは、『音楽喜劇 ほろよひ人生』（一九三三年）で大川平八郎が演じた音楽家の名前。この頃のP．C．L．映画の主題歌、挿入歌クレジットには山川アサヲ名義のものが多い。この《月の歌》も後半、効果的に使われるが、ポリドールからリリースされたレコードでは山村道子が唄っている。

さて、このパーティのシーン。女中・お幾（末廣好子）は、浪子の友達にもファンが多くレコードに合わせて「踊って」とリクエストされる。《ピーナッツ・ベンダー El manicero》（作曲・モイセス・シモン）のレコードに合わせておどけて踊っているのを皆が知っているのだ。しかし、浪子のママ・片岡夫人がお菓子を勧めても、彼女たちは受け取りもせずに無視を決め込む。その理由は「継母だから」。

観客もさぞや浪子が苦労しているのでは？　と思わせる描写。そのパーティで一人浮かない顔をしているのが、友人の白川秋子（堀越節子）。父親が亡くなり、母と二人で苦労している。それゆえ浪子の幸福が心底羨ましい。

「この頃が　姉の一番　幸福な　時でしたでせう」

浪子の嫁入り支度。家族全員で嫁入り道具を吟味。銀座・松坂屋の外商が片岡家に来訪、贅沢な品を並べている。浪子も片岡夫人も幸せそう。なんと片岡中将まで帯留を選んでいる。この家が近代的であることを強調している。

やがて浪子は結婚。新婚旅行は東海道線で熱海へ。その直前のショットでは、白川秋子と母親が東北の実家に戻る東北線の座席。「誰も友達が見送りに来ない」と悲しむ秋子に、母は「その方がいいんだよ」と慰める。客車の「福島行」のプレートに「熱海行」のプレートがディゾルブする。

そこから浪子と武男の幸福な新婚旅行の描写となる。二人が逗留しているのは「熱海ホテル」。関東大震災で倒壊し、昭和五（一九三〇）年に、山田馨《かおる》設計によるスパニッシュ・スタイルの洋館に改築。そのピカピカの建物をバックに睦まじい二人。浪子は海軍中尉である武男がいつ遠洋航海に出かけるのか心配でならない。

「急に二人は　東京に歸《かえ》らねば　ならなくなりました」

川島家では夫人（林千歳）から侍従・山本兵造（藤原釜足）、女中まで流行性感冒にかかり、浪子は家族の看病を懸命にする。久しぶりに妹たち（三條正子、藤田弥千代）とお幾が遊びに来るが、玄関先で帰ってもらう。

やがて全員が寛解、祝いの宴をすることになるが、今度は浪子が過労で床に伏せってしまう。武男は銀座に、祝宴のための買い物に出かけ、浪子へのプレゼントも購入。この銀座のシーン、一瞬だけだが銀座通りの「マツダランプ」のネオンなどの外景がインサートされる。モダン銀座の夜。そこで武男とばったり再会した杉村中尉は、浪子の病気を知り心配する。

「それから義兄と姉は　保養かたがた　逗子の別荘に　楽しい新家庭を　持ちました……」

新婚夫婦は逗子の海が見える別荘で楽しい日々。病の浪子に気遣いながら武男は、子供のようにはしゃいで、浪子と「かくれんぼ」して遊ぶ。少し気恥ずかしいが、これもリベラルな雰囲気を強調する「現代的な若夫婦」の描写。しかし楽しい日々は長くは続かない。

「そして　遠洋航海に　出發《しゅつぱつ》する日が　まゐりました」

おそらく横須賀の海岸まで、武男を見送りにきた浪子。「早く帰ってきてね」「まず病気を治さなくちゃ」とお互いを思いやる二人。これが浪子にとって武男との最後の別れとなる。

「姉は　私共の家で　ひたすら　義兄の歸りを　待ちこがれて　居りました」

川島家では病気の嫁は要らないと、浪子は実家で療養することになる。結核と診断された浪子は一進一退を繰り返しながら、武男が帰還して迎えに来るのを、健気に待ち侘びている。片岡夫人は、浪子に気遣いつつ、娘たちに結核が移ってはいけないと、消毒を徹底する。浪子の食器を熱湯で消毒するのも近代的な対処法なのだが、女中たちには夫人が「継母」ゆえに浪子に意地悪しているとしか見えない。

浪子が末妹（藤田弥千代）に化粧をしてあげて、化粧道具をプレゼントした時も、夫人は末妹を叱る。消毒液で顔を拭き、せっかくの化粧品を取り上げてしまう。その理不尽に泣き出す末妹。そこで杉村中尉が「これは私が預かっていましょうね」とポケットに入れる。さりげないシーンだが、杉村の浪子と末妹への気遣いと愛情が感じられる。滝澤修の表情がいい。

浪子は武男のためにセーターを編み、その帰りをひたすら待つ。伏見直子のおっとりとした芝居が、何も知らない彼女への観客の悲しみを誘う。結局は新派大悲劇の展開となる。

「その時——待ちに待った　義兄が　歸って来ました」

《ピーナッツ・ベンダー》のレコードに合わせて、素っ頓狂なダンスを披露する女中のお幾。浪子も楽しそう。そこでお幾が思わず「近々旦那様がお帰りになる」と浪子に伝えてしまう。嬉しそうな浪子だったが……。

片岡中将は、川島家を訪れて「別居は構わないが、せめて籍だけは抜かないで欲しい。もしも浪子が死んだら、お骨だけは川島家の墓に入れて欲しい」と懇願する。しかし冷徹な川島夫人は、浪子を「離縁」すると一方的な結論を出す。翌年の成瀬巳喜男『乙女ごころ三人姉妹』（一九三五年）で、門付姉妹の母を演じる林千歳が、実に憎々しい。

「しかしこの事は　姉には内緒にして　ありました　そして——まだそれだけなら　良かったのですが……」

何も知らない浪子は編み上がったセーターを「武男さんに送って」と女中のお幾に頼むも、お幾もどうすることもできない。そんなある日、新聞に「名門川島子爵と四戸公令嬢の結婚　盛大なる華燭の典を擧ぐ」と大々的に武男の再婚が報じられる。

その新聞を浪子に見せまいと、片岡夫人は家族に厳命する。その事で浪子を傷つけたくない。その想いが切ない。浪子も「最近、みんなの様子がおかしい」と夫人に悩みを打ち明ける。「そんなことないわよ。ママも一緒に遊ぶわ」と、浪子とのコリントゲームを始める。

やがて加藤のおばさま（細川ちか子）が新聞を見て飛んで来る。浪子の亡くなった母の姉で、川島家の仕打ちに怒り、浪子に真実を伝えない片岡夫妻に憤りを感じている。加藤夫人「男まさり」と噂されている。浪子の亡くなった母の姉で、

しかも、浪子の病状は一向に良くならない。夫人は浪子を高原のサナトリウムに「入所させたら？」と片岡中将に提案。それは「継母の冷たい仕打ち」にも見えるが、夫人としては近代的な設備と最新の医療で、浪子に完治して欲しいという思いからでもある。

浪子も納得して、自分の判断でサナトリウムへの入所を決意する。ここは「現代女性」としての浪子の「選択」を観客に伝えるシーンだが、演出がフラットなので、やはりヒロインの悲劇が強調されてしまう。

「高原のサナトリウム」

近代的な設備。明るい施設、これもP.C.L.的なモダンさを感じる。ある日、ピアノ室から懐かしい《月の夜》が聞こえてくる。浪子は嬉しくてピアノ室へ。弾いていたのは、女学生時代の友人・白川秋子だった。彼女は福島の郷里に戻り、このサナトリウムの看護師として勤めていた。懐かしい友との再会を喜び合う二人。そこで秋子は浪子に「偉いわ、よく武男さんを思い切れたわね。あたしは武男さんが浪子さんにした仕打ちを許せない」。と自分の感情をぶつける。ここで初めて浪子は、武男が再婚したことを知り、ショックで倒れ込む。

このサナトリムのシーンは伊豆でロケーション。ロケ中、天候に泣かされて、毎晩「晴天を祈る会（お天気祭り）」を開いて、スタッフ、キャストが憂さ晴らしをしていた。

東京から片岡夫人が駆けつけた時、医師は夫人に首を横に振る。余命いくばくもないのだ。ここから病室での母と

娘の対話となる。「あたし良く知っているんです。武男さんのことも。お隠しになっていらしたのね。私に心配かけないために。」慚愧《ざんき》の念にかられる夫人は浪子に謝る。「あたし、ママのこと良く知っています。あたし、こんないいママを持って幸せよ。」「誰がなんと言っても、浪さんだけが、ママの気持ちを知っててくれていたら、それでママは本望なの」

浪子は、女中の幾や、馬丁の爺や（丸山定夫）が「ママのことを悪く言ってたけど、それは私をを心配してのこと」だから「叱らないでちょうだいね」。ここで『不如歸』の定説が覆され、継母と浪子がわかり合っていたというクライマックスとなる。

浪子は「武男さんだって、川島のお母さんだって、みんな良い方です」。どこまでも優しい浪子を、夫人は抱きしめる。

浪子「あたしさえ、もっと強かったら。もっと、もっと強い女だったら。身体はどんなに弱くても」
夫人「浪さんの心は強いわね」
浪子「強くなりたい。強くなりたい。あたしさえもっと強かったら」
夫人「こんなにママの子は強いじゃないの」
浪子「ママ、あたし、あたし、男に生まれてきたかった……」

ここで『不如歸』の名台詞「あゝ辛い！　辛い！――最早もう婦人なんぞに――生れはしませんよ」が、現代的にリニューアルされる。これが『婦人公論』に渡辺とめ子（竹島きみ子）が綴った「あの當時あの境遇に生れ合せて來た彼女としては、善悪を論ずる意味でなくて、當時の女の代表であつたとも云へるかと思ひます。然し現代の考へ方から云ふと、あまりにせまく物を考へ過ぎて居た事とそれがいかにもいたましい結果になつてしまつたと云ふ事になると思ひます。」（『婦人公論』第一九巻第一号、一九三四年三月、中央公論社）の思いを描く『浪子の一生』の新しさでもあった。

やがて浪子が亡くなり、片岡中将たちが浪子を迎えにサナトリウムへ。浪子を密かに愛していた杉本中尉が「閣下、お嬢さんを麓まで送らせて頂きます」。滝澤修が見事。悲しみを湛えた芝居を見せてくれる。馬丁の爺さんの丸山定夫もいい。山に響くホトトギスの鳴き声。静かに映画はエンドマークに。

おなじみの悲劇を換骨奪胎しつつ「真実の物語」として現代的に再生する。成功の有無はともかく、このアプローチこそP．C．L．のモダニズムであり新しさだった。

人生勉強 續篇・只野凡児

一九三四年七月一二日／P.C.L.映画製作所／木村荘十二
製作＝P.C.L.映画製作所／配給＝東和商事映画部／1934.07.12・大阪松竹座／八巻・二、一五〇m／七三分

【スタッフ】東京・大阪　朝日新聞連載／監督・木村荘十二／脚色・松崎哲次、伊馬鵜平／撮影・川口政一／録音・峰尾芳男／装置・北猛夫／現像・小野賢治／編輯・岩下廣一／音楽監督並作曲・紙恭輔／主題歌作詞・松崎流子（松崎哲次）／演奏・P.C.L.管絃楽團／海水浴用品・髙島屋調製／「新潮社發行」

【出演者】藤原釜足（只野凡児）／有馬是馬（ノンキナトウサン）／丸山定夫（隣のタイショウ）／御橋公（茶狩茶次郎）／津村博（橋呉男爵）／嵯峨善兵（先輩野見山）／生方賢一郎（風船會社社員）／徳川夢声（同課長）／竹久千恵子（三原山子）／堤眞佐子（橋呉モロ子）／清川虹子（下宿のおばさん）／弥生ひばり（小谷サユリ）

麻生豊原作「ノンキナトウサン」のスピンオフ漫画の映画化「只野凡児」第二作。朝日新聞で好評連載中の同作を、第一作のスタッフ、キャストで再び映画化。今回は、伊豆大島にロケーションを敢行。トーキー専門撮影所として設立以来二年、技術も飛躍的に進歩して、これまで都内ロケとセット中心だった映画の新たな挑戦でもあった。

トップタイトルには「麻生豊・原作　人生勉強　續篇・只野凡児　東京大阪朝日新聞連載」と出る。そのバックには、単行本の第三巻（新潮社、一九三四年）の表紙。脚本は松崎啓次と伊庭鵜平、流れる音楽は前作で藤原釜足が唄った主題歌《只野凡児》のインスト版。作曲は音楽担当の紙恭輔。主題歌の作詞は松崎流子（松崎啓次の変名）。前作の衣装は日本橋・白木屋とのタイアップだったが、今回は「海水浴用品……髙島屋謹製」である。キャストは前作からのレギュラーに加えて、ノンキナトウサン（有馬《ありま》是馬《これま》）、タイショウ（丸山定夫）、茶狩茶次郎（御橋公《みはしこう》）、さらに今回は帝国玩具が倒産して、凡児が再就職する風船会社の社員（生方賢一郎）、課長（徳川夢声）、小谷サユリ（弥生ひばり）が登場する。

第一話「非常時の巻」

ようやくサラリーマン生活にも慣れた只野凡児（藤原釜足）が、いつものように電車で出勤。満員電車の網棚にカンカン帽を置いて、あっちにぶつかり、こっちにぶつかり。車内で男が読んでいる新聞には「財界の非常時　帝国玩具会社も遂に倒産！　丸持社長突如失踪す」と大きく見出しが踊っている。それを知らない凡児は、ようやく座れたと安堵の表情。「非常時ですなぁ」「全くもって非常時ですなぁ」とサラリーマンが会話している。

この年、「非常時博覧会」（三月一八日〜四月一五日・神田昌平橋伊勢丹旧館）が開催された。「非常時」という言葉は、昭和七（一九三二）年から政治、教育など様々な場で使用されていた。軍部の勢力拡大に対して批判をさせないように、曖昧な「非常時」や「国難」という言葉が使われていた。只野凡児は、それをからかっている。当時の庶民感情の反映だろう。

凡児は、車内吊りの「あなたと私の楽しいピクニック」広告を見て、三原山子（竹久千恵子）とのピクニックを夢想。やがて省線（山手線）は東京駅へ到着。

ホームでは出征兵士を見送る人々の「万歳！　万歳！」がこだましている。「只野凡児くん！」の声にギョッとなる凡児。その後ろには、東京駅の宝珠型の屋根が見える。この映画から一〇年後、この屋根は空襲で焼け落ちるのに……と、未来の僕たちはつい思ってしまう。

トップシーンの車内から、東京駅の一連はロケーション。バックに流れるノイズと音楽は「非常時」を印象付ける「祝入営」の歓呼の声。

凡児が帝国玩具に出社すると、ドアに張り紙がしてある。「告　本日限り当事務所閉鎖仕り候　帝国玩具」とある。同僚たちは、意気消沈、暗い表情で、荷物を抱えて次々とオフィスを出ていく。駅前の新聞スタンドには「非常時‼　財界大災難　帝国玩具破産　社長の逃亡‼行方不明‼」と東京朝日新聞のタレ札が下がっている。風に舞う号外。

ほとんどの社員が出て行った後、何も知らない凡児が出勤してくる。やはりノンキナトウサンの息子である。オフィスには、三原山子が沈んだ顔で窓辺のヒーターに座っている。「またギャングが襲来したんですか？」と凡児。そこへ、会社整理の男たちが無言で入ってきて、机や事務用品を運び出す。窓には「貸室」と大きな張り紙をする。

それでも凡児は気づかない。「なんだ、引っ越しか」とノンビリしている。「只野さん呑気ね」と山子に新聞を見せられて初めて気づく。このボケだけで七分近く持たせてしまう木村荘十二演出、恐るべし。それでも「僕のサラリーどうなるんです？」と凡児。「あんたの月給も、私の月給も、みんなの月給も、貰えっこありゃしないってことよ」。「非常時ね」「非常時ですね」「あんたともも う会えなくなるわね」。せっかく恋人同士になったのに、またもや只野凡児の御難は続く。

意気消沈して街を歩く凡児に「ヨォ、只野くん。憂鬱の極みという顔をしているじゃないか」と野見山ノミスケ先輩（嵯峨善兵）が朗らかに声をかけてくる。ロケセットの乾物屋の前で「また失業ですよ」「そんな顔をしてちゃ、仕事の方が向こうから逃げてしまう」と野見山先輩。「朗らかが一番じゃよ」とアドバイスされて、ポジティブに歩き出す凡児。すると大学時代の友人・茶狩茶次郎（御橋公）とバッタリ。仕事が忙しくて朗らかにやってられないと、茶狩。あまりにも凡児が明るいので、どんなに良い仕事をしているのか？ と羨ましがられてしまう。この問答も漫画的で面白い。いつも老け役が多い御橋公だが、ここでは若いサラリーマンを演じている。

「高級下宿・頓珍館」に帰ってきて、下宿のおばさん（清川虹子）に、恋人・山子ともどもルンペンになったことを報告。早速、山子にラブレターを書こうと、どこまでも呑気な凡児。ところが「履歴書書いた方がいいんじゃないのかい？」と我が事のように心配するおばさん。

結局、凡児は新聞の求人欄にあった独身限定の募集に応募する。引き出しを開けると、履歴書のストックがたくさんあるのがおかしい。凡児が応募したのは、麴町区内幸町にある大日本風船株式会社。一方、愛しの恋人は、杉並区高円寺十ノ一 スミレアパートに住んでいる。二通の封書のアップから、場面はスミレアパートへ。

♪仄かなる　蒼き宵　悲しの　スミレ
人知れず　花咲きて　野辺に　散りゆく
夢に見る　面影　心づくし　みる
仄かなる　蒼き宵　愛し　わが想い

小谷サユリ（弥生ひばり）がバルコニーで美しい歌声で唄っていると、隣室の三原山子が帰宅する。ドリー撮影でヒッチコックの『裏窓』（一九五四年）のように、部屋の中の様子を捉える。モダンな洋装の山子は、郵便受けの手紙を開封、読み始めると思わず笑い出す。その笑い声に「何がおかしいのよ」とサユリ。「だって、ちょいと来てごらんなさい」と山子。ベランダ伝いにサユリ、山子の部屋へ。凡児からのラブレターは、なんと履歴書だった。それをサユリと山子は「結婚の申込み」と思い込んで、凡児の純情を話題にする。

話を聞いたサユリ「只野凡児さんて、いうのね。私に紹介してくれない？　私好きよ、こんな純情な人」「あら、嫌だサユリさん、私、凡児さん嫌いだなんていいやしないわ」と、凡児、知らないところでモテモテである。

一方、大日本風船株式会社では、社員（生方賢一郎）が、凡児が履歴書と間違えた山子へのラブレターの文面をみて「これはひどく熱心な青年じゃな」と感心して、課長（徳川夢声）に進言。「あなたのためなら、例え火の中であろうが、水の中であろうが、私は飛び込む決心をしています」。課長は、「これだけ赤裸々に自己の感情を述べうるものはないな」と型破りな応募に感心。人事課での採用が即決する。前作では主題歌の作詞のみだった徳川夢声が出演。さすがの話芸を楽しませてくれる。この「履歴書とラブレターの取り違え」は、いずれも好転のチャンスになるのがおかしい。

で、凡児の採用が決まるや、生方賢一郎の社員はクビになってしまう。このワンマン課長、「できることとできないことがあるだろう」と凡児の決心を試す。「このビルの窓からは飛び降りれんじゃろう」。凡児、窓の下をのぞいてクラクラ。向かいのビルは、東京海上ビルディング。笑う課長をよそ目に、凡児は窓から飛び降りてしまう！　慌てた課長、凡児の足首を摑む。

ハロルド・ロイドの『要心無用』（一九二三年、ハル・ローチ）のビルからのぶら下がりの再現である。只野凡児はロイドメガネをかけていて、「和製ロイド」のイメージがあった。このシーン、さすがP．C．L．、ビルのセットを組んで、それを横にして、あたかも凡児が窓からぶら下がっているかのように見せて撮影。キャメラはビルの下へ移動していくので高所の効果もバッチリ。当時の観客は驚いたことだろう。そのぶら下がる前、ワンカットだけ、実際のビルからの外景ショットで、国会議事堂が見えるので、より効果的。

一九三四年六月一七日、日曜日。スミレアパートの山子の部屋へ、凡児が訪ねてきて、この前の履歴書と手紙の取り違えを詫び、就職の報告をする。「サラリー、三〇円なんですよ」と自慢する凡児。「たった？」と山子、「私なんか、毎日ちょっと唄うだけで百円もらいますのよ」とスミレ。スターのサユリは別にして、山子も「七〇円貰っている」とにこやか。凡児もかたなしである。ちなみに、当時（一九三七年）の大卒初任給が七三円なので、山子はかなりの高給取りである。

三原山子はその名前が縁で、三原山汽船会社に就職が決まったと話す。「タイアップですか？」と凡児。タイアップという言葉がすでに一般的だったのか。「でも只野さん、三〇円じゃねぇ」と、この時代の女性もキツいなぁ。凡児は一年ごとに一〇円ずつ昇給すると聞いて、山子「じゃあ五〇年後は五三〇円ね。今はつまんなくても将来はあるわね」とニコニコ。

この第二作、こうしたスケッチを重ねて展開されるのだが、どのシーンも気が利いていて面白い。

ある日、会社で同僚となった、御橋公演じる友人・茶狩茶次郎から飲みに誘われたものの、無一文の凡児。「金なら心配いらないよ」と、会計に電話をして凡児の声色を使って、親父が中気で倒れて亡くなったと、来月の月給を前借りしてしまう。戦後の表現では、かなりの無責任、C調野郎である。「どうだい、親ってありがたいだろう。俺なんて、親類縁者、みんな殺して、今じゃ天涯孤独の身だよ」。まるで「釣りバカ日誌」シリーズのハマちゃん（西田敏行）である。こうしたギャグのセンスはなかなか。経理課長が持ってきた月給の前借りと香典、茶狩がポケットに入れようとする。元祖無責任男は、御橋公だったのか！

おでんの屋台でしこたま呑む茶狩、凡児はひたすら飯を食べている。屋台からパンをすると、カフェーやキャバレーが軒を連ねている。このセット美術もいい。茶狩は「飲み直そう」と嫌がる凡児を連れて店へ。次のカットでは、酩酊した二人がご機嫌で出てくる。凡児はすっかり気持ちが大きくなっている。ガード下には漫画「只野凡児」のポスターが！　その脇の射的屋に入った二人。的を見て「お前に似てるじゃねえか」と只野凡児人形にクサリ、ノンキナトウサン人形に「あれはオヤジそっくりだ」と。すべての的にボールが当たるが、ノンキナトウサンだけはビクともしない。

射的屋を出たところで、三原山子とサユリにバッタリ遭遇した凡児、バツが悪いからとその場から逃げ出してしまう。なんということのない展開なのだが、かならずシーンにこうしたオチをつけている。云うなれば、漫画的演出である。

翌朝、二日酔いでグッタリの凡児を、課長は父を亡くした悲しみと誤解して同情してくれる。このキャラも徳川夢声なればこその味。そこへ、凡児宛の電報が届く。ノンキナトウサンが上京、上野に着くから迎えに来い、というものだった。それを知った課長が訝しがる。困ったのは茶狩、機転を効かせて「昨日亡くなったのは育ての親、今日来るのは「産みの親」だと言い訳。それを間に受ける課長。かなりおとぼけである。

第二話「トウサン入来の巻」

本作のハイライトは、やはり只野凡児の父にして、日本漫画史に燦然と輝くキャラクターの祖「ノンキナトウサン」

が登場すること。漫画映画にもなったが、最初に実写で映画化されたのが『ノンキナトウサン 花見の巻』（一九二五年、聯合映画、畑中蓼坡）、『同 活動の巻』（小沢得二）だから、大正一四（一九二五）年のこと。初作で演じたのが、曾我廼家《そがのや》五九郎で、これが当たり役となった。それから九年後となる本作では有馬是馬が演じている。有馬是馬は、有馬茂明の芸名で昭和三（一九二八）年、京都で喜劇役者・中根竜太郎（第一作に出演）が立ち上げた「中根竜太郎喜劇プロダクション」に、東亜キネマの大部屋だったエノケンこと榎本健一を連れて参加。その後、レビュー劇団を立ち上げて、昭和六（一九三一）年に設立された「ムーラン・ルージュ新宿座」に参加。舞台で活躍。有馬是馬の芸名は、ムーラン・ルージュのオーナー、佐々木千里が命名した。

初代ノンキナトウサンが、曾我廼家劇の曾我廼家五九郎が演じたこともあり、ここではムーラン・ルージュの人気者・有馬是馬が抜擢された。

そして漫画でおなじみ、ノンキナトウサンの心優しき隣人、隣のタイショウも登場する。演じるは、前作で帝国玩具株式会社・丸持社長を演じていた丸山定夫。今回も、容姿、衣装、メイクを原作漫画に限りなく寄せている。

さて、ノンキナトウサンから「上野駅に着く」とだけ電報があって、時間がわからないまま上野駅に向かった凡児。上野駅ホームでトウサンを、声を出して探す。この映画の二年前、昭和七（一九三二）年に竣工なったばかりのピカピカの上野駅でロケーション。現在とほぼ変わらない作りの上野駅が晴れがましく、まさに出来立てのホヤホヤである。

結局、ノンキナトウサンとタイショウは、上野駅浅草口のベンチで眠っていた。しかも田舎からネギなどの野菜をたくさん土産にして。都会生活に慣れている凡児にとっては、それが恥ずかしくてたまらない。この上野駅ロケーションは、僕が観た限りでは最も古い映像である。ベンチで一悶着あって、一行は凡児の下宿へ向かう。

次のカットでは神宮絵画館前の陸橋を、トボトボ歩く三人となる。そこへ、今は橋呉男爵夫人となったモロ子がオープンカーで颯爽とやってくる。父・丸持社長は失踪したままだが、男爵夫人となったモロ子は、旦那にも顧みられず有閑マダムとなっている。暇を持て余している。久しぶりに凡児と再会して「遊びにいらして」と声をかけ、三人はなんと橋呉男爵亭へ招待される。

ハイカラな男爵家の調度品に、圧倒されるノンキナトウサンとタイショウ。特に、全自動オートチェンジャーの蓄音機には声をあげて感嘆する。これは本当にすごい。最新のメカニズムで次々とレコードが掛け替えられる。そして豪華なランチ。ナイフとフォークの使い方がわからず、スープボウルを御汁の椀のようにして頂くのは凡児も同じこと。

カットが変わって、高級下宿・頓珍館。清川虹子演じるおばさんの心尽くしの夕食を味わうノンキナトウサンとタイショウ。モロ子の家にいかに驚いたかを話している。「何しろ人間の言葉を話す鳥がいるんだ」「ああ九官鳥ですか」。のんきな会話が続く。

そこへ三原山子が手紙で、夏の間「大島、三原山の出張所で働くことになった」と報告。「暇を見て一度遊びに来ないこと?」の誘いに、天にも昇る心持ちの凡児。

そこで凡児は、会社に一週間の休暇届を出す。理由欄には「親孝行のため也」。「故郷から親父と親類が上京しているので、この世の思い出にぜひ三原山を見物させたい」と申請したら「課長からＯＫが出た」と、茶狩に自慢する凡児。「なんだい、生みの親って言わなかったのかい?」「大丈夫だよ、あの課長、忘れっぽいからさ」。

第三話「らくだ」の巻

親孝行な凡児は、ノンキナトウサンとタイショウを連れて大島行きの連絡船に乗っていた。同じ船には、夫の浮気を疑ってその現場を抑えようと怒り心頭のモロ子が、ペットの子猿を連れて乗船。船から大島の海岸を望遠鏡で見ると、案の定、橋呉男爵がタイピストの三原山子に甘い言葉を囁いている。モロ子のジェラシーは極限に!

髙島屋の海水着カタログを広げ、「これは藤田嗣治、これは東郷青児」と解説をする橋呉男爵。この時代、一流画家は、一流のデザイナーでもあったのだ。そしてビーチハウスで水着に着替える山子。楽しく海岸で遊ぶ二人。

男爵「君は恋人があるのかい?」。山子「恋人といえる人は……」と都合の良い返事。そこへ、下船した凡児一行がやってくる。ノンキナトウサンとタイショウは、相変わらずの物見遊山気分だが、モロ子と凡児は心穏やかではない。ヒステリーのモロ子は、夫に三行半をつけて、帰りの船に乗って去る。

一方、凡児は、砂浜に自殺を仄めかす書き置きをして、行方を消してしまう。必死に凡児を探す山子、ノンキナトウサン、タイショウ。当の凡児は三原山へと登っていく。この頃「三原山心中　天国に結ぶ恋」がセンセーショナルな話題となり、若いカップルや、世を儚んだ若者の自殺が相次いでいた。またそれを見物するために大島に来る人もいた。

この第三話は、最初から最後までロケーションで、セット撮影は一切なし。もちろんアフレコなのだが、トーキー時代になってからの全編ロケは、これが最初期だろう。それもあって大島のシーンは回転速度が微妙に異なり、完成作では全編スローがかかっている。ノンキナトウサンは、名物のらくだに乗って、凡児を探す。それゆえ「らくだの巻」である。

凡児が、思わせぶりに火口を覗き込むカットや、噴煙を上げる三原山など、ロケーションが最大の効果を上げている。果たして凡児の運命やいかに？　次のシーンでは、大島から東京へ向かう船の中。乗客たちが、若い男の自殺を目撃する。「大きな岩から飛び込んだ」「いや、平たい岩からだ」と、めいめい勝手なことを言っている。その伝聞が噂になり、いつしか「自殺したのは只野凡児だ」となる。修学旅行の女学生たちが、口々に「ロマンチックな行為」、「かわいそう」と口々に噂しているのがおかしい。カメラがパンをすると、船の後尾には、ノンキナトウサン、凡児、タイショウのバックショット。凡児は無事だったというオチ。これも鮮やかな幕切れだが、三原山子は？　モロ子は？　と女性陣の顚末が描かれていないのが気になる。

この『續篇・只野凡児』は、三話ともテイストが異なり、オムニバス映画としても楽しめる。木村荘十二監督の演出は見事で、前年の『ほろよひ人生』から、技術も演出も楽しさも格段に進歩しているのがわかる。ここから連作されていくP．C．L．のコメディ映画の要素がすべて出揃った「原点の味」でもある。

エノケンの魔術師

一九三四年一〇月二五日／P.C.L.映画製作所／木村荘十二
製作＝P.C.L.映画製作所／配給＝東和商事映画部／1934.10.25・日比谷映劇／八巻・二、〇一二m／七三分

【スタッフ】原作脚色・永見隆二／演出・木村荘十二／撮影・立花幹也／録音・杉井幸一／装置・久保一雄／現像・小野賢治／編輯・岩下廣一／音楽監督・紙恭輔、栗原重一／振付・鹿島光滋／P.C.L.管絃楽團
【出演者】榎本健一（エノケン・魔術師）／中村是好（小原節太郎）／藤原釜足（ゴールデン座支配人）／北村李佐江（令子）／堤眞佐子（マリ子）／柳田貞一（バット座支配人）／近江つや子（バラ子）／髙清子（ロラ子）／吉川道夫（ギャングの親分）／如月寛多（ギャング）／二村定一（歌手）／P.B.エノケン一座・P.C.L.専属俳優合同總出演

五月に公開された『エノケンの青春酔虎傳』（一九三四年、山本嘉次郎）に続いて、P.C.L.ではすぐにエノケン映画第二作を製作。同年一〇月二日に封切られた『エノケンの魔術師』（木村荘十二）は、ハリウッドではお馴染のバックステージ映画。エノケンは世紀の魔術師＝榎本健一として出演、その帰朝公演を巡り、ライバルの劇場主がさまざまな邪魔をするというストーリー。クライマックスは映画ならではのトリック撮影を駆使しての「マヂック・オペラ」が繰り広げられる。監督の木村荘十二は『ほろよひ人生』でP.C.L.のモダン・スタイルを作り上げた。永見隆二の作・脚本によるストーリー、木村荘十二の演出は、細かいショットを積み重ねて映画的だが、同時に舞台の「エノケン劇」の構成やテイストを知る貴重な映像資料にもなっている。

タイトル明け、ラジオが大写しになり「今や全世界の人気者であり、希代の魔術師・エノケンこと榎本健一氏は先ごろ帰朝以来、我が国の興行界はもちろんのこと、一般ファンから待望を持って、その去就を注目されておりましたが、この度レビュー劇場のゴオルデン座の招聘を受け、氏自身創案によるグランド・マヂック・オペラに出演することに契約なり」とアナウンサー。

港に着いた豪華客船。街角に貼られたアールデコ調のポ

スター、ビルの壁面一杯の「グランド・マヂック・オペラ」の巨大な横断幕。表現主義を思わせるモンタージュ編集。モダンな香り一杯の快調なオープニングである。

ステージでは「ピエル・ブリヤント」(P.B.)専属のエノケン・ガールズたちがダンスのリハーサル。曲はクライマックスで使われる《エノケン・レビューのメインテーマ》。支配人室では、支配人(藤原釜足)が、特大ポスターのチェックをしている。「今度という今度は、例えバット座がチャップリンを呼んで来ようが、マーカスショウを招聘しようが、とってもウチの出し物には敵わない」とご満悦。「どこへ行ったたって、もうエノケンさんの噂で持ちきりなんでございますよ」と花形女優のマリ子(堤眞佐子)が讃える。

支配人が言った「マーカスショウ」は、この年、吉本興業がアメリカから招聘したレビュー団で、アクロバット芸、タップダンス、銀粉ショーなどを有楽町・日劇で上演。寺田寅彦や獅子文六などが絶賛して、大評判となった。一行には無名時代のダニー・ケイも参加していた。

さて一方、バット座では、支配人(柳田貞一)が「相手が世界的魔術師エノケンだけに、どんなに素晴らしいレビューを仕組んでも無理だ」とイラついている。ソファーに座っているのはバット座自慢の踊り子。「私たちのエロで対抗したって、悔しいけど、今度だけは勝ち目がなさそうね」とバラ子(近江つや子)。「大体レビューに魔術を持ち出すなんて、向こうのやり方は卑怯だわ」とロラ子(高清子)。そこで支配人はある作戦を思いつく。

やがて汽車に、中村是好演じるマネージャー・小原節太郎と、公演先に向かうエノケンが登場する。汽車のリズムに合わせて「♪急行列車もつまらない(ああつまらない)あくびの後からまたあくび(またあくび)」とガタゴトと唄い出す。「♪これでは断然、ユウウツだ」

エノケン「旅の道連れは　まず女」
小　原「ウィ、ムッシュ」
エノケン「二人で嬉しい　ランデブー」
小　原「ウイ、ムッシュ」
エノケン「甘い話」
小　原「恋のためいき」
(手を握りあう二人)
二　人「夢をのせてゆく　恋の旅」

いわゆるモダン・ボーイ、モボのスタイルのエノケンと中村。そこに《上海リル Shanghai Lil》(作曲・ハリー・ウォレン)を唄う二人の乙女が現れる。《上海リル》はワーナーのミュージカル映画『フットライト・パレード』(一九三三年）のナンバーで、ジェームズ・キャグニーとルビー・キーラーが唄って、日本でも大ヒットしたジャズ・ソング。

この二人組は、先程のバラ子とロラ子。彼女たちは、敵の劇場から送られた色仕掛けのためのスパイという趣向である。案の定、女好きのエノケンとマネージャー・小原節太郎はまんまと引っ掛かってしまう。

二人の列車内での色仕掛けシーンは、ハリウッドのミュージカル・コメディもかくやのモダンな雰囲気で、エノケンと中村是好のオーバーなリアクションも、スタイリッシュな感じ。この時代、恋愛ではなく金銭のために金持ちを引っ掛ける女の子を「ゴールドディガーズ」と言ったが、まさにそれ。鼻の下を伸ばしたエノケンは「お近づきの印に」と、魔術でテーブルをセッティング。ご馳走を出して、バラ子とロラ子を喜ばせる。一方、食堂車では、テーブルからナイフ、ビールが消えてしまい大騒ぎ。つまりエノケンの魔術はテレポーテーションだったのか。メインディッシュにはビフテキを出して、バラ子は大喜び。おまけに食事のBGMまで流してしまうエノケンマジック！

酔ったエノケン、女の子たちに、次々と帽子や靴（カンガルーのハイヒール！）、ネックレス、バッグ、パラソルまでマジックで出して大盤振る舞い。上機嫌のエノケン、バラ子のいうがままに「恋人の誓約書」に押印させられそうになるが、それはバット座との公演契約書だった！

そこへゴールデン座の支配人が、ダンサーをしている娘・令子（北村李佐江）とマリ子とを連れて乗車してきて難を逃れる。

P．C．L．とピエル・ブリヤント提携作品だけに、舞台のリハーサルなど、実際のエノケン劇団をイメージできる作りになっている。敵の劇場主が雇っているギャングたちが唄う《これぞマドロスの恋 Das ist die Liebe der Matrosen》（作曲・ヴェルナー・R・ハイマン）は、ドイツ・オペレッタ映画『狂乱のモンテカルロ』（一九三一年）の劇中歌。浅草松竹座の舞台「大学無宿」（一九三四年九月、作・菊谷榮）でも唄われたナンバーである。このギャングのなかに、前作にも相撲取り役で出演していた岸井明がいる。岸井といえばP．C．L．の看板コメディアンの一人。藤原釜足と「じゃがたらコムビ」として数々の映画に出演することになる。

エノケンがマジックをするには、特別の帽子が必要という設定で、その帽子がギャング団に奪われ、公演直前にひと騒動となる。この帽子は、後の『エノケンの猿飛佐助』（一九三七年）における忍術シャモジと同じく、主人公のパワーの源でありウィークポイントでもある。

さて、その帽子が無事に見つかり、十八番のジャズ・ソング《月光値千金《げっこうあたいせんきん》 Get Out And Get Under The Moon》（作曲・

ラリー・シェイ）の替え歌をエノケンが喜び勇んで唄う。その背後に《月光値千金（月に告ぐ）》の作詞者である岸井明がいるのが、なんともおかしい。

やがてクライマックスは、お待ちかねの「マヂック・オペラ」となる。エノケン映画のみならずP．C．L．の音楽映画を支えたアレンジャーでコンポーザーの紙恭輔が指揮をとり開幕となる。このシーンには二村定一が出演しているが、現存するプリントでは歌手として二村が唄うシーンがない。後に欠落したものか、公開当時から存在しないのかは判別しかねるが、少し違和感が残る。

とはいえ、スクリーンに繰り広げられる「マヂック・オペラ」は、映画ならではのテクニックを駆使しており、舞台とは違う「エノケン映画」を目指している。ゴールドウィンやワーナーのレビュー映画よろしく、エノケン・ガールズが総出演してのレビュー場面は、映像の魔術師と呼ばれたバズビー・バークレイを明らかに意識した合成（二重露光）を多用して複数のレビューガールたちを豪華絢爛とスクリーンに登場させている。

実際の劇場で撮影された俯瞰によるステージ・ショットと、スタジオでのファンタジックなショットを編集して、観客をマジックの世界に誘う狙いは、昭和九（一九三四）年の観客には充分に伝わっただろう。そしてクライマックス、コックの姿となったエノケンが、魔術で豚に変身させたギャング連中を料理しようとするナンバーでは、アニメーションとなる。線画による漫画のエノケンが動物たちと唄って『魔術師』は幕を閉じる。ちなみにこの撮影が行われたのは昭和九年八月。舞台をひと月休演しての撮影だった。

どのシーン、どのショットもとにかくモダン、スタイリッシュである。舞台とは違うエノケンの映画への強い姿勢が感じられる。映画によってさらにブレイクしたエノケンは、翌昭和一〇（一九三五）年に「エノケンのどんぐり頓兵衛」（一九三五年一月）、「民謡六大学」（同年三月）「エノケンの森の石松」（同四月）、「エノケンの法界坊」（同五月）など次々と当たり狂言を上演。P．C．L．はドル箱であるエノケン映画の製作を急いだが、舞台との兼ね合いで、なかなか都合がつかなかった。

都新聞の映画欄では「毎度のことながらP・C・Lは音楽映畫がお好き——殊にエノケン一座といふレヴュー屋さんと結んだのだから馬力をかけてゐ〻氣持になつてゐる。」と好評である。

あるぷす大將

一九三四年一一月一五日／P.C.L.映画製作所／山本嘉次郎
製作＝P.C.L.映画製作所／配給＝東和商事映画部／1934.11.15・大阪松竹座／九巻・二、四六三m／九〇分
【スタッフ】原作・吉川英治、『日の出』連載／演出・山本嘉次郎／脚色・松崎哲次／撮影・唐澤弘光／録音・早川弘次／装置・北猛夫／現像・小野賢治／編輯・岩下廣一／音楽監督・紙恭輔／演奏・P.C.L.管絃楽團／登山服及登山具調製・上野松坂屋
【出演者】丸山定夫（陽洋先生）／伊東薫（於兎・あるぷす大将）／佐伯秀男（江川礼造）／谷幹一（鶴橋）／大友純（鎌蔵）／森野鍛治哉（村長）／東屋三郎（山本）／大川平八郎（医者）／竹久千恵子（園銀子・バクダン夫人）／千葉早智子（園愛子）／藤原釜足（実業家）／井田久助（大村千吉）／特別出演・玉野小花

この年、日活からP.C.L.に移籍してきた山本嘉次郎が、『エノケンの青春酔虎傳』（五月三日）に続いて手がけた『あるぷす大將』は、夏から秋にかけて長野県安曇野ロケーションを敢行。田舎育ちの落第生・あるぷす大将（伊東薫）と、「私塾」を開こうと一念発起した老教師・陽洋先生（丸山定夫）が上京。東京でさまざまなアクシデントに見舞われる。前篇「あるぷす篇」、後篇「都會篇」の二部構成からなる。いずれもロケーションを多用、「田舎」から観た「都会」のヴィジュアルが新鮮な風刺喜劇。まだ健在だった忠犬ハチ公がワンシーン出演していることでも知られている。

「P.C.L.のベストメンバーに依る、珍しや吉川英治作・ナンセンス小説の映画化！アルプス連峰を背景に人を救ひに行って、人に救われた少年と、新しい校舎が落成したばっかりに首になった先生を中心に描き出される微苦笑藝術のトップ！」（雑誌掲載の広告より）

当時の広告に「P.C.L.が誇る、このフレッシュな豪華キャスト」と惹句が躍る。児童文学の映画化ではなく「ナンセンス小説」の映画化。というのが当時の感覚。原作『あるぷす大將』は、吉川英治が雑誌『日の出』に浜帆一のペンネームで、昭和八（一九三三）年八月号から、一九三四

（昭和九）年六月号まで連載、映画化に合わせて一二月に改造社から刊行されることとなる。

ちなみに出演シーンは少ないが、千葉早智子の恋人・江川礼造を演じた、新劇出身の佐伯秀男は、このあとP．C．L．のトップスターの一人となるが、本作がスクリーン・デビューとなる。


「あるぷす篇」

日本アルプスを抱く、牧歌的な風景。長野《ながの》縣南安曇《けんみなみあづみ》郡小野川小学校「駒が原分教場」では、老教師・陽洋先生がオルガンで唱歌の授業。子供たちが可愛い声で唄っているのは《信濃の国》である。現在では長野県民歌として親しまれているが、この曲が制定されたのは明治一〇〇年に沸き立つ昭和四三（一九六八）年五月になってから。

この《信濃の国》は、明治三二（一八九九）年に、浅井洌が作詞、北村季晴が作曲、師範学校の行事で唄われていた。その時の学生が教師となり、各小学校で教えて広まった。劇中で唄っているのは五番の木曾義仲、仁科五郎信盛、佐久間象山も長野県の出身と讃える歌詞。

「もっとしっかり」と厳しく指導する陽洋先生。「やめれ！なぜもっとしっかり唄えんのか」。教育に情熱を燃やす老教師・丸山定夫のキャラクター造形も見事。一際大声で唄っている背の高い男の子が「♪ヘソは偉人の母ぞかし」とふざけて唄う。岸本於兎《おと》（伊東薫）である。あるぷす大将のニックネームの於兎は、生まれっぱなしの自然児。立たされても懲りずに、先生の昼御飯を見計らって逃げ出そうとする。「先生なんかちっとも怖くねえや」「おら、アルプス颪《おろし》の風の子だい！」と同級生の女の子に嘯《うそぶ》く。

両親のない於兎は、乗合馬車を運営している叔父と二人暮らし。陽洋先生は、そんな於兎が可愛くて仕方がない。それゆえ懇々と説教をするが、何か焦げ臭い。「先生、豆が焦げてら」。先生が宿直室で調理をしていたのである。これが、この映画の「ナンセンス」である。松崎哲次の脚本は、こうしたフリとオチのおかしさで様々な「矛盾」を描いていく。

ある日、アルプスで登山中の女性二人が遭難したと知らせが入る。遭難したのは戦争成金の未亡人で「バクダン夫人」と呼ばれている園銀子（竹久千恵子）と妹・愛子（千葉早智子）姉妹。村長（森野鍛冶哉）は、彼女を救出したら村に「多額の寄付がもらえる」と皮算用、捜索隊に加わる。山に詳しい於兎も学校を早退して、捜索隊に加わる。

しかし、山の天気は悪化。於兎が行方不明となる。心配する陽洋先生たち。ところが於兎はアウトドアになれているバクダン夫人に救助されて、山小屋で一夜を明かす。「人を救ひに行って、人に救われた少年」のナンセンス。

空腹の於兎に、夫人は缶詰で「洋食」を作ってくれる。嗅いだこともないバターの香りに「おら、洋食は初めてだ」と興奮気味。子役の伊東薫がなかなかいい。この後、伊東薫は山本嘉次郎のお気に入りとなり『いたづら小僧』（一九三五年）から、戦死により遺作となった『ハワイ・マレー沖海戦』（一九四二年）まで、数々の東宝作品に、その成長が記録されている。

さて、バクダン夫人は無事に下山。分教場で「あるぷす大将に助けて頂いた」と感謝を述べるが、正直な於兎は「おらが助けてもらった」と本当のことをバラしてしまう。これもナンセンス。で、夫人は村に多額の寄付を約束。新たな校舎が建つことになり、村長たちは大喜び。

やがて春、卒業式。万感の想いを込めて陽洋先生は卒業証書を一人一人に手渡す。於兎の同級生、悪ガキ仲間・井田久助を、まだ子役だった大村千吉が演じている。伊東薫とのコンビで、山本嘉次郎は、翌年『いたづら小僧』にも大村千吉を抜擢。僕たちには戦後の東宝映画や、特撮映画のバイプレイヤーとしておなじみの顔の少年時代を観ることができる。

於兎は自分も卒業できるつもりだったが、陽洋先生から「落第」を申し渡されて意気消沈。小学校を落第してしまう「ナンセンス」。

結局、於兎は学校を辞めて、乗合馬車の馭者として働く。その初日、於兎は、上京する陽洋先生を駅まで送ることに。バクダン夫人の好意で多額の寄付を受けた村は、分教場を新築した。師範学校出の若い教師を雇ったので、ロートルの陽洋先生はクビになってしまう。これも「ナンセンス」。

それを機に陽洋先生は一念発起。東京で成功している友人の資金援助で、念願の「私塾」を開く大志を抱いて上京、と相成る。於兎も「おらも東京へ行きたい」「じゃ、行くか」と、アウトローとなった二人は仲良く東京へ。この急展開もある意味「ナンセンス」である。

「都會篇」

東京駅、モダンな丸の内のビル街を歩く二人。日比谷・三信ビル（千代田区有楽町）へとやってくる。三井信託が昭和四（一九二九）年に竣工した近代建築で一階と二階は吹き抜けのアーチになっていて、天井には黄道十二宮の星座が描かれていた。斜め向かいには日比谷映画劇場があり、小林一三が目指した「日比谷アミューズメントセンター」構想の劇場街のなかにあった。

このビルに、陽洋先生の友達で大成功を収めた鶴橋（谷幹一）がオフィスを構えているので訪ねることに。ビルを見上げる先生と於兎。このカットがモダン東京の象徴としても晴れがましい。「株式會社　国際金魚貿易商會」と大仰な看板。しかし鶴橋はオフィスにはいない。多忙で自宅にも帰っていない。

なんのことはない、なじみの芸者たちと一緒に、待合でどんちゃん騒ぎ。大成功したという触れ込みの実業家の実態はこんなもの。これも「ナンセンス」。そこへ先生と於兎が現れ、取り次いだ芸者は「西洋乞食みたい」。鶴橋は「あああ、陽洋だ」とすぐにピンと来る。

鶴橋を演じている谷幹一は、大正九（一九二〇）年、松竹キネマに入所、小山内薫に師事するもすぐに研究所が解散。P．C．L．でも活躍する汐見洋が主宰する新劇「研究座」に入って舞台を踏むが、関東大震災で京都へ。東亜キネマ甲陽撮影所では、やはり震災で浅草から上洛したエノケンたちと映画に出演。その後日活大将軍《たいしょうぐん》撮影所へ移り、阿部豊『足にさはった女』（一九二六年）などに出演。浦辺粂子とのコンビ作で売り出す。昭和九年にP．C．L．に移籍して本作に出演。昭和一四（一九三九）年に三八歳の若さで亡くなる。谷幹一といえば、僕らの世代では渥美清、関敬六と「スリーポケッツ」を結成したコメディアンを思い出すが、容貌が戦前の谷幹一にそっくり、という訳で芸名を名乗った。

久しぶりの親友との再会に喜ぶ鶴橋。「会社が忙しいんで、こんなことでもせんとやってられない」と芸者遊びを正当化。先生は戸惑いながらも、鶴橋に手紙で頼んだ「私塾」開設のための資金後援について切り出す。「わしの理想を実現したいんじゃよ」の熱弁に、鶴橋はのらりくらり。先生は酒を勧められるが、於兎はきっぱり「先生、飲まねえって言ったでねぇか」。座が白けたところで鶴橋が芸者・小花（玉野小花）に「得意の《樽をたゝいて》をやってくれ」。

ここで芸者たちが伴奏してポリドールの鶯《うぐいす》芸者（芸者歌手）・玉野小花が唄う《樽をたゝいて》は『あるぷす大將』主題歌として、ポリドールからリリース。レコードでは、神谷眞佐子、東海林太郎、玉野小花が唄っている。

小花の歌に合わせて踊る鶴橋。その姿に辟易した先生と於兎はいたたまれず、座敷を後にする。主題歌なのだが、こういうシーンに延々流れる。これもある意味「ナンセンス」である。

続いて、二人が向かったのは渋谷駅。「忠犬ハチ公」像が建立、除幕式が行われたのが、この年、四月二一日である。秋田犬・ハチ公の飼い主・上野英三郎が亡くなったのは大正一四（一九二五）年だったが、ハチ公はその没後も、飼い主の帰りを毎日待ち続けた。その「忠犬ハチ公物語」は、この年、尋常小学校二年の修身の教科書に採用された。つまりこの年は、ちょっとした「忠犬ハチ公」ブームだった。

銅像のプレートに書かれた文章を感心して読み上げる先生。「ああ、今は世も末で人道地に落ち、人々は利益にのみ走るとき、犬であってもはるかに人間に優っているということは、言うに忍びないではないか」。ハチ公の銅像を「実に見上げたもんじゃ、わしの言わんとすることをすでにこの犬が実行しておる。なあ於兎、よく見ておけ」と先生。

しかし於兎はいない。先生が探すと、於兎は焼き鳥屋台の前で秋田犬を撫でている。なんとこれが本物の忠犬ハチ公！「そんなむく犬などいじってないで、こっちへ来い」。ところが於兎「先生こそ、こっちへ来なさいよ。これが本物のハチ公なんだよ。そんな銅像なんかつまんねえだ。本物を可愛がってやんなさいよ」。これまた「ナンセンス」である。

それから慣れない東京で、先生が財布を落として往生してしまう。「あのアルプスの山の中で、二四年間、必死で働いて、最後のお手当一九〇円四〇銭が一瞬にして失せてしまった」と嘆く先生。於菟は「おらぁ腹へった」。大福屋の前の道で、於兎は落ちていた一〇銭を拾って喜ぶ。しかし先生は「ばか、捨てんか！」と叱咤する。「でも……」仕方なく一〇銭を捨てる。それを乞食が拾って嬉々として大福屋に駆け込む。「先生だめだよ、文句ばかり言って」と、今度は於兎が先生を叱る。これまた「ナンセンス」。

全財産を失い、困り果てた先生。「山本という友人を訪ねよう」「先生、もう友達を頼らないって言ってたじゃないか」。また於兎にやり込められるが、背に腹は変えられない。「東京の人間なんかみんなダメだい！」と於兎は諦観している。

山本（東屋三郎）の東京温泉電車株式会社を訪ねると「社長は当会社経営の温泉ホテルにおります」。二人は、温泉に招待される。電車の切符も先方持ち。山本を演じた東屋三郎は、築地小劇場などにも参加した新劇出身俳優。本作でP.C.L.映画に初出演、翌年には山本嘉次郎の『坊っちゃん』（一九三五年）で野だいこを演じるが、『三色旗ビルディング』（同年）公開直前に四三歳で病没する。

電車の中で「軍艦マーチ」を口ずさむ於兎。先生も楽しそう。「あんまり首を出すと帽子を飛ばすぞ」「大丈夫だよ」と言ってる側から於兎の帽子が飛ばされる「あ！」「だから言わんこっちゃない」と先生、窓から首を出すと、今度は先生の帽子が飛んで行く。乗客たち大笑い。

温泉ホテルでは山本の歓待を受けて、先生もご機嫌。ホテルのグリルで、二人で痛飲。「その女が寄付したために君が山を追われるなんて、実に傑作じゃよ」「どうじゃ山本、吾輩じゃなければできんことじゃ」。そこへ於兎。西洋式のホテルの勝手がわからないと、先生を呼びに来る。「じゃ部屋で飲み直そう」と山本と先生。酔った先生が「愉快じゃ」とドアを開けるとそこは他の客室。そこでは、バクダン夫人の妹・愛子（千葉早智子）と恋人・江川礼造（佐伯秀男）が深刻にしている。

さてホテルの部屋では、先生の「私塾」のアイデアに、資本家の山本は、世間のニーズがあるか？ 私見を述べる。ここで二人は論争となる。「しかしわしの会社も苦しいんでね」。倒産寸前の山本は「実を言うと浪人の君がうらやましい」。

一方、於兎はバスルームでお湯を溜めながら、二人の話を聞いている。先生に「人なんか頼ってたってダメだい。我は我を頼むだよ」と説教。そこまでは良かったが、風呂場はお湯浸し。「先生、水が止まらねえんだ」と大騒動に。エノケン映画のような水責めの笑いが展開される。結局バスルームの水は止まらず、とうとう部屋の中まで水浸し。それが廊下にまで広がって……。

同じ頃、ホテルは騒然となっていた。「下の部屋になんかあったんずら」。先程の愛子たちの部屋である。「誰か水にはまったずら」「まさか」。と水浸しネタを引っ張っている。これまたエノケン映画的である。於兎が階下の様子を見に行く。「助かるか助からないかわからない」と警官。於兎は自分のせいで下の人が溺れて生命に関わる事態になったと思い込む。先生も責任を感じて「男らしくちゃんとした方がええ」と正装して謝罪に向かう準備。「もし、これが罪になるなら、わしは潔く罰を受けよう」。

ドアをノックする音。いよいよきたか。先生は「於兎、覚悟しなさい」。ドアが開くとなんとバクダン夫人・銀子が「まあ先生でしたの」。実は愛子たちが心中未遂して、医者（大川平八郎）が駆けつけて、応急措置の真っ最中。姉であるバクダン夫人・銀子が「先生が水をこぼしてくれたおかげで、人の生命が助かりましたの」と礼を言いに来たのである。二人が心中をしようとした時に、水浸し事件となりホテルの従業員が、愛子たちを発見することができた。この「ナンセンスに次ぐナンセンス」が人命救助に繋がるおかしさ。

ところが先生、「愛だの恋だので、死のうとするのはけしからん！」と激怒。モラル発動である。しかし夫人は「二人は真剣に愛し合っているので一緒にさせようと思います」。しかし先生は耳もかさずに説教に向かう。迷惑な話である。

ベッドで寝ている二人に「よく聞きなさい」と説教を始めるが、医師から「医者の立場として禁じます」。引っ込みのつかない先生。泣きじゃくっている愛子に「恥を知れ」と叱る。結局は二人に同情、しまいには夫人に「あの二人を夫婦にしてやってくれないか」。「そらごらんなさい、先生には人間の半面しかおわかりにならないのよ」としてやられる。

そこで夫人から「先生の私塾を、私に建てさせてくれないでしょうか?」との申し出。瓢箪から駒、「水浸し事件」が功を奏して、念願の「陽洋塾」が実現する。そのオープニングセレモニーである。「陽洋塾」はP.C.L.の第一、第二ステージの外観を飾り込んで撮影。たくさんの列席者、マーチングバンドの演奏。上空には飛行機が飛んでチラシを撒く。派手なセレモニー。

オーナーのバクダン夫人の挨拶。実業家(藤原釜足)の演説に続いて、山本の挨拶「この現今の濁れる社会のただ一つの神秘郷であります」。パーティで飲まれたビールジョッキや、弁当のゴミのショットなどがインサートされる。これもアイロニー。いよいよ陽洋先生の挨拶の時間。ところが先生の姿はそこにはない。

二人は再び田舎へ。先生は於兎に「あんな学校はダメじゃよ。わしの理想は、今に見ろ、わしの力できっとこしらえてみせるから。人間至る所青山ありじゃ」と呵呵《かか》大笑《たいしょう》して、去ってゆく。

公開時の東京日日新聞の評である。「この映畫は確かにP・C・Lとしては最大の傑作であるばかりでなく、邦畫のうちでも最も高いレヴェルに立つものである。唐澤のキャメラは山の姿を實によく摑んでいるし、そのアングルも亦ほめられるものがある。」

関係者試写が好評で、山本嘉次郎は自信満々で、配給会社・東和商事のある東京駅前の海上ビルに、森岩雄とフィルムを抱えてプレゼンテーション。しかし配給担当は、「ここは良くない」「あそこはつまらない」と散々で、言われるままに試写室でフィルムをカット、サントラのセリフを消したりと苦心惨憺。自主配給の重要性を痛感したという。

本作で竹久千恵子、千葉早智子、佐伯秀男、そして大川平八郎とP.C.L.映画を支えていくメンバーが顔を揃え、山本嘉次郎は、翌年に盟友・宇留木浩を主演にした『坊っちゃん』(一九三五年三月一四日)、音楽映画『すみれ娘』(五月一一日)、伊東薫をフィーチャーした『いたづら小僧』(同・九月一三日)、『エノケンの近藤勇』(一〇月一一日)と精力的に作品を手がけ、P.C.L.のメイン監督の一人となってゆく。

昭和一〇（一九三五）年

◉日本の出来事▶1月25日 兵庫・宝塚大劇場が焼失／2月10日 築地市場開場／4月6日 満州国皇帝溥儀が来日／4月7日 美濃部達吉が天皇機関説を理由に不敬罪で告発／6月1日 鉄道省で女子車掌が初採用／6月7日 有楽座開場／6月10日 梅津・何応欽協定締結。華北分離政策開始／8月12日 相沢事件／11月26日 日本ペンクラブ発足／12月8日 出口王仁三郎ら大本教幹部が不敬罪・治安維持法違反で検挙

◉世界の出来事▶2月6日 モノポリー発売／4月27日 ベルギー・ブリュッセルで万博開催／5月14日 大リーグで初のナイター試合／7月14日 フランス人民戦線結成／9月15日 ナチス・ドイツでニュルンベルク法制定、ユダヤ人の公民権が停止／10月3日 第二次エチオピア戦争／10月21日 ナチス・ドイツが国際連盟を脱退／11月1日 汪兆銘（汪精衛）狙撃事件／12月9日 第二次ロンドン海軍軍縮会議

◉映画▶渡辺邦男『うら街の交響楽』、溝口健二『虞美人草』、稲垣浩『関の弥太ッペ』、島津保次郎『春琴抄 お琴と佐助』、田口哲『ためらふ勿れ若人よ』、伊丹万作『忠次売出す』、中川信夫『東海の顔役』、山中貞雄『街の入墨者』／ジャック・フェデー『女だけの都』、レニ・リーフェンシュタール『意志の勝利』、ルーベン・マムーリアン『虚栄の市』、フランク・ロイド『南海征服』、マーク・サンドリッチ『トップ・ハット』、ジャン・ルノワール『トニ』、ジェームズ・ホエール『フランケンシュタインの花嫁』

◉音楽▶ディック・ミネ、星玲子《二人は若い》、松島詩子《夕べ仄かに》、新橋喜代三《明治一代女》、中野忠晴《小さな喫茶店》、東海林太郎《旅笠道中》、伊福部昭《日本狂詩曲》、童謡《うれしいひなまつり》／コール・ポーター《ビギン・ザ・ビギン》、ジョージ・ガーシュウィン《サマータイム》、トミー・ドーシー《ザ・ミュージック・ゴーズ・ラウンド・アンド・ラウンド》

◉小説▶横溝正史『鬼火』、山本有三『真実一路』、石川達三『蒼氓』、夢野久作『ドグラ・マグラ』、川端康成『雪国』／ローラ・インガルス・ワイルダー『大草原の小さな家』、カレル・チャペック『山椒魚戦争』、ジョン・ディクスン・カー『三つの棺』、エリアス・カネッティ『目眩』

百萬人の合唱

一九三五年一月一三日／J.O.スタヂオ＝ビクター／富岡政雄
J.O.スタヂオ・日本ビクター共同作品／1935.01.13・日比谷映劇／一七巻・一，七一一m／六二分

【スタッフ】原案・J.O.・ビクター文芸部／脚色・山名義郎／監督・富岡敦雄／作曲・編曲・並音楽監督・飯田信夫／撮影・圓谷英二／録音・萬宝圭介、味生勝、小林正／編輯・石野誠三／衣装調製・髙島屋
【出演者】夏川静江（東宝・青木美子）／伏見信子（東宝・三宅ハル子）／北原幸子（三宅登起子）／芝うらら（東宝・明星淑女倶楽部員）／伊達信（詩人・南修一）／徳山璉（調律師・田山純）／ビクター四人娘・静ときわ、滝田菊江、静みどり、渡辺浜子／特別出演 日本ビクター専属歌手・小唄勝太郎、小林千代子、藤山一郎、ヘレン・隅田、中山梶子、浅草市丸
【主題歌】《幸福な朝》（作詩・佐伯孝夫、作曲・飯田信夫）／《恋知りそめて》（作詩・西條八十、作曲・飯田信夫）・ビクターレコード第五三二六三番／《證城寺の狸囃子》（作詩・野口雨情、作曲・中山晋平）／《可愛い眼》（作詩・佐伯孝夫、編曲・井田一郎）／《濡れ燕》（作詩・湯浅みか、補作・佐伯孝夫、作曲・松平信博）／《僕の青春》（作詩・佐伯孝夫、作曲・佐々木俊一）／《島の娘》（作詩・長田幹彦、作曲・佐々木俊一）／録音・R.C.A VICTOR PHOTOPHONE HIGH FIDELITY RECORDING

J.O.スタヂオは、京都の輸入商社・大澤商会の大澤善夫が、昭和八（一九三三）年に京都、蚕ノ社《かいこのやしろ》前に建設した二〇〇〇坪の規模の貸スタジオ。大澤商会は大正時代からアメリカの映画撮影機「ベル・ハウエル」やプリンターを輸入、日活や松竹に販売する代理店で、大澤良夫社長は来るべきトーキー時代に向けて研究を続け、自らトーキー・スタジオを建設した。J.O.スタヂオは、導入したトーキー「ジェンキンス・システム」の「J」と「大澤商会」の「O」に因んだもの。

P.C.L.映画製作所の「朝日ニュース」と同様、J.O.スタヂオでは大阪毎日新聞「大毎ニュース」と独占録音契約、四月にはビクター社とRCA録音機使用契約をそれぞれ締結した。そこでJ.O.スタヂオが第一回作品として製作、自主配給作として昭和一〇年一月に公開したのが『百

萬人の合唱』である。

大澤善夫は、自主製作を始めるにあたり、日活太秦撮影所でキャメラマンをしていた円谷《つぶらや》英二を撮影技術主任として招聘した。のちに「特撮の神様」と呼ばれる円谷英二は、創意工夫の人。松竹下加茂撮影所時代に自費で移動撮影車や木製クレーンを製作したり、「アイリスイン・アイリスアウト」「フェイドイン・フェイドアウト」などの撮影手法を日本映画に導入したのも円谷。日本初のスクリーン・プロセスの開発を進めていたが、スターだった市川百々之助の顔を「ローキー照明」で影を作り、日活幹部の逆鱗を買って退社。そうした特殊技術への探究心と技術に刮目した大沢善夫社長が声をかけたのだ。

本作は当時、レコード業界で破竹の勢いだったビクター専属の人気歌手をフィーチャーした、ハリウッドの「音楽バラエティ映画」スタイルを目指した。これはビクターにとっても最大のパブリシティ・チャンス。レコードやラジオのみでしか知られていない専属歌手たちの「顔」「唄う姿」をスクリーン上映することは最高のプロモーション。レコードの売り上げにダイレクトに結びつくタイアップだった。

監督は、日本映画初のトーキー音楽映画『マダムと女房』（一九三一年、松竹蒲田、五所平之助）の助監督を務め、松竹蒲田でトーキー製作の現場を支えてきた富岡敦雄が、やはり大澤社長の声がけで抜擢された。原作はJ．O．スタヂオ＝ビクター文芸部。ビクターの営業サイドとJ．O．の製作サイドの合議によって作られた。今の映画製作委員会のようなシステムがすでに導入されていた。富岡監督と共同脚本の山名義郎もこれが初めてのクレジット作品となる。

タイトルバック。P．C．L．映画同様、出演者たちの顔と役名が次々と登場。ここで観客が、スターの顔と名前を一致させることができる。

錚々たるメンバーが顔を揃えている。これが松竹だと、自社のスターを中心にキャスティングして、ゲストは彩りという作り方になるが、新創設の映画会社なので、その縛りがない。とはいえ自社スターはまだいない。

主演の徳山璉《たまき》は、日本を代表するバリトンの声楽家で、ビクターが誇る流行歌手。《叩け太鼓》（一九三〇年）、《侍ニッポン》《ルンペン節》（一九三一年）など、その明朗で安定感のあるバリトンの歌声はラジオ時代にふさわしく、豊かな表現力は、ユーモラスなキャラクターイメージを醸成。この年の秋には古川ロッパとの舞台「歌ふ彌次喜多」（一九三五年）で、コメディアンの仲間入りを果たす。徳山璉演じる田山純は、ピアノの調律師をしているが、声楽家、音楽家として大成する夢を抱いている。

その相棒の詩人・南修一を演じているのは、築地小劇場から東京左翼劇場で活躍していた新劇俳優・伊達信。昭和九（一九三四）年には村山知義の新協劇団に参加。この頃の映画人は演劇人同様、バリバリの左翼であった。やはり大澤善夫に抜擢されて、これが映画初出演となった。

売れない声楽家と、目の出ない詩人のコンビが、貧しくとも楽しいアパート暮らし。このアパートのセットはJ．O．スタヂオに本格的に組まれた最初のもので、アパートというにはかなり大きい。映画の冒頭、朝、二階の廊下のバルコニーで、田山純（徳山璉）が歯磨きをしながら自慢の歌を唄っている。

円谷英二が開発したクレーン撮影で、ワンカットで階下の庭で洗濯をしている南修一（伊達信）にパン移動する。そしてまた、二階の田山にキャメラが移動。フランスのルネ・クレール監督『巴里の屋根の下』（一九三〇年）で、ロシア人の美術家・ラザール・メールソンが作った街並みの巨大セットをキャメラが縦横に動くイメージを意識したものだろう。本作の美術は、帰山教正《かえりやまのりまさ》の設立した映画芸術協会出身のベテラン吉田謙吉。随所にデザインを凝らしたワイプが入るが、これも円谷の創意工夫なればこそ。

様々な戦前の映画を観ていると、この円谷英二によるクレーンショットがいかに斬新だったのかがわかる。カットを割らずに、田山が唄い、南が会話をする。二人の親密な関係性が空間の中で表現されているのだ。そこへ屑屋がやって来る。田山は、少し中身が残っている「ビール瓶を買ってくれ」と頼むが、屑屋は一本だけでは取り合わない。仕方なく田山はビールをコップに注いでグッと一息。また唄い出す。

その屑屋のカゴには一冊の詩集が入っていた。南としては自分の詩集なので切なくて仕方がない。近所のマダムが出したと聞いて、その詩集を買い戻そうとするが、屑屋は「お代はいりませんよ」。

そこへ近所の令嬢・三宅ハル子（伏見信子）が「あら、私の！」。ボーイ・ミーツ・ガール、二人の恋の始まり。

伏見信子は、姉・伏見直江と、大正一五（一九二六）年に帝国キネマに入社。その後、阪東妻三郎プロ、日活大将軍を経て、昭和八（一九三三）年に松竹蒲田へ。五所平之助『十九の春』（一九三三年）、小津安二郎『出来ごころ』（同年）でスターとなる。昭和九（一九三四）年に東京宝塚劇場＝東宝に移籍したばかりで同年、P．C．L．の『浪子の一生』に主演。「東宝専属」とクレジットされているが、この映画のあとすぐ姉と共に新興キネマに移籍。小柄で清楚、チャーミングなルックスで、とにかく可愛い。

以下は本作に登場するナンバーである。これらの楽曲が随所にフィーチャーされている。

《幸福な朝》(作詞・佐伯孝夫、作曲・飯田信夫) 徳山璉
《証城寺の狸囃子》(作詞・野口雨情、作曲・中山晋平) 中山梶子
《可愛い眼》(作詞・佐伯孝夫、作曲・ウォルター・ドナルドソン、編曲・井田一郎) ヘレン隅田
《濡れ燕》(作詞・湯浅みか、補作詞・佐伯孝夫、作曲・松平信博) 浅草市丸
《幸福な朝》 徳山璉・ビクター四人娘・夏川静江
《僕の青春》(作詞・佐伯孝夫、作曲・佐々木俊一) 藤山一郎
《島の娘》(作詞・長田幹彦、作曲・佐々木俊一) 勝太郎
《恋知りそめて》(作詞・西條八十、作曲・飯田信夫) 小林千代子
《幸福な朝》 徳山璉

さて田山は、調律師として令嬢・青木美子(夏川静江)宅へ。そこで調律しながら、南が作詞、田山が作曲した《幸福な朝》を唄い出すと、美子が興味を示して楽譜を手に唄い出す。まさに《幸福な朝》の出会いである。円谷英二のキャメラは、ピアノを弾く田山をフィックスで捉えるのではなく、部屋に入ってきた美子とのやりとりを自然な形で撮影。空間を感じさせてくれる演出である。

夏川静江も日本映画草創期からの女優で、弟・夏川大二郎と共に、帰山教正『生の輝き』(一九一九年)でデビュー。日活向島、東亜キネマ、日活で活躍。二五歳となった昭和九(一九三四)年に東京宝塚劇場=東宝の専属となり、本作がその第一作となる。この映画が縁で、夏川は作曲家・飯田信夫と結婚することに。この時飯田は、クライマックスのステージに登場する小林千代子と婚約していたため、スキャンダルとなる。

田山と美子のデュエットに、美子の家に住む「明星淑女倶楽部」の少女たち、ビクター四人娘(静ときわ・滝田菊江・静みどり・渡辺浜子)がコーラスで参加。楽しいひとときとなる。ちなみに渡辺浜子は、渡邊はま子のデビュー時の名前。

《證城寺の狸囃子》中山梶子

続いて田山が調律に行ったのが学校。そこで聞こえてくる歌声は、中山晋平の養女でビクター専属の少女歌手・中山梶子が唄う《證城寺の狸囃子》。タイトルバックには中山梶子が登場するが、現存するフィルムには出演してない。中山梶子は、平山美代子ともに、ビクターの童謡歌手として《シャボン玉》などを次々と吹き込んでいた。

やがて田山は、この日のために精進してきた声楽家コン

クールに出場するが、張り切りすぎて落選。このシーン、唄うショットはあるが田山の声をあえて入れずに、サイレント映画のようにモンタージュで、落選までをテキパキと表現。コンクール会場に来ていた青木美子（夏川静江）から、彼女が主宰している女性だけの「明星淑女倶楽部」のパーティへ招待されて、田山は天にも昇る心地となる。

上機嫌の田山は、相棒・南を誘って「淑女倶楽部」へ。セレブ女性ばかりが集うサロン、という描写は、当時はかなりハイソサエティで「浮世ばなれ」したヴィジュアルだが、円谷英二のキャメラは、出席している美女たちの美しい表情をきちんと捉えて、そのインサートショットで、田山と南が「竜宮城の浦島太郎」に見える。

《可愛い眼》ヘレン隅田

パーティのアトラクションとして登場するのは、カリフォルニア出身の二世少女歌手・ヘレン隅田。彼女は昭和九（一九三四）年四月一九日、横浜入港の郵船・浅間丸で来日。この時一七歳。ビクターの専属歌手として契約、昭和一二年に帰米するまで、レコードやステージで活躍。クルクルとよく動く眼、豊かな表情で、まるで漫画映画のベティ・ブープのようだと評判だった。《可愛い眼》は、昭和九年九月リリースの彼女のデビュー曲で、《Yes Sir, That's My Baby》（作詞・ガス・カーン、作曲・ウォルター・ドナルドソン）のカヴァー。抜群のスイング感で唄い、後半のタップも見事！　こうした伝説のアーティストのパフォーマンスの記録としても貴重である。

このパーティで田山は美子から「唄って欲しい」とリクエストされ躊躇するが、南の後押しで、唄うこととなる。

《濡れ燕》浅草市丸

続いてアトラクションで、芸者歌手・浅草市丸が歌声を披露する。昭和六（一九三一）年、ビクターから《花嫁東京》でデビュー、《ちゃっきり節》《青空恋し》のヒットを連発。小唄勝太郎と共に、鶯芸者の黄金時代を築く。ライバルとして「市勝時代」「勝市時代」を築いた。この《濡れ燕》は《濡れ燕〜お小夜恋慕の唄〜》として昭和八（一九三三）年に発売されて大ヒット。昭和一一（一九三六）年、松竹で『巷説・濡れつばめ』（二川文太郎）として映画化される。

やがて明星淑女倶楽部会員（芝うらら）が、いよいよ田山を紹介。女性たちの前で田山は歌を披露するが、映画ではこのシーンを省略。続いて翌日の新聞報道が画面いっぱいに広がる。「秋の楽壇異変　華やかに生まれた　驚異の歌手ピアノ調律師　田山氏　ゆうべ〝月見の夕〟にバリトン……」。

その報道を観た、レビュー劇場の支配人から出演依頼があり。気を良くした田山は背広を新調、我が世の春を謳歌する。ところが相棒の南は浮かない顔。クラシックの声楽家として名を成したい田山は、南に「レビューの話、どうする？」と相談するが、南は「目先の幸福が真実のものとは限らない。誘惑か、世の中って誘惑が多いな」とシニカルな態度。

田山からダンスホールに誘われた南は、スポットライトを浴びる田山への嫉妬もあって、「僕はホールなんて賑やかなとこは嫌いだ。作詞家なんて縁の下の力持ちだからな」と恋人・ハル子に愚痴を漏らす。ハコちゃん（ハル子の愛称）は、南が落ち込まないように懸命に励ます。

田山の人気は急上昇、ついにラジオへも進出する。「ただ今より、新作流行歌《恋知りそめて》を紹介します」とアナウンサー。田山は、南作詞の《恋知りそめて》をマイクの前で唄う。その晩、田山と南は久々に、祝杯を上げる予定だったが、ラジオ局に来た美子と四人娘に食事に誘われる。

一方、南は、田山との晩餐に、恋人・ハル子を誘う。ハル子は、パーティのためにケーキやご馳走、酒を買い込んできて、南と田山のアパートで晩餐の準備をする。しかし、一時間過ぎ、二時間過ぎても帰ってこない。待ちくたびれたハル子は、「あたしたちも二人で宴会しない？」と南に提案。恋人たちの幸福な晩餐となる。そこで南、ハル子にプロポーズ。しかしハル子は少し考えて、顔を曇らせ「でも、あたし、このままでいたいの」。

まだ少女のあどけなさが残るハル子。そこでピアノを弾きながら乙女心を唄う。「結婚ってそんなに幸福かしら？」。意味深なことを言って、微妙な空気になったところに、酔って上機嫌の田山が帰ってくる。

田山は、美子が田山の独唱会を開催してくれること。明日アパートを移ることになったことを伝える。その浮かれた様子に我慢がならない南は、田山に強烈なパンチを喰らわす。結局、二人は決別、田山は部屋を出ていく。このあたりドラマチックな展開なのだが、ハル子がなぜ結婚を拒むのか、南はなぜそこまで田山に怒りを覚えているのかが、雰囲気だけで明確には描かれていない。

《幸福な朝》　徳山璉・ビクター四人娘・夏川静江

田山の新居を整えながら、楽しく唄う女の子たち。しかし、田山は南のことが気にかかり、元気がない。そこで美子は、今度の独唱会を田山と南の作品発表会にしたらどうかしらと提案。「その演奏会が済んだら……」。四人娘が《結婚行進曲》をハミング。どこまでも田山は恵まれている。

一方、南はハル子の姉・登起子（北原幸子）に結婚の許しを貰いに行くが「今、しばらく、あの娘にそんなこと考えさせたくないの」と反対される。その理由が明確でないので、フラストレーションが溜まる。脚本の問題だが、思わせぶりなだけ。意気消沈して出ていく南、ハル子は出かける支度をして、姉の制止を振り切って、南の元へ。

美子の家。四人娘がミニビリヤードを楽しんでいる。演奏会の前日。美子「明日の会のこと、南さんに話して？」。田山は当日のサプライズにしようと思っている。そこへ電話。「南さんとハコちゃんが家出したんですって！」。

なんと南とハル子の家出は新聞記事になっている！「作品発表前夜に　詩人謎の家出　愛人と共に」。二人は郵船「バイカル丸」に乗っていることが判明。「明け方に出帆したから、まだ幾らも行ってないわね」。美子のモーターボートで追いかければ間に合うかも？　となる。昭和一〇年、いくらお嬢様とはいえ、美子はどれだけの金持ちなのか？　この浮世離れした感じが、当時は「洋画」的な味わいだった。

大阪港。客船や貨物船が停泊している。円谷英二のキャメラのアングルは、さすがの切り取り方。美子のモーターボートにはビクター四人娘と、明星淑女倶楽部の美女が乗っている。目指すはバイカル号。ロシア行きか？　疾走するモーターボートを正面から捉えたショットもカッコいい。

これも円谷マジック。バイカル丸に乗り込んだビクター四人娘、ハル子の肩に手を回している南に「両名を逮捕しますわ。百万人の合唱《コーラス》がお二人をお待ちしておりますわ」。となかなか粋なセリフ。これも「洋画」のような展開。

「本日午後六時半　田山純　南修一　作品発表演奏会」いよいよステージの開幕である。

《僕の青春》藤山一郎

トップバッターは、藤山一郎。東京音楽学校（東京藝術大学音楽学部）を主席で卒業した本格的クラシックの声楽技術を持ったテナー歌手。昭和六（一九三一）年《酒は泪か溜息か》（作詞・高橋掬太郎、作曲・古賀政男）、《丘を越えて》（作詞・島田芳文、作曲・古賀政男）が大ヒット。ジャズと流行歌、そしてクラシックを見事に唄い分けて戦前を代表するトップ歌手となる。ビクター専属でリリースした《燃える御神火》（作詞・西條八十、作曲・中山晋平）は一八万七五〇〇枚を売り上げ、この《僕の青春》（作詞・佐伯孝夫、作曲・佐々木俊一）は、昭和八（一九三三）年にリリースされ、一〇万五〇〇〇枚の大ヒット曲となる。この映画の翌年昭和一一（一九三六）年、テイチクに移籍してリリースした《東京ラプソディ》（作詞・門田ゆたか、作曲・古賀政男）はシティソングの新時代を拓く事になる。

《島の娘》勝太郎

昭和七（一九三二）年一二月二〇日リリース。芸者歌手、小唄勝太郎の代表曲。唄いだしが「ハァ」で始まる「ハァ小唄」の先駆けとなり、同年大晦日のラジオ放送で勝太郎がこの《島の娘》を唄ったのがきっかけで、ビッグヒットとなった。ほとんどのファンが、この映画で勝太郎が《島の娘》を唄う姿を初めて観たことだろう。戦時下では、《島の娘》は、内務省から「歌詞に問題あり」とされ、一番の歌詞が改変され、その後発禁処分、実演で唄うことも禁止されたという。

この映画の翌年、勝太郎はJ．O．作品『勝太郎子守唄』（一九三六年三月二六日・永富映次郎）に主演、ヒット曲を劇中で唄った。岸井明と藤原釜足の『うそ倶楽部』（一九三七年、P．C．L．・岡田敬）で、徳川夢声の演じるお祖父さんが「勝太郎が出るから」とラジオの前で楽しみにしているシーンがあった。そういう庶民は多かったことだろう。

《恋知りそめて》小林千代子

昭和九（一九三四）年一一月リリース。この映画の主題歌《幸福な朝》のカップリングとして大々的に喧伝された。小林千代子は、東京音楽学校卒業後、ムーラン・ルージュ新宿座で初舞台を踏み、松竹楽劇部（のちの松竹歌劇団）に入団。水の江滝子やオリヱ津阪の相手役を務めて大人気に。この映画の撮影時は、まだ在団中だった。ビクターに入社したのは昭和六（一九三一）年、当初は覆面歌手「金色仮面」としてデビュー。のちに小林千代子名義で昭和七（一九三二）年、映画主題歌《涙の渡り鳥》（作詞・西條八十、作曲・佐々木俊一）で爆発的人気を得る。

昭和九年八月《利根の朝霧》（作詞・佐伯孝夫、作曲・中山晋平）が大ヒット、その次にリリースしたのが、この《恋知りそめて》。流行歌だけでなく、フレッド・アステアとジンジャー・ロジャースのミュージカル映画『空中レヴュー時代』（一九三三年）の主題歌《カリオカ Carioca》（日本語詞・原町みつを、作曲・ヴィンセント・ユーマンス）や、『コンチネンタル』（一九三四年）の主題歌《ザ・コンチネンタル The Continental》（作詞・佐伯孝夫、作曲・コン・コンラッド）なども吹き込んでいる。

小林千代子といえば、この映画の音楽担当でビクター専属の作曲家・飯田信雄と婚約していたが、飯田はこの映画で美子を演じた夏川静江に心奪われ、二人は結婚した。その恋愛事件が大きく報道された。この映画の裏にはそんなエピソードもある。

さて、ステージ・ショーの合間に、港から会場へ駆けつける南とハル子たちの車のショットがインサートされ、楽屋でヤキモキする田山が描かれる。しかし、この楽屋、藤山一郎、市丸、勝太郎、小林千代子と、豪華な顔ぶれ。皆さん品よく、椅子に腰掛けている。スターは普段でも気高く、品行方正。そんなファンのイメージを裏切らない。

《幸福な朝》徳山璉

ようやく南とハル子が会場に到着。田山と南が抱き合って、友情を確かめ合う。二人の結婚も決まり、田山と美子もゴールインすることに。まさに幸福なエンディング。いよいよ、徳山璉がステージへ。舞台の袖から出てくるショットは、二階のバルコニーからの俯瞰気味で、他の映画ではフィックス中心だった舞台シーンが新鮮に感じる。イントロが終わり、唄いだすと、正体で捉えた徳山璉にクレーンがゆっくりと近づいていく。まさにライブ映像！　という感じで、徳山璉が唄っている姿を捉えていく。

楽屋では、曲に合わせて藤山一郎、勝太郎、小林千代子たちも《幸福な朝》を口ずさみ、舞台袖で唄っているキャストの面々と合流。客席のリアクションもリズムに合わせてインサートされ、劇場中が大合唱となる。このシークエンスでは、オーバーラップ、ワイプでアクセントを付け、さらにアニメの渦巻きがオーバーラップされて、不思議なヴィジュアルとなり、エンドマークとなる。これも円谷演出。

さて、昭和八（一九三三）年、J．O．スタヂオは設立ほどなく敷地内に、傍系会社「太秦発声株式会社」を設立した。日活撮影所長を辞任、J．O．スタヂオの顧問となった池永浩久が運営、昭和九（一九三四）年二月、日活との提携で、和製マルクスこと永田キング主演『爆笑王キング万歳』（水島正雄）、六月には円谷英二撮影による『荒木又右衛門 天下の伊賀越』（勝美庸太郎）、八月には『日本人なればこそ』（三枝源太郎）などを製作した。昭和一〇（一九三五）年五月公開の『海軍大国日本』（阿部豊）は、海軍省後援による大作で、岡譲二、江川宇礼雄、中田弘二など日活現代劇スター総出演。太秦発声、J．O．スタヂオ、ビクター、協同映画、日活の共同製作で、技術部長・円谷英二も撮影スタッフとして参加している。

さらに、昭和一一（一九三六）年四月には日活と提携して山中貞雄監督『河内山宗俊』、七月には山中の原作、脚本による萩原遼監督のデビュー作で、アノネのオッサンこと高勢《たかせ》實乘《みのる》主演の『お茶づけ侍』を製作した。やがて、同年、J．O．スタヂオが東宝映画配給株式會社と配給提携することになり、太秦発声は昭和一一年末に製作を中止することになる。

絹の泥靴

一九三五年二月七日／P.C.L.映画製作所／矢倉茂雄

製作＝P.C.L.映画製作所／1935.02.07・日比谷映劇／八巻・二、二六五m／八三分／1934年度作品No.9

【スタッフ】原作・佐藤紅緑　讀賣新聞連載／監督・矢倉茂雄／脚色・如月敏／撮影・三村明／装置・北猛夫／録音・市川網二／現像・小野賢治／編輯・岩下廣一／音楽監督・紙恭輔／演奏・P.C.L.管絃楽團／主題歌作詞・佐藤紅緑、サトーハチロー　ポリドールレコード　番号2901

【出演者】竹久千恵子（千代）／千葉早智子（澄子）／細川ちか子（蘭子）／英百合子（お仙）／林千歳（母堂）／三好久子（有閑夫人）／神田千鶴子（千早）／山川好子（冬木）／佐伯秀男（鳥海彰）／大川平八郎（鳥海隆也）／滝澤修（賢治）／小杉義男（柳井）／丸山定夫（宮地）／生方賢一郎（兎）／吉井廉（吉金）／岸井明（山田）／藤原釜足（六さん）

トップのP.C.L.マークに「1934年度作品No.9」と出る。製作は前年、バック映像はP.C.L.映画製作所の第一、第二スタジオの外景。原作は、佐藤紅緑《こうろく》が讀賣新聞に連載、昭和一〇年に新潮社から刊行した大衆小説。病気の夫の治療費捻出のため、妻で教育者のヒロインが銀座のカフェーに勤める。男好きのする彼女は、実業家、男爵、モダンボーイ達にもてはやされ、たちまちナンバーワンとなる。やがて夫は病死し、目的を失った彼女は、男が貢ぐ金に魅せられ、贅沢な暮らしを満喫。心を失い、欲望のまま生きていくが……。といった「夜の世界」を舞台にした「女給もの」にして「女帝もの」。戦後、昭和四〇年代の女性週刊誌に掲載された小説やマンガの「ホステスもの」は、このバリエーションだったのだろう。

それまで音楽喜劇や、エノケン映画、明朗サラリーマン映画など、モダンなテイストの娯楽映画が多かったP.C.L.としては、本格的な女性映画、かなりきわどいメロドラマでもある。ヒロインの肌も露わの入浴シーンもある。同時期のハリウッドは、ヘイズオフィスによる自主検閲前のプレコード期。セクシャルでバイオレンス、アンモラルな作品が次々と作られていた。自分の欲望のため、男を利用して、金持ちからむしり取る「ゴールドディガーズ」のアンモラルなテイストの影響がみてとれる。

脚色は如月敏。演出は矢倉茂雄。撮影は、ハリウッド帰りのハリー三村こと三村明。大正八（一九三三）年、逗子開成中学卒業後に渡米、シカゴのニコラスセン大学予科を卒業。当時、全米に拡がっていた排日運動を払拭すべく「キャメラマンとなってアメリカ人に日本人の正しい姿を見せたい」と映画界に入る決意をした。グレッグ・トーランド、ジョージ・バーンズに師事、日本人として初めてハリウッドで撮影助手を務めた。ハワード・ヒューズ監督、ジーン・ハーロウ主演『地獄の天使』（一九三〇年）、グロリア・スワンソン主演『トレスパッサー』（一九二九年）、ロナルド・コールマン主演『曳かれゆく男』（一九二九年）など、約六〇本の映画撮影に従事する。その後、ユニオンのストライキで仕事がなくなり、昭和九（一九三四）年に帰国。新型のミッチェルカメラを使いこなせる三村明は、P．C．L．の撮影部に入社。数々の作品のルックを作り、特に山中貞雄の遺作『人情紙風船』（一九三七年）は世界的に高い評価を受けている。

音楽は紙恭輔。ダンス・ホールのシークエンスではP．C．L．管絃楽團のジャズ演奏が楽しめる。主題歌作詞は、佐藤紅緑とサトウハチロー。つまり親子共同作品である。紙恭輔作曲による主題歌《遠い日よ》は、ポリドールから発売され、東海林太郎が唄っているが、映画では女給役の神田千鶴子が唄うヴァージョンがタイトルに流れる。

キャストは、竹久千恵子、千葉早智子、細川ちか子、神田千鶴子、P．C．L．黎明期を支えたトップ女優が顔を揃えている。東宝映画の母・英百合子は、めずらしく関西弁の、やり手の銀座マダム。男優陣は、ヒロインの夫に、若き日の滝澤修。まだ二九歳！　胸を病んで、妻に迷惑をかける夫役は、この年三月一日公開の『乙女ごころ三人姉妹』（成瀬巳喜男）でも再び演じる。その親友で孤児院をボランティアで立ち上げた小杉義男、カフェーに集う男たちに、大川平八郎、生方賢一郎、吉井廉、そして岸井明。藤原釜足は、小杉義男の友人で紙芝居屋。

P．C．L．としては二年目なので、スタジオでの同録演技は声を張りがちだが、滝澤修や細川ちか子の芝居は流石にうまい。この頃、成瀬巳喜男が松竹から移籍するが、P．C．L．が成瀬を欲しがった理由は、本作を観ると納得できる。これまでの娯楽映画にはない「情緒」を求めたのである。

ヒロインを演じた竹久千恵子は、一九一二年、秋田県出身。一五歳で映画界入り。昭和五（一九三〇）年、一八歳でエノケンが座長の「カジノ・フォーリー」に参加。芸名は竹久夢二にあやかったもの。山本嘉次郎の『馬』（一九四一年）出演後、渡米して結婚。昭和一七（一九四二）年の第一次戦時交換船で帰国。戦後は再び渡米して、晩年はハワイで過ごした。

東京の住宅地。空き地に子供たちが集まってくる。おもちゃのようなラッパで《軍艦マーチ》を勇壮に吹いて、子供に大人気の紙芝居屋・六さん（藤原釜足）。出し物は「のらくろ上等兵」。紙芝居の木枠も「のらくろ」をあしらっている。六さんの手作りだろうが、オフィシャルグッズのように完成度が高い。田川水泡の人気漫画「のらくろ」は、大日本雄弁會講談社の雑誌『少年倶楽部』で昭和六（一九三一）年から連載中。同誌の人気小説「あゝ玉杯に花うけて」を連載していた佐藤紅緑が当時の編集長・加藤謙一に「もっと漫画を載せたら」とアドバイス。それが連載のきっかけとなった。六さんは「猛犬連隊集合！」の掛け声で子供たちを集めている。

アパートの一室。作家・賢治（滝澤修）が原稿について、妹・澄子（千葉早智子）と話をしている。賢治は胸を患っていて、妻・千秋（竹久千恵子）が教員をして働いている。今日は月給日なので、澄子も賢治も心なしかホッとしている。

そこへ賢治の親友・柳井（小杉義男）が訪ねてくる。窓から、柳井と旧知の紙芝居屋の六さんが仲良く話をしているのを観て、不思議がる澄子。活動派の柳井は、困っている人の救済を生き甲斐にしている。今は、親のない子や貧困家庭の子供たちを預かる「隣愛館託児所」を運営していて、資金提供の篤志家を探しているのだ。賢治や柳井は、おそらく大学出のインテリで、暮らしは貧しくとも理想は高い。二人とも次の時代を担う子供の教育についての高い意識を持っている。

佐藤紅緑の大衆小説の特徴の一つに、立場の違う者たちの「対立と融和」がある。この映画では、夜の世界の女帝となる竹久千恵子と、理想に燃える男爵・佐伯秀男の個人秘書となる千葉早智子の義理の姉妹。そして竹久千恵子に入れ上げる男爵の弟・大川平八郎の転落と、兄・佐伯秀男の理想の具現。それぞれの「対立の構図」が明確にある。華族・佐伯秀男と、成り上がりの実業家・丸山定夫の対立もある。

佐藤紅緑は、こうした「対立」をダイナミックに、激しく、そして熱く描いて読者を夢中にさせた。特に「少年倶楽部」に連載した少年小説はその傾向が強い。余談だが、戦後、同じ講談社の少年マガジンで『巨人の星』（川崎のぼる）、『あしたのジョー』（ちばてつや）などのスポ根漫画の原作者として一世を風靡する梶原一騎は、佐藤紅緑の路線を継承して発展させた。一九七〇年代の『愛と誠』（画・ながやす巧）などの金持ちと貧しい庶民の対比、対立は、まさしく佐藤紅緑の世界である。

さてアパートでは、澄子が柳井の分も用意して夕餉の時間だが、千秋を「待とう」と柳井。しかし千秋はなかなか帰ってこない。実はしばらく前から千秋は失業中で、毎日、職探しをしていた。不景気で、職業婦人の仕事はなく、途方に暮れていた。最寄りの田園調布駅の改札を出たところで、女学校時代の友人・蘭子（細川ちか子）と再会。女学校を出て以来、五年ぶりである。夫が病気であること、仕事を探していることなどを千秋が話すと「遊びにいらして。神田アパートメントよ」と優しく声をかける。

そこへ、遊び人風の山田（岸井明）が現れて、品定めするように、千秋をじっとみつめる。今回の岸井明は、好色な遊び人役。これも意外なキャスティングだが、都会的なモダンボーイの雰囲気があって、なかなか良い。唄う映画スターとしては、後半、ヒロインの屋敷のパーティで、酔っ払って《ダイナ Dinah》（作曲・ハリー・アクスト）を唄って浮かれるシーンがある。

遅く帰宅した千秋は、給料が出てないこと、二ヶ月前に失業したことを告白。賢治はネチネチと詰め寄るが、豪放磊落な柳井がその場を収める。今は、兄の看護のために、ミシンの内職をしている澄子も、千秋と一緒に、職探しをするが、二人が考えているような仕事はない。斡旋所のおじさん（吉井廉）は「女には女にしかできない仕事がある」と水商売を匂わせる。

ここで「生活のため」と割り切った千秋は、神田アパートメントに蘭子を尋ねると、万事了解していて「ウエイトレスの仕事よ」と、自分が勤めている銀座のカフェーに紹介。蘭子は、再会した日から、彼女は水商売に向いていると確信して、千秋の「男好きのする」美貌を、自分のために利用する。つまり、蘭子はこの物語におけるメフィストフェレスの役割。

タイトルの「絹の泥靴」は本作のテーマでもある。後半、男からむしり取るためには手段を厭わない蘭子が、ヒロインの千秋に「男を騙して暮らす泥沼のような生活を続けるしかない」「絹の靴で泥を歩いたら、もう後戻りはできない」と自嘲気味に言うセリフで、観客はその意味を知ることになる。

カフェーに勤めた初日から、目の肥えた客たちは千秋に夢中になる。最初についたのは財界の大立者・宮地（丸山定夫）。いきなり十円のチップを貰い、千秋は戸惑う。男爵の次男・鳥海隆也（大川平八郎）は、すぐに千秋にロックオン。優しい言葉をかけてダンスホールに誘うが、流石に初日なので断られるも、帰り際に多額のチップを渡す。田園調布の駅で会った岸井明のモダンボーイ・山田や、田舎の親父まるだしの兎（生方賢一郎）も、なんとか千秋をモノにしようと虎視眈々。

最初は、夫への罪悪感があった千秋も、自分の価値を知って次第に派手になる。ある日、カフェーに澄子が訪ねてきて、夫・賢治の容態が悪いから、一緒に帰ってくれと懇願する。しかし千秋は、隆也とダンスホールに出かけて、帰宅すると賢治は帰らぬ人となっていた。賢治は死に際に、結婚指輪を外して千秋との訣別を宣言。そんな千秋を責める澄子。二人は対立して、澄子は家を出て行ってしまう。

そこから千秋は、自分の美貌と、男たちの欲望を利用していく。しかも千秋を金づると思っている蘭子は、隆也に交渉、パトロンとして洋館を用意させる。その洋館では、隆也がいない時は、他の男たちに千秋を提供して、たんまりと金儲けをする寸法。これには驚いた。前述のようにハリウッドのプレコード作品のようなアンモラルな展開である。男と酒と金。千秋と蘭子は、派手な暮らしを謳歌する。

一方、澄子は自活するために、どんな仕事でもしようと、隆也の兄の男爵・鳥海彰（佐伯秀男）の個人秘書として屋敷に住み込む。二人はもちろん恋愛関係になるが、ビジネスに関しては、彰も澄子もプロフェッショナル。ここで、「鳥海兄弟」と「千秋と澄子の義理の姉妹」。それぞれの「対立の構図」が明確化される。

千秋は、隆也のお供で出かけたゴルフ場のクラブハウスで、隆也の兄・彰と出会い、彼のパーフェクトな男性的魅力に惹かれる。なんとしてでも、彰と深い関係になりたい。資金も底をつき、自分に依存してくる隆也を見限っていた。隆也は、千秋にねだられた五千円の工面ができず、彰のライバルである実業家・宮地（丸山定夫）に融資を頼む。それを知った彰は、筋の悪い宮地と関係を持つ必要はないと、澄子に小切手を用意させる。

この辺りから人間関係がドロドロして、さらに面白くなる。ある日、隆也と蘭子と東京宝塚劇場にレビューを観に来た千秋は、ロビーで彰を見かけて、有閑夫人（三好久子）に彰を紹介してもらう。その時、彰が持っていたマスコットが、千秋の放埒に見切りをつけた澄子が作ったものと気づいた千秋は、彰を奪う決意をする。

ここからの竹久千恵子は男たちを手玉に取り、自分の野望を遂げようと、鬼気迫る演技を見せる。隆也の母から現金を預かって、千秋の屋敷にやってくる澄子。ここで、かつては仲良しだった義姉妹が再会、対立は決定的となる。

澄子「義姉さん、こんな生活をお辞めになって、元通りの生活に戻ってくださらない？」

千秋「忠告ありがとう。あんたは立派な華族さんのお気に入りだからねぇ。私みたいな姉さんがいたんじゃ邪魔だっていうんでしょう?」
澄子「いえ、そんなこと」
千秋「これでもね、社交界では相当知られた顔なのよ。社交界なんて、あんたにはわかりゃしなかったねぇ」
澄子「知ってますわ、社交界って、男や女がお酒を飲んで、そして……」
千秋「相当なもんね、鳥海子爵を狙うだけあって、あんたもずいぶん達者になったわね」

嫌味たっぷりの千秋。「子爵さまはそんな社交界を改めるために、一生懸命なんです」と訴える澄子に千秋は、「これなんだか知ってる?」と澄子が彰にプレゼントしたマスコットを見せ、自分が貰ったと豪語する(無理矢理奪ったのに!)。「女対女」の火花散る戦い。これぞ佐藤紅緑の世界!

一方の隆也は、金に困り、宮地の言うなりになって、彰が進める華族界の浄化運動に水をさすために華族を次々と買収する。その資金は、彰を骨抜きにしようとする宮地が出したものだった。やがて隆也は贈収賄で逮捕され、千秋は何もかも失う。

クライマックス、千秋が「己が罪」に慄き、これまでの暮らしを反省、真っ当な人間になろうとして、蘭子の元を去ることとなる。ラスト、蘭子に別れを告げて、円タクに乗って、どこか遠くへ向かう千秋の晴れがましい表情。円タクは、明治四五(一九一二)年、隅田川に架橋された新大橋を渡っていく。

ヒロインはこうして成長するが、彼女に関わった男たちの末路は哀れである。滝澤修、そして大川平八郎。他の男たちもまた然り。累々たる男たちの抜け殻の山……。

昭和一〇(一九三五)年の観客は、この男と女の欲望のドラマをどう受け止めたのだろうか? まだ映画のレイティングがない時代だけに気になる。ともあれ竹久千恵子が、トップシーンの貞淑な妻から、次第に妖艶なヴァンプに変貌していくプロセスだけでも本作の価値がある。

当時の國民新聞には「これは矢倉監督作品として『浪子の一生』より遥かに上出来である、佐藤紅緑の原作は読んでゐないが映畫化されたものを見るといはゆる通俗社會小説といったものらしく現代の社會面的な事象をあれこれと集録してゐてあの人物がモデルであらうなぞと考へさせられたりする。」と紹介された。

乙女ごころ三人姉妹

一九三五年三月一日／P.C.L.映画製作所／成瀬巳喜男
製作＝P.C.L.映画製作所／作品No.10／1935.03.01・大阪敷島倶楽部、1935.04.21・日本劇場／八巻・二、〇五五m／七五分／日劇同時上映『わたしは別よ』（一九三三年、パラマウント、ロウエル・シャーマン）（四月二一日〜三一日）

【スタッフ】脚色・演出・成瀬巳喜男／作・川端康成「浅草の姉妹」より・サンデー毎日所載／撮影・鈴木博／録音・杉井幸一／装置・久保一雄／現像・小野賢治／編輯・岩下廣一／音楽監督・紙恭輔／演奏・P.C.L.管絃楽團／主題歌作詞・佐藤惣之助、サトウハチロー　ポリドール　レコード番号二一二〇

【出演者】細川ちか子（おれん）／堤眞佐子（お染）／梅園龍子（千枝子）／林千歳（母親）／松本千里（お春・養女）／三條正子（お島・養女）／松本万里代（お絹・養女）／大河平八郎（青山）／滝澤修（小杉）／伊東薫（腕白小僧）／岸井明（客）／藤原釜足（酔っぱらひ）／宮野照子（水上バスのキャンペーンガール）

成瀬巳喜男のP.C.L.移籍第一作『乙女ごころ三人姉妹』（一九三五年）は、のちの成瀬映画のエッセンスの源泉でもあり、戦前の浅草風俗を捉えた記録映像としても重要な作品。川端康成の原作「浅草の姉妹」は、昭和七（一九三二）年、『サンデー毎日』臨時増刊新作大衆文学一一月一〇日号に掲載され、この映画の前年、昭和九（一九三四）年に刊行された『抒情歌』（竹村書房）に収録された。

川端康成にとっては、『浅草紅団』（一九三〇年）のスピンオフ的な作品。田舎の貧しい家に生まれた、おれん、お染、千枝子が上京、浅草で門付やレビューの踊り子となり、健気に生きていく姿を描いている。

その原作を成瀬が脚色。トーキー初期の作品だが、徹底的にロケーションにこだわり、昭和一〇年の早春の浅草で撮影。当時、日本で最大の歓楽街だった浅草では、エノケン率いる「ピエル・ブリヤント」や、古川ロッパたちが立ち上げた「笑の王国」、そして松竹少女歌劇などのアトラクションが全盛を極めていた。

関東大震災で大打撃を受けたものの、めざましい復興を

遂げ、日本を代表するアミューズメント・エリアとなった浅草。一方では「魔窟」というネガティブなイメージもあった。華やかさと退廃。川端康成や、永井荷風、そして高見順などの作家が、この浅草に憧れ、足繁く通って小説の舞台としたことで、そうしたイメージが醸成されていた。そこで生きる人々の哀感、やるせない心情が、数々の映画で描かれていくことになる。そうした「浅草映画」の嚆矢《こうし》が『乙女ごころ三人姉妹』である。

タイトルロールの「三人姉妹」を演じているのは、長女・おれん役に新劇のトップスター・細川ちか子。「築地小劇場」で活躍後、丸山定夫らとともに脱退。丸山と「新築地劇団」結成に参加。その後、滝澤修、小沢栄太郎らと「新協劇団」結成に参加。この時に、劇団ユニットでP.C.L.映画製作所と専属契約。設立したばかりで、専属俳優が圧倒的に少なかったP.C.L.にとっては、新劇のベテラン俳優たちが脇を固めてくれることは、作品の質を高め、大きなメリットであった。その細川ちか子が、門付の暮らしに嫌気が差して、不良の仲間入りをして、身を持ち崩す長女・おれんを好演。

門付の暮らしに疑問を持ちながら、母（林千歳）の仕打ちに耐え、懸命に姉妹のために働いているしっかり者の次女・お染役には、堤眞佐子。P.C.L.第一作『ほろよひ人生』（一九三三年）からの専属スターで、昭和五（一九三〇）年に日本劇場附属音楽舞踊学校に入学、舞踊の花柳壽二郎、河上鈴子、声楽の杉山芳野里に師事。唄って踊れるスターとして、エノケン映画や音楽映画でも活躍。モダンガール役が多い堤眞佐子が、浅草を漂流するように歩く門付の哀愁を見事に演じている。

その姉たちとは正反対の性格で、快活なモダンガールでレビュー劇場のダンサー、三女・千枝子役には、梅園龍子。昭和四（一九二九）年、三崎英語学校在学中に、エノケンの「第二次カジノ・フォーリー」の旗揚げ公演に、踊り子として参加。その後、パイオニヤ・クインテット舞踊団、益田隆のトリオ舞踊団を経て、P.C.L.と専属契約。本作に抜擢されて映画デビューを果たした。

新劇の細川ちか子、映画女優の堤眞佐子、そしてレビューの梅園龍子。このキャスティングのバランスも見事。原作では三姉妹が田舎から上京してくるが、映画版では厳しいエゴイストの母親（林千歳）のもとで幼い頃から芸を仕込まれ、三姉妹とも門付として育てられたという設定。さらに貧しい田舎から身売りされてきた養女・お春（松本千里）やお絹（松本万里代）たちも、芸を仕込まれて門付として、浅草を流している。その母親の厳しさは、当時はどこの世界でも日常的だった「搾取」の実態を垣間見せてくれる。

そうした「暗部」の描写、不良たちが跋扈して、犯罪がまかり通っていた「魔窟」的なムードは、これまでのP.C.L.映画の「浅草」では描かれなかった。P.C.L.映画第二作『純情の都』(一九三三年一一月二三日・木村荘十二)では、昭和六(一九三一)年に開店した浅草松屋デパートの七階にあったアミューズメント「松屋スポーツランド」で、藤原釜足、岸井明、ヒロインの竹下千恵子たちが、仕事をサボって遊ぶシーンがある。まるでハリウッド映画のニューヨーク郊外のコニーアイランドの遊園地のようなモダンな空間として切り取られている。

この『乙女ごころ三人姉妹』にも浅草松屋が登場するが、その印象は全く異なる。長女・おれんは、母親に反発して不良の仲間入りをした、おれんが逃避場所としていたのが、松屋の屋上である。屋上から見下ろす隅田川、吾妻橋の光景。屋上の柵が、おれんを呪縛している「檻」のようでもある。

一方、レビューの踊り子となった三女・千枝子は、料亭の坊っちゃん・青山(大川平八郎)と恋愛していて、隅田公園でランデブー。二人が話す隅田川の後ろには、浅草松屋デパートがある。言問橋、東武伊勢崎線の鉄橋、そして浅草松屋。昭和三〇年代後半の映画まで、ここは繰り返し映画のロケーション場所として選ばれるが、その初期の作品でもある。

タイトルバックは「P.C.L.映画製作所。作品No.10」、ピカピカのアールデコの撮影所のステージにはためく三角旗から始まる。キャメラが画面に向けられるモダンさ。巻頭の「川端康成原作『浅草の姉妹』より　サンデー毎日所載」に続いて題名。キャスト・クレジットに合わせて流れるのは主題歌《浅草ブルース》のメロディ。「作詞・佐藤惣之助、サトウハチロー　作曲・紙恭輔　演奏・P.C.L.管絃楽団　ポリドールレコード番号二一二〇」と最後にクレジットされる。

トップシーンの浅草描写が素晴らしい。浅草寺境内、鳩の豆売りの屋台に群れる鳩、そして参詣客たち。女性は着物、男性は外套に帽子。幼い子供は真っ白いエプロンをしている。ゆっくりとキャメラが本堂にパンアップすると鳩が飛び立つ。

本堂の大提灯。浅草といえば雷門のイメージがあるが、江戸時代末期に焼失して以来、雷門はなく、再建されるのは昭和三五(一九六〇)年になってからなので、それまでの映画では、本堂の大提灯を、浮世絵的なアングルで撮影していた。

本堂から見える塔、善男善女が参道を行き交う。早春とはいえ、冬の寒さが画面から伝わってくる。さまざまなアングルで浅草寺からの眺めをモンタージュ。陸軍の軍服を着た若い軍人の姿も見られる。

浅草寺の境内から雑木越しに、浅草松屋の建物が見える。風船の屋台でおばあさんから風船を買う子供。易断の屋台など、境内の様子をひとしきり撮影したところで、カメラが山門越しにパンすると、仲見世の賑わいとなる。店を覗き込む参詣客たち。このトップシーンは、実景のモンタージュにこだわっているので、昭和一〇（一九三五）年のリアルな浅草を体感することができる。

浅草六区の金龍館では「笑の王国」が実演している。隣の常盤座では、岡譲二、川崎弘子主演の『利根の朝霧』（一九三四年、松竹蒲田、野村芳亭）、高田浩吉の『治郎吉格子』（一九三四年、松竹下加茂、大曾根辰夫）、坪内美子の『月夜鴉』（一九三四年、松竹下加茂、佐々木恒次郎）を上映。

次のカットでは「帝国座」「常盤座」「富士館」など、浅草六区の劇場、映画館の切符売り場、つまり後のプレイガイドがある。木村伊兵衛の写真集でも見たことがない貴重な映像記録である。

続いて「レビュウ　吉本モダン　グランテッカール」の大きな幟がはためく。千代田館では、デューク・エリントン楽団も出演したハリウッド映画『絢爛たる殺人』（一九三四年、パラマウント、ミッチェル・ライゼン）と「マンガ二本」を上映している。その向かいの白亜の映画館・大勝館では、海軍省後援の記録映画『北進日本』（一九三四年、横浜シネマ商会＝松竹）を上映中。さらに浅草松竹座のピエル・ブリヤント「エノケン公演」などの幟が空にはためいている。

映画館のショーウィンドウ。フランク・ボーセージ監督、マーガレット・サラヴァンとダグラス・モンゴメリー主演の『第三階級』（一九三四年、ＭＧＭ）のスチールがずらりと貼られている。それを眺めている少女は三味線を手にしている。彼女は門付の養女・お絹（松本万里代）で大の映画ファン。ここで浅草の風景の中に、ようやく劇中人物が登場。お絹の稼ぎでは映画も見ることが許されずに、昼間、六区の映画街を歩いて映画の雰囲気に浸るのが精一杯。

次のカットから、飲食店のモンタージュとなる。「大衆喫茶五銭均一、食事十銭」「浅草公演名物　コップ・かん酒一合十銭」「玉子丼十五銭、カツレツ十五銭、カレーライス十銭、のりまきすし十銭」「勉強の店　野口食堂」など、当時の浅草の食事情がよくわかる。まさにドキュメントである。

お絹は、お腹が空いているのだろう。食堂のウィンドウをじっと見つめている。そして履物屋のウィンドウの草履を眺め、つんのめってガラスにおでこをぶつける少女。やはり門付の養女のお島（三條正子）。汚れた足袋にちびた草履。彼女は新しい草履が欲しいのだ。

この草履のカットから、下駄の鼻緒が切れて往生している次女・お染（堤眞佐子）のショットとなる。人目を気にして、お染が鼻緒をすげようとするのは、関東大震災で壊れたままの煉瓦塀のところ。そこへ、ハンチングに外套をまとった青年、青山（大川平八郎）が「これあげよう」とハンカチを差し出す。「ありがとうございます」と、時代劇やメロドラマでは、ここで恋が芽生えるのだが、お染は「いいんですの、私、持っていますから」と申し出を断る。「困ってると思って」「ご親切に」。青山はそのまま去っていく。

これは「人の情けにはすがらない」お染のポリシーの表現なのだが、同時に青山が、妹・千枝子の恋人であるということを暗に示している。この辺りの描写の綾が細かい。この二人の会話が、映画が始まって四分後、初めてのセリフでもある。やはり『乙女ごころ三人姉妹』は、浅草という街が主役でもある。

手際よく鼻緒をすげ替え、落ちている石でトントンと叩いて締める。お染は何度も、鼻緒をすげ替えていることがわかる。

そのお染のカットに乗せて、千枝子（梅園龍子）のセリフ「私の姉さんね、門付なの」。ショットは火鉢に座っている母親（林千歳）となり「母さんは門付のお師匠なの」。養女のお春、お島、お絹がひょうたん池の前で佇んでいる。「女の子三人置いて、浅草を回らせているの」と、モンタージュで状況を説明する。

ここで、洋装のモダンガール・千枝子のショット。彼女は恋人と隅田公園をランデブー。後ろには言問橋。「誰にも言わないでね……いいわ、言ったたって、二人姉さんがあって、私末っ子なの、二人の姉さんたち、八つぐらいから稼いでいるの、母さんが邪険なもんだから、ずいぶん苦労したらしいわ」。キャメラは千枝子越しに隅田川。船が行き交い、東武伊勢崎線の鉄橋、そして浅草松屋デパートが対岸に見える。

「でも、私だけは割に可愛がられていたの、末っ子だもんだから、そしてお前にいい人ができたら……」ここで、千枝子が話していた相手が、先ほどの青年、青山であることが、初めて観客に伝えられる。「いい人ができたら？」「親子、姉妹の縁を切ってやるって、母さんも姉さんもよ」「そんなこと言ってるの？」。

会話は深刻な内容だが、二人の表情は朗らかで楽しそう。二人は、古いものに縛られずに自由恋愛を貫く自信に満ちている。松屋の屋上遊園地のロープウェイの鉄柱とワイヤーが見える。デパートの屋上にロープウェイがあったのだ！このロープウェイは、後半、おれんとお染が再開する屋上遊園のシーンで、動いている姿が確認できる。

やがて夜、三味線の音色をバックに、宵闇の仲見世、ネオン瞬く六区の劇場街、酒場街（今の煮込み横丁のあたり）、門付で酒場に入ったお島が《鹿児島おはら節》を唄っている。「兄さん、唄わして頂戴」とお島。しかし客も店の女の子も邪険に扱う。

映画好きのお絹も、他の店で《串本節》を唄って客にアピールしているが、あまり上手とはいえず、すぐに店員に追い出されてしまう。

お染はカフェーで《佐渡おけさ》を唄っている。「いい娘だね、いっぺん唄わせてみようか」と客。喜ぶお染、しかし女給は「よしなさいよ、つまんない」と冷たい。それにめげずに三味線を弾き始めるお染。ところが他の女給が《佐渡おけさ》のレコードをかけて営業妨害。門付もレコードには敵わない。という時代の代わり様を描いたアイロニーでもある。悔しい表情のお染。

夜のひょうたん池、浅草公園からのぞむ六区の夜景。モダンなジャズが流れる。ここはレビュー劇場、千枝子がステージに立っている。とはいえワンサガールの一人。メインの踊り子で唄い手は、P.C.L.のスター神田千鶴子。唄うは主題歌《浅草ブルース》。

♪夜も更けたよ　浅草で
流し三味線　流行歌《はやりうた》
今日も降るかよ浅草に
与太なジンタに涙雨
あの子よい子だ浅草で
すすり泣くジャズ・ソング

モダンな音楽とはいえ、スローテンポで、踊りももっさり、スタイルも抜群とはいえない女の子たち。これが当時の浅草レビューの水準でもある。ああこれが、川端康成が『浅草紅団』で描いたレビューの世界か！　客席の男たちの何人かは黒いマスクをしている。それも時代を感じさせる。後ろで立ち見をしているのは、千枝子の恋人の青山。

主題歌《浅草ブルース》はレコードでは藤田稔（灰田勝彦）が唄っている。

出番が終わり、袖に戻った踊り子たち。「千枝ちゃん、近頃、朗らかに踊っているわ」「怪しいわ」「変だわ」と青山との関係を囃し立てる。「まあ、羨ましいわ」「奢ってもらわなくっちゃ」「いいわよ、奢ってあげてよ」「まぁ、達者ねぇ」。最後に女の子たちが口を揃えての「達者ねぇ」。

当時の言葉の使い方がわかって、なるほど、である。ここで千枝子が「ラランラララン」と口ずさむのは、ドイツ映画『會議は踊る』（一九三〇年）でリリアン・ハーヴェイが唄った主題歌《唯一度だけ Das gibt's nur einmal》（作曲・ウェルナー・リヒャルト・ハイマン）。

その歌声が、そのまま翌朝のシーンに繋がり、千枝子は洋装で洗濯している。カメラがパンをすると、門付の女の子たちに、師匠である母親が稽古を付けている。曲は《串本節》。それを垣根越しにのぞいていた近所の悪ガキたちが真似して《串本節》を唄い始める。その中の主犯格の腕白小僧を演じているのはP．C．L．映画でおなじみの伊東薫。『あるぷす大將』（一九三四年、山本嘉次郎）はじめ、数多くの映画に出演。『ハワイ・マレー沖海戦』（一九四二年、東宝、山本嘉次郎）では、原節子の弟役でいわば主役の予科練生を演じていた。その後、応召されて戦死。まだ二〇歳の若さだった。

子供たちが唄い終わって「奢ってちょうだい」と手を差し出す。それに怒った千枝子が、バケツの水を子供たちに浴びせて、箒を持って追いかける。まるで「サザエさん」。おまけに舌をペロリと出す。この梅園龍子が抜群に可愛い。子供たちも負けじと「おかっぱ頭！」「モダン、モダン、モダンガールのかぼちゃ！」とからかう。「モダン」が侮蔑的に使われていたとは！

「つまんない歌、唄うんじゃないよ、ろくなこと覚えやしないよ」と腕白小僧の母親。そのセリフを受けて、門付の母親が女の子たちに「どうして覚えないんだろう？」と説教する。

「ろくなこと覚えやしないよ」→「どうして覚えないんだろう」でセリフ繋ぎの笑いとなる。この《串本節》が、近所の職人や主婦たちに次々と伝播して唄われる。いわばミュージカル映画的な演出で、そのモンタージュといい、ユーモラスな展開といい、リズミカルな成瀬演出が味わえる。

物語の中盤、お染が「門付稼業」をつくづく嫌になるシーン。酒場の酔客を演じているのが岸井明。横柄な態度で、セクハラまがいのことをする。門付も「売り物買い物」という傲慢な男である。揉みあいとなり、三味線が壊れてしまう。涙ぐみながらも毅然とした態度で男を突っぱねて、金を投げ返す。このシーンもなかなかいい。

どのシーン、どのショットも、芝居も含めて丁寧な描写で、浅草に生きる女の子たちの日常が描かれる。物語は、楽団のピアニスト小柳（滝澤修）と一緒になるため、不良仲間と縁を切って、浅草を去った姉・おれん（細川ちか子）が、再び浅草に戻ってきたことから急展開する。

彼女は、不良（三島雅夫、大友純）たちから逃れるため、郊外へ逃げている。恋人とアパート住まいをして楽しい日々を過ごすが、生活のため小柳が慣れない工場勤めで、結核を拗らせ倒れてしまう。小柳の田舎で療養することを決意するも、汽車賃もなく、浅草で工面しようと戻ってきたのだ。

松屋の屋上遊園地。もしかしたら姉さんに会えるのでは？　とお染がやってくる。屋上はミニ動物園にもなっている。ロープウェイも行き交っている。屋上遊園地は都会の人々にとって最高のアミューズメント・パークでもあった。その屋上で姉妹が再会する。ベンチに座って、これまでのことを妹に語るおれん。

回想シーンのアパート暮らしは、スタジオのセットにアパートを組み上げ、ヒッチコックの『裏窓』（一九五四年）のように、窓から部屋の中が見えるようなしっかりした作りになっている。

美術の久保一雄は、日活出身のベテランで、昭和三（一九二八）年のマルクス主義者が一斉検挙された「三・一五事件」で逮捕され、転向せずに奈良刑務所を出所、その後P.C.L.に入社。成瀬をはじめ、山中貞雄『人情紙風船』（一九三五年）、エノケン映画の数々を手がけた。戦後は黒澤明『虎の尾を踏む男たち』（一九四五年）、『素晴らしき日曜日』（一九四七年）などを担当、フリーとなって山本薩夫作品の美術を晩年まで手がけてゆく。

この、おれんとお染のシーンが味わい深い。小柳との生活について、おれんは「幸福だと思ったことはないけど、不幸だと思ったことはないわ」と話す。名台詞である。

母親にお金を借りようにも、絶対に貸してくれない。おれんは、昔の不良仲間から借りるしかないと、危ない橋を渡る決意をする。おれんと小柳が、東北に旅立つのは翌日の夜一一時一五分、上野発の青森行。お染は、千枝子と必ず見送りに行くと約束する。

不良たちは、千枝子と恋仲の青山を強請ろうと、カフェーの商談室に青山を呼び出す手引きを、おれんにさせる。しかし彼女は、青山を末妹の恋人とは知らない。おれんが青山を連れ出して部屋に入る。同じタイミングで向かいの料理屋の座敷に客（藤原釜足）と一緒に入ってきたお染は、おれんと青山が一緒にいるのを窓越しに目撃。不良たちが青山を脅かすのをみて、お染はカフェーへ。

このあたりの空間のパースペクティブ、装置・久保一雄の美術の素晴らしさが味わえる。ステージの中に建物を作り込んで、向かいの部屋の芝居をロングで撮影しているので、藤原釜足はセリフもなく、ロングショットのリアクションだけ。

そこで不良と揉み合いになり、お染は腹をナイフで刺される。何も知らないおれんは、そのまま店を出て上野駅へ向かう。刺されても気丈に振る舞うお染は、青山に「千枝ちゃんが待っている」と促す。

このサスペンスは緊迫感がある。青山が医者を呼びに行く間に、お染は円タクで上野駅へ。この映画で初めて（おれんの回想シーン以外では）キャメラが浅草を出て上野駅のシークエンスとなる。この上野駅ロケも貴重な映像記録となっている。浅草ロ、そして待合室。ロケーションとセットを巧みに使っている。何事もなかったかのように、姉とその恋人を見送るお染。時折苦悶の表情を見せながらも、気丈に振る舞う。堤眞佐子のベストアクトの一つだろう。

当時の新聞評である。「成瀬監督はよく浅草情緒をとらへて可なり巧みに音を駆使してゐる。彼は矢張りトーキー監督としても相当なものだ」（報知新聞）。

「浅草の雰囲気をトーキー的に描写したといふ観点から見ればそこに成瀬巳喜男の芸術的資質が光り十分鑑賞に値するものである」（朝日新聞）。

成瀬初のトーキーは好評を得て、成瀬巳喜男はP.C.L.の主力監督として、この年、精力的に作品を手がけていく。

坊っちゃん

一九三五年三月一四日／P.C.L.映画製作所／山本嘉次郎
製作＝P.C.L.映画製作所　作品No.11／1935.03.14・日本劇場／八巻・二、二三五m／八二分／日劇同時上映『キャラバン』（一九三四年、FOX、エリック・シャレル）

【スタッフ】演出・山本嘉次郎／原作・夏目漱石／脚色・小林勝／撮影・唐澤弘光／録音・山口淳／装置・北猛夫／現像・小野賢治／編輯・岩下廣一／音楽・紙恭輔／演奏・P.C.L.管絃楽團
【出演者】宇留木浩（坊っちゃん）／丸山定夫（山嵐）／徳川夢声（校長狸）／藤原釜足（うらなり）／東屋三郎（野だいこ）／森野鍛治哉（赤シャツ）／生方賢一郎（漢文の先生）／竹久千恵子（藝者小鈴）／英百合子（婆やきよ）／伊藤智子（荻野のお婆さん）／夏目初子（マドンナ）／柳谷寛（生徒）

夏目漱石の『坊っちゃん』初の映画化作品。P.C.L.でエノケン映画を初め、モダンな作風の娯楽作を次々と手がけていた山本嘉次郎がメガホンを執り、脚色は小林勝が手がけた。八二分で原作の印象的なエピソードを巧みに盛り込んで、漱石のユーモア、江戸っ子気質を、フィルムに収めている。のちの映画化作品は、おそらく、この初作のシナリオや演出の影響が大きいと思われる。私見ではあるが、漱石文学の読後感と、映画を見終わった感覚が極めて近い。

P.C.L.では映画化にあたり、鳴物入りでオーディションを実施、製作前から話題作りをしていた。トップタイトルはその結果発表から始まる。

「最高点当選者・坊っちゃん……宇留木浩、マドンナ……夏目初子／選者・菊池寛、眞鍋嘉一郎、森田草平、松岡譲、夏目鏡子、岡本かの子、園池公功、植村泰二／P.C.L.映画製作所／ミツワ石鹼本舗・丸見屋商店」

このオーディションに応募したのが、大正時代から山本嘉次郎の盟友だった宇留木《うるき》浩（本名・横田豊秋）。撮影助手、撮影技師、助監督、監督、脚本家から本作でP.C.L.のスターとなった。二歳下の妹は、新劇俳優から映画女優となった細川ちか子。

実は、これには裏話がある。山本嘉次郎が『エノケンの青春酔虎傳』（一九三四年）で、日活からP．C．L．に移籍した際に、助監督の伏水修は同行させたが、盟友・宇留木浩は日活に残留、大いにクサっていた。同年、日活多摩川撮影所が開設され、現代劇を製作することとなった。宇留木も異動するがすぐに辞めて、山本に「なんとかしろ！」と P．C．L．入りを熱望した。そこで山本は、森岩雄に相談すると『坊っちゃん』の主役に丁度いい。それまで待ってくれ」という話になった。森岩雄は、宇留木浩をP．C．L．に入社させる心算だった。とはいえ日活との関係もあり、表向きには宣伝を兼ねての一般公募となった。

宇留木浩こと横田豊秋は、大正一〇（一九二一）年、一七歳で日活向島撮影所に入社して撮影助手となり、大活撮影所を借りて撮影した『真夏の夜の夢』で、俳優としてデビューしたばかりの平田延介（山本嘉次郎）と知り合う。平田が京都の早川プロダクション製作『熱火の十字架』（一九二四年）で監督になってからは、監督助手を務め、その後、脚本も執筆するようになった。

やがて横田は、二二歳でマキノ・プロダクション製作『男児一諾』（一九二六年）を山本嘉次郎と共同演出、監督デビュー。当時所属していた、現在の墨田区京島にあった高松豊次郎プロダクションでは、監督と役者の兼任は日常的で、『楠公の唄』（一九二六年）に主演して、俳優デビューを果たした。

昭和五（一九三〇）年に日活大将軍撮影所で、宇留木浩名義でシナリオを執筆、やがて撮影所長・池永浩久の命令で俳優業に専念、山本嘉次郎作品に多数出演。その後日活多摩川撮影所で現代劇俳優として出演した。昭和九（一九三四）年、P．C．L．に移籍した山本嘉次郎を追うような形で、山本嘉次郎の新作『坊っちゃん』の主役オーディションを受けたのだ。

東京宝塚劇場の三階で行われたオーディションでは、坊っちゃん俳優に相応しい応募者がなく、全審査員一致で宇留木浩に投票。ところが決定の段になって、岡本かの子が異論を唱えて、会場は騒然となった。岡本は、どうしても宇留木では嫌だと駄々をこねた。そこで菊池寛が「審査はもう終わったんだ」と一喝、事なきを得たという。

マドンナ役には、山梨県甲府出身の新人を採用。芸名の姓は「夏目漱石」にちなんで、これが初出演なので、夏目初子とした。

映画のトップ、スタッフクレジットの前に、「最高点当選者」として宇留木と夏目初子の名前がクレジットされ、審査員として作家・菊池寛、医学者・眞鍋嘉一郎、漱石の門下生で作家・森田草平、やはり漱石門人の作家・松岡譲、漱石の妻・夏目鏡子、作家で歌人・岡本かの子、舞台演出家・園池公功、P.C.L.社長・植村泰二の名前がずらり。

クレジットに、ミツワ石鹼本舗・丸見屋商店とあるのは、このコンテストをタイアップしたからだろう。おなじみのミツワ・マークがタイトルの背景にあしらってある。

配役も見事。山嵐には丸山定夫、校長の狸は徳川夢声、うらなりは藤原釜足、のだいこは東屋三郎、そしてムーラン・ルージュの森野鍛冶哉が赤シャツ。それぞれベストキャスティングである。

ファーストシーン。坊っちゃんが松山の学校を辞めて、久しぶりに東京に帰ってくる。乳母・おきよ(英百合子)が突然の帰宅にびっくりするも、大喜び。「あったかいものができてますよ」と早速もてなす。「P.C.L.映画の母」英百合子が、原作のイメージのまま、おきよを演じている。ちなみに、昭和三三(一九五八)年、番匠義彰による三度目の映画化、南原宏治版『坊っちゃん』(松竹)でも英百合子が、おきよを演じている。番匠のイメージは、おそらく本作だったのだろう。クライマックスなど、この初作の構成をかなり意識している。

「親譲りの無鉄砲で子供の時から損ばかりしている」坊っちゃんは、四国の(旧制)中学に数学教師として赴任。連絡船を降りたところで聞いた宿屋に入るも、赴任地から遠く離れていることを知り、慌てて松山へ。そこで老獪な校長の狸(徳川夢声)、鼻持ちならないキザな教頭の赤シャツ(森野鍛冶哉)、自称・江戸っ子の美術教師・野だいこ(東屋三郎)、数学主任の山嵐(丸山定夫)、気弱な英語教師・うらなり(藤原釜足)と出会い、密かに前述のあだ名をつける。

生徒たちは、素直というにはほど遠く、大人の狡さ、悪さをそのまま真似している。坊っちゃんは、うどん屋で、「東京式の蕎麦」とことわっている天ぷら蕎麦を四杯頼んだことや、茶店で団子をふた皿食べたこと、温泉で遊泳していたこと、などの行状を生徒に冷やかされる。怒り心頭の坊っちゃんだが、さらに初めての宿直で、寄宿生たちから寝床に「バッタ」を仕込まれて激怒する。

寄宿生の処分を訴えるも、職員会議で、赤シャツたちの事なかれ主義でうやむやにされた挙句、あろうことか坊っちゃんの責任となる。そんな坊っちゃんの最大の理解者は山嵐だが、赤シャツに吹き込まれた噂がもとで、坊っちゃんは山嵐と仲違いしてしまう。

こうしたおなじみのエピソードがきっちり描かれている。やがて、赤シャツがうらなりの婚約者・マドンナ(夏目初子)への横恋慕から、うらなりを九州の延岡へ栄転の名目の左遷したことを知った坊っちゃんと山嵐は、仲直り。赤シャツと野だいこに天誅を下すことにするが、山嵐は赤シャツの奸計で、辞職に追い込まれる。覚悟を決めた坊っちゃんは、山嵐とともに、藝者・小鈴（竹久千恵子）との決定的瞬間を襲うことを計画するが……


　当時の東京朝日新聞の紹介記事である。

「第一に小林勝の脚色が原作に可成忠實《かなりちゆうじつ》で、眞面目であるのみならず、最初の展開にナラタージュを用ゐたのは賢明であり主演の坊つちやんに宇留木浩を得たのを始めとし、助演者も揃つてあるＰ・Ｃ・Ｌ映畫としては大いに面目を施してよい最初の佳作。」

　八二分なので、それぞれのシーンは短いが、原作に馴染んでいる観客には納得の描写が続く。脇役が素晴らしく、野だいこを演じた東屋三郎が、うらなりの送別会で演じる幇間芸は見事！　東屋三郎は新劇出身、所属していた舞台協会が大正一一（一九二二）年、日活向島撮影所とユニット契約を結んだため、映画に進出。小山内薫が演出したミナ・トーキー作品『黎明』（一九二七年）からはトーキー専門に。昭和一〇年、本作でＰ．Ｃ．Ｌ．へ。続いて『三色旗ビルディング』（七月一二日・木村荘十二）で酔っ払いの牧師を好演するが、公開直前の七月三日、四三歳の若さで亡くなった。

　また、坊っちゃんの下宿の主人・荻野のお婆さんを演じた伊藤智子も絶妙。築地小劇場から新協劇団などを経て、舞台美術家で後年、映画美術家となる伊藤熹朔《きさく》と結婚。この年、Ｐ．Ｃ．Ｌ．と契約、本作が初めての出演となった。次作、成瀬巳喜男の『妻よ薔薇のやうに』（八月一五日）で演じた、ヒロイン・千葉早智子の母役で高い評価を得て、戦時中にかけてＰ．Ｃ．Ｌ．東宝映画で活躍する。

　宇留木浩も本作での演技が好評で、この年だけで七本もの作品に出演。翌、昭和一一（一九三六）年八月二一日公開の『太洋の寵児』（矢倉茂雄）に出演。公開同日に、浅草「花月劇場」で舞台版「坊っちゃん」がスタート。二七日の千秋楽、終演後、妻と浅草六区の天ぷら屋の暖簾をくぐった瞬間、狭心症で倒れ、二八日未明に亡くなってしまう。

　親友の突然の死に、山本嘉次郎監督はショックを隠せず、呆然の日々を過ごしたという。

女優と詩人

一九三五年三月二一日／P.C.L.映画製作所／成瀬巳喜男

製作＝P.C.L.映画製作所／作品No.12／1935.03.21・日比谷映劇・大阪敷島倶楽部／八巻・一、九八〇m／七二分

【スタッフ】演出・成瀬巳喜男／作・中野實／脚色・永見隆二／撮影・鈴木博／録音・杉井幸一／装置・久保一雄／現像・小野賢治／編輯・岩下廣一／音楽監督・伊藤昇／演奏・P.C.L.管絃楽團／主題落語「女優と詩人」三遊亭金馬 ニットーレコード 番号・一〇一二八

【出演者】宇留木浩（二ツ木月風）／千葉早智子（妻・千繪子）／能勢梅堂（藤原釜足）／三遊亭金馬（花島金太郎）／佐伯秀男（若い夫）／神田千鶴子（若い妻）／戸田春子（お浜さん）／三島雅夫（役者）／宮野照子（女優）／新田洋子（煙草屋のおかみさん）

成瀬巳喜男P.C.L.移籍第一作『乙女ごころ三人姉妹』（三月一日）に次いで同月二一日に封切られた『女優と詩人』。これは面白い。「P.C.L.作品No.12」とトップタイトルに出る。オール読物所載の中野実の原作を、『エノケンの魔術師』（一九三四年一〇月二四日）の原作・脚本を手がけた永見隆二が脚色したシチュエーション・コメディ。

山本嘉次郎監督の日活時代からの盟友で、この映画の前週封切り『坊っちゃん』（三月一四日・山本嘉次郎）で、日活多摩川からP.C.L.に移籍したばかりの宇留木浩の朴訥としたキャラクターを活かした企画でもある。近所の住人役で、当時、ラジオでも大人気の落語家・三遊亭金馬が出演しているが、恐妻家、無類の酒好きで、酔っ払うと亭主関白になる。その芝居がおかしい。金馬は、主題歌ならぬ主題落語「女優と詩人」をニットーレコードからリリースしている。

舞台は東京高円寺（撮影はおそらく世田谷区）。主人公の家のそばを電車が走っているが、これは中央線ではなく、小田急線だろう。宇留木浩は、売れない童謡詩人・二ツ木月《げっ》風《ぷう》を飄々《ひょうひょう》と演じている。例えていうなら、戦後の小林桂樹のような、二枚目ではないけど愛すべき男の元祖である。

その妻で売れっ子舞台女優・千繪子《ちえこ》には、P.C.L.生え抜きのトップ女優・千葉早智子。月風の風体は、いかにも

詩人という感じで、着古しの着物に、メガネ、頭にはニット帽を被って、風采は上がらない。

二人は、高円寺の借家で文化的生活をしているが、月風の原稿は全く売れずに、二ツ木家の家計はすべて千繪子の稼ぎで支えている。二人世帯だけど、二階家で、空いた二階の部屋で、今日も、千繪子の劇団仲間、三島雅夫や宮野照子たちが本読みで集まっている。

「げっぷう〜」と千繪子に呼ばれると、すぐに「はい」と用事を引き受ける。まさに逆転夫婦。千葉早智子は、いつものお嬢さんキャラではなく、女性上位時代を予見させるようなキャラクター。横柄な態度も「げっぷう〜」と夫を呼び捨てにする声もチャーミング。千葉早智子の声が耳に残る。

二階の役者たちがタバコを切らしたからと、彼らの思い思いのタバコ、みかん、お芋を買いに行く月風。買い物を忘れないように、原稿用紙にメモをするが、こうしたちょっとした仕草に月風の性格が垣間見える。

さて、月風が買い物に行ったタバコ屋の二階には、小説家を目指して脱サラした能勢梅堂（藤原釜足）が下宿しているが、家賃を溜め込んで、タバコ屋のおかみさん（新田洋子）に監視され、外に出ることもままならない。二階から屋根伝いに降りる梅堂を手助けする月風。売れない文筆家同士、仲の良い親友でもある。

童謡雑誌に詩が掲載されても、全く原稿料にはならずに、カステラの菓子折りとお礼状で誤魔化されている月風は、稼ぎ頭の千繪子には頭が上がらなくて、基本的に敬語である。

この映画のコメディリリーフというか、トラブルメーカーとして登場するのが、近所のおばちゃん・お浜さん。演じるは、僕らの世代でもテレビドラマや映画でおなじみの戸田春子。噂話が大好きで、何かと月風に「ニュース」を教えてくれる。シチュエーションコメディには欠かせない「かき混ぜ役」でもある。のちの映画やドラマでの戸田春子のキャラクターがすでに確立している！

月風宅の前の空き家に、ようやく若夫婦が引っ越してきたから「おそばが食べられますよ」と期待に胸を膨らませている。戦後、昭和三〇年代ぐらいまで、引っ越しをすると、挨拶がわりに近所にそばを振る舞うのは、東京の風習でもあった。成瀬巳喜男の『驟雨』（一九五五年、東宝）でも、梅ヶ丘の住宅に越してきた小林桂樹と根岸明美の若夫婦が、隣家の佐野周二、原節子夫婦の家に「そば券」を振る舞う。

さて、お浜さんに促されて、向かいの家の若夫婦の様子を探る月風とお浜さん。引っ越してきたのは「訳あり」の佐伯秀男と神田千鶴子のカップル。駆け落ちしてきたらしく、世帯道具もなく、生活感もない。畳がざらついていて、掃除をしたいけど、掃除具がない。その会話を聞いた月風、家から箒とバケツ、雑巾、掃除道具一式を持って挨拶に。その後ろ姿に「鴨南蛮ぐらいにはなりますよ」と。みんな「引っ越しそば」にこだわっているのがおかしい。

舞台公演を控えた千繪子は、リハーサルに出かけて帰ってこない。そこへお浜さんがやってきて、亭主の晩酌の相手をして欲しいと月風を誘う。台所を見渡したお浜さん。千繪子が買ってきたであろう、高級缶詰を、酒の肴になるからと「借りるわね」と次々と持っていってしまう。確かに味噌、醤油の貸し借りは、下町では常態化していたが、この厚かましさ。それも笑いになっている。

さてお浜の亭主、花島金太郎（三代目三遊亭金馬）は保険外交員。とにかく酒好きで、落語の登場人物のようなキャラ。晩酌をしながら蓄音器で浪曲を聴くのが何よりも楽しみ。せっかく上機嫌で飲んでいるのに、お浜が「越してきた新婚夫婦に保険の勧誘をしてこい」と命じ、渋々と向かいの家に。金馬による勧誘がおかしい。意外なことに、若い男はあっさりと保険に加入。大喜びの金太郎、家に戻ると、酒屋でビールを頼んでこい、魚屋で刺身を三人前あつらえてと、急に亭主風を吹かせる。

エノケンやロッパの映画のように、このシークエンスは、喜劇人としての三遊亭金馬をフィーチャーしてのアチャラカ喜劇的な展開で楽しい。

しこたま酔って帰った月風。女房に頭が上がらない自分に嫌気がさして、家に飾ってある千繪子の写真の額を投げて、大暴れ。そのまま突っ伏して寝込んでしまう。千繪子が帰ってくると、月風は寝言でストレスを吐き出している。それを見て見ぬふりする千繪子は、月風の布団をそっと用意して、自分は隣室に布団を敷く。

横柄に見える千繪子だが、結婚以来一度も不満を口にせず、夫婦喧嘩もしない月風に不満を感じていた。もっと本音でぶつかってほしい。そう思っているけど、彼女もこの生活に慣れてしまっている。朝一〇時過ぎても布団の中の千繪子。月風は甲斐甲斐しく朝食の支度をしている。翌日が舞台の初日でナーバスになっている千繪子は、月風に台本を渡して、芝居の稽古に付き合ってほしいと頼む。

その台本が、派手な夫婦喧嘩のシーンで、最初は棒読みだった月風も、千繪子のいうままに演技をし始めて、どんどんエスカレートしていく。ここは中野実の原作の味でもあるが、芝居のセリフと喧嘩のシチュエーションが、二人のストレスの発散になっていく。そこへ梅堂が、本当の喧嘩と勘違いして、仲裁に入る。

実は梅堂、下宿代を溜めて、タバコ屋を追い出されることになり、月風の家の二階を借りようと勝手に決めて、人の良い月風は押し切られて承諾する。しかし、面白くないのは千繪子。日頃の月風のお人好し、自分の意見も主張しない態度にイライラしていたので、ここで怒りを爆発させる。

それが千繪子と月風の本当の喧嘩に発展する。その会話が、先ほどの芝居のセリフと全く同じ。シチュエーションがシンクロする。ハリウッドのスクリューボール・コメディのような味わい。ついに月風が、千繪子に手を挙げてしまう。ああ、これで夫婦仲も終わりか？　千繪子も月風に平手打ち！　今度も芝居の稽古だと思い込んで、庭先で見物している梅堂。途中から、お浜さんもやってきて……。

わがままな女性が平手打ちされて、貞淑な妻になる、という展開は、この頃のハリウッド・コメディの定石でもあり、千繪子が甲斐甲斐しく月風の世話女房となるというオチもそのパターンである。

この夫婦と対照的なのが、引っ越してきた訳ありカップル。男は保険会社のサラリーマンで、女はダンサー。男は女との交際のために遣い込みをして、どうにもならなくなり心中する。困ったのは金太郎とお浜さん。被保険者が死んでしまうと、保険金を支払わねばならない。会社に損害を与えるので、気が気ではない。果たして？　この二組のカップルの対比こそ、のちの成瀬映画に通じるアイロニー。松竹蒲田を思わせるシチュエーション・コメディで、とにかく面白い。三遊亭金馬の動く姿を味わえるのも、本作の魅力。さて、本作は戦後、昭和三二（一九五七）年、東京映画で『月と接吻』（一九五七年八月二〇日・東宝・小田基義）のタイトルでリメイク。三木のり平が二ツ木月風、淡路恵子が千繪子を演じている。能勢梅堂に千葉信男、花島金太郎に二四代目昔々亭《せきせきてい》桃太郎、心中男女に逗子とんぼと恵ミチ子がキャスティングされた。

すみれ娘

一九三五年五月一一日／P．C．L．映画製作所／山本嘉次郎
製作・配給＝P．C．L．映画製作所／1935.05.11・日本劇場／一〇巻・一，六八〇m／六一分（現存・八二分）／日劇同時上映『ルムバ』（一九三五年、パラマウント、マリオン・ゲーリング）（五月一一日～二〇日）

【スタッフ】原作・白井鐵造／演出・山本嘉次郎／脚色・永見隆二／撮影・唐澤弘光／録音・山口淳／装置・北猛夫／現像・小野賢治／編輯・岩下廣一／音楽監督・紙恭輔／演奏・P．C．L．管絃楽團／美術監督・小山一夫／主題歌作詞・白井鐵造、東輝夫　編曲・紙恭輔、仁木他喜雄・コロムビアレコード・２８３７３号／流行品・白木屋調製／助監督・伏水修
【出演者】リキー宮川（東輝夫）／宇留木浩（執事）／大川平八郎（コウジ）／岸井明（実業家・金田）／藤原釜足（芸術家・小山）／徳川夢聲（老発明家）／堤眞佐子（マリコ）／梅園龍子（ミチミ）／伊達里子（レイコ）／三條正子（メイド）／武智豊子（管理人）／宮川はるみ／コロムビア・リズム・ボーイズ

昭和一〇年一月、P．C．L．配給部が創設され、自主配給に乗り出した。東和商事と配給契約を結んでいた『ほろよひ人生』から『エノケンの魔術師』までの一〇作品も、東和商事の円満了解のもとに、この年五月一日以降、P．C．L．配給部が直接配給することになった。

岸井明と藤原釜足。のちに「じゃがたらコムビ」としてP．C．L．から東宝にかけての娯楽映画を支えた二人。P．C．L．としては、エノケン映画以外では、前年三月一五日公開の『踊り子日記』（矢倉茂雄）以来、一年振りとなった音楽喜劇。前作は浅草レビューを舞台にした「バックステージもの」だったが、今回はジャズ・ソングをふんだんに取り入れた「オペレッタ喜劇」。演出は『エノケンの青春酔虎傳』（一九三四年）で、日活からP．C．L．に移籍してきた山本嘉次郎。ジャズ・ソング、音楽に耳が届く、モダンな感覚のヤマカジ監督のセンスが堪能できる、ある意味野心的な作品。データベースでは六一分とあるが、現存するプ

リントは八二分。これは短縮されておらず、たっぷりとゆったりしたテンポの音楽喜劇が楽しめる。

原作は「レビューの王様」と呼ばれ、宝塚歌劇団の演出家として黄金時代を作り上げた白井鐵造《てつぞう》。昭和三（一九二八）年、宝塚歌劇団創始者である小林一三の命でヨーロッパへ遊学。パリで本場のレビューを目の当たりにして、二年間、パリでレビュー修業。帰朝後第一作「パリゼット」を作・演出した。この舞台の主題歌として白井が作詞をしたのが《すみれの花咲く頃》だった。原曲《Wenn der weiße Flieder wieder blüht》（再び白いライラックが咲いたら）は、フリッツ・リッターの作詞、フランツ・デーレの作曲によるドイツ、ベルリンで上演されたレビュー「なんと驚いた―一〇〇〇人の女」（一九二八年）の主題歌。この曲がパリでも評判になり《白いリラが咲くとき Quand refleuriront Les Lilas blanc》と翻訳され、白井鐵造によって日本に紹介された。ベルリン→パリ→宝塚へと拡がったのである。

この「パリゼット」（一九三〇年八月）は、日本のショウビジネス界に革命をもたらした。エノケンの劇団「ピエル・ブリヤント」の座付き作家・菊谷栄や、「笑の王国」を立ち上げる古川ロッパたちが、ステージを観て刺激を受けて、ダイレクトに自分たちの舞台にフィードバックした。エノケン一座のモダンな感覚、ロッパの洒落た感覚にさらに磨きがかかって、宝塚・エノケン・ロッパ、それぞれが花開いたのである。東宝の小林一三は、浅草で洗練されたエノケンやロッパを丸の内の舞台に進出させ、P.C.L.は『エノケンの青春酔虎傳』を作った。エノケンもロッパも、浅草→丸の内→映画と、その活躍の場を広げて「日本の喜劇王」となっていった。

さて『すみれ娘』が封切られたのは、『エノケンの青春酔虎傳』のちょうど一年後。《すみれの花咲く頃》は宝塚ファンだけでなく、レビューファンにも「テーマソング」として親しまれていくが、この映画はその《すみれの花咲く頃》をモチーフにしたオペレッタ映画として企画された。

脚色は『エノケンの魔術師』（一九三四年、木村荘十二）などのエノケン映画を手がけ、のちに舞台脚本も手がける永見隆二。音楽監督は、P.C.L.映画のモダニズムをサウンドで支えた紙恭輔。演奏はもちろんP.C.L.管絃楽團。トロンボーンには谷口又士。そしてコロムビア・リズム・ボーイズが、キャバレーのジャズコーラスとして出演。スピーディでモダンなジャズ・ソングを次々と唄う。

もう一つの主題歌で本作の音楽モチーフにもなっている《ドリーム・ハウス Dream House》（作詞・東輝夫、作曲・リン・コーワン、編曲・仁木他喜雄）は、劇中、リキー宮川と堤眞佐子がデュエット。作詞はこの映画の主人公・東輝夫（リキー宮川）。コロムビアレコードからリキー宮川が映画公開に併せて五月にリリース。原曲はビング・クロスビーが一九三一年にソロシンガーとしてリリース。同名短編映画の主題歌として日本でもヒットした。

昭和一〇年の東京。日本橋三越の高塔（金字塔）が見える、とあるビルの屋上のペントハウスに、モダンガール・マリコ（堤眞佐子）が上がってくる。「青空工房」と書かれたアトリエのなかでは、新進気鋭の芸術家・小山（藤原釜足）が、彫塑を製作中。藤原釜足の扮装が、いかにもヨーロッパ映画に出てくる前衛芸術家みたいでおかしい。

（藤原釜足）
♪個性がある
力がある
野心もあるです
意気もあるです

伴奏に併せて唄いながら、前衛芸術を仕上げている。劇中の人物のセリフが歌になる「オペレッタ映画」のスタイルである。紙恭輔のアレンジがいい。マリコは、モデルとしてこの貧乏芸術家に雇われているのだが、ギャラはまだ貰っていない。お洒落をしているモダンガールだが、ストッキングに穴が空いている。生活は楽ではなさそう。しかし、ようやく芸術の買い手が現れたと、芸術家・小山は「千円で売れる！」と鼻息が荒い。

「青空工房」のあるビルの外階段を、汗をふきふき、上がってくるのは巨漢の実業家・金田（岸井明）。運転手とお付きを連れて、洒落たイギリス紳士スタイルの金田だが、息切れして苦しそう。金田、彫塑を見て、唄い出す。

（岸井明）
♪個性がない
力がない
野心もないです
エロもないです

土で固めて　手でこねて
時代遅れの泥人形
古いです
（立ち去るが、振り返って）
いかんです
（また振り返って）
なっちょらんです

これで「千円」がパーとなる。荒れて暴れる芸術家。思わず、彫塑の腕を叩き壊す。しかしそれを見た金田「これぞ本物の芸術! 幾らで売ってくれるか?」ということになり、千円まで値段が釣り上がる。ただし、金田は「だがね、この彫刻のモデルごと買うよ」と条件を出す。

そんな事を知らないマリコはアパートへ帰る。『純情の都』(一九三四年、木村荘十二)でもモガ、モボたちの都市生活者のアパート暮らしが晴れがましく描かれていた。今回も都心にある「ABCアパート」が舞台。モダンだけど、入居者たちはいずれも貧しい。フランス映画のパリの裏町のアパートをイメージしているのだろう。管理人のおばさん(武智豊子)のスタイルも着物ではなくスカート、頭にはスカーフを巻いて、ヨーロッパやロシアの「おばちゃん」のような洒落た雰囲気。

マリコと仲が良い、老発明家(徳川夢声)は、怪しげな実験装置が溢れる部屋で、日夜「若返り薬」の開発実験中。ドイツ表現主義映画のような雰囲気のセットで、徳川夢声はドクトル・マブセか、カリガリ博士か、という怪しさである。

仕事にあぶれたマリコは、親友・ミチミ(梅園龍子)と街へ。日比谷公園や神宮外苑を外国のように見立てて撮影。二人ともモダンガール! 外苑前には「ピック・スタンド23」というドライブスルーのホットドッグ・ハウスがある。看板も含めて、かなりアメリカナイズされている。アメ車(当時はみんな外車だが)の運転席にいるお洒落な男(リキー宮川)が、マリコを見つめて、ジャズ・ソング《私の青空 My Blue Heaven》をハミング。リキー宮川は、アメリカのシアトル出身のボードビリアンでジャズ・シンガー、タップもうまかった。コロムビアレコードから《朗らかに暮らせ When Your Smiling》(作曲・ラリー・シェイ)でデビュー。《ダイナ Dinah》(作曲・ハリー・アクスト)のコロムビア盤はリキーが唄った。つまり、アメリカ生まれの和製ビング・クロスビーとして、本作で主役に抜擢された。

「嫌な奴!」との最悪の出会い。ボーイ・ミーツ・ガールの基本。さて、マリコはミチミが勤めているキャバレー「モンパルナス」を訪ねる。ちょうど舞台ではジャズバンドが練習中。ご機嫌なサウンドは、仁木他喜雄編曲の主題歌《ドリーム・ハウス》のインスト。そこでリードを取っているのが、ミチミの恋人で、ジャズバンドのサックス奏者・コウジ(大川平八郎)。大川は『音楽喜劇 ほろよひ人生』から、P.C.L.の顔として映画出演を続けていた。そのコウジから、明日一〇時、アメリカ帰りの画家・東輝夫がモデルの選抜試験(オーディション)をするから、「行ってみたら?」と教えてくれる。これで生活できる! 嬉しそうなマリコに、コウジは「失業したら、またいらっしゃい！」と微笑む。都市生活を謳歌しているモダンガールやモダンボーイたちにも不景気の波が押し寄せていた。

翌日、バッチリおめかしをして、出かけるマリコ。まだ時間があるので、日比谷界隈を歩いてウインドウショッピング。その後をつけてくるのは、実業家・金田（岸井明）。丸の内、東京駅近くの東京海上ビルディングの洒落た外観の前でロケーション。モダン都市東京を切り取ったかのようなヴィジュアル。

ある洋装店の前、マリコは店員に誘われるままに、店内へ。高級店で、マリコに手が出るわけではないが、マネージャーのような男が次々と生地を見せてくる。このシーンは、セリフが一切なく、音楽のみ、サイレント映画の演出で、ヴィジュアル・ギャグが展開。店の外には金田が、じっとマリコの様子を伺い、店内には、昨日の男（リキー宮川）が偶然、仕立てに来ていた。そこへボーイ（本当の少年）がやってきてマリコに「電話」と伝える。金田からの電話だった。マリコはガチャ切り、金田がっかり。それは良かったが、マリコ、立ち上がった弾みに、店の高価な花瓶を落として割ってしまう。どうしよう？

そこへ伊達男・リキー宮川が現れて弁償してくれる。さらには毛皮のコートまでプレゼントしてくれたのだ。昨日の高級外車で渋谷の「東輝夫」の洋館へと送ってくれる。邸にはすでにモデル志望のモガたちがワンサと集まっている。彼女の一人が口ずさむのがメキシコ民謡《ラ・クカラーチャ La cucaracha》。この頃、大流行していた。結局、執事（宇留木浩）が現れて「今日は中止です。お帰りください」と志願者たちに日当を渡して帰すが、マリコだけ残される。宇留木浩は、日活多摩川時代から山本嘉次郎監督とは盟友で、ヤマカジ監督の前作『坊っちゃん』（三月一四日）の主役としてP．C．L．に招かれたばかり。ここではチロリアン・スタイルの執事をユーモラスに演じている。

いよいよマリコが東輝夫画伯と対面！　なんと先程の伊達男が東輝夫だったのだ！「人が悪いわ、ずいぶん」「僕のモデルになってくれないか？　君は森の小道に咲いた、すみれの花のよう」とキザなセリフ。ここで《すみれの花咲く頃》が流れ、恋をしたマリコがアパートに帰って唄い、博士（徳川夢声）も唄い、ストーカー的にアパートの窓の下に立っている金田（岸井明）へと歌が伝播していく。これぞ「オペレッタ映画」！

翌日からマリコがモデルとなり、東の創作が続く。このモンタージュで、二人の恋が燃え上がっていく経過を描写。そこでマリコが東に唄いかけ、二人で主題歌《ドリーム・ハウス Dream House》をデュエットで唄う。

（堤眞佐子、リキー宮川）

♪君の瞳　君の笑顔　君ゆえに　世界は美しい

君と住めば　春は楽し　夢に描く　愛の巣

（リキー宮川、堤眞佐子）

♪君と唄い　君と語る　嬉しさを

愛の巣の窓辺　君と二人で住めば

（中略）

（リキー宮川、堤眞佐子、宇留木浩）

♪世界は美しい　春の空に　君歌え

こうして東とマリコは恋人同士となるが、マリコのアパートを訪れた東は、彼女の生活を見て、そっと百円を置いていく。しかしマリコは「正当な報酬なら貰うわ、けどこんな風にお金を置いていくなんて、ずいぶんよ」と怒って、東邸にお金を返しにいく。ハリウッド・コメディの定石だが、結局、東の真心に触れて、二人は仲直りする。しかし好事魔多し。なんとアメリカから、東のかつての婚約者・レイコ（伊達里子）が現れ、マリコは傷つく。伊達里子は、松竹蒲田のモガ女優で、日本初のトーキー『マダムと女房』（一九三一年、松竹蒲田・五所平之助）のマダムを演じていた、元祖モガ！

アパートに帰って、泣きはらしているマリコに、こういう時は「酒が一番」と博士（徳川夢声）。しかし、マリコが間違って開発中の「若返り薬」を飲んで、博士は大慌て。大騒動に。

その頃、金田からのギャラを受け取って上機嫌の芸術家・小山がアパートに現れる。ところが入口で、武智豊子のボケた管理人が抱いていた赤ちゃんを押しつけられる。小山は赤ちゃんを抱いたまま、マリコの部屋へ。「僕の彫刻が一万円で売れたんだ。それで約束の五千円を持って来たんだよ」。そこで小山はキャバレー「モンパルナス」で豪遊しようと誘い、赤ちゃんをベッドに置いて、マリコは一緒に出ていく。

そこへ博士、医者を連れてマリコの部屋に。ベッドには赤ちゃん。博士、自分の「若返り薬」でマリコが赤ちゃんになったと勘違い。この辺りの徳川夢声のリアクション、抜群である。

クライマックスの舞台は、キャバレー「モンパルナス」となる。店の外景ショットからP．C．L．管弦楽団の《ダイナ》が流れ、ステージではコロムビア・リズム・ボーイズがご機嫌なヴォーカルで唄う！　そしてコウジ（大川平八郎）がステージ中央に出てきて、タップダンスを踊る。もちろん吹き替えで、バックショットと上半身のアップ。その姿を、客席で見つめるマリコの目には、東輝夫が踊っているように見えてくる。ここでリキー宮川の華麗なタップシーンとなる。さらにはトロンボーンの谷口又士がステージ中央に出てきてソロをとる。これぞジャズ、これぞニッポン・エンタテインメント！　昭和一〇（一九三五）年の空前の《ダイナ》ブームの空気を、映像を通して体感、実感できる。

マリコと芸術家・小山の席に、なんと実業家・金田が現れ、芸術家が立ち去る。金田が仕組んだことだったのだ。「小山さん、帰るならワタシも！」とあくまでも金田が嫌いなマリコ。

ステージでは、リズム・ボーイズが、リリースしたばかりの新曲《ミルク色だよ Careless Love》（作詞・中野忠晴、作曲・W・C・ハンディ）をカッコよくコーラスしている。スピーディな歌唱が素晴らしい！

金田と二人きりにさせられ、困惑しているマリコは「あの、あたし、自転車には乗れますけど、タンクの操縦なんて無理ですわ」とかなり辛辣な事を言う。さらに、モンパルナスにはなんと東の婚約者・レイコが現れ、マリコの心は乱れる。しかもテーブルには「東輝夫様御席」とある。そんなマリコは、ミチミからコウジと明日結婚すると聞いて、さらにショック……。

ステージでは、リズム・ボーイズが女性シンガーをフィーチャーして主題歌《すみれの花咲く頃》を唄う。このジャズ・アレンジもなかなかカッコイイ。

失意のマリコ、東に電話するも不在。悲しくモンパルナスを出ると外は雨。マリコのアパートではなんと東が待っていた。しかし、夜が明けても、マリコは帰ってこない……さあ、二人はどうなる？　レイコは？　金田は？　といったサスペンスを孕んでクライマックスが盛り上がる。色々あって誤解は解けて、最後は、リキー宮川と堤眞佐子が、カメラ目線で《すみれの花咲く頃》をデュエットして、ハッピーエンディングとなる。

他愛のないストーリーだが、シアトル生まれのエンタテイナー・リキー宮川のジャズ、タップ、そしてプレイボーイぶり、コロムビア、リズム・ボーイズのヴォーカル、最新のジャズ・ソング《ダイナ》《ドリーム・ハウス》をたっぷりと映画で見せてくれる。一九三五年のジャズ・シーンが体感できるという点でも重要な作品である。

ハイキングの唄

一九三五年／P.C.L.＝鉄道省／松崎啓次
製作＝P.C.L.映画製作所＝鉄道省／録音現像＝寫眞化学研究所／1935／二三分
【スタッフ】監督・松崎啓次／脚色・亀井文夫／撮影・川口政一／音楽・伊藤昇／演奏・P.C.L.管絃楽團
【出演】リキー宮川（大学生・宮川）／三條正子（マサ子）／美澤由紀子（宮川の妹・スミコ）

この頃、P.C.L.ではピクトリアル＝短編映画を連作していた。ちょうど『すみれ娘』の頃に撮影された音楽短編『ハイキングの唄』は、『ほろよひ人生』から脚本を手がけてきた松崎哲次の演出によるタイアップ映画。「躍るリズムに力強く踏むステップ　青空高く、緑の山野、輝く楽しいハイキング」（ラインナップの紹介文）。リキー宮川と三條正子出演による音楽短編で、富士五湖周辺の景観を紹介する鉄道省のPR映画として製作。大学生宮川（リキー宮川）と妹・スミコ（美澤由紀子）は、キャンプに出かけた女学生マサコ（三條正子）たちを探して、キャンプ場へ。水汲み、薪拾い、飯盒炊爨《はんごうすいさん》の楽しい食事。宮川のリードで次々と歌となり、クライマックスは《ハイキングの唄》となる。

放浪記

一九三五年六月一日／P.C.L.映画製作所／木村荘十二

製作・配給＝P.C.L.映画製作所／録音現像＝寫眞化学研究所／1935.06.01・日比谷映劇／八巻・二、四一七m／八八分／作品No.13

【スタッフ】原作・林芙美子 改造社發行／演出・木村荘十二／脚色・小林勝／撮影・三村明／録音・峰尾芳男／装置・北猛夫／現像・小野賢一／編輯・岩下廣一／音楽監督・池譲／演奏・P.C.L.管絃楽團

【出演者】夏川静江（小林ふさ子）／堤眞佐子（おとし）／藤原釜足（松田）／丸山定夫（義父）／三好久子（カフェーのマダム）／大川平八郎（三吉）／御橋公（三吉の父）／林千歳（ふさ子の母）／滝澤修（青山）／細川ちか子（青山の愛人）／小杉義男（詩人・會川）／東屋三郎（カフェーの客・はーさん）／英百合子（牛鍋屋の女中）／赤木蘭子（おきみ）／清川玉枝（塗装屋の妻）／高橋豊子（牛鍋屋の女中）／原泉子（下宿のおばさん）／小沢栄（刑事）／生方賢一郎（マダムの亭主）

林芙美子の『放浪記』は、大正一一（一九二二）年から五年間、日記スタイルで書き溜めた雑記帳をまとめた若き日の自叙伝。明治三六（一九〇三）年、門司《もじ》市（現・北九州市門司区。本人は下関生まれと書いている）に、テキ屋や競売りをしていた宮田麻太郎とキクの間に生まれた。しかし父が認知せず、母方の叔父の籍に入って「林フミ子」となる。麻太郎は放埓者《ほうらつもの》で、母娘は明治四〇（一九一〇）年に、番頭の沢井喜三郎と行商の旅に出る。喜三郎が養父となり、商売は繁盛するも、結局旅商いの両親と共に山陽地方を転々とした。

一三歳で尾道に落ち着き、綴り方の文才が認められて、大正七（一九一八）年、一五歳で尾道市立高等女学校へ進学。女学校卒業後、大正一一（一九二二）年、一九歳のとき、遊学中の恋人を頼って上京。下足番、女工、事務員、カフェーの女給などで自活して恋人を支えたが、大正一二（一九二三）年、大学を卒業した恋人は帰郷、婚約は取り消すこととなる。この頃、ペンネームを「林芙美子」としてつけ始めた日記が『放浪記』となる。

波乱万丈の林芙美子のそれまでの日々をまとめた「放浪記」は昭和五（一九三〇）年、改造社から『続放浪記』として刊行され、大恐慌の世相のなかベストセラーとなり、林芙美子は時代を象徴する流行作家となる。

この『放浪記』の映画化をP．C．L．が企画したのは、女性観客にアピールする「女性映画」の必要性を意識していたことが大きい。数ある林芙美子原作の映画化では、これが初作となる。『放浪記』の成功により、この後、木村荘十二演出で、室生《むろう》犀星《さいせい》『兄いもうと』（一九三六年）、川口松太郎『母なればこそ』（同年）、鮫島麟太郎『からゆきさん』（一九三七年）など文芸女性映画を連作する。

さて、本作で林芙美子を演じた夏川静江は、大正八（一九一九）年、一〇歳の時に、弟・夏川大二郎と共に、帰山教正『生の輝き』に出演。子役から映画女優の道を歩み始めた。日活向島撮影所を皮切りに、伊藤大輔『日輪 前篇』（一九二五年、伊藤映画研究所）などに出演。女学校時代は舞台にも立っていた。そして昭和二（一九二七）年、一六歳で日活大将軍撮影所へ入社、清純派女優として活躍した。そして昭和九（一九三四）年、J．O．スタヂオ創立時に移籍、オールスター音楽映画『百萬人の合唱』（一九三五年、冨岡敦雄）のヒロインを演じ、続いて本作に抜擢された。林芙美子の恋に生きる情熱と、作家として貪欲なまでのパワーを見事に演じて、のちの大女優のイメージ、片鱗はすでにこの頃からある。

公開時のプログラムの紹介文である。

「感動の名篇！斬界注目の的！これは、行商人の娘に生まれて、少女時代を義父と共に放浪に暮し、長じて愛に目醒め、愛に飢えた一人の女として、男に放蕩し、遂に己の孤獨を知って自著を刊行するまでの今を時めく女流作家林芙美子女史の隠れたる前半生の人生放浪を描く……林女史に夏川静江扮しての久々の快演！」

牧歌的な風景。小林ふさ子（夏川静江）は恋人の大学生・三吉（大川平八郎）と日向ぼっこ。三吉は横になっているが、ふさ子は本を読みながら南京豆を食べている。幸せそうな二人。「ふさちゃんにも随分苦労かけちゃったからなぁ」「学校を出たら、今度は僕が働いて、ふさちゃんに楽をさせるからね」。

とはいえ、この頼りない三吉が、ふさ子の苦労のタネになることは明らか。「毛糸屋の店員なんか、早速やめちゃうんだね」と、調子の良いことばかり。しかし現実は……。

東京下町の小さな町工場。ふさ子の仕事は人形の彩色。女工たちが唄いながら、人形の顔を塗っている。「また怠けてるね」と辛く当たるのは、取り仕切っているおばさん（清川玉枝）。物思いに耽っているふさ子を叱る。「お前病気なのかい？　馬鹿なのかい？」。今日の日給から「罰金を差し引いた」と手厳しい。ふさ子の母（林千歳）も一緒に働いている。

帰り道。ふさ子は故郷に帰ったままの「三吉を訪ねる」と言い出すが、母は「もう忘れた方がいい」。このシーン、スタジオに組んだセットで街並みを再現。空間の切り取り方がいい。坂道、階段、場末の雰囲気。ガード下の喧騒を電車の騒音で表現するなど、木村荘十二の巧みな演出。

「固い約束をしておきながら」三吉は故郷に帰って一年。結婚の約束はどうなったのか？　ふさ子はそれを確かめたい。「あたしたち二人で世話をして、学校を卒業させてやったんじゃない？」。

ふさ子と母が下宿に戻ると、佐世保の木賃宿の義父（丸山定夫）から、中気で寝込んでいるとの手紙が届いていた。ふさ子は、なけなしの全財産を母に渡し、「急げば終列車に間に合う」と支度する。思い立ったら即行動である。「部屋代や米屋の支払い」を気にする母に「こんな時にしょぼしょぼしたら馬鹿よ。すぐに儲けて送ってあげるわ」。

小林勝の脚色も巧みで、こうしたセリフに林芙美子の性格、原作の味を凝縮している。これだけの物語を八八分に収めているのは驚きでもある。

「私たちを捨てた父さんなんてどうでもいい。私たちを拾ってくれた父さんの方がずっとありがたいわ」。このセリフで実父・麻太郎と、義父・喜三郎への想いが観客に伝わる。

東京駅。テキパキと母の座席を確保するふさ子。「折角、同じ家に住めたと思うたら別れ別れになるのう」「うんとお金を儲けて呼び返すわ」。母娘の長い放浪生活が垣間見える。発車間際、母は櫛を手に「前の父さんが駆け落ちして、私たちが困っていた時に、今の父さんが長崎で買うてくれんさったものじゃ」「ええ、覚えているわ、一〇年も前のことだわね」。

ここから回想シーン。ひな祭りの時季。義父がアコーディオンを手に、唄いながら化粧水を売っている。丸山定夫がいい雰囲気。幼いふさ子が商売を手伝っている。木賃宿で「さくら化粧水の歌」を唄いながらふさ子は化粧水を顔につけ、「綺麗なねえさん」になって「お金儲けて、大きな家を買うんじゃ」。放浪の親娘にとっては定住が夢だが、生まれながらの旅商人には、それも叶わない。だからふさ子は「成金になるのよ、そして親子三人で家を持つの」と夢を語る。

さて、母が佐世保に行ってから、ふさ子は気力もなく、工場にも出ず、家でぶらぶら。隣室の松田（藤原釜足）は、彼女に惚れていて、何かと世話を焼いてくれる。「お米もない」と嘆くふさ子に、松田は面倒を見させて欲しいと思いを伝えるが、ふさ子は「静かにしてください。私、もの言うのも億劫なんです」。そう言われても、松田は黙って米を差し出す。

数日後、松田は、ふさ子に肉を奮発する。七輪で調理しながら「ネギを切ってくれませんか」。ふさ子は「たった一升ばかりのお米を貸すと、もうすぐに馴れ馴れしく、人にネギを刻ませようとして」と毒を吐くが、結局、ネギを刻んでご馳走になる。

どこまでも人の良い松田はこの勢いで「今、六〇円貰っているんですが、それだけあれば二人で暮らせる」とプロポーズする。ふさ子は「結婚しても良いとも考えています」と言いつつ、恋人のことが忘れられないから、と断る。

工場の帰り道、ふさ子は同僚のおきみ（赤木蘭子）に「道はいいわね。どこまでも続いてて。どこまででも行かれそうな気がするんですもの。きっと道の向こうには楽しいところがあるわよ。あの山越えて、海越えて」。若いふさ子は、三吉の住む海辺の町に想いを馳せている。

おきみは「あんたはいいわ、自由で」とふさ子を羨む。彼女の亭主は四二歳。一四歳で子供を産んで、今年三つになる息子を人には「弟」と言っている。まだ二〇歳前なのに、苦労の日々。おきみを演じている赤木蘭子は、昭和四（一九二九）年、丸山定夫、細川ちか子らの築地新劇団に入団、その後新協劇団に参加して、舞台で活躍。その関係で本作にも出演、ちなみに赤木蘭子の夫は信欣三。

おきみは「私の家はね。袋小路のどん詰まりにあるの。そこから先へは行けやしないわ」。しかも亭主には女がいる。自分はまだ恋なんかしたことないのに。ふさ子はしみじみ「恋なんか知らない方が良くってよ」。

「恋なんか……」のセリフ受けで、松田が恋文をしたためるショットとなる。ふさ子が帰ると、松田は火の付いた炭を入れてくれるが、ふさ子は「家に帰って一人になることがたった一つの楽しみ」と迷惑顔。「あなたは労働になんか向きませんよ」。松田はうまく書けずに破ってしまった、と「手紙の入っていない恋文」を渡す。封筒にはお金が入っていて、ふさ子は「侮辱された」と激怒。「私それほど困ってません。日給七五銭貰ってますから」。松田は「それでも受け取って欲しい」。ふさ子は「あなたを愛する気にはなれませんよ」ときっぱり。下宿のおばさん（原泉子）から「折角、貸してあげるって言うのに、変な義理立てして断ることない」と言われ、結局その金を受け取る。ふさ子はそのお金で、三吉の故郷へ向かうことにする。下宿のおばさんを演じたのは新協劇団時代の原泉。このとき三〇歳、原泉子を名乗っていた。

三吉の実家で、ふさ子は「ご夫婦の約束をしたのに、なんの音沙汰もないんで」。三吉の母は、迷惑そうな顔で「一軒の家も構えていない家の娘は貰えない」と言い放つ。三吉の父（御橋公）は優しいが、息子同様、優柔不断なだけ。無言の三吉に詰め寄るふさ子。「あんなに固い約束をしておきながら」なしの礫にたまりかね「血を吐くようなお金を使って」来たのに「まるで野良犬のように扱われているじゃありませんか」と嘆く。

嫌になったらそう言って欲しい。「どうせやり損なった一生ですから、これからの考えもあります」。菓子折を置いて立ち去る。古い因習の田舎、煮え切らない男に辟易したふさ子。駅までの道、三吉が自転車で追ってくる。引き留めにではなく、「菓子折を返して来い」と母親に言われたから。「じゃ、海へ放《ほか》してください」。三吉は黙って俯いたまま。ここでふさ子の怒りが爆発。海へ菓子折を放り投げる。

三吉は「お前、帰りの旅費がないんじゃないのか?・」「あんた私にお金を呉れようって言うの?　いくら嫌われてもあたしあんたが好きなの。今お金を貰ったら、いつかあなたを恨めしく思う時が来ます」。辛く悲しい別れである。

この前半、ふさ子が女給になるまでの日々を丁寧に、しかもわずか三〇分でコンパクトに描いている。木村荘十二の演出のうまさが際立っている。各ショットに意味があり、時間経過のモンタージュも的確で、映画全体がキビキビしている。

東京へ戻ったふさ子は、身一つで牛鍋屋「弥生」の住み込み女中となる。世話焼きの先輩女中（英百合子）が、空腹のふさ子に煎餅をくれ、着た切り雀ではいけないからと古着を出してくれる。いかにも東京の女という感じで押し付けがましくない。仕事が終わり、風呂の時間。湯船で若い女中に、「おめえ、俺んとこに遊びに来ないか、田舎はいいぞ」と誘う先輩女中の声は、高橋豊子（とよ）。この時三一歳、後年のイメージのままである。

やがて季節は過ぎ、ふさ子は、器量の良さで売れっ子となる。その贔屓の一人が新劇の演出家で俳優の青山（滝澤修）。チェーホフの「桜の園」を誦じたり、いかにもインテリ演劇人。ふさ子は幼い頃行商の途中で、青山が出演した「カチューシャ」を観たと話す。今ではどさ回りになったと嘆く青山。「そうは思えませんわ」「今の僕にそう言ってくれるのは君一人だ」と手を握る。

この滝澤修も、屈折した知性派、その実スケベな男という感じが、さすがに上手い。ふさ子はその甘言に乗って、牛鍋屋「弥生」を辞めて青山の元へ走る。「あの人大丈夫かしら?」「騙されているんじゃないかしら?」と仲間の心配が的中。ふさ子が青山の部屋を訪ねると、そこには愛人（細川ちか子）がいた。「あんた、また例の手を出したんじゃないの?」。青山はとぼけて横になる。

「ねえあんた、この人と変な約束をして、弥生を逃げたんじゃないの?」。図星である。滝澤修、色女を鉢合わせさせるダメな男ぶりが実にいい。愛人はふさ子を部屋に招き入れ「男ってあんなもの、わかった?」。青山に騙された女同志で、ひと夜を過ごす。

結局、生きていくためにふさ子はカフェーの女給となる。朋輩のおとし（堤眞佐子）と仲良くなり、家族の話となる。ここで登場する堤眞佐子が抜群である。P.C.L.のモダニズムを体現しているような現代娘で、考えも先進的である。おとしに「故郷はどこ?」と問われ、ふさ子「旅商人の娘として木賃宿で生まれて、カフェーの二階で死ぬのさ」とシニカルに答え、旅先の父母に思いを馳せる。

そこで九州の海岸を歩く母と義父のシーンとなる。「（ふさ子は）きつい気性じゃけん、人に騙されることがあるかい」と母。「きつい気性じゃから危ないのじゃ」と義父。放浪の暮らしの侘しさ。こうしたロケーションの短いショットも効果的。小林勝の脚色は、原作のエッセンスをさまざまな場面で生かしている。

カフェーではお大尽の社長・はーさん（東屋三郎）から、一杯一円の高級ウイスキー「キング・オブ・キング」を「十杯飲んだら十円をやる」。負けず嫌いのふさ子は、見事に飲み干す。カフェーはセットだが、小道具に至るまで時代の雰囲気、場末の侘しさを再現。

この頃、ふさ子は時間があれば詩を書き溜めていた。カフェーの客で詩人、曾川（小杉義男）が、その詩を「とてもいい」と認めてくれる。曾川は「寂しいから」と酔ったふさ子をホテルに誘う。「私あんたって尊敬していたけど、やっぱり男ってみんな同じだわ」。

女給に嫌気が差したふさ子に、おとしが「どこかに家を持たない?」。銀座に鞍替えして高給取りになるから「あんたは文学書きなさいよ。それで偉くなってよ」。おとしは、「私は頭がないから女給するの。あんたは素敵な傑作書いて」「偉くなったら、一生食べさせてもらうわよ」。

二人が借りたのは、御茶の水のアパート。ニコライ堂の近く、おとしが御茶の水駅・聖橋《ひじりばし》に向かう。気になることがあってふさ子が彼女を追いかけるシーン。聖橋から中央線の出発を見送る。昭和一〇年の御茶の水界隈が活写されている。この聖橋は昭和二（一九二七）年、震災復興橋梁として竣工。駿河台と湯島の本郷通りを結ぶアーチ橋である。

その日の午後、ふさ子からのハガキに「金に窮している」と書いてあったので、お大尽のはーさんが訪ねてくる。下心タップリに「金を貸すから」と身体の関係を迫る。男のバカさ加減に辟易したふさ子は、はーさんを追い出す。怒りに任せて、手土産の果物カゴを窓から放り投げる。すると下のグラウンドで野球をしていた大学生が、差し入れとばかりに大喜び。この学生たち、計三回出てくるが、ふさ子の「やるせなさ」と対極の「屈託のなさ」が実に効果的である。

さらに、おとしがつまらない男に引っかかって、その男の犯罪について刑事（小沢栄）に勾引されるなど、さまざまなエピソードが綴られていく。

雨の日、ふさ子は部屋中に着物をぶら下げて放心状態。訪ねてきたおきみが驚く。ふさ子は自嘲気味に「腐った自分の匂いを嗅いでみた」。おきみは「初めて恋をした」ので男と都落ちするために「家出をしてきたの」。子供は置いていくという。男と駆け落ちをするおきみの後ろ姿に、「とうとう袋小路を突き破って出ていっちゃった」。

寂しくなったふさ子は、未だに自分を大事に思ってくれる筈の松田に無性に逢いたくなり、着物を質屋に入れ、美容院で日本髪を結って松田を訪ねる。しかし松田はすでに結婚をしていた。「あたし、今夜お嫁に行こうかと思っていました。親切な頼もしい人のところへね」。人生は思うようにはいかない。このやるせなさが、映画の終盤まで続く。

どん詰まりで自暴自棄になり、ふさ子は服毒自殺を試みる。遠のいていく意識。サイレントの傾向映画のように、ふさ子の視点をモンタージュで描く。幼い頃の母の声「ふーちゃん、よさんかいな、ひょうげた子じゃなぁ」、朦朧とするなか、おとしの「姉さん、しっかりして」に気づく。臨死体験を主観で描いている。

「お母さんから手紙と小包が届いているのよ」。唱歌の《旅愁》（作曲・ジョン・P・オードウェイ）のインストが流れる。林芙美子の『放浪記』の冒頭にこの曲が登場する。そのあたりの演出も上手い。ふさ子にとってこの曲は幼き日、父母と過ごした時代の思い出なのだろう。母からの小包には「わかめにかまぼこの天ぷら、それから為替が五円」。

そこでふさ子は復活する。「おっかさん。（私は）死なない、生きて、生きて」。おとしは「そう、それで立派な本を書き上げるのよ」。「それでお母さんを迎えに行くわ」。起き上がるふさ子。窓の外では野球に興じる大学生たち。生命の息吹き、エネルギーの象徴である。ここから小林ふさ子＝林芙美子の作家人生が始まる。《旅愁》が高鳴ってエンドマークとなる。

小林勝の脚本はセリフやシチュエーションなど原作のエッセンスを巧みに取り入れつつ、女性の自立を描く「女性映画」の視点で、ヒロインの妹的存在、堤眞佐子演じるおとしのキャラクターを後半のポイントに膨らませている。トップシーンからラストまで八八分で、波乱万丈のヒロインの半生を凝縮。微細な描写、セリフまで行き届いており、夏川静江の堂々たる演技、表現力は圧倒的。彼女は明治四二（一九〇九）年生まれだから、この時二六歳の若さである。

当時の批評である。

舟橋聖一（作家）

「P・C・Lの最近の作品は大変いい傾向だし、それに相応しい成功を収めてゐると思ふ。『放浪記』は夏川静江が美しすぎるという欠点を除けば立派な映画であった。『三人姉妹』で成功した堤眞佐子は、この寫眞でもそのナチュラルな演技に於て、他の俳優をすっかり押さえてしまってゐると思ふ」

窪川いね子（作家・佐多稲子の当時の筆名）

「『放浪記』は大変面白く拝見しました。殊に前半は主人公に個性があって原作『放浪記』の持味もかなり出て居ります。これほど生きた個性のある映画の主人公をまだ日本映画では見ません。度々使われている海の効果も成功だと思われます。夏川静江は努力してゐました。」

成瀬巳喜男による昭和三七（一九六二）年の高峰秀子が林芙美子を演じた『放浪記』（東宝）に登場する日夏京子（草笛光子）や、夫となる売れない作家・福地貢（宝田明）たちは登場しない。成瀬版は、菊田一夫の戯曲「放浪記」（一九六一年、芸術座・森光子主演）をもとにしているので、本作とは作品のベクトルも展開も異なる。

東映でも昭和二九（一九五四）年、角梨枝子主演で『放浪記』（脚本・八田尚之　監督・久松静児）がリメイクされている。こちらのヒロインの役名は早瀬ふみ子だった。

三色旗ビルディング

一九三五年七月一一日／P．C．L．映画製作所／木村荘十二

製作＝P．C．L．映画製作所／1935.07.11・日本劇場、1935.07.12・大阪敷島倶楽部／七巻・一．六八〇m・六一分／日劇同時上映『運ちゃん武勇傳』（一九三四年、ワーナー、レイ・エンライト）（七月一一～二〇日）

【スタッフ】作・サトウ・ハチロー／演出・木村荘十二／脚色・小林正、永見隆二／撮影・三村明／録音・峰尾芳男／装置・山崎醇之輔／現像・小野賢治／編輯・岩下廣一／音楽監督・池讓／演奏・P．C．L．管絃楽團／三色旗ビルの唄（作詞・サトウ・ハチロー）／主題漫才《三ずくし》香島ラッキー・御園セブン・ポリドールレコード四二八四番

【出演者】徳川夢聲（仏蘭西軒の親父）／神田千鶴子（娘桃子）／加賀晃二（リョウタ）／西村楽天（理髪店主人）／三島雅夫（職人平吉）／清川虹子（おカネ）／岸井明（見習いコック三吉）／佐伯秀男（ヘンリー）／伊達里子（マユコ）／東屋三郎（牧師）／ヘレン本田・若山千代（ポリドール・レビューガール）／藤原釜足（考える男）／小澤栄（保険屋谷本）／嵯峨善兵（髭書生）／香島ラッキー・御園セブン（吉本興業専属）／森野鍛治哉（山田）／生方賢一郎（小原万平）／細川ちか子（その妾）／西條英一、大川平八郎（大学生）／宇留木浩、夏目初子（若夫婦）

モダンな都市アパート生活者の日々を描いたP．C．L．の都会派作品『純情の都』（一九三三年）、『すみれ娘』（一九三五年）と同じスタイルで作られた『三色旗ビルディング』（一九三五年七月一一日、木村荘十二）は、落語の「長屋もの」のモダン版「アパート映画」。徳川夢声演じる主人公は、「三色旗ビルディング」のビルオーナーだったが、株に手を出してしまい、悪徳詐欺師・生方賢一郎と、手下の森野鍛治哉によりビルの権利を取られる。

この映画は「三色旗ビルディング」から一歩も外に出ず、高級アパートの中だけで物語が展開していく。MGMの『グランドホテル』（一九三二年、エドマンド・グールディング）が公開されたのは、昭和八（一九三三）年一〇月五日。作り手は「グランドホテル」形式をイメージしている。P．C．L．映画の初期、出演者は、当人の顔と役名、俳優名の静止画

や動画でクレジットされるので、俳優の顔と名前が一致する。これは後世のファンにはありがたいが、当時も「はじめましての」観客には顔と名前を覚える絶好の機会だった。

原作はサトウ・ハチロー。キャメラは、ハリウッド帰りのハリー三村こと三村明。脚色は、日活大将軍、日活太秦、松竹蒲田で現代劇やコメディを得意としてきた小林正。日活トーキー第一作『藤原義江のふるさと』（一九三〇年）や、大日方傳主演『新東京行進曲』（同年）、そして夏川静江主演『娘尖端エロ感時代 第一篇 私の命は指先よ』（同年）のシナリオを手がけている。もう一人、脚色には『エノケンの魔術師』（一九三四年）や『すみれ娘』（一九三五年）など、P.C.L.のモダン・コメディを数多く手がけた永見柳二（隆二）。

ユニークなのは、ビルディングの中の住人たちの生態を、窓の外からキャメラが上下にティルト移動して、部屋の中に入って描写する。もちろんP.C.L.撮影所のセットに組まれたものなので、部屋毎に撮影しているが、本当に三階建に見える。しかも、登場人物は多彩。タイトルバックで手際良く、それぞれのキャラクターが紹介される。

紙芝居のじいさん（丸山定夫）の呼び込みから始まる。「さあさあ、みんな、集まった、集まった！　おなじみのデタラメ座のお芝居だ。外題は『三色旗ビルディング』。丁々特作の大喜劇じゃ」。どの映画でも変幻自在の丸山定夫がいい。ここからスタッフ・クレジット。音楽監督は池譲。演奏はP.C.L.管弦楽団。住民たちがラストに大合唱する主題歌《三色旗ビルの唄》の作詞はサトウ・ハチロー、作曲は池譲。主題歌のレコードならぬ、主題漫才《三ずくし》（香島ラッキー・御園セブン 吉本興業専属）がポリドールレコード（四二八四番）からリリース。劇中の漫才を主題漫才としてレコード化、新しい試みである。

さて、タイトルバックの登場人物紹介にからめて、出演者プロフィールを細かく紹介していこう。

「さて、三階建の安アパート。この三色旗ビルディング。住民、二〇と幾組はそんじょそこらのながしあい……」

仏蘭西軒の親父・徳川夢声

「まず第一はご主人公、流線型のハゲ親父」

三色旗ビルディングのオーナーで、フランスでコック修行をしてきた料理人の腕前を生かして、ビルを乗っ取られた後は、一階で「仏蘭西軒」を経営。本作ではドラマの中心、主役として徳川夢声の飄々とした味わいが楽しめる。この親父、可愛いひとり娘・モモコに財産を残してやろうと、株に手を出してしまう。その斡旋をするのが、インチキ師・

小原万平（生方賢一郎）とその手下・山田（森野鍛治哉）。根拠のない石油会社のインチキ株券を三千円で売り、抵当に入った「三色旗ビルディング」の権利を巻き上げてしまう。以来、オーナーから「丸万アパート」の店子に転落。間借りして一階で「仏蘭西軒」を営んでいる。

モモコ・神田千鶴子

「一人娘のモモちゃんは、このアパートの人気者」

P.C.L.映画第一作『音楽喜劇 ほろよひ人生』（一九三三年）からレビューガールなど唄って踊れるアイドル的存在として活躍。今回も、男性陣からモテモテのマドンナ役を可愛く好演している。モモコは、ビルに住むほとんどの男性の憧れの的で、連日、連夜、モーションをかけられているが、眼中には風船揚げのアルバイト・リョウタ（加賀晃二）だけしかない。

リョウタ・加賀晃二

「その恋人で風船《アドバルーン》揚げ。末頼もしい、リョウタ君」

松竹蒲田『チョコレートガール』（一九三二年、成瀬巳喜男）や『大学の若旦那・日本晴れ』（一九三四年、清水宏）などで脇役ながらフレッシュな大学生役を演じ、P.C.L.に移籍、本作で神田千鶴子の相手役に抜擢された。この後、『サーカス五人組』（一九三五年、成瀬巳喜男）に出演。「三色旗ビル」の屋上で宣伝用のアドバルーンを揚げ降しのアルバイトをしている。そのアドバルーンのクライアントは「トーキーはP.C.L.」という楽屋オチ。そのリョウタは、なんとか親父（徳川夢声）にモモコとの結婚を認めてもらいたいと、公務員に再就職するが……

理髪店主人・西村楽天

「こちらは床屋の親方さん」

「三色旗ビル」の一階で床屋を営んでいたが、アメリカ帰りのヘンリーの愛人・マユコ（伊達里子）に唆されて「バー・ナナ」に改装して大繁盛。西村楽天は、奇術師・松旭斎天勝一座で司会を勤め、映画説明者として一世を風靡。その後、徳川夢声の「ナヤマシ会」に参加、漫談家として活躍していた。人を食ったようなキャラクターで、舞台の人気者となった。ここでは妖艶なマダム・マユコに鼻の下を伸ばしてバーの親父になり、厨房で水増しウイスキーを調合。インチキに加担する。

職人平吉・三島雅夫

「おいらはお弟子の平公さ」

この年『乙女ごころ三人姉妹』（三月一日）からP.C.L.

映画に出演、東宝映画の名バイプレイヤーとして活躍する三島雅夫は、筆者の獨協中学出身の大先輩。中学卒業後、新劇俳優となり、小山内薫の「築地小劇場」に参加。小山内薫の死後は築地新劇団に入団し、昭和九（一九三四）年に新協劇団の創設に参加。左翼系演劇人として舞台に立ちながらP.C.L.映画に出演していた。ここでは「理髪店」の小僧から、「バー・ナナ」のバーテンに華麗なる転職をして、主人（西村楽天）がせっせと水増しするインチキウイスキーを販売。

おカネ・清川虹子

「掃除ババアのおカネさん」

クライマックスのドタバタで大活躍する清川虹子は、昭和三（一九二八）年、川上貞奴《さだやっこ》の最後の弟子として川上児童劇団に入団。その後、山村聰主宰の劇団に参加するなど新劇で活躍していたが、昭和八（一九三三）年に、古川緑波、徳川夢声らが立ち上げた浅草の「笑の王国」に参加したことを機に喜劇女優となる。藤原釜足主演のコメディ『只野凡児 人生勉強』（一九三四年、山本嘉次郎）でP.C.L.映画初出演、以後、東宝喜劇映画には欠かせぬコメディエンヌとして活躍。

仏蘭西軒の見習いコック三吉・岸井明

「見習いコックの三吉くん」

明治四三（一九一〇）年東京生まれで、青山学院から日大相撲部で活躍していた四〇貫（一五〇キロ！）の岸井明は、関取を嘱望されていたが、映画俳優になりたくて大学を中退して俳優学校→日活京都→「笑の王国」設立に参加。それが縁でP.C.L.映画には第二作『純情の都』（一九三三年）から参加。ジャズ・ソングを唄い、軽快なタップを踏むエンタテイナーとして活躍。本作では唄わず、踊らずだが、いつもながらのホンワカしたキャラクターで楽しませてくれる。

ヘンリー・佐伯秀男

「洋行帰りと言うけれど、何をしてるかわからない。与太者らしいヘンリー氏」

自称アメリカ帰りの怪しげなプレイボーイ〝ヘンリー〟を演じた佐伯秀男は、青山学院中等部卒業後、新劇の築地座に参加、その後創作座の立ち上げに加わり、昭和九（一九三四）年、P.C.L.『あるぷす大将』（山本嘉次郎）で映画デビュー。P.C.L.の二枚目スターとして大々的に売り出されるが、その二枚目を逆手にとってのインチキ臭いキャラを好演。五〇代後半でボディビルダーとなり、晩年はシニアモデルとしても活躍。生涯現役俳優としてドラマや映画に出演、『忘れられぬ人々』（二〇〇一年、篠崎誠）が遺作となった。

マユコ・伊達里子

「その相棒のマユコ女史」

ヘンリーをアメリカから追っかけてきた（と思われる）マユコを演じた伊達里子は、松竹蒲田で「曲線美女優」として売り出されたモガの時代を代表する女優。日本初のトーキー『マダムと女房』（一九三一年、松竹蒲田、五所平之助）の〝マダム〟を演じた。P．C．L．初出演となった前作『すみれ娘』（五月一一日、山本嘉次郎）でも、アメリカ帰りのプレイボーイ・リキー宮川を追っかけてニューヨークから来た年増のモガを演じていて、今回もほぼ同じキャラクター。つまり「元祖・モガ女優」として本作のお色気を担当している。

牧師・東屋三郎

「酔っぱらい屋の牧師さん」

ワンシーンだけだが、深夜に酩酊して帰宅した東屋三郎の牧師が、あっち転がり、こっちで倒れて、やっとの思いで階段を上がり、廊下でまたひっくり返る。という笑いがある。東屋三郎は、慶應義塾大学在学中に、青山杉作と出会い、大正六（一九一七）年二月、新劇「踏路社」を結成。一九二〇年代に参加した舞台協会が、日活向島と契約したことで映画に出演。築地小劇場でも活躍。つまりバリバリの新劇人。昭和二（一九二七）年、小山内薫が監督を務めたミナ・トーキー『黎明』に出演。P．C．L．には、この年『坊っちゃん』（一九三五年三月一四日・山本嘉次郎）で初出演。『三色旗ビルディング』公開九日前の七月三日、四三歳で亡くなり、これが遺作となった。

ヘレン本田・若山千代

「唄って踊って、日を暮らす。レビューガールのお二方」

レビューガールとして、連日、連夜、ビルの二階の部屋で、ウクレレ片手に唄って、タップを踏む。階下の理髪店では、天井が振動して大迷惑。ヘレン本田はハワイ生まれの日系ダンサーで歌手、若山千代は、松竹楽劇部（現・OSK）で笠置シヅ子と共に活躍。昭和八（一九三三）年の「桃色争議」の責任を取って、飛鳥明子らと退団。この頃はP．C．L．映画に出演していた。

二人が唄う《ロンリー・レイン》は、一九三三年のワーナー映画『カレッヂ・コーチ』（ウィリアム・ウエルマン）でディック・パウエルが唄った主題歌《Lonely Lane》（作詞・

アーヴィング・カハル、作曲・サミー・フェイン）。

考える男・藤原釜足

「ヘンな顔して、何かしら、年がら年中考える」

そして本作のキーマンは、無職で新聞や雑誌の「懸賞」に応募して、夢の「懸賞生活」を目論んでいる貧しい青年、考える男。演じたのはP.C.L.第一作『音楽喜劇 ほろよひ人生』（一九三三年）から三枚目、喜劇俳優として活躍してきた藤原釜足。浅草オペラに魅せられ、大正九（一九二〇）年、一五歳の時に滝野川俳優養成所へ。浅草金龍館の黒木憲三に弟子入りして念願のコーラスボーイとなり、東洋音楽学校へ通ってヴァイオリンを学んだ。しかし関東大震災で浅草オペラは衰退、そこで川崎の映画館の楽士となる。その頃、昔なじみのエノケンこと榎本健一に誘われカジノ・フォーリー、プペ・ダンサントで活躍。芸名は、この頃、サトウハチローから〝秀でた家臣は鎌足〟のアドバイスで付けた。エノケンがピエル・ブリヤントを結成して脱退後は、プペ・ダンサントの主役となり、昭和八（一九三三）年にP.C.L.から声がかかり映画俳優となった。

保険屋谷本・小澤栄

「妙な男も住んでいる。あるいは保険屋谷本氏」

元活弁士の保険外交員。スケベでモモコを狙っている。小澤栄は一九〇九年の生まれだから、この時二五歳。すでに晩年の小沢栄太郎の持つ「いやらしさ」「太々しさ」がある。東京左翼劇場時代、小澤栄の芸名を名乗って活躍するが、昭和七（一九三二）年に治安維持法で逮捕され一年半の獄中生活を送った。出所して昭和九（一九三四）年に村山知義、滝澤修、細川ちか子らと「新協劇団」結成に参加。そのユニット出演で、P.C.L.映画の準専属となり『さくら音頭 涙の母』（一九三四年三月八日・木村荘十二）で映画デビュー。本作では、元活動弁士で保険の外交員に転職、機を見るに敏な計算高い男で、三色旗ビル一階の理髪店で散髪中に、仏蘭西軒のモモコに目をつけて口説く。

書生・嵯峨善兵

「応援団長、ヒゲ書生」

もじゃもじゃヒゲのバンカラ学生で、モモコ目当てに「仏蘭西軒」に通っている。長居をするためにカレーライスやカツレツなど山ほど注文、コーヒーの後に「何か腹にたまらないもの」と追加。厨房で、呆れ返った親父（徳川夢声）がそれでも作るオムレツが美味しそう。嵯峨善兵も小澤栄と同じ明治四二（一九〇九）年生まれで、この時二五歳。昭和三（一九二九）年、洋画家から俳優に転身して、東京左翼劇場へ。新劇畑を転々とした根っからのプロレタリア演劇人。昭和七（一九三二）年に、日活を脱退した伊藤大輔、内田吐夢、田坂具隆らが結成した新映畫社第一作『昭和新撰組』で映画デビュー。新興キネマを経て、P．C．L．映画製作所に入社、本作に出演した。

香島ラッキー、御園セブン　吉本興業専属

「二人でひと組、漫才師」

クレジットでは、なぜか香島セブン、御園ラッキーと間違えているが、正しくは香島ラッキー、御園セブン。昭和五（一九三〇）年、コンビを結成。エンタツ・アチャコが巻き起こした漫才ブームの中、頭角を現わして、昭和九（一九三四）年に吉本興業東京の専属となる。スーツを着て、スマートな都会的な漫才が受けて人気は急上昇。この映画では得意ネタ《三ずくし》をテンポ良く披露。映画での漫才は、エンタツ・アチャコの『あきれた連中』（一九三七年、岡田敬・伏水修）より、こちらの方が一年半早かった。その後、P．C．L．では、吉本ショウの和製マルクスこと永田キング主演『かっぽれ人生』（一九三六年、矢倉茂雄）に出演。昭和一三（一九三八）年には、吉本興業と朝日新聞主催の「わらわし隊」に参加。人気絶頂の昭和一四（一九三九）年、新興キネマ演芸部から「吉本の五倍の給料を出す」の条件で引き抜かれた。

ラッキー「君が越したってびっくりしたよ」
セブン「今度、僕はアパート住まいでね」
ラッキー「おお、いつ越したんだい？」
セブン「三月の三日の日です。三色旗ビルディングのね、三階の三三号室に越しましたよ」
ラッキー「ははぁ」
セブン「君、今度遊びにいらっしゃいよ」
ラッキー「ありがとう」
セブン「第三日曜日どうですか？　大概三時頃なら、僕、待ってます」
ラッキー「君の話は三の連続だねぇ」
セブン「どういうもんか、僕は、この三という数字が好きでね。」
ラッキー「これ、君の趣味か？」
セブン「道楽です」
ラッキー「つまらない道楽だよ、これは」
セブン「つまらないとはなんですか？　世の中の良いことにはみんな三という数字がくっ付いてますよ」
ラッキー「出鱈目言うなよ、そんなこと信じられんよ」
セブン「信じられん、て。君、研究しないから信じられないんだ。自信を持って申し上げる。僕は三年も前からね、散々研究しているんだ。ま、参考のために、いっぺん聴きたまえ、君」

とまあ、こんな調子である。

山田・森野鍛治哉
「金に目のない山田さん」

P.C.L.や東宝の喜劇映画で、独特のテンポと表情で印象的な役が多い森野鍛治哉は、昭和六（一九三一）年一二月開業したムーラン・ルージュ新宿座に二六歳で参加。相棒の有馬是馬と共に活躍。発足間もないP.C.L.映画製作所に引き抜かれて、専属俳優に。昭和九（一九三四）年東京宝塚劇場の専属となり、古川緑波一座の舞台、バラエティショー「さくら音頭」などのステージでも活躍。本作では、インチキ師・小原万平（生方賢一郎）の手下のブローカー・山田をイヤらしく好演。親父（徳川夢声）にインチキな株への投資をエサに、三千円の借金をさせてビルを巻き上げて、新たな管理人となる。その因業ぶりが、ラストに墓穴を掘ることになるのだが、モモコにも懸想して、典型的な喜劇の悪役を怪演。

小原万平・生方賢一郎
「その親分の小原はん」

本作の悪役、フィクサー役のインチキ師・小原万平を演じた生方賢一郎は、明治一五（一八八二）年の生まれ。関西大学法学部出身で、日本橋女学校の教師となるも、一九一六年、小山内薫の新劇場に参加。築地小劇場、前衛座、舞台協会と新劇俳優として活躍後、松竹家庭劇、曾我廼家五郎一座、そして古川緑波と徳川夢声の「笑の王国」へと喜劇の世界へ。昭和八（一九三三）年、P.C.L.映画製作所に発足と同時に参加、演技課長として迎え入れられた。息子の生方明も子役から活躍、P.C.L.映画『只野凡児 人生勉強』（一九三四年）、成瀬巳喜男『雪崩』（一九三七年）、『禍福 前後篇』（同年）などに出演。

その妾・細川ちか子
「エロじい小原のお妾さん」

出番は少ないが、圧倒的な存在感を見せてくれるのは、小原万平のお妾さんを演じた細川ちか子。明治三八（一九〇五）年生まれで、大正一四（一九二五）年に、二〇歳で小山内薫の築地小劇場に入り、その美しさでトップスターに。その後、昭和四（一九二九）年に丸山定夫らと脱退、新築地劇団結成に参加。丸山定夫とともに、昭和九（一九三四）年に

P．C．L．映画製作所と契約、藤原釜足主演『只野凡児 人生勉強』（一九三四年、木村荘十二）や、成瀬巳喜男の『乙女ごころ三人姉妹』（一九三五年三月一日）に出演、本作に続いて成瀬巳喜男の『妻よ薔薇のやうに』（八月一五日）に出演、P．C．L．映画の時代を支えることとなる。

学生・西條英一、大川平八郎
「のらくらものの大学生」

出番はほとんどないが、クライマックスのドタバタでその若さを発揮する大学生二人組。西條英一は、P．C．L．専属の若手俳優で『ドレミハ大学生』（一九三八年、矢倉茂雄）の大学生役や、『青春角力日記』（一九三八年、渡邊邦男）で岸井明の兄などを演じることに。昭和一二（一九三七）年三月のP．C．L．映画製作所専属俳優にその名がある。

大川平八郎は、一九二三年に渡米してパラマウント映画の俳優学校に入学、ゲイリー・クーパーとともに学ぶ。その後コロンビア大学経済学部で学び、再びハリウッドへ。ハワード・ホークスの『空中サーカス』（一九二八年）にスタントフライヤーとして出演、『暁の偵察』（一九三〇年、ハワード・ホークス）、『つばさの天使』（一九三三年、ウイリアム・ウエルマン）などハリウッド映画で活躍。同年に帰国してP．C．L．映画製作所と専属契約『音楽喜劇 ほろよひ人生』（一九三三年）で主演を果たす。以後は、P．C．L．のトップスターとして音楽映画、青春喜劇などに出演していた。戦後、昭和三二（一九五七）年にヘンリー大川と改名、デヴィッド・リーン監督『戦場にかける橋』（一九五七年）では出演だけでなく、助監督も務めた。

若夫婦・宇留木浩、夏目初子
「今、出来立ての若夫婦」

月給をすべて遊興費や女房の着物に使って、家賃を溜めている若夫婦。主人を演じた宇留木浩は、明治三六（一九〇三）年生まれで、細川ちか子の二歳年上の兄でもある。正則中学在学中に、江川宇礼雄と出会い不良仲間に、大活の映画俳優となった江川の影響で、大正一〇（一九二一）年、一七歳で日活向島に入社。

俳優ではなく撮影助手となり、俳優・平田延介（山本嘉次郎）と出会い親友となる。その後、マキノ・プロ製作『男児一諾』（一九二六年）で山本嘉次郎と共同監督として演出家となる。監督、脚本家として日活大将軍で山本嘉次郎とともに活躍していたが、撮影所長・池永浩久の命令で俳優へ転向、というキャリアの持ち主。昭和一〇（一九三五）年、山本嘉次郎に呼ばれてP．C．L．入り『坊っちゃん』（三月一四日）の主演を果たし、P．C．L．のスターとして活躍。昭和一一（一九三六）年八月、三三歳の若さで急逝。

女房役の夏目初子は、山梨県北巨摩郡生まれで、甲府高女を卒業後、宇留木浩主演『坊っちゃん』（三月一四日）でマドンナを演じ、以後P．C．L．女優として『エノケンの近藤勇』（一〇月一一日・山本嘉次郎）、エンタツ・アチャコの『これは失礼』（一九三六年、岡田敬）などに出演。昭和一三（一九三八）年に新興キネマ東京に引き抜かれて移籍。昭和一六（一九四一）年、森川信一座に参加、その後の消息は不明。

「まだまだたくさんあるけれど、動かないではお退屈」

こうして映画『三色旗ビルディング』が賑やかに繰り広げられていく。

舊恋

一九三五年七月二一日／P．C．L．映画製作所／矢倉茂雄
製作＝P．C．L．映画製作所／配給＝東和商事映画部／1935.07.21・日本劇場／七巻・一、六八四m／六一分／作品No．14／日劇同時上映『帰らぬ船出』（一九三四年、パラマウント、アレキサンダー・ホール）（七月二一日～三一日）
【スタッフ】監督・矢倉茂雄／原作・菊池寛『オール読物所載』／脚本・江口又吉、多胡隆／台詞・田中千禾夫／撮影・鈴木博／録音・市川綱二／装置・久保一雄／現像・小野賢治／編輯・岩下廣一／音楽監督・紙恭輔／主題歌・獨唱 千葉早智子／演奏・P．C．L．管絃楽團／《浜おどり》千葉早智子、《新小唄 港むすめ》小唄勝太郎（作詞・西條八十、作曲・佐々木俊一）復興博制定・ビクターレコード番号五三四一一
【出演】竹久千恵子（美那子）／宮野照子／神田千鶴子／英百合子／伊藤智子／新田洋子／牧マリ子／美澤由紀子／三好久子／滝澤修（柴崎昌雄）／丸山定夫（マドロス・富岡）／汐見洋（岩本教授）／生方賢一郎／伊東薫／三島雅夫／小澤榮／大友純／嵯峨善兵

「今更ら私を救はうって？　およしよ！　自慢ぢゃないけど エデンのお美津…あたし今の生活が面白くてたまんないの！　のんきだし、お金が這入るし 竹久千恵子がタンカをきった」と当時の広告に惹句が踊る。

菊池寛がオール讀物に執筆した「舊恋《きゅうれん》」を、江口又吉と多胡隆が脚色。劇作家でのちに文学座を創設する田中千禾夫がダイアローグを担当。この年、竹久千恵子主演、佐藤紅緑原作『絹の泥靴』（一月二〇日）を手がけた矢倉茂雄が演出したメロドラマ。

「舊恋」とは「旧恋」つまり、失われた恋愛という意味。P．C．L．のトップ女優・竹久千恵子が演じるヒロインは、親の決めた結婚に反発して家出、大学生の恋人・滝澤修のもとに走る。ところが彼も貧しく、竹久千恵子は喫茶店で働きながら、彼の卒業を待つ。しかし生々流転、滝澤修は恩師の娘・宮野照子と結婚。竹久千恵子は身を引いて、横浜のカフェーに身を落としていく。

いかにも菊池寛らしい「運命に翻弄されるヒロイン」の物語。フィルム元版の保存の良いP．C．L．映画だが、この

『舊恋』はネガが存在せずに観ることが叶わない。そこで、当時の「梗概」をもとにしたストーリーの概要は次のとおり。

これは白い鷗の飛ぶ横浜の港を背景にした物語である。純な乙女・美那子（竹久千恵子）は両親に嫌な結婚を強いられて、彼女の女学校時代の恋人で、今は横浜の自宅から東京の大学に通っている柴崎昌雄（滝澤修）を忘れかねて、家を飛び出した彼を訪ねて来た。

しかし、柴崎の家も今、破産しかけている。昌雄から事情を聞かされた美那子は、喫茶店に働きながら、彼の卒業を待つ事を誓う。

一方、昌雄は恩師・岩本教授（汐見洋）宅に世話になったが、教授は愛嬢・房江（宮野照子）を昌雄の妻に貰って欲しいと頼む。昌雄は不本意ながら、教授の言葉を断り切れずにいる。

ある日、美那子は昌雄に会うため教授宅を訪ね、はしなくも昌雄と房江の姿を見て、誤解のうちに二人の前から姿を消してしまう。

昌雄と房江が結婚して獨逸へ旅立つ日。カフェーに身を落とした美那子は、二人を秘かに送り、失望の余り自殺未遂するが、マドロス・富岡（丸山定夫）に救われる。

それから五年、房江は獨逸で亡くなる。帰朝した昌雄は新進教授として学会の注目の的となっている。一方、美耶子は富岡の情婦となり、酒場の女に成り果てている。

ある日、偶然路上で美耶子を発見した昌雄は、かつての恋人の堕落した姿に責任を感じ、彼女を救うために、度々彼女を訪れるが、美耶子は拒絶する。

それでも諦めきれない昌雄は客として店を訪れる。しかし、美耶子は心にもなく愛想尽かして、彼を帰そうとする。折悪しく、そこへ富岡が現れ、昌雄との間に争いが起こる。誤って富岡のジャックナイフは、美耶子を傷つけてしまう。昌雄は美耶子の真心を漸く知り、自動車で送られていく美耶子の後をどこまでも追って行く。

松竹蒲田からP.C.L.へ移籍して『踊り子日記』（一九三四年）でトーキーの監督としてデビューを果たした矢倉茂雄は、『浪子の一生』（同年）、『絹の泥靴』（一九三五年）とメロドラマを連続して手掛けてきたが、本作の後は『ラヂオの女王』（八月一一日）、『人生初年兵』（一二月一日）といった音楽喜劇、コメディ路線にシフトしていく。

ラヂオの女王

一九三五年八月一一日／P.C.L.映画製作所／矢倉茂雄
製作＝P.C.L.映画製作所／1935.08.11・日本劇場／八巻・二、〇三五m／七四分／日劇同時上映『オーイ何處だい！』（一九三四年、獨逸・アンドリュー・マルトン）（八月一一～二〇日）

【スタッフ】作・伊庭鵜平／監督・矢倉茂雄／脚色・永見隆二／撮影・川口政一／録音・市川綱二／装置・北猛夫／現像・小野賢治／編輯・岩下廣一／音楽監督・紙恭輔／演奏・P.C.L.管絃楽團
【出演者】千葉早智子（見染貴美子）／英百合子（金森夫人）／神田千鶴子（オペレッタの歌手）／堤眞佐子（アナウンサー）／宇留木浩（金森欽吾）／丸山定夫（金森士郎五郎）／丸山章治（久二）／岸井明（浪曲師の付人）／生方賢一郎（門脇道夫）／伊達信／藤原釜足（川村飛行機社員）【笑の王國・専属】古川緑波（大阪堂・見染惣兵衛）／生駒雷遊（映画説明）／横尾泥海男（引き抜きの男）／山野一郎（映画スタア）／杉寛／堀井英一／多和利一／鈴木桂介（浪曲師の付人）／土屋伍一／花井淳子／三益愛子（映画スタア）【東宝専属】谷幹一／森野鍛治哉（詐欺師）【吉本興業専属】石田一松（演歌師）／石田鶴枝（幼稚園の父兄）／石田九官鳥／林家雅子・林家染團治（漫才師）

日本でラジオ放送がスタートしたのは、大正一四（一九二五）年。関東大震災の二年後。高価だった受信機も、昭和に入るとサラリーマンが月賦で買える時代となった。朝にはラジオ体操、夕べには音楽や演芸番組を楽しんだ。レコード会社は、流行歌のプロモーションにラジオを最大限に活用。映画会社も映画スターを積極的にラジオに出演させた。トーキー時代となり、ラジオと映画の親和性はますます高まった。

この『ラヂオの女王』は、幼稚園の先生・千葉早智子が、映画女優となり、ラジオスターとなっていくシンデレラ・ストーリーに、ラジオ嫌いの飛行機会社の社長・丸山定夫と、ラジオ好きだが吝嗇《りんしょく》な老舗薬舗の主人・古川緑波の対立。千葉早智子の恋人で、丸山定夫の息子・宇留木浩の恋の行方が賑やかに展開。モガの「当世娘気質」と「道楽息子」の恋愛を描きつつ、ラジオ・メディアの効用を具体的に見せてくれる。尖端的な娯楽映画でもある。P.C.L.と笑の王国、吉本興業合同超特作と、当時の広告にある。

古川緑波が立ち上げた「笑の王国」のユニット出演で、生駒雷遊、山野一郎、三益愛子たちが次々と登場。ロッパはこの年の六月に、「笑の王国」を脱退。東宝に引き抜かれて七月には古川緑波一座を旗揚げしているので、そのガス抜きも兼ねてのユニット出演だった。また、東京に進出した吉本興業の芸人もフィーチャー、翌年からP.C.L.と吉本の本格的な提携がスタートする。

ラジオ局の舞台裏を描くバラエティ映画は、パラマウントの『ラヂオは笑ふ』（一九三二年、ジョン・F・サイツ）を意識した企画だろう。監督の矢倉茂雄は、松竹蒲田の出身で、『踊り子日記』（一九三九年）からP.C.L.のモダンなカラーを支えた。本作では、盛りだくさんのエッセンスをテンポ良くまとめ上げ、スピーディなコメディに仕立てた。同時に、ロッパたちが目指した「笑の王国」のアチャラカ芝居のテイストを片鱗とはいえ味わえる。P.C.L.映画ならではの楽しさで、昭和一〇年の映画界、演芸界、ラジオ事情が体感できる。

映画は朝の「ラジオ体操」から始まる。サラリーマン（藤原釜足）が子供たちとハツラツと体を動かしている。川村飛行機社長の金森士郎五郎（丸山定夫）は、まだベッドの中「隣のラジオがうるさい」とオカンムリ。「あなたも、たまには早起きをして、ラジオ体操でもやってご覧なさい」と、夫人（英百合子）に布団を剝がされる。「ならお前やれ、お前この頃少し痩せておるぞ」。早速ラジオ体操の効用が説かれ、ここで丸山定夫がラジオ嫌いであることが強調される。

一方、薬舗・大阪堂の見染物兵衛（古川ロッパ）は、大のラジオ好き、使用人、家族を集めて張り切ってラジオ体操に勤しむ。娘・貴美子（千葉早智子）は、そんな父親に辟易している。ラジオ体操が終わると、大阪堂の訓話が始まる。昨日は二宮金次郎、今日は「アメリカの大金持ちロックフェラーいう人の話したる」。使用人はまたかとうんざり。これはロッパお得意の「ガラマサどん」の「社長の義太夫節」のパターン。

「ロックフェラーは失業者から、働いて、働いて大金持ちになった」と得意げな大阪堂。こういう独善的なわからず屋を演らせたらロッパは天下一品。「節約・貯金・お金が大好きにならなあかん」「ほんまにお金に惚れこまないかん。男がホンマに惚れこんでいたら、なんぼでも靡《なび》いてきよる」と大阪商人らしいところを見せる。このロジックは、「社長」シリーズ第一作『へそくり社長』（一九五六年、東宝、千葉泰樹）の先代社長の社訓「金に惚れろ」と同じロジック。そういえば『へそくり社長』にロッパも出演していた。

「何事も目的を決めたら、狙いを定めて」と惣兵衛のカメラ目線に続いて、隣家の金森士郎五郎が、庭先で弓矢を射るシーンとなる。堅物の親父さん、飛行機のパイロットを目指している大学生の倅・欽吾（宇留木浩）に「ムッソリーニあたりを手本にするといい」と、イタリアの独裁者の人物伝を得々語る。親父の言葉を遮るように、欽吾は「昨夜の話、ダメでしょうか？」。大阪堂の娘・貴美子との結婚への希望は、頑固親父によってあえなく粉砕される。「あんなガリガリ親父の娘なんて、絶対ならん！」

モダンガールの貴美子は、幼稚園の先生。やはり父・惣兵衛に「ねえ、お父さん、昨夜の話なんだけど」と隣家の欽吾との結婚を持ち出す。「あんな古臭い、頑固親父の息子なんぞ、あかん言うたらあかん」とケンもほろろ。

前途多難の恋人たち。「このままでいくと、私、あの薬剤師の奥さんにされちゃうわよ」。惣兵衛は自分の甥、貴美子の従兄弟・久一（丸山章治）との結婚を勝手に決めていた。そこで貴美子「いっそ逃げ出して、二人きりの世界を作らない？」。昭和一〇年の女の子としては尖端的である。「つまり駆け落ちのことだろ？」。親父に似て保守的な欽吾は「すぐ新聞に出ちゃうからいやだ」と拒否。この時代、駆け落ちはスキャンダルで、新聞ダネになっていた。スネかじりの欽吾は、早速生活費の心配をするが、貴美子は「あんたはずいぶん実利的ね」。そこで貴美子は、これからお互いの親に認めさせるために運動しようと提案。「一種のデモってわけよ」。

何か良い方法はないか？　ベンチに座って考える二人。触れ合う手と手。「貴美ちゃん、僕の手を握ってもいいよ」と今度は欽吾が尖端的なことを言う。当時としては、なかなかのエロ描写である。

日の丸幼稚園。黒板に「ケフハ　ゲッシャヲ　オサメルヒ　デス」。貴美子先生が来ないので、園児はやりたい放題。父兄のひとり・声色芸人の石田九官鳥が、教壇に立って「動物の声色」を始める。石田一松門下で、寄席では人気だった。アヒルやセミ、赤ちゃんの鳴き声、となかなかの芸。「あれ、うちのお父ちゃんだぞ」「相当なもんだね」と子供が騒ぐ。

続いて、父兄の一人・松柳亭鶴枝が「それではみなさん、一番やりましょう」と得意の百面相で、乃木将軍のコスプレをして園児に大受け。「このおじちゃんもバカ、あのおじちゃんもバカ」と手厳しい子もいる。悪ノリして次々と変装していると、先生風の男（森野鍛治哉）が「キミキミ」と怖い顔で入ってくる。

「今日は受け持ちの先生がお休みなので、私が代わりに教えます。月謝も私が預かります」と月謝を集めて「ではみなさん、ちょっと静粛に」と教室を出ていく。案の定、男は泥棒で、ポケットに月謝袋を入れて逃走。貴美子が遅れて出勤して、男は泥棒と判明、大騒ぎとなる。

欽吾の父が経営する川村飛行機工場。大株主の大阪堂・惣兵衛がねじ込む。「この会社の飛行機が空を飛ばんのは、どないしたワケや?」「万全を尽くした奴が近々完成する筈じゃ」と金森。惣兵衛は「飛ぶ飛行機ができたら、それで新京訪問をやるとええ」。この年、朝日新聞は「九三式双軽爆撃機」の改良型「鵬《おおとり》」を「南進号」と命名して、東京〜新京間の約二〇〇〇キロの親善飛行を成功させたので「新京訪問」なのである。

しかし「商売で新京訪問をやるような飛行機は、ワシは持たん」と頑な態度の金森社長。そそくさと出かけようとする。「どこへ行くんじゃ?」「虱《しらみ》の市じゃ、骨董品の市場じゃ」。骨董品に目のない金森社長。「蚤《のみ》の市」ならぬ「虱の市」というのがおかしい。

大阪堂も付き合って百貨店の「虱の市」へ。「ロックフェラー氏愛用の財布の口金」一六〇円を手にした惣兵衛「アホくさ!」と放り出す。「きみはなんちゅう趣味のない奴じゃ」「趣味は義太夫だけでたくさん」。やっぱりロッパは「ガラマサどん」である。

受付では催事の主催者たちが「この分だと昼前には売り切れるな」と後の荷物を待っている。やがて「あ、来た来た」とトラックの荷台には屑屋がひしめいている。骨董品、正体みれば古道具である。このあたり、さすがロッパの「笑の王国」のセンスである。

屑屋が落としていった木端が、デパートの売り場では「世界早回り飛行機のプロペラの切れ端」となる。「これは珍品じゃ」と感心する金森社長。値段はなんと二〇〇円!

大阪堂はアホくさくて帰ろうとする。骨董品を有り難がる金森社長と「価値観の相違」で、ここでも対立してしまう。金に不自由のない大阪堂の娘・貴美子を働かせていることをケチだと罵る金森社長。「なんもせんだって遊んでていい身分でありながら、職業に従事するちゅうのは、これはモダン中のモダン。当世娘気質や」と惣兵衛。そこで大げんか「うちの欽吾にはあんなバカ娘、まっぴらじゃ!」売り言葉に買い言葉「だいたい、お前の娘は人様の前で裸になりおって」。

水着姿の貴美子がプールに飛び込む映像。続いて、モーターボートに乗った欽吾が川面を疾走。水泳をする貴美子、スピードボートを操縦する欽吾。モダンガールとモダンボーイである。

さて、義太夫の稽古に余念がない惣兵衛。貴美子は商売物の薬・うぐいす丸を父に勧める。そこへ欽吾がやって来て、惣兵衛に「声楽家たちが好んでいる薬の講釈」を始める。

「浪花節の命中軒弾右衛門はナメクジだって?」「まあ、藤原義江さんも、勝太郎さんも、奥田良三さんも、みんな薬品はビオン錠だって書いてあるわ」と貴美子。そこでウグイス丸を大々的に認知させるためのパブリシティ作戦を提案する。

欽　吾「現代は、実質よりも、第一に宣伝と広告の世の中ですからな」
惣兵衛「あんたはな、まるでこの家のもののような物言いしよるんやな」
欽　吾「どっちみちインチキ薬だと思えばこそ、宣伝第一だと思うんですよ」
惣兵衛「うぐいす丸の売り上げがいきなり一〇倍になるような宣伝、あんたならどないしはります?」。

大阪堂が欽吾に詰め寄り、抽象的なことばかり言って、具体的なことは言わないと、痛烈な若者批判。欽吾の作戦は不発に終わる。貴美子も「私だってどうかと思うわよ」とオカンムリ。

やがて「ロックフェラーの訓話」の夜の部。使用人は渋々と惣兵衛のところへ。「ガラマサどん」が受けた理由は、このしつこさにある。

ある日のこと、近所で映画会社・昭和トーキーが映画『幼稚園の母』をロケーション。クルマの中からタバコを手にヒロイン役の女優・三益愛子がスター然と現れる。大勢の見物人が集まるなか、金森社長だけは「ここは天下の大道じゃ、河原乞食は下がれ」とすごい剣幕。監督が謝っているところに、ヤクザ風の男（横尾泥海男）が「俺はＡＢＣ撮影所から頼まれてきたんだ。この女優は貰っていくぜ」と、三益愛子を引き抜こうとする。

憤然とする監督。「きみ、会社同志には紳士協約があって、俳優の引っこ抜きは一切やらんことになっている」と抗議する。東宝が松竹から林長二郎（長谷川一夫）を引き抜くのは二年後のこと。「ばかいえ、紳士協約なんてのは、弱い奴がいうことだ」と強引に三益愛子を引き抜いてしまう。

撮影中の『幼稚園の母』のヒロイン不在となり、撮影は中止。主演女優を急遽探すことになるが、その時、日の丸幼稚園から貴美子先生の歌声が聞こえてきて、監督「決めた！　あの女を口説くんだ」。

次のカットは、昭和トーキー撮影所（P.C.L.映画製作所）の第一ステージ。『幼稚園の母』主役変更の知らせが掲示されている。「禁酒」と大きく張り紙。そこに小さく「ただしビールは酒にあらず」。こうした細かいギャグが楽しい。スタジオでは、貴美子が代役女優として唄っている。子役たちが「先生おしっこ」と訴えても、慣れたもので、面倒見もいい。

他のステージでは、オペレッタを撮影。神田千鶴子たちが唄うは、フランツ・レハールの《メリー・ウィドウ・ワルツ The Merry Widow Waltz》。P.C.L.撮影所のサウンドステージでの撮影風景のドキュメントとなっている。この曲は、MGM映画『メリー・ウィドウ』（一九三四年、エルンスト・ルビッチ）の主題歌として日本でも大ヒット。映画ではモーリス・シュヴァリエとジャネット・マクドナルドが唄った。そこへ貴美子先生と子役たちが紛れ込んで、撮影は台無しとなる。子役のひとりが神田千鶴子の息子で「お母ちゃん、お母ちゃん」と恋しがっていたのである。

他のステージでは浪曲映画『塩原多助一代記』の「アオの別れ」を撮影中。命中軒弾右衛門なる浪曲師が唸っている。その横では弟子・岸井明が待機中。弾右衛門がもう一人の弟子・鈴木桂介に「どうじゃった出来栄えは？」。鈴木「実に上出来な出来栄えで」、すかさず岸井「ばか、実にもったいないくらいのもんでしたと言え」と叱る。鈴木「実にトーキーなどには勿体ないぐらいのもので」と言い直す。「じゃ、一つ飲んでおくかな」「あ、ナメクジですか」。「ノドにはナメクジ」と、前半の伏線が生きてくる。

さて『幼稚園の母』撮影中の第一ステージ。監督が貴美子に「キミはだね、ここで、この恋人と、なんとなくこう、イチャついてもらいたいんだ」とアバウトな演技指導。貴美子「イチャつくって？」と意味がわからない。監督「つまり、濃厚なるラブシーンをやってもらいたい」。それを聞いて「初めの約束と違う」と憤然とする貴美子。「最初から言ったら、キミは承知しないと思ったから」と監督。いつの時代も変わらない映画界のセクハラ、モラハラ。相手役の男優は「笑の王国」の山野一郎。怒った貴美子は、子役を連れてスタジオを出ていく。

そんな貴美子を追いかけてきた男・門脇道夫（生方賢一郎）は放送局のプロデューサーで、貴美子に「ラジオに出演していただきたい」と持ちかける。懲り懲りの貴美子は断るが「あなたが幼稚園でやっておられる童謡、童話をもっと全国の子供たちに聞かせてやっていただきたいのです」と説得され「まあ、全国の子供たちに！」と大喜び。

新聞には「童謡独唱　初放送の見染貴美子さん」とラジオデビューが大々的に報じられる。のちの東宝撮影所の第一、第二ステージの前での撮影だが、ピカピカのアールデコの外観に時代の晴れがましさを感じる。欽吾の母も、貴美子のラジオ進出に喜ぶが、父は果たして？　というのが後半の展開となる。一方、大阪堂では、跡取りと決めていた甥の久一が遣い込みをしていて、不正経理が明らかになる。

ラジオ局では女性アナウンサー（堤眞佐子）が「只今より、子供のお時間です」と貴美子を紹介。P．C．L．のトップ女優二人の共演シーンでもある。貴美子の唄う《イロハの唄》を全国の子供達が聞いているモンタージュ。ワイプを多用して画面にリズムをつけている。

欽吾の家では、ラジオを購入したので丸山定夫扮する金森士郎五郎がカンカン。「あの娘、幼稚園やプールに飽き足らずに、今度はラジオにまで手を出して、遊芸人の仲間入りをしようというのか！」と暴言を吐く。一方、大阪堂では、娘のラジオ出演にご満悦の惣兵衛。

放送局では、貴美子の出演が終わり「名人大会」の放送が始まる。ここで「笑の王国」設立メンバーの一人で、人気活動弁士だった生駒雷遊が登場。スタッフがＳＥで汽車の音を再現して、映画説明が始まる。「冒険を好み、奇跡を喜ぶ近代人の中にも、これはまた珍しき新婚旅行が、スポーツ狂である若きウイリアムと、その妻・ミラーによって行われました。彼らは毒蛇やライオンのいるアフリカに向かって出発いたしました」。

生駒雷遊は、大正五（一九一六）年、浅草の帝国館でブルーバード映画の説明で人気を博して、帝国館の主任弁士となる。インテリの徳川夢声、庶民派の生駒雷遊と、東京の映画説明の人気を二分。関東大震災後、映画説明の仕事が激減して、徳川夢声、山野一郎、大辻司郎たちと「ナヤマシ会」を結成。古川緑波らとともに軽演劇の世界へ。昭和八（一九三三）年、緑波たちと「笑の王国」を立ち上げて、のちに座長となる。その生駒雷遊のパフォーマンスが記録されていることでも、貴重な映像資料である。

新聞には「見染貴美子さんの童謡の夕」「放送で人気者となった見染さんの童謡」「童謡でおなじみの見染貴美子さんの童話・ピーターパン」と連日、貴美子の話題が踊る。ついに「ラヂオの女王」と呼ばれ、全国の子供たちの圧倒的な支持を受けることに。子供たちからファンレターが殺到し、街を歩けば「ラヂオの女王様だ！」と大人気となる。

一方、欽吾は大阪堂に「うぐいす丸愛用者の夕べ」を開催して、愛用者を招待して、うぐいす丸愛用の「芸人や歌手を出演させては？」と持ちかける。ところが惣兵衛は「会場かて一晩借りたら丸取られや、それにいろんな芸人、揃えてみいな、かれこれ一万円仕事やないか、あかんあかん」とケンもほろろ。と言いながらも、惣兵衛は密かに「公衆会館」を抑えて「うぐいす丸発売記念・愛用者招待大会」開催を決定。欽吾の話を聞き「損して得取れ」となったのである。

一方、「ラヂオの女王様」となった貴美子は、ファンの子供が病気と知るや、その家まで訪ねて童話の読み聞かせをしたり、元幼稚園の先生らしく活動をする。その子供の父・藤原釜足は、なんと川村飛行機会社の社員で、彼女の評判は堅物親父の耳にも入ることになる。

ところが、欽吾と貴美子の交際は平行線のまま、お互いの父親を説得できない。金森社長は、大阪堂の提案通り、新型飛行機で「新京訪問」飛行計画を実行しようとするが、パイロットの欽吾が乗り気でないと、大阪堂に嘆く。

そこへ、前半の幼稚園の月謝泥棒・森野鍛冶哉が「刀剣屋」として来訪、三千円で「政宗」を売りつけようとする。金森社長は乗り気になるが、ちょうどラジオから「インチキ刀剣屋が、市内の名士、富豪の家庭を訪問し、一〇円足らずの鈍刀を政宗と称し、法外な価格に売りつけている」とニュースが流れる。人相の特徴が一致して、詐欺師は正体がバレたと、ほうほうの体で逃げる。

欽吾は貴美子と二人の父親説得作戦の打ち合わせをすべく、喫茶店で待っているが、結局、貴美子は藤原釜足の子供の見舞いで来れない。事情を知らずに憤然とする欽吾。

やがて「美音の素　うぐひす丸愛用者　招待の夕べ　主催　大阪堂薬舗」の当日。舞台では吉本興業専属の林家雅子・染團治が音曲漫才を披露。欽吾がロビーで怒っている。自分のアイデアなのに、なんの相談もなく大阪堂が「招待の夕べ」を実施するのはおかしい。「君の親父なんて全然食わせ物だよ」。貴美子は「でも。それがあたしたちの思う壺じゃない」。二人の口論が始まると、舞台の夫婦漫才がインサートされる。

染團治「女が何が偉い？」
雅　子「男が何が偉いの？」
染團治「内閣総理大臣、あれは女か？」
雅　子「あれは男よ」
染團治「それみろ、陸軍大臣であろうが、海軍大臣であろうが、あれ皆女か？」
雅　子「男や」
染團治「それみろ」
雅　子「その男は一体、誰が産むのさ？」

この夫婦漫才と、欽吾と貴美子の喧嘩をクロスカッティング。矢倉茂雄の演出、なかなかリズミカルである。結局、欽吾の怒りはおさまらない。

欽　吾「夕べだって、とうとう待ちぼうけを食わせるし」

貴美子「だってあれは」

欽　吾「何言ってるんだ？　君にはこれぽっちの真剣さもないんじゃないか！」

貴美子「まあ、あたしだって、何も！」

欽　吾「じゃあ、弁解してごらん？　理由があるなら言ってみたまえ！」

（舞台の夫婦漫才に切り替わる。）

雅　子「何言ってんのさ、あんた。がんもどきみたいな顔して！」

染團治「がんもどき？　言語道断なことを！　言うな」

（染團治は雅子を扇で叩く。）

雅子の「なに！」の声にシンクロさせて、貴美子が欽吾を平手打ち！　ハリウッドのスクリュー・ボール・コメディのような鮮やかな展開。貴美子は、「理由も弁解もないじゃないの！」と言って立ち去る。呆然とする欽吾。少し反省している。

舞台では、石田一松が登場。得意の《のんき節》をヴァイオリン片手に始める。

「♪月給が三〇円で　化粧代が四〇円　たまにゃ茶も飲みキネマ観る　どこで勘定が合うのやら　職業婦人は得なもの　はは　のんきだね」

場内大爆笑。石田一松の正調《のんき節》がフィルムに記録されている。遅れてきた世代にとっては何よりの映像遺産。まさに映画はタイムマシンである。

そこで欽吾は「新京訪問」飛行を決意。その旨を父に伝える。まずは一安心。株主でもある惣兵衛と一緒に祝杯をあげる金森社長。そのタクシーが、事故を起こして金森社長が怪我をする。その場に居合わせた惣兵衛の甥・久一が、店の金をちょろまかして飲みに来ていた。そこで久一の使い込みが発覚。惣兵衛は久一を勘当。自ずと貴美子の婿候補は欽吾となる。

いよいよ、欽吾の「新京訪問飛行」当日。ラジオ体操が流れる朝、トップシーン同様、誰もが体操をして爽やかな朝を迎えている。怪我をした金森社長が、飛行場に行けずに悶々としていると、英百合子演じる妻が「欽吾の実況放送があるんですよ」とラジオのスイッチを入れる。さしものラジオ嫌いも、その便利さを知ることになる。

　同時刻、貴美子は「日曜日の子供の時間」で童話「マッチ売りの少女」の放送があり、飛行場に間に合うかとドキドキ。のちの「若大将」シリーズのクライマックスのような展開。飛行場からの実況放送と、貴美子の童話が、またまたクロスカッティングで展開。昭和一〇年の映画にしては、テンポが良い。

実況中継「準備全く整いましたが、今日のヒーロー、金森欽吾君が未だ姿を表しません」
貴　美　子「少女はまた一本のマッチを灯しました。すると少女は美しいクリスマスの飾りのモミの木の下にいました」
実況中継「或いは、昨夜自動車事故で負傷した同君の父・川村飛行機製作所取締役社長・金森士郎五郎氏と別れを惜しんでいるものと察せられます」

　ラジオ中継のカットバックで、欽吾は貴美子が見送りに来るのを待って、出発を遅らせていることがわかる。早く放送を終えて、飛行場へ行きたい貴美子。クライマックスにふさわしい展開。

　放送を終えた貴美子が自動車で飛行場に到着。出発間際の欽吾に何か話しかけるが、エンジンの音で聞こえない。そこで貴美子、後部座席に飛び乗る。飛行機はそのまま滑走を始める。恋人たちを乗せた飛行機は、新京へと処女飛行へ。

　実況中継が続く。「みなさんご安心ください。欽吾君は無事にその女性を機上に救い上げました。飛行機は地上を滑走し、ただいま、爆音勇ましく、青空に飛翔いたしました。その若き女性こそ、皆様ラヂオでおなじみの見染貴美子嬢であります。金森欽吾君とは近々、結婚のはずで、今度の新京訪問はその新婚予約飛行を兼ねていたのであります。最後に欽吾君と貴美子嬢の幸福を祈って、この放送を終わります」。

　ラジオが取り持つ、両家の縁。放送を聞いていた貴美子の父・惣兵衛も欽吾の父・士郎五郎も、二人のハッピーエンドに、それなりに納得して、エンドマークとなる。

妻よ薔薇のやうに

一九三五年八月一五日／P.C.L.映画製作所／成瀬巳喜男
製作＝P.C.L.映画製作所／1935.08.15・大阪敷島倶楽部、1935.09.01・日本劇場／八巻・二、〇二五m／七四分／日劇同時上演「ロッパ一座出演 歌ふ彌次喜多」（九月一日～一〇日）

【スタッフ】演出・脚色・成瀬巳喜男／作・中野實「二人妻」／撮影・鈴木博／録音・杉井幸一／装置・久保一雄／現像・小野賢治／編輯・岩下廣一／音楽監督・伊藤昇／演奏・P.C.L.管絃楽團
【出演者】千葉早智子（山本君子）／英百合子（お雪）／伊藤智子（山本悦子）／掘越節子（お雪の娘・静枝）／細川ちか子（新吾の妻）／丸山定夫（山本俊作）／大川平八郎（君子の恋人・精二）／伊東薫（お雪の息子・堅一）／藤原釜足（悦子の兄・新吾）

昭和一〇（一九三五）年、松竹蒲田からP.C.L.映画製作所に移籍してきた成瀬巳喜男。『乙女ごころ三人姉妹』（三月一日）、『女優と詩人』（三月二一日）に続く三作目『妻よ薔薇のやうに』（八月一五日）は、DVD化され、サブスクでも配信されているので「気軽に観られる」戦前成瀬作品である。

原作は劇作家・中野實が新生新派のために執筆した戯曲「二人妻」。歌人で完璧主義の妻との生活に疲れ、妻子を残したまま、一攫千金を夢に見て山に籠った山師の夫。年頃になった娘が、自分の結婚を控えて、父母の縁を戻そうと、父を訪ねるも、父には愛人と二人の子供がいて……。揺れ動く乙女心、破綻した夫婦の齟齬《そご》を描く新派ドラマ。その悲劇を成瀬が脚色。P.C.L.映画らしいモダンなタッチで映画化した。タイトルも「二人妻」より『妻よ薔薇のやうに』と抒情的だが、映画の内容を一瞬で想起させるもではない。この成瀬の「なんとなくわかるけど、やっぱりわからないタイトル」は翌年の『君と行く路』（一九三六年九月一日）、『朝の並木路』（一一月一日）へと続いていく。

丸の内のオフィス・ガールのヒロイン山本君子役には、P.C.L.生え抜きの女優・千葉早智子。その婚約者のサラリーマン・精二役には、大川平八郎。つまり『ほろよひ人生』（一九三三年）以来、P.C.L.映画のリーディングスターを務めてきた二人の主演作である。

　出奔した山師の父・山本俊作には、丸山定夫。築地小劇場から独立して新築地劇団を牽引してきた新劇役者である。自社製作を開始したばかりのP.C.L.と劇団ユニット契約、エノケン一座とともに、専属となる。新劇とエノケン一座、この振幅の大きさがP.C.L.映画を充実させた。

　君子の母で、女流歌人の山本悦子役には、伊藤智子。P.C.L.映画から東宝映画でおなじみの女優だが、その経歴は異色である。大正二（一九一三）年、のちに戦犯となり「バターン死の行進」の責任で処刑される陸軍中尉・本間雅晴と結婚。夫がロンドンに駐在している間に、小山内薫と知り合い舞台へ。本間中尉と離婚後は奔放な生活を送り、昭和二（一九二七）年には村山知義の「心座」に参加、築地小劇場、新協劇団の舞台に立つ。美術家・伊藤熹朔との結婚を機に、P.C.L.映画と専属契約を結び、本作へ出演。なのでクールな女流歌人、仮面夫婦の妻役にはぴったり。成瀬は、伊藤智子のこれまでのキャリアをうまく活かして、悦子役を造形している。

　P.C.L.マークに流れる高らかなファンファーレ、哀調のメロディに転調してタイトル。そしてマーチのリズムに乗せてスタッフ、キャスト・クレジットとなる。キャスト紹介になるとワルツへ転調。バックの画像は咲き乱れる白い薔薇。音楽を担当している伊藤昇は、日本交響楽協会（NHK交響楽団の前身）で山田耕筰に作曲と対位法を学び、その後結成された新交響楽団の首席トロンボーン奏者となった音楽家。昭和一一（一九三六）年のベルリン・オリンピックの芸術競技「音楽」での「作曲」の日本代表となるも敗退。本作を機にP.C.L.専属となった。成瀬巳喜男のお気に入りとなり『君と行く路』『朝の並木路』（一九三六年）はじめ数々の作品でコンビを組むこととなる。

　トップシーンは、何度見ても惚れ惚れする。丸の内のビル街。エレベーターを連想させるワイプ処理。ハットを被ったサラリーマンたちが歩いている。関東大震災で壊滅した帝都東京が、ニューヨークのような鉄筋コンクリートのビル街を擁するモダン都市として再生したのだ。ホームに入線する省線（山手線）。東京駅丸の内口の雑誌スタンドの前の女の子。新橋方向からのアングルで、山下橋のあたりから、日比谷方向を捉えるショット。日比谷映画のアールデコ建築、丸い屋根が晴れがましい。線路を走る省線は、有楽町方向へ。

　そのビル街の一室。誰もいなくなったオフィスで、少年給仕が口笛でジャズ・ソング《私の青空 My Blue Heaven》（作曲・ウォルター・ドナルドソン）を吹きながら、テーブルの湯呑みを片付けている。給仕とともにキャメラがドリー移動する。画面の奥、窓際で、山本君子（千葉早智子）が机に向かって何か書いている。

給仕「山本さん、まだ帰らないの？」
君子「もう帰るわよ」
ハットにジャケット、ネクタイにスカート。ボーイッシュなスタイルの千葉早智子がカッコいい。
給仕「山本さん、まだ恋人ないんだろ？」
君子「生意気言ってら」
給仕「寂しいんだろうな」
君子「ご親切さま、たった一人はあるんでございますのよ」

キャメラはドリー撮影で千葉早智子に回り込む。給仕に向かって、二本指でさっと挨拶をする。さりげなくポケットチーフをシュッと上げ、ネクタイを整える。その佇まいがスタイリッシュ。そこに《私の青空》の口笛が流れる。給仕の口笛かと思わせておいて……ビルの外で、口笛を吹いて、君子が出てくるのを待っている恋人・精二（大川平八郎）。

君子「あら、待っててくれたの？」
精二「背負《しょ》ってら」
君子「じゃ、何してたの？」
精二「待ってよか、それとも帰ってしまおうかと思っていたところに君が来たんだよ」
君子「なんだ、待ってたのと同じじゃないの」
精二「違うさ、気持ちの上ではだいぶ違うよ」
君子「そお」
と歩き出す君子。それを追いかける精二。
精二「どっかシャシン観に行かない？」
君子「私、今日は用があるの」
精二「ああ、僕も今日は忙しいんだ」
君子「そお、じゃさよならするわね」

恋人にしてはあっさりしている。それゆえに仲の良さを感じさせる。精二の月給は五五円、君子は四五円。収入に差がないので、対等な感じもいい。モダンなオフィスガールとサラリーマンの土曜日の午後。本編のドラマとは直接関係ないが、東京での君子と母の暮らしと、長野の山奥の別宅で暮らしている父親との世界の対比を際立たせることとなる。

第一回東京国際映画祭に合わせて、本作がフジテレビで深夜オンエアされた時に録画したビデオで、繰り返しこのシーンを観た。一九八五年のことだから、映画が作られてから半世紀。戦前のモダン東京の雰囲気に惹かれ、戦前P.C.L.映画への興味が俄然湧いたものである。

君子の母・悦子（伊藤智子）は売れっ子の女流詩人。たくさんの弟子がいる。君子と赤坂区青山高樹町の瀟洒《しょうしゃ》な住宅に住んでいるが、収入は君子のサラリーに頼っている。一五年前、悦子と折り合いが合わずに、出奔した夫・俊作（丸山定夫）が時折、まとまった金を送ってきたおかげで君子は女学校を卒業することができた。

芸者・お雪（英百合子）との間に、二人の子供を儲けたが、悦子とは正式に離婚をしていない俊作は、「一山当てたら」の夢を抱いて、今日も山に籠っている。優柔不断な男である。悦子の兄・新吾（藤原釜足）と妻（細川ちか子）も、気にはしているが、そのうち帰ってくるだろうと安穏と月日を過ごしてきたようだ。

今では考えられないことだが、昔の小説や映画では、こうした別宅を持つダメ男がよく出てくる。そんなある日、新吾を介して山本夫妻に「仲人をして欲しい」という話がくる。精二の父にも、そろそろ結婚の挨拶をしなければならない。

というわけで、君子は「お父さんが家に帰ってらっしゃる！」と早合点、精二に付き合わせて、夕食の材料を沢山買い込んで、ご馳走を用意する。その時の、千葉早智子の表情が実に可愛らしい。お肉に衣をつけてカツレツを揚げる。トンカツではなくカツレツ。この時代、家庭で本格的な洋食を作っていたことに感心する。

しかし、君子の期待をよそに、俊作は帰ってこない。落胆する君子。アイドル映画のように、千葉早智子のさまざまな表情が味わえる。浅野正雄監督によるリメイク版『恋にめざめる頃』（一九六九年、東宝）も、この一連のシークエンスに監督の「萌え」を感じる。とにかくワコちゃんが可愛いのである。

箏奏者だった千葉早智子の手が、家庭料理を作るお嬢さんには、相応しくないと成瀬巳喜男は、このシーンが気に入らず、何度もNGとなった。ついに千葉が泣き出してしまい、成瀬はようやく芝居をつけたという。ちなみに成瀬は、昭和一二（一九三七）年、千葉早智子と結婚する。わずか三年で離婚するのだが、二人が結婚したのは、映画を観ていると納得できる。

そこで君子は、思い切って父・俊作に逢いに行く。汽車を乗り継ぎ、長野の山奥にやってきた君子のスタイルは、オフィス出勤時のようなモダンな洋装。およそ牧歌的な風景には似合わない。都会と田舎の対比。俊作にとっては東京青山での妻との窮屈な生活よりも、のびのびとした田舎で一攫千金のロマンこそ、本来の自分の暮らしなのである。

それを明確にするための、前半の都会のモダンな描写である。しかも、愛人である元・芸者のお雪(英百合子)は、君子や観客の想像を裏切って、髪結をしながら家計を支えて、長女・静枝(堀越節子)と長男・堅一(伊東薫)を、しっかりと育てている。二人とも立派に成長していて、それゆえ君子は嫉妬するが、同時に敗北を感じて、俊作とお雪の暮らしを受け入れ始める。

実は俊作からの送金と思っていた仕送りは、お雪が働いて貯めていたお金だったことがわかり、君子はそれまでの自分を反省する。「ここへ着くまで、あなたがこんなに働いて、父を助けて下さろうとは思っていませんでした。あたしたちが困っているのに、きっと贅沢な真似をしていると思って……」。

君子と俊作を見送りながら、長男・堅一が唄う唱歌「♪道をはさんで　畑一面に〜」は、明治四三(一九一〇)年七月『尋常小学校唱歌』に収録された《いなかの四季》(作詞・堀沢周安)。

だけど、お父さんを独占したい。複雑な感情のまま、知人の仲人と精二の両親に挨拶する俊作を連れて、帰京する君子。この中盤の「君子の旅」シークエンスの演出は見事で、のちの成瀬作品に通底するアイロニカルなシチュエーションの原点でもある。

「東京で帰ってくる汽車の中でなのよ。どこの停車場でだったかしら、私の知らない間にね、お父さん、みかんやチョコレートを買ってくれたの。私、本当言えばそれまで、お父さんにそれほど愛着を感じてなかったのよ。でもそのとき、そんなわずかなことで、急にお父さんをいつまでもそばに置きたいほど、懐かしさを感じたの。お雪さんの子供たちを憎く思ったほどだわ。山でお雪さんに、お父さんはきっと返す、と約束したんだけど、私はそのとき、返すまいと決心したわ」。

俊作が帰ってきた翌日、君子は両親を誘って遊びに出かける。家を出てゆっくり歩く三人。自宅は青山高樹町だが、今では考えられないほど牧歌的な風景である。三人の向こうに、ドイツ風の洋館が建っている。成瀬の『君と行く路』(一九三六年)のラスト近く、ヒロイン尾上霞(山懸直代)が車で通りすぎるのがこの洋館(現・渋谷四丁目)である。川島雄三の遺作『イチかバチか』(一九六三年、東宝)では伴淳三郎の邸宅としてロケーション。この洋館は健在で、今はフレンチ・レストラン「メゾンド・ミュゼ」として営業している(二〇二四年現在)。

君子が円タクを捕まえようと、『或る夜の出来事』(一九三三年、コロムビア、フランク・キャプラ）のクローデット・コルベールよろしく、ヒッチハイクポーズをするシーンの道は、現在の骨董通りである。

円タクに乗った三人。
君子「ね、お父さん、どこ行きます？」
俊作「そうだなぁ、お父さんは、どっかで美味い酒が飲みたいなぁ」
悦子「お酒は家に帰ってからも召し上がれるんですから、何かもっと意義のあることになさったら」

妻・悦子に嗜められて、大いにクサる俊作。次のカットでは「青峰塾書道展」の看板がインサートされる。三人は悦子の提案通り、書道展に行ったのだ。さらに次のカットに「お母さんのおっしゃる通りになったのだから、今度はお父さんの番よ」と君子のセリフが被り、隅田川沿い、明治四五（一九一二）年に完成した旧新大橋（現在は博物館・明治村に移築）を望む料亭の座敷で、酒を飲む俊作。ほんの一瞬だが、隅田川と新大橋がインサートされるだけで映画に風情が出る。もう少し飲みたい俊作だが、「まだ召し上がるんですか？」悦子の厳しい視線に「もうやめようかな」と居心地が悪そうである。

これでは俊作が悦子から離れて、お雪と一緒になったことが、観客にも納得、共感できる。次のカットでは、君子のリクエストで「鏡獅子」を見る。この年七月、小津安二郎が歌舞伎座で福地桜痴作の新歌舞伎舞踊『新歌舞伎十八番之内 春興鏡獅子』の記録映画を撮影しているが、こちらはP.C.L.映画なので東京宝塚劇場、宝塚少女歌劇星組公演「鏡獅子」（六月一日〜三〇日）のモダンな舞台を収録。小津が歌舞伎座で、成瀬が東京宝塚劇場というのが興味深い。

パワフルな舞台だが、俊作はさきほどの酔いが回って、ウトウトと寝ている。隣の悦子は耐えられなくなり、君子を促して外へ出る。次のカットは銀座松屋デパートの外観。悦子が先をさっさと歩いて、俊作、君子がそれに続く。カットが変わって四丁目、銀座通りを行き交うボンネットバス、自転車。俊作は靴屋のショーウィンドウに立ち止まる。「お父さんの？」「いや健一がね、靴を欲しがっていたんだよ」うつむく君子。

「だめなのねぇ。お父さんの気持ちはすっかり田舎にあるんだし。母さんと来たら、相変わらず、自分のことしか考えてないでしょう」。君子はこれまでの一部始終を、精二に話す。俊作は、悦子が完璧主義で「偉すぎてやりきれない」と君子も理解している。「どこまで行っても気持ちは溶け合わないんだね」と精二。夫婦が修復不能なのは、致し方のないこと。

この日、俊作と悦子は、頼まれた仲人を勤めており、君子と精二は留守番していたのだ。帰宅後、悦子は歌のインスピレーションが沸いたのか部屋に閉じこもり、俊作は「まだ時間があるから、今夜の汽車で帰ろう」と言い出す。

君子「母さん、お父さん、お帰りになると仰っているのよ」
悦子「お帰りになるんですか？」
俊作「すまないが、許してくれ……」
悦子「そうですか……　ではどうぞお達者で……」
俊作「いろいろお世話になりました」

不思議な夫婦の会話だが、悦子は部屋へ戻る。敗北を感じて涙を流す悦子。そこへ悦子の兄、君子にとっては叔父・藤原釜足がやってきて、その事態に驚いて、悦子に「俊さん、またお雪のところに帰ると言ってるぞ」と慌てていう。「人は皆、心ごころですもの、帰るというのを無理に止められません」と悦子。このセリフこそ『妻よ薔薇のやうに』のテーマでもある。

去り際に俊作は精二に挨拶をする。「精二さん、君子のことを頼みます。君子、お母さんのこと頼んだよ」。悲劇ではあるのだが「人は皆、心ごころ」は本質でもある。慌てて叔父さんが円タクを追いかけるが、すでに遅く、見送りを終えて精二が戻ってくる。

叔父さん「なんだ？　自動車があったのか？」
精　二「あ、あれ、叔父さんが乗ってきた自動車でしょ？」
叔父さん「ばか」

この日常のユーモアこそ、成瀬映画の味わいでもある。

いたづら小僧

一九三五年九月一三日／P．C．L．映画製作所／山本嘉次郎
製作＝P．C．L．映画製作所／配給＝東和商事映画部／1935.09.13・大阪敷島倶楽部、1935.10.01・日本劇場／九巻・二、一九九m／八〇分／日劇同時上映『ヴェルダン／歴史の幻想』（一九二八年、仏、レオン・ポワリエ）・日劇アトラクション「タップダンス」「軍楽演奏」（一〇月一日～一〇日）

【スタッフ】作・佐々木邦／監督・脚色・山本嘉次郎／撮影・唐澤弘光／録音・山口淳／装置・久保一雄／現像・小野賢治／編輯・岩下廣一／音楽監督・伊藤昇／演奏・P．C．L．管絃楽團
【出演者】伊東薫（中村太郎）／大村千吉（チュー公）／藤原釜足（太郎の父）／加賀晃二（今井）／嵯峨善兵（富田）／小澤栄（森川）／生方賢一郎（車夫）／英百合子（太郎の母）／神田千鶴子（長姉・花子）／髙尾光子（次姉・歌子）／宮野照子（三姉・春子）／夏目初子（チュー公の姉）／清川虹子（女中・キヨ）

ユーモア作家の佐々木邦の原作を山本嘉次郎が脚色、演出した、自由すぎる昭和一〇（一九三五）年のワルガキの痛快行状記『いたづら小僧』。これは何度観ても面白い。

東京郊外の小田急線沿線、成城学園前。中村太郎（伊東薫）は、中学受験を控えているが、学校は大嫌い。今朝も腹痛を言い訳に、小学校をサボる心算。太郎の部屋の前には「中村太郎研究室　無断で入るべからず」と張り紙。

太郎にとっては、つまらない学校よりも、研究室（勉強部屋）にこもって、電気工作や化学実験をする方が、大切なこと。そんな太郎を「自分に似ている」と寛大に見守る父（藤原釜足）と、心配性の母親（英百合子）が全く正反対なのがおかしい。

昭和一〇年、まだおっとりとした時代で、この中村家もなかなかリベラルである。長女・花子（神田千鶴子）は適齢期、許婚者で医者の卵・森川（小沢栄（栄太郎））と一日も早く結婚したいが、森川がなかなか試験にパスできなくて開業への道はほど遠い。小澤栄ものんびりとした好青年で、花子との結婚がのびのびになっているも、致し方ない、とい

った感じ。

次女・歌子（高尾光子）は、母が勝手に決めた縁談に反撥している。その相手というのが、金持ちの御曹司で、クライスラーを乗り回している富田（嵯峨善兵）。これがまた勘違い青年。実は歌子が密かに恋をしているのは、工場勤めの技術者・今井（加賀晃二）で、太郎は二人のラブレターのメッセンジャーをしている。今井は太郎には、研究の師でもある。モーターのコイルの巻き方を教えてくれ、設計図も書いてくれる頼もしいアニキなのである。

三女・春子（宮野照子）は、生意気盛りの女学生。自分を「ボク」と名乗り、いつも母に小遣いを強請《ねだ》っているちゃっかり屋である。

というわけで、上に姉が三人、釣りが趣味の放任主義の父、そして何かにつけて口うるさいママ（と呼んでいる！）との賑やかな中村家。一見わがまま、実はポリシーがある太郎の最大の味方で、いつも甘やかしているのが女中・キヨ（清川虹子）なのだが、太郎は彼女の人の良さをいつも利用している。

トップシーン、小学校の同級生たちが「中村さーん」と太郎を迎えに来る。女の子の一人は自転車を押している。誰もが制服を着てかなりのセレブ。しかし太郎は「お腹が痛いから、学校を休む」と、部屋にこもっている。また仮病と、母はガミガミ言うが、父は「森川医師に往診してもらいなさい」と優しい。結局、森川医師がやってきて、花子は大喜び。

太郎が学校をサボったのには理由があった。この日一〇時に、憧れの流線形の機関車のテスト走行があるからで、車夫（生方賢一郎）の倅で、駅前で駄菓子屋の息子・チュー公（大村千吉）と一緒に見学する約束をしていたからだ。チュー公を演じているのは特撮ファンにはおなじみの大村千吉。若いといってもまだ子役。しかし芝居はナチュラルで上手い。自分のことを「アタイ」というのが、時代を感じさせる。P.C.L.時代からの戦前東宝映画を観ていると、伊東薫くんと、大村千吉くんが、少年から若者、個性派になっていく成長を体感することができる。これも映画の楽しみ。

さて、チュー公は、家が貧しいので学校には通ってない。なので、朝は、好きな時間に起きる自由な暮らし。家では家計の助けにと、駄菓子屋を副業で。カルピスや明治チョコレートの看板、当時の子供たちの好きなものである。そのチュー公、姉（夏目初子）にいつも「奉公に出しちゃうよ」と脅かされている。この時代、小学校に通えない子もたくさんいた。だけど太郎とチュー公は、無二の親友、最高の相棒で、太郎も学校をエスケープして、東海道線沿線まで遠出をする。

　ここで登場するのが、国鉄自慢の近代型蒸気機関車、Ｃ５５－２１型の流線形。昭和一二（一九三七）年までに六二両が製造された。シャープなフォルム、そのスピードに息を呑む太郎とチュー公。まさに「流線形時代」である。颯爽としたＣ５５－２１型は、時代の花形。世界各国の鉄道やクルマの流線形ブームを反映して、さらなる高速化を図るために空気抵抗を軽減するのが目的。当時の価格で一両一〇万円した。本格導入が一九三六（昭和一一）年だから、この時は本当の意味で試運転だった。太郎は、自分の機関車模型を流線形に改造することを決意。思い立ったら即行動なのである。二人が興奮気味に帰ってくると、家の前にはピカピカのクライスラーが駐車してある。「流線形だ！」「よし、運転してみよう」。勝手にドアを開けて、見よう見まねで太郎がクルマをスタートさせる。もうむちゃくちゃ！その頃、中村家では、次女・歌子との縁談に大乗り気の冨田が来訪していて、母を芝居見物に誘ってゴマスリ作戦。それが嫌でたまらない歌子。その時、外のクルマのエンジン音が聞こえてくる。「あれ？」と気が気じゃない冨田。そのうち、ドッカーンと爆発音。キヨが「冨田さまのおクルマが」と慌てて応接間へ。

　次のカットでは、クライスラーが電信柱に激突して白煙を上げている。犯人の太郎とチュー公は、外の梯子伝いに、二階の太郎の部屋へ逃げる。この一連、さすがエノケン映画の山本嘉次郎。「何を見せて、何を隠すか」の巧みな演出で、とにかくおかしい。これぞ喜劇映画の呼吸である。

　ことほど左様に、太郎とチュー公の「いたづら小僧」ぶりがエスカレートしていく。そのおかしさ。母にしてみれば、「チュー公なんかと付き合っているから悪くなる」と、チュー公に出入り禁止を申し渡し、太郎には「部屋から一歩も出てはいけません」と軟禁状態に。しかし太郎にとっては、研究室に閉じ込められるのは、何より嬉しいこと。心配したキヨが密かにサンドウィッチとミルクを持ってきたり、中村家にはこれが「いつものこと」なのもおかしい。

　やがて日曜日、歌子は朝から一張羅の着物を着て「冨田さんのお宅へ」と嘘をついて家を出る。昨日、太郎が歌子の恋人・今井に手紙を届け、二人は「午前一〇時、新宿駅で」と約束していたのだ。歌子が出かけた後、母が花子と春子を詰問。歌子が冨田と結婚する気はなく、工場勤めの今井と付き合っていることを知って、ヒステリーに。その狼狽ぶりに、太郎は「自分が間違っていたかも」と反省、チュー公に声をかけて、花子と今井を「探すまで帰らない」と家出してしまう。

　ここから太郎とチュー公の大冒険が始まる。新宿駅の改札で張り込んでいれば、帰ってくる二人に会えるとの太郎の知恵も、チュー公の「探偵は冒険するもの」というポリシーに反する。そこで行き当たりばったりのチュー公に従って、二人は新宿駅から郊外まで歩き出す。

一方、今井と歌子は郊外へ向かう。チュー公の親父と釣りに出かけた父に会うためである。結婚を許してもらおうと行動に出たのだ。実は、今井の父は歌子の父の友人、満鉄の優秀な技師で、今井も将来有望なエリート工学士。たまたま工場で研究員として働いていた。それを太郎の「工員だろ」の一言で、母は「職工風情」と思い込んでしまったのである。というわけで「家庭の問題」はここで解決する。

しかし、何も知らない太郎とチュー公は、多摩川まで歩き続ける。体力の限界を感じたチュー公がリタイア。その場に「もう歩けない」とうずくまる。「だらしない」と熱血漢の太郎。「だって」と言い訳ばかりのチュー公。二人が揉み合って土手を転げ落ちると、目線の先には、なんと工事現場の人夫を運んだトラックが停まっている。

「あれに乗って帰ろう!」と太郎。もう嫌な予感しかしない。「それしか方法がないだろ?」と運転席にもぐりこみ、エンジンをスタートさせる。それに気づいた人夫や現場監督たちが「何事か?」とトラックを追いかける。チュー公がトラックのドアにしがみついたまま、クルマが走り出す。なんともはや、ここからP.C.L.映画初のカーアクションとなる。

河原をジグザグに走る太郎のトラック。しがみついてパニック状態のチュー公。追いかける数十人の人夫たち。モンタージュ、カットバックがリズミカルで、緊迫感が高まる。しかし、すごいのは撮影とはいえ、本当に伊東薫くんが、トラックを運転していること! 三分近いカーアクションの果てに、太郎のトラックは飯場の小屋に激突して大爆発!

のちの「西部警察」のようなヴィジュアルに啞然とする。山本嘉次郎のアクション演出、恐るべし!

一方、中村家では、歌子の結婚問題は解決したものの、太郎とチュー公が行方不明となり、誰もが心配している。チュー公の親父、姉も、今井技師、森川医師も集まっている。そこへ満身創痍のチュー公が、玄関で倒れているのが発見される。しかしチュー公の言葉足らずで事情がわからない。しかも中村家の玄関には、工事現場の男たち数十人が押しかけて……その隙間をぬって、ヘロヘロの太郎が……。

『いたづら小僧』のタイトルからの予想を遥かに超えた太郎のいたずらぶりが、この時代のモラル、いや現在のモラルをも遥かに超えているのがいい。まるで「こち亀」の両津勘吉の少年時代のようなアナーキーぶり。で、このトラック爆破の始末、どうつける？　と心配になるが、ラスト、父が大金の小切手を切るカットに続いて「みんなが楽しみにしていた、今年の避暑はなしだ！」の一言で、がっかりする花子、歌子、春子たち。そして、また太郎の部屋からは、豪快な爆発音と白煙が！　で、エンドマークとなる。

ユーモアとハートウォーミング、ナンセンス、そしてアナーキー！　山本嘉次郎演出のテンポが心地よく、とにかく爆笑の連続。成城学園前界隈の風景も、牧歌的だけど、商店街や道の風情は今にもその名残がある。後半、歌子と今井が待ち合わせする新宿駅は、P.C.L.撮影所のセットだが、これがなかなかリアルで楽しい。

サーカス五人組

一九三五年一〇月一日／P.C.L.映画製作所／成瀬巳喜男
製作＝P.C.L.映画製作所／1935.10.01・大阪敷島倶楽部、1935.10.21・日本劇場／八巻・一、七七二m／六五分／日劇同時上映『アジア大陸横断』（一九三三年、仏・パテ、アンドレ・ソーヴァージュ）・日劇アトラクション「高田舞踊團」（一〇月二一日〜三一日）

【スタッフ】演出・成瀬巳喜男／作・古川緑波「悲しきジンタ」／脚色・伊馬鵜平、永見柳二／撮影・鈴木博／録音・市川綱二／装置・山崎醇之輔／現像・小野賢治／編輯・岩下廣一／音楽監督・紙恭輔／演奏・P.C.L.管絃楽團／主題歌・《悲しきジンタ》（詞・佐伯孝夫　曲・佐々木俊一）、《サーカス娘》（詞・佐伯孝夫　曲・紙恭輔）・ビクターレコード　五三五六三

【出演者】大川平八郎（ジンタ五人組・幸吉）／宇留木浩（同・虎吉）／藤原釜足（同組・甚吉）／リキー宮川（同・六太）／御橋公（同・清六）／丸山定夫（世界漫遊曲馬団長）／加賀晃二（曲芸師・邦夫）／森野鍛冶哉（マネージャー・松本）／堤眞佐子（千代子）／梅園龍子（澄子）／三條正子（玉乗り娘）／清川虹子（女給・おきよ）

昭和一〇（一九三五）年三月、P.C.L.に移籍して『乙女ごころ三人姉妹』（三月一日）を皮切りにハイペースで作品を発表してきた成瀬巳喜男、この年四本目となるのが『サーカス五人組』（一〇月一日）。古川ロッパによる芝居「悲しきジンタ」を原作に、伊馬鵜平と永見柳二が脚色。ロッパらしいユーモアと哀愁に満ちた小品である。当初「ジンタ五人組」のタイトルで、映画雑誌などで喧伝されていた。

東京で食いつめたジンタ五人組。ジンタとは明治時代半ば、ドラム、クラリネット、ラッパなどのハンディな楽器で流行歌を演奏して、広告宣伝や売り出しを行った「市中音楽隊」。江戸時代からの広目屋《ひろめや》が発展したチンドン屋とともに、市中で演奏する楽士たちのグループのこと。

この五人組を演じるのは、大川平八郎（クラリネット）、日活から移籍してきた好漢・宇留木浩（ドラム）、P.C.L.きってのコメディアン・藤原釜足（トロンボーン）、アメリカ出身のバンドリーダーでダンサー・リキー宮川（トランペット）、築地小劇場出身のバイプレイヤー・御橋公（小太鼓）。いずれもP.C.L.でおなじみのメンバーが顔を揃えている。

のちに斎藤寅次郎が手がける『明朗五人男』（一九四〇年、東宝）や『東京五人男』（一九四五年、東宝）などの「五人男もの」の嚆矢でもある。とはいえ「五人男」といえば歌舞伎や芝居のオールスターの顔見せものとしては伝統でもある。河竹黙阿弥の歌舞伎「青砥稿花紅彩画《あおとぞうしはなのにしきえ》」の「白浪五人男」から、「秘密戦隊ゴレンジャー」に始まる「スーパー戦隊もの」まで、連綿と続いている。

この五人組は、東京で食いつめた楽士たちで、伊豆の小さな町から町へと渡り歩いている。彼らがひょんなことから、旅まわりのサーカス団と出会い、急遽、楽士として雇われる。わずか数日の出来事を、ロッパの芝居らしい笑いと、旅まわりの芸人の哀感とともに描いていく。

サーカス一座の花形は、堤眞佐子と梅園龍子の姉妹。『乙女ごころ三人姉妹』の次女と三女のリフレインで、その父で団長・丸山正夫の強権的な横暴に、自由を奪われてしまっているのも、同作の母親との確執のリフレインである。

笑いとペーソス、そして叙情。伊豆下田ロケーションが効果的で、わずか六五分の小品であるが、眺めているだけでも楽しい。真夏のロケなので、昭和一〇年夏の日差し、のどかなローカリズムが味わえる。サイドキャラも味わい深い。いかにも狡猾なサーカス団のマネージャー・松本には、ムーラン・ルージュ新宿座で活躍した森野鍛冶哉。団員たちが団長の横暴と待遇に叛旗を翻してストライキ。仕方なく、主人公たち〝ジンタ五人組〟を雇うのだが、その慇懃な頼み方が、小狡い感じである。

ジンタ五人組のキャラもいい。宿の女中だろうと、街で見かけた娘だろうと、ところも相手も構わずに口説いては玉砕している女好きの甚吉（藤原釜足）。いつもジャズ・ソングを口ずさんで、モダンボーイのなれの果てのような六太（リキー宮川）と、ヌーボーとしているが宿屋の浴衣をそのまま持ってきてしまうようなチャッカリ男・虎吉（宇留木浩）の名コンビ。

最年長の清六（御橋公）は、十数年前に食えなくなり、女房に逃げられ、生まれたばかりの娘を手放した苦い過去がある。その後悔の念にかられ、夜な夜な酒に溺れている。その酒の相手をしているのが、作曲家で身を立てたいと志を抱いているヴァイオリン奏者・幸吉（大川平八郎）。

この五人組が、伊豆の小さな町でありついたチンドン屋の仕事で、練り歩くところから映画が始まる。わずかの報酬なのに三里（一二キロ）も歩いて、ようやく辿り着いた小学校。依頼されていた「運動会」が来春に延期となったと聞いて大いにクサる。まさに「悲しきジンタ」である。主題歌は、徳山璉の《悲しきジンタ》（作詞・佐伯孝夫、作曲・佐々木俊一）、能勢妙子の《サーカス娘》（作詞・佐伯孝夫、作曲・紙恭輔）が公開直前、昭和一〇年九月新譜としてビクターからリリースされている。

あてのないまま、海辺の宿屋に泊まった五人組。甚吉は早速女中を口説いて大失敗。六太と虎吉は「世界漫遊旭大曲馬団」見物へと出かけ、一座の花形・千代子（堤眞佐子）と澄子（梅園龍子）に魅了される。清六と幸吉はカフェー「クロネコ」にノシて酩酊。小さな女の子が「お土産買って」と売りに来る。銀座のバーの花売り娘のような物売りである。その女の子に、清六は自分が捨ててしまった娘の面影を見て、幸吉にその話をする。

おかしいのは、終演後、夜道を歩いていた澄子が、男に襲われて、六太と虎吉が助ける。男と格闘して浴衣の袖が破れる。あとで甚吉のものだとわかって、呆れる二人。

といった些細な出来事が、淡々と描かれる。ユーモラスだけど侘しい。風情があるけど切ない。そのムードがいい。やがて「曲馬団」の男たちが、団長に叛旗を翻してストライキ。ジンタ五人組が「サーカス五人組」として座への参加を持ちかけられる。

女好きの甚吉には、恋人・おきよ（清川虹子）がいるが、彼女を袖にしての旅暮らし。猛女のおきよは、甚吉を諦めきれず、この町まで追いかけてくる。そうしたサイドエピソードで印象的なのが、玉乗り娘（三條正子）の話。『乙女ごころ三人姉妹』で門付の養女を演じていた女の子である。その玉乗り娘が楽屋で、団員の財布からお金を抜き取ろうとしているのを見咎めた清六。「おばさんが病気なの」と天涯孤独の少女の告白を聞いて、自分が捨てた娘ではないかと思う。結局、人違いで、この娘は虚言癖で、買い食いしたさに、寸尺詐欺を繰り返していたことがわかる。

ヴァイオリンを弾かせてくれるなら無償でもいいと、マネージャーに申し出た幸吉。晴れ舞台を提供されて、大ハリキリ。しかし、上手とはいえない演奏に、満場の観客たちから罵詈雑言、モノが飛んでくる。ショックのあまり、途中退場してしまう。いきなりの挫折である。意気消沈してバックステージに戻った幸吉を慰める千代子。二人が心を通わす場面だが、幸吉の立ち直りの早いこと！

梅園龍子が演じている澄子は、父親の強権に反発している。その恋人の曲芸師・邦夫（加賀晃二）はインテリでストライキの首謀者でもある。微妙な立場で揺れ動く乙女ごころ。クライマックスは、澄子の空中ブランコ。梅園龍子のアップを多用したモンタージュ。そしてアクシデント！

ラストシーン。すべてが解決して、また旅に出る「ジンタ五人組」。幸吉と、ひととき心を通わせた千代子が見送る。古川ロッパ作の喜劇ではあるが、のちの成瀬の「芸道もの」に通じる旅芸人の哀感を感じさせてくれる。

都會の怪異7時03分

一九三五年一〇月九日／P．C．L．映画製作所／木村荘十二

製作＝P．C．L．映画製作所／1935.10.09・大阪千日前敷島倶楽部、1936.02.01・日本劇場／七巻・一，五二四m／五六分／日劇同時上映『ジャバの東』（一九三五年、ユニバーサル、ジョージ・メルフォード）・東寶新劇團「細君三日天下」三景（一九三六年二月一日～一〇日）

【スタッフ】原作・牧逸馬・日の出所載／演出・木村荘十二／脚色・小林勝／撮影・三村明／録音・峰尾芳男／装置・久保一雄／現像・小野賢治／編輯・岩下廣一

【出演者】中野英治（宮本得之助）／丸山定夫（信栄社社長）／嵯峨善兵（鱈間垂平）／滝澤修（質屋の親爺）／藤輪欣司／佐伯秀男（ボディ辰村）／小島洋々（夕刊売りの老人・運転手B・強盗・電話をかける男・競馬場の客A）／千葉早智子（島崎閑子）／神田千鶴子（タイピスト）／細川ちか子（酒場カメレオンのマダム）／小杉義男（清水三角）／小沢栄（巡査）／生方賢一郎（運転手A）

「P．C．L．のために特に書卸された　牧逸馬《まきいつま》先生の絶筆」とトップに出る。この年六月二九日、三五歳で没した作家・牧逸馬の絶筆となった、雑誌『日の出』所載の怪奇小説「都會の怪異7時０３分」を原作にしたP．C．L．初の怪奇映画。五月のキネマ旬報のP．C．L．ラインナップでは「怪談」牧逸馬原作と紹介されている。

牧逸馬は、ロンドン滞在時の取材を活かして『中央公論』に「世界怪奇実話」（一九二九～一九三三年）を連載。欧米の怪奇小説や犯罪小説の翻訳や都市風俗小説を手がけていた。タイタニック号沈没を扱った「運命のＳＯＳ」から、海難信号「ＳＯＳ」が流行語となった。

牧逸馬の本名は長谷川海太郎。海外放浪を経て流行作家となり、谷譲次のペンネームで雑誌『新青年』に「めりけんじゃっぷ」ものを執筆。さらに林不《ふ》忘《ぼう》の名前で「丹下左膳」シリーズを次々と発表。時代小説、推理小説、怪奇小説、翻訳、エッセイなどあらゆるジャンルを手がけたモダニストの流行作家だった。

『都會の怪異7時０３分』は、P．C．L．のモダンなテイ

ストを担ってきた木村荘十二が、欧米の怪奇映画を意識して作ったミステリアスなホラー。主演の中野英治は、これがP.C.L.初出演となる。サイレント時代から日活現代劇で活躍、精悍なマスク、スポーツで鍛えた身のこなしで、鈴木傳明《でんめい》、岡譲二と並んで女性に大人気のスターだった。ちなみに昭和二（一九二七）年、四歳年上の英百合子と結婚。翌年に生まれた長男は戦後、大映、東映で活躍した俳優・長谷部健である。中野英治は、日活から帝国キネマ、新興キネマ、そして永田雅一が設立した第一映画社で『建設の人々』（一九三四年、伊藤大輔）に出演後、本作に主演した。

怪しげな興信所に務める主人公・宮本得之助（中野英治）は、女にはだらしなく、ギャンブル好きで放蕩三昧の日々を過ごしていた。しかし、島崎閑子（千葉早智子）を口説いて暮らし始めてからは、堅気になることを決意している。

ギャンブル好きで女に手が早い、というのは、実際の中野英治の私生活とも重なる。若き日の中野英治は「不良の代表、半分ヤクザみたいだった」と三橋達也がインタビューで答えている。中学時代からドスを持ち歩き、横浜本牧のチャブ屋を根城に、相当な放埒三昧。そんなセルフイメージとも重なる。

島崎閑子と同棲している宮本は、彼女が妊娠、それを機にまともな生活をしようと考えている。そこで新聞記者の友人・鱈間垂平（嵯峨善兵）に借金を依頼。アバウトだけど人の良い鱈間と、夜一〇時、銀座三丁目のバー「カメレオン」で待ち合わせることに。

宮本が勤めている興信所・信栄社の社長（丸山定夫）は、大言壮語の胡散臭い男。前借りを頼んでも精神論をかざしてのらりくらり。タイピストの女の子（神田千鶴子）はモダンガールの不良娘。終業時間になるとソワソワ、宮本に「たまには遊ばない？」とモーションをかけるが、断られるや、素人ボクサーでもある社員・ボディ辰村（佐伯秀男）と日比谷へ。席を並べている清水三角（小杉義男）も右翼の壮士みたいで怪しい。

約束の時間までかなりある。宵闇のビル街で、宮本は怪しい老人（小島洋々）から「夕刊を買って欲しい」と声をかけられる。しかも「明日の夕刊」だという。仕方なくポケットから二銭を出す。

この夕刊売りの老人を演じているのは小島洋々。まるで「フー・マンチュー博士」のような不気味なメイクで、いかにも怪奇映画という感じ。小島洋々は明治四五（一九一二）年、帝国劇場洋劇部（歌劇部）第一期生として、ジョヴァンニ・ビットリオ・ローシーに師事してオペラの舞台に立つ。大正時代にかけてオペラで活躍。大正九（一九二〇）年、日活向島撮影所に入所、映画俳優となる。バイプレイヤーとして、帝国キネマ、新興キネマを経て、昭和一〇年にP．C．L．に移籍、東宝合併後も戦時中、戦後にかけて東宝で活躍。黒澤明『生きる』（一九五二年、東宝）での総務課長役など、僕らにもなじみ深い俳優である。

宮本は京橋から有楽町までバスに乗る。このバスは「東京乗合自動車」。大正八（一九一八）年、東京市内のアクセスとして設立された「東京市街自動車」がその前身で、日本で初めて乗合自動車の車掌に女性を採用。車体が深緑色だったので「青バス」と「女性の車掌」は東京名物となった。戦時統合により、東京市営（現・都営バス）に吸収されることになる。

満員のバスのなか、宮本は前に立っているサラリーマンの新聞記事の「嬰児の惨殺死體　下水道より現はる　常習的産婆の職業的犯罪？　生活苦による犯罪？」を読む。猟奇的事件の見出し。しかも宮本の恋人が妊娠しているので、怖さが増す。ポケットから、先ほど老人から買った「明日の新聞」を取り出して開く。「意外‼　嬰児殺し　犯人は流行歌手小石川の自宅より　花村はな子拘引される」とあるではないか。すでに事件は解決している。新聞の日付は昭和一〇年九月二八日とある。前のサラリーマンの新聞は九月二七日である。

慌てて新聞をめくると、これから鱈間と待ち合わせしている酒場「カメレオン」が地震によって失火、そこへ新聞トラックがぶつかって炎上すると報じている。まさか？　宮本は隣の乗客に今日の日付を確かめる。明日は「二八日の金曜日」だった。

有楽町のバス停で降りる宮本。昭和一〇年の夜の有楽町界隈の光景がスクリーンに広がる。駅前の雰囲気も現在とは異なる。ネオンが眩しい。日劇の前を通り、銀座三丁目の「カメレオン」に到着するも、鱈間はまだ来ていない。手元不如意の宮本は、酒もビールも頼めない。店内が一瞬暗くなる。そこへマダム（細川ちか子）が出勤してきて「油が切れているじゃないの」とランプに油を注させる。この店は電気を引いていないのだ。ここで新聞の「地震で失火」の記事が観客にもよぎる。

鱈間から、重大事件が起こりそうなので「明日の晩にしよう」と電話。仕方なく店を出た途端に地震。失火で「カメレオン」が火事となり、宮本が駆けつけると新聞トラックが激突炎上。有無を言わせぬ展開、これがなかなか怖い。すべてが「明日の夕刊」通りになっていく、ならば新聞の「競馬の結果」の通りに賭ければ、万事うまくいく。欣喜雀躍、一目散に宮本は家に帰り、閑子に「今夜中に（賭け金の）二〇円が必要」と着物を出させて質屋へ。すでに日付が変わって深夜となっているのに、迷惑な話である。

叩き起こされて不機嫌な主人（滝澤修）は老獪な男で、宮本の足元をみて「八円にしかならない」と開き直る。それでは賭け金にならない。

「明日の夕刊」で、明け方に日本橋で強盗があることを知った宮本は、先回りして強盗犯に襲いかかり、財布を奪う。その時に揉み合って、宮本は男を日本橋川に突き落として溺死させてしまう。この強盗犯を演じているのは、不気味な夕刊売りの老人の小島洋々。このほかに、電話ボックスで「さっき女房が死にまして」と不吉なことを言う老人など、五役を演じている。いずれも不気味な役で、宮本ならずとも追い詰められていく気分になる。ホラーは不気味なキャラクターが命である。

早朝から競馬場で、次々とレースに賭けて大金を得ていく宮本。しかし人を殺した自覚があるので、警官の姿や他人の目が気になる。しかも、どのレースの時もじっと宮本を見つめている職人風の男（小島洋々）がいる。

金はできたものの、追われる身となった宮本は、閑子を呼び出し「大阪へ行くことになった。家を借りたら呼び寄せる」と現金を渡して逃亡をはかる。このシーン、セットだがおそらく数寄屋橋公園という設定。ピュアな閑子は、宮本の挙動を不審に思いながらも彼を信じようとする。


慌てて円タクに乗った宮本は、一旦、東京駅に向かうが「やっぱり横浜駅へ」と進路変更。警察の検問が物々しく、気が急くばかり。そして運転手の顔を見ると、なんと小島洋々！　しかも運転手から渡された新しい「明日の夕刊」には、今夜七時〇三分にタクシーの車内で自分が死亡したという記事が出ていて……。この展開は、水木しげるの怪奇漫画のような不条理かつ不気味な味わいがある。小島洋々のメイク、作り込んだ声、その奇怪な芝居が怖さを際立たせる。自分の死が近づいていることを知った宮本は、自宅に戻ってもう一度、閑子に逢いたいとタクシーを急がせるが……

木村荘十二によるクライマックスの演出がなかなかいい。「明日の夕刊」には宮本が殺した強盗犯が永代橋の下から見つかるとある。日本橋川から隅田川に向かう警察のボートには、鱈間も取材で乗っている。すべてが「明日の夕刊」通りになっていく。

のちの、つのだじろうの漫画『恐怖新聞』もこの発想であるが、牧逸馬のアイデアは良い意味で欧米的である。都会派映画を手がけてきた木村荘十二によるモダン怪奇映画。今となっては、もっとこうした作品があればと思うが、P.C.L.時代に作られたホラー映画は、怪談映画も含めて本作のみ。大阪では昭和一〇年一〇月に公開されたが、東京有楽町の日劇では翌年二月一日（土曜）に公開、二日の日曜には、一気に五千円を突破する大ヒットなり「都會の怪異五千圓」と『ＰＣＬ雑記帳』（一九三六年二月）で報じられた。

昭和一二（一九三七）年、ゾンビが登場する時代劇『怪奇江戸川乱山』（下村健二）が封切られた。これは東宝配給作品だが、今井理輔の今井映画作品なので純粋な東宝カラーではない。そういう意味では『都會の怪異７時０３分』は、牧逸馬の怪奇趣味とＰ．Ｃ．Ｌ．のモダニズムがベストマッチで異色作ながら楽しめる。冒頭の「Ｐ．Ｃ．Ｌ．のために特に書卸された　牧逸馬先生の絶筆」のスーパーと牧逸馬の遺影までが、巧妙な映画の仕掛けにも見えてくる。

エノケンの近藤勇

一九三五年一〇月一一日／P.C.L.映画製作所／山本嘉次郎
製作＝P.C.L.映画製作所／1935.10.11・日本劇場／九巻・二、二〇八m・八一分／日劇同時上映『キートンの爆弾成金』（一九三四年、仏、マックス・ノセック）・日劇アトラクション「満州國武技」（一〇月一一日～二〇日）

【スタッフ】演出・山本嘉次郎／原作・脚色・P.B.・P.C.L.文藝部／撮影・唐澤弘光／録音・山口淳／装置・北猛夫／現像・小野賢治／編輯・岩下廣一／音楽指揮・栗原重一／演奏・P.B.管絃楽團／和楽・六郷宇十郎／振付・西川扇五郎／殺陣・近藤登／漫画・大藤信郎／助監督・伏水修
【出演者】榎本健一（近藤勇・坂本龍馬）／二村定一（桂小五郎）／中村是好（X二七番）／柳田貞一（中岡慎太郎）／如月寛多（田代又八）／田島辰夫（三好慎三）／丸山定夫（山岡鉄舟）／伊東薫（近藤周平）／花島喜世子（加納惣三郎）／宏川光子（雛菊）／北村李佐江（歌菊）／千川輝美（幾松）／髙尾光子（お龍）／夏目初子（菊松）

『エノケンの魔術師』（一九三四年、木村荘十二）から一年ぶりのエノケン映画第三作。今回は、エノケンから『青春酔虎傳』（同年）で息もピッタリ合った山本嘉次郎と再び組みたいとのリクエストで、八月下旬から九月一杯まで舞台を休演して映画のスケジュールを調整。エノケン＝ヤマカジ・コンビの新作は『エノケンの近藤勇』と決定した。

『近藤勇』は、『青春酔虎傳』でもふんだんに使われていたジャズ・ソングを盛り込みながら、音楽場面がさらに充実。エノケン映画の音楽は、ステージも手がけていた音楽家でエノケン管絃楽團のリーダー・栗原重一によるところが大きい。また「音楽がわかる」とエノケンが全幅の信頼を寄せていた山本と、その助監督であり抜群のセンスの持ち主であった伏水修の功績がさらに、作品をモダンにしている。

黒澤明の自伝『蝦蟇の油』（岩波書店、一九八四年）によると、山本嘉次郎の音楽映画を継ぐべき人は伏水修だったという。伏水は戦時中の一九四二年、黒澤明脚色の『青春の気流』（一九四二年、東宝）を最後に急逝。残念なことに一本もエノケン映画を撮ることはなかった。黒澤の盟友であり ヤマカジ門下生の谷口千吉も、かつて筆者に伏水修の音楽的センスの良さについて話してくれたことがある。

エノケン一座の文芸部出身の井﨑博之によれば、「山本嘉次郎は伏水修の成長を楽しみにしていた人だったろうが、もっと頼りにしていた人であった。それは伏水修が、音楽に堪能だっただけでなく、ピアノを弾き、自分も作曲出来る人だったからだという」(『エノケンと呼ばれた男』講談社文庫、一九九三年)。また、エノケンは井﨑に「ミュージカル映画というものは、先ず〝音楽〟そして〝歌〟ありき。それから〝芝居〟ありき、さ。だから音楽を知らなければ監督はつとまらない。こんな映画監督は日本にはいなかったものね。伏水修が生きていたらば、彼ならやっただろう」(前掲書)と語ったという。

さて『近藤勇』である。P.C.L.としては初のエノケン時代劇となったこの作品。随所に音楽的な実験が試みられている。

音楽指揮の栗原重一は、本作でもエノケンの大好きなジャズ・ソングをフィーチャー。お馴染みP.B.管絃楽團の演奏で、数々のジャズ・ソングがコミカルに味わえる。時代劇にジャズを取り入れるモダンな感覚は、舞台では当然の「お約束」だったが、映画では前例がないこと。今では時代劇ミュージカルの祖として知られる『鴛鴦歌合戦《おしどり》』(一九三九年、日活、マキノ正博)が作られるのは、四年後である。

近藤勇と坂本龍馬の二役を演じたエノケンが、祇園の茶屋で宴会中、二村定一の桂小五郎に「何か新しい歌、時の歌を」と勧められて唄うのが《ララバイ・イン・ブルー Lullaby In Blue》。歌詞に「ニグロの歌、子守歌」とジャズのマインドが折り込まれた歌が流れるモダンさ。エノケン時代劇の真骨頂である。

映像と音楽の融合という部分では、タンゴを使った剣の試合のシーン。すり足が、リズム・ステップとなっていく音楽的快感。抑揚のついたエノケンの喋りが歌のように聞こえてくる。

音楽的遊びは、近藤勇の養子・周平(伊東薫)とエノケンが遊ぶシーンの《蛙の夜回り》にも見られる。音楽に合わせて、カエル飛びをして「♪朝まで夜通し〜」と唄って踊っているところに、乱入してくる如月寛多の田代叉八。一緒になって「ガッコゲッコ ピョン!」とやると、エノケンが「なんじゃい! いい歳をして」と突っ込む。

暗殺団が夜陰に乗じて行進するシーンでは、「♪殺してしまえ」とオペレッタ風に唄いながらリズミカルに歩く。時々ソプラノやアルトのパートがソロをとるおかしさ。そこに、当時の子供たちが熱狂したという高下駄スタイルのエノケンが現われ、またしてもコミカルな殺陣となる。
アニメーション作家の大藤信郎による漫画のお月さまが、チャンバラ・シーンに目を覆って、あたりが真っ暗になる。すべてが終わって暗殺団を倒したエノケンに月明かりが差す。カッコよく去ろうとするエノケン。高下駄の鼻緒が切れて、片足をひきずっての退場となる。

こうして主要シーンごとに、音楽が効果的に使われている。花島喜世子の加納惣三郎と宏川光子の雛菊によるラブ・シーンは、宝塚もかくやの男装の麗人とヒロインによる浄瑠璃スタイルをとる。

やがてクライマックスの池田屋騒動。新撰組が池田屋の扉を叩く音がリズムとなって、モーリス・ラヴェルの《ボレロ Boléro》が流れる。入り口でうなずく池田屋主人（柳田貞一）。ボレロのリズムに合わせて、台のものを手渡しで二階に運ぶ女中たち。

クラリネットの主旋律とボレロのリズムは、藩士たちの使う扇の動きとシンクロし、階段を上がる主人の動きともピッタリはまっている。観客はこれから起こる騒動が、どんな映画的笑いに満ちているかと期待感をつのらせる。

それまでの動きすべてがサイレント映画的である。池田屋主人が不審者のあることを耳打ちし、緊張感が走る座敷。一瞬止まる音楽。藩士が窓の外を見やると、下には屋台のそば屋がいる。そこに流れるチャルメラの音。さきほどのクラリネットと呼応している。「ご安心めされ、各々方。ワンタン屋でござったよ！」どっと笑う一同。

「緊張と緩和」。サスペンスの常道だが、ユーモラスな音楽的処理で、この場の「緊張と緩和」を描写している。

フランスの作曲家、モーリス・ラヴェルがバレエ曲《ボレロ》を作曲したのは一九二八年。『エノケンの近藤勇』の七年前のこと。同一のリズムが保たれているなかで、二種類の旋律が繰り返される構成は、現代音楽としても斬新だった。その「新しい音楽」を、エノケン映画のクライマックスに持ってくるセンス！　こうした音楽的実験が、このシークエンスを豊かにしてくれる。

続く、近藤勇ら新撰組と藩士のチャンバラ・シーンには、なんとラテンのジャズ・ソング《ピーナッツ・ベンダー El manicero》が使われている。ハバナ出身のモイセス・シモンが作曲した《ピーナッツ・ベンダー》は、エノケンの舞台でも定番で、日本語カヴァーによるレコード《エノケンの南京豆売り》が翌年にポリドールからリリースされる。

『エノケンの近藤勇』におけるチャンバラ・シーンは、タンゴを使ったダンス風の動きや、アニメーションによる省略と、さまざまな手が凝らされている。ここでは祭り太鼓のリズムに合わせて池田屋に入ってくる新撰組が描かれ、先程の暗殺団の一人がそろばんで新撰組の入場者をカウントしているというギャグ。そしてリズムに乗って階段を駈け上がっていく新撰組たち。とリズミカルに処理されている。

やがて祭り風のリズムに、《ピーナッツ・ベンダー》のイントロが乗っていよいよチャンバラとなる。高下駄のエノケンが右に左に動きながら、相手を切り倒す。斬られた相手もリズムに合わせて倒れる。小気味よいチャンバラ・ダンスは、最後の一人を斬って鮮やかに終わる。

撮影前、エノケンは近藤勇が天然理心流を極めた人と聞いて、自ら天然理心流を学んだ。刀の構えも近藤勇のように左足を前に出してリスペクトしている。

『近藤勇』は、見た目のモダニズムではなく、音楽を巧みに取り入れたモダンなチャンバラ・コメディ映画というジャンルを確立。エノケンとヤマカジが目指したハリウッド・ミュージカル・コメディの楽しさに溢れながら、ドメスティックなチャンバラ喜劇の大衆性、そしてジャズ・ソングやミュージカル・シーンではない、音楽とシーンの融合に成功した。

これぞニッポン・オペレッタ映画の楽しさであり、時代劇はエノケン映画においても重要なファクターとなる。余談だが、昭和三〇年代に一世を風靡したコメディ番組「てなもんや三度笠」に連なる「なんでもあり」のマゲモノ・コメディは、『エノケンの近藤勇』から始まったと見ていいだろう。

続くエノケン映画第四作のメガホンも山本嘉次郎が執ることになり、昭和一〇年一二月に舞台を休演して撮影に望んだのが、タイトルにもあるように「エノケン十八番」の当たり狂言『どんぐり頓兵衛』（一九三五年一二月二九日、日劇上映）だった。年末興行を休演しての映画撮影には、エノケンたちの映画に対するなみなみならぬ思いが感じられる。

かぐや姫

一九三五年一一月二一日／J.O.スタヂオ／田中喜次

製作＝J.O.スタヂオ／配給＝東和商事映画部／1935.11.21・日本劇場／九巻・二〇五一m／七五分（現存・三三分）／日劇同時上映『ウイリアム・テル』（一九三三年、獨、ハインツ・パウル）／同時上演・日劇アトラクション「操り人形」「獨唱とアコージョン」（一一月二一日～三〇日）

【スタッフ】監督・田中喜次／脚色・J.O.企画室／台詞並演技監督・青柳信雄／撮影・円谷英二／ミニチュア制作・撮影・正岡憲三／美術・松岡映丘／アニメーション用人形制作・浅野孟府／音楽・宮城道雄／主題歌作詞・西條八十／演奏・宮城合唱団、ビクター管絃楽団、ビクター混成合唱団／録音・RCA、万宝圭介

【出演者】北澤かず子（かぐや姫）／藤山一郎（造麿）／徳山璉（太麿）／汐見洋（竹取翁）／東日出子（竹取嫗）／横尾泥海男（宰相阿部）／藤輪欣司（細身）／下田猛（陰陽師）／上田吉二郎（造麻呂の従者）／高田せい子・按舞（舞踊）／高田舞踊団（舞踊・総出演）

J.O.スタヂオとしては、ビクターとの提携による音楽映画『百萬人の合唱』（一月一三日・冨岡敦雄）に次ぐ作品がこの『かぐや姫』。前作に続いて円谷英二が撮影を手がけ、さらに正岡憲三が人形アニメーションで参加しており、長年、特撮ファン、アニメファンの間でも幻の作品となっていた。というのも、東宝にはネガもプリントも現存せず、断片すら観ることが叶わなかったからだ。

ところが二〇一五年五月、ロンドン在住の映画史研究家ロジャー・メイシーから、英国映画協会（BFI）に『かぐや姫』の可燃性ポジフィルムが現存していると報告があった。そこで国立映画アーカイブ研究員がBFI保存センターで調査確認したところ、三三分の短縮版であることが判明した。

戦前、ロンドン日本協会（ジャパン・ソサエティ）が、イギリス人、現地邦人向けの上映会を企画。在英日本大使館に「日本の可憐な伝説、童話を題材にした映画を上映した

い」と依頼。外務省が、日本映画を通して文化振興を行っていた国際映画協会に作品選定を委嘱。J.O.スタヂオの『かぐや姫』が輸出されることとなった。そこで同協会の監修で昭和一一（一九三六）年一一月に、海外向けに製作された再編集版『かぐや姫』が作られた。

そのフィルムを不燃化して、日本に里帰りすることとなり、二〇二一年、国立映画アーカイブで開催された「生誕120年円谷英二展」（八月一七日〜一一月二三日）に合わせて九月四日、五日に上映された（その後「日本映画専門チャンネル」で放映）。

日本では昭和一〇年の初上映後、上映記録もなくネガが見つからなかったのは、この海外短縮版を製作するためにネガを編集してしまった可能性が高い。

本作は「竹取物語」をテーマに「新日本音楽映画」として企画された。『百萬人の合唱』に続いてビクターが全面協力。かぐや姫には、文化学院学生・北澤かず子、ビクター専属歌手・藤山一郎、やはりビクターのトップ歌手・徳山璉《たまき》、劇団・創作座の藤輪欣司、笑の王国の横尾泥海男《でかお》、帝劇幹部女優だった東日出子、P.C.L.映画の準専属俳優・汐見洋たちが出演。サウンド・ステージにセットを組んで、ファンタジックな空間を創造した。

美術は日本画家の松岡映丘《えいきゅう》が担当。平安の風雅な人々の衣装やセットのデザインを手がけている。音楽は箏曲家で作曲家、大検校《けんぎょう》の宮城道雄、作詞は西條八十と錚々たる文化人が集まっている。

監督の田中喜次《よしつぐ》は、帝国キネマ技術部出身で、アマチュアの映画グループ「童映社」や京都影絵座に参加。昭和五（一九三〇）年、プロキノ（日本プロレタリア映画同盟）で影絵アニメーションを製作。昭和八（一九三三）年、J.O.スタヂオ・トーキー漫画部に入って「オモチャ箱」シリーズ『特急艦隊』『黒猫萬歳』（一九三三年）などの短編アニメーションを製作。ちなみに「オモチャ箱」シリーズ第3話『絵本一九三六年』（一九三四年）は、オモチャたちが平和に住む島に、ネズミ軍団が侵略、そこで桃太郎たち絵本の主人公たちがネズミ軍を撃退するというもの。ネズミのデザインが明らかにミッキーマウスで、アメリカの漫画映画の影響が色濃い。

こうしたアニメーションでの仕事が評価され、本作に抜擢された。撮影の円谷英二、ミニチュア制作・撮影の正岡憲三。のちに映画史に残るクリエイターたちの様々な創意工夫が随所に見られる。

そしてドラマ部分のサポートは、台詞並演技監督として青柳信雄が参加。それまで新劇の演出を手がけていた青柳は、昭和八（一九三三）年、「源氏物語」を演出するが、風教を害するという理由で、警視庁から上演禁止を受けて当局から睨まれていた。田中喜次をプロキノに誘った松崎哲次は、左翼系の文化人が多かったP．C．L．に参加、『ほろよひ人生』（一九三三年）のシナリオを手がけている。そうした人的な流れのなか、青柳も本作を機に映画界に入り、昭和一二（一九三七）年、合併後の東宝へ入社。プロデューサーとなった。

タイトルはアニメーション。流れ星が落下して数多くのドットが揺れて「かぐや姫」の文字となる。英字で「KAGUYA—HIME　ADAPTED FROM A STORY WRITTEN IN THE 11th CENTURY」『かぐや姫』一一世紀のお話より。これは日本の有名な伝説『竹取物語』をもとにした音楽映画。

「ある日、竹取の翁が竹の中から赤ちゃんを見つける。その赤ちゃんは美しい女性に成長し、光り輝く『かぐや姫』と呼ばれるようになった。その名は広く知れ渡り、翁の息子・造麿の許嫁となるが、宰相の二人の息子に求愛されて心迷い、最も高価な宝をくれた男と、結婚すると言った。造麿は悪賢い恋敵を出し抜くため、陰陽師の計略に従い、満月の夜、姫が月に帰ると偽りの話を流した。月蝕を見た都の人々は、それが「かぐや姫」の昇天と思い込み、闇に乗じて姫と造麿は、都を離れて末長く幸福に暮らした。」

オープニングクロールは英文で物語のあらましが説明される。おなじみの「竹取物語」の後半を、ファンタジーではなく、「月蝕」に乗じて、かぐや姫が許嫁と都を脱出するという物語にしている。

竹藪の中から見える一軒の家。その前の小川で竹取嫗《おうな》（東日出子）が洗濯をしている。サウンドステージに組まれたセットは民話的。その傍に、小さな童子がいる。のちの造麿である。

「婆さん、婆さん」と竹取翁《おきな》（汐見洋）が竹藪の中に誘う。竹取嫗は童子を抱えて駆け出す。すると光り輝く竹の中に可愛い女の子がいる。切り口が黄金のようにキラキラと輝いている。切り口の中の女の子を二重露光で嵌め込んでいるのだが、幻想的なショットである。当時の観客は目を見張ったことだろう。切り返しの映像で、翁と嫗のバックショットとなる。スクリーンプロセスで万華鏡のような映像のなか、女の子がみるみる大きく成長する。竹が次々と倒れ、切り口からは黄金の光が溢れ出す。円谷英二の創意工夫が見て取れる。

「かぐや姫」の誕生である。村人たちが噂するモンタージュに、ビクター合唱団の男女コーラスで「♪かぐや姫、かぐや姫〜」とその誕生を讃える歌が流れる。村人だけでなく、都からの行商人や女子衆たちが、興味深そうに竹取翁の家を覗き込む。

やがて月日が経ち、翁と媼は竹藪の黄金で財をなし、都に大きな屋敷を構えている。ミニチュアセットで風雅な都の「寝殿造」の屋敷を再現。現段階では、円谷英二特撮で僕らが観ることができるミニチュアの最古の映像かもしれない。

コーラスが続くなか、少年だった童子も、かぐや姫も同ポジで成長。翁と媼の童子は造麿（藤山一郎）となり、かぐや姫（北澤かず子）は美しい女性となっている。解説によれば、二人は将来を言い交わして許嫁となっている。

現存するフィルムでは、宰相（横尾泥海男）の息子二人、兄・太麿（徳山璉）と弟・細身（藤輪欣司）が、いそいそとかぐや姫の屋敷に求婚にやってくるシーンとなる。ビクターの人気バリトン歌手・徳山璉が『百萬人の合唱』に続いての出演。コミカルな動きがおかしい。細身を演じている藤輪欣司は一九〇三年生まれで、P.C.L.と準契約。J.O.と合併し東宝となってからもバイプレイヤーとして『泣蟲小僧』（一九三八年、東京発聲）、成瀬巳喜男『鶴八鶴次郎』（同年、東宝）などで活躍した。

太麿と細身が到着すると、その前にはかぐや姫に求婚に来た貴族がズラリ。「肝心のかぐや姫は？」と太麿。「気分が優れぬ、とか申して、庭へ」と翁、その隣には恐縮している媼。

庭に舟を浮かべての、二人の逢瀬だが、かぐや姫は浮かない顔、造麿は横笛を吹いている。風雅なひととき。

♪朧月夜の　さざ波に
呼ぶ寄る波は　かろけれど
寄せて重たき　恋ごころ
秘めし思いを　知るや君

造麿が優しく唄いかける。東京音楽学校で声楽を学び、オペラ歌手を目指していただけに、藤山一郎の朗々とした歌声が素晴らしい。流行歌とは違う声楽の発声が味わえる。

♪朧月夜の　笹舟に
呼ぶ寄る波か　知らねども
相見し身より　わが胸は
揺れず甲斐なし　恋の舟

返歌を唄うかぐや姫。宮城道雄作曲によるメロディ、西條八十の歌詞が心地よい。恋仲の二人を暖かく見守る翁と嫗。かぐや姫と造麿はゆっくりと庭を散策。花を持った求婚の貴族たちがゾロゾロと追ってゆく。

♪楽しく　楽しく
　甘き　甘き
　恋の　恋の
　夢　夢

仲睦まじく輪唱する二人。「新日本音楽映画＝和製オペラ」を目指しただけに幽玄なヴィジュアルのなか、音楽による恋の描写が続く。そんなかぐや姫の美しさに魅了された太麿と細身。「たとえ一生かかっても、来年の春にはモノにしてみせる」と太麿。

二人の父の宰相・阿部は「この意気地なしめ」と叱る。「して翁はなんと言っておる?」「どなたさまの仰せでも、義理の娘ゆえ、婿取りを強いるわけにはまいりませぬ」と太麿。「たとえ宰相様の仰せでも、この義ばかりは」と細身。それを聞いた宰相、プライドを傷つけられて激怒して翁を屋敷に呼びつける。

それでも、翁は頑として節を曲げない。「このわしがいかに頼んでもか?」。困り果てる翁。一方、かぐや姫は「断れば、坊さまやお母様に、どんな迷惑がかかるやもしれず」。造麿は「いっそのこと都を落ちて」「でもあのしつこい、太麿様や細身様の目を逃れることができません」「あの嫌な二人のところへ輿入れするつもりか?　其方は私を愛おしゅう思うては呉れぬのか?」。切ない恋人たち。

太麿と細身は陰陽師（下田猛）に相談。しかし「何度占っても同じこと。望みごと、すべて叶わずでございます」と厳しい。「たとえ、近頃評判の宝物、唐土の火鼠の皮衣とやらをお持ちになっても……」

そこでかぐや姫は、太麿と細身に「どちらをお選び申して良いやら、わかりませぬゆえ。蓬萊山の金銀の玉の枝か、唐土の火鼠を、お見せくださったお方と」と無理難題をふっかける。

しかし太麿は「かぐや姫誕生の日。中の秋、一五日まで必ず探して見せる」と豪語する。細身は「しかし、あの競争相手を都に残すわけにはいかぬ」と、造麿を連れ出す算段をする。藤輪欣司の老獪な笑みが不気味でいい。

それを聞いていた造麿「行くとも、行くとも、この造麿は世に並びない宝を探して見せる」「では、唐と天竺の国境にある、火よりも月よりも輝かしい宝の石を」「探し出すがよかろう」。ということになる。

いよいよ旅立ちの日。太麿、細身、そして造麿たちが宝探しにゆくことを、男女コーラスが唄い上げる。藤山一郎が浜辺に降りていくショット、本作で初めてのロケとなる。切り返すとプールに浮かべたミニチュアの船。造麿を見送る従者は若き日の上田吉二郎。まだシュッとしているがエロキューションはのちのイメージのまま。

「お姫様に何か御用は?」「ではこれを形見に」と袂から横笛を渡す。造麿が乗った小舟はロケーション、おそらく琵琶湖で撮影。切り返すとセットの大きな船。そこには太麿、細身一行が待ち構えている。ミニチュアで船の全容がインサートされる。

出発前、太麿は唐土まで四九日の船旅と聞いておそれをなして「船旅などやめじゃ」。都へ帰ることに。「細身、平安なる船旅を祈るぞ」と無責任な兄である。

一方、かぐや姫は、造麿の横笛を口に当て、愛しい人への想いを募らせる。

細身や造麿が乗った船は、嵐に遭遇。プールに浮かべたミニチュアの船。特撮シーンがインサートされる。船のなかでは細身と造麿が対決。固い決意の造麿に細身は「ではお前一人、唐天竺とやらへ行け」「お前は?」「わしは都で宝を探すのじゃ」。結局、細身は造麿を荒海に小舟で放り出す。「平安なる船旅を祈るぞ」。

のちの円谷特撮のようなスペクタクルではないが、それなりに緊迫感のあるシーンとなっている。

都では、翁と媼が気晴らしにと「七夕祭り」を催すが、かぐや姫が塞ぎ込んだまま。侍女たちがハミングするのが、前半に姫と造麿が唄った「相聞歌」のメロディ。媼は「月が出るとあのように沈んでいる」。月を見上げる翁。かぐや姫は「造麿様がお戻りにならないのなら、いっそ、月の世へお召しくださりませ」と泣き崩れる。その頃、造麿は難破したが助け出されて急死に一生を得ていた。

都では細身が、財力にあかして巧みに宝物を偽造していた。鍛治たちの槌の音がリズミカルに伴奏に呼応する。細身は「金銀玉枝図」を元に金銀の枝を造らせ、「蓬萊山というところからはるばるご帰還じゃ」と大嘘をつく。

一方、太麿は細身が宝物を持って帰ったので、大慌てで屋敷に戻ってくる。チョコマカした動きが漫画映画的。「博士を呼べ」と三人の博士に「宝物を探せ」と書物を調べさせる。このシーンも音楽に合わせて楽しくコミカルに展開。結局「燕の子安貝」を探すことになり、太麿は屋敷の屋根の燕の巣にゴンドラで上がるも見事落下。

いよいよ運命の中秋の十五夜の夜。かぐや姫の屋敷では翁が「いっそ、かぐや姫を連れて逃げようか?」と媼に提案。

その頃、造麿はようやく都へ帰還。陰陽師（下田猛）に相談する。「しかし、もしも真に（姫が）月の世の女で昇天してしまったら？」と情けない声の造麿。陰陽師は笑みを浮かべて「さあ、あるいは昇天するかもしれんな。そこにい い考えがある」。陰陽師のアイデアで、姫の奪還作戦が進められる。

月を見上げるかぐや姫。北澤かず子は文化学院の学生で、全くの素人なのだが、丸顔の面差しは、まさに平安美人。ここでアップとなるが、目に涙を浮かべ、その瞳をライトで飛ばして、美しい顔がスクリーンに広がる。ここは円谷英二のキャメラの腕の見せ所。

どこからともなく声が聞こえてくる。「かぐや姫、かぐや姫。月に生まれたお前は、今宵こそ天人の迎えを受けて、月へ戻らねばならぬ」「夜も半ば過ぎる頃、月に不審が起こる。それこそかぐや姫、昇天の証じゃ」ゆっくりキャメラは姫にズームイン。続いて月のショット。このあたり、円谷モンタージュが味わえる。

この天からの声こそ、陰陽師の策略だった。それを知らない姫は、伏して泣き濡れる。「大変でございます」。屋敷に侍従の声が響く。「かぐや姫を迎えに月の者どもが来るそうな」慌てて戸を閉める侍女たち。このあたりは「竹取物語」やそれを題材にした物語でおなじみの描写。「大変じゃ、大変じゃ、かぐや姫の昇天じゃ」と上田吉二郎。

いよいよクライマックス。上からキャメラで、空を見上げる都の人々を捉える。「かぐや姫が昇天するぞ」誰もが口走り、集団ヒステリー状態となる。細身は「早速父に知らせて、武士どもを集めてまいれ」と侍従に命じ、武士たちが屋敷を取り囲む。屋根に登り、天に向かって弓を構える武士たち。キャメラはゆっくりとクレーンで門の下で弓を構えている宰相を捉える。「宰相、安倍が御主人の限りない権力のほど、見せてくれよう」。

その時、月が欠け始める。この夜が月蝕であることを知っていた陰陽師の計略で、武士たちは月蝕を天人たちの妖術と思い込んでしまう。この月蝕のシーンはアニメーションで表現されている。

月はどんどん欠け、「今こそ、かぐや姫を迎える天人が、天下りたもうぞ」の声が響き渡る。なすすべもない宰相、細身、太麿たち。

陰陽師の「目を閉じねば、天人のあまく光のために、目が潰れてしまうぞ」に慄き、宰相たちは目を瞑る。「それ、天人のご降天じゃ、心正しきものには、天人のお姿が拝めるぞ」。完全な月蝕となり、あたりは闇夜となる。空からのカットで一瞬、ミニチュアの屋根が映るのが効果的。まんまと騙された宰相、目を閉じたまま「うん、わしには見えるぞ」と威厳を保つ。細身もそれに続いて「わしにも見える。なんという神々しい」。宰相「今こそ、美しい天女のお姿が見えるぞ」。細身「なんという美しさじゃ」。しかし馬鹿正直な太麿は「いや、わしには何も見えん」。

まるでイソップ童話である。ファンタジー「竹取物語」を人間の愚かさの話に転化する脚色。その騒動に乗じて、造麿がかぐや姫を迎えにやって来る。牛車の御簾《みす》を開ける造麿、恋人たちの再会。見つめ合う二人。すると姫が指で木の上を指す。そこには陰陽師がいる。「いざ、かぐや姫の昇天じゃ」。陰陽師が合図を送ると屋敷で笛、太鼓の演奏が始まる。音楽効果もバッチリ、というわけである。

ゆっくりと、かぐや姫、翁と媼を乗せた牛車が出発。もちろん造麿も一緒である。車のなかで翁は「まことの昇天と思っていたが」。媼「あの陰陽師殿の計らいで」。姫「今宵の月蝕とやらを幸いに」。翁「あの無軌道な宰相殿を、まんまといっぱい」と一同、楽しく笑う。

何も知らない宰相は目を瞑ったまま「おお、かぐや姫の昇天じゃ」。細身も「昇天じゃ、昇天じゃ」。だけどやっぱり太麿は「わしには何も見えん」とうろうろするばかり。その前を堂々と通り過ぎる、かぐや姫たちの牛車。宰相父子たちが目を瞑ったまま空を見上げると、空には天女たちの姿。二重露光によるイメージカットである？

男女コーラスの「♪かぐや姫　かぐや姫　かぐや姫〜」の歌声が盛り上がったところで、徳山璉が唄い出し、藤山一郎がそれを追いかけ、コーラスが高鳴り、ミュージカル的な高揚感の中、エンドマークとなる。

人生初年兵

一九三五年一二月一一日／P.C.L.映画製作所／矢倉茂雄
製作・配給＝P.C.L.映画製作所／録音現像＝寫眞化学研究所／1935.12.11・日本劇場／九巻・二、〇六九m／七六分／日劇同時上演「梅澤昌一座 森の石松」（一二月一一日〜二一日）

【スタッフ】監督・矢倉茂雄／原作・佐々木邦／脚色・伊馬鵜平、永見隆二／撮影・友成達雄／録音・道源勇二／装置・山﨑醇之輔／編輯・岩下廣一／音楽監督・紙恭輔／演奏・ピーシーエル管絃楽團／主題歌・《はりきれ青春よ》（詞・伊馬鵜平 曲と歌・中野忠晴、コロムビア、ナカノ・リズム・ボーイズ）、《歌へサラリーマン》（詞・伊馬鵜平 曲・紙恭輔 歌・宇留木浩、藤原釜足）コロムビアレコード・二八五八五番

【出演者】宇留木浩（日野恒夫）／藤原釜足（玉井久助）／徳川夢聲（鉄拐居士）／西村楽天（クレームをつける男）／御橋公（増島）／森野鍛治哉（政治家）／小島洋々（恒夫の父）／生方賢一郎（政治家・秘書）／加賀晃二（将校）／特別出演・コロムビア専属・中野忠晴（諸岡）／神田千鶴子（伊丹よしこ）／水上怜子（小宮秀子）／伊藤智子（恒夫の母）／菊川郁子（政治家の娘・長女）／椿澄枝（同・次女）／水越弓子（女給）／高橋豊子（面接試験を受ける女史）／清川虹子（五味）

東宝サラリーマン映画は、戦後、小林桂樹主演『坊っちゃん社員』（一九五四年、山本嘉次郎）や「サラリーマン出世太閤記」シリーズ、船戸順主演『花のセールスマン背広三四郎』（一九六〇年、岩城英二）など「フレッシュマンもの」が数多く作られている。加山雄三の『フレッシュマン若大将』（一九六九年、福田純）もそのライン上に企画された。大学生の主人公が、就職試験を突破して、晴れて社会人、サラリーマンとなる。その奮闘ぶりを描いた東宝サラリーマン映画の系譜は、戦前まで遡る。その嚆矢ともいえるのが、P.C.L.発足翌年の昭和九（一九三四）年一月五日に公開された、藤原釜足主演『只野凡児 人生勉強』（一九三四年、木村荘十二）である。

麻生豊の人気漫画「ノンキナトウサン」のスピンオフ漫画が原作で、ノンキナトウサンの息子・只野凡児が、就職

難のなか、苦労してサラリーマンとなり、社会人の苦渋を味わうというモダンな喜劇。これが大ヒットして、藤原釜足はたちまちP.C.L.の喜劇スターとなった。

さて『人生初年兵』は、ユーモア作家として活躍していた佐々木邦が、昭和七（一九三二）年から翌年の一二月まで、大日本雄弁會講談社の雑誌『講談倶楽部』に連載、昭和一〇（一九三五）年七月に講談社から単行本化された。僕も一〇代の頃、春陽文庫（春陽堂）ヴァージョンで楽しく読んだ。戦後の源氏鶏太のサラリーマン小説のプロトタイプのようなエピソードの連続が楽しかった。

小説のあらましである。なんとかKO大学を卒業した日野君は、難関を突破して念願の新聞記者となる。同期の玉井君は、帝大出身のエリートで、二人が配属されたのは学芸部。編集長は、頑固者で負けず嫌いの鉄拐居士《てつかいこじ》の異名を持つバンカラ報道人。ライバル社に記事がすっぱ抜かれることを極端に嫌い、激しく怒るが、面倒見のいい親分肌の温情家でもある。入社して半年、日野君と玉井君は、新設された「婦人家庭部」に配属される。婦人家庭部は、木原部長、そして「布哇《ハワイ》の小母さん」があだ名のオールドミス五味さん、牧さん、そして新人二人組でスタートする。やがて婦人家庭部では、女性記者を採用することになり、日野君は伊丹さん、玉井君は小宮さんに恋をして、俄然張り切ることに……。

戦前のサラリーマンライフが生き生きと描かれて、佐々木邦らしい人物描写で、なんとものんびりと楽しいユーモア小説である。

P.C.L.では、単行本が発売されてほどなく映画化を決定。『只野凡児 人生勉強』『続・只野凡児』で、フレッシュマン（当時もこう呼んでいた）のイメージが定着していた藤原釜足を玉井君、この年、日活から移籍『坊っちゃん』（三月一四日・山本嘉次郎）からP.C.L.スターの仲間入りをした宇留木浩を主人公・日野君にキャスティングした。

宇留木浩は、明治三六（一九〇三）年生まれ。もともと本名の横田豊秋の名前で映画監督として活躍、その後俳優に転身した。山本嘉次郎とは助手時代からの親友で、二歳下の妹は新劇からP.C.L.専属となった女優・細川ちか子。山本嘉次郎（当時は、平田延介）が先に監督デビュー、横田は助手を務めていたが、大正一五（一九二六）年、マキノプロ製作『男児一諾』で、山本嘉次郎の共同監督としてデビュー。この時二二歳。その後、日活多摩川で脚本家として活躍後、俳優に転身。P.C.L.に移籍した山本嘉次郎の新作『坊っちゃん』の主役オーディションに合格、その演技が高く評価されてスターとなる。

昭和一〇年だけで七作品も出演している。
三月一四日　坊つちゃん　山本嘉次郎
三月二一日　女優と詩人　成瀬巳喜男
五月一一日　すみれ娘　山本嘉次郎
七月一二日　三色旗ビルディング　木村荘十二
八月一一日　ラヂオの女王　矢倉茂雄
一〇月一日　サーカス五人組　成瀬巳喜男
一二月一一日　人生初年兵　矢倉茂雄

ふっくらとした体軀は、当時の感覚では健康体。飄々とした味わいは、戦後の小林桂樹のような泰然自若のイメージである。この時、宇留木浩は三二歳。相棒の藤原釜足は、二つ歳下だから三〇歳。二人ともフレッシュマンの年齢ではないが、トップシーンの学生服が良く似合う。ちなみに『坊っちゃん社員』（一九五四年）の時、小林桂樹は三一歳。『フレッシュマン若大将』（一九六九年）の時、加山雄三は三二歳。つまり、東宝映画のスターがフレッシュマンを演じた時、三〇〜三二歳という共通点がある。

共通点といえば、物語の展開や、作劇は「サラリーマン映画の伝統」を感じさせてくれる。トップシーンの学生時代の就職試験、そして入社。そこで知り合う同僚が友人となり、同僚の女の子と恋をする。つまり東宝サラリーマン映画の基本ラインは、ここで完成していた。

『人生初年兵』で、得心したのは、日野君（宇留木浩）が、鉄拐編集長（徳川夢声）から、政治家の先生（森野鍛治哉）の談話を取って来いと命ぜられるシークエンス。先生の秘書（生方賢一郎）のガードが固く、屋敷の前で門前払い。何度かトライしても失敗。すると、庭の木の上で剪定をしているおじさんが、木の枝を道端に放り投げている。そんなことをしちゃいけないと、おじさんに説教する日野君。実はそのおじさんこそが、政治家の先生で、たちまち日野君は気に入られて取材は大成功。

これは前述の『サラリーマン出世太閤記』でも『フレッシュマン若大将』でもリフレインされるパターン。若大将が日東自動車の就職試験に遅刻、面接も受けさせてもらえない。その時にショールームで車を磨いていたおじさん（藤田進）に「理由も聞かないで、面接をしないなんて、おじさんもこんな会社辞めたほうがいい」とアドバイス。実はその藤田進が社長で、若大将は気に入られて無事に就職、という展開は、この映画がルーツだったのだ。

P.C.L.マークに鐘の音が響き、鳥の囀《さえず》りが聞こえる。軽快な主題歌のイントロが展開。コロムビア・ナカノ・リズム・ボーイズを率いていた中野忠晴が自ら作曲、脚本の伊馬鵜平《うへい》（春部）が作詞をした《はりきれ青春よ》が高らかに流れる。音楽監督は紙恭輔。中野忠晴のヴォーカルに載せて、スタッフ、キャストがクレジットされる。

タイトルバック明け、卒業試験、就職試験にヒヤヒヤの四年生・日野君が校門の前に立っていると、級友で金持ちの御曹司・諸岡（中野忠晴）がスポーツカーに乗って颯爽とやってくる。後部座席にはガールフレンドの姉妹、姉（菊川郁子）と妹（椿澄枝）が乗っている。運転しながら諸岡が唄っているのは主題歌《はりきれ青春よ》。コロムビアレコードとのタイアップもあり、レコードの宣伝戦略でもある。諸岡は、成績が悪く、留年すると決め込んでいる。「若大将」シリーズの青大将のようなキャラクター。中野忠晴は、特別出演だが後半にもまた登場する。

日野君は無事卒業が決まり、卒業式の帰りに、テーラーの前で玉井君（藤原釜足）と知り合う。そのシーンがおかしい。まず、ショウウインドウに「只野凡児」の人形がディスプレイされて、まじまじと玉井君が覗いている。「只野凡児＝藤原釜足」のイメージを笑いにしている。二人とも、新聞記者志望だが、日野君は第一志望も第二志望も見事に不合格。背水の陣で、昭和新報の試験を受ける。そこで玉井君と再会。二人はなんとか合格して、晴れて新聞記者へ。

入社初日、鉄拐編集長（徳川夢声）に「ワシは人に負けるのは大嫌い。諸君らも何事にも負けてはいけない」と檄を飛ばされる。二人が配属されたのは「婦人家庭部」。上司は三九歳でオールドミスの五味さん（清川虹子）。第一印象が「ハワイから帰国したおばさん」のイメージがあったので、二人は「ハワイ女史」とあだ名をつける。

日野君が最初に命ぜられたのが、前述の政治家（森野鍛治哉）への取材。植木屋のおじさんと間違えた騒動の後、二人の娘が帰宅。なんと諸岡のスポーツカーに乗っていた姉妹だった。そのコネで無事、屋敷に入って取材も大成功。

一方の玉井君は、赤ちゃんコンクールの取材を命ぜられるが、その泣き声に圧倒されて、何も取材できないまま帰社、鉄拐編集長から大目玉を食らう。気の弱い玉井君、クビになるのは必至と悲壮な気持ちに。ところが、鉄拐編集長はさっぱりした性格で、その夜は二人を社会科見学として銀座のカフェーに誘う。

飲むほどに酔うほどに、日野君はマイペースに、玉井君はクビになるのではとビールも喉を通らない。それが思い込みとわかって、安心した玉井君もしこたま飲む。日野君の余興が始まり、政治家先生のモノマネをして、女の子たちに大受け。じゃ、何か唄おうと、日野君と玉井君は主題歌のカップリング《歌へサラリーマン》（作詞・伊馬鵜平、作曲・紙恭輔）をデュエット。歌の後半、酔っ払って気持ちの大きくなった玉井君、フレッド・アステアとジンジャー・ロジャースコンビの第一作『空中レヴュー時代』（一九三三年、ＲＫＯ）の主題歌《カリオカ Carioca》のメロディに乗せて、腰をふりふり珍妙なダンスを披露する。

やがて「婦人家庭部」は多忙となり、女子社員二人を採用することになる。応募者一一〇人が廊下にずらり。その対応をする給仕の少年は、若き日の大村千吉。戦後、東宝特撮映画や円谷プロ作品でもおなじみとなる息の長いバイプレイヤー、若手俳優として、P.C.L.から戦後東宝で活躍することとなる。大正一一（一九二二）年生まれだから、この時一三歳。中盤、《ストトン節》を唄いながら、掃除しているときに、社員の灰皿から吸い殻を失敬して火を付けるもむせてしまうという笑いもある。

さて、この面接では、将校の娘・伊丹よしこ（神田千鶴子）、父も兄も新聞社勤務の小宮秀子（水上怜子）が採用される。二人とも原作に登場するマドンナ的存在。受験者でおかしいのは、ハワイ女史ほどではないが、鼻っ柱の強いハイミス（高橋豊子、のちの高橋とよ）。鉄拐居士も手を焼くほどのじゃじゃ馬で、ハワイ女史と火花を散らすシーンは、本作のハイライト。

高橋とよは、明治三六（一九〇三）年生まれだから、この時三二歳。新協劇団、築地小劇場を経て、丸山定夫、薄田研二らと新築地劇団を結成。舞台出演の傍ら映画でも活躍。戦後は、松竹の専属となり小津安二郎作品などで、名バイプレイヤーとして映画史を彩った。

さて、日野君は、伊丹よしこにご執心で、何かにつけて面倒を見る。よしこも「日野先生」と慕って、ある時、ハワイ女史の目を盗んで、昼休みに銀座でお茶をすることに。日比谷公園に建つ東京市立公会堂（現・日比谷公会堂）の時計塔が、一二時一三分を示している。二人が仲良く歩くのは外濠川の山下橋。左手に数寄屋橋、朝日新聞東京本社、日劇、後ろには泰明小学校が映る。ほんの十数秒のシーンだが、当時の銀座から日比谷にかけての空気が体感できる。

玉井君も、小宮秀子が書いた原稿がハワイ女史に没にされそうになり、自分の一存で掲載させて、秀子に感謝される。というわけで、人生初年兵の二人、仕事も恋も前途揚々と充実の日々を過ごしている。

さて、日野君と伊丹よしこが入った喫茶店。P.C.L.スタジオに組んだセットだが、当時のモダンな銀座の喫茶店の雰囲気を再現。なんと玉井君と秀子もお茶していて、思わぬダブルデートとなり、帰社したのは一四時半。ハワイ女史はおカンムリで、お局様の前では男性軍も形無し。このあたりも戦後のサラリーマン映画に通じる。

ある日、編集部に、小宮秀子が書いた「妾反対論」の人生相談の記事に、クレームをつけてきた男（西村楽天）が居座っている。記事に書かれたとある旦那の使用人である。日野君、玉井君はたまらずに、男になぐりかかって大騒動となる。

というわけで初年兵二人組、名誉挽回のため、編集長が募集した「新企画」のアイデアとして提案した「東京中のデパートガールの美人コンテスト」が採用となり、大忙しの日々。この「美人コンテスト」ネタも森繁久彌の「社長」シリーズでおなじみ。『はりきり社長』（一九五六年）、『社長太平記』（一九五九年）、『社長外遊記』（一九六三年）で繰り返されることになる。そのルーツもやはり『人生初年兵』だったとは！

一方、ハワイ女史は、ひょんなことから日野君の父の友人で、ハワイから一時帰国していた五〇歳独身の増島（御橋公）に見初められて、縁談が持ち上がる。増島おじさんは、日本人学校の校長で、独身主義を貫いてきた金持ち。ハワイ女史が、ハワイに嫁ぐという、冗談みたいな展開に、びっくりする初年兵二人組。

いよいよ「美人コンテスト」の締切が迫り、丸の内や東京駅前の新聞スタンドでは、大々的に喧伝される。丸の内口の雰囲気は八九年経ってもあまり変わらない。

やがて「美人コンテスト」のご褒美で関西旅行と相成り、日野君と玉井君、伊丹さんと小宮さんも、添乗員として随行することになり。終業後、夜の銀座へ買い物に行く。これはしめたとダブルデートと洒落込む。銀座通りのナイトシーン。珍しいロケーションで、昭和一〇年のアフター・ファイブが描かれる。ちなみに「銀ブラ」の語源は、こうして夜の銀座の街をぶらぶら歩くこと。

そこへ、偶然、中野忠晴演じる学友・諸岡君とバッタリ。日野君、玉井君とも顔なじみのカフェーの女給とご同伴中で、悪友に誘われているうちに、伊丹さんと小宮さん「あたしたちこれで失礼します」と帰ってしまう。

せっかくのチャンスをふいにしてしまった初年兵の二人組。このリベンジは関西旅行で、とハリキリボーイとなるが、果たして二人の恋は成就するのか？

東京駅での見送りのシーンもロケーション。かなりの人数を動員してのナイトシーンである。この頃、大阪までは、昭和五（一九三〇）年に運行開始した特急「燕《つばめ》」で八時間五〇分。それまでは一一時間かかっていたので、相当な時間短縮だった。その車中で、日野君は伊丹さんから「大阪での自由時間に、付き合って欲しい」と言われて大ハリキリ。

一行を載せたバスが、大阪駅から名所めぐりをするカットは胸がときめく。明治四五（一九一二）年、新世界ルナパークとともに建設された、パリのエッフェル塔を模した、初代「通天閣」（一九四三年焼失）の威容も晴れがましい。

さて、日野君、伊丹さんから「父の友人の将校」に面会したいのでと、連隊までエスコート。おじいさんが現れるかと思ったら、なんとヤングエリート将校（加賀晃二）で、二人は婚約中とわかって意気消沈の日野君。茫然と大阪城までやってきたら、そこではなんと玉井君が小宮さんにプロポーズ。しかし「お友達なら」と玉砕。人生初年兵の二人、大失恋の巻、となる。

適度なユーモアと、キャラクターの描き分けも楽しく、戦後、東宝でサラリーマン映画、フレッシュマン映画が連作されていくことがよくわかる。すべては、ここから始まったのだ！

噂の娘

一九三五年一二月二二日／P.C.L.映画製作所／成瀬巳喜男
製作・配給＝P.C.L.映画製作所／録音現像＝寫眞化学研究所／1935.12.22・日本劇場／七巻・一,五〇二m／五五分／日劇同時上映『古城の扉』（一九三五年、コロムビア、ロイ・ウィリアム・ニール）、『スキーの妙技』（一九二〇年、獨、アーノルド・ファンク）

【スタッフ】作・演出・成瀬巳喜男／撮影・鈴木博／録音・道源勇二／装置・山﨑醇之輔／編輯・岩下廣一／音楽監督・伊藤昇／演奏・P.C.L.管絃楽團
【出演者】千葉早智子（邦江）／梅園龍子（紀美子）／伊藤智子（お葉）／汐見洋（啓作）／御橋公（健吉）／藤原釜足（叔父）／大川平八郎（新太郎）／三島雅夫（山本理髪店の主人）／滝澤修（床屋の客）／中川辨公（灘屋の小僧）／大村千吉（同）／椿澄枝（紀美子の友人）／宮野照子（同）／水上怜子（同）

成瀬巳喜男がP.C.L.に移籍してきたこの年、五作目となる『噂の娘』は、五五分の小品だが、のちの成瀬作品への萌芽が感じられる。成瀬がチェーホフの「桜の園」にインスパイアされてシナリオを執筆。千葉早智子演じるヒロインは、前作『妻よ薔薇のやうに』（八月一五日）での丸の内のオフィスガールから一転、古風で自己犠牲的な女性を演じ、常に和装で登場する。

一方、梅園龍子演じる妹は、古い家に縛られず、常に洋装で、遊びも恋愛も自由で現代的なモダンガール。この対照的な、腹違いの姉妹を軸に、東京・深川で代々酒屋を営んできた小さな家族の悲劇を描いている。

変わりゆく時代のなか、変わらない人々の日常を重ねつつ、それまでの「暮らし」が静かに崩壊していく哀惜のドラマである。

東京の下町、深川の商店街。老舗・灘屋酒店。トップシーンは、向かいの床屋の店内から灘屋を捉えて、山本理髪店の主人（三島雅夫）と客の会話から始まる。「灘屋も近頃、だいぶ左前だっていうじゃないか」「今の隠居さんの代にだいぶ減らしたらしいんですね」「派手な人だったらしいね」

「可哀想なのは今の主人ですよ。養子だし、それに傾きかけた所へ来たんですからね」。

灘屋の先代、啓作（汐見洋）は早々に引退して、婿養子・健吉（御橋公）に店を任せて隠居暮らし。酒好きの啓作は朝から店の酒を湯呑みに注いでは、小唄に興じている。店を切り盛りしているのは、しっかり者の長女・邦江（千葉早智子）。テキパキと店の小僧（大村千吉）たちをまとめ上げている。

一方、次女・紀美子（梅園龍子）は典型的なモダンガールで、今日も大学生のボーイフレンドと遊び歩いている。祖父・啓作は店の経済状態などを考えず、いつも財布を持たずに飲みに出かけ、円タクに付き馬を乗せて帰ってきては、邦江をクサらせている。

主人の健吉は、亡くなった妻とは折り合いがあまり良くなくて、妾・お葉（伊藤智子）に居酒屋をやらせて、毎日、通っている。実は紀美子はお葉との娘で、生まれてすぐに灘屋の次女として育てられている。しかし紀美子はそれを知らずに、父に愛人がいることを「不潔」と思っている。

紀美子が店の売上金から小遣いをくすねる。それを咎める邦江。「要るんだったら、姉さんにおっしゃい。だってやたらに無駄遣いできるほど、今おうちは楽じゃないのよ」。

そこで叔父・健吉（藤原釜足）が、店の借金も肩代わりしてくれる好条件で、邦江の見合いを持ちかける。邦江は相手がどうあれ、自分が嫁ぐことで、お葉を家に迎え入れて健吉、お葉、紀美子に幸福に暮らして欲しいと願っている。お葉は苦労人で、邦江とも仲良くしている。

何も知らない紀美子は、見合いは古い習慣と否定的だが、邦江に頼まれて東京宝塚劇場でのお見合いに同席する。この宝塚劇場は、昭和九（一九三四）年一月一日に開場した、宝塚歌劇団の東京でのホームグラウンド。阪急電鉄の小林一三が設立した株式会社東京宝塚劇場の経営で、竹中工務店が設計・施工した客席数二七七八の大劇場。

『エノケンの青春酔虎傳』（一九三四年、山本嘉次郎）でも、エノケンと千葉早智子のお見合いシーンに登場。戦後、『大学の若大将』（一九六一年、杉江敏男）でも加山雄三と藤山陽子のお見合い場所となる。松竹映画の歌舞伎座がそうであるように「劇場でのお見合い」は映画にはよく登場する。

ロビーの窓から見える東京の街並みが眩しい。開幕のベルが鳴る。紀美子はレビューが見たくて思わず席を立つが、叔父（藤原釜足）に嗜められる。

お見合いの相手は、現代的な青年、新太郎（大川平八郎）。その母が「邦江さんは、かえってお芝居のほうがよろしいんでしょう?」。「お姉さんの趣味ったら、みんな時代遅れなのよ」と紀美子。「レビューなどにはだいぶ縁が遠いですね」と新太郎。ここでも邦江の「古風なスタイル」が強調される。

その帰り道、叔父が「どうして紀美子なんか連れてきたんだ」と憤慨する。邦江、紀美子が叔父さんと深川区（現・江東区）油堀川の「一木橋《いちき》」を渡る。そこで叔父と別れた二人が渡る橋は、仙台堀川の支流・和田堀川に架かっていた「丸太橋」。深川は川の街である。戦災でこれらの橋は焼け落ち、材木や物資を運ぶための大事な交通路だった運河も、戦後の高度成長とともに埋め立てられてしまう。

まだ運河が機能していた昭和三〇年代、清水宏の最後の作品となった『母のおもかげ』（一九五九年、大映東京）の舞台がこの辺りで、「一木橋」と「丸太橋」が登場する。『噂の娘』から二四年後の深川風景が活写されている。

橋といえば、映画の前半、紀美子が大学生と喫茶店から出るショット。店の中からドアを開けると「柳橋」（旧地名・浅草柳橋）がすぐそばに見える。関東大震災の復興計画により、昭和四（一九二九）年に竣工したアーチ構造の鋼製である。ちなみにデザインは隅田川に大正一五（一九二五）年に架橋された永代橋を模している。この「柳橋」は、戦後の成瀬の傑作『流れる』（一九五六年、東宝）にも登場する。

邦江は新太郎と結婚して、灘屋が安泰であること、お葉が家に入って家族が幸せになることばかりを考えている。健吉はそんな娘が不憫でならない。自分の感情を抑えて灘屋に婿入りして失敗したと考えている健吉は、邦江に轍を踏ませまいと思っている。

ある日、新太郎が銀座通りでショーウィンドウを覗いていると、ちょうど六丁目の「東京茶房」から紀美子が女学校の友達（椿澄枝、宮野照子、水上怜子）たちと出てくる。紀美子に声をかける新太郎。成瀬の『禍福』（一九三七年）では、高田稔が竹久千恵子と「東京茶房」から出てきたところ、旧友・嵯峨善兵にばったり逢う。

野口冨士男の「銀座二十四丁」（『私のなかの東京』文藝春秋、一九七八年所収）に、この「東京茶房」が登場する。

「表通りでは新橋方面からいってコロンバンの先隣りにあたる洋品店の二階にあった東京茶房、裏通りでは千疋屋の真裏にあったきゅうぺる、交詢社ビルの一階にあった紫烟《しえん》荘《そう》、今のすずらん通りにあったプリンス、三十間掘ぞいの三原橋ちかくにあった門などにもよくかよった。

東京茶房は新興喫茶のはしりで、紫烟荘などもその一軒であったが、いわゆる純喫茶とは違ってビールや洋酒もあった。そして、コーヒーを注文してもウエイトレスがストゥールに腰を掛けて話相手になったから、他の店では一五銭だったコーヒーが五〇銭であった。」

戦前の映画には、こうした失われてしまった風景が活写されている。映画の中に入り込んで戦前の街並みを歩く感覚を楽しむ。それを僕は「東京映画時層探検」と名付けている。さて紀美子は、友達と別れて、姉の見合い相手だった新太郎とランデブー。二人は交際を始める。やがて新太郎が「紀美子と結婚したいと言ってる」と叔父さん。それを聞いた健吉は「邦江には言わないほうがいいだろう」と叔父さんと口裏を合わせる。

ある日、邦江が隅田川の水上バスに乗っている。この水上バスの歴史は古く、明治一八（一八八五）年に乗合蒸気船として運行を開始、「一銭蒸気」と呼ばれた。浅草から築地方面への市民の重要なアクセスとなった。見合いの返事も来ないまま、気持ちが沈んでいる邦江。「清洲橋」に差し掛かり、橋の方を見上げると、なんと紀美子が新太郎と一緒にいる！「ああ、やっぱり」とショックの邦江。

「清洲橋」は、関東大震災の復興事業として、前述の「永代橋」とともに計画され、昭和三（一九二八）年に竣工。ドイツのケルン市にあったドイツァー橋（ヒンデンブルク橋）の大吊橋をモデルにした優美なデザインは「帝都復興の華」と呼ばれ、今もなお現役である。

橋の上から姉を見つめる紀美子。船の上から妹たちを見つめる邦江。そのショックを表現するのが水上バスのエンジン音。

音楽監督は伊藤昇だが、タイトルバックの音楽以外は、劇伴音楽を一切排除して「日常の音」だけで構成。ここでも邦江のショックを強調するためのエンジン音を効果的に使っている。また後半、祖父・啓作が三味線を弾きながら小唄を唄っていると、紀美子がジャズのレコードを大音量でかける。三味線とレコード。古いものと新しいもの。それぞれの音がぶつかり合って不協和音となる。

この不協和音が一気に噴出するのがクライマックス。紀美子の誕生日。健吉はお葉を家に招いて、今まで隠してきた秘密を打ち明ける。「お前を産んだお母さんだ。挨拶なさい」。しかし、紀美子はそれを受け入れられない。畳み掛ける健吉。「お前や、お母さんや、家のためばかりを考えていた姉さんの心を、お前は踏み躙るようなことをしていたんじゃないか」。しかし紀美子は「私、お母さんなんて、いらない」と家を出て行こうとする。

家族をまとめようとした邦江の気遣いも、娘たちを思いやる健吉の気持ちも、こうして破綻していく。この後、灘屋には決定的な危機が訪れる。これはかなりショックな展開なのだが、啓作は邦江に優しく「悲しむことはないよ。これでいいんだよ。これからはみんなうまくいくよ」と話す。

ラストはファーストシーン同様、再び山本理髪店での主人と客（滝澤修）の会話となる。「とうとう灘屋も駄目らしいですね」「旦那、今度は何になると思います？」「そうだな、いくらか賭けようか」。この客観的な描写がより儚さを強調する。

新しいもの、古いもの、そして、失われてゆくものへの哀惜。家族の崩壊を淡々と描いて、深い印象を残すラストとなった。一九三五年度・第一二回キネマ旬報賞では日本映画のベストテンで八位となった。

昭和一一（一九三六）年

◉日本の出来事▶1月13日 日劇ダンシングチーム初公演／1月24日 シャリアピン来日／2月5日 全日本職業野球聯盟設立／2月26日 二・二六事件勃発／2月27日 東京市に戒厳令（7月16日まで）／2月29日 岡田啓介内閣総辞職／5月18日 阿部定事件／5月18日 軍部大臣現役武官制復活／6月1日 ラジオ『国民歌謡』放送開始／7月10日 コム・アカデミー事件／7月31日 国際オリンピック委員会にて1940年のオリンピック開催地が東京に決まる／11月7日 国会議事堂落成／11月25日 日独防共協定締結

◉世界の出来事▶2月16日 スペイン総選挙で人民戦線派が圧勝／3月7日 ドイツがラインラントに進駐／6月26日 世界初の実用ヘリコプターが初飛行／7月17日 スペイン内戦勃発／11月18日 ドイツ・イタリアがフランコ政権を承認／12月5日 ソビエト連邦でスターリン憲法制定／12月10日 イギリスでエドワード8世が退位／12月31日 ワシントン海軍軍縮条約失効

◉映画▶清水宏『有りがたうさん』、溝口健二『祇園の姉妹』、内田吐夢『人生劇場』、小津安二郎『一人息子』、／フランク・キャプラ『オペラハット』、ロバート・Z・レオナード『巨星ジーグフェルド』、フリッツ・ラング『激怒』、サッシャ・ギトリ『とらんぷ譚』、ジャン・ルノワール『ピクニック』『どん底』、ルネ・クレマン『左側に気をつけろ』、チャールズ・チャップリン『モダン・タイムス』

◉音楽▶榎本健一《エノケンの浮かれ音楽》、岡晴夫《港シャンソン》、中野忠晴《大阪タイガースの歌（六甲おろし）》、杉狂児、美ち奴《うちの女房にゃ髭がある》、渡辺はま子《忘れちゃいやョ》、美ち奴《あゝそれなのに》、藤山一郎《東京ラプソディ》／チャールズ・チャップリン《スマイル》、コール・ポーター《あなたはしっかり私のもの》、ルイ・プリマ《シング・シング・シング》

◉小説▶北條民雄『いのちの初夜』、江戸川乱歩『怪人二十面相』、堀辰雄『風立ちぬ』谷崎潤一郎『猫と庄造と二人のをんな』、太宰治『晩年』、野上弥生子『迷路』／アガサ・クリスティ『ＡＢＣ殺人事件』、ウィリアム・フォークナー『アブサロム、アブサロム！』、Ｈ・Ｐ・ラヴクラフト『インスマウスの影』『狂気の山脈にて』『闇をさまようもの』、マーガレット・ミッチェル『風と共に去りぬ』、アイン・ランド『われら生きるもの』

エノケン十八番 どんぐり頓兵衛

一九三六年一月七日／P．C．L．映画製作所／山本嘉次郎
製作・配給＝P．C．L．映画製作所／録音現像＝寫眞化学研究所／1935.12.29・日本劇場、1936.01.07・日比谷映劇、1936.01.31・一般封切／九巻・二、一九四m／八〇分／日劇同時上映『ブラウンの千両役者』（一九三五年、ワーナー、バズビー・バークレイ）／同時上演「日劇アトラクション 崔承喜舞踊」（一九三五年一二月二九日～一九三六年一月五日）

【スタッフ】演出・山本嘉次郎／原作・波島貞／脚色・山本嘉次郎、江口又吉／撮影・唐澤弘光／録音・山口淳／装置・北猛夫／編輯・岩下廣一／音楽・栗原重一／振付・西川扇五郎／殺陣・近藤登
【出演者】榎本健一（どんぐり頓兵衛・出目井玉之守）／二村定一（乾分團九郎）／田島辰夫（乾分甚十郎）／柳田貞一（深見頼母）／如月寛多（鬼熊八十郎）／エノケン一座總出演／髙尾光子（息女・梢）／伊達里子（お玉之方）／清川虹子（松ノ木）／市川朝太郎（宮澤文之亟）／近藤伊與吉（毒虫蛇左右衛門）

『エノケン十八番 どんぐり頓兵衛』は、インチキ大道芸で荒稼ぎをしているエノケンの頓兵衛、その乾分《こぶん》・團九郎（二村定一）と甚十郎（田島辰夫）が繰り広げる珍騒動の数々を描いた時代コメディ。昭和一〇年一二月二九日に、日劇の正月公演「日劇アトラクション 崔承喜《さいしょうき》舞踊」と共に、先行公開。明けて昭和一一年一月七日に、日比谷映画劇場でロードショー公開（同時上映『白き王者』一九三二年、独）、一般封切は一月三一日。ドル箱のエノケン映画に限っては、こうした特別上映がされていた。

本作の元となった舞台は、昭和八（一九三三）年九月、浅草金龍館で、波島貞作「珍傑どんぐり頓兵衛」として上演。エノケンの当たり狂言となり、昭和一〇（一九三五）年一月、浅草松竹座での正月公演「どんぐり頓兵衛」など度々上演されていた。作者の波島貞は、エノケンの劇団「ピエル・ブリヤント」文芸部の座付作家で、小山内薫の門下で、根岸歌劇団時代からエノケンと親しかった。

タイトル明け、「蝦蟇《がま》の油売」をしている頓兵衛（榎本健一）。エノケンの名調子で口上がテンポよく述べられる。立

ち並ぶ客のなかには、團九郎（二村定一）と甚十郎（田島辰夫）がいる。お約束の通り二人はサクラ。二人を皮切りにどんどん「蝦蟇の油」が売れてゆく。ほとんどの客が買い求め、立ち去ったところで、くだんの二人が戻ってきて払い戻しをする。そこまではパターンだが、次々と先程の客が払い戻しにやってくる。手慣れた調子で応じる頓兵衛。気がつけば無一文。「なんでぇ！　買ったのサクラの客ばかりじゃねぇか！」と大いにクサる。

頓兵衛は、一事が万事、この調子で、インチキ商売もままならぬ。團九郎と街角を歩いている頓兵衛。見れば、若い娘が手を振っている。ニヤリと色悪めいた笑みを浮かべて

團九郎「♪あれあれ、綺麗な娘が招いておりますぅ」
頓兵衛「誰を呼んでるんだい？」
團九郎「誰をって、とぼけちゃいけねぇ。親分、あんただ」
女の子はまだ手を振っている
頓兵衛「何云ってやんでぇ！　女にかけちゃ、自信があるんだ」
團九郎「わたしゃ、恐れ入りますぅ」

頓兵衛、真顔になって「俺は、女にかけちゃ絶対惚れられない自信があるんだ。自慢じゃないけど、この二〇年来、女にモテた試しがねぇじゃねぇか！」と自信タップリに開き直る。

女の子の手を振るバックショットからロングで捉えた頓兵衛と團九郎のワンショット。通りの向こうから別な女の子が手を振りながら、くだんの女の子に駆け寄る。

二村とエノケンの掛け合いソングの楽しさに、映画ならではの視覚をうまく使った映像ギャグ。頓兵衛たちがただのピカロ＝悪漢ではないというコミカルな場面となっている。ヤマカジ＝エノケンコンビはここでも音楽を効果的に使っている。

エノケンの盟友・二村定一の名調子が堪能できるのも、この『どんぐり頓兵衛』の魅力。インチキ居合斬りショーの呼び込みのノンシャランな感じ。真剣を使った居合斬りショーのダンス風の動きは、およそ腰の入り方はなっていないが、フワフワした感じは、ある種の不謹慎さもある。まさに不良の魅力。それが二村の味であるが、時代劇に似つかわしくない雰囲気がいい。その「真剣ダンス」で頓兵衛の実力が「勘違い」されて、とある武家に頓兵衛がスカウトされたところから、ドラマは急展開。

座敷に招かれ、上機嫌の頓兵衛が、請われるままにでっ

ち上げの武勇伝を、身振り手振りを交えて大熱演。

頓兵衛「♪そもそも、それがしの武勇こそ、驚くばかりの
　物語ぃ〜」

（と、ホラを吹き倒す。）

さてもある時、山路に迷い、いかがなさんとアチャラを
見れば、たき火にあたる怪しい男。

五人、十人、一五人。グルリと拙者をとりまいた

（そこへすかさず、團九郎が立ち上がり）

團九郎「見りゃ、旅のお侍。ここは一丁目があって二丁目
　のないところ、身ぐるみ脱いで置いていきやがれ」

（画面がロングになると甚十郎も立ち上がっている。）

頓兵衛「けれど拙者はへいちゃらだ。察するところ汝らは、
　一足、二足の草鞋よな」

團九郎「サンピン、それは何のこと？」

頓兵衛「アタマが悪いぞよく聞けよ。一足、二足で山賊
　だ！」

そこから三人の立ち回りが音楽に合わせて、大道芸のネタでもあるチャンバラ・ダンスとなる。会話がいつしか歌となり、さらにネタとなるその呼吸。栗原重一による暖かい劇中音楽が、イントロとなり観客の期待感をあおる。山本の音楽演出の良さで、ミュージカルでもオペレッタでもない、エノケン独自の音楽劇へと昇華されてゆく。

武勇伝はこの後、そこらにあった大岩を「ちぎっては投げ、ちぎっては投げ」とエスカレート。五代目古今亭志ん生の「弥次郎」よろしく、壮大なホラ話へと発展。

このシークエンスの音楽演出は「武勇伝」に留まらない。頓兵衛たちの座敷を向かいの座敷からそっと見ていた当家の息女・梢（高尾光子）が、乳母・松の木（清川虹子）に、座敷にいる男への思慕を恥ずかしげに伝える。松の木は「左から三人目の方ですか？」。梢、伏目がちに「ええ、左から三番目の方」と答える梢。その時点で、左から三番目には頓兵衛が移動している。あきれる松の木。

梢　「ひとめ見た時、好きになったのよ」

松の木「何がなんだかわからないのよ〜」

（画面はそのまま、座敷の頓兵衛となる。）

頓兵衛「日暮れになるとお化けが出るのよ。知らず知らず
　に震えてくるのよ〜」

佐藤千夜子の《愛して頂戴》（作詞・西條八十、作曲・松竹蒲田音楽部＝中山晋平）ならぬ《退治して頂戴》のナンバーとなる。

三人のそれぞれの思いが歌で綴られる。先程の「女にかけちゃ自信がない」という勘違いギャグがリフレインされ発展した形となる。何も知らない頓兵衛は気持ち良さそうにホラ話を続けている。
『どんぐり頓兵衛』の魅力は、『エノケンの近藤勇』（一九三五年）で試みられたシーンと音楽の融合に加えて、掛け合いソングの楽しさもあり、歌が次の歌を誘発するというミュージカルでは理想的な展開にある。梢に惚れられたと勘違いした頓兵衛。ついに恋の病の床に伏してしまう。その思いを浪曲風に唄う頓兵衛。「♪寝ては夢、起きてはうつつ幻の〜」ここから転調となり「♪水に写りし月の影（中略）グッショリと濡れてみたいは人の常〜」とエノケン得意の照れポーズで、えんえんと梢さんへの思いを募らせる。

頓兵衛「♪だって、会わずにゃいられない。想い出でくる梢さん」

（そこへ團九郎「嫌んなっちゃうな」と呆れながら）

團九郎「明日はあっしら二人で、ものの見事にし遂げましょ」

頓兵衛「いいのね。いいのね。しっかりやってね」

團九郎「ＯＫ、ＯＫ」

頓兵衛・團九郎・甚十郎「ザッツＯＫ！」

昭和五（一九三〇）年、河原喜久恵が唄ってヒットした流行歌《ザッツ・オーケー》（作詞・多蛾谷素一、作曲・奥山貞吉）の替え歌となる。最後の三人のコーラスがタイミングを外してバラバラで、明らかにＮＧテイクなのだが、そのまま本編に使っている。ともあれ、ここでも掛け合いソングと、歌が歌を誘発するという構成になっている。
この後ドラマは頓兵衛が梢の父を殺してしまい、仇持ちとなり遁走。とある城下で殿様・出目井玉之守とそっくりなので間違えられて、というエノケン劇ではお馴染の二役ものとなる。ラストまで、音楽とシークエンス、そしてギャグがちりばめられたエノケン映画の最良作の一つとなっている。
この頃、ハリウッドではフレッド・アステアとジンジャー・ロジャースの『トップ・ハット』（一九三五年）や『艦隊を追って』（一九三六年）などのダンス映画、ビング・クロスビーのパラマウント音楽劇などが次々と作られ、そうしたシネ・ミュージカルが、有楽町、日比谷の「日本劇場」や「日比谷映画」「邦楽座」などでロードショー公開されていた。ダンス・ホールにはジャズが溢れ、カフェーの蓄音機からはジャズ・ソングが流れていた。アメリカ志向の強い昭和モダン文化がピークに達していた。

「どんぐり頓兵衛」の生みの親、波島貞はエノケンについてこう語っている。

「榎本さんという人は〝場〟の雰囲気を作ることと、出道具、小道具を使いこなす名人だった。部屋に不似合な掛軸が掛っていると、つかつかっとそばへ行き、軸をほめてから、「あら、破けたあとがありますね、夜店でお買いになったんでしょ」とやるからお客はドッと笑うんだよ、台本にないアドリブだが、こういうのが本当のアドリプというやつだが、腹に芝居が入っているからできるんだ。掛け軸をかえてくれと、ダメを出せばすむことなのだが、それを逆に笑いのネタにしてしまうんだよ」」（井﨑博之『エノケンと呼ばれた男』講談社文庫、一九九三年）

こうしたエノケンのセンスを映画で最大限に引き出したのが山本嘉次郎である。『近藤勇』『どんぐり頓兵衛』と、時代劇が二本続いたエノケン映画だが、次の題材にはハリウッド・ミュージカル形式の現代劇が選ばれた。それが、エノケン＝ヤマカジ・コンビの音楽映画志向が最も強く現われたニッポン・ミュージカルの傑作『エノケンの千萬長者』（一九三六年七月二一日）と『續篇・エノケンの千萬長者』（同九月一日）である。

あきれた連中

一九三六年一月一三日／P.C.L.映画製作所／岡田敬、伏水修
製作＝P.C.L.映画製作所／P.C.L.吉本興業提携作品／1936.01.13・日本劇場／八巻・一、九二三m／七〇分／日劇同時上映『極楽槍騎兵』（一九三五年、MGM、ジェームス・W・ホーン）／同時上演「東寶ダンシング・チーム第一回公演 ジャズとダンス」九景（一月一三日〜二一日）

【スタッフ】演出・岡田敬、伏水修／原作・秋田實／脚色・永見隆二／撮影・鈴木博／録音・金山欣二郎／装置・久保一雄／編輯・岩下廣一／音楽監督・紙恭輔／演奏・P.C.L.管絃楽團
【出演者】横山エンタツ（石田）／花菱アチャコ（藤木）／徳川夢聲（吉岡）／堤眞佐子（清美）／リキー宮川（黒川）／神田千鶴子（マキ子）／清川虹子（吉岡夫人）

横山エンタツと花菱アチャコ。僕らの子供の頃、「しゃべくり漫才」の祖としてすでに伝説的な存在だった。今では「横山」と言えば伝統的な漫才師の屋号だが、兵庫県有馬郡三田町「横山」生まれだったことから「横山瓢《ひさご》」と名乗ったのがその始まり。朝鮮、満洲と数々の巡業劇団を転々としたのち「横山太郎」として、大正八（一九一九）年に、花菱アチャコと一座を組んで、幕間に始めたのが「しゃべくり漫才」。

花菱アチャコは、大正二（一九一六）年、一五歳の時に山田九州男《くすお》（山田五十鈴の父）の一座で初舞台。その翌年、漫才に転向。ここで「花菱アチャコ」と名乗った。「花菱」は藤木家（本妙は藤木俊男）の家紋に由来する。「アチャコ」は、漫才を始めた頃のあだ名「アチョーン」から来ているとは、本人談。舞台で幕切れに「チョン」と拍子木を打つ、タイミングがうまく取れず、先輩から「あっ」と掛け声をかけてもらった。で「アチョーン」が「アチャコ」になった。

そして大正八（一九二三）年に一度だけ、エンタツ・アチャコが組んで漫才をするが、全く受けなかったという。その後、それぞれの道で活躍したのち、昭和五（一九三〇）年に吉本興業の総支配人・林正之助の提案で、再びエンタツ・

アチャコがコンビを組む。背広を着て「キミ」「ボク」と、当時の花形ホワイトカラーのスタイルでの「会話」は、それまでの音曲漫才とは一線を画して、そのモダンなスタイルは、ホワイトカラーを中心に大人気となる。

なかでも、東京六大学野球での「水原茂のリンゴ事件」（昭和八年一〇月二二日）を扱って話題となった「早慶戦」は、エンタツ・アチャコの代名詞となり、一躍、時代の寵児となる。ラジオや演芸場で引っ張りだことなるが、昭和九（一九三四）年、アチャコが中耳炎となり入院。劇場に穴を開けるわけにはいかずに、エンタツは杉浦エノスケと組み、コンビは解消となる。アチャコは以前組んでいた千歳家今男と再び組んで、それぞれ「エンタツ・アチャコ」人気の余勢を買って多忙となる。

舞台ではコンビを解消したが、レコードの売り上げはうなぎ上りで、吉本興業としてもこのコンビは大切にしたいと考えていた。昭和一一（一九三六）年、吉本は映画界に本格進出、P.C.L.と提携して専属芸人を主演にしたコメディ映画を作り、映画というメディアを通じて、関西地区限定の笑芸人たちの人気を全国区にしようと目論む。同時に東京の吉本興業専属の柳家金語楼を、映画を通して（すでにラジオでは大人気だったが）動く姿を全国（当時は朝鮮、満洲も含めて）津々浦々に届けようとした。吉本のメディア戦略の最初は、「劇場から映画へ」だったのである。

その、P.C.L.＝吉本興業提携の第一回作品が、その時点でコンビ解消後、三年経っていた「横山エンタツ・花菱アチャコ主演作」だった。それが昭和一一年一月一五日封切りの本作『あきれた連中』である。原作は、二人の座付き作者で漫才作家の秋田實。東京帝国大学文学部出身のインテリで、左翼活動（思想ではなく心情左翼）の傍ら、小説を執筆。昭和六（一九三一）年に、大阪朝日新聞文芸部の白石凡が、エンタツ・アチャコの漫才を観て、その面白さに加えて、座付きの漫才作家がいれば、より息が長く、大衆に受ける漫才になるだろうと、エンタツと秋田實を引き合わせた。

それまで「エンタツ・アチャコ」の漫才は、すべて横山エンタツが考えていた。そのワンダーな発想は、時空を超えて、今でも面白い。ただ当時は、突飛過ぎて観客がついていけないものもあった。そこで大衆に「共感」されるものが一番と、エンタツと秋田の意見が一致。そのあたりの経緯は秋田實の著書『私は漫才作者』（文藝春秋、一九七五年）に詳しい。東京を拠点に仕事をしていた秋田が、昭和九（一九三四）年の室戸台風を機に、大阪に転居し、吉本興業の専属となる。

それから二年、吉本興業はP.C.L.と提携してコメディ映画を連作することになり、秋田實が、原案を担当することになった。

脚色はエノケン一座の芝居やエノケン映画を手がけていた永見隆二。音楽はP．C．L．管弦楽団を率いていたジャズバンドのリーダーで編曲家の紙恭輔。演出はこの後、エノケン映画を次々と手がける岡田敬と『東京ラプソディ』（一九三六年）などP．C．L．音楽映画の傑作を生み出す伏水修の二人。伏水はこれが監督デビューとなる。

タイトルバックで、映画のライトの前に立つエンタツが、帽子を取って観客に一礼。続いてアチャコがよそいきの顔で挨拶。バックに流れるのはジャズ・ソング《イエス・サー・ザッツ・マイ・ベイビー Yes Sir, That's My Baby》（作曲・ウォルター・ドナルドソン）。日本ではヘレン隅田の《可愛い眼》として大ヒット。紙恭輔のアレンジがスイング全盛時代を感じさせる。そして漫談家で俳優の徳川夢声、P．C．L．のトップ女優・堤眞佐子、そしてバンドリーダーで歌手のリキー宮川、ベビー・ヴォイスの歌手でもある神田千鶴子、昭和初期から怖いおかみさん役を演っていた清川虹子、主なキャストが、それぞれワンショットずつ紹介される。遅れてきた世代にも「この人誰？」がわかる、親切なタイトルバックである。

そして冒頭、公園のベンチ、失業者で正体不明の男・石田（エンタツ）が解雇通知をビリビリに破ってため息。そこへ給料がたんまり入って上機嫌の保険外交員・藤木（アチャコ）がやってくる。石田の狙いは、藤木の大金である。石田は「マッチ貸してください」と藤木からもらったマッチをポイポイと捨て始める。藤木「キミ、タバコ吸うんと違うか？」で、石田はタバコを受け取り、最後の一本に火を付ける。ここで加害者＝エンタツ、被害者＝アチャコという、漫才の立ち位置が明確になる。

石田は「吉岡婦人洋装店」の二階に間借りをしていて、一年も家賃をためている。大家の吉岡（徳川夢声）は鷹揚だが、店を切り盛りするキャリアウーマンである吉岡夫人（清川虹子）は、今日こそは追い出そうと鼻息が荒い。結局、石田は追い出される。その夜、一杯機嫌の藤木とバッタリ会った石田「やあ、しばらく」と百年の知己のように、畳みかけるように話しかけて、取り入る。まるで植木等の「無責任男」である。

正体不明の男として登場する石田だが、秋田實の最初のプロットでは「どんな金庫破りの名人でも開けることができない金庫の実演で、わが石田君はこれをこじ開けて金庫会社を馘《くび》になり、下宿まで追い出されて公園で悲観しているところを、傷害保険の藤木君となんとなく知り合い」（梗概より）という設定だった。

この映画から三一年後に作られた『ニッポン無責任時代』(一九六二年)の主人公・平均《たいらひとし》の「他人の思惑など一切関係なし」「自分の欲望のため」「手段を選ばない」無責任男のルーツは、エンタツ・アチャコ映画のエンタツがルーツである。クレージー映画の生みの親・田波靖男(一九三三年生まれ)も、古澤憲吾監督(一九一九年生まれ)とともにクレージー映画を充実させた坪島孝監督(一九二八年生まれ)も、この頃のP.C.L.映画を(少し後になるが)夢中で観た世代。

藤木「親友だろ。キミ、ボクの名前を知ってるやろ」
石田「嬉しいんだよ」
藤木「なにがいな」
石田「知ってるんだけどね。今ちょっと言えないんだよ」
藤木「そらキミ、遠慮せんと、言ったらどうなんだ?」
石田「それがね」
藤木「いや、あのね、ボク藤木やがな」
石田「藤木! 子供の時分と変えてないね?」
藤木「当たり前やキミ、藤木ずうっと通してるがな」
石田「愉快だな」
藤木「そうか」

ここから本題となる。

石田「キミ、景気はどうだ?」
藤木「おかげ様で」
石田「すまんがね、少し、ボクに融通してくれないか」
藤木「で、キミ、いつ返す?」
石田「月給日に払うよ」
藤木「月給日に?」
石田「間違いなくね」
藤木「で、キミ、なにか、月給日っていつやの?」
石田「それがまだキミ、決まってないんだよ」
藤木「ああ、決まってないってキミ、会社、どこへ勤めてはるの?」
石田「それね、まだボクは会社勤めてないんだよ」

エンタツはどこまでも悪びれない。それがおかしい。アチャコは常識人で、エンタツは非常識の極み。昭和一一年で、この微妙なボケとツッコミが完成していたとは! 一時が万事で、アチャコは、エンタツのこのペースに乗せられていく。で、藤木の行きつけのカフェー「TANTAN」の前で、石田が「一杯やろうか?」「いいな」「奢れ」「奢れってキミ、厚かましすぎや」「遠慮すんな」と、ポンと藤木の肩を叩いて店に入る石田。この傍若無人ぶり! まさに

「ルーツ・オブ・無責任男」である。
いつしか、二人が「親友」となっているのがおかしい。
藤木「キミ、何飲む？」
石田「ウイスキー二本」
藤木「二本も？」
石田「一本持って帰る」

おいおい、と観客もここでツッコミ。この映画は「エンタツ・アチャコの漫才」のエッセンスをそのまま物語に入れ込んでいる。漫才作家・秋田實の作劇は、とにかくエンタツの「奇妙なおかしさ」を物語のなかで成立させていく。この映画がすごいのは、このポイントである。で、ここでフレッド・アステアとジンジャー・ロジャースのＲＫＯ映画『空中レヴュー時代』（一九三三年）の大ヒットナンバー《カリオカ Carioca》がＢＧＭとして延々流れる。ダンス・ナンバーが漫才的会話のバックに流れるモダンな味わい。

石田の名刺を見て藤木「そうや、石田やった。ころっと忘れていた。ええ名前やな」と言われて石田、親指を突き出して「これがしっかりしているからな。かぞく」「華族か？」「五人家族」。というのがおかしい。この絶妙の会話が、この映画の最大の面白さである。

やがて石田は、リッキー・ボクシングジムに勤めた吉岡の紹介でボクサーとなり、宿敵・黒川（リキー宮川）との決戦を目指してトレーニングを続ける。このあたりは、失業者がボクサーになって大男に挑む、チャップリン映画の展開そのままである。で、後半に、ボクシングジムで、いよいよ、藤木と石田の他愛ない会話から、伝説の漫才「早慶戦」が展開される。

この映画は、この「早慶戦」がダイジェストとはいえ、再現されていることに、歴史的価値がある。エンタツのどこまでも続くボケに、アチャコのツッコミ。二人のやりとりの絶妙な間。八八年経っても「エンタツ・アチャコ」の漫才が、たとえ片鱗でも、動く姿で記録されている。そのことに感謝！　である。

『あきれた連中』は大ヒット、Ｐ．Ｃ．Ｌ．＝吉本興業提携による「エンタツ・アチャコ映画」は、『これは失礼』（一九三六年、岡田敬）、『心臓が強い』（一九三七年、大谷俊夫）、『僕は誰だ』（一九三七年、岡田敬）と、続々と作られ、戦後も『東京五人男』（一九四五年、斎藤寅次郎）、『俺もお前も』（一九四六年、成瀬巳喜男）と、ドリーム・マッチ的にスクリーンでのコンビ作が続いていく。

女軍突撃隊

一九三六年一月二二日／P．C．L．映画製作所／木村荘十二
製作・配給＝P．C．L．映画製作所／録音現像＝寫眞化学研究所／1936.01.22・日本劇場／八巻・一、八八三m／六九分／日劇同時上映『黒地獄』（一九三五年、ワーナー、マイケル・カーティズ）／同時上演「日劇アトラクション 大奇術今と昔」大宮大洋一行（一月二二日〜三一日）

【スタッフ】監督・木村荘十二／原作・中野実／脚色・永見柳二／撮影・三村明／録音・山口淳／装置・久保一雄／音楽監督・紙恭輔／演奏・P．C．L．管絃楽團
【出演者】堤眞佐子（由利三岐子）／神田千鶴子（丸子）／細川ちか子（池谷夫人）／髙尾光子（芸者・秀奴）／沢蘭子（おつた）／清川虹子（秋元夫人）／宮野照子（花園和子）／清川玉枝（女将）／三好久子（時子の母）／菊川郁子（時子）／宇留木浩（由利正一）／藤原釜足（探偵・伊村君）／佐伯秀男（池谷輝夫）／小島洋々（東探偵局長）／森野鍛治哉（秋元）／北澤彪（池谷正太郎）

戦前モダン喜劇数あれど、その最高作の一つが、中野実原作による戦前ウーマンパワー・コメディ『女軍突撃隊』である。P．C．L．のトップ女優・堤眞佐子が「秘密探偵社」に志願して女性探偵となり「女性の権利をあらゆる障害、問題から守るため」身を挺して調査をする「女性探偵もの」。相棒には女学校時代の親友・神田千鶴子が扮して、さまざまな事件に取り組む。いわば「プレイガール」や「009ノ1」のルーツともいうべき革新作。一九六〇年代のお色気路線では、やはり男性目線だったが、本作は「女性のために女性が闘う」というスタンスが明確で、こうした映画が作られていたことに、改めて驚いた。

東宝では、戦後、白川由美主演の『女探偵物語 女性SOS』（一九五八年、丸林久信）が作られることになるが、これはその遥かなるルーツでもある。原作は中野実の直木賞候補作となった、一九三五（昭和一〇）年一月から一二月まで『主婦之友』誌上で連載されたユーモア小説。連載時には、挿絵画家で漫画家・田中比左良《ひさら》の挿絵が二色刷りで掲載され、ヒロインのファッションが読者の注目の的だった。

その人気絶頂のなか、前年一一月一日～一〇日にかけて、日劇では東寶新劇團により舞台化（演出・園池公功）され、さらには映画化が企画された。脚色は永見柳二（隆二）、監督はP.C.L.のモダンなカラーを作った一人である木村荘十二。カメラはハリー三村こと三村明。音楽は紙恭輔、演奏はP.C.L.管絃楽團。

ヒロインの由利三岐子には、P.C.L.でモダンガールから和装の角付け、女学生など、さまざまなキャラを演じてきた堤眞佐子。彼女のモダンな雰囲気を最大限に活かした企画でもある。少しぽっちゃりして、昔風の顔立ちなのだが、断髪、洋装のモダンな女探偵を生き生きと演じている。彼女のベストアクトの一つだろう。由利三岐子は、男性中心社会のなかで、女性があらゆる局面で虐げられていることに憤慨、不幸な女性を救うべく、女探偵に志願する。

東《あずま》秘密探偵社・探偵局長（小島洋々）に、紹介の骨折りをしたのが、彼女の兄で冴えないサラリーマンの正一（宇留木浩）。ヌーボーとした表情と、のんびりした態度。他の映画でもそうなのだが、これが宇留木浩のイメージだった。小島洋々の局長はいかにも昔ながらの探偵タイプで、「虐げられている女性を救うため」と探偵志願をした由利三岐子を最初はいぶかしがる。

ところが由利三岐子は、この一年間、女性が泣かされた記事のスクラップノートを局長に見せて、女性である自分が、女性を救わねばならないと力説。さらに講道館で柔道をマスターしているからと、探偵・伊村くん（藤原釜足）に一本背負いをかまそうとする。このプレゼンが功を奏して三岐子は無事採用と相成る。

その祝いにと、三岐子は兄・正一に銀座で映画と支那料理をご馳走になる。有楽町日劇のロビーでばったり会ったのが、女学校時代の親友・マルちゃんこと丸子（神田千鶴子）と、その友人で男爵令嬢・花園和子（宮野照子）。そこで和子は、池谷銀行頭取の長男・正太郎（北澤彪《ひょう》）との縁談があり、相手が相当なドンファンらしいというので、素行調査を三岐子に依頼。これが女探偵としての初仕事となる。

翌朝、池谷家に女中として入り込むために、相棒の伊村くんに頼んで、池谷家の犬を誘拐させ、三岐子はそれを届けに行く。右も左もわからない田舎娘・ミキになりきって、池谷夫人（細川ちか子）に取り入って、無事に女中となる。夫人からは、くれぐれも長男・正太郎の部屋に近づかないようにと釘を刺され、長男が女に手が早いことが匂わされる。

そこで三岐子は、正太郎の部屋へ、ベッドで横になっている長男はコールマン髭を生やし、いかにも「女の敵」という感じ。若き日の北澤彪が、いやらしいまでに好演。そこへ電話がかかってきて、長男の代わりに三岐子が出る。家出をして事業を成功させた次男・輝夫から「神田神保町のおでん屋へ来て欲しい」という内容。これで手がかりを得られたと大喜びの三岐子。正太郎がその身体に手を回したところで、花の一本背負い！　ああ、昭和一一年に、こんなプレイガール的な描写があったとは！　しかも堤眞佐子と北澤彪は、プライベートで交際、のちに結婚することになる。

夕方、神保町のおでん屋に、マルちゃんと二人で入る三岐子。カウンターではすでに、学生服姿の伊村くんが赤ら顔で飲んでいる。潜入捜査なのにすでに出来上がっているのがおかしい。カウンターにはおでん屋の主人らしき男（佐伯秀男）が一人で切り盛り。「おでんには一本つけるのが常識よ」と飲み始める三岐子。カウンターで酒を飲むモダンガール。これも先端的である。店の主人らしき男は、置いてあった本の署名から、家出中の池谷輝夫であると確信した三岐子。奥で赤ん坊が泣いていて、慌てて輝夫が中に入るも、赤ん坊をあやすのは三岐子が上手。そこへ赤ちゃんの母・おつた（澤蘭子）が戻ってくる。

おつたは、池谷家の女中だったが、正太郎のお手つきとなり妊娠。私生児を産んだものの、正太郎は認知しない。義憤を感じた輝夫が、おつたの世話をしていることが判明。これで男爵令嬢・花園和子の縁談相手の素行が明らかになったと、三岐子とマルちゃんは初仕事に手応えを感じる。

そして伊村くんと三人で銀座へ。有楽町の日本劇場で、先夜、観そびれたロードショーを見ようとしたが、局長からの依頼があり、事務所へ。今度の事件は、銀座の宝石商・秋元（森野鍛治哉）がどうやら浮気をしていると、秋元夫人（清川虹子）からの依頼。結婚して三〇年、バナナの叩き売りからスタートして今では立派な宝石商となったが、芸者遊びに入れ揚げている夫の「愛を取り戻したい」という依頼に、三岐子は大ハリキリ。

夜行で大阪へ出張するという秋元の行動が怪しいと、三岐子とマルちゃんは同じ汽車に乗る。案の定新橋から、女将（清川玉枝）と芸者・秀奴（髙尾光子）が、熱海行きの切符を買って乗ってくる。マルちゃんは秋元夫人に連絡のため下車、翌日、三岐子の筋書き通りに、秋元をギャフンと言わせる作戦である。

熱海の旅館で、秋元の隣の部屋をとった三岐子は、「フロリダ」のダンサーに化けて、秀奴と仲良しになり、彼女の貞操を守り抜く。秋元は鼻の下を伸ばして家族風呂に浸かるが、待てど暮らせど、秀奴はこない。のぼせて真っ赤に。ムーラン・ルージュ新宿座の人気者・森野鍛治哉が悶々とする芝居がおかしい。

翌朝、女将の後を追って秀奴は東京へ。それを知って唖然とする秋元に「ダンサーじゃお嫌?」とお色気攻撃。二人は腕を組んで、熱海散策へ。ちょうど秋元夫人と、伊村くん、マルちゃんが到着。秋元夫人は、若い学生!(またしても伊村くん)とお忍び旅行の体。それを秋元に目撃させる三岐子。案の定、嫉妬した秋元は、女房に詰め寄るも、三岐子がすべてのネタをバラして、秋元夫妻は元の鞘に収まる。

といった感じで、次から次へと事件が発生し、それを三岐子の機転とマルちゃんのサポートで解決していく。クライマックスは、秋元夫人の姪・時子(菊川郁子)の縁談相手の素行調査。その相手がなんと、三岐子が恋をし始めていた池谷輝夫で、しかも時子が本当に愛しているのは、三岐子の兄・正一で、というややこしい事態に。果たしてこのもつれた糸は? また、正太郎はおつたの子を認知するのか?

木村荘十二の演出もテンポが良く、女性映画だけあって、女優陣がいずれもチャーミングに撮られている。堤眞佐子も、神田千鶴子も、これまでのどの映画よりもキラキラと輝いていて実に魅力的。この頃のP.C.L.映画らしく、東京ロケーションもまるでハリウッド映画のようで、なかなか楽しい。特に有楽町日劇の前、切符売り場での芝居シーンは、日劇の建物のディティールがよくわかる。後半、正一から恋人の話を三岐子が打ち明けられるシーン。ドラゴン石油のガスステーションのアールデコの建物がかっこいい。その向かい、マルちゃんと三岐子がパフェを食べている喫茶室もモダンで、いかにもP.C.L.映画という感じである。

戦前の映画で、ここまで「女性の人権擁護」「女性の職業的自立」を前面に打ち出した作品が作られていたとは! これには本当に驚いた。フェミニズムをテーマに、女の子たちの生き生きとした活躍が、明るい笑いのなかで描かれている。男性の都合で、泣かされている女性を救済するために立ち上がるヒロインがいい。『女軍突撃隊』という勇ましいタイトルは、はるかのちの「女性上位時代」を予見させるが、この映画の翌年に日中戦争が始まり、五年後には太平洋戦争開戦……と考えると複雑な気持ちになる。

求婚三銃士

一九三六年二月二一日・製作＝P．C．L．映画製作所・矢倉茂雄
製作＝P．C．L．映画製作所／録音現像＝寫眞化学研究所／1936.02.21・大阪敷島倶楽部、日本劇場／八巻・一、六七五ｍ／六一分／日劇同時上映『プロシヤの旗風』（一九三五年、獨、H・シュタインホフ）／同時上演『日劇アトラクション三十分の勧進帳』一幕（二月二一日〜二九日）

【スタッフ】作・佐々木邦／監督・矢倉茂雄／脚色・伊馬鵜平、阪田英一／撮影・友成達雄／録音・道源勇次／装置・戸塚正夫／編輯・岩下廣一／音楽監督・伊藤昇／演奏・P．C．L．管絃楽團
【出演者】千葉早智子（橋本佳子）／大川平八郎（安達）／宇留木浩（吉川二郎）／北澤彪（瀬戸）／椿澄枝（溝淵富士子）／英百合子（大谷夫人）／清川虹子（丸尾夫人）／岸輝子（橋本夫人・よし子の母）／清川玉枝（溝淵夫人）／小島洋々（橋本鐵太郎）／伊東薫（佳子の弟・ヒロシ）／小杉義男（溝淵閣下）／鶴丸睦彦（大谷）／生方賢一郎（焼き芋屋の親父）／辨公（升定酒店・御用聞き）／林喜美子（橋本家の女中・おたけ）／大村千吉（ヒロシの友達）

ユーモア作家として戦前に大人気だった佐々木邦が、雑誌『講談倶楽部』に昭和九（一九三四年）一〇月号から、昭和一〇（一九三五）年一二月号にかけて連載した『求婚三銃士』を、P．C．L．のモダニスト、矢倉茂雄監督が映画化。P．C．L．ではこれまでも『いたづら小僧』（一九三五年、山本嘉次郎）、『人生初年兵』（同年、矢倉茂雄）と佐々木邦の小説を映画化している。佐々木邦はこの年、辰野九紫《きゅうし》らと「ユーモア作家倶楽部」を結成、翌年には機関誌『ユーモアクラブ』を発刊する。

同じ大学を出て、それぞれサラリーマン生活をスタートさせた三人のフレッシュマン。安達君、吉川君、瀬戸君が、「就職」に続いての人生のテーマである「結婚」を目指す。しかも、海軍中将の令嬢・佳子さんの花婿候補に立候補。三人が同じ条件のもと、佳子さんに選んでもらおうとフェアープレーを誓い合うが、その実、あの手この手の出し抜き合い。「競争は競争」「友情は友情」の筈だったのに……。

一九三〇年代のフレッシュマンの日常がユーモラスに描かれていく。

この三人が実に個性的。原作の章立ても「正直者の安達君」「策士吉川君」「用意周到の瀬戸君」とキャラクターを印象付け、リベラルなP.C.L.映画に相応しいストーリーが展開する。伊馬鵜平と阪田英一の脚色は、佐々木邦のユーモラスな筆致さながらで、まだ時代がおっとりとしていた昭和一一（一九三六）年の現代劇としても楽しい。また他の矢倉茂雄作品同様、モダン東京ロケーションが効果的。

キャストも「正直者の安達君」には大川平八郎、「策士吉川君」には宇留木浩、「用意周到の瀬戸君」には北澤彪、そして憧れのマドンナ・佳子さんには千葉早智子、P.C.L.の若手スター勢揃いの明朗青春喜劇である。

この「三銃士」には、それぞれ軍師がいて、彼らの求婚成就をサポートする。安達君の軍師は下宿先の奥さん・大谷夫人（英百合子）、吉川君には丸尾夫人（清川虹子）、瀬戸君には陸軍大将・溝淵閣下（小杉義男）が付いている。大谷夫人と丸尾夫人が普段からライバルで、この花婿合戦には「負けられない」としのぎを削っている。しかし溝淵閣下は、なんとしても愛娘・冨士子（椿澄枝）を瀬戸君に嫁がせたいので、瀬戸君を精神の病気と喧伝して、立候補レースから降ろそうと画策する。といった人間関係もユーモアたっぷりに微苦笑の明朗喜劇が展開する。

トップシーン。とある土曜日、モダンガールの橋本佳子（千葉早智子）が運転手付の自動車でゴルフ場に向かっている。日本橋、中央通りのビル街が晴れがましい。一方、ようやく保険会社に就職した吉川君（宇留木浩）は、半ドンの土曜日、有楽町駅前の停留所にいる。帰宅のサラリーマンが多く、これでは乗れないと、人を押しのけてバスに乗り込む。厚かましいがパワフルである。

バスで吉川君は、大学時代の親友で信託会社に勤める安達君（大川平八郎）と隣り合わせ。早速保険の勧誘を始める。安達君は「だけど月給五五円じゃねぇ」。吉川君は「ボーナスを貰わないつもりで、入らないといかんよ」と猛セールス。

バスの後部には女学校教師となった瀬戸君（北澤彪）も乗っていて、吉川君が大声で「おい、女学校の先生、モテるかい？」。社内大爆笑。その時バスが急停車。佳子のクルマと軽く衝突！　佳子は事故どころじゃなく、ゴルフ道具を背負って円タクを捕まえる。三銃士「あ！　佳子さんだ」とバスを降りる。円タクに乗る時、佳子が右手の人差し指と中指で、三人に挨拶。『モロッコ』（一九三〇年、ジョセフ・フォン・スタンバーグ）のマレーネ・ディートリッヒの真似。

この映画の千葉早智子は本当に輝いている。清楚だけど活動的でまるでハリウッド映画のヒロイン。

三人は、「佳子さんに対しては抜け駆けしない」協定を結んでいるが、安達君は「そんな協定を止めて、みんな一緒に結婚を申し込めばいい」。一方瀬戸君は「まだまだ早いよ」。しかし水面下では吉川君、瀬戸君、共に抜け駆けを開始していた。

知らぬは安達君ばかりなり。北海道生まれでマイペースの安達君には思いも寄らないことだった。その夜、酒癖の悪い吉川君に誘われて、瀬戸君と安達君、しこたま飲むが、案の定、吉川君を介抱する羽目に。そんな安達君に、下宿の大谷夫人は「二五にもなって好きなご婦人の一人もないなんて、しっかりなさいよ」と応援してくれる。

そこへ瀬戸君が訪ねてくる。吉川君が、高慢ちきな丸尾夫人（清川虹子）の仲人で、佳子に求婚したと伝える。かくいう瀬戸君も溝淵閣下を通じて立候補するのだから、協定もあったものではない。そこで遅ればせながら安達君も立候補することに。

一方、吉川君は、大谷家の近所の焼き芋屋（生方賢一郎）に火災保険を勧誘するが、目先のことに忙しい焼き芋屋は断る。これが後半の伏線となる。

のんびり屋の安達君、ひょんなことから佳子の弟・ヒロシ（伊東薫）と一緒に草野球して、仲良くなる。溝淵閣下と夫人（清川玉枝）に仲人を依頼した瀬戸君だが、その娘・冨士子に数学を教えていて、彼女は瀬戸君に恋をしている。

こうした人物の出し入れも楽しい。特に清川虹子、清川玉枝、英百合子の三人のマダムの熾烈な暗闘が笑いを誘う。また佳子の母・橋本夫人（岸輝子）もかなりのチャッカリ屋で、橋本閣下が持参した菓子折「熊屋の弾丸もなか」を使い回して、丸尾夫人と大谷夫人の手土産に持たせる。もとは瀬戸君が橋本閣下に付け届けしたもの。消費期限（そんな言葉は当時はないが）がとうに切れて、少し匂っている。結局は丸尾家の女中が食べさせられることに。「弾丸もなか」というのがいかにも時代である。

さて、肝心の佳子は、才色兼備ではなく遊びに夢中で、今日も母親にお小遣いをねだっている。「あなたは一体、月に幾らぐらいお小遣いを使うんですか？」「さぁ、あたし数学なんて大嫌いよ」。新しく花婿立候補した安達君の月給の額を聞いて「五五円ぽっち？」。そんなことではお嫁に行けない。たいていの人はそれで賄っていると母に嗜められると「だったら私、いつまでもお母さんのところにいますわ。だから今日、お小遣い頂戴」。経済感覚ゼロ、困ったお嬢さん。

大谷家や丸尾家に出入りしている酒屋の御用聞き（中川辧公）がお客様接待で「マルキン醬油観劇會」チケットを

進呈していて、日比谷・有楽座での公演当日となる。有楽座は、戦後、映画館となり、隣の日比谷映画劇場と共に大作洋画ロードショー劇場として、僕らの世代でもなじみの劇場。

昭和一〇（一九三五）年六月七日、小林一三が、株式会社東京宝塚劇場の直営劇場として有楽座を開館。その初日は、矢倉茂雄『處女花園』（六月一一日）で堤眞佐子の声楽の吹き替えをする長門美保主演のオペレッタ「シューベルトの戀」が上演された。

有楽座のなまこ壁を取り入れた市松模様の建物の外観。幕間の賑やかなロビーの様子。僕らが映画館として通っていた昭和四〇年代から五〇年代にかけての雰囲気とあまり変わりがない。マルキン醬油の招待券で入場した大谷夫人、溝淵夫人、冨士子たちに誘われて来た佳子とばったり。そこへ丸尾夫人も！　大谷夫人はすかさず「奥さんも、マルキン醬油のご招待でいらしたの？」。ここで三銃士の軍師である夫人たちが火花を散らす。

マルキン醬油は、香川県小豆島の醬油メーカーで明治四〇（一九〇七）年創業。この頃、全国展開に力を入れていた。

上演中の芝居は、昭和一一年一月一日から二六日にかけて上演された「東寶劇團　續・新版太閤記 羽柴秀吉の巻」（演出・青柳信雄）だろう。ちなみに本作上映時期の有楽座は、榎本健一一座「男性ナンバー2」（作・菊谷栄）「エノケンの法界坊」（作・和田五雄）公演となる。

やがて、佳子の父・橋本鐵太郎（小島洋々）が、吉川君、瀬戸君、安達君を招いて「品定め」の食事会を開くことに。「承るところによると、三人とも親友ということじゃから、別々に会うよりも、いっぺんに会った方が公平無比でいい」との理由で。

さて、橋本家の住所は大森区（現・大田区）田園調布。大正七（一九一八）年に渋沢栄一らが創業した、田園調布株式会社が、大正一二（一九二三）年には目黒と沼部を結ぶ目黒蒲田機電鉄（後の東急電鉄）、田園調布駅を開業、昭和二（一九二七）年に東横線の駅も開業する。ドイツ民家風のデザインの駅舎は、建築家・矢部金太郎が設計。ここから放射線状に区画された田園調布の町が広がる。

この駅舎の前で、ゴルフ帰りの佳子と吉川君。橋本家から帰る途中の瀬戸君と冨士子がばったり。瀬戸君は佳子と再び橋本家へ向かう。置いてきぼりの冨士子と吉川君は大いにクサる。

佳子は瀬戸君に惹かれているが、溝淵閣下が橋本鐵太郎に「瀬戸君が先祖代々精神病の血統があることを発見した」と根も歯もない話を吹き込む。さらに瀬戸君には佳子が夜尿症の癖があると、また嘘をつく。そこで瀬戸君、「いもりの黒焼き」を持って橋本家へ。佳子の「あの病気をいっぺんに治してみせる薬」と橋本夫人に渡す。この一件で鐵太郎は「とんでもない者を婿にするところじゃった」。溝淵閣下の作戦は功を奏して、瀬戸君は花婿候補から脱落する。

ここで吉川君が俄然優位になる。日曜日、佳子と吉川君、ドライブに出かける。途中で事故を起こしてしまい、佳子は足に怪我をするが、吉川君が介抱、二人はいいムードになる。そこへ、サイクリング中の佳子の弟・ヒロシたちが通りかかる。安達君も一緒である。あれからヒロシと安達君は仲良し。子供たちはエンコした佳子のクルマを動かしてことなきを得る。この子供たちの中に、『あるぷす大將』(一九三四年、山本嘉次郎)以来、伊東薫と名コンビの大村千吉もいる。しかし肝心の佳子は、安達君のことは全く眼中にないようで、お礼に明治チョコレート入りの「犬のぬいぐるみ」をプレゼントしてくれる。まるで子供扱い。

リタイアした瀬戸君は冨士子と交際、佳子と吉川君もランデブーを重ねる。川にボートを浮かべ、むつまじく漕いでいる佳子と吉川君。佳子のハミングに合わせ、通りかかったチンドン屋が伴奏をする。のんびりとしたいい場面。最初のカットは隅田川だが、チンドン屋が渡る橋は京橋区(現・中央区)新川だろう。映画ではよくある空間移動編集である。

その頃、橋本家の近くで火事が発生。橋本家の女中(林喜美子)が大慌てで「すぐ側の焼き芋屋です」。吉川君が火災保険に勧誘した、あの生方賢一郎の焼き芋屋である。延焼しては大変と、橋本家に駆けつける安達君。近所の人や、酒屋の御用聞きたちも家財道具を家から運び出している。佳子が大切にしている小鳥が逃げ、弟のヒロシと安達君は屋根の上に登って捕獲作戦。橋本鐵太郎の安達君への好感度がアップする。

火元の焼き芋屋は全焼。そこへランデブー帰りの佳子と吉川君がやってくる。吉川君は「おやおや、燃えたのは焼き芋屋かい? 美味そうな匂いがしたろうな」と無責任なことを言う。佳子は「惜しいことしたわね。もう少し早く帰ってくれたら観られたのに」と火事見物ができなかったことを悔しがる。その場にいた安達君に「あなたご覧になったんでしょ? 面白かったでしょ?」。無邪気といえばそれまでだが人の不幸である。それを喜ぶ無神経に、安達君は失望する。

安達「火事は面白い見世物じゃありませんよ」
佳子「だって誰だって、遠くの火事は面白がってよ」
安達「だが、ここへ来ても、まだあんたは、焼き芋屋の火事が愉快なんですか?」

これでは安達君、百年の恋も冷めてしまう。さて肝心の焼き芋屋の親父、保険屋の吉川君を見つけると「あんとき入ったことにして、保険金を貰えんもんでしょうかね?」とこれまた呑気である。一方、安達君の怒りはマックスに。「火事を見れば面白い見世物だと思うし、結婚はきっと愉快な遊戯ぐらいに思っているんでしょう? 僕は今まであんたを見損なっていたんです。実際あんたはバカですよ」「バカですって?」「あまりに不真面目じゃないですか!」。立ち去ろうとした時に、焼けた家の材木が落ちてくる。「危ない!」。咄嗟に安達君、佳子を抱き寄せて庇う。しかし「あんたには今日限り会いません、さようなら」と去ってゆく。安達君、下宿に戻って荷造りする。東京に失望して田舎に帰ることにしたのだ。

上野駅。大谷(鶴丸睦彦)と夫人が、汽車の安達君を見送る。引き留める夫人に「僕はどうしても帰ります。牛や馬と遊んで、あんなお嬢さんのことなんか忘れてしまいたいんです」。青森行きの汽車が荒川の鉄橋を渡る。安達君、やはり寂しい表情。サイクリングの時「安達さん、これ」。例のチョコレートの入った「犬のぬいぐるみ」を貰った時のことを思い出す。そのタイミングで車両に、佳子が入ってきて「チョコレートなの、食べない?」とぬいぐるみの中からチョコを取り出す。佳子は安達君の言葉で目が覚めたのである。微笑む佳子。やっぱり美しい。佳子がチョコを口に入れてくれる。ニッコリ笑う安達君。かくして二人は北海道へ。

最後に勝ち抜いたのは安達君だった。原作では安達君、吉川君、瀬戸君だけでなく、求婚レースに参加しなかった小宮君が「客観」の立場で登場する。小説のラストは、この小宮君の結婚式だが、「友情は友情」「求婚は求婚」との取り決め通りにはならない。結局、吉川君は結婚式には出席しない。原作の吉川君は、万が一のために佳子だけでなく、他の女性との縁談も進めていて「策士、策に溺れる」で、求婚レースからリタイア。瀬戸君にも一方的に絶縁状を送って来ていた。映画とはかなりキャラクターが異なる。

「僕達は妻を得て友を失うことになるのかな?」
「何うも然うらしい。僕は考えて見たんだ。僕が吉川君の立場にいたら、矢っ張り吉川君の態度を取る。競争は競争、友情は友情なんて、理窟の問題じゃないよ」(佐々木邦『求婚三銃士』春陽文庫、一九六四年)

そこで瀬戸君「矢っ張り誰か一人斯ういう立場になるん

だね」。このほろ苦さは、佐々木邦のユーモア小説の味わいだが、映画ではそこまで描いていない。宇留木浩＝吉川君を敗残者にはできない。それほどこの映画の宇留木浩は魅力的である。戦後の東宝サラリーマン映画の小林桂樹に通じる飄々とした味わい。この年の八月に急逝してしまうが、それを思うと切ない気持ちになる。

この『求婚三銃士』公開中の二月二六日、反乱軍将校による「二・二六事件」が発生、日本中が騒然となった。

魔術の女王

一九三六年三月一二日／P．C．L．映画製作所／木村荘十二

製作・配給＝P．C．L．映画製作所／録音現像＝寫眞化学研究所／1936.03.12・大阪敷島倶楽部、1936.03.21・日本劇場／九巻・二、一三二m／七八分／日劇同時上映『踊るブロードウェイ』（一九三五年、MGM、ロイ・デル・ルース）（三月二一日〜三一日）

【スタッフ】演出・木村荘十二／原作・脚色・田中栄三、南部邦彦、小林勝／撮影・三村明／録音・山口淳／装置・山﨑醇之助／編輯・岩下廣一／音楽監督・紙恭輔／演奏・P．C．L．管絃楽團

【出演者】松旭斉天勝／竹久千恵子（マリ子）／滝澤修（吉田）／赤木蘭子（よし子）／丸山定夫（マネージャー）／御橋公（天光軒若大夫）／藤輪欣司／三島雅夫（芝居小屋の客）／木﨑豊／生方賢一郎（庭師）／小島洋々／ヘンリー松岡（座員・吉田の吹き替え）／天勝一座・日劇ダンシングチーム／林喜美子（きみ子）／三條正子（座員）／椿澄枝（同）／小沢栄（吉田一座・座員）／中川辨公（同）

トップタイトルに松旭斉天勝《しょうきょくさいてんかつ》主演と出る。「奇術の女王」として、明治時代後半から戦前にかけて、派手な仕掛けのマジックで一世を風靡した松旭斎天勝のステージをふんだんに取り入れながらのバックステージ映画。エノケンやロッパ、エンタツ・アチャコなどの興行界のトップスターたちの映画を次々と製作してきたP．C．L．映画ならではのスペクタクルがスクリーンに展開する。

松旭斎天勝は、明治一九（一八八六）年、神田松富町（現・外神田四丁目）の質屋の娘として生まれた。本名は中井カツ。幼くして家業が傾き、前借二五円で門前仲町の天ぷら屋に奉公した。そこの主人が、当時大人気だった奇術師・松旭斉天一だった。カツの手先の器用さ、立ち振る舞いの良さが天一の目に留まって弟子入り。天一は彼女の奇術師としての才能に目をかけたが、さらに妾になることを強いて、カツは自殺未遂を図ったこともある。

とはいえ奇術で身を立てると決心したカツは、天一の愛

人になることを受け入れ、七〇名を越す大所帯「天一一座」で「松旭斉天勝」として舞台の花形となる。当時としては珍しい長身の美人で、たちまち評判となった。

明治四四（一九一一）年、二七歳の時に独立して「松旭斉天勝一座」を東京浅草公園帝国館で旗揚げ。最盛期には座員はなんと百名を超えた。私生活ではマネージャーだった野呂辰之助と結婚。本作では丸山定夫が演じているマネージャーのモデルである。大正四（一九一五）年七月には日比谷・有楽座でサロメを演じて大評判となる。

大正一三（一九二四）年一月から、大正一四（一九二五）年四月にかけてアメリカ各地を巡業。帰国後、スパンコールをあしらった衣裳につけまつ毛、派手なメイクで洋舞「羽衣ダンス」を踊り、欧米的なマジックショーを展開。歯にはダイヤモンドを埋め込み、笑うとキラリと光った。常に舞台映え、ショーアップを考えていた。そのモダンさゆえに、東京や大阪の大舞台で大人気となる。

少年時代、その天勝に魅せられたのが三島由紀夫。『仮面の告白』（一九四九年、河出書房）で、天勝についてこう記している。

「彼女は豊かな肢体を、黙示録の大淫婦めいた衣装に包んで、舞台の上にのびやかに散歩した。手妻《てづま》使い（奇術師）特有の亡命貴族のような勿体ぶった鷹揚さと、あの一種沈鬱な愛嬌と、あの女丈夫らしい物腰とが、奇妙にも、安物のみが発する思い切った光輝に身を委ねた贋造の衣装や、女浪曲師のような濃厚な化粧や……」

三島由紀夫の礼賛が贔屓目ではないことが、本作での堂々たる天勝のマジック・スペクタクルを見れば明らか。

天勝は昭和九（一九三四）年三月一九日から、東京新橋演舞場で「松旭斉天勝引退披露興行」を開催。華々しく引退をした。それから三年間、この「引退披露興行」で全国を回っていた。その引退記念興行が昭和一〇年一二月終了、五〇歳を迎えた天勝は、姪の正天勝《しょうてんかつ》（本作にも出演）に「二代目天勝」を譲ることに。その正式披露が昭和一一年四月に予定されていた。そういう意味では、この映画は天勝にとっての「最後の花道」として観ることができる。三島由紀夫が憧れ、日本中の観客を湧かせた「天勝一座」のマジック・スペクタクルを映像で記録しているという点でも貴重な作品である。

昭和一一年一月一二日の讀賣新聞の記事である。

「小唄勝太郎、市丸、アチャコ、エンタツらの作品はもう何れも完成し、今月末から二月にかけてさうした映画俳優ならぬ連中が華々しく銀幕を征服するが、これに対し魔術界の大先達松旭斎天勝もすでにPCLのスタヂオで陽春三月封切り予定の「魔術の女王」に着手する許りとなった。このかの女の映画は天勝一座に事実あった物語を基本としたもので、同時に映画界には初めての魔術一座の楽屋物語としての二重の興味まで狙っている。いかにも天勝らしい企画であり、原作脚色をした田中栄三、小林勝の二君もこの天勝の原案には感心している。」

松旭斉天勝・主演とあるように本人役で、堂々と座長として映画を支配している。物語は、一座のトップ曲芸師・滝澤修が、妻・赤木蘭子と名コンビを組んでいるが、若手の竹久千恵子と不倫関係となり、座を辞めて苦労をするという「芸道もの」に、派手なステージ場面が次々と展開する。

タイトルバックが明けると、有楽町・日本劇場の威容が画面いっぱいに広がる。「魔術の女王松旭齋天勝一行」「来ル一日ヨリ特別大公演」と垂れ幕が下がる。楽屋口には数台のトラックが乗り付けて、人夫、スタッフたちがマジックの道具の荷下ろし。相当大掛かりなステージであることがわかる。

木村荘十二の演出は、細かいショットを重ねて、こうした状況を観客に見せてくれる。舞台の袖に荷物が重ねられ、リハーサル準備の座員、東宝ダンシングチームの女の子たちが、地下の楽屋への階段を降りていく。昭和八（一九三三）年竣工の「日劇」は「陸の龍宮」と呼ばれ四〇〇〇人の客席数を誇る大劇場。戦後の『銀座の踊子』（一九五〇年、東宝、田尻繁）でも、バックステージが緻密に描かれているが、戦前の映画でこれほど活写されているものはない。

しかも東京では、この日劇で本作が上映されたので臨場感があったことだろう。ちなみに日劇での併映は、タップの女王、エレノア・パウエル主演のＭＧＭミュージカル『踊るブロードウェイ』（一九三五年、ロイ＝デル・ルース）。魔術とタップの女王の二本立ては興趣がある。

「おい、今度はなかなか命懸けの妻（ツマ＝マジック）らしいぜ」と劇場スタッフ。ステージでは天勝が、胴体斬りの道具をチェック。スパンコールの帽子、ビキニスタイルの座員が箱に横たわり、マスクをした道具係がセッティング。男たちがマスクをしているのは防塵のため。客席の方からトップの曲芸師・吉田（滝澤修）とパートナーの妻・よし子（赤木蘭子）が入ってくる。吉田が幹部待遇なのがわかる。

天勝が合図すると五枚の刃が、女の子の入った箱に落下。天勝が一瞬顔を背ける。これもステージでの大事なリアクション。道具係が箱を下ろして開けると、女の子はもちろん無傷。おなじみのマジックだが、昭和一一年、この映画を観た観客はきっと目を見張ったことだろう。

「大魔術とその種明かし　天勝師がこの映画の為に特に苦心の新作「空中斬り」の大冒険的展開、これは日本劇場に大ロケーションをしての大撮影で、この種明かしをしてみせる。」とは当時のキネマ旬報の広告での解説。鳴物入りで喧伝された。

舞台に上がった吉田。舞台の袖から三階席を見上げる。日劇のベランダ席である。そこまでロープが張ってある。自分の乗るロープの張り具合をチェック。「こういう大きな小屋でやる時は、もっと強く貼らなくちゃダメだよ」。歯切れの良い江戸弁で捲し立てる。厳しさと優しさ。吉田のポジションがわかる。

さて、その吉田は、天勝が少女の頃から育ててきた弟子、これから座を担っていく若手・マリ子に惚れて、前夜、二人は関係を持ってしまったことが匂わされる。日劇の楽屋の廊下でロケーション。すでに失われてしまった場所、その空気がこうして映画で体感できる。竹久千恵子のエキゾチックな容貌を三村明のキャメラが巧みに捉え、木村荘十二のモンタージュが、彼女の美しさを際立たせる。

二人の関係を何も知らない妻・よし子は、楽屋にマリ子を呼び、家で縫ってきた、吉田の舞台衣裳の仕上げについて相談。気まずいマリ子。衣裳のスパンコールが足りないから「買ってくるわ」とよし子は楽屋を出ていく。天勝がアメリカから日本に持ち帰った「スパンコール」の衣裳が、こんな形で定着していたことがわかる。

吉田と二人きりになったマリ子「昨日のことは忘れてしまって頂戴。いけないことだわ」「君には俺の気持ちがわからないのかい？」部屋を出ていくマリ子。

舞台では天勝が、先ほどの「胴体斬り」マジックの最終チェック。刃を落とすロープを引く係を、天勝はきみ子（林喜美子）からマリ子にバトンタッチさせることに。念の為「人形でやってみよう」。しかしマリ子は、吉田のことで動揺していて、タイミングを誤って人形はバラバラに。箱に入る筈だった女の子はショックで倒れてしまう。

こうして初日の幕が開く。実際に日劇のステージで撮影しているのでレビューとマジック・スペクタクルのショーは圧巻。オーケストラが演奏するのは《ヴァーシティ・ドラッグ The Varsity Drag》（作曲・レイ・ヘンダーソン）。日本では昭和五（一九三〇）年に公開されたベッシー・ラヴ主演のミュージカル映画『有頂天時代』（MGM、ニック・イングランド）のナンバーとして知られていた。僕はMGMミュージカル『グッド・ニュース』（一九四七年、未公開）のクライマックスのダンスパーティで、ジューン・アリスン、ピーター・ローフォードたちが踊ったナンバーが『ザッツ・エンターテインメント！』（一九七四年、MGM）で紹介されて知った曲。

軽快なナンバーに乗せて、東宝ダンシングチームの踊り子がラインナップしてタップを踏む。オーケストラボックスには楽団員たち。ブロードウェイ・スタイルの振り付けで真ん中ではマリ子もタップを踏んでいる。やがて幕が開くと、舞台の中央には天勝が着物姿で水芸「夕涼み」を披露する。ダンスと水芸、そのミスマッチがレビューの楽しさ。「天勝の水芸」と言われただけあって見事なステージ。「天勝師の師匠天一師より傳へられた奇術の秘傳奥義、日本古来人気の的たる「和妻」及び天勝師振付の「水藝」が披露される！」とキネマ旬報の広告での解説。

そして今度はスパニッシュ・スタイルの音楽、タンバリンを手にしたダンサーたちが踊る。昭和一一年の日劇に来たような楽しさ。

幕間、天勝の楽屋ではマネージャー（丸山定夫）が、吉田とマリ子の不倫が噂になっていることを報告する。

続いては吉田の「綱渡り」の曲芸。ステージから三階へと張った綱の上を大きな傘を差しながらバランスを取って登っていく。頂上に着いたら、先ほどよし子が縫っていたマントをパッと落として「ハイ」と掛け声、下にいるよし子が「ハイ」と応えて、吉田はバックでスーッと立ったままロープの上を滑り降りてくる。夫婦だからこその呼吸。観客は大拍手。この「逆綱《さかづな》」は難易度の高い芸で、天勝一座ではヘンリー松岡の十八番。この映画で滝澤修の吹き替えをしているのがヘンリー松岡。昭和初期の天勝一座のプログラムでは、ヘンリー松岡の「空中大冒険」が人気演目だった。

日劇でのステージは続く。女の子を箱に入れ、その箱をバラバラに外して戻したり、ハトのマジック、箱の中から次々と双子姉妹を出すなど、バラエティ豊かなマジックが展開される。ハトのマジックのバックに流れる優雅な音楽は、ワーナーのミュージカル映画『ワンダー・バー』（一九三四年）でディック・パウエルとコーラスガールが唄い、ドロレス・デル・リオとリカルド・コルテスが踊った《おやすみは言わないで Don't Say Good-Night》（作曲・ハリー・ウォレン）である。

その夜、天勝は自宅にマリ子を呼び、吉田との噂話を聞いて「私はね、お前を立派な芸人に育てなくっちゃ、死んだお母さんに申し訳がないの」「立派な芸人になるには芸も大事だけど、行いが肝心なんだからね。一番大切なのは身丈なのよ」。マリ子を後継者として考えている天勝は、優しく、そして厳しく諭す。

しかし、それでもマリ子は吉田と逢瀬を重ねる。罪悪感から別れを切り出すも、吉田は「僕は君なしではいられない」「あなたは悪魔よ」。昭和一一年の映画にしてはアンモラルな関係である。

やがて地方公演に旅立つ日。新橋駅に「天勝一座」のメンバーが集合するが、吉田とマリ子は来ない。マネージャーや座員が汽車を遅らせて必死に探すも行方知れずに。騒然とする一座、旅立つ天勝を心配そうに見送る、屋敷の庭師を演じている生方賢一郎の佇まいがいい。

吉田は、これ以上座にはいられないと、マリ子、何も知らないよし子と共に「吉田・マリ子大一座」を旗揚げして旅興業に出る。映画はここから、吉田たちのドサまわりの苦労物語となる。とある海辺の町では小屋主が「天勝一座」と看板を偽って興行。吉田の名前では客が呼べないし、奇術ならなんでも同じだろう、と。これは昔にはよくあった「騙り興行」。

それでも天勝一座仕込みのバラエティに富んだプログラムは大受け。マリ子が客席から人の良さそうな男（三島雅夫）をピックアップして「指抜き天勝」マジックを披露するシーン。マリ子のちょっとしたお色気トークが男性客に受け、三島雅夫の照れるリアクションも楽しい。

続いてチャップリンの扮装をした座員と、ヘンリー松岡が「消えるトランプ」マジックを披露。バックに流れるのは《月光値千金 Get Out And Get Under The Moon》のメロディ。続いてヘンリー松岡が天勝の姪・正天勝と華麗なダンスを踊る。曲はフレッド・アステアとジンジャー・ロジャースの『空中レヴュー時代』（一九三三年、RKO）から大ヒットした《カリオカ Carioca》（作曲・ヴィンセント・ユーマンス）。振り付けはアステア&ロジャースを踏襲している。ちなみにこの頃ダンスホールで流行したナンバーである。ここでダンスを踊った正天勝は、昭和一二年に二代目天勝を襲名する。

こうして最初は「吉田・マリ子大一座」の興行は大成功。各地を回り羽ぶりも良かったが、座員たちは吉田とマリ子の公然の関係、吉田の傲慢さにフラストレーションが溜まり不協和音となる。ある日の上演中、よし子が身を引く決意をして座を出ていって大騒ぎ。急遽、吉田の「逆綱」のパートナーのピンチヒッターをマリ子がやることになるが、呼吸が合わずに吉田が客席に落下。足の骨を折ってステージに立てなくなる。

悪いことが重なり、次々と興行がキャンセルされ、ついに旅先で一座は解散。骨折した吉田とマリ子は、そのまま芝居小屋に居続ける。小屋主の「困った時はお互い様」の言葉が身に沁みる。代わりにやってきたのは、かつて天勝の弟子だった天光軒若大夫（御橋公）の一座。若大夫は吉田と別れたよし子が、八王子の親戚の菓子屋で、和裁の仕事をしていると話す。

それを聞いたマリ子は、すべて自分の責任と思い詰めて東京へ。天勝に詫びを入れて、吉田とよし子の座への復帰を頼みに行く。楽屋口まで行くマリ子、敷居が高くて入れない。近所の飲み屋で一杯飲んで、意を決し天勝の楽屋で頭を下げ、謝罪をする。しかし酒を飲んでいることに激怒した天勝は取り合わない。だがマリ子は、酒ではなく服毒自殺をしようと薬を飲んでいた。意識が混濁状態となったマリ子を、舞台袖に寝かせて、天勝はステージに立つ。

クレオパトラのような衣裳の天勝。エジプト風のエキゾチックなセットで、スフィンクスの像を女の子に変えてしまうマジックを展開。袖ではマネージャーが虫の息のマリ子に寄り添っている。「先生……許してください。あの人たちを幸せにしてあげてください。吉田さんの脚を直してくださいい……」そこへようやく医師が到着。大マジックの最中、天勝も「マリ子は大丈夫かい？」と心配でならない。

このエジプト大魔術は、昭和九（一九三四）年に公開され大ヒットした、クローデット・コルベール主演『クレオパトラ』（パラマウント、セシル・B・デミル）のセットを思わせる舞台デザイン。天勝のマジックがこれほどの大スケールだったのかと感嘆する。後半、孔雀の羽根から次々とダンサーたちが出てくる。このシーンだけ切り取ると一九三〇年代初期のハリウッド製レビュー映画のようでもある。

華麗なステージに幕が降りて、天勝はマリ子に駆け寄る。「先生……」と微笑むマリ子。その無事を確認してカーテンコールでステージ中央に立つ天勝の満面の笑顔で「終」となる。

この映画が封切られてちょうど一年後、一九三七（昭和一二）年四月一一日から、新橋演舞場で「二代目天勝襲名披露興行」が開始され、本作に出演している正天勝が二代目を襲名。初代天勝は、有楽町で「天勝アパート」と呼ばれた高級アパート・水明荘を経営して引退生活をしていたが、昭和一六（一九四一）年、日活映画『世紀は笑ふ』（マキノ正博）に、轟夕起子演じる松旭斎小天勝の師匠役として、久しぶりに映画出演、かつての座員たちも集結して全盛期の舞台を映画で再現した。その三年後、昭和一九（一九四四）年一一月一一日、初代天勝逝去、享年五九歳だった。

本作公開後、三月一九日にはJ．O．スタヂオ作品『小唄礫 鳥追お市』（原作・長田幹彦、脚本・J．O．企画部）が、東和商事映画部の配給で公開された。円谷英二にとって初の劇映画監督作品だが、原版が現存せず、観ることが叶わないのが残念である。出演は市丸、薄田研二、菊川郁子、横尾泥海男。

歌ふ彌次喜多

一九三六年三月二六日／P.C.L.映画製作所／岡田敬、伏水修
製作・配給＝P.C.L.映画製作所／録音現像＝寫眞化学研究所／1936.03.26・大阪敷島倶楽部、1936.04.11・日本劇場／九巻・二、〇〇二m／七三分／日劇同時上映『透明光線』（一九三六年、ユニバーサル、ランバート・ヒルヤー）／同時上演「日劇アトラクション軽音楽と踊り」モーリス・デュフール出演（四月一一日～二〇日）

【スタッフ】演出・岡田敬、伏水修／原作・古川緑波／脚色・阪田英一／撮影・吉野馨治／録音・金山欣二郎／装置・久保一雄／編輯・岩下廣一／音楽監督・鈴木静一／主題歌作詞・佐伯孝夫　主題歌作曲・鈴木静一　ビクターレコード・五三六九九号
【出演者】古川緑波（彌次郎兵衛）／徳山璉（喜多八）／藤原釜足（釜之進）／髙尾光子（砧姫）／宇留木浩（治之守）／鈴木桂介（鼻水垂四郎）／三益愛子（おくん）

古川緑波は、もともと映画評論家、文筆家を目指していた。旧制早稲田中学在学中、大正七（一九一八）年には、映画雑誌『映画世界』を発行、早稲田第一高等学院進学後『キネマ旬報』同人となり、大正一一（一九二二）年には、小笠原プロ『愛の囁き』（小笠原名峰）で映画初出演を果たした。早熟の天才として注目を集めたロッパは、菊池寛との知己を得て雑誌『映画時代』の編集者として文藝春秋社に入社した。

大正一五（一九二六）年、関東大震災で開店休業となった活動弁士の徳川夢声たちが結成した「ナヤマシ会」に参加して、宴会での余興芸だった歌舞伎役者などの「声色」を披露。それをロッパ自身が「声帯模写」と命名、現在のモノマネにつながる芸の始祖となった。やがて菊池寛の後援もあって雑誌『映画時代』を独自経営するも、殿様商売で失敗して負債を抱えてしまう。

ならばと、得意の「声帯模写」を活かして、昭和七（一九三二）年に喜劇役者として正式にデビューを果たした。やがて、昭和八（一九三三）年四月一日、ショウビジネスの中心地だった浅草で、ロッパの発案で劇団「笑の王国」を旗揚げした。そこでロッパは「凸凹放送局」「凸凹ローマン

ス」などの台本も執筆。歌舞伎の演目など、おなじみの題材を本歌取りしてパロディにしてしまう「アチャラカ」スタイルを確立。笑いのメッカ・浅草で、エノケン一座の「ピエル・ブリヤント」と人気を二分した。

その人気絶頂の昭和一〇（一九三五）年六月、菊田一夫作「血煙荒神山」公演を五日間で打ち止めにして「笑の王国」を脱退してしまう。かねてから声がかかっていた東宝に引き抜かれての電撃移籍だった。そして翌月、七月には、横浜宝塚劇場で、東宝ミュージカルプレイヤーズ「ガラマサどん」「ロッパの声帯模写」公演に出演。東宝からの引き抜きの条件は「ロッパ一座」を組むことだった。

そして八月には、念願だった日比谷・有楽座に進出、「東宝ヴァラエティ・古川緑波一座」として上演したのが代表作となる「歌ふ彌次喜多 東海道小唄道中」だった。ロッパの相方は、ビクターの人気歌手・徳山璉。二人は「歌ふ彌次喜多」を皮切りに、舞台、レコードで共演、名コンビとなる。

この「歌ふ彌次喜多」は、九月に有楽町・日本劇場でも上演された。この時の舞台が全国にラジオ中継され、その舞台公演や劇場の様子が「オペレッタ歌ふ彌次喜多」として短編映画に記録されている。ロッパ、徳山璉、三益愛子の舞台での活躍が活写されていて、わずか二分半の映像だが、NHKアーカイブスに残されているのはありがたい。

この舞台「歌ふ彌次喜多」は大人気となり、昭和一一（一九三六）年、正月は京都宝塚劇場で幕を開けた。一月三日のロッパ日記には『「彌次喜多」の受けるの何のって日劇の三分の一の人数でゐながら、丁度あの位笑ふ』と記されている。一月一三日からは、名古屋宝塚劇場で上演され、この時にP．C．L．での映画化が決定。

名古屋のホテルへ岡田敬監督が打ち合わせにやって来たりと、この頃のロッパ日記は「彌次喜多」のことばかり。映画は二月三日にクランクインしている。

舞台人だったロッパにとっては、これが映画初主演。しかも自らの原作、一座総出演という晴れがましい作品の筈だが、舞台人・ロッパには、一日の大半を「待ち」で過ごす映画撮影は退屈だったようだ。

ビクターから発売の主題歌「歌ふ彌次喜多」は、クランクイン当日にレコーディング。この日の日記にはこうある。

「円タクで砧へ。行くと今日は僕のところは中止だと言ふ。呆れ返って物が言へない。全く映画は嫌だ。徳山も体があいたので、今日吹き込みの筈を一旦断った「歌ふ彌次喜多」主題歌を何とかして今日入れようと、兎も角ビクターへ行く。五時半から、「彌次喜多」吹き込みをした。」

この二三日後に、「二・二六事件」が発生するが、この時も撮影中だった。

「二月二十六日（水曜）七時半起き、四時から砧へ。三島の宿を撮影していると、伏水が大変になったさうだと言ふ。今朝四時六時の間に、五・一五事件以来の重大な暗殺事件あり、首相蔵相等五、六人軍部の手に殺されたと言ふ、その後流言ヒ語しきり、何処まで本当か分からず、不気味な気持ちのまま、撮影を続ける。」

撮影中に発生した二・二六事件は、日本の運命を大きく転回させていくことになるが、この時はまだ「不穏な出来事」に過ぎなかった。

「日本橋」

タイトルバックは、レコード発売された主題歌《歌ふ彌次喜多》（作詞・佐伯孝夫、作曲・鈴木静一）から始まる。ロッパ、徳山のデュエットで「♪五三次　小唄双六　歌枕」の歌声が楽しい。いつものように、手際良くキャストが紹介される。

トップシーンは「小唄双六」の振り出し「日本橋」ということで《お江戸日本橋》の七つ立ちから始まる。舞台のような書き割りのセット。行き交う人々。ロッパガールズたちが踊って練り歩く。ステージのオープニングもおそらくこうだったのだろう。円形になったロッパガールズたちを俯瞰ショットで捉える。ワーナーの『四十二番街』（一九三三年）などで一世を風靡した映像の魔術師バズビー・バークレイ演出を意識したショットに、伏水修のセンスが窺える。

やがてその輪の中から、彌次郎兵衛（古川緑波）と喜多八（徳山璉）が登場。

「それじゃ彌次さん喜多八さん、お伊勢参りの道中双六、ここは振り出しの日本橋。丁度天気も日本晴れ、目出たく伊勢に発足なさるがいい」と見送りの大家さんの挨拶。それを受けて彌次喜多が、丁寧に挨拶をしているうちに喜多さん「遠路のところ、はるばるご会葬くださいまして」と挨拶をこじらせてしまう。これも舞台のギャグだろう。

彌次・喜多と女房、細君の別れ。御隠居の「みんなで気を利かせて」の言葉に、ロッパガールズも、オルゴールの音に合わせて、体を反転させ「見て見ぬふり」となる。これもミュージカルの呼吸で演出。

女房・おふつと彌次郎兵衛の別れ「あんまり食べ過ぎないでね。ビールはあんまり飲むとまた太るわよ」「あんたは様子がいいからまた旅先で恋人ができやしないかと」と心配する。犬も食わない夫婦の惚気。

そこで女房と彌次郎兵衛のデュエットとなる。「♪別れかねては　立ち戻り　互いに見交わす　ねぇ顔と顔　何も言

わずに　目に涙」と端唄《さのさ節》でしんみり。一方、喜多八と細君は、グッとモダンに《カチューシャの唄》（作曲・中山晋平）となる。朗々とした徳山の歌声が気持ちいい。
　こうして「伊勢参宮道中双六」は、品川〜川崎〜神奈川〜保土ヶ谷〜戸塚〜藤沢と進む。双六のバックに流れるは《鉄道唱歌》（作曲・多梅稚、上真行）。これもミスマッチのモダンな味わい。

「藤沢」

　東海道を呑気に歩く彌次さん、喜多さん。藤沢の茶店に入る。そこで可愛い娘が現れて、二人とも鼻の下を伸ばす。「どうも江戸にいたんじゃ嬶がうるさくって、お前と腕くらべしようもできなかったからな」と、茶屋の娘をモノにできるか勝負となる。そこで彌次さん「我輩が先行だぞ」と立ち上がり、娘に声をかける。

「あ、娘さん、僕の歌を、やさしき恋の調べを、オホン、聴きたまえ」と《聖リパブリック讃歌》のメロディで唄い出す。「♪小さい鉢の花々が　あなたの愛の露受けて　薄紅の花の色　昨日初めて笑ってよ　ってよ　ってよ」。恥じらう茶屋の娘。そこで選手交代で喜多八「♪固い蕾に　口当てて　小雨降るよな　夢心地　あなたは何を話したの　花はあなたを　待っててよ」とひざまずく。

「俺の方が上手いだろ?」と張り合う彌次さん、喜多さん。しかし娘は笑ってばかり。店の中から茶屋の婆さんが笑いながら出てきて「いくらあんたがたがええ喉を聴かせたからといって、娘はツンボでござえやす」。「こいつは参った」となる。今ではコンプライアンス上、あってはならない描写だが、これが当時の笑いのセンスでもあった。


「箱根」

　彌次さん、喜多さん。いよいよ箱根へ。BGMは《箱根八里》（作曲・瀧廉太郎）。ヴァイオリンとバンジョーをフィーチャーしてのモダンなアレンジが楽しい。箱根関所のシーンで延々と流れる。

　ここでロッパ一座のコメディ・リリーフ鈴木桂介が登場。通行手形を持っていないので、役人に突き飛ばされて、クルクルと回るリアクション。タップダンサーでもあった鈴木桂介の鮮やかな身のこなし！　役名は鼻水垂四《はなみずたらし》郎《ろう》。このキャラクターは遥かのちに、戦後、宝田明と小林桂樹の『彌次喜多道中記』（一九五八年、東宝、千葉泰樹）で、三木のり平が「花水多羅四郎」として演じている。

　さて小柄の鼻水垂四郎。旅の一座に紛れて関所を抜けようとするが、役人に見咎められて失敗。逃げ出すリアクションがおかしい。差し出された十手を指でなぞって、平身低頭する仕草などは絶妙。

やがて彌次さん、喜多さんが関所へ。ここでロッパと徳山の二人が名乗りを上げる名調子となる。喜多八「さっても我々、伊勢へ七度、熊野へ三度、愛宕様には月参りの大願をおこし」。彌次郎兵衛「ぶらりしゃらりと出かけ、根っから急がず候ほどに、エイやっと箱根の関へ着きて候えば」と通行切手を見せて、関所を通る。こうしたシーンに二人の芸達者ぶりが楽しめる。

そこへ宇留木浩之守（宇留木浩）がお狩場より、関所に立ち寄られるとの報せ。大慌ての役人たち。殿様直々に、上洛する家臣・釜之進（藤原釜足）を見送りに来たのだ。釜之進は、お宝の壺を、砧姫（髙尾光子）に届ける役目を仰せつかっている。物陰から、その様子をニヤニヤと見ている鼻水垂四郎の狙いは、そのお宝。サイド・ストーリーがこのお宝争奪戦となっていく。宇留浩之守が立ち去り、役人が平身低頭で見送る隙に、鼻水垂四郎はスイスイと関所を抜け出してしまう。


「三島の宿」

現存するフィルムが短縮版なので、場面はいきなり三島の宿。お宝の壺を後生大事にしてオドオドしている釜之進。宿屋の庭先から、ほっかむりをして様子を窺う鼻水垂四郎。宿屋の親父に「五〇両はする」キセル自慢をした釜之進。親父に「二人連れの町人はおらぬか」と尋ねる。やがて釜之進が、部屋を出た隙に、まんまと鼻水垂四郎がそのキセルを盗んでしまう。

どうやらその後のシーンがカットされていて、釜之進と彌次喜多の間に、何かあった様子。宿屋での釜之進と彌次喜多の会話で、壺を盗まれかかった時に、二人が助けたらしいことがわかる。『古川ロッパ昭和日記 戦前篇』（晶文社、一九八七年）によると、このシークエンスには岸井明が出演する予定だったが、病気のために降板、「筋の変わったところ」とある。中盤の舞坂のシーンとともに、熱海、伊豆でロケーション。ロッパにとって、映画のロケーションは、小笠原プロ『愛の囁き』（一九二二年）での大磯ロケ以来だった。

さて、宿屋のシーンに戻る。そこで釜之進「そもそもこの品は、それがし主君、宇留木家の家宝にして、舞坂なる御許嫁・砧姫様へ使わせらるる、その重き務めを拝したるは、すなわちかく申すそれがし、その道すがら不覚にも、鼠賊のために奪われて、もはやこれまで身を切腹をと」と大袈裟な物言いで、事情を説明する。あまりのスクエアさに彌次さん、喜多さん「もう結構です。どうぞお引き取りください」。釜之進に渡そうとして、大事な壺を放り投げ、キヤッチボールを始める彌次喜多。大慌ての釜之進。といった笑いが展開する。

女中・おてる(久米夏子)に下心がある彌次さん、喜多さんを先に風呂に入れて、おてるを口説く。何にも知らない喜多さん、風呂で、小唄勝太郎のヒット曲《島の娘》(作詞・長田幹彦、作曲・佐々木俊一)を気持ちよさそうに唄う。そこへご機嫌の彌次さんが入ってきて「おめえうめえもんだな、この分ならビクターの唄い手になれるぜ」と、ビクターの人気歌手・徳山璉に向かって言うのがおかしい。

彌次さんがおてるを口説いたと知った喜多さん、部屋に戻ると食事の支度をしている女中・おくん(三益愛子)をおてると勘違い。出し抜こうと彌次さんの悪口をまくしたてる「その俺がだな、おめえにぞっこん惚れているんだ、どうだ姉さん」と口説き始める。

一方、彌次さんは、風呂場から庭先のおてるに《あら!その瞬間よ》(作詞・松竹蒲田音楽部、作曲・竹下庄三郎(中山晋平))を唄いかけ、掛け合いとなる。同時に、部屋で喜多さんとお君もデュエットして二組の男女の相聞歌となる。この《アラその瞬間よ》は、斎藤寅次郎の同名映画(一九三〇年、松竹蒲田)の主題歌として昭和五(一九三〇)年に大ヒット。唄っている間、まだ喜多さんは、女中をおてると思い込んでいる。抱き寄せてみて、おかめ面のおくんとわかって大慌て。

NHKアーカイブスに残されている「オペレッタ歌ふ弥次喜多」(一九三五年、日劇)の映像は、このシーンが残されており、満員の観客たちが大爆笑だったことがわかる。

ところがおくんは、「恥ずかしながら、私もあなたをひと目見たときに……」と告白。ここで三益愛子が、佐藤千夜子のヒット曲《愛して頂戴》(作詞・西條八十、作曲・中山晋平)を唄い始める。この曲も松竹蒲田『愛して頂戴』(一九二九年)の主題歌。徳山と三益の掛け合いは舞台の名場面のリフレイン。三益のオーバーな演技がおかしい。替え歌にせずに、歌詞とシチュエーションをリンクさせて笑いを誘う。これぞロッパのアチャラカ精神!

一方、釜之進。ごまのはえ=鼻水垂四郎に殿様拝領のキセルを盗まれて大慌て。

おくんに追いかけられた喜多さん、風呂場の彌次さんに助けを求めるも「喜多さん、もっとしっかりやれ!」とからかわれる。しかし調子に乗った彌次さん。風呂の底が抜けてしまって大騒ぎに。

場面は変わって、月の夜。彌次さん、庭先に出て、二階の部屋のおてるに歌のプレゼント。《籠の鳥》(作詞・千野かほる、作曲・鳥取春陽)を朗々と唄いかける。こちらも替え歌ではなくオリジナル歌詞で、シチュエーションとリンクしているのが気持ちいい。もちろん二階のおてるも返歌する。

おてるが部屋から出てこないことを嘆いた彌次さんは《ストトン節》（作詞・作曲・添田さつき）でその心情を吐露する。「嫌なら嫌だと最初から、言えばストトンで通やせぬ」と恨み節。

フラれてクサった彌次さんが《月は無情》（作詞・松崎ただし、作曲・添田知道）の二番を唄い出すと、その心中を察した喜多さんも追いかける。これもオリジナルの歌詞。嘆き悲しむ彌次さんを、喜多さんが小林千代子のヒット曲《涙の渡り鳥》（作詞・西條八十、作曲・佐々木俊一）を唄って慰める。

しかし失恋の思いが強い彌次さん「♪お医者様でも草津の湯でも〜」と《草津節》を唄い出して、喜多さんも「ちょいなちょいな」とデュエット。その場を去っていく彌次さんに、チャンス到来とばかりに喜多さん、二階のおてるに二村定一の《君恋し》（作詞・時雨音羽、作曲・佐々紅華）を唄いかける。ところが、物陰から現れたおくんが、続きを唄って、喜多さんに抱きつく。

ほうほうの体の喜多さん、逃げ出しながら唄うは《酋長の娘》（作詞・作曲・石田一松）。これも歌詞はそのまま。逃げ出した喜多さんに未練を込めて、おくんが《別れの唄》（作詞・北原白秋、作曲・大中恩）の一番を唄う。この曲は大正八（一九一九）年の歌劇「カルメン」のために、北原白秋と中山晋平が作ったが、中山晋平の曲が場面にそぐわないと、大中恩が改めて作曲。それが流行歌となった。こうして、この一〇分間に及ぶ長い長い「小唄合戦」のシーンは幕となる。

この《島の娘》《アラその瞬間よ》《愛して頂戴》《籠の鳥》《ストトン節》《月は無情」《草津節》《涙の渡り鳥》《君恋し》《酋長の娘》《別れの唄》の一一曲が次々唄われるシークエンスは、ロッパ一座のアチャラカ芝居の楽しさと、センスの良さを、遅れてきた世代にも伝えてくれる。エノケンのように替え歌にするのではなく、既存曲の歌詞をそのままシチュエーションに当てはめていく。これがロッパのモダンでもありハイブロウなセンスであった。

ちょうど、この「三島の宿」の撮影をしていたのが、昭和一一年二月二六日から二八日にかけて。『古川ロッパ昭和日記 戦前篇』によると、二七日（木曜）には「夜は、（舞台で）岸井（明）のやった風呂の底抜けさわぎを僕がやり、裸になりふるへ上る、「金儲けは楽じゃない」侵侵思ふ。終って帰ったのは二時すぎ、三時起床。世間まだ騒然たり。」とある。翌、二八日「（前略）又、日劇その他の丸の内の劇場は軍隊に占領され、避難所となってゐるなどのニュース、続々入る。此んな時「籠の鳥でもチエある鳥はァ」なって歌っているのが不しぎだった。」

世の中が騒然としている中、この宿屋のオペレッタシーンが撮影された。そのことに思いを馳せると、不思議な気持ちになる。

「舞坂」

さて、翌朝、彌次さん、喜多さんは再び旅の道中に。おくんがその後を追いかけていく。この「舞坂」シークエンスのロケーションは、二月一一日（火曜）に撮影したが、曇っていて七カットばかりで中止となっていた。

浜辺で、彌次さんが「お前三島じゃモテたなぁ。でもあの女、ここまで追っかけてくるかもしれないぜ」と喜多さんをからかっていると、おくんが現れる。まさに元祖ストーカーである。一方、海辺の茶屋では、砧姫（髙尾光子）に、釜之進が殿より進物の「明国渡来の壺」を献上する。姫も、釜之進もまわりくどい、丁寧な言葉で話していたが、姫は「そのような長々しい口上、聞きとうない。なんて、こういう言葉が第一いけないわ。もっとスピードのある言葉にしましょうね。さあ、早く見せてよ」。これぞアチャラカ！やんちゃな姫、古臭い壺を見て「あの人のことだから、何か悪戯を？」と、壺を豪快に割ってしまう。嘆き悲しむ釜之進に、姫は「いいのよ、どうせ私がもらったものじゃない」とドライなところを見せる。ドライという感覚は戦後のものだが、現代娘ぶりを発揮している。

壺の中には、殿からのラブレターが入っていて「I LOVE YOU」とメッセージが認めてあった。「まぁ、簡単明瞭でとってもいいわ」と姫。

そこへ通りかかった彌次さん、喜多さん。姫がトテシャンなので、鼻の下を伸ばして「お嬢ちゃん！　遊ばない？」と声をかける。もはやなんでもアリのアチャラカ・ワールドである。姫一行を見送る、彌次さん、喜多さん。少し切ないムードとなり、児玉好雄の昭和一〇年のヒット曲《無情の夢》（作詞・佐伯孝夫、作曲・佐々木俊一）のイントロが流れる。徳山璉が切々と唄い始める。この《無情の夢》がなかなかいい。しかし途中から、おくんが「♪生命をかけた恋じゃもの」と割り込んでくる。これもオリジナル歌詞で、シーンのオチとのリンクが見事である。

「赤坂並木」

さて、彌次さん、喜多さんはいよいよ、赤坂並木へ。ここが舞台版でもハイライトとなる。夜更け、何も知らずに赤坂並木を歩く彌次さん、喜多さん。馬子から「暗くなるというのに、あんたたち並木越すだかね？」。しかし「憚りながら江戸っ子でぇ」と取り合わない。BGMは二村定一が唄ってヒットしたジャズ・ソング《私の青空 My Blue Heaven》（作曲・ウォルター・ドナルドソン）のメロディとなる。

　ようやく気づいた彌次さん「ここはキツネが出るんで、名高けえところだ」。ビビる二人だが「馬鹿されねえように、しっかりして行こうぜ」と空元気を出して、並木の中へ。唄うは《私の青空》の替え歌。

ロッパ「♪夕暮れに　さしかかる　赤坂の並木路」
徳　山「日暮れて　たどるは　心細道」
ロッパ「コワイながらも　唄って歩こう」
徳　山「おいら江戸っ子だ　怖くねえ」
二　人「それでも　心細い　赤坂の並木路」

　唄い終わりに音楽はヒュードロとなり、夜烏が鳴き、不気味なムードとなる。お堂の前に腰をかける二人の前に、なんと高尾光子の砧姫が現れて「何を怖がってるの？　さっき一緒に遊びましょうっていうから、遊びに来たんじゃないの。ねえ、遊びましょうよ」。お決まりのシーンだが、ここからはミュージカルファンタジーとなる。姫に尻尾がないか確かめようとする二人。「あら、あんた方、私をキツネだと思っているんでしょ？　大丈夫よ、みんなで仲良く遊びましょうよ」「ままよ、こうなったらたとえ相手がキツネだって、こんな綺麗な女が遊びましょうよ、って言うんだから、遊んじゃおうじゃねえか」と彌次さん。馬鹿される覚悟で、砧姫に「遊んでください」と二人。「じゃ、化かしてあげるわ」。

　この展開。化かされる前に、念を押す彌次さん。「入浴することとね、それから何か、食事を摂ることだけは、これ勘弁していただきたいんですがな」と、肥溜めと糞饅頭対策に余念がない。

「ロッパ一座のレビュー」

　合意したところで、狐火が腰元連中となり、彌次さん、喜多さんを「御殿」へ誘う。二人はいつしか裃姿となり、なんと釜之進が迎え出る。「姫君の思し召しだから、今夜はゆっくりと寛ぐが良い」。襖が開くと、レヴューショーの開幕となる。ロッパガールズを率いて、砧姫がセンター階段を降りてくる。ジャズアレンジの《東京音頭》（作曲・中山晋平）に合わせて、洋装のロッパガールズが踊る。新興キネマの独壇場『狸御殿』（一九三九年、木村恵吾）よりも三年早いが、舞台「歌ふ彌次喜多」でも展開していたロッパ・レビューがここで展開される。フォックストロットでご機嫌な《東京音頭》が楽しい。原曲は《丸の内音頭》（一九三二年、作詞・西條八十、作曲・中山晋平）で、ビクターが全国的にヒットさせるべく《東京音頭》に改題したのが昭和八（一九三三）年だった。

続いて芸者衆に扮したロッパガールズのダンシング・レビューとなり、釜之進も参加してコミカルなダンスを展開。さらにはおくんまでがやってきて、慌てて逃げ出す喜多さんが、侍スタイルになってステージに現れる。

剣舞を軽く踊ったところで、唄うはもちろん徳山璉の大ヒット曲《侍ニッポン》（作詞・西條八十、作曲・松平信博）。昭和六（一九三一）年の、大河内傳次郎主演の日活映画『侍ニッポン』の主題歌である。オリジナルシンガーの徳山璉が唄う映像としても貴重な記録である。そこへフレッド・アステア、ジンジャー・ロジャースよろしくダンサーが登場して、このメロディに合わせてアステア・スタイルで踊る。ロッパ一座のダンサー・堀井英一が見事なダンスを披露。このミスマッチもロッパの狙い。

続いては、エノケンと二村定一も十八番だった、シャンソン《モン・パパ C'est pour mon papa》（訳詞・白井鐵造、作曲・カシミール・オーバーフィールド）をロッパが唄う。コミカルなロッパの唄い方に、ロッパ一座のステージの楽しさを味わうことができる。宴席にはなんと鼻水垂四郎が紛れ込んでいて、釜之進と「壺」の取り合いとなり、鼻水垂四郎がギューとやられ、釜之進が壺を叩き割る。そこで主題歌《歌ふ彌次喜多》のイントロが流れてきて、一同で唄って大団円！

この楽しさ、これぞロッパミュージカル。グランドフィナーレが盛り上がったところで、御堂の前の彌次さん、喜多さんが眠りから覚める。そこへおくんが現れて、逃げ出す二人。BGMは《愛して頂戴》のジャズアレンジ。伊勢二見浦の夫婦岩の日の出（イラスト）でエンドマークとなる。

ロッパは『歌ふ彌次喜多』の試写を、三月二一日（土曜）に、有楽町日劇のP.C.L.試写室で観ている。「大丈夫、ゲスではあるが儲かるものだし、見てて面白い。（中略）「唄ふ彌次喜多」は、岸井の巨漢の役のないのはいけないが、その代り釜足の役は意外に面白かった、兎に角、僕も随分線が太くなった。ハッキリと、割り切った演技をしてゐる、多分に舞台的ではあるが、決してまづくはない。」

勝太郎子守唄

一九三六年三月二六日・東宝＝Ｊ．Ｏ．スタヂオ・永富映次郎
製作＝Ｊ．Ｏ．スタヂオ／配給＝東和商事映画部／1936.03.26・大阪敷島倶楽部、1936.06.01・日本劇場／六巻・一三六八ｍ／五〇分／
日劇同時上映『桃中軒雲右衛門』（Ｐ．Ｃ．Ｌ．、成瀬巳喜男）（六月一日～一〇日）

【スタッフ】脚色・演出・永富映次郎／原案・作詞・西條八十／作曲・音楽指揮・佐々木俊一／撮影・上田勇、牧島貞一、川口和男／録音・万宝圭介／編輯・石野誠三／装置・吉田謙吉／現像・赤松敏夫／焼付・三谷栄三／照明・上林松太郎／アール・シー・エー ハイ・フィデリティ録音／主題歌・ビクター・レコード 番号五三六四三・《勝太郎子守唄》（西條八十・作詩佐々木俊一作曲・編曲 小唄勝太郎・唄）、《勝太郎くづし》（宇津江清二・作詩 佐々木俊一作曲・編曲 小唄勝太郎・唄）
【出演者】小唄勝太郎・日本ビクター専属（勝太郎）／村田加奈江（よし子）／山田好良（矢島徳造）／濱地良子（矢島すえ）／林雅美（矢島正之助）／澤蘭子（矢島律子）／酒井光子・特別出演（上海お銀）／永田靖（シスコの武）／中根竜太郎（井上辰夫）／坪内久子（千代栄）／和田君示（金さん）／高崎健太郎（松木信一）

戦前、鶯芸者《うぐいす》（今のグラドルのような意味）で、レコード歌手として一世を風靡した小唄勝太郎をフィーチャーした自伝風音楽映画『勝太郎子守唄』。一見、彼女の半生を描いているようだが、完全なフィクション。当時の観客は、この映画で描かれていることを「実話」と思い込んだかも知れないが、あくまでも「小唄勝太郎」をヒロインにしたフィクションである。

小唄勝太郎は昭和八（一九三三）年、《島の娘》（作詞・長田幹彦、作曲・佐々木俊一）でブレイク。唄い出しが「ハァ」で始まる「ハァ小唄」の先駆でもあり、発売三ヶ月で三五万枚の大ヒットに。当局から「歌詞に問題アリ」とされ、歌詞の一部を改作され、太平洋戦争前夜には発禁処分となる。

映画『勝太郎子守唄』は、のちに東宝京都となるＪ．Ｏ．スタヂオとビクターの共同制作。前年の『百萬人の合唱』（一九三五年）に続くレコード界と映画のタイアップ企画。Ｊ．Ｏ．作品としては、円谷英二監督『小唄礫』（三月一九日）に

続く、この年二本目となる。

音楽伝記映画ということでは、『グレン・ミラー物語』（一九五四年）や『ボヘミアン・ラプソディ』（二〇一八年）の先駆け。わずか五〇分に、ドラマと楽曲が詰まっていて、密度は濃い。原作は西條八十だが、ストーリーは新曲《勝太郎子守唄》に寄せた母子もので、完全に創作である。歌詞とお涙頂戴の物語がリンクして、観客の感涙を誘う。モダンなP.C.L.映画に比べるとかなりローカライズされた印象があるが、築地のビクタースタジオでの吹き込みシーンや、公会堂での生中継など、バックステージ映画としても貴重な映像が楽しめる。

しかも全盛期の勝太郎が、《島の娘》《佐渡おけさ》《三階節》《佐渡を思えば》《勝太郎子守唄》《勝太郎くずし》と六曲も披露する。流行歌手・小唄勝太郎の人気とパフォーマンスを体感することができる貴重な作品でもある。《勝太郎子守唄》の唄い出しの「坊や〜」は男の子のことだと思っていたが、この映画で、昔は赤ちゃんのことを男の子でも女の子でも「坊や」と呼んでいたのだと得心した。

監督は、松竹蒲田で『若者よなぜ泣くか』（一九三〇年）を演出、その後、ハリウッドに渡った永富映次郎。サイレント映画的なモンタージュが味わえる。トップシーンの銀座ネオンのモンタージュは貴重な映像の記録。松屋銀座本店側から銀座四丁目方向の夜の銀座のショット、銀座四丁目のレストランオリンピック、ワシントン靴店のネオン、ビクター・タイアップの銀座十字屋、明治製菓銀座売店、キャバレークロネコのネオンに心ときめく。

小唄勝太郎は、明治三七（一九〇四）年一一月六日、新潟県中蒲原郡沼垂《ぬったり》町（現・新潟市中央区）生まれ。親戚が経営する料亭「鶴善」の養女となり、大正六（一九一七）年、小学校を卒業してすぐに「鶴善」で「お勝」の名前で雛妓《おしゃく》としてお披露目した。芸のうまさで注目を集め、数年後には、清元、常磐津や端唄では新潟随一となる。

二五歳で年季が明け、昭和四（一九二九）年に上京。清元の師匠の勧めで、日本橋葭町《よしちょう》で再び芸者・勝太郎となり、やがて清元の名取りとなる。同じ葭町からレコード界へ進出した藤本二三吉に続いて、勝太郎もオデオンレコードからデビュー。丸顔の愛くるしい笑顔と、美しい歌声でたちまち人気者となり、昭和六（一九三一）年にビクターレコードと契約。

翌年、「葭町勝太郎」の名前で《柳の雨》をリリース。これが最初のヒット曲となったが、勝太郎の名前を不動にしたのが、昭和八年、三島一聲《いっせい》と吹き込んだ《東京音頭》だった。このビッグヒットで勝太郎は芸者を廃業して、レコード歌手に専念、戦前のレコード界を代表するスターとなった。

戦後も積極的にレコードをリリース、昭和三六（一九六一）年には、東芝レコードに移籍。数々のご当地音頭を吹き込み、昭和四〇年代の懐メロブームではテレビに引っ張りだことなる。

さて映画『勝太郎子守唄』では、ヒロインはシングルマザーとして生きるために芸者となる。史実と全く異なるが、これは勝太郎の新曲《勝太郎子守唄》に合わせての創作。この映画の頃、彼女は三二歳だった、物語はこうである。

勝太郎は新潟出身。旧家に嫁いで一女をもうけるも夫・矢島正之助（林雅美）が急死。強権的な義父に娘を取り上げられて、勝太郎は暇を出される。生活のためにやむなく芸者となり、清元を唄う美声がビクターレコードの社員・井上辰夫（中根竜太郎）と専属作曲家・松木信一（高崎健太郎）に見出されて、レコード歌手となる。この松木信一は《島の娘》を作曲した佐々木俊一を思わせるキャラクター。いかにも「東京の先生」というインテリの雰囲気である。

タイトルバック明け、銀座のネオンのモンタージュ、ラジオのアナウンサー「それでは長田幹彦作詞、佐々木俊一作曲、小唄勝太郎さんで《島の娘》」のMCで、勝太郎がマイクの前で唄い始める。夜の電波塔、ラジオ商会前の群衆、ワイプで画面は佐渡の浜辺、ここから新婚時代の勝太郎と夫・正之助の楽しい日々の回想シーンとなる。このサイレント映画的演出がいい。

上京して葭町の芸者となった勝太郎の取り巻きの金さん（和田君示）がコメディリリーフの役割。和田君示は、団徳麿が丹下左膳を演じた『新版大岡政談』（一九二八年、東亜京都）シリーズで鼓の与吉、アラカンの『鞍馬天狗』（一九二八年、東亜京都）でおしゃべりの久次を演じていた三枚目である。

やがて《島の娘》が大ヒットして、爆発的人気を得た勝太郎は、七歳になった娘・よし子（村田加奈江）を引き取りたいと新潟へ。義父・矢島徳造（山田好良）は「芸者風情が……」と一蹴。勝太郎は心を痛め、よし子は母恋しさに涙にくれる。

それでは姪が不憫だと、亡夫の妹・律子（澤蘭子）は、勘当覚悟でよし子を連れて家を出て、東京へ汽車で向かう。

折しも、勝太郎は新曲《勝太郎子守唄》発表記念で、公会堂のステージに立つ当日。ラジオでの中継に備えて、松木やビクターのスタッフは準備にいそしむ。

そこへ、よし子が東京へ来るとの電報。勝太郎は心から喜ぶ。しかし、上野行きの汽車では、女衒《ぜげん》・シスコの武（永田靖）とそのボス、上海お銀（酒井米子・特別出演）が、律子を売り飛ばす算段。律子とよし子を誘拐してしまう。

ちなみに酒井米子は、明治三七（一九〇四）年「伊庭孝一座」で初舞台を踏み、大正九（一九二〇）年、日活向島撮影所初の女優として入社。日活の幹部スターとして活躍。息子は、松竹でプログラムピクチャーを撮る酒井欣也監督、孫娘の夫は、フリーアナウンサーの笠井信輔である。

いささかアナクロなメロドラマ展開もまた、昭和一一年ならではの味。驚いたのは、シスコの武を演じているのが、のちに勝新太郎&田宮二郎の人気シリーズ第一作『悪名』（一九六一年、大映京都）から宿敵として登場する、因島の「シルクハットの親分」を演じる永田靖。若い娘を汽車で見つけて、言葉巧みに誘い出して上海あたりに売り飛ばす女衒！　スクリーン・イメージは戦前から変わらない。

女ボス・上海お銀は、母を恋しがるよし子を不憫に思う。そのタイミングで、勝太郎の公会堂からの生放送を聞いて、よし子が勝太郎の娘と知る。一方、勝太郎は、よし子たちが行方不明と知り、心労のあまり唄っている途中に、ステージで倒れて病院へ運ばれる。ラジオでその状況を知ったお銀は、シスコの武にピストルの銃口を向ける。

音楽自伝がいつの間にかギャング映画となってしまう。お銀の計らいで逃げることに成功、ようやくクルマで病院に駆けつけるよし子と律子。クライマックスは、感動の母子再会となる。ラストは新曲《勝太郎くづし》のレコーディング現場。もちろんよし子も見学に来て、ハッピーエンドとなる。

築地の聖路加病院のほど近くにあったビクターのスタジオでのレコーディング場面が興味深い。レコードのプレスからレーベルの印刷までの生産工程もフィルムに記録されている。ドラマは平板だが、歌唱シーンはふんだんにあり、小唄勝太郎の全盛期の記録としては貴重な音楽映画となっている。

桃中軒雲右衛門

一九三六年四月二九日／P.C.L.映画製作所／成瀬巳喜男
製作・配給＝P.C.L.映画製作所／録音現像＝寫眞化学研究所／1936.04.29・大阪敷島倶楽部、1936.06.01・日本劇場／八巻・一、九一八m／七三分／日劇同時上映『勝太郎子守唄』（J.O.）（六月一日〜一〇日）

【スタッフ】作・眞山青果／脚色・演出・成瀬巳喜男／撮影・鈴木博／録音・山口淳／装置・北猛夫／編輯・岩下廣一／音楽監督・伊藤昇／演奏・P.C.L.管絃楽團

【出演者】月形龍之介（桃中軒雲右衛門）／細川ちか子（お妻）／千葉早智子（千鳥）／藤原釜足（松月）／伊東薫（泉太郎）／三島雅夫（倉田）／市川朝太郎（滝右衛門）／小杉義男（桃雲）／御橋公（磯野）／伊達信（秋葉）／澄川久／小澤栄（留岡）／丸山章治／北澤彪（本田）／柳谷寛（弟子）／中川辨公（弟子）

明治から大正にかけて一世を風靡した浪曲師・初代桃中《とうちゅう》軒《けん》雲右衛門《くもえもん》。「芸のために」破天荒に生きた雲右衛門は、浪曲師の大看板で「浪聖」とも呼ばれた名人。その亭号は沼津駅の駅弁屋「桃中軒」から、名は修行時代に兄弟分だった力士「天津風《あまつかぜ》雲右衛門」に由来する。

東京では浪花節がさほど盛んでなかった時代。関西から上京した桃中軒雲右衛門が、本郷区春木町（現・文京区本郷三丁目）の本郷座で、三〇日間連続興行を成功させた。浪花節の入場料が一〇銭にも満たない頃、上等席が一円と破格にもかかわらず、毎夜「客留（＝ソールドアウト）」の大盛況。雲右衛門によって、浪花節への評価が高まり、浪花節ブームが到来した。「東京名物百人一首」（明治四〇年八月）には「浪花節の聲價を高めたるは雲右衛門其者の藝術の妙に依る所と雖《いえど》も爾来浪花節を以て東京名物の一を示るに至りしは流石雲右衛門の力なりき」とある。

近代化のなかで「武士道」鼓吹《こすい》を旗印に「赤穂義士傳《あこうぎしでん》」で大評判となる。時はあたかも日露戦争直後、排外主義が高まるなか、雲右衛門の名調子で語られる「義士傳」は多くの人々の共感を得た。明治四〇（一九〇七）年、大阪中座、前述の東京本郷座での大入り満員は、そうした「時代の気分」も反映。同時に雲右衛門の豪快な語り口のインパクトが、それまで寄席芸だった浪曲の「劇場進出」を成功させて「浪花節」の地位を向上させることに貢献した。

成瀬巳喜男が『噂の娘』（一九三五年）に続いて手がけた『桃中軒雲右衛門』は眞山青果の同名戯曲を成瀬が脚色。のちに成瀬は川口松太郎作『鶴八鶴次郎』（一九三八年、東宝）、泉鏡花作『歌行燈』（一九四三年）、長谷川幸延作『芝居道』（一九四四年）などの「芸道もの」を手がけていく。

P.C.L.映画ではモダンなミュージカル喜劇、エンタツ・アチャコの漫才映画、音楽映画など「トーキーならでは」のサウンドが楽しめる作品を連作していた。京都のJ.O.スタヂオではこの年、ちょうど一ヶ月前に、鶯芸者・小唄勝太郎をフィーチャーして『勝太郎子守唄』（一九三六年三月二六日・永富映次郎）を公開。大衆が喜ぶ「トーキー映画」のジャンルを広げていた。そうしたなか「浪花節」をたっぷりとフィーチャーした「芸道もの」が企画された。

眞山青果の戯曲は、雲右衛門が明治四〇年、伝説の本郷座公演に向かう前夜から始まる。雲右衛門の本名は、山本峯吉。群馬県高崎市新田村出身。笹沢佐保の「木枯し紋次郎」と同郷である。

地方で祭文語りをしていた父・吉川繁吉、母、兄と共に小繁の名でヒラキ（大道小屋）での口演や流しをしていた。父の没後、三河家梅車に入門、二代目吉川繁吉を襲名、寄席へ進出。人気を得るが、横浜で曲師（三味線弾き）の梅車夫人・お浜と恋仲となり、駆け落ちして、関東には戻れなくなる。

都落ちをした雲右衛門とお浜は、京都から九州へと修行を積む。この苦労の甲斐あって、久しぶりに東京に戻ってくる。その汽車のシーンから映画は始まる。

史実と映画では、雲右衛門の相方は「お浜」ではなく「お妻（細川ちか子）」となっている。汽車では乗客が「九州で雲右衛門といえば大した評判」「東京へ初乗り込み」と噂をしている。そこで弟子の一人・塚本がアピールしてひと節唸り出す。兄弟子・桃雲（小杉義男）に「まだ人様の前で出す声じゃねえ」と叱られる。

ハリウッドの芸人ミュージカルのような快調な滑り出し。伊藤昇の音楽と列車のリズムがシンクロしてワクワクする。

「昔はなんでも女のことで東京にいられなくなった」と、前述のスキャンダルも乗客の噂話で触れられる。その次のカットが、雲右衛門（月形龍之介）のワンショット。苦虫を噛み潰したような顔、鋭い眼光。いかにも「芸の虫」という佇まい。タイトルバックが、本郷座にも掲げられていた雲右衛門の肖像画（画面では月形龍之介の似顔絵）だけに、観客へのインパクトは大きい。

月形龍之介は、明治三五（一九〇二）年、宮城県に生まれ、四歳のときに北海道で劇場を経営していた叔父の養子となる。幼い頃から活動写真や芝居に親しむ。中学時代、女学生と恋愛事件を起こして中退。三田英語学校を卒業して、勤め人となるが、大正八（一九一九）年には交際中の女性と駆け落ち、自活をするために映画俳優となった。このあたり雲右衛門のイメージと重なる。

マキノ映画で頭角を表し、マキノ・プロダクションで『修羅八荒』（一九二五年）などに主演、市川右太衛門と共にマキノを担うスターとして人気を得る。しかし大正一五（一九二六）年、妻子がありながら、共演していたマキノ輝子と不倫、駆け落ちしてしまう。これでマキノを解雇され映画界から干されてしまうが、直木三十五たちが間に立って、輝子と別れてマキノに復帰。再び映画俳優となる。

その後、月形プロダクションを設立、解散後は各社を転々とするが、昭和一〇（一九三五）年にフリーとなり、本作で初めてP.C.L.映画に出演を果たした。成瀬巳喜男が月形龍之介を雲右衛門役にキャスティングしたのは、前述のような月形のこれまでのプライベートのスキャンダルを踏まえてのことだろう。トップシーンの列車の乗客の噂話のように、観客が月形龍之介と桃中軒雲右衛門のイメージを重ねる。また本人の芝居にもそうした感情が出ることを想定していたのだろう。

芸や他人には厳しい雲右衛門だが、自分には甘い。とことんまで甘い。東京を離れるときに、前妻との間にできた一人息子・泉太郎（伊東薫）を預けてある国府津で下車予定で、久しぶりの再会を楽しみにしていた。その筈なのに、列車のなかで気が変わり、静岡で下車。その気まぐれに座員たちは大慌て。一同も静岡の宿で待機することになる。

弟子の本田（北澤彪）たちが行方を探すも皆目見当がつかない。八年ぶりの東京乗り込みに「一生一代の晴れ舞台だ」と九州にいる時から、一番楽しみにしていたのは雲右衛門なのに。

当の雲右衛門は、料理屋で芸者を揚げての宴会。ご機嫌に飲んでいる。典型的な逃避行動なのだが、この映画では「芸に生きる苦しさ」の発露である。座敷では、幇間が「かっぽれ」を踊っているが、ニッコリ笑った雲右衛門、「甚公、俺を知っているか？」と踊りを辞めさせる。新聞で見ていると幇間。しかし雲右衛門は「そんな俺じゃねえんだ。昔のことだ」。幇間は鍛冶町の指物屋の伜で、近くの寄席の楽屋に出入りしていた「嫌味な野郎」だった。「俺はあの寄席の楽屋に転がっていた者よ」。雑用係の頃の「何者でもない自分」を懐かしむ。

東京での大舞台、息子との再会、成功した自分は慢心していないか、それでいいのか？　と疑問に思っての静岡下車だった。

この料理屋では、九州で雲右衛門の贔屓だった事務官僚・留岡（小沢栄）が、警察・県庁の首脳部が集まっているので「座敷で一席」と、厚かましく頼む。雲右衛門は「そんなことはどうでもいいよ」。

料理屋のシークエンスでは、かつての雲右衛門の師匠で今は一座で「お爺さん」として慕われている秋月（藤原釜足）と酒を酌み交わす場面がいい。藤原釜足と月形龍之介がしみじみ語り合う。そこへ先ほどの事務官僚・留岡が仲間を引き連れて座敷へ。自分たちの宴席で「語って欲しい」としつこい。「俺は天下の雲右衛門だ。ご祝儀に尻尾を振って、座敷を稼ぐような雲右衛門じゃねえ！」と啖呵を切る。

その頃、国府津で雲右衛門を出迎えようと待ち構えていた、新聞社の後援者・倉田（三島雅夫）が事態を知って静岡へ。インテリの倉田には雲右衛門の行動が理解できない。お妻に「今日のこの失態の原因はどこにあると思います？」。お妻は「姿をくらましたのではございますまい。途中、国府津へ降りるのが苦しかったのではないかと」。雲右衛門の長男・泉太郎は、この八年間、倉田が面倒を見てきた。その息子に会うことが「急に苦しくなった」ことはお妻にも理解できない。「人の心にはめいめい扉があって、たとえ妻でも、その中には入って行けない」とお妻。

一時が万事で、雲右衛門の「常識外れ」が描かれる。その夜、倉田は泉太郎を静岡に呼び、雲右衛門との再会の場を作る。立派に育った倅の姿に、上機嫌になる雲右衛門。同席しているお妻のことは紹介せずに「いずれ引き合わせるぞ」。ちらっとお妻の顔を見る泉太郎。『あるぷす大將』（一九三四年、山本嘉次郎）から二年、伊東薫は一四歳、立派な中学生に成長している。ここで雲右衛門「倅に聞かせたくなった。弾いてくれないか」とお妻に三味線を頼む。「気持ち良く唄わないようじゃ、ここ（胸）が詰まっているようだ」。やはり泉太郎に会うのが怖かったのだ。

♪卯月も過ぎて　五月雨の
昨日も今日も　掻き曇り
降りみ降らずみ　定めなき
頃は節句を明日にした　五月四日の入相時

雲右衛門は泉太郎に「親父の身体は傷だらけだ。お前の親父は傷だらけに生きてきたんだぞ。虚名や評判に惑わされて、俺を買い被ってはいけないぞ」と言い聞かせる。

♪シャアシャアと　降る雨の中

笠も冠らず　頭から
ぐっしょり濡れた　濡れ鼠

「泉太郎、俺の親父さんは上州結城在で、吉川繁吉という旅回りの祭文語りだ。雲右衛門はその倅だぞ。いいか？」

♪山門潜り　正面本堂へ
左手斜に上がる　冷光院殿墓前を過ぎ
ぐるり廻れば　四十七士の墓所
一際目に立つ　大石の
墓前に坐すは　村上喜剣

「雲右衛門はどんな傷だらけになっても、芸のためには戦っていくぞ」と泉太郎に宣言する。これは自分自身への戒めでもある。雲右衛門のアップがディゾルブして、本郷座の看板写真となる。満員の客、P.C.L.スタジオに再現した本郷座の再現が見事。戦後『ゴジラ』（一九五四年、本多猪四郎）などを手がける北猛夫が装置（美術）を担当している。

雲右衛門の評判を話す街の人々。「前には《ちょんがれ》とか《浮かれ節》とか言って、あまり檜舞台に出せる芸じゃなかったんだがね」「雲右衛門っていうのは偉い男ですな」「何しろ入場料が一円とな、たまげたね」「俺はまだ八銭より高え浪花節、聞いたことがねえぜ」と、常道の演出とはいえ、的確に雲右衛門人気を描写している。

こうして名実ともに頂点に立った雲右衛門。毎日、芸者を揚げての放埒三昧。泉太郎は東京の中学校に通い始め、お妻を本当の母親のように慕っている。弟子たちも増えて、ますます安泰だったが……。

雲右衛門は、とある座敷で若い芸者・千鳥（千葉早智子）に魅了され、すっかり入れ揚げる。「俺は千鳥と遊んでいると、その日の声に、艶が出るんだ」とご機嫌。番頭の磯野（御橋公）は、そんな雲右衛門に、病気がちのお妻には「あまり心労をかけたくない」と嗜める。何事にも無手勝流、我が道を征く雲右衛門。

一方、泉太郎は、お妻に「僕、お父さんの生活、よくないと思う」と本音を漏らす。お妻は「お父さんの芸のためになることだったら、どんなことでも、許してあげなければいけません」。

これぞ「芸道物」なのだが、現代の感覚だと完全にNGである。自分の弱さ、迷いから逃避するための非常識な行動を「芸のためなら、どんなことでも許される」と正当化して、それゆえの「苦しさ」を描いて観客の共感と感動に繋げる。雲右衛門のエゴイストぶり、自己正当化には納得できないが「あの時代のもの」として観るしかない。

新聞は「浪曲界の醜聞　桃中軒雲右衛門の乱行　藝者千鳥に身請沙汰」とゴシップ記事を載せる。泉太郎は、それをお妻に見せまいと必死に隠す。雲右衛門のアンモラルに対して、泉太郎のモラルが映画のバランスとなる。

倉田も雲右衛門に意見する。「少しはお妻さんのことを考えてやったらどうだ？　この東京で今、君に突っ放されたら、どんなに寂しいと思う？」。しかし雲右衛門は「俺が一人や二人女を拵えたからって、奴はなんとも思いやしない。奴も芸に生きてるんだ。お互いに芸が生き甲斐なんだ」。これを詭弁と取るか、芸の厳しさと取るかで、この映画の捉え方が変わってくる。

本郷座での舞台。三味線はお妻が弾いている。雲右衛門は《義士傳》を唸る。「南部坂雪の別れ」のくだり。固唾を飲む満員の観客。月形龍之介の堂々たる浪曲師ぶりが素晴らしい。眼光、間合い、そして佇まい。雲右衛門になりきっている。細川ちか子も、糟糠の妻の苦しみ、芸人の厳しさ、さまざまな感情を押し殺して舞台に立っている感じがいい。

♪内蔵は見るより　低頭平身
良雄なるか　よう見えたぞ
そなた来るを　待つや久しう思うていたぞ
いつもながら　麗しきを拝し
内蔵助　身にとりいかばかりか
恐悦至極に存じまする

三味線の間合いが違っているのか。時折、雲右衛門は左後ろのお妻に目をやる。意に介さないお妻。タイミングがずれているのは間違いない。長年、ともに舞台を務めてきた二人の呼吸が合わない。

その夜、雲右衛門はお妻に、二度も三味線の調子を外したのは「俺の芸にいけねえとこでもあったのか？」と聞く。お妻は「弾いていて泣けません」。ぐさりと刺さるその言葉、お妻を睨みつける雲右衛門。お妻も自分の三味線が、もう峠を過ぎたと思っていると芸の衰えを認める。それを否定する雲右衛門に「その女房に小言一つ言えずに、結構がって唄っているお前さんは、それでも天下の雲右衛門か？　昔のことを思うと本当に涙が出らあ」ときっぱり。

昔は、三味線の出来の悪い時には、お妻をぶったり蹴ったりしていた。元々、女として可愛がられてきた訳じゃない。「お前さんは、自分の芸のために、私の三味線を食ったんだ。自分の芸のためなら、人も師匠も忘れられる強い心の人だったんだよ」。夫婦でも芸の上ではいつも敵、負けまいとお互い張り合ってきた「真剣さはどうなったんだい」。思いの丈をぶつける。

雲右衛門も同じ考えである。しかし「衰え始めた俺の芸に、かえって反対の人気が立ってくるんだ」。それを思うと背中が寒くなると雲右衛門。自分の死期を察しているお妻は、そんな情けない雲右衛門をこの世に置いては「行くところには行けやしない。お前さんは女でも女房でも、芸のためならみんな食ってきた人なんだよ。今頃、女房の三味線に蹴つまずいて、汗なんか流して」と言い残して立ち去ろうとする。呼び止められ立ち尽くすお妻の後ろ姿。肩を振るわせ、茫漠たる涙を流している。それを見つめている雲右衛門、たまりかねて目を逸らす。

この芝居場、細川ちか子と月形龍之介。見事である。男の弱さ、女の強さ。芸に生きる者が背負っている業。そして長年連れ添ってきた夫婦の感覚。矛盾も含めて、これまでの二人の「生き様」が凝縮されている。

二年後、成瀬巳喜男はこれをさらに発展させて、長谷川一夫と山田五十鈴の『鶴八鶴次郎』を完成させる。成瀬の「芸道物」のなかでも、本作のこのシーンは白眉である。

それから程なく、お妻は結核で入院。雲右衛門は千鳥の妾宅に足しげく通うが、病院に見舞いに行くことができない。小杉義男演じる弟子・桃雲は、千鳥の妾宅の世話をしていて、雲右衛門に見舞いに行くように千鳥を通して頼むが、雲右衛門はお妻の現実と対峙することが怖くて二の足を踏んでいる。

それが理解できない泉太郎は、ますます父親に反撥する。千鳥と父のことをからかった同級生たちと大喧嘩。しかし雲右衛門は、ナイフを持っていたことを咎め「男なら素手で戦え」と、浪花節の「武士道」を押し付け、泉太郎に「出てゆけ」と怒鳴る。ここで、たまりかねた番頭・磯野が長年仕えてきた雲右衛門に反旗を翻す。ここはかなりのカタルシス。温厚なイメージの御橋公が、厳しい顔で雲右衛門に反発する。そうした騒動のなか、お妻が亡くなったことを知らされる。果たして雲右衛門の心中やいかに……。

後年の成瀬映画には、身勝手でわがまま、未成熟の「ダメ男」が次々と登場して、ヒロインを苦しめ、悩ませ、自立のきっかけとなっていくが、史実を元にした伝記とはいえ、この雲右衛門は、そうした「ダメ男」のプロトタイプでもある。それを受容できるかできないか。後世で「芸道もの」を観るわれわれは、いつもそれを突きつけられる。

吾輩ハ猫デアル

一九三六年五月一日／P.C.L.映画製作所／山本嘉次郎
製作・配給＝P.C.L.映画製作所／録音現像＝寫眞化學研究所／1936.05.01・日本劇場／一〇巻・二、三九三m／八七分／日劇同時上映『ガラスの鍵』（一九三五年、パラマウント、フランク・タトル）／同時上演「東寶ダンシング・チーム第三回公演 春のジャズとダンス」八景（五月一日～一〇日）

【スタッフ】作・夏目漱石／演出・山本嘉次郎／脚色・小林勝／撮影・唐澤弘光／録音・道源勇二／装置・久保一雄／編輯・岩下廣一／音楽監督・紙恭輔／演奏・P.C.L.管絃楽團
【出演者】徳川夢声（迷亭）／丸山定夫（珍野苦沙弥）／藤原釜足（越智東風）／宇留木浩（多々良三平）／北澤彪（水島寒月）／千葉早智子（金田の娘・富子）／英百合子（珍野の細君）／清川玉枝（金田の妻・鼻子）／御橋公（鈴木藤十郎）／西村楽天（車夫）／森野鍛冶哉（金田）／清川虹子（車夫の女房）／堀越節子（雪江）／宮野照子／伊藤智子／柳谷寛（古井竹右衛門）／林喜美子（女中・おさん）

夏目漱石の処女小説『吾輩は猫である』は、明治三八（一九〇五）年一月、雑誌『ホトトギス』で発表され、これが評判となり、翌年、明治三九（一九〇六）年まで掲載された。単行本は同年一〇月に上巻、一一月に中巻、翌明治四〇（一九〇七）年五月に下巻が服部書店、大倉書店から刊行された。

旧制中学の英語教師・珍野苦沙弥《ちんのくしゃみ》の家に、ひょんなことから飼われることとなった名前のない猫「吾輩」の視点で、珍野一家、そして珍野の友人、門下生、近所の人々が織りなす騒動、人間模様が展開される。鋭い風刺、軽妙な笑い。まるで落語のような語り口のユーモア小説である。その着想は、ドイツの作家、エルンスト・テオドール・アマデウス・ホフマンが一八一九年から一八二一年にかけて発表した『牡猫ムルの人生観』から、と言う説もある。

P.C.L.では前年、昭和一〇（一九三五）年、山本嘉次郎演出で漱石の『坊っちゃん』を映画化。主演の宇留木浩の豪快なキャラクターと共に、高い評価を受けた。それに続く漱石文学の映画化が企画された。

主人公・珍野苦沙弥先生には、さまざまな役柄でP.C.L.を支えてきた丸山定夫。偏屈かつユニークな珍野のキャラクターを見事に丸山が映画的に造形。さらに藤原釜足、宇留木浩、森野鍛治哉たちおなじみの面々がそれぞれ原作の登場人物を好演。特に清川玉枝は、付け鼻メイクをして鼻夫人を演じているのだが、ポーカーフェイスなので余計におかしい。そして特筆すべきは、珍野家の女中・おさんを、ノンクレジットながら、おなじみ林喜美子がユーモラスに演じて観客の笑いを誘う。

この時代の感覚や演出では、原作のように猫である「吾輩」の視点で物語を展開していくのは難しかっただろう。しかし第三者的な映画のキャメラの視点で『吾輩は猫である』の世界を楽しむことができる。

脚色は、前年『不如帰』のモダンな現代版『浪子の一生』(一九三四年、矢倉茂雄)を手がけた小林勝。この年、ラジオドラマの脚本家として漱石の『三四郎』(八月三一日〜九月二〇日)を脚色、その後も『彼岸過迄』(一九四〇年三月一九日〜二〇日)、『草枕』(一九四一年三月二七日)、『二百十日』(一九四四年〜一九四五年頃)などを手がけ「ラヂオ小説」の第一人者となる。

小林勝は、日活太秦でシナリオ作家として活躍、山本嘉次郎とも親しかった。昭和九(一九三四)年に、山本と共にP.C.L.に移籍。脚本部員として『踊り子日記』『浪子の一生』(一九三四年)、『坊っちゃん』『放浪記』(一九三六年)などを手がけていた。特に夏目漱石ものを得意として、前述のNHK「ラヂオ小説」や、岡譲二主演のオリジナル・ストーリー『新編 坊っちゃん』(一九四一年、渡邊邦男)などを執筆した。

小林のシナリオは原作のエッセンスを巧みに八七分というサイズに凝縮。ダイジェスト感は否めないが、原作を知らない観客も楽しめるよう娯楽映画としてよくできている。

中学の英語教師・珍野苦沙弥(丸山定夫)の家に、一匹の猫が迷い込む。女中・おさん(林喜美子)はつまみ出そうとするが、珍野先生の「おいてやればいい」で、家族の一員となる。アニマルトレーナーなどがいない時代、この猫は自由すぎる存在で、画面のどこかに時折写り込んでいる。その感じもいい。

ある日、先生の友人である美学者・迷亭(徳川夢声)が、珍野家にやってくる。来しなに蕎麦を頼んできて、先生の細君に「卵はないか」とこれまた自由に振る舞う。そこで迷亭「寒月くんが恋をしているようだ」と話す。

先生の弟子である水島寒月(北澤彪)は物理学専攻の若き

研究者。真面目一筋だが、とある梅見の宴で、実業家の令嬢・金田富子（千葉早智子）と出会い、向島の安倍博士の屋敷での演奏会では、富子のピアノ伴奏で寒月がヴァイオリンを弾いた。ところが寒月に恋をしたのは富子の方だった。その梅見の宴席には、迷亭の友人で詩人・越智東風（藤原釜足）も参加していて、東風も富子に一目惚れ。演奏会では「新体詩」を捧げるも相手にされなかった。

富子の父・金田（森野鍛冶哉）は金満家で、娘の言うことならなんでも聞く親バカ。富子に自動車を与えている。

向島からの帰途、富子は寒月に「自動車でお送りしますわ」と誘うが、寒月は「土手を歩いて帰ります」。寒月が吾妻橋を歩いていると「寒月さん」と不審な声が川の中から聞こえてきて、思わず寒月は大川に飛び降りようとしたが、気がつくと橋の真ん中だったというオチがつく。

そんな与太話に笑っていると、九州は佐賀から先生の教え子・多々良三平（宇留木浩）が上京、山芋を土産に現れる。「これからの時代は金がモノを言う。株で一儲けしようと思うとります」と、先生にも「実業家になりませんか」と勧める。しかし先生は「わしは金が嫌いだ」とケンもほろろ。三平は土産を先生に渡す。「山芋ですたい。先生もこれを食べて、ひとつ元気になりしゃんしゃい」。

しかし、その夜、泥棒が押し入り、なけなしの着物と一緒に山芋が盗まれる。泥棒が侵入してきたにもかかわらず、猫の「吾輩」は騒ぎもしないで部屋を出ていってしまう。全くの役立たずである。

翌朝、帯が盗まれてしまい不恰好な細君を見た先生。「お前の格好は、宿場女郎のようだ」。被害届を出すためリストアップ。盗まれた帯は「いくらだ?」「六円です」「高すぎる。一円五〇銭ぐらいにしておけ」と無茶苦茶。三平の土産の山芋は「いくらだ?」「知りませんよ」「じゃ、一二円五〇銭にしておこう」先生の無茶苦茶はエスカレート。

「そんな法外な値段がありますか」「一二円五〇銭は法外だとは何だ。まるで論理に合わん。それだから貴様はオタンチン・パレオロガスだ」「なんです?　そのオタンチン・パレオロガスって」と、盗品のリストアップの話から、細君は「オタンチン・パレオロガスの意味を聞かしてちょうだい」と詰め寄る。「あなたはよっぽど私を馬鹿にしていらっしゃるのね。きっと人が英語を知らないと思って。私だってそれくらい知っていますよ」「じゃあ、何だ。言って見ろ」「オタンチンとは頭のこと、パレオロガスとは禿げのことでしょ」。

無意味な夫婦の諍いが延々と続く。これがおかしい。英百合子の細君がムキになり、先生は夫の威厳で無茶苦茶を言う。

ある日、富子の母・金田夫人（清川玉枝）が先生を訪ねてくる。金田家と先生の家はすぐ近くなのに、わざわざ自動車で乗り付けてくる。用件は、寒月が富子の夫として相応しいかの身元調査だった。「どんなことを勉強しているのですか？」「最近では『首縊りの力学』という論文を書きました」「そんなことでは博士号は取れそうもありませんね」「本人が首を縊らなければ、できないこともないでしょう」と珍問答が続く。

金田夫人が帰った後、迷亭と先生。「なんだ、あの鼻は？」「あれは一九世紀に売れ残って二〇世紀に店ざらしといった顔だ」と大笑い。そこで鼻子と仇名をつける。

しかし噂千里で、それが金田家に伝わって、先生への嫌がらせが始まる。先生の隣家は、金田がスポンサーの学生寮。学生たちが大騒ぎして野球のボールを投げ込んで仕事の邪魔をする。先生、とうとう神経衰弱で寝込む始末。

ある日、先生宅に刑事が現れて、先般の泥棒を捕縛したことを報告。先生が「ご苦労様です」と挨拶したのは、なんと泥棒だった。被害の確認のために同行させていたのだ。先生は「あっちの方が偉そうだったぞ」と一時が万事、この調子。

さて寒月への恋心が募るばかりの金田富子は、越智東風が演出する芝居のヒロインに抜擢され、寒月に観てもらえると懸命に練習をしていた。しかし待てども寒月は観に来ない。聞けば、用事で郷里に帰ってしまったと。意気消沈の富子は、芝居には出演しないと駄々をこねて公演がなかなか始まらない。東風は困り果てる。

そこへ、今では金田の会社の番頭をしている三平が「株価大暴落」を伝えに飛んでくる。金田は一瞬にして破産の憂き目に。結局、東風の芝居はメチャクチャなことになる。失意の東風、迷亭と共に先生宅で、ビールで残念会。先生の抱いている猫の「吾輩」もビールを舐め始めて酩酊して千鳥足。

そこへ寒月が女性同伴で戻ってきて、先生に「結婚しました」と報告。万事めでたしとなるが、そこへ「大変！　猫が井戸に落ちました」と女中・おさんの声が。なんとビールに酔った猫が井戸で……。

やがて先生は猫の墓標を庭に建てる。そこには「この下に稲妻起る宵あらん」と粋な言葉が書かれていた。

そこへ三平が現れて、金田家の破産を報告。「私も一文無し、また一から出直します。金田からどうしても富子を嫁に貰って欲しいと頼まれた」と富子との結婚を報告。先生「それもまたいいだろう」。

三平は、「ところであの猫は死んだんですか、惜しいことをしましたなあ、うまそうな猫だったのに」。先生の細君「まあ、いやだ、三平さん、猫食べるの?」。まさに微苦笑のユーモア映画の佳作である。

漱石文学のユーモアを巧みに娯楽映画化することに成功している。配役もベストキャスティング。ラストの多々良三平の飄々とした味わい。

丸山定夫は、P.C.L.そして東宝映画でさまざまな役を演じ、昭和一七(一九四二)年、高山徳右衛門(薄田研二)、藤原鶏太(藤原釜足)、徳川夢声と四人で「苦楽座」を旗揚げ。戦時下、各地で公演を続けるが、映画館や劇場が次々と閉鎖。昭和一九(一九四四)年に苦楽座は解散を余儀なくされる。しかし、芝居への想いやみがたく、丸山は苦楽座に参加していた『無法松の一生』(一九四三年、大映、稲垣浩)のヒロインを務めた園井恵子、新協劇団出身の仲みどりらと、一九四五(昭和二〇)年、内閣情報局奨励の移動慰問団劇団「桜隊」を結成。広島での駐屯が決まり、巡業を開始した。

しかし丸山の肋膜炎《ろくまくえん》が悪化、芝居が続行できなくなり、七月一六日、「桜隊」は広島市堀川町の寮に引き揚げた。そして八月六日、中国地方巡業準備中の丸山たちは、原爆投下に遭遇、被曝して、八月一六日に亡くなる。園井恵子、仲みどりもその直後に相次いで亡くなった。新藤兼人『桜隊散る』(一九八八年)では、古田将士が丸山を演じ、その最期が描かれている。また大林宣彦『海辺の映画館—キネマの玉手箱』(二〇二〇年)では、劇中劇で窪塚洋介が丸山を演じている。

なお本作の封切日はネットのデータベースでは四月一四日とあるが、日劇での上映は五月一日から、東宝の公式資料でも同日である。

處女花園

一九三六年六月一一日／P．C．L．映画製作所／矢倉茂雄
製作＝P．C．L．映画製作所／録音現像＝寫眞化学研究所／1936.06.11・日本劇場／八巻・一，七九六m／六六分／日劇同時上映『航空十三時間』（一九三六年、パラマウント、ミッチェル・ライゼン）／同時上演「日劇ダンシングチーム第四回公演 六月のジャズとダンス」十六景 マーカス・ショウ出演（六月一一日〜二〇日）

【スタッフ】原作・菊池寛／監督・矢倉茂雄／脚色・田中千禾夫、深町松枝／撮影・友成達雄／録音・金山欣二郎／装置・戸塚正夫／音楽監督・紙恭輔／獨唱・長門美保／演奏・P．C．L．管絃楽團／衣裳調製・白木屋
【出演者】堤眞佐子（次女・水町櫻子）／伊達里子（長女・珠實）／山縣直代（三女・奈々子）／椿澄枝（四女・千夜子）／中野英治（安来完二）／伊藤智子（母）／小島洋々／近藤伊與吉（声楽の先生）／林喜美子（安井家・女中）／宮野照子（声楽の生徒）／三條正子（同）／水上怜子（同）／辨公（コンサート係）

菊池寛の小説『處女花園』は、ルイーザ・メイ・オルコットの『若草物語』にインスパイアされた「四姉妹もの」。裕福な男爵一家、父は仕事で不在、優しい母と一緒に四姉妹が楽しく暮らしている。四人とも一人の青年に憧れている。長女は現実的なリアリスト。次女は勝気で声楽に打ち込んでいる現代女性。三女は内気で古風なタイプ、しかも胸を患っている。四女は好奇心旺盛の女学生。長女は青年との結婚を諦めて他の金持ちと結婚。ならばと、次女が猛アタック、青年も彼女を愛し始める。三女は、心の底から青年を愛していたが、病は進行していく。

四人姉妹の揺れ動く乙女心。『若草物語』の語り部でもある次女・ジョーさながらに、自分で運命を切り拓いていく新しい女性として『處女花園』では、次女・櫻子の自由奔放さが描かれる。その櫻子をP．C．L．のトップスター・堤眞佐子が好演。この年の『女軍突撃隊』（一月二一日、木村荘十二）と共に、彼女の代表作となった。

脚色は田中千禾夫と深町松枝。田中千禾夫は翌年に文学座創設に参加する劇作家。P．C．L．映画第三作『さくら音

頭涙の母』（一九三四年、木村荘十二）にダイアローグライターとして参加、P.C.L.ではこれが初の脚色となる。共同脚本の深町松枝は、本名・厚木たか。昭和五（一九三〇）年に日本プロレタリア映画同盟に参加、昭和九（一九三四）年にP.C.L.文芸課に入社。本作でシナリオ・デビューを果たした。昭和一三（一九三八）年から芸術映画社に勤務して、記録映画のシナリオを執筆。『映画文化論』（ポール・ローサ著）など翻訳家としても活躍。この『處女花園』公開してほどなく、女性映画人として深町は次のような発言をしている。「わたしたちは職場にいる間、男であるとか女であるとか自分の性別を意識するようなことは全くまれである」（『キネマ旬報』一九三六年八月号）。

四人姉妹の描き分けは『若草物語』に沿っているが、深町松枝の視点があればこそ。本作には、四人が憧れる安来完二（中野英治）以外は、男性の影はほとんどない。長女・珠實（伊達里子）が結婚する相手も、写真と話の中だけ。男性はあくまでも脇役なのである。

タイトルバックに流れるのはフランツ・シューベルトの《野ばら Heidenröslein》。ヒロインである次女・水町櫻子（堤眞佐子）が声楽家を目指していて、そのレパートリーで、音楽監督・紙恭輔は《野ばら》を本編の音楽モチーフにしている。

四姉妹の衣裳を提供（当時の表現で調製）しているのは、『只野凡児 人生勉強』（一九三四年、木村荘十二）で堤眞佐子が買物をした日本橋白木屋。寅さんの口上「赤木屋、黒木屋、白木屋さんで……」でおなじみのデパート。タイトルはP.C.L.映画のスタイルで、メインの登場人物のワンショットに役名テロップが入る。堤眞佐子は白いドレスで微笑みながら唄っている。モダンガールの長女・珠實（伊達里子）はショートヘアーに大きなリボンをあしらったワンピース姿でニッコリ。内気な三女・奈々子（山縣直代）は常に和装でお淑やか。怖いもの知らずの四女・千夜子（椿澄枝）はセーラー服で神様にお祈りポーズ。ペロッと舌を出すのが可愛い。そして四人の憧れの男性・安来完二（中野英治）は外交官になりたてのエリート青年。前年の『都會の怪異7時03分』（一九三五年、木村荘十二）と打って変わってのダンディ。

外交官試験にパスした完二の二六歳の誕生パーティ当日。水町家の四女・千夜子はソワソワ。長女・珠實はドレッサーの前で入念に化粧。しかし次女・櫻子は声楽のレッスンからまだ帰って来ない。千夜子は「早く帰ればいいのに。芸術家って厄介なもんだな」とぼやく。三女・奈々子は病弱で滅多に外出許可が出ないが、今夜は特別。クリスチャンの奈々子は誕生日プレゼントに、教会をイメージしたタペストリーを用意している。

四姉妹の父・水町男爵は公務で不在だが、優しい母（伊藤智子）は娘たちを大切に育てている。これも「若草物語」と同じ。そこへバタン！　とドアを閉める大きな音。ベレー帽に白い半袖のセーター、ボーイッシュな櫻子が「まあ驚いた！」と部屋に入ってきて、帽子とコートを椅子に投げる。「今日は気持ち良く唄えたの」とご機嫌でピアノに向かって《野ばら》を唄い出すが、千夜子の「呑気なこと言ってないで、早く支度してよ！」に、慌てて支度を始める。

櫻子への不満を、奈々子にぶつける千夜子。「いいじゃないの、あれくらい熱心じゃないと、いい唄い手にはなれないでしょう」。四姉妹の性格をこのシーンで観客に伝える。

さて、完二へのプレゼント。千夜子はスケート靴を用意。自分の靴も新調して、これを機にスケートのコーチを頼む心算のチャッカリ屋である。奈々子は「私もいつか一緒に連れてってね」「やーよ。お姉様なんか危なくって」「いいわよ、私一人で完二さんに連れてって頂くから」。少し拗ねた表情の山縣直代が可愛い。千夜子と奈々子はいつも、こんな風に喧嘩しているが大の仲良し。

チェックのワンピースに着替えた櫻子が珠實に「完二さん、これで何回目の誕生日かしら？」。櫻子は、姉の珠實が完二と結婚するものだと思っていたが、珠實は他のエリート男性・志賀と婚約。「完二さんはただのお友達よ」。実際家（当時の表現で現実家のこと）の珠實は、お金も地位もある志賀を選んだのだ。

さて、櫻子の用意したプレゼントはシガレットケース。珠實はネクタイだが、いささか地味。婚約者の志賀が嫉妬しないよう配慮してのこと。その志賀の写真を見た櫻子「志賀さんてつまんないヒゲをつけてるのねぇ」。珠實も「私も嫌だから（ヒゲを）取ってもらったのよ。ヒゲは嫌ね」。とガールズトーク。

しかも珠實は、完二に志賀との婚約をまだ伝えていない。「不意打ち食らわせるのも、ちょっと面白いじゃないの」と珠實。だから今夜のパーティで伝えるつもり。しかし完二は、珠實との結婚を考えていたので、これが波紋を呼ぶことになる。

このシーンで櫻子も完二が好きなことがわかる。実際家の珠實は降りてしまったが、櫻子、奈々子、千夜子のそれぞれが完二に想いを寄せている。

母に見送られた四姉妹。玄関先でもおしゃべり。千夜子が「ママ、こんなのできる？」とタップダンスを踊る。櫻子が「あら、私の方が上手くってよ」と見事なステップを披露。面白くない千夜子は「こんな顔できる？」と変顔。笑いが絶えない賑やかな一家である。

安来家での誕生パーティ。完二は珠實にそれとなく「結婚したい」と伝えるが、見事に躱《かわ》されてしまう。櫻子は、早く志賀との婚約を伝えろとアイコンタクト、しかし珠實は言い出せずに「完二さん、ジョセフィン・ベーカー、観にいらっしゃるでしょ？　切符余ってるから差し上げますわ」と話題を変えてしまう。

ジョセフィン・ベーカーは、セントルイス出身の黒人レビュー・スター。一九二五年にパリのシャンゼリゼ劇場「レビュー・ネグロ」にダンサーとして出演。チャールストンを踊って大人気に。「ボードレールが夢に見た褐色の女神」と絶賛され、アーネスト・ヘミングウェイが「これまで見た女性のなかで最もセンセーショナル」と賛辞を送った。その後、歌手として《可愛いトンキン娘》を唄い、フランス映画『はだかの女王』（一九三四年、マルク・アレグレ）、『タムタム姫』（一九三五年、エドモン・T・グレヴィル）に主演、日本でも公開された。余談だが一九三六年といえば、ジョセフィン・ベーカーがアメリカで、黒人という理由で「ジーグフェルド・フォーリーズ」のメンバーから外された年。故国での人種差別に嫌気が差して、翌一九三七年、彼女はフランスの市民権を獲得。戦後、昭和二九（一九五四）年に来日、帝国劇場や宝塚大劇場で公演したことは知っていたが、戦前に来日公演の予定があったとは！

さて、パーティの余興で、櫻子が唄うことになり、珠實の指名で千夜子がタップダンスを披露することになる。それが恥ずかしい千夜子、テーブルの下に潜り込む。椿澄枝がすねたり、甘えたり、戯けたりする表情がチャーミング。テーブルのシャンパンを、大人びて口にするが、苦い！　という顔をして、出席者から笑われる。

やがて櫻子が得意の《野ばら》を唄う。堤眞佐子は昭和五（一九三〇）年、一三歳で日本劇場附属音楽舞踊学校に入学。同窓の江戸川蘭子や春野八重子とともにショービジネスの世界へ。『ほろよひ人生』（一九三三年）に出演、P.C.L.と専属契約、トップ女優として数多くの映画で唄って踊ってきたが、ここでは彼女の声は吹き替え。

堤眞佐子の歌声は、当時最高の人気だった声楽家・長門美保の吹き替え。長門美保は、東京音楽学校の出身で、昭和九（一九三四）年の第三回日本音楽コンクールで第一位に入賞。昭和一〇（一九三五）年六月、日比谷有楽座開場記念オペレッタ「シューベルトの戀」に出演。この映画の公開一ヶ月前、昭和一一年五月七日、日比谷公会堂で「第一回独唱会」を開催、これが大盛況で聴衆が溢れ返って、丸の内署に始末書を書かされたという。声だけとはいえ、注目の若手声楽家・長門美保の起用も、この映画の大きな売りの一つ。

さて、パーティで櫻子が《野ばら》を唄っている間、三女・奈々子の気分が悪くなり、完二のエスコートで、二人は外のテラスへ。奈々子は完二の勧めた葡萄酒で落ち着く。その優しさに、奈々子の胸はときめく。完二がパーティに戻って、一人となった奈々子の表情が美しい。胸に秘めた想い。山縣直代はこうした清楚な役柄がピッタリ。

パーティは終わり、帰り際に完二にジョセフィン・ベーカーの切符を渡してないことに気づいた櫻子、珠實を促すが、結局は千夜子が渡す。珠實は結婚することを言いそびれてしまったのだ。

やがて珠實の結納、結婚の準備が着々と進むなか、ジョセフィン・ベーカーのコンサートの当日。いそいそと準備をする完二は女中（林喜美子）に言う。「お父様、お帰りになったら、ジョセフィン・ベーカーを観に行ったとそう言って」。ところが夕刊の「水町男爵家のお目出度 令嬢珠實さん志賀徹氏令息と近く華燭の典を擧ぐ」の記事にショックを受け、完二はチケットをビリビリに破く。

失恋した完二は、水町家に寄り付かなくなる。千夜子も奈々子も心配。思い切って櫻子は、完二を訪ねる。女中から「水町さんのお嬢さん」と聞いて珠實が来たと喜ぶ完二。しかし櫻子なので少しがっかり。「あなた、珠實姉さんがご結婚なすったことを、怒ってらっしゃるのでしょう?」。思ったら即行動の櫻子は、姉の完二に対する曖昧な態度を生ぬるく感じていた。

櫻子「私だったら、何もかも忘れて、自分も忘れてしまうだろうと思うわ」

完二「音楽も?」

櫻子「もちろん音楽も! だから私、憤慨しているの。私にはあんな真似はできない。この人と思う人のところに真っ直ぐに飛び込んで行くの。それから先、どうなろうとわからなくてもいいの。随分野蛮でしょ?」

完二「いいえ、真実は常に野蛮に見えるものです。僕もかつてその真実に憧れていたことがあります」

櫻子「憧れじゃダメだわ。ぶつからなくちゃ!」

このシークエンス、バックには弦楽四重奏の《野ばら》が流れる。櫻子の情熱に、完二の迷いはなくなり、二人は交際を始める。紙恭輔の音楽演出、矢倉茂雄の演出も見事。

一方、奈々子は、完二にプレゼントしようと刺繡でシガレットケースを作成中。千夜子は例のスケート靴で完二からスケートを習う。二人が出てくる「スケートリンク・オーランド」はロケーションに見えるが、実はP.C.L.映画撮影所の第一、第二ステージ前、噴水を飾り込んで撮影。嬉しそうな千夜子に、完二は「僕もう失礼します。じゃ、さよなら」と素っ気ない。大いにクサる千夜子。

櫻子、人待ち顔でゴージャスな喫茶店にいる。銀座六丁目、銀座通り沿いにあった「銀座コロンバン本店」二階の「古代フランス風サロン」である。昭和六（一九三一）年に開業、本作の原作者・菊池寛や東郷青児などの文化人が好んで通ったモダン銀座の象徴。昭和一〇年には藤田嗣治が天井壁画を制作。六枚が飾られ、窓越しに階下を歩く人たちも鑑賞した。P．C．L．映画では、入江たか子が『白薔薇は咲けど』（一九三七年、伏水修）でアイスクリームを頼み、神田千鶴子と北澤彪が『美しき鷹』（同年、山本嘉次郎）でお茶をする。前者はナイトシーンのロケ、後者はセット撮影だったが、ここではデイシーンのロケーション。ロココ調の店内の意匠、椅子のデザインがフィルムに記録されている。店内に鳥籠があったこともわかる。

櫻子の顔が輝き、二人は笑う。すっかり恋人同士、夜の公園、スタジオのセットである。櫻子は音楽を辞めて家庭に入るつもり。「それでもいいの?」「結婚して子供を産んで、おばあさんになって」「おじいさんになって」「そして死んでしまう。それでもいいと思うわ」。「そんな平凡な一生が一番幸福だと思うの。そのために音楽など辞めることはなんでもないわ。でも、私みたいな勝気な女にそれができるかしら?」。

冬の夜、櫻子は完二のポケットに冷たい手を入れて、幸福そうに歩く。バックに流れる《野ばら》。ヴァイオリンの音色が美しい。

櫻子は完二に夢中になり、声楽のレッスンが疎かになる。彼女の才能を高く評価している声楽の先生（近藤伊與吉）に「そんなに浮かれていてはダメだ」と叱られる。一緒に声楽を学んでいる生徒たち（宮野照子、三條正子、水上怜子）は、櫻子のランデブーを目撃したと大騒ぎ。生徒たちは櫻子をからかって「♪恋は魔術師 身は細る」と唄い出す。『音楽喜劇 ほろよひ人生』（一九三三年）の主題歌《恋は魔術師》（作詞・作曲・山川アサヲ）である。

恋の喜びを謳歌する櫻子。しかし奈々子の気持ちは沈みがち。完二を愛しているが、病弱の身ではどうにもならない。やがて奈々子は母の勧めで、鎌倉の別荘へ療養のため移ることに。そんな妹の切ない気持ちに気づかないまま、櫻子は完二と楽しい日々を過ごす。

隅田川にモーターボートを走らせる二人。《野ばら》の変奏曲がウキウキした気分を高める。昭和一一年の隅田川風景。大正一二（一九二三）年の関東大震災の復興事業として、昭和三（一九二八）年二月一〇日に竣工した「言問橋」が、隅田公園越しに画面に広がる。川端康成が『浅草紅団』（一九三〇年）で、曲線的な清洲橋と言問橋を対比させている。「ゆるやかな弧線に膨らんでいるが、隅田川の新しい六大橋のうちで、清洲橋が曲線の美しさとすれば、言問橋は直線の美しさなのだ。清洲は女だ、言問は男だ。」

この映画から九年後、昭和二〇（一九四五）年の東京大空襲で、言問橋では甚大な被害が出る。『處女花園』が昭和モダニズム文化を謳歌している人々を描いているだけに、この後、人々を待ち受けている運命を思うと胸が痛む。

鎌倉の別荘。お嫁に行った長女・珠實が奈々子のお見舞いに来ている。高台から相模湾を望むショット。和装の奥様スタイルの珠實が走ってくる。切り返すとセットの庭で、姉の来訪を喜ぶ奈々子のショット。ロケとセットを編集して空間の広がりを演出。

その日、櫻子は完二と一緒に鎌倉へ向かっていた。サプライズで奈々子を驚かせようとするが、奈々子は櫻子と完二の睦まじい姿を見てショックで倒れてしまう。そこで妹の気持ちを初めて知った櫻子。今までの自分を猛反省。完二には「二度と会わない」と宣言して、声楽の練習に打ち込む。

しかし完二にしてみれば青天の霹靂。櫻子は完二を避けるようになる。やがて「全日本新人コンサート５月１５日於國民劇場」の当日を迎える。完二への想いを断ち切れぬ櫻子は、奈々子の気持ちを想って苦悩、ステージに立つことを躊躇している。一方、奈々子はどうしても櫻子の晴れ舞台を観たいと、母たちの反対をよそに出かける支度をしている。

櫻子は唄う決意をして会場へ。奈々子は雨の降るなか出かけようとするが、倒れてしまう。コンサートが進み、櫻子が美しい歌声で唄っているその時、会場に「奈々子の危篤」を知らせる電話。唄い終えた櫻子が鎌倉に駆けつけるが、奈々子は天に召されてしまう。「若草物語」の末娘・ベスが病気で亡くなるエピソードそのままに展開。櫻子は次女・ジョーにあたる。ジョーは小説家として、妹の物語「マイ・ベス」を執筆。自立する女性として生きていく決意をするが、櫻子も声楽家として成功を夢見る。

奈々子の葬儀は、お茶の水・ニコライ堂で行われる。正式名称は「東京復活大聖堂」。日本に正教会の教えをもたらしたロシア人修道司祭・聖ニコライに由来して、明治二四（一八九一）年に竣工。駿河台のランドマークとなる。関東大震災で被害を受けたがその後修復、現在もお茶の水のシンボルとなっている。櫻子は会式を抜け出す。P.C.L.映画撮影所のステージに造られた教会の内部セットは、装置の戸塚正夫が手がけたもの。アールデコの時代に相応しいシンプルさでシルエットが効果的。ここで完二と櫻子の別れの場面となる。櫻子は、奈々子が完二を愛していたこと、それを胸に秘めて櫻子と完二の幸せを願っていたことを話す。

櫻子「何もかも忘れて唄いますわ。いつまでも奈々ちゃんのことを思い出してくださいね。」

完二「僕はやっぱり遠いところから、皆さんの幸せをお祈りしましょう」

南米ペルーへの赴任を決めたのである。

完二「僕はいつになったら、あなたのことを忘れることができるのでしょう」

櫻子「完二さん。あたしだって」

二人は抱き合う。菊池寛らしい波瀾万丈の愛の物語は、こうして幕を閉じる。多作の矢倉茂雄作品で、『處女花園』は代表作の一つ。全編に溢れるモダニズム、外国映画への憧れ、女性の自立、そして細やかな機微……。この翌年、支那事変が勃発、日本は戦争への道を突き進む。この映画のようなモダニズムやリベラルさが、次第にP．C．L．映画から薄められ、失われてゆく。

矢倉茂雄は、明治四二（一九〇九）年、大阪府生まれだが、のちに東宝で一緒に過ごした岸松雄によれば「大阪弁を使ったことがない」という。日大芸術学部在学中に書いたシナリオが認められ松竹蒲田の野村芳亭に師事。野村宅から大学に通った。

松竹蒲田で三年間の助監督を務めた後、昭和八年にP．C．L．映画製作所に入社。すぐに監督となり『踊り子日記』（一九三四年）でデビュー。その後の活躍は、本書の通り。

温厚でおっとりした人柄は、映画からも窺える。監督としては昭和一八（一九四三）年、『少年漂流記』（東宝）が最後となり、その後プロデューサーとして活躍。昭和三〇（一九五五）年二月に四六歳で急逝。監督を務めたのはわずか一〇年間だった。

兄いもうと

一九三六年六月二一日／P.C.L.映画製作所／木村荘十二
製作・配給＝P.C.L.映画製作所／録音現像＝寫眞化学研究所／1936.06.21・日本劇場／七巻・一.六五四m／六〇分／日劇同時上映『悪魔島脱出』（一九三五年、コロムビア、アルバート・S・ロジェル）／同時上演「日劇ダンシングチーム第四回公演 六月のジャズとダンス」一六景 マーカス・ショウ出演（六月二一日〜三〇日）

【スタッフ】作・室生犀星 文藝懇話會受賞作品／演出・木村荘十二／音楽監督・近衛秀麿／脚色・江口又吉／撮影・立花幹也／録音・山口淳／装置・阿部輝明／編輯・岩下廣一／音楽・近衛秀麿／演奏・P.C.L.管絃楽團
【出演者】竹久千恵子（妹・もん）／丸山定夫（兄・伊之）／小杉義男（父・赤座）／英百合子（母・りき）／堀越節子（妹・さん）／大川平八郎（学生・小畑）／榊田敬治（郵便屋）

室生犀星の「あにいもうと」はこれまでも度々映画化されたがこれが初作。二度目の映画化は戦後、昭和二八（一九五三）年、成瀬巳喜男による『あにいもうと』（大映）では、京マチ子（もん）と森雅之（伊之吉）が演じた。三度目の昭和五一（一九七六）年、今井正による『あにいもうと』（東宝）では、秋吉久美子（もん）と草刈正雄（伊之吉）が演じている。

山田洋次の「男はつらいよ」を考えるときに、この「あにいもうと」は、さまざまな意味で重要な作品である。寅さんとさくらの「兄妹以上の精神的なつながり」「妹のために、身体を張る兄の過剰な愛情」の原点でもある。無頼の兄が茶の間で大暴れするが、その理不尽な怒り、家族への甘え、なども寅さんに通じる。

余談だが、山田洋次は東芝日曜劇場で、渥美清と倍賞千恵子の「あにいもうと」（一九七二年、TBS）のシナリオを執筆、シリーズ第四九作として準備を進めていた幻の『男はつらいよ 寅次郎花へんろ』は、渥美清の急逝で実現を見なかったが、西田敏行と田中裕子の「あにいもうと」の物語に寅さんが絡む展開だった。それがのちに『虹をつかむ男 南国奮斗編』（一九九七年、松竹、山田洋次）での相川翔と小泉今日子へ発展していった。

さて、映画やドラマで繰り返し映像化されてきた「あにいもうと」の最初の映画化となるのが、P.C.L.映画を牽引してきた木村荘十二による昭和一一（一九三六）年六月二一日公開の『兄いもうと』である。室生犀星が短編小説「あにいもうと」を発表したのが、『文藝春秋』一九三四年七月号。翌、昭和一〇（一九三五）年一月刊行の『神々のへど』に所収され、同年の第一回文藝懇話会賞を受賞した。

ヒロインの「もん」のモデルは、室生犀星の養母・赤井ハツ。室生犀星は実父・小畠弥左衛門と女中・ハルの間に生まれたが、生後まもなく、近くの真言宗雨宝院・住職の室生真乗の内縁の妻・赤井ハツに貰われて、彼女の私生児として届けられる。その出生、幼い頃のことは室生犀星が書いているが、「馬方ハツ」と呼ばれた養母は、今でいう「毒親」で、養育費欲しさに四人の貰い子があり、朝から酒を飲んで酔い潰れ、夫を平気で叩いていたという。

室生犀星は決して、その養母に心を開くことはなかったが、彼女の激しさの内にある悲しみをこの「あにいもうと」の「もん」として描いている。赤座もんは学生の小畑に弄ばれて妊娠して実家に帰ってくる。元々仲が良かった兄・伊之吉は、妹の妊娠を機に、妹を罵倒し、激しく対立する。その兄妹の複雑な愛憎を描いている。ちなみに張本人である男の名前が「小畑」、つまり室生犀星の実父「小畠」なのも意味がある。

P.C.L.の娯楽映画を支えてきた木村荘十二だが、帝キネ、新興時代は「傾向映画」の旗手でもあった。本作では、ロケーションを多用して、印象的なカメラアングルの短いカットを重ねてのリアリズム演出が堪能できる。前年六月公開の夏川静江主演、林芙美子原作『放浪記』（一九三五年）に続く、文芸映画である。

妹を愛するが故に冷たく突き放す無頼の兄・伊之を丸山定夫、奔放な妹・もんを竹久千恵子。二人ともそれまでのスクリーンイメージからは想像もできないほどの激しい汚れ役を演じている。丸山定夫はインテリ役が多いが、打って変わって、無口で不器用、自分勝手な無頼の石工・伊之を好演。これまでどう生きてきたかを、仕草や佇まいで表現している。お嬢さんや上品な奥様役が多かった竹久千恵子もまた、体当たりで「もん」の激しさと悲しみを演じている。しっかり者で明るい次女・さんには、可憐で美しい堀越節子。そして三人の母・りきには、英百合子。その夫で父親、護岸工事の親方で、無頼の人生を生きてきた川師・赤座には小杉義男。

わずか六〇分に、原作のエッセンス、名場面、名台詞をきちんと盛り込んだ江口又吉のシナリオが素晴らしい。P.

C.L.文芸部の江口又吉は、菊池寛原作、竹久千恵子と丸山定夫の『舊恋』(一九三五年、矢倉茂雄)、『エノケンのどんぐり頓兵衛』(一月七日・山本嘉次郎)などを手がけてきた。

撮影は、帝国キネマ撮影所出身で、昭和八年に、創設時のP.C.L.に移籍した名手・立花幹也。他の木村荘十二作品同様、短いショットにドラマのエッセンスや、登場人物の心理をちょっとしたカメラアングルや、的確なモンタージュで表現。各シーンが冗漫にならず、観客にインパクトを与えることができる。それゆえ完成尺が短くとも濃密な映画体験を提供してくれる。しかも音楽は日本交響楽協会を設立したオーケストラの父・近衛秀麿が手がけている。

東京近郊の川。おそらく多摩川。ふんどし一丁の男たちが、川に杭を打ち、横長の籠に石を詰めて、護岸工事に勤しんでいる。檄を飛ばす親方・赤座(小杉義男)の怒号が人夫たちをせき立てる。竹を裂いて扱き籠を造る職人。その籠に石を詰め込んで置き、川の流れを緩やかにするのだ。

ごま塩頭で、日に焼けた精悍な身体、手には鎌を持った赤座が、人夫たちに目を光らせる。「へたばるくらいなら、今からシャツ干して帰えっちまえ!」。誰もがびっしょり全身を濡らしている。そのなかでサボっている人夫を怒鳴る。「俺はそんな褌の乾いた渡世をしたことはねえ、俺には手前のようなやつは使えねえ、いいから今日は帰れ!　俺にも御法度があるってもんじゃねえか」。

そこへ、日傘を差した赤座の妻・りき(英百合子)と、次女・さん(堀越節子)がやってくる。さんは、住み込み女中として働いていて、休みのたびに両親の顔を見に帰って来るが、今日は奉公先に戻る日である。「お父さん!　さようなら、また来月来るわ」と土手の上からさんが声をかける。そこに流れるフランツ・シューベルトのピアノ五重奏曲《ます》。この映画ではこの《ます》が娘たちの音楽モチーフである。穏やかな表情で頷く父。

川に向かうりきが、振り返ってさんに「お前、伊之のところに寄って行くかい。あれのことだから、家には帰らなくっても仕事場へは回っているかもしれないよ」。長男・伊之(丸山定夫)は、もん(竹久千恵子)が東京で妊娠して帰ってきたことに腹を立てて、家には寄りつかないのである。

この母と娘の会話のシーン。ロングショットの二人、英百合子のワンショット、堀越節子のアップと、どれも素晴らしい構図、まるで写真集のようである。

太陽が真上に昇るのを確認した赤座が「おーい、飯にしようぜ」。人夫たちは弁当を食べ始めるが、赤座は川に網を張って魚を獲り始める。それを焼いて食べるのだ。りきはゆでたジャガイモを人夫たちに振る舞う。厳しい親方と優しい奥さん。バランスが取れている。帰り支度をしている先ほどの人夫に、りきは「あんな人だから、あんな人だと思って付き合ってくださいよ」。そんなりきを男たちは「よくできたおかみさんだ」「全くの嬶仏よ」。今日は給金の日。りきが一人一人に給料を渡す。

自分の仕事を終えて、家に戻るりきに、赤座は「伊之は帰えってきたのか?」「あれっきり帰ってこないんです」「もんちは何してる?」「もんはまた寝ています。よっぽど疲れているんでしょうよ」。うなずく赤座。この短いショットで、父が子供たちのことで心を痛めていることがわかる。

トップから、この河原のシーン、さんが訪ねる伊之の仕事場の石屋まで、すべてロケーション。映画が始まって一一分、ギラギラとした昭和一一年の夏に、タイムスリップしたような気分になる。

次のカットでようやく、もん（竹久千恵子）が登場。板の間に横になってぐっすりと眠っている。東京で学生・小畑（大川平八郎）と恋愛関係になり、妊娠して困り果てて帰ってきたのだ。しかし、兄・伊之はふしだらな妹に半狂乱になって怒り、壮絶な兄妹げんかが繰り広げられた。このP.C.L.版では、そのシーンは描かれていない。それまでの登場人物たちの会話で状況が説明され、疲れ果てて子供のように眠る、もんの寝顔で、観客はそれまでを知る。

そこへ伊之が帰ってきて、家に上がり、もんの脇に落ちている「下駄」が入った袋を、右足の親指でちょっと持ち上げて見る。その仕草が見事。これだけで伊之の鯔背《いなせ》、無頼ぶりがわかる。この「下駄」は、さんの母への土産である。

西陽が差してきたので、伊之はもんに当たらないように葭簀《よしず》をそっと下ろす。この優しさ。もんが目覚めて「なんだ兄さんか」「さんが来たのか?」。伊之も横になる。子供の頃もこうして昼寝をしていたのだろう。

しかしここで、伊之は「学生・小畑からの手紙が来たのか?　そんな身体にされたまま、うっちゃらかされやがって」と怒り出す。もんは「いいじゃないの、そんなこと」と庭の手水で水を含み、手を洗う。仕草の一つ一つが気だるい。「てめえはそれでいいのか?」と兄妹げんか。

そこへ母・りきが帰ってくる。この家もロケセット。庭先からのショットは撮影所のセットだが、切り返しの庭側へのアングルはロケーションなので、日傘を差した母・りきが帰ってくるショットの自然光が眩しい。木村荘十二のリアリズムへのこだわりが感じられる。後半の芝居場では、セットで庭先も作っているが、ほとんど気づかない。

伊之の罵倒は続く「犬だかムクだかわけのわからないものを放り出す前に、なんとか利口にカタをつけた方がいいぜ」。悪態の限りである。それを諫める母にも「大体おかんにも責任があるんだ。こいつを奉公に出した発頭人だからな」。もんには「その面付きでいちゃつきやがったと思うと、俺は反吐もんだ」と罵る。このシークエンス。丸山定夫のうまさが堪能できる。

母は「怒っていい時と悪い時があるもんだ。今は、もんちをとっ捕まえて怒る時じゃないんだもの」と野菜の皮を剝きながら涙ぐむ。「怒ってよかったら、父さんに怒ってもらったらいいんだ。父さん、黙っていなさるんだもの。みんなも黙って、もんを静かにしてやらなくっちゃ」。それを聞いて、もんは涙ぐむ。「兄さんだって、アヒルのように踏みっぱなしにといて、母さんにいつも後口を拭いてもらっているじゃないの」。女の後始末も「手伝ったことがあるじゃないの」と、もんは伊之に言う。

お腹の方の片がついたら、私は掛かりはどんなことをしても償う。それを機に、父さんや母さんに心配をかけないようにする。「だから、あたしの体に傷がついたのをきっかけに、あたしの身体は私が貰い切って、どんなにしようと、誰からも何も言われないつもりよ」。このシークエンスも見事である。

このタイミングで家の前の土手を郵便配達（榊田敬治）が通りかかって、もんに「この暑さじゃ、街ん中にもなかなか帰れないだろう」と声をかける。「なあに、女一匹、何をしたって食べていかれるだから」もんの決意である。

夏が過ぎ、秋が来て、冬になる。そして春……。四季の移り変わりを、先ほどの郵便配達の姿を重ねて描いていく。これも見事な時間描写である。配達夫に「赤座さんのお宅はどちらでしょうか？」と青年が尋ねる。もんの恋人だった学生・小畑である。

りきは驚き、川で仕事をしている夫を呼びに行く。庭に立ち、あたりの様子を見る小畑。小川に落ちている洗濯物を拾ったり、繊細な性格であることがわかる。

小畑が来たと知った赤座は、形相を変えて足早に歩き出す。ここでも細かいショットを重ねたモンタージュで、父の思い、怒り、焦りを描いている。「相手が若い書生なんだから、いつものような手荒なことはしないでおくれ」。英百合子の声がインサートされる。「謝ってどうしようというんだ。擦れた男に見えるか」「いえ、まるで坊っちゃんです」。

座敷で小畑と対峙する赤座。故郷の父親に「禁足同様にされていて、身動きも取れず」に今日までうち過ごしてきたことを謝る。これまでの費用は負担する。「ご迷惑かけてすまない、すまないと思っていた自分だけの良心の償いにしたいと思って」と小畑。もんに直接会って「謝ってさっぱりした気持ちになりたい」と、身勝手なことばかり。「貴様、自分だけさっぱりすりゃ？」と怒り心頭の赤座。小畑にとっては精一杯の誠意のつもりだろうが、父母からすれば的外れで身勝手な詭弁。「小畑さん、もう、こんな罪作りはやめた方がいいぜ。今度ぁ、あんたの勝ちだったがね」と言い残して仕事に戻っていく。辛い父親の心情。

小畑は母・りきと二人きりになり、もんの近況を訊ねる。「あれからすっかり、自棄に身を持ち崩して……」「すいません」。だけど小畑が訪ねきてくれたことで、もんは喜ぶかもしれないとりき。「失礼ですが、これ納めておいてくれませんか」とそっとお金を渡す。少し落ち着いた小畑は、りきが丹精している庭の花を褒める。りきもホッとしている。それを物陰からじっと見ている伊之。

街へ帰る小畑をつけて早歩きをする。原作でも後の映画化でも、ここからが見せ場。二人きりになったところで、伊之は小畑に思いの丈をぶつける。自分ともんは幼い頃から仲が良かったこと。普通の兄妹以上だったこと。しかし、お前の子供を身ごもって帰ってきてからは、冷たくあたり、罵詈雑言を浴びせた。その理由は、もんが他の人たちに後ろ指を刺されたりしないように、自分が悪者になったんだと。このシーンの丸山定夫の表情、芝居、本当に見事である。

伊之「君はただ謝りに来ただけか？」
小畑「謝るより他に言うことがないんです」
伊之「もんをあのままに、うっちゃっておくつもりか？　一緒になる気か？」
小畑「そうなるかもしれません」

ここで伊之の怒りが爆発する。「嘘をつけ！」と豪快なパンチを繰り出し、吹っ飛ばされる小畑。

「もんは、もう一人前の女にならずに、箸にも棒にもかからない女になっちまったんだ。けれども、もう手前のような野郎と一緒になろうとは考えてねえぞ。もんはな、身体は自堕落になっているが、気持ちは前よりもしっかりしてるんだ」と泣きながら怒りをぶつける。

「もう二度と来るな、あいつを泣かせたり、もういっぺん騙したり、おもちゃにしないことを約束しろ」。怒りがようやく収まった伊之、小畑のコートを拾って渡し「君だって妹がいたら、俺にしたことがわかるはずだ」。相当、身体にダメージを受けた小畑に「大丈夫か？」と気遣い「街へ出ると乗合（自動車）があらぁ、四辻で待てばいいんだ」と優しく教えてやる。

また夏が巡ってくる。五反田（おそらく新開地）に勤めているもんと、さんが帰郷してくる。久しぶりに家族が揃う。そこで伊之が、小畑を「半殺しにしてやったんだ」と嘯く。それを聞いたもん「手出しもしないあの人を？　チキショウ、極道兄貴め、誰がお前にそんなことしてくれと頼んだんだ」と兄の胸ぐらを摑む。

「あたしの身体をあたしの勝手であの人にやって、なんでお前が御託言う必要があるんだ。手出しもしないでいるあの人をなぜ殴ったんだ？」。壮絶な兄妹喧嘩となる。

「やい、もんはな、お前みたいにションベンくさい女を引っ掛けて歩くような奴とは、はばかりながら違った女なんだ。もんは淫売同様の飲んだくれの堕落女だ。このままでは人様のところへ嫁にも行けないバクレンもんだ。だけど、一度許した男、手出しのできない羽目と弱みに漬け込んで、半殺しにするような奴は、兄貴だろうが誰だろうが、黙って聞いちゃいられないんだ」。

竹久千恵子畢生の名シーンである。もんのパッション、愛情、悲しみ、覚悟、すべてが凝縮されている。立花幹也のキャメラが捉えたこのシーンの最後の竹久千恵子の表情。構図も含めて、身震いするほど壮絶な美しさがある。

さんとりきが二人を止める。母の「この場を外しておくれ」の言葉に、伊之は台所へ。炊き立てのご飯を茶碗によそって「湯漬け」を啜るうちに涙が止まらなくなり、家の裏に回って号泣する伊之。もんも号泣する。

りき「お前も大変な女におなりだねぇ」
もん「そうでもないのよ母さん、心配しなくてもいいわ」
りき「でも、あれだけ言える女なんて、私は初めて。後生だから堅気の暮らしをして、もっと女らしくなっておくれ……」
もん「あたし、母さんの考えているほど、ひどい女になってやしないわ。でも、もう私はダメな女よ」

りきは、戸棚から小畑の名刺を出してもんに渡す。「こんなものあたしにもう用はないわ」と名刺を破る。いいことがあっても悪いことがあっても、この家に帰りたくなる。「あの嫌な兄さんだって、ちょっとは顔が見たくなる時があるんですもの」。もんの言葉を、外の柱の陰で聞いていた伊之、たまらなくなって号泣したまま、外へ出ていく。

ファーストシーンからラストまで、木村荘十二の目の行き届いた演出で、誰もが知っている室生犀星の「あにいもうと」が、エネルギッシュでパッション溢れるドラマとして展開。数ある映像化のなかで、もっとも純度の高い映画化作品となっている。

エノケンの千萬長者

一九三六年七月二一日／P．C．L．映画製作所／山本嘉次郎
製作・配給＝P．C．L．映画製作所／録音現像＝寫眞化学研究所／1936.07.21 日本劇場／七巻・一，五九九ｍ／五八分／日劇同時上映『當り屋勘太』（一九三六年、ゴールドウィン、ノーマン・タウログ）／同時上演「日劇アトラクション　浪曲学校・夏季講習」（井口静波出演・七月二一日〜三一日）

【スタッフ】脚色・演出・山本嘉次郎／原作・エノケン文藝部／撮影・唐澤弘光／録音・山口淳／装置・北猛夫／編輯・岩下廣一／音楽・栗原重一／振付・澤カオル／演奏・エノケン管絃楽團／助監督・本多猪四郎、黒澤明
【出演者】榎本健一（江木三郎）／二村定一（三田）／宏川光子（おとしちゃん）／柳田貞一（伯父さん）／椿澄枝（娘・みや子）／中村是好（家令・加藤）／髙清子（お雪）／北村季佐江（麥小路道子）／北村武夫（兄・増麿）／如月寛多（小川）／竹村信夫（太田）／エノケン一座・P．C．L．總出演

昭和一一（一九三六）年はエノケンにとって最も充実していた年でもあった。それまで浅草を中心に活躍していたエノケンこと榎本健一だが、『どんぐり頓兵衛』公開直後の一九三六年二月には、初めて日比谷の有楽座に進出。松竹から貸し出されて、という形だが、エノケン映画の人気の後押しもあって、ついに日本のブロードウェイと称された日比谷への進出は「事件」でもあった。

演この頃の芝居は歌舞伎同様、毎月、前半と後半で演目が変わる「二の替わり」というシステム。目は「男性ナンバー2」（作・菊谷栄）、「エノケンの法界坊」（作・和田五雄）、二の替わりが「エノケンの与太者」（作・大町龍夫）、「薔薇色紳士道」（作・菊谷栄）などだった。有楽座といえばP．C．L．の母体でもある東京宝塚劇場と並ぶ直営劇場。P．C．L．映画のモダニズムがエノケンの舞台にフィードバックされたのがこの公演だった。エノケンの劇団が東宝専属になるのは昭和一三（一九三八）年六月である。

しかし、公演中の二月二六日。反乱将校による「二・二六事件」が発生。モダニズムを謳歌していた時代にも陰り

が見え始める。ともあれ、シネ・ミュージカルの花盛りとエノケンの丸の内進出が、映画にうまく反映されているのが『エノケンの千萬長者』である。

この『千萬長者』が前後篇として公開されたのは七月と九月だが、ポリドールと専属契約を結んで八月には《エノケンの浮かれ音楽 The Music Goes Round and Round》をリリース。これはポリドールの阿南正成社長がP.C.L.取締役だったことも大きい。さて、この曲は『千萬長者』で、二村定一が唄っており、舞台でも八月上演の菊谷榮作「ミュウジック・ゴオズ・ラウンド」の主題曲でもある。この年、五月一一日に公開された、ハリー・リッチマン主演の『粋な紐育っ子』（一九三六年）の主題曲としてこの頃流行したジャズ・ソングである。トミー・ドーシー楽団がイーディス・ライトのヴォーカルをフィーチャーしたレコードが大ヒット、ビング・クロスビーやレッド・ニコルズ楽団盤も親しまれた。

さて『エノケンの千萬長者』は、第二作『エノケンの魔術師』（一九三四年）以来の現代劇で、P.C.L.映画らしい都会的なモダンな音楽喜劇となっている。日本劇場では、同時上映が、エディ・カンターの『當り屋勘太』（一九三六年）という、夢のような組み合わせで公開された。エノケン映画が目指したカンター喜劇との同時上映は、象徴的な出来事だろう。

助監督はのちに『ゴジラ』（一九五四年、東宝）を手がける本多猪四郎、この年、P.C.L.に入社したばかりの黒澤明。黒澤が初めて師匠・山本嘉次郎に助監督として就いた作品でもある。

宣伝部が作成したチラシの惹句である。

「百萬長者の息子に生まれるといふ事は、つらいことである……お金はふんだんにあるし、いくら費《つか》ってもなくならないお金なぞは、ちっとも魅力がないよ。あゝ世は夢かまぼろしか、僕はこの世がつまらない。エノケンの大金持の若ダンナ、道楽の指南番がついて金を使うに苦労する。あなた一つ使ひ方を教えて下さいな。」

『千萬長者』の原作はエノケン文藝部とあるが、戦後、エノケン一座で座付作家をしていた井﨑博之によると、エノケンのアイデアをもとに前篇を大町龍夫、後篇を菊谷栄がプロットを執筆、山本嘉次郎がシナリオに纏めたという（筆者のインタビューによる）。大町龍夫は、昭和一三年、帝国劇場でのSGD松竹楽劇団の作家として、笠置シヅ子主演、服部良一音楽のステージを次々と手がけることになる。

菊谷栄は、エノケンが最も信頼をした作家で、もとは昭和四（一九二四）年にエノケンが立ち上げた劇団「カジノ・フォーリー」のファンクラブ「カジノを見る会」のメンバーで、エノケンの大ファンだった。やがて文芸部に参加、ジャズや音楽に詳しく「民謡六大学」「大学無宿」などの音楽レビューを生み出した。エノケンの舞台のモダニズムを支えた立役者である。菊谷栄は、最新のジャズ・レコードを集め、自らピアノを弾き、エノケン一座「ピエール・ブリヤント」の音楽性を発展させた。

さて、本作のサウンドトラックの演奏も担当している「エノケン管絃楽団」は、P.B.の音楽監督でもあり、エノケン映画の音楽も取り仕切っていた栗原重一がバンドリーダーを務めていた。エノケン管絃楽団の編成はトランペット四人、サックス四人、トロンボーン二人、ヴァイオリン三人、ギター一人、ピアノ二人、ベース二人、ドラムス二人の二〇人編成。舞台でのサウンドを聴くことはできないが、本作ではそのモダンな演奏を堪能することができる。

タイトルでタキシード姿のエノケンが挨拶代わりに主題歌《洒落男 A Gay Caballero》（作曲・フランク・クルーミット）を唄うが、歌詞はもちろん映画用に作られたもの。

♪俺は千萬長者　大ブルジョアの坊っちゃん
尋常小学校は八つの時に　堂々と無試験で入った
あゝ懐かしあの頃　短いズボンにランドセル
紅葉のようなお手々を振って　唄った歌は鳩ポッポ
紅顔可憐の美少年　けれどもませて生意気
親族会議のその結果　中学は田舎へやられた
質実剛健の精神　一心不乱の勉強
中学五年のその間　落第はわずかに三度
いかなるまぐれ当たりか　高等学校へパスしちゃったぃ
感激時代で色気もついて　ニキビも次第に華やか
どうやら十三年ぶりで　東京の大学校へ
入ると決まって大急ぎ　急行で都へ向かった

タキシード姿でのご挨拶は、ヤマカジ＝エノケン・コンビ第一作の『青春酔虎傳』（一九三四年）以来のこと。以後、時代劇でもオープニングにはしばしばタキシード姿のエノケンが登場することとなる。

この曲で主人公・江木三郎の来歴が紹介される。この《洒落男》、エノケン・ソングの代表曲として知られているが、意外なことに、エノケンは戦前にはレコードに吹き込んでいない。盟友・二村定一のヒット曲ということもあったのだろう。本作では、日本のジャズシンガーの祖ともいうべき、二村とエノケンの歌がタップリ楽しめる。《洒落男》といえばエノケンのトレード・ソングでもあり、コミック・ソングの傑作である。オリジナルの「♪俺は村中で一番　モボだと云われた男」というフレーズは、はるか後、青島幸男が植木等のために書いた《無責任一代男》（一九六二年）にパロディで使われている。余談だが《無責任一代男》は《洒落男》の節回しで唄うことができる。偉大なるリスペクトということだろう。

物語は、中学を卒業して大学に通うため、田舎から東京に戻ってきた三郎（エノケン）が、あまりにも質実剛健の精神を身に付けすぎたために、伯父・柳田貞一が、浪費や遊びを覚えさせようとする。不良の家庭教師を募集するというアイロニカルな発想。

大金持ちの御曹子でバンカラのエノケンが、質実剛健の精神を伯父の柳田貞一に否定されて、お金遣い放題の金持ち教育を強制される。不良の家庭教師・二村が派遣されて……という展開は、映画プロットとしてはいささか弱い。が、前半の物語をP.B.文芸部の大町龍夫、後半を菊谷榮が書いて、山本嘉次郎がまとめたと聞けば納得できる。舞台でのエノケン喜劇の構成や展開を知る上では、貴重な作品だろう。

江木の実家はデパートを経営する大富豪。その家庭教師募集の面接にずらりと並ぶ候補者たち。バックに流れるのは、キャブ・キャロウエイ楽団やデューク・エリントン楽団の演奏で知られる《セント・ジェームス病院 St. James Infirmary Blues》。チラリと数小節だけだが、ジャズ映画の気分が横溢している。

また、江木が伯父のデパートの面接試験を受けるシークエンス。希望者が廊下に並ぶシーンに流れるのは《ルイジアナ・ヘイライド Louisiana Hayride》。アーサー・シュワルツ作曲で、ボズウェル・シスターズなどが唄ったスタンダード。一九五三年のMGMミュージカル『バンド・ワゴン』のナンバーとしても知られる。

ジャズ・ソングに溢れたこの『千萬長者』だが、いつにも増してBGMにハリウッド映画の匂いがする。例えばカフェーで流れるハリー・ウォレンの《泥酔夢 Dames》や、『續篇　千萬長者』のクライマックスの親族会議のシークエンスで使われている《マイ・ベビー・ジャスト・ケアズ・フォー・ミー My Baby Just Cares For Me》など。エノケンの舞台、映画ではお馴染のコンポーザー、栗原重一の音楽と、専属のエノケン管絃楽団の演奏は、本国のそれと比べても遜色がない。

見事、三郎の家庭教師に抜擢されたのは、色悪っぽい不良の魅力あふれるモボの三田（二村定一）。不良の第一歩はまずはウクレレからと《私の青空》を唄って教える三田。

「だって僕、詩吟きりしかやったことないですよ」と躊躇する三郎。てんでダメなので、三田は三郎を夜の街に誘い出す。女給に踊りを誘われても「剣舞しか踊れない」と頑なな三郎。結局、朝帰りの三田と三郎。この落語的展開。千鳥足で「♪明け方に　たどり着く　わが家の塀の外」と《私の青空》の替え歌を唄いながら帰ってくる二人のデュエット。「♪広いながらも窮屈なわが家」と伸びやかに唄う掛け合いは、エノケン映画には不可欠なものとなっている。

やがて三田は、三郎の実家が経営するデパートのファッション・ショウに出演。ジャズ・ソング《ミュージック・ゴーズ・ラウンド The Music Goes Round and Round》をコーラス・ガールと楽しげに唄う二村定一。

前篇のクライマックス、カンカン帽にモーリス・シュバリエ風のディナージャケットを来た二人が唄う《ユカレリ・ベビー》は、P.B.の同名舞台の主題曲。昭和四（一九二九）年、二村定一が《ウクレル・ベビー Ukulele Baby》（作曲・ジェイ・カマノ、訳詞・堀内敬三）としてビクターからリリースしている。

ユカレリとはウクレレのこと。ファッション・ショウでのミュージカル・シーンという趣向は、フレッド・アステアとジンジャー・ロジャースの『ロバータ』（一九三四年、RKO）を意識したものだろう。このナンバーで前篇は終わる。後篇では、エノケンが《セントルイス・ブルース St. Louis Blues》を黒塗りのミンストレル・スタイルで唄うが、ハリウッド映画でエディ・カンターやアル・ジョルスンのスタイルを模倣したもの。ハリウッドのシネ・ミュージカルを目指したエノケン映画が本家に近づいた幸福な瞬間である。この先取性とモダニズムこそが、エノケン映画の魅力であり、舞台のレビューの充実ぶりが窺える。

エンタツ・アチャコ これは失礼

一九三六年八月一日／P．C．L．＝吉本興業／岡田敬
製作・配給＝P．C．L．映画製作所／P．C．L．＝吉本興業提携作品／録音現像＝寫眞化学研究所／1936.08.01・日本劇場／八巻・二〇六四m／七五分／日劇同時上映『歩く死骸』（一九三六年、ワーナー、マイケル・カーティズ）／同時上演「第六回日劇ステージ・ショウ「白鳥」一景」（八月一日～一一日）

【スタッフ】脚色・演出・岡田敬／原作・秋田實／撮影・吉野馨治／録音・片岡造／装置・久保一雄／編輯・岩下廣一／音楽監督・紙恭輔／演奏・P．C．L．管絃楽團

【出演者】横山エンタツ（肉屋の店員・吉本興業専属）／花菱アチャコ（肉屋の主人・同）／髙尾光子（米屋の娘）／清川虹子（魚屋の奥さん）／市川朝太郎（酒屋の若旦那）／伊東薫（魚屋の小僧）／大村千吉（酒屋の小僧）／三島雅夫（八百屋の主人）／榊田敬治（ピエロ）／生方賢一郎（米屋の主人）／夏目初子／三條利喜江／清水美佐子／辨公（菓子屋の店員）／生方明／西條英一／柳谷寛（八百屋の店員）／小坂信夫（魚屋の若い衆）

前作『あきれた連中』から半年後、昭和一一年八月一日に公開された、P．C．L．＝吉本興業提携の「エンタツ・アチャコ映画」第二弾。監督は前作に引き続き岡田敬。原作は「横山エンタツ・花菱アチャコ」の座付き漫才作家・秋田實。

この『これは失礼』は、後年ラジオドラマや映画でもパターンとなる「エンタツ探偵もの」のルーツ。公設市場で起きた失踪事件を、アチャコの精肉店の店員・エンタツが素人探偵として捜査する。

昭和初期、「都会的雑誌」として都市部のインテリ層、つまり「エンタツ・アチャコの漫才」を支持した大学出のホワイトカラーたちが愛好した『新青年』（博文館）に、コナン・ドイル、アガサ・クリスティ、江戸川乱歩、横溝正史、など内外の「探偵小説」が掲載され、探偵小説ブームが定着。この『これは失礼』の頃は、一般大衆にも「探偵小説」が愛好されていた。

余談だが、P．C．L．創業メンバーで取締役・山本留次は『新青年』を発行していた博文館の創業者の一人でもある。劇中、エンタツが名探偵について「英國のシャーロック・ホルムズ。フランスのアルセーヌ・ルパン」と語る。アチャコ「ルパンってこれ、泥棒やないか」。すでにホームズもルパンも翻案、翻訳されてポピュラーになっていたことがわかる。

ちょうど、前年にはダシール・ハメット原作の『影なき男』（一九三四年、MGM）が大ヒット。前作『あきれた連中』は、RKOのフレッド・アステア映画のダンス・ナンバーがBGMに使われたように、P．C．L．映画はモダンなテイストに溢れていた。今回も「洒落た外国映画」のようなムードを「探偵小説」映画に求めている。

P．C．L．マークに流れる音楽、タイトルバックの音楽は『あきれた連中』と同じ《イエス・サー・ザッツ・マイ・ベイビー Yes Sir, That's My Baby》。肉屋の店員（横山エンタツ）、肉屋の主人（花菱アチャコ）、米屋の娘（髙尾光子）、酒屋の若旦那（市川朝太郎）、八百屋の主人（三島雅夫）、魚屋の奥さん（清川虹子）、魚屋の若い衆（小坂信夫）、ピエロ（榊田敬治）、菓子屋の店員（辯公）、魚屋の小僧（伊東薫）、酒屋の小僧（大村千吉）たちがテロップ入りで紹介される。この頃のP．C．L．映画のスタイルだが、名前と顔が一致するので、遅れてきた世代にはありがたい。

舞台は東京の住宅街、公設の旭市場。チンドン屋の音色で《二人は若い》（一九三五年、作曲・古賀政男）が流れるなか、キャメラは往来から市場の中へ。「明治の菓子」（タイアップ）のポップがいい感じの菓子屋で、店員（辯公）が量り売りでお菓子を売っている。その隣は「空店」で「どんな店にも好適　御用の方は米屋まで」とある。その隣は「茶舗」、そしてエンタツ・アチャコの「精肉店」。その隣はバナナがメインの「果物屋」、突き当たりが倉庫で、キャメラがぐるっと回って、右側には「米屋」、「魚屋」、「酒屋」、「化粧品屋」と、ゆっくりと各店舗が紹介される。

これが昭和一一（一九三六）年の平均的な市場のスタイルとは限らないが、当時の庶民の暮らしぶりを想像するには、こうしたシーンは最適、しかも楽しい。とにかく活気がある。チンドン屋のクラリネットが奏でる《二人は若い》が延々と流れるなか、精肉店ではエンタツが音楽に合わせて尻を振って、コロッケを成形している。腰の動き、手のひらのアクション。この変な動きは、マルクス兄弟のグルーチョ・マルクスの影響を受けている。エンタツは、腰をグイッと上げて、珍妙に歩くのを得意としたが、グルーチョの「大股潜航歩き」がそのルーツ。それゆえエンタツは晩年、腰を悪くしてしまうが。

音楽終わりに、エンタツ、両手を広げて、体を左右に振りながら、キャメラに迫って来る。かなりシュール。するとアチャコ「おい、気持ち悪いことすんな」。これがこの映画の第一声で、偶然ラジオに触ると突然鳴り出し、「相撲中継」が始まる。エンタツ、中継に夢中で、商売はそっちのけ。お客が求めても、コロッケ、カツ、お肉は「売り切れたんですよ」と追い返す始末。

エンタツ「しかし、いいね、君、相撲ほど気持ちのいいゲームはないな」

アチャコ「体がキュッと固まるね。たまらんな」

エンタツ「好きか」

アチャコ「好きや、行司が出てくるやろ。東西～」

エンタツ「それを聞かされますとね。いささか憂鬱を感じますな」

アチャコ「なんでや」

エンタツ「千何百年という大昔から、今日に至るまで、東西、東西の一点張りでしょ」

アチャコ「そうや」

エンタツ「東・西・南・北とあるんだから、たまには相撲も一歩進んでいただきたい」

アチャコ「なるほど」

エンタツ「なん～ぼく～」

アチャコ「ははぁ」

エンタツ「ねっ」

アチャコ「なん～　あ、こりゃ具合悪いわ。南北では力が入らんわ。やっぱり東西じゃないことにはね」

こうして、いきなり漫才が始まる。しかもエンタツ、どんどんボケまくる。で、いよいよ取組み。両者見合って、行司が構える。

アチャコ「まだまだまだまだ」

エンタツ「あら！」

アチャコ「あらって？　あらってなんや？」

エンタツ「艶かしい」

アチャコ「ややこしいこと言うな」

で、そこから取組になり、アチャコの行司、エンタツが独り相撲をとる。これが例の大股潜航歩きで、腰をフリフリ、得意の珍妙な動きを延々と。そして……

アチャコ「おい、しっかりせえ」

エンタツ「取り組みの真っ最中、技が決まった」

アチャコ「技が決まった」
エンタツ「背負い投げ、襟がみ摑んで」
アチャコ「おい、待った。襟がみってなんや。相撲取りは
　　裸やで」
エンタツ「冬でも？」
アチャコ「冬でもって、当たり前やないか。相撲取りが綿
　　入れ着て、相撲を取るかいな」
エンタツ「そうか」
アチャコ「年中裸やがな」
エンタツ「それ知らんさかいに」
アチャコ「頼りないな」
エンタツ「ハハハハ」
アチャコ「笑い事じゃあらへんで」

本筋とは関係ない漫才が続く。今となっては、レコード以外では、動く「エンタツ・アチャコ」の漫才が残されているのは、こうした映画だけ。貴重な芸の記録である。エンタツのボケがどんどんエスカレートしていき、アチャコのスピーディなツッコミがテンポを上げていく。この二人によって「しゃべくり漫才」が完成していたことがよくわかる。

さて、ここで米屋の主人（マーケットの家主）が、倉庫に入ったまま行方不明となる。一方、精肉店では、エンタツとアチャコが、例によって漫才。と言うか、この映画では二人の会話がすべて漫才となる。「今、何時？」「六時五分や」「時計が五分進んでいるから六時や」「六時？　頼んだで」とエンタツが勝手に帰ろうとする。

アチャコ「おいおいおい。なんちゅう言葉や。それが君、主
　　人に対する言葉か？」
エンタツ「主人？（辺りを見渡して）主人いるのかい？」
アチャコ「僕が主人やないか」
エンタツ「あそうか、僕が主人か？」
アチャコ「そうやがな」
エンタツ「じゃ、君は、どうなるんだ？」
アチャコ「僕は、召使、いや、違うがな。いや、僕が主人
　　や」
エンタツ「僕はわかってるんだけどね。君の立場がわから
　　ないんだよ」
アチャコ「つまり、僕はね、この家の召使、いや違うんや。
　　僕が主人で、君が召使や」
エンタツ「ハハハハ」
アチャコ「笑いごっちゃない。君に、僕は、月給渡してる
　　やないか、毎月、毎月」

エンタツ「月給？　月給？　そう言われると、いささか寂しく覚えるね」
アチャコ「なんでえな？　君」
エンタツ「一九円八〇銭ぐらいを月給と言わんやろ。月給と言うのはね。少なくとも五〇〇、六〇〇円を持って、日本では月給と称するんだよ」
アチャコ「なるほど」
エンタツ「頼むで」

ことほど左様に、すぐに漫才となる。これが徹底していて、本当に楽しい。秋田實作の漫才が楽しめるし、エンタツの珍妙なリアクションは時空を超えて実におかしい。

さて、メインのストーリーは、米屋主人失踪、エンタツ探偵が大きな天眼鏡を持ち出して、その謎に挑むというもの。この捜査に様々な、市場の人々の人間模様が絡んでくる。なかでも、三島雅夫！

戦後の映画やドラマで、少し悪びれた三島雅夫を観ているので、若い時の芝居は新鮮に見える。でも、最初から「三島雅夫」のままなので、妙に感心してしまう。

映画的なギャグは、引き戸に残された指紋を、市場の人々全員の指紋と照合するシークエンス。誰一人、適合する指紋がなく、アチャコもシロ（当然だけど）。ならば探偵役のエンタツは？　と詰め寄られて、渋々照らし合わせると、なんとエンタツがクロ？　なんのことはない、精肉店の引き戸だから……というオチ。

また、ドタバタシーンで、アチャコが冷蔵庫に入ってしまい、カチンコチンの冷凍になる。さぁ、どうしよう。みんなでお湯をかけて、解凍して息を吹き返すアチャコ。当時は大爆笑だったろう。このギャグは、はるか後、渡邊祐介監督が『祭りだお化けだ全員集合!!』（一九七二年、松竹）で、冷凍庫に閉じ込められたいかりや長介が同じように冷凍状態となる。くだらなさの伝統がここにもある。

ここからの展開は、映画をご覧いただくのが一番。かつてキネマ倶楽部でビデオテープが発売され、ＣＳでもしばしば放送されていたが、観るチャンスが少ない。YouTubeには『これは失礼』の漫才シークエンスがアップされているので片鱗だけでも、エンタツ・アチャコの姿を楽しむことができる。

唄の世の中

一九三六年八月一一日／P.C.L.映画製作所／伏水修
提供＝東宝映画配給株式會社／製作・配給＝P.C.L.映画製作所／録音現像＝寫眞化学研究所／1936.08.11・日本劇場／九巻・一、九九七m／七三分／日劇同時上映『美しき野獣』（一九三六年、パラマウント、ラウォール・ウォルシュ）・『奇跡の五ツ児』（一九三六年、RKO、短篇實写）（八月一一日～二〇日）

【スタッフ】作・伊庭鵜平、穂積純太郎／演出・伏水修／撮影・宮島義勇／録音・金山欣二郎／装置・山崎醇之助／編輯・岩下廣一／音楽監督・鈴木静一／演奏・P.C.L.管絃楽團／主題歌 詞・佐伯孝夫、曲・鈴木静一 ビクターレコード・五三七六九番
【出演者】藤原釜足（皿野皿吉）／岸井明（大野大助）／神田千鶴子（ヒロ子）／宮野照子（コナミ）／裴亀子楽劇舞踊團（吉本興業専属）／ミスエロ子・永田キング（吉本興業専属）／寺島玉章・玉徳・茶目（吉本興業専属）／梅園龍子、益田隆（東宝専属）／渡辺はま子（ビクター専属）／御橋公（チェリー・社員）／谷幹一（社長）／辨公（根津）／三條正子／生方賢一郎（タクシー会社・社長）／小島洋々／榊田敬治／丸山章治／福地悟郎／林喜美子（女給）／柳谷寛（泥棒）／大村千吉（八卦見）

アーちゃんこと岸井明主演の和製ミュージカルの最重要作品『唄の世の中』。P.C.L.きっての音楽映画監督となる伏水修にとっては、エンタツ・アチャコの『あきれた連中』（一月一五日）、古川緑波&徳山璉コンビの『歌ふ彌次喜多』（三月二六日）に続く、この年デビューにして三作目。モダニストの本領発揮、流線型時代に相応しい、ピカピカのアールデコの音楽喜劇となっている。

本作からトップタイトル、P.C.L.マークの前に「提供・東宝映画配給株式會社」と、東宝マークが初めて登場する。六月に、東宝映画配給株式會社が設立され、P.C.L.作品は東宝ブロック（東宝直営劇場を中心にした配給網）として配給されることとなる。

映画タイトルにもなった主題歌《唄の世の中》は、この年八月二〇日、ビクター・レコードから岸井明がリリースするジャズ・ソング。エドワード・ファーレイとマイク・ライリーが作曲、レッド・ホジソンの作詞で一九三五年に

出版され、一九三六年にトミー・ドーシー楽団のレコードが大ヒットした《ミュージック・ゴーズ・ラウンド The Music Goes Round and Round》に、佐伯孝夫が日本語歌詞をつけたカヴァー曲である。

この年、日本ではこの《ミュージック・ゴーズ・ラウンド》旋風が吹き荒れていた。八月にはポリドール・レコードに移籍第一弾として、エノケンこと榎本健一が《エノケンの浮かれ音楽》としてリリース。そのカップリングは、短編漫画映画でおなじみのベティ・ブープの《ベティの浮かれ音楽》だった。この『唄の世の中』のヒロインでもある、神田千鶴子もレコードに吹き込んでいる。

なぜ、この曲が昭和一一年に流行したのか？　エノケンも岸井明も、ジャズ・シンガーとして、アメリカの最新の舶来ジャズをいち早くカヴァーしていた。そのネタ元は、レコード、外国客船のジャズマンが持ち込む楽譜、そして最新のハリウッド映画だった。ちょうど《ミュージック・ゴーズ・ラウンド》をフィーチャーしたコロムビア映画『粋な紐育っ子』（一九三六年、監督・ビクター・シャツィンガー、出演・ハリー・リッチマン、ロシェル・ハドソン、ウォルター・コノリー）が、五月一一日に有楽町・日本劇場で公開されたばかりだった。

さてこの最新のジャズ・ソングをフィーチャーした『唄の世の中』は、P．C．L．映画で大人気の岸井明＆藤原釜足の「じゃがたらコムビ」の音楽喜劇として企画された。この二人はP．C．L．初期から『純情の都』（一九三三年）、『踊り子日記』（一九三四年）、『すみれ娘』（一九三五年）と多くの映画で共演。この年、本格的に「じゃがたらコムビ」と命名されることに。

もちろん本作は、これまでになく岸井明のレコード歌手、ジャズ・シンガーとしての個性を活かした企画。ビクターとの全面タイアップで、《唄の世の中》《楽しい僕等（インスト）》《ダイナ》《ほんとに困りもの》と、次々とフィーチャー。岸井明がジャズ・ソングを唄う作品としても、貴重なパフォーマンスの記録となっている。

円タクの運転手・皿野皿吉（藤原釜足）とレビューガールの恋人・ヒロ子（神田千鶴子）、皿野の相棒・大野大助（岸井明）と東京駅前のガソリンスタンドの看板娘・コナミ（宮野照子）の四人が、とある日曜、郊外の遊園地「日本パラダイス」に遊びに行く。ロケは多摩川園。飛行塔、ウォーター・スライダー、回転木馬など、戦前のアミューズメント施設が晴れがましい。

レビューのステージでは、レビューガールが、なんと岸井明の発売前の新曲《楽しい僕等 Sitting on a Five-Barred Gate》（八月二〇日）のインストに合わせて踊っている！　遊園地「日本パラダイス」には、「チェリーレコード宣伝吹き込み所」があり、二円五〇銭で客の歌をレコードに吹き込むサービスをしている。そこで大助とヒロ子がデュエットで唄うのが、《楽しい僕等》のカップリングでもある岸井明&神田千鶴子の《ほんとに困りもの》（作詞・岸井明、作曲・鈴木静一）。

これからレコード発売される新曲が次々と登場する。この映画が封切られた時点ではまだ発売前かと考えるとドキドキする。

さて、大野大助くんは、大食漢でのんびり屋だけど、歌が滅法うまくて、それが強みとなり皿野くんの計らいで「赤トンボレコード」新人歌手オーディションを受けることになるが、大助くんは「トンボが大の苦手」。それが玉に瑕で、トンボと遭遇（本物だけじゃなく、イラストや着物の柄も）すると卒倒してしまい、いつも失敗ばかり。

「赤トンボレコード」オーディションにやってきた大助くん。チェリーレコードのスカウトマンのブローカー根津（瓣公）の前で、《唄の世の中》（訳詞・佐伯孝夫）を披露する。このシーンが素晴らしい。丸の内のビルをまるでニューヨークの摩天楼のように、煽りで撮影、そこで岸井明がビング・クロスビーか？　ミルス・ブラザースか？　といったスマートさで唄う。このシーンだけでも、この映画の存在価値がある。

チェリーレコードで、オーディションを受けることになった大助くん。ビング・クロスビーが映画『ラヂオは笑ふ』（一九三二年、パラマウント）で唄った《プリーズ Please》（訳詞・佐伯孝夫、作曲・ラルフ・レインジャー）を、これまたスマートに唄う。前年一二月一〇日、岸井明がリリースした曲。根津が社長（谷幹一）に「ビング・クロスビーかディック・パウエルか」と推薦するのがおかしい。

また、ゲスト出演の渡辺はま子が、この年の九月に発売される《とんがらかっちゃ駄目よ》（作詞・佐伯孝夫、作曲・三宅幹夫）を大々的に披露する。曲の合間に「ヨオ」というフレーズが入るが、これはこの年三月に発売して「ネエ」というフレーズが内務省から「あたかも娼婦の嬌態を眼前で見るが如き歌唱。エロを満喫させる」と指摘されレコード発売と歌唱を禁止された《忘れちゃいやョ》の「ネエ」を「ヨオ」に変えたもの。しかも唄い終わりに「忘れないでね」と渡辺はま子が、スカウトマンの根津に言うのだ！　内務省のお達しを、まだ、さほど気に留めていなかったことがわかる。

この《とんがらかっちゃ駄目よ》が流れるシーンは、伏水修の音楽センスあふれる素晴らしい場面となっている。まず失業した岸井明が朝、大いにクサりながら（一）《とんがらかっちゃ駄目よ》を唄う。続いて、チェリーレコード社長・谷幹一（初代）が会社の蓄音機で渡辺はま子のレコード（二）《とんがらかっちゃ駄目よ》を聞いている。そして昼、東京駅前のガソリンスタンドで岸井明が恋人・宮野照子の弁当をパクパク食べていると、「ちくま味噌」のチンドン屋が（三）《とんがらかっちゃ駄目よ》を演奏。その一行にはバイト中の藤原釜足がいる。岸井明と宮野照子が些細なことで喧嘩、岸井明が拗ねると、宮野が「♪ねえ、ねえ〜」と（四）《とんがらかっちゃ駄目よ》の替え歌を唄って嗜める。さらに、チンドン屋は日比谷・有楽座から日比谷映画の前へ。日比谷映画（劇中ではアリラン劇場）では、（五）《とんがらかっちゃ駄目よ》のインストに合わせてアリラン舞踊団が踊っている。

この「一つのナンバー」が次々と演奏され、唄われ、町中で流行していく構成は、この年一二月一日に公開される『東京ラプソディ』のクライマックスで主題歌《東京ラプソディ》を藤山一郎と椿澄枝が唄い出すと、その歌が町中に伝搬していくシーンでリフレイン。そういえば、ここでも岸井明と藤原釜足がワンシーン唄うためだけにゲスト出演していた。

「歌が伝播していく手法」は、ハリウッド映画『ラ・ラ・ランド』（二〇一六年、デイミアン・チャゼル）のオープニング、ロサンゼルスの高速道路の渋滞でドライバーたちが唄って踊り、それが連鎖する《アナザー・デイ・オブ・サン Another Day of Sun》でも使われていた。デイミアン・チャゼルが伏水修演出を意識していたわけではなくて、両監督とも、ハリウッド・ミュージカル草創期の傑作『今晩は愛して頂戴ナ』（一九三二年、ルーベン・マムリーアン）で、パリの仕立て屋で、モーリス・シュバリエから次々と歌がバトンタッチされて、最後は郊外のお城のジャネット・マクドナルドが唄う《ロマンチックじゃない？ Isn't It Romantic?》の流麗なミュージカル・ナンバーの手法を意識したのである。

ことほど左様に、この『唄の世の中』は、一九三六年の東京のモダン風俗がぎっしり詰まったタイムカプセルでもある。クライマックスの屋外ステージのセット・デザインは、この年の一月に日本で公開されたばかりのフレッド・アステア&ジンジャー・ロジャースのミュージカル映画『トップ・ハット』（一九三五年、ＲＫＯ）の終盤、水の都ベニスのホテルのセットを意識している。

本家に比べるとスケールは小さいが、そこで岸井明と神田千鶴子が《ほんとに困りもの》を唄い、岸井明が《唄の世の中》を唄う。バック・コーラスを務めるのは、吉本興業専属のアクロバティック・ダンサー、寺島玉章・玉徳・茶目のトリオ。さらに、このアールデコのセットで、アステア&ロジャース・スタイルの、益田隆と梅園龍子がゴージャスなデュエットダンスを披露する。このクライマックスの《唄の世の中》は、レコードテイクを使用しているので、イントロからコーダーまで完全にヴィジュアル化されている。つまりミュージック・ビデオでもある！

この年、P.C.L.と吉本興業が本格的に手を結び、吉本の専属芸人たちが次々とP.C.L.映画に出演。『唄の世の中』でも、和製マルクスで大人気の永田キング&ミス・エロ子の「スポーツ漫才」が堪能できる。グルーチョ・マルクスそっくりのメイクで「吾輩は……」と漫談するだけでなく、驚異の身体能力を生かしたアクロバティックな動きがたまらない。ちなみに相方のミス・エロ子は、永田キング夫人の妹。朝鮮民謡で人気だった裴亀子《ペ・クジャ》楽劇舞踏団が、ピカピカのアールデコの日比谷映画劇場をアリラン劇場という設定にして出演。寺島玉章・玉徳・茶目が、赤トンボレコードのオーディションで、これまた驚異的なアクロバティック・アンサンブルを見せてくれる。

この映画が未ソフト化とは！　なんたること！　ああ、楽しき哉！　ザッツ・ニッポン・ミュージカル！

太洋の寵児

一九三六年八月二一日／P.C.L.映画製作所／矢倉茂雄
提供＝東宝映画配給株式會社／製作・配給＝P.C.L.映画製作所／録音現像＝寫眞化學研究所／1936.08.21・日本劇場／八巻・一、七四〇m／六四分／日劇同時上映『無限の青空』（一九三五年、ワーナー、ハワード・ホークス）／同時上演「劇團 新喜劇 地下鉄で拾った三萬圓」十景（八月二一日〜三一日）

【スタッフ】作・古川緑波／監督・矢倉茂雄／脚色・永見隆二／撮影・友成達雄／録音・片岡造／装置・阿部輝明／編輯・岩下廣一／編曲指揮・紙恭輔／主題歌レコード・テイチク 詞・佐藤惣之助、曲・古賀政男、歌・藤山一郎
【出演者】藤山一郎（飯塚徹・テイチク専属）／宇留木浩（寺嶋武）／梅園龍子（美耶子）／椿澄枝（滋ちゃん）／牧マリ（眞弓）／三木利夫（中西）／日劇ダンシングチーム／中川辨公（学生）／大村千吉（上海のメッセンジャーボーイ）

『太洋の寵児』は、ロッパとは公私共に親しかった歌手・藤山一郎をフィーチャーした青春音楽映画。トップタイトルに「作・古川緑波」と出るが、もとのアイデアは緑波一座で有楽座で上演を考えていた「連鎖劇」だった。連鎖劇とは映画と芝居を「連鎖」して上映する見世物で、サイレント時代から行われていた。当初、ロッパは捕鯨船の船乗りたちの芝居「太洋の寵児」を、東宝のプロデューサー・森岩雄と計画。その打ち合わせを昭和一一（一九三六）年五月五日に、数寄屋橋のマツダビルにあった「ホテルニューグランド・グリル」で行っている。

『古川ロッパ昭和日記』の「昭和一一年」によると、六月四日（木曜）にP.C.L.の脚本家・永見隆二がロッパと打ち合わせ。この時点で「連鎖劇」から映画に企画が変更されたようだ。そして六月一六日（火曜）には、「七時、築地秀仲へ。森岩雄氏と会見、愈々「大洋の寵児」決定。古賀政男・藤山一郎も来り、一一時の下関行で京都へ向ふ。」とある。

ここで、主演は藤山一郎、音楽は古賀政男のコンビによる楽曲をふんだんに使った青春音楽映画として製作されることが正式に決定した。

藤山一郎は、明治四四（一九一一）年、日本橋は蛎殻町《かきがらちょう》のモスリン問屋の三男として生まれた江戸っ子である。幼い頃からピアノを習い、慶應義塾普通部を経て東京音楽学校へ進み、声楽を学ぶ。しかし世界恐慌で実家が多額の負債を抱えてしまい、レコード吹き込みのアルバイトを始めた。校外演奏を禁じた学則に違反するので、本名の「増永丈夫」ではまずいからと「藤山一郎」を名乗る。アルバイトで四〇曲ほど吹き込んだが、一九三一（昭和六）年九月に発売された古賀政男作曲、高橋掬太郎作詞《酒は泪か溜息か》が一〇〇万枚を超える大ヒットとなった。続く《丘を越えて》《影を慕いて》も大ヒット。古賀政男とのコンビで一世を風靡した。

大学では藤山の成績が優秀であること、アルバイト収入を母親に渡していることなどが勘案されて「今後のレコード吹き込み禁止と停学一ヶ月の処分」で落ち着いた。

この経緯は、P．C．L．映画第一作『音楽喜劇 ほろよひ人生』（一九三三年、木村荘十二）で、山川アサヲ（大川平八郎）のエピソードとしてパロディ化されている。というわけで、藤山一郎と古賀政男コンビによる本作には、二人のエポックとなった《丘を越えて》《影を慕いて》が挿入歌としてフィーチャーされている。

藤山一郎は、ビクター専属だった一九三五（昭和一〇）年、J．O．スタヂオとビクター・レコード協同製作による『百萬人の合唱』（富岡敦雄）、『かぐや姫』（J．O．・田中喜次、青柳信雄）に出演しているが、これが初主演作となった。この年、ビクターとの契約が満了となり、師でもある古賀政男がテイチクに移籍、古賀から「移籍して欲しい」と促され、テイチクへ。ここで再びゴールデンコンビ復活、ということでP．C．L．としてもテイチクとしても本作に力を入れていた。

そこで相手役には、男性的魅力あふれる宇留木浩をキャスティング。海の男、捕鯨船の船乗りには宇留木の豪放磊落なイメージがピッタリだった。

さて、製作決定から一〇日後、六月二六日（金曜）の『古川ロッパ昭和日記』である。

「朝十一時に起きる、京都放送局へ。一二時五分から藤山・三益と三人で「朗らかなトリオ」を放送する、起き立てなので声がいけなかった。宿へ帰ると、PCLの氷室、「大洋の寵児」のシナリオ持参来洛、一読してまるで狙いが外れてゐるのでくさる、あゝ暇さへあれば、コンティユニティ迄書いてやりたい。注文を出し書直して貰ふことにする。」

P．C．L．のプロデューサー・氷室徹平が持ってきた永見隆二のシナリオは、ロッパにはお気に召さず、リライトしたい思いを綴っている。この後、日記に本作が登場するのは映画完成後なので、後述する。

タイトルバックに勇壮なマーチが流れる。古賀政男作曲による主題歌《太洋の寵児》(作詞・佐藤惣之助)のインストに乗せて、藤山一郎、宇留木浩、梅園龍子、椿澄枝などメインキャストがプロフィールショットと一緒に紹介される。いつものP.C.L.スタイルである。

タイトルが明けると、「東京商船学校」(現・東京海洋大学海洋工学部)の学生たちが練習船の掃除をしながら主題歌を合唱。この練習船は隅田川の東京湾河口、現在の越中島あたりに停泊していた。のちに松井稔『花束の夢』(一九三八年、東宝)にもこの練習船が登場する。若き商船学校の生徒たちのフレッシュな勇姿。主人公・飯塚徹(藤山一郎)が、マストに登って勇ましく唄う。このオープニングは、この年七月に封切られたばかりの、フレッド・アステアとジンジャー・ロジャースのミュージカル『艦隊を追って』(一九三六年、RKO)を思わせる。

♪船はゆくゆく　港ははるか
波を枕に　見る夢は
宙に輝く　オリオンの
星座はるかに　ながむるよ

朗々たる藤山一郎の声が心地良い。藤山の痩せ型でちょっと線の細い感じがフレッド・アステア的でもある。音楽映画にふさわしいオープニング。その練習船を、隅田川の対岸から眺めながら、釣りをしているのが卒業生で、飯塚たちの先輩・寺嶋武(宇留木浩)。

近所の子供たちが練習船を指差して「あれは魚を獲る船か」「いや学校だい」「船ん中に学校があるもんかい」と騒ぐ。寺嶋が一喝して「うるせえな、船に乗る練習をしてるんだ」。「おじさん、なんでやらないの?」「おじさんはもうあんなこと卒業したんだ」とやけっぱちである。「じゃ、おじさんはもう船乗りになったんだね?」「もうじきなるんだよ」。

四回も留年してなんとか大学は出たものの、乗船する船が決まらずに、未だに学生寮の主として君臨しているが、授業は関係ないので釣りをするしかない。で、釣り上げたのは空き缶、しかも鯨の缶詰なので「おじさん、鯨釣ったね」とからかわれる。怒った寺嶋が「この馬鹿野郎」と子供を突くと、少年が川の中へ。慌てて飛び込み救出する寺嶋。救難訓練を受けているので、大事にはならない。という滑り出しで、前半は商船学校の学生たちの日々が描かれる。飯塚はどちらかというと気弱な若者。自分の意思をはっきり伝えることができない生真面目タイプで、豪放磊落な寺嶋とは正反対の名コンビ。

隅田川でボート訓練をしている学生たちの楽しみは、タバコやお菓子、サイダー、お弁当を積んだ売店の船。お目当ては看板娘・お滋《しげ》ちゃん（椿澄枝）。彼女の船がやってくると学生たちのボートが取り囲む。「チェリーくれ」「サイダーくれ」、最後に「僕にお滋ちゃんくれよ」で大笑い。お滋ちゃんは学生たちのマスコットなのである。

お滋ちゃんと飯塚は相思相愛。時々、歌を聞かせているらしい。すると「今後、飯塚にはお滋ちゃんの前で歌を唄うのを禁止しよう」とさらに大笑い。

そこへ「僕にタバコください」と、金持ちの坊っちゃん・中西（三木利夫）が、スリーキャッスルだのウエストミンスターだの洋モクを注文するも、お滋ちゃんは、チンプンカンプン。「じゃチョコレートでも」と一〇円札を出して「釣りはいずれまた」。戦後の青大将タイプである。

この中西は、いつも首からカメラをぶら下げてポートレイトを撮っている。このキャラは、好評だったのかそのまま翌年の『P.C.L.オンパレード 青春部隊』（一九三七年、松井稔）で三木利夫が演じることになる。

夜の学生寮のシーンは、のちの加山雄三の「若大将」シリーズのように、藤山一郎がアコーディオン片手に唄い出すと、みんなで合唱となり、楽しそう。しかし真剣に履歴書を書いている寺嶋が、うるさいと怒り出す。「君は歌唄いになるつもりか、船乗りになるつもりか？」。

飯塚は何をやっても中途半端。それが寺嶋には我慢ならない。「第一お袋に済まないと思わないのか」。飯塚は故郷の母親の仕送りで商船学校に通っているのに、趣味を優先させているのが許せない。しかし飯塚は音楽をやめることができない。ロッパは、その二人のぶつかり合いを描きたかったのだろうが、確かにシナリオも演出も弱い。飯塚が情けない中途半端な若者にしか見えない。

そんな飯塚が、ある日、レコード店の試聴室で優雅にクラシックを楽しんでいると、隣室のジャズのレコードが騒々しい。猛抗議をする飯塚。隣室はブルジョワのお嬢様の美耶子（梅園龍子）で、二人は大喧嘩。それがきっかけで二人は仲良くなる。飯塚が恋するプロセスはハリウッド映画の「喧嘩から始まる」定石だが、藤山一郎の演技も矢倉演出も今ひとつで、盛り上がらない。

一方、寺嶋は外国航路の船員の口が見つかり、学生寮で盛大な歓送会が開催される。酒を飲んで大騒ぎ。ハワイアンに乗せて、腰ミノをつけた学生（中川辨公）が《酋長の娘》よろしくサモアンダンス風に踊る。やがて寺嶋が「今や吾輩は洋々たる大海に船出しようとしている。巷の歌に曰く、沖の鷗と船乗り稼業、どこのいずくで果てるやら」と挨拶して乾杯する。

さて飯塚は美耶子に夢中となり、授業をサボって、彼女のクルマでドライブに行く。このシーンが楽しい。教授が出席を取るも、飯塚は欠席。次のカットで疾走するクルマの助手席で藤山一郎がアカペラで朗々と《丘を越えて》を唄い出すとマンドリン演奏が追いかける。シンプルだがチカラのある歌唱。古賀政男が作曲した当初のスタイルが味わえる。マンドリンのアウトロが心地よい。

そんな飯塚は美耶子との結婚を真剣に考え始めて、田舎に帰って母親に「結婚したい」と報告。しかし「商船学校を出てから」と一蹴される。帰京した飯塚は美耶子にプロポーズするも、あまりの一途さゆえに重荷となり美耶子は離れていく。

失意の飯塚は、お滋ちゃんへの慕情も断ち切り、大学も辞めて、なんと上海へ。大胆な行動だが、上海には喧嘩して謹慎中の飯塚がいるのだ。飯塚は上海のナイトクラブ「ブラック・ドラゴン」に入り浸って酒を煽る日々。そこの歌姫・眞弓（牧マリ）は飯塚に惚れているが、ギャングの情夫がいる。それまでの「青春喜劇」が、いつしか上海の魔窟を舞台にした「暗黒街活劇」に転じる。ここからが、芝居で言うと二幕目。アチャラカ芝居らしい急展開でもある。

ストックフィルムを使っての上海の風物がエキゾチック。

「ブラック・ドラゴン」のステージでは、紙恭輔率いるコロナオーケストラがジャズ演奏。日劇ダンシングチームの男女が軽快にダンスを踊っている。続いて眞弓が唄うは《上海リル Shanghai Lil》（作詞・アル・デュービン、作曲・ハリー・ウォーレン）。一九三三年のワーナー映画『フットライト・パレード』でジェームズ・キャグニーとルビー・キラーが唄って大ヒットした。様々な訳詞で日本語カヴァーされたが、牧マリが唄っているのは、ディック・ミネのヴァージョン。ワンコーラス唄ったところで、黒人がやってきて嬌声をあげ、怒った寺嶋がパンチを喰らわせる。そのまま大乱闘となる。宇留木浩は、ハリウッドの活劇ならヴィクター・マクラグレンか、ランドルフ・スコットだろう。黒人といっても日本人が黒塗りしているだけ。

「やめとくれよ！　喧嘩なら表で」と啖呵を切るのは、先ほどまで唄っていた眞弓。エキゾチックな容貌で、P.C.L.ではヴァンプ系の役が多かった牧マリ、なかなかの貫禄。情夫のボスを差し置いて、泥酔した寺嶋をアパートまで送る。これもハリウッド・ノワールを意識した展開。

ここからが本作のハイライト。バンドが転調して演奏するはアーヴィング・バーリン作詞・作曲《レット・ユアセルフ・ゴー Let Yourself Go》。前述のフレッド・アステアとジンジャー・ロジャースの『艦隊を追って』（一九三六年、RKO、マーク・サンドリッチ）のナンバーである。ステージには日劇ダンシングチームの男女チームが、アステア&ロジャースと全く同じセーラーの衣裳でタップダンスを踊る。その振り付け、タイミングが、オリジナルと寸分違わないのだ。演奏のテンポもアレンジもサントラと同じ。『艦隊を追って』が日本でロードショーされたのが、本作の公開一ヶ月前の七月一日から一〇日にかけて。しかも同じ、有楽町の日本劇場で上映されている。アメリカでは二月二〇日に公開されているので、早めに試写があったとしても、この再現力はすごい。

トップシーンのナンバーといい、この《レット・ユアセルフ・ゴー》といい、本作のヴィジュアルは『艦隊を追って』をかなり意識している。これぞP.C.L.のモダニズム！

酔った寺嶋が眞弓に介抱されてアパートに戻ると、なんと飯塚が待っていた。観客同様、寺嶋も飯塚の行動にはただただびっくり。何か仕事をしないと帰りの船賃もないので、眞弓の口ききで、飯塚は「ブラック・ドラゴン」のボーイとなる。

しかし不器用な飯塚は、皿洗いをしてもすぐに割るし、何をやってもダメ。見込みなしだったが、掃除をしながら得意の歌を唄っていると、マスター（榊田敬治）が「気に入った！」と歌手として採用される。これもハリウッドのミュージカル映画の定石。ここで藤山一郎が唄ったのが、なんと《影を慕いて》（作詞・作曲・古賀政男）。本作が古賀政男ソングブックの所以である。

飯塚はたちまちナイトクラブの人気歌手となり、眞弓や女給たちのマスコット的存在となる。またしても寺嶋はそれが面白くない。飯塚が本来の目的を見失っているからである。

そんな寺嶋だが、ようやく謹慎も解けて、いよいよ乗船の当日。迎えに来た船員仲間（柳谷寛）とアパートで荷造り中に、「ブラック・ドラゴン」の女給が「飯塚さんが！」と駆け込んでくる。

飯塚が、眞弓の情夫の子分たちにボコボコにされていたのだ。乗船時間が迫るなか、寺嶋は「ブラック・ドラゴン」へ。親友のピンチを救出する。しかし、すでに船は出航した後だった……。

これもハリウッドの男性活劇を目指しての展開。そこへ飯塚の母親の危篤の知らせ。メッセンジャー・ボーイを演じているのがのちの東宝バイプレイヤーの大村千吉。

飯塚は帰国するが、母はすでに亡くなっていた。母の墓所に誓った飯塚は寺嶋とともに捕鯨船の船員となり大海原へと飛び出す。

わずか六四分のなかに、あらゆるエッセンスを詰め込んで、いささか消化不良気味。面白くなる要素があるのに、矢倉茂雄の演出も冗長で勿体無い。


さて、ここで再び『古川ロッパ昭和日記』に戻る。八月一九日（水曜）の記述である。

「ＰＣＬの試写室で、ワーナーの漫画五六本見る、とても面白し。四時半から、僕原作の「大洋の寵児」の試写。いやはや呆れた、大愚作。憂鬱になる。」

緑波がイメージしていたものとはかけ離れた出来にがっかり。さらに、八月二一日（金曜）の日記では……

「座へ。今日も満員になった。此の分なら千秋楽迄持ちさうである。ＰＣＬの矢倉茂雄来り、「大洋の寵児」は自信なく相済まぬ、然し評判はいゝので面喰ってるとのこと」

矢倉監督も不出来を認めているが、映画はヒット、評判も良く、それに監督が面食らっているというのもなんともはや、である。

映画公開中の八月二七日、主演の宇留木浩が、浅草「花月劇場」で芝居「坊っちゃん」の千秋楽の夜。小屋がハネて迎えに来た夫人と浅草公園六区の天麩羅屋で、突然の狭心症で倒れてしまった。その翌日のロッパの日記である。

「八月二十八日（金曜）

新聞で、昨夜ＰＣＬの宇留木浩が、心臓狭心症で倒れたとのニュースを見て、面食ってたら、徳山から電話で「とうく死んだそうだ」とのこと。お互に同い年のこと故、心配なり。医者へ寄り、ビクターへ、「僕のホームラン」の吹込直しのつもりで行ったが、誰にも通ってゐないらしい。徳山が来たので一緒に出て、日劇へ涼みに入り、「オリムピックニュース」にたんのうし、「大洋の寵児」を一寸見て憂鬱――宇留木がそこに生きてゐるので。」


宇留木浩こと横田豊秋は、山本嘉次郎の盟友で、共に映画界に入って監督として活躍後、俳優に転身。前年に山本の『坊っちゃん』のオーディションに受かり、Ｐ．Ｃ．Ｌ．入りを果たした。亡くなるまでの一年間で、一二本の映画に出演。Ｐ．Ｃ．Ｌ．の看板スターとなるが、三三歳の若さで急死。これが遺作となった。

藤山一郎は、この年、テイチクでの大ヒット曲を映画化した『東京ラプソディ』（一二月一日・伏水修）で再びＰ．Ｃ．Ｌ．作品で主演。これが空前の大ヒットとなる。

續篇 エノケンの千萬長者

一九三六年九月一日／P.C.L.映画製作所／山本嘉次郎
製作・配給＝P.C.L.映画製作所／録音現像＝寫眞化学研究所／提供＝東宝映画配給株式會社／1936.09.01・日本劇場／七巻・一、四六六m／五四分 白黒／同時上映『殺人都市』（一九三六年、ユニバーサル、L・フリードランダー）／同時上演「第八回日劇ステージショウ 日劇秋のおどり」一一景（九月一日～一〇日）

【スタッフ】脚色・演出・山本嘉次郎／原作・エノケン文藝部／撮影・唐澤弘光／録音・山口淳／装置・北猛夫／編輯・岩下廣一／音楽・栗原重一／振付・澤カオル／演奏・エノケン管絃楽団／助監督・本多猪四郎、黒澤明
【出演者】榎本健一（江木三郎）／二村定一（三田）／宏川光子（同・おとし）／柳田貞一（伯父さん）／千川輝美（昔の恋人）／中村是好（家令・加藤）／髙清子（お雪）／北村季佐江（麥小路道子）／北村武夫（兄・増麿）／如月寛多（小川）／竹村信夫（太田）／山形凡平（隣の亭主）／若山千代（その女房）／椿澄枝（従妹・みや子）／エノケン一座・・P.C.L.總出演

正篇から一ヶ月半後の一九三六年九月一日に公開された『續篇 千萬長者』のオープニングは、観客への挨拶としてタキシード姿のエノケンが《洒落男 A Gay Caballero》（作曲・フランク・クールミット）の「千萬長者ヴァージョン」（正編との歌詞違い）を唄う。

♪大学の運動部へ　莫大に寄付をしたら
野球　ラグビー　水泳と　無理やり万能選手
毎月のお小遣いが（エヘェ）　ちょいと五万円ばかり
お金があって　スポーツ万能
吾輩の恋した乙女　黒い瞳のおとしちゃん
約束したとき　彼女の言うには　ねえ忘れちゃいやよ
おゝ愛しの者よ　お前と一緒になるため
家も学校もお金も捨てて　働く月給が三十円
（《私の青空》のメロディに転調して、また戻る）
いくら貧乏しても　ビクともしない二人
せまいながらも楽しい我が家
歌はマイ・ブリュー・ヘブン

続いて、都会的なP．C．L．映画のモダニズムを象徴する銀座・日比谷の車窓風景に乗せて、「前篇のあらまし」の紹介となる。

銀座四丁目、服部時計店の前から車に乗った三郎。キャメラは車から、晴海通りを数寄屋橋方向に進む。省線（現・JR山の手線）のガードを抜け、日比谷映画方向に左折。『エノケンの青春酔虎傳』を上映した洋画ロードショー館の日比谷映画劇場のアールデコ洋式の建物を左に、右には三信ビルが見える。さらに東京宝塚劇場を抜け、正面に帝国ホテル旧館がちらりと見え、みゆき通りを左折。再びガードを抜けて、外濠川に掛かる山下橋を渡り、泰明小学校の前を通り、外濠通りに出る。洋画ファンの若者たちが夢中になり、エノケンが映画進出を決意したP．C．L．映画のモダニズム。その象徴ともいうべきモダン銀座のヴィジュアルである。

クルマを降りた江木三郎（エノケン）が、恋人・おとしちゃん（宏川光子）との待ち合わせ場所へ。初めて貰ったデパートの月給三〇円を見せて「何か買ってあげようか？」。おぼ坊っちゃんの三郎、金銭感覚が全くない。「それお小遣いじゃないのよ、月給よ。せっかく働いて取ったお金、遊んで使っちゃっていいの？」。おとしちゃん、しっかり者である。

三郎は、伯父さん（柳田貞一）に二人の結婚を許してもらおうと、屋敷へ。しかし伯父さんは猛反対。「お前には自分の身分というものがわかっているのか？」。江木家の家系図を広げ、跡取りは麥小路家から嫁を貰うのが習わしだから、少しオツムが弱くても麥小路道子（北村季佐江）と結婚しろと厳命する。

おかしいのは伯父さんが広げる家系図で、由緒ある江木家のご先祖は猿だったというオチ。ここでエノケンが伝説の「猿真似」を披露。なるほど見事！　である。

そして、三郎が内緒で勤めている伯父さん経営のデパートでのミュージカル・ショウとなる。当時のハリウッド映画ではお馴染みの黒塗りミンストレル・スタイル。現在のコンプライアンスではNGのブラック・フェイスのエノケンが、農夫の衣装で《セント・ルイス・ブルース St. Louis Blues》（作曲・W・C・ハンディ）を唄う。エノケンの語りによるイントロ。「♪夕陽を見ていると　僕は寂しいのよ」と語りを交えての、エノケン節によるジャズ・ソングである。切々たる思いの歌詞。場面はカフェーのおとしちゃんのショットとなり「♪夕陽をみていますと」と《セント・ルイス・ブルース》の返歌となる。プロダクション・ナンバーと心情の交換。転調と共に複数の男女ダンサーたちが集まり、ダンス・シークエンスが展開。ブラック・フェイスのタップダンサーに続いて、やはりブラック・フェイスの二村定一とエノケンが登場。二人のコミカルな掛け合いとなる。

エノケン・二村「♪同じバンドで働く恋人同士」
二　村「男はヴァイオリン（ヴァイオリンの音色）」
エノケン「女はピアノ（ピアノの旋律）」

二人の掛け合いに音楽が巧みに絡まって、ミュージカル的高揚感が盛り上がる。確かに、現在の目で見れば稚拙な部分は多々あるが、昭和一一年のモダニズム、時代の空気がフィルムに焼き付けられている。

そのショウを、たまたま麥小路道子と、兄・増麿（北村武夫）が観ていたことから三郎はピンチとなる。強欲な増麿は、伯父さんに「秘密（デパートで働いてること）」をバラされたくなかったら、会社への融資か、道子との結婚の二択を迫る。しかも三郎に待合で散々奢らせた上での脅迫である。この宴会シーンではエノケンの《安来節》踊りが楽しめる。

結局、三郎は伯父さんにバレて、大目玉を喰らう。道子と結婚してデパートの社長になるか、クビになるかを迫られ、三郎はクビを覚悟でおとしちゃんとの愛の巣を営むことに。その煽りを食って三田も歌手をクビになり、おとしの姉・お雪（高清子）のキャバレーで歌手としてステージに立つことに。

ここで二村定一のパフォーマンスと相成る。高清子とデュエットするのは『踊るブロードウェイ』（一九三五年、MGM）でジューン・ナイトとロバート・テイラーが唄った《アイヴ・ゴット・ア・フィーリン・ユア・フーリン I've Got a Feelin' You're Foolin'》（作曲・ナシオ・ハーブ・ブラウン）である。原曲の作詞はアーサー・フリード。MGMミュージカル黄金時代を築いたプロデューサーである。

高「♪あなたはいつものように　言葉だけは優しい　けれど心のうちは　わからない」
二村「それは僕の方で　言ってやりたいことさ　君の言葉だって　わからない」
高「疑いもヤキモチも　あなたゆえよ」
二村「疑いやヤキモチなら　断然よそう」
二人「いくら二人のように　信じあっていれば　恋の世界は楽し　天国」

P．B．管弦楽団のバンド演奏が心地良い。タキシード姿でスピーディに指揮をするのは音楽監督・栗原重一。客席のテーブルの上に、二人の女の子が上がってダンスを始める。一人はP.C.L.映画の三枚目でおなじみの林喜美子と、清純派の宮野照子。二人ともダンサーでもあるので、なかなかのモダンガールぶり。

一方の三郎は、おとしちゃんと同棲を始めるが、仕事があるわけでもないので、仕方なく、辞めた大学の前で「学生ワンタン」の屋台を開く。角帽かぶってヴァイオリンを片手に書生節スタイルで《のんき節》(作曲・添田唖蟬坊)を唄う。

♪金がないのが一番苦労で
金が欲しいと言うけれど
それじゃ金持ち楽だろうか?
金を持ってみりゃなお苦労
ハハのんきだね

しかし勘当の身で貧乏している三郎には、かつての学友たちも寄りつかない。金の切れ目が縁の切れ目である。ヤケクソになって三郎、また唄い出す。

♪金のあるうちゃ
散々たかって
金が無くなりゃ知らぬ顔
そんなにコセコセ暮らしても
大学出たとて職がない
ハハのんきだね

客が寄り付かずに、クサっているところに、バンカラの太田(竹村信夫)と小川(如月寛多)がやってくる。「久しぶりに飲もう」と三郎が二人を下宿へ招待、商売モノのワンタンを肴に、しこたま飲んだ三人。おとしちゃんは「もうお金もないのに」と気が気でない。そこで姉・お雪のキャバレーへ「働かせて欲しい」と頼みに行く。「そんなことはさせられない」と三田は、江木家の家令・加藤(中村是好)に相談。さらにキャバレーのマダム(千川輝美)が、実は伯父さんの三三年前の恋人だったことから、事態は急展開する。焼け木杭に火がついて、怪我の功名で三郎とおとしちゃんの結婚が認められる。こうして「放蕩息子の帰還」と相成る。

三郎の「愛の巣」である下宿の隣人夫婦。亭主(山形凡平)と女房(若山千代)が、どつき漫才よろしく関西弁で大げんか。その度に、壁を破って亭主が転がり込むルーティーンがおかしい。無一文で朝食もままならない三郎とおとしちゃんが、困っていると、隣のケンカでとご飯のお櫃や、おかずの魚が飛んできて大助かり。これもエノケンの舞台の笑いのバリエーション。実に楽しい。

クライマックス、江木家の親族会議でエノケンが一一役で親戚一同を演じるが、『エノケンの近藤勇』の坂本竜馬との二役以来、エノケン何役というのが映画の売りでもあった。この後も『エノケンの爆弾児』（一九四一年）、『エノケン虎造の春風千里』（同）と、このパターンが続く。ともあれ、続篇のオープニングに活写される、昭和一一年の銀座・日比谷の風景に代表されるモダニズムがこの『續篇 千萬長者』の最大の魅力である。

この映画のサード助監督としてついたのが黒澤明と本多猪四郎。戦後の東宝映画を牽引していくふたりの作家はエノケン映画からそのフィルム・キャリアをスタートしたのである。彼らはエノケン映画で「映画のなんたるか」を知り、黒澤は『天晴れ一心太助』（一九四五年）などエノケン映画の脚本を手がけ、やがて『虎の尾を踏む男たち』（一九四五年）で和楽を使ったニッポン・ミュージカルを試みる。もちろん主演はエノケンだった。

こうしてヤマカジ＝エノケン・コンビが創出したエノケン映画は、P.C.L.最大のドル箱として、一年に二本というペースで作られていく。山本嘉次郎は東宝の看板監督となり、エノケン映画には若手監督たちも参加することになる。

君と行く路

一九三六年九月一一日／P.C.L.映画製作所／成瀬巳喜男
配給・製作＝P.C.L.映画製作所／録音現像＝寫眞化学研究所／提供＝東宝映画配給株式會社／1936.09.11・日本劇場／八巻・一、八九六m／六九分／日劇同時上映『来るべき世界』（一九三六年、英、ウイリアム・キャメロン・メンジース）・同時上演「第八回日劇ステージショウ 日劇秋のおどり」一一景（九月一一日〜二〇日）

【スタッフ】演出・成瀬巳喜男／作・三宅由岐子「春愁記」より／撮影・鈴木博／録音・道源勇二／装置・北猛夫／編輯・岩下廣一／音楽監督・伊藤昇／演奏・P.C.L.管絃楽團
【出演者】大河平八郎（天沼朝次）／佐伯秀男（同・夕次）／清川玉枝（母・加代）／藤原釜足（空木）／髙尾光子（雛）／山縣直代（尾上霞）／堤眞佐子（暮津紀子）

昭和一一年、『桃中軒雲右衛門』（四月二九日）に続く成瀬巳喜男の二本目の作品は、大川平八郎のサラリーマンと、佐伯秀男の大学生、鎌倉に住む仲良し兄弟の恋愛と、その悲しい顚末を描いたメロドラマ『君と行く路』。

原作者である劇作家・三宅由岐子は、東京双葉女学校中退、二四歳から劇作をはじめ、わずか六年間で「晩秋」「母の席」「春愁記」など多幕もの四篇、二〇の作品を残している。この映画の翌年、昭和一二（一九三七）年に、戯曲集『春愁記』の完成前に三二歳の若さで亡くなる。

本作は、その「春悠記」を原作に、舞台で兄弟の母親を演じた清川玉枝を再びキャスティング。成瀬が自ら脚色した。タイトルは、中野実の戯曲「二人妻」を『妻よ薔薇のやうに』（一九三五年）に改題、また次作『朝の並木路』（一一月一日）を流行歌風にしたように、原作から遠く離れて、あえて軽快なイメージにしている。これもまた流行歌のような題名である。ラストの悲劇的展開は、この題名からは想像もつかない。予備知識なしで見ると、ちょっとショックでもある。しかし『君と行く路』というタイトルは、主人公の悲恋の顚末を知ってからだと、全く別な意味を持つ。

まず「横須賀鎮守府検閲済」とスーパーが出る。明治四

（一八七一）年、付近の諸港を統括する海軍提督府が海軍省内に設けられた。明治九（一八七六）年八月、提督府を鎮守府として、横須賀に「東海鎮守府」が新たに設けられ、それが明治一七（一八八四）年に横須賀鎮守府となった。鎮守府ではあらゆる出版物、絵葉書、地図に至るまで、海岸線や港について記したものを防諜の観点から検閲。鎌倉の海岸でロケーションをしているため、本作も「横須賀鎮守府」の検閲を受けている。

鎌倉のお屋敷。スポーツマンの大学生・天沼夕次（佐伯秀男）は屈託がない。夕方、軽くトレーニングをして帰宅。母・加代（清川玉枝）との会話。兄・朝次（大川平八郎）が帰ったら「初物の苺を食べましょう」と、ハイソサエティな暮らしぶり。しかしサラリーマンの朝次は真っ直ぐ帰らず、待合へ寄り道。芸者とダンスを踊る上司、同僚たちを横目に、どことなく醒めている。

この待合の場面に流れるのがトミー・ドーシー楽団とイーディス・ライトの《ミュージック・ゴーズ・ラウンド The Music Goes Round and Round》（作詞・レッド・ホジソン、作曲・エドワード・ファーレイ、マイク・ライリー）のレコード。この年五月一一日公開のコロムビア映画『粋な紐育っ子』（一九三六年）の主題歌として大ヒット。榎本健一が《エノケンの浮かれ音楽》、岸井明が《唄の世の中》として日本語カヴァー。P.C.L.映画でもエノケンが七月二一日公開の『エノケンの千萬長者』（山本嘉次郎）で唄い、岸井明が八月一一日公開の『唄の世の中』（伏水修）の主題歌として唄っていた。そのオリジナルヒットのレコードである。

このジャズ・ソングの次のカットが、三味線を弾き、清元を唄う母・加代の姿。モダンなジャズと清元の対比。ここで加代が良家の奥様ではなく、芸者出身の妾だったことがヴィジュアルでわかる。朝次と夕次の父はすでに亡くなり、加代は本家に預けられた息子二人を取り戻し、旦那が残してくれた唯一の財産である鎌倉の屋敷に住んでいた。大学出のサラリーマンの長男と、大学生の次男、二人の成長が彼女のすべて。しかし、何かにつけてストレートで、ハイソサエティとは対極の無粋な母に対して朝次は冷たく当たる。

というのも、朝次が将来を約束していた幼馴染の尾上霞（山縣直代）との交際を「妾腹」という理由で、尾上家から禁じられたためである。尾上家は事業が立ち行かず、その負債を肩代わりすることを条件に、霞の縁談をすすめていた。そのため、朝次との交際はまかりならん、ということだった。

朝次も不可抗力に屈して、霞とのことは半ば諦めていた。ある日、東京から霞の親友・暮津紀子（堤眞佐子）が横須賀線で鎌倉へ。同じ車両に乗っていた夕次は、その清楚な雰囲気に一目惚れしてしまう。彼女が誰かもわからずに、「結婚したい」とまで想いを募らせる。

津紀子は、東京の霞の叔父の家に届いた、朝次からの手紙を、鎌倉に戻っている霞に届けに来たのだ。いわば恋のメッセンジャー。尾上邸の朝次の部屋からは、霞の部屋が見える。朝次が《想ひ出 Souvenir》(作曲・ドルドラ)のレコードをかけると、霞もそれに応えてレコードやピアノで《想ひ出》を弾く。これが「ロミオとジュリエット」のバルコニー場面にあたる。

親に交際を止められ、霞は政略結婚を強いられる。弱気になった朝次は「死んでしまおう」と思い詰める。霞は「自分だけ取り残されたくない」ので「私も死んでしまう」と、朝次に告げる。せっかく、津紀子が二人の密会を仕組んだのに、この鎌倉海岸のランデブーは切ない。大川平八郎演じる主人公の「死にたい」願望は、次作『朝の並木路』の千葉早智子の「夢」でリフレインされるが、本作のパロディともとれる。それは穿ち過ぎだろうが。この頃、若い男女の心中が新聞を賑わせていた。原作の「春悠記」は、そうした男女の心理や、置かれた状況を描いた悲恋ものでもある。

さて、鎌倉でのロケーションも効果的。横須賀線の車内、津紀子が降り立つ鎌倉駅前には、明治チョコレートショップがある。モダンでハイソなエリアである。

しかし、そこに住む金持ちは、成金や妾宅、意外とスノッブな連中が多い。その最たるものが、天沼家と尾上家、双方の相談役でもある財界人・空木(藤原釜足)。最近、孫ほど歳の離れた芸者を正式に妻に迎えて、鼻の下が伸び切っている。その妻・雛(髙尾光子)はあけすけな女。酒が飲みたいと空木にねだり、天沼家にやってきて、朝次からウイスキーを貰う。

藤原釜足はこの頃、P.C.L.のコメディ担当で、岸井明と「じゃがたらコムビ」を組んでいたが、本作では老け役。戦後の東宝映画での老け役とそんなに変わらない。藤原釜足は明治三八(一九〇五)年生まれだから、このとき三一歳。

空木と雛の夫婦に呆れる母・加代も、似たり寄ったり。霞の母も芸者上がりで、起業家の妻になり、お高く止まっている。こうしたスノビズムがカリカチュアされながら、それが若い二人の障壁となる。ところで、加代は江戸っ子らしく「お雛さん」と呼ぶときに「おシナさん」と発音するのがおかしい。

成瀬の演出は、朝次の屈託とその心理も掘り下げる。ヒロインの山懸直代は、芝居も危うげで、それが霞の清純さ、儚さにも見えてくる。一方、津紀子は快活で何事もポジティブに運命を切り開いていくモダンガール。その対比も成瀬の狙いだろう。

ギリギリの状況下で、朝次と霞は愛を貫こうとするも、無理解な霞の母親の悪意が引き金となり、朝次は自動車の無謀な運転で、ついに亡くなってしまう。

残された霞は、どうなるのか？　その顚末はあまりにも切ない。この悲劇こそ、大衆が求めるメロドラマの真髄でもある。成瀬は、朝次が決意した霞との「君と行く路」を描いていく。

東京ロケはワンショットだけだが印象的である。霞が、鎌倉の家を飛び出して、津紀子の家にクルマで向かうシーン。渋谷四丁目を走っている。その時一瞬、画面に映る洋館は、今でも健在。フレンチ・レストラン「メゾン・ド・ミュゼ」として営業している。川島雄三監督の『イチかバチか』（一九六三年、東宝）では、伴淳三郎の屋敷として登場する。

母なればこそ

一九三六年九月二一日／P.C.L.映画製作所／木村荘十二
提供＝東宝映画配給株式會社／製作＝P.C.L.映画製作所／録音現像＝寫眞化学研究所／1936.09.21・日本劇場／八巻・一、八五七m／六八分／日劇同時上映『無法地獄』（一九三六年、コロムビア、アール・C・ケントン）／第八回日劇ステージショウ 日劇秋のおどり」一一景（九月二一日～三〇日）

【スタッフ】作・川口松太郎／演出・木村荘十二／脚色・三好十郎／撮影・三村明／録音・安恵重遠／装置・戸塚正夫／編輯・岩下廣一／音楽監督・松平信博／演奏・P.C.L.管絃楽團／主題歌作詞・佐伯孝夫、作曲・松平信博／ビクターレコード五三八四三
【出演者】千葉早智子（中道正子）／丸山定夫（浜崎）／北澤彪（松井勇）／清水美佐子（中道秀子）／斎藤英雄（村田博）／御橋公（中道）／滝澤修（松井陽平）／三島雅夫（村田金造）／柏原徹（塚本弁護士）／清川玉枝（おそめ）／伊藤智子（おちか）／生方賢一郎（社長）／柳谷寛（バーテン）

川口松太郎原作『母なればこそ』は、戦後、大映で連作される「母もの」のプロトタイプのような作品。脚色は三好十郎。早稲田大学在学中の大正一三（一九二四）年、『早稲田文学』に詩「雨夜三曲」を発表。サンジカリズムからマルクス主義に接近。壺井繁治らと左翼芸術同盟を結成、ナップの下部組織プロット（日本プロレタリア劇場同盟）に属して、プロレタリア劇の作家として活動するも、左翼的な活動に疑問を感じてプロットを離脱。P.C.L.文芸部にシナリオライターとして四年間在籍した。

演出は『ほろよひ人生』（一九三三）年から、P.C.L.のメイン監督として音楽喜劇からメロドラマ、文芸作品などさまざまなジャンルを丁寧に仕上げてきた木村荘十二。千葉早智子をヒロインに、伊藤智子、丸山定夫、北澤彪、滝澤修といった「いつもの」キャストが織りなすメロドラマ。六八分に、川口松太郎らしい「運命の皮肉」「女性の自立」「シングルマザーの悲しみ」を凝縮。千葉早智子がお嬢さんから芸者、ダンサー、バーのマダムへと転身し、運命に翻弄され、運命を切り拓いていくヒロインを好演。

P.C.L.の都会派映画らしいモダンな描写から始まる。テニスコートで、中道正子（千葉早智子）と妹・秀子（清水美佐子）は、松井家の御曹司・勇（北澤彪）と中道家の元運転手・浜崎（丸山定夫）とダブルスでテニスを楽しんでいる。このテニスコートは中道家の庭にあり、正子は相当な資産家の令嬢であることがわかる。

ところがテラスでは正子の母・おちか（伊藤智子）が、昔なじみの置屋の女将・おそめ（清川玉枝）に、宝飾類の転売仲介を頼んでいる。

会社経営が行き詰まった中道（御橋公）は、資金繰りに苦しく、その上病気で寝込んでいる。おそめの話によれば、結婚前、おちかは浅草で芸者として座敷に出ていた。正子も数年前、シカゴに父親の仕事で同行、ビジネスの手伝いをしていたことをおちかが話すシーンで、シカゴの正子のショットがインサートされる。

父は正子に、中道家の窮状を救うため、資産家の大内菊造と結婚すれば会社は持ち直すことができると懇願する。しかし正子は、不本意な結婚を強いられるよりは「中道家を潰してください」。職業婦人になってでも、家計を支える覚悟があると、進歩的な意見を伝え、きっぱりと断る。

お嬢さん育ちだが正子は、自分の理想を持ち、自己主張ができる女性。しかし父が急逝。屋敷を手放し、母と妹と住宅街の借家へ引っ越す。その手配一切をするのが、長年、中道家に奉公してきた運転手・浜崎。今では円タクの運転手だが、中道家が没落しても、一家の暮らしをサポート。寡黙だが、家族への愛情はその態度から窺える。丸山定夫のうまさを堪能できる。

正子は浜崎に「なんでも構わない」と就職先を頼む。妹・美佐子は、美術を学んでいて、あとわずかで卒業予定。画家として身が立つまでは「姉さんが面倒を見る」。正子は一家の大黒柱になる心算である。

しかし世間はそれほど甘くない。次のシークエンスでは、正子は芸者となり、おそめの置屋から「小江柳《こえりゅう》」としてお座敷に出ている。ある会社の合併記念の宴会で、社長（生方賢一郎）が長々と挨拶。正子の恋人だった松井勇も出席している。勇は一家の転居以来、東京中、正子を探し歩いていた。そこへ丸髷を結った正子が現れたのだ。再会を喜び、これまでの話をする正子と勇。女一人で母と妹を養っていくには、芸者になるしかなかった。

二人は再び愛し合うが、世間的には社長の御曹司と芸者の関係。勇のお陰で、正子一家の暮らしは良くなるが、母・おちかは病気で重篤となる。病床のおちかは娘の体調の変化に気づく。正子は勇の子を身籠っていたのだ。

勇は正子との結婚を、実業家の父・陽平（滝澤修）に認めてもらおうとする。陽平は、「生まれてくる子供の面倒をみること」「勇に妾宅を持つこと」を認め、二人が愛し合っていることを理解する。しかし世間体を気にして「結婚は別だ」「子供の籍は入れない」と残酷な結論を出す。リベラルなようで頑固である。気弱な息子・北澤彪と、パワフルな父・滝澤修。二人の新劇俳優の芝居がドラマを引き締める。

直接、陽平からそのことを聞いた正子はショックを受け、勇と別れて、子供を一人で出産する決意をする。そんな正子を円タクで送る浜崎は、終始寡黙。イギリス映画の名家の執事のような分をわきまえた態度がいい。病床の母は「お腹の子の父親を教えて欲しい」。正子は咄嗟に浜崎の顔を見る。浜崎も「申し訳ありません」と頭を下げる。本当に良い男である。

月日は流れ、正子は今では高級アパート住まい。ダンサーとしてダンス・ホールに勤めている。幼い息子・勇次郎を郊外の施設に預けて、享楽的だが高収入の仕事をしている。連日、パトロンの村田金造（三島雅夫）がいそいそと通って来る。助平そうだが好人物である。妹・秀子は同じアパートの別室で新進画家として頑張っている。その暮らしを正子が支えているのだ。

正子の恋人・松井勇は早逝していた。孤独な父・松井洋平は、跡取りもなく「勇次郎を養子に迎えたい」と塚本弁護士（柏原徹）を使いに寄越すが、正子は意地でも応じない。あの日受けた屈辱、悔しさが現在の正子の原動力になっているのだ。

東京郊外、世田谷あたりの養育園へ、正子は勇次郎を訪ねる。母と息子は久しぶりのひとときを過ごす。しかし浜崎運転手は、そんな正子を「間違っている」と批判する。養育園からの帰途、円タクがエンコして立ち往生、黙々と修理をする浜崎に、正子は切り出す。

正子「私の生活は間違った、いけない生活かもしれない。ダンサーでパトロンを持ち、立派なお妾だわ。でも、追い詰められて、ヤケクソになって、こんな生活をしてるんじゃない。自分でこんな生活を選んでやってるのよ。人は誰だって、自分の生活や仕事を選ぶ権利があるわ。勇次郎を育てるため、秀ちゃんと私が生きていくため、これが一番利口な方法なんだわ」

浜崎「世間の母親のなかには、エンヤコラで働きながら子供を育てている人もありますよ。僕自身がそれと同じような境遇に育てられた人間なんです」

ここで初めて浜崎は自分の身の上を話す。同じ会社で働いている同僚の運転手は、妻に先立たれて六歳になる女の子を抱えて懸命に働いている。子供を助手席に乗せて。「毎日ニコニコしながら元気にやってますよ。人間、了見の決め方次第でどうにでもなる」。

プロレタリアート作家だった脚色・三好十郎の視点は、この浜崎にある。同時に川口松太郎の原作は、正子がすぐにその意見に感化されるのではなく、あくまでもプチブル的な視点で「私のやっていることと、エンヤコラとどこが違ってて?」と反論させる。

浜崎「あなたはやっぱり、お金持ちのお嬢さんだ」
正子「どうしてそれがいけないの? なぜ、働こうとしている女に、世間はもっと立派な職業を与えてくれないの?」
浜崎「勇次郎さんのため、と言ってこんな生活をしている。それが自分の子供を本当に大事にする方法でしょうか?」
正子「あなたには私がわかっていない」
浜崎「わかってますよ、あなたは馬鹿だ」

このディスカッションは、なかなかスリリング。世田谷の長閑な風景。農作業をする人たち。浜崎の正子へのフラストレーションが一気に噴出する。それは愛情の発露でもある。それまで頑なだった正子が、このときから周りの人々の「本当の幸せ」を考え始める。

一方、秀子には学生時代からの恋人・村田博(斎藤英雄)がいる。しかも博は、正子のパトロン金造の息子という運命の皮肉。誠実な博の秀子への愛情を知った正子は、金造に別れを切り出す。金造も、秀子の恋人が息子の博と知って納得する。銀座の支那料理屋での別れ話。三島雅夫の好人物ぶりが楽しい。料理を食べ、酒を飲み、突然の展開にびっくりしながらも、「倅はできた男だ」と褒める。憎めない男である。

さらに月日が流れる。次のシークエンスでは、正子はダンサーを辞めて、銀座に小さなバーを開いている。そこへ新婚の秀子と博が来て、和やかなひととき。バーテンダーを演じているのは柳谷寛。人の良さそうな男である。蓄音器から流れる曲は《暗い日曜日 Gloomy Sunday》。昭和八(一九三三)年、ハンガリーのヤーヴォル・ラスローが作詞、シェレシュ・レジューが作曲、昭和一〇(一九三五)年に初レコード化された。英語版がリリースされたのが、この年なので、最新のヒット曲だった。

そこへ、やつれた松井陽平が現れ、改めて頭を下げ、今までの非礼を素直に謝る。息子も妻も亡くなり、生き甲斐を失った孤独な陽平の哀れな姿。

陽平「孫がいるとどうにも会いたくてたまらなくなり、健康もすっかり衰えてきました。あなたが子供を抱えてこられて、こうしてやってきた気持ちが、だんだん私にもわかる」

正子「わかるもんですか。気持ちはわかってくだすっても、それが今になってなんです？　私は自分の身体でそれをやってきた女です。身体にそれを聞いてください。こんなにめちゃめちゃになって」

泣き崩れる正子。これぞ川口松太郎「母もの」の世界。しかし正子は想いの丈をぶつけ、スッキリしたのか、孤独な陽平が気の毒になり「私はこんな女です。勇次郎はお宅に差し上げた方が幸せかもしれません」。ここで二人は和解する。

とはいえ、可愛い一人息子を手放すのはつらい。乳母が勇次郎とオモチャで遊んでいるが、ものすごい数である。ぬいぐるみや汽車、自動車など興味深い。松井家に勇次郎を置いてそっと出ていく正子を浜崎の円タクが待っている。

正子「またダンサーにでもなろうかな」

浜崎「そうですね。しかし寂しい時は、その寂しさに正面からぶつかっていくことだと思うなぁ。無理をして紛らそうとしたり、誤魔化そうとしたり、かえってこじれる」

正子「あんたは強い人だから、そんなことが言えるんだわ」

浜崎「強いのはあんたですよ。苦労に揉み抜かれて粉々になってから、本当に強くなるんです」

正子「でも私のことを馬鹿って言ったのはどなた？」

浜崎「僕は粗忽者だから、自分の感情はどうもうまく言い表せないんですよ。思っていることと、言うことが始終あべこべになってしまう」

浜崎の愛の告白である。「あべこべ？　ありがとう」。幸福そうに運転席の浜崎を見つめる正子。やがて正子はバーを売却、丸の内を流す浜崎の円タクの助手席には正子が座っている。二人は結婚を決意する。昭和一一年の街並みが眩しい。ある日、浜崎のクルマは松井家へ、正子が久しぶりに勇次郎に玩具を土産に訪ねる。幸せそうな母と子。陽平が相好を崩して二人を見つめる。

陽平「あんた家の人になってもらえないかね?」
正子「ありがとうございます。ですけどあたくし、今度浜崎一郎という者と結婚することになりました」
陽平「それは結構です。実は私もあんたの行く末については色々考えていたのだが、さて言って良いものかどうか、遠慮していたところでした。して、浜崎さんというと?」
正子「自動車を運転している人でございます」。

そこに流れる主題歌《二人の青い鳥》(作詞・佐伯孝夫、作曲・松平信博)、唄うは灰田勝彦と平井英子。千葉早智子の唄う《母なればこそ》のカップリング曲。こうしてハッピーエンドとなる。

わずか六六分でこれだけの「女の生々流転」「母のドラマ」をテンポよく、それでいて印象的な場面の連続で綴っていく。木村荘十二の確かな演出で、登場人物の細かい綾が描かれるが、やはり丸山定夫のうまさ、千葉早智子の芝居の確かさが堪能できる。

おほべら棒

一九三六年一〇月一日／P.C.L.映画製作所／岡田敬
提供＝東宝映画配給株式會社／製作＝P.C.L.映画製作所／録音現像＝寫眞化学研究所／1936.10.01・日本劇場／八巻・二、一七八m／七九分／日劇同時上映『丘の一本松』（一九三六年、パラマウント、ヘンリー・ハサウェイ）（一〇月一日～一〇日）

【スタッフ】演出・岡田敬／原作・脚色・岡田敬、江口又吉／撮影・吉野馨治／録音・鈴木勇／装置・山崎醇之輔／編輯・岩下廣一／音楽監督・清田茂／演奏・P.C.L.管絃楽團／《浮世くづし》《浮氣節》主題歌詞・藤田まさと 主題歌作曲・今村喜、細田定雄、ポリドールレコード・二三五二
【出演者】藤原釜足（八公）／岸井明（熊公）／徳川夢聲（幸兵衛）／山縣直代（お糸）／神田伯龍（講釋師・吉本興業提供）／春本助次郎（寅公・吉本興業提供）／新橋喜代三（女師匠・ポリドール専属）／清川虹子（八公女房）／英百合子（幸兵衛女房）／森野鍛治哉（コソ泥）／小杉義男（六兵衛）／柳谷寛（豆屋）／榊田敬治（武士）／三島雅夫（羊斉）／福地悟朗（借家人）／丸山章治（借家人）

「藤原、岸井ジャガタラ・コンビ第二回の珍熱演、時代を江戸に八さん、熊さんのコンビが描き出す人情噺、風刺と諧謔の内にホロリとにじむ義理と人情の美しさを盛った新時代音楽喜劇、演出はコメディーに得意の腕を持つ岡田敬」と宣伝部製作の広告に惹句が躍る。

神田小柳町の軒割長屋に住む魚屋・八公（藤原釜足）と芝新明の大工・熊公（岸井明）が本編の主人公。ある日、熊公は店賃を溜めすぎて因業な大家・六兵衛（小杉義男）と大喧嘩して、八公の住む長屋へ。そのきっかけは、仕事帰りに居酒屋でしこたま飲んで正体不明の八が落とした財布を、熊公が正直に届けにきたことだった。神田小柳町の長屋の大家・幸兵衛（徳川夢声）は気難し屋の「小言幸兵衛」だが、熊公のキップの良さに惚れて「店賃なんてのはどうでもいい」と店子にしてくれる。

落語の「芝浜」「小言幸兵衛《こごとこうべえ》」「三方一両損《さんぼういちりょうぞん》」「富久《とみきゅう》」などを、岸井明＝熊さん、藤原釜足＝八ッあん、徳川夢声＝御

隠居たちが演じる。「文七元結《ぶんしちもつとい》」などでおなじみの身売りの悲劇も散りばめている。なんといっても地方の観客に受けたのが、タイトル「おほべら棒」に集約される、藤原釜足と岸井明の極端な江戸っ子ぶり。財布を落としても「金なんてェのは、江戸っ子の持つもんじゃねぇ。落としてサバサバした」とか、せっかく財布を届けにきたのに、「落っことしたものはお前のもんだ。強請りがましいこと言うな」と怒り出す。

戦前、落語は寄席に行かずとも、ラジオ中継で全国津々浦々の人々に浸透していた。一〇分ぐらいの長さで、わかりやすい噺、口跡の良さで、子供たちに圧倒的に人気だったのが三代目三遊亭金馬。本作は、その金馬落語のような「わかりやすさ」が信条。

ストーリーよりもエピソード重視。大家の幸兵衛の口うるささ、女房（英百合子）を閉口させるほどの面倒くささは、徳川夢声の独壇場。長屋を借りに来た男（市川朝太郎）の態度が気に入らないと追い返す。で、男は幸兵衛に言われた通りに、慇懃に挨拶して、丁寧にお願いする。「よしわかった」と幸兵衛。

長屋へ行くと、芝から八の三分銀の入った財布を届けに来た熊と八の「受け取る」「受け取らない」の仲裁に入る。結局、自分が一分銀を出して、八に二分、熊に二分、それぞれ一分の損となる「三方一両損」を実践。熊のキップの良さに惚れて「越してこねえか？」と持ちかけ、交渉成立。なんと今、男に貸したばかりの部屋を提供してしまう。

ずっと外で待っていた男・市川朝太郎は、せっかく借りる筈だったのに釈然としない。そこで幸兵衛が断るために、あの部屋には「幽霊が出る」と怪談話をでっち上げて、男を追っ払う。この怪談の語りが、さすが徳川夢声。あたりを見渡し、じっと相手を見て小声で語り出す。稲川淳二もびっくりの怖さ！

長屋の住人で屋根屋・寅公（春本助次郎、本編クレジット表記）のキャラクターが最高におかしい。二代目春本助治郎は、明治三〇年代末、「太神楽曲芸」で小助治郎として人気を博していた。お囃子を使わない曲芸で評判だった。大阪の花月で活躍していたが、この映画の頃には東京で東宝名人会に出演。昭和一七（一九四二）年に亡くなるまで映画にもしばしば出演。この寅公が、熊と八に輪をかけての極端な江戸っ子で、前半、人の良い豆屋（柳谷寛）をからかうシーンは、現在の目で見てもおかしい。一枡二百文を負けるだけ負けさせといて、摺り切りではなく山盛りで、強引に買い取る。半ベソの豆屋に、大損させといて、客に挨拶をしろと横柄な態度。

それを見ていた八と熊。「俺たちもからかおう」と豆屋に声をかけ、一枡二両まで釣り上げ、摺り切りではなく「もっと減らせ」「空っぽになるぐらい」と散々言って、豆屋を喜ばせた挙句。「俺たち、豆は食わねえ」とキャンセル。画面に勢いがあって、このシークエンスはおかしい。

講釈師役で登場の五代目神田伯竜。何かにつけて「ものの由来」の能書きを垂れるが、それはみんな法螺。寅公が「なんで薬缶というのか?」と問うと「昔は水沸かしといってな」とはじめ、延々と講釈が始まる。で、最後に、飛んできた「矢」が水沸かしに当たって「カーン」。それで薬缶となったと、まことしやかに語る。

五代目神田伯竜は明治四五(一九一二)年に伯竜(龍)を襲名。「講釈師四天王」と呼ばれた名人。江戸川乱歩が「D坂の殺人事件」で初登場させた「名探偵明智小五郎」のモデルは伯竜である。「変に肩を振る、伯龍を思い出させるような歩き方」の明智は「顔つきから声音まで(伯竜)そっくりだ」と書かれている。

そんな長屋の男たちの憧れの的が、粋で仇名年増の女師匠(新橋喜代三)。主題歌《浮世づくし》を唄い、劇中では、稽古にきた熊・岸井明とカップリングの《浮気節》を唄う。鹿児島で芸者をしていたとき《小原《おはら》良節》をNHKラジオで唄って人気者となり、鹿児島に来た中山晋平との出会いもあって、昭和六(一九三一)年に上京。ポリドールから流行歌《わしゃ知らぬ》でデビュー。《鹿児島小原良節》《明治一代女》など次々とヒットを出して、昭和一〇(一九三五)年には山中貞雄『丹下左膳余話 百萬両の壺』(日活)で映画に進出。『おほべら棒』出演後、この年の一二月三日、中山晋平と結婚、引退をした。その直前の新橋喜代三がタップリと楽しめる。

中盤、ムーラン・ルージュ新宿座出身の森野鍛冶哉演じるコソ泥が登場。落語的というよりアチャラカ的でおかしいのだが、女師匠のところで鼻の下を伸ばしていた寅公の留守宅で物色していると、帰宅した寅公に見咎められて追い出される。そこで入ったのが、元武士の細工師・羊斉(三島雅夫)と娘・お糸(山縣直代)の家。田舎武士(榊田敬治)から預かった主君の根付、五〇両相当を盗んで、姿をくらます。

大事な預かり物を盗まれて意気消沈の羊斉。弁償するにも五〇両の大金は無理。長屋の連中が小銭を出し合うがそれでは追いつかない。「任せとけ」と大風呂敷の幸兵衛、長屋を売ってでも金を造ろうとする。お糸は、身売りをして金を造る決意をする。しかし一人能天気なのが「富籤《とみくじ》」マニアの八公。

いよいよ「富籤」の発表の夜、湯島天神に張り切って出かけた八公。果たして幸運の神様は微笑むのか? クライマックスの湯島天神のモブシーンがなかなかすごい。P.C.L.の底力を感じる。結局、八公が、講釈師・神田伯竜に言われるがまま買った富札は大外れだったが、落とした財布に入っていて、熊公に「やる」と渡した「富札」が見つかって……

このラストは、エノケン版『落語長屋は花ざかり』(一九五四年、東宝・青柳信雄)でもリフレインされる。「富久」のスリリングな展開が、映画のクライマックスに相応しくドラマチックで、七九分の尺が程よく、江戸落語と、じゃがたらコムビの喜劇の幸福な融合は、眺めているだけでも楽しい。岡田敬は、続いてエノケンの正月映画『吾妻錦絵　江戸っ子三太』(一九三六年一二月三一日)で再び、江戸っ子気質の落語的喜劇を展開させる。こちらも佳作だが、その前段としての『おほべら棒』は本当に楽しい。

戀愛の責任

一九三六年一〇月一一日／P.C.L.映画製作所／村山知義
提供＝東宝映畫配給株式會社／製作＝P.C.L.映画製作所／録音現像＝寫眞化学研究所／1936.10.11・日本劇場／八巻・一，九五六ｍ／七一分／日劇同時上映『動物曲藝團』（一九三四年、獨、ハリー・ピール）／同時上演「第九回ステージ・ショウ 日劇新婚レヴュウ」十二景（一〇月一一日～二〇日）

【スタッフ】作・片岡鉄兵「流れある景色」中外商業新報連載／脚色・演出・村山知義／撮影・鈴木博／録音・道源勇二／装置・久保一雄／編輯・岩下廣一／音楽監督・伊藤昇／演奏・P.C.L.管弦楽團
【出演者】堤眞佐子（北山朱子）／竹久千恵子（別井冴子）／細川ちか子（北山仙子）／大川平八郎（江藤新助）／北澤彪（藤田二郎）／佐伯秀男（田島春彦）／丸山定夫（春彦の父・田島剛太郎）／清川玉枝（北山艶子）／三好久子／近藤伊与吉（画商・須山）／三島雅夫（今福伯爵）／鶴丸睦彦（樋口）／中村栄二／村井栄二郎／大村千吉（給仕）

前衛芸術家、舞台美術、演出家として活躍していた村山知義が初めて監督した『戀愛《れんあい》の責任』は、昭和一一年の若い男女の恋模様だけでなく「女性の自立」をコミカルかつセンセーショナルに描いたモダンな作品である。

村山知義は、明治三四（一九〇一）年、東京市神田区（現・千代田区）に生まれ、学生時代から児童画や小説を発表していたが、大正一一（一九二二）年に、帝大を退学してベルリンへ。そこで表現派、構成派の美術、演劇、舞踊に魅せられ、ミュンヘンの万国美術館に入選。大正一二（一九二三）年に帰国して、七月に前衛美術団体「マヴォ」を結成して前衛アートの最前線に立つ。九月一日の関東大震災で壊滅的となった東京で、バラック建設の設計にも関わる。舞台美術・演出も手がけ、大正一五（一九二六）年三月、日活映画『日輪』（村山實）のセットデザイン、コスチュームを担当。映画にも積極的に参加した。

その後、日本プロレタリア文化同盟結成に奔走し、演劇同盟の中央執行委員長を務めるが、昭和七（一九三二）年に、杉本良吉（岡田嘉子とソ連へ逃避行する演出家）演出「志村夏江」舞台稽古中に検挙される。その後、昭和八（一九三三）年一二月、転向して出獄。弾圧が強くなるなか新劇の演出家として活躍。

昭和九（一九三四）年九月に、三島雅夫、細川ちか子、小沢栄、滝澤修、小杉義男、伊藤智子らと「新協劇団」を結成、一一月に村山演出による「夜明け前・第一部」で旗揚げ公演。劇団員たちはいずれもP.C.L.映画と準契約を結び積極的に映画に出演してきた。

こうしたなか、マルチなアート活動を続けてきた村山知義が、P.C.L.映画で初監督したのが片岡鉄兵の『流れある景色』（有光社、一九三六年）を自ら脚色した『戀愛の責任』である。

片岡鉄兵は、大正一三（一九二四）年、横光利一や川端康成らと『文藝時代』を創刊。新感覚派の一人として注目を集めた。その後、プロレタリア作家となり『生ける人形』『愛情の問題』などを発表するが、昭和七（一九三二）年「第三次関西共産党事件」で検挙され、翌年に転向声明を出して仮出獄。以後は大衆作家として、昭和一二年（一九三七）年に松竹大船で島津保次郎によって映画化される『朱と緑』などを発表していた。

左翼系アーティストと左翼系作家が転向、映画を活躍の場としていた。そういう時代でもある。『戀愛の責任』は当初『接吻の責任』という題で、広告展開されていたが、公開前になって改題。中盤で、最も重要なシークエンスでの「接吻場面」が当局の指示でカットされたためである。本編を見ていて、展開がわからなくなってしまう箇所があるが、それが問題の「接吻」シーンである。

ヒロインは、とにかく自由であろうとする現代娘・堤眞佐子、その姉で奥手だけども胸に情熱を秘めている細川ちか子。そして離婚して新劇女優となり自由恋愛を実践している竹久千恵子。P.C.L.トップ女優の三人が織りなす「恋愛映画」、と思いきや実は「自由な女性の生き方」「自立する女性」をテーマにした進歩的な作品。

舞台美術を手がけてきた村山知義らしく、セット撮影のカメラワークも大胆。セットを俯瞰で撮影、演劇では不可能なアングルで、俳優の芝居を捉える。テンポの速い台詞回しで、登場人物が矢継ぎ早に自分の気持ちを吐露していく。

男性陣もおなじみの面々。堤眞佐子の叔父で小金を持っている青年作家・大川平八郎。堤眞佐子と細川ちか子の姉妹が心を寄せる青年実業家・北澤彪。その友人で女には手の早い男・佐伯秀男。P.C.L.の二枚目スターが、それぞれヒロインたちと関わっていく。

東京の夜。雨が降るなか、二〇歳の北山朱子（堤眞佐子）は、お金もないのにホテルに宿泊する。贅沢にも「バスルームのある部屋」にチェックイン。一緒にダンスに出かけた青年実業家・藤田二郎（北澤彪）から「人と会う約束があるから、タクシーで帰って」と言われてカチンときたからである。当てつけだが、お金がないので家に電話をかけ、姉・仙子（細川ちか子）に「ホテル代一〇円、貸して」と頼む。

しかし、北山家は数年前に父親が急逝。残った財産を、浪費家の義母・艶子（清川玉枝）が使い果たして、税務署の差し押さえが迫っている。なので「そんなお金はウチにはない」と突き放されてしまう。

そこで困った時の叔父さん頼み。叔父で独身生活を満喫している作家・江藤新助（大川平八郎）に「ＳＯＳ」の電話をかける。その頃、麹町のミヤコ・アパートの新助の部屋には、恋人で新劇女優の別井冴子（竹久千恵子）が来ていて、良いムード。こうした都会生活者の自由恋愛描写は、先端的だった。コーヒーを淹れながら口ずさむ曲は、リチャード・ロジャース作曲、ロレンツ・ハート作詞の《ブルームーン Blue Moon》。なかなかモダンである。そこへ朱子からの電話、その夜の冴子は冷めてしまう。

翌朝、ホテルのグリル。朱子の後ろの席には、軽井沢の別荘にいる筈の義母・艶子が実業家・田島剛太郎（丸山定夫）と密談。財産を失った北山家を救うには、長女・仙子を田島の息子・春彦（佐伯秀男）と結婚させるのが一番と「政略結婚」計画が進行中。

朱子も仙子も、男好きする浪費家の艶子が大嫌い。その頃、北山家には税務署員が家財道具を差し押さえ、絶体絶命のピンチである。仙子も働き口を探しているところへ、心を寄せていた藤田二郎が現れ、近く「経済と社会科学の雑誌を創刊するため新会社」を設立すると聞いて就職を頼む。

そんな北山家の経済事情を全く意識せず、目の前の楽しいことだけを求める朱子は、姉の小言が嫌なので、ホテルから帰らずにそのまま家出。叔父・新助のアパートへ向かう。そこで「一人暮らしをしたいから、このアパートに別に部屋を借りて欲しい」とせがむ。

新助は、可愛い姪っ子のためと、部屋を借り、家具も髙島屋で誂えるが、もちろん下心もある。だけど朱子は、一九歳も年の離れた叔父さんには恋愛感情はないので「それとこれは別」とピシャリ。

ミヤコ・アパートの朱子の部屋。ベッド以外は何もない。新助が掃除して、ベッドメイキングまでしてくれる。その一連のシーンを真上からの俯瞰ショットで捉える。村山知義の実験的演出。こうした凝ったカメラアングルのカットが時々インサートされる。

朱子は職業婦人志望だが、女中は「朝五時に起きられない」、家庭教師は「数学ができない」と、何もできない自分にがっかりする。そこで新助が紹介してくれたのが銀座の画廊。有楽町のガード下のほど近くにある。

やがて仙子も藤田の新会社「社会展望社」の社長秘書に就職。会社があるのが数寄屋橋近くのオフィスビル。社長室からの夜景カットに「菊正宗ビル」のネオンが見える。外堀通りから松屋通りに入る角に立っていた「菊正宗ビル」はのちに「平和生命館」となる。昭和七（一九三二）年に竣工したモダンな建物。その「社会展望社」の給仕は、いつものように大村千吉が演じている。P.C.L.映画における給仕率は、ほぼ九〇％大村千吉である。

その「社会展望社」へ別井冴子が訪ねてくる。大阪の資産家の娘で、かつて藤田二郎と付き合っていたが、親の決めた相手と結婚。その生活もすぐに破綻して離婚。今では新劇女優として自由に生きている。新助のことを愛しているが、新助は彼女にとって自分はちょうどいい相手、と意外と冷めている。昭和一一年の映画だが、そのあたりの感情もちゃんと描いている。

ある日のこと、軽井沢の田島家の別荘で義母・艶子が心臓発作で倒れたとの報せ。仙子は会社を休んで別荘へ。病状は大したことなかったが、そこには田島春彦と父・剛太郎もいた。実は、艶子は仮病を使って春彦と仙子を見合いさせる算段だった。

春彦が仙子に「お疲れでしょう？　あっちの部屋でお話ししましょう」と誘い別室へ。次のカットで春彦が部屋に立ち尽くしている。そこへ艶子が「仙子は？」。外に飛び出して行った仙子は、暴風雨のなか一人歩いて、軽井沢の「万平ホテル」へ。

春彦と仙子の間に何があったのか？　肝心のシーンが飛んでしまっている。おそらくは内務省の映画検閲でカットされてしまったのだろう。当初のタイトル『接吻の責任』が『戀愛の責任』と変更したのもこのカットと関係があると思われる。

仙子がホテルに駆け込んでくるシーンも俯瞰ショット。ホテルのクロークカウンター、その脇の階段の構図が幾何学的で、床のタイル模様と、仙子の着物柄も、すべて計算されているようなアブストラクト的なショットである。万平ホテルは軽井沢初の西洋式ホテルとして明治二七（一八九四）年に創業。この建物は昭和一一年に完成したばかりの本館で撮影。

仙子は藤田二郎に電報を打つ。藤田は軽井沢まで車を飛ばす。一方、艶子は仙子が自殺するのではないかと心配でならない。「財産を無くしちまったその上に、彼の娘を殺しちまう」。剛太郎は「今時の若い娘がそんなことで死ぬものか」。

深夜、藤田がホテルに到着。仙子は涙を流して「ありがとう」と藤田に縋る。一体、春彦は、どんなに悪いことをしたのか？　肝心な部分がカットされているので、モヤモヤする。

翌朝、噴煙を上げる浅間山。静かな避暑地の情景。藤田は「たとえ昨日、どんなことがあっても、僕はあなたへの感情を変えはしません。だから、本当のことを言ってください」本当に田島に指一本触れさせずに逃げることができたのか？　愛するあまり、仙子に疑問をぶつけてしまう。仙子は疑われることがつらくて涙を流す。藤田は「信じます」ときっぱり。嫉妬も、そして疑われることの悔しさもある。いつの世にもある「恋愛の苦悩」。

そこへ、サイクリングの女の子たちが無邪気に手を振って通り過ぎる。思わず、藤田も仙子も手を振る。ホッとする瞬間。「もし僕があなたを好きになったら、困りますか？」と藤田。「現に困ってらっしゃる。不安を感じて困ってらっしゃる。田島と何かあった女かもしれない」と仙子。

藤田は「僕はあなたを信じたい。でも信じるそばから悪魔が僕をそそのかす。疑え、信じるな……」と正直に本音を話す。「僕はあなたに対する愛がこんなに深いとは知らなかった」と愛を告白。だからこそ苦しい二人。

仙子「あたしの純血を信じない人にはあたしを愛させません。あなたはこれから先、幾度も私に濡れ衣をお着せになります。あたしが本当の晴天白日の娘になって……」

藤田「それまで僕に自分の心を練れって言うんですね？」

このシークエンスが『接吻の責任』改め『戀愛の責任』のテーマである。ここから物語は二転三転する。

朱子は職業婦人になったからと、新助のアパートを出て、四谷の婦人専用「ジョニーアパート」に引っ越す。そこには冴子も住んでいて、屋敷を手放した仙子も偶然「ジョニーアパート」の住人となる。

朱子と仙子は相変わらず喧嘩ばかり。冴子は朱子のために新助から身を引く覚悟をする。そんなある日、藤田の「社会展望社」は資金繰りがうまくいかずにショート寸前。あれよあれよの展開で、義母・艶子が新助の部屋で、心臓発作で急逝。大嫌いな義母には二度と会いたくないと思っていた姉妹だが、その死を前に涙を流す。そこで朱子は改めて自分が新助を愛していることに気づく。

悲しみのなか、仙子は「あたし藤田さんを呼んでくるわ。何しろあたしは、すぐ藤田さんにここにいてもらいたいの。そして新助さんと朱子ちゃんと、藤田さんとあたしで、一緒に可哀想なお母様のお通夜がしたいの」。今は実家を出て西大久保の小さなアパートに住んでいる藤田を迎えに行く仙子。

仙子のモダンなファッションが印象的。カットソーにネクタイ、そしてベスト、帽子を被った職業婦人スタイルである。夜の街を、藤田を迎えに行くために歩く仙子。お通夜なのに、どこか晴れがましい。胸を張っている姿が凛々しい。次のカット、アパートの廊下で微笑む朱子のショット。姉妹ともに『戀愛の責任』を果たした満足感に溢れている表情。

お通夜であるがハッピーエンド。このアイロニーこそ村山知義の映画設計である。続いて村山は翌年、成瀬巳喜男『雪崩』(一九三七年)の構案、木村荘十二『新選組』(同年)の脚本を手がける。この『新選組』は同年一一月に長編小説として河出書房から刊行された、

そして昭和一四(一九三九)年、ユージン・オニールの原作を翻案した『初戀』(東宝京都撮影所)を、滝澤修、赤木蘭子、三島雅夫ら新協劇団とのユニット製作で、脚色・演出することに。これが映画における代表作となった。ちなみに、市川雷蔵主演、山本薩夫演出でシリーズ化された『忍びの者』(一九六二年、大映)の原作は村山知義の著作である。

かっぽれ人生

一九三六年一〇月二一日／P．C．L．映画製作所／矢倉茂雄
提供＝東宝映畫配給株式會社／製作＝P．C．L．映画製作所／録音現像＝寫眞化學研究所／P．C．L．＝吉本提携作品／1936.10.21・日本劇場／八巻・一、六七九m／六一分／日劇同時上映『弾丸か投票か』（一九三六年、ワーナー、ウィリアム・カイリイ）／同時上演「第九回ステージ・ショウ 日劇新婚レヴュウ」一二景（一〇月二一日〜三一日）

【スタッフ】監督・矢倉茂雄／原作・脚色・坂田英一、永田キング／撮影・友成達雄／録音・片岡造／装置・安倍輝明／編輯・岩下廣一／音楽監督・谷口又士／演奏・P．C．L．管絃楽團／主題歌《かっぽれ人生》リキー宮川、淡谷のり子 作詞・髙橋掬太郎、作曲・大村能章 コロムビアレコード二九〇九八
【出演者】永田キング（英太郎・吉本興業専属）／神田千鶴子（ルル子）／リキー宮川（南條一郎）／リキー宮川とそのバンド／三條正子（初枝）／ミスエロ子（染八・吉本興業専属）／香島セブン・御園ラッキー（用心棒・吉本興業専属）／マーガレット・ユキ（コロムビア専属）／林寛（中村株式店社長・英太郎の父）／嵯峨善兵（支配人）／生方賢一郎（番頭）／林喜美子（音楽大学の先生）／吉本興業専属・永田キング一黨

昭和一一（一九三六）年七月、ベルリン・オリンピックでのIOC総会で、昭和一五（一九四〇）年の第一二回オリンピック開催地が東京に決定された。昭和六年、東京市議会で招致活動が正式に決定され、来たる紀元二六〇〇年（神武天皇即位から二六〇〇年目という意味）記念の国家的行事として企画された。昭和一〇（一九三五）年のIOC総会で、一九四〇年のオリンピック開催地候補は、東京・ローマ（イタリア）・ヘルシンキ（フィンランド）だったが、日本が働きかけ、ローマが辞退して、最終的に東京開催が決定した。

この日のことを古川緑波は『古川ロッパ昭和日記 戦前編』の八月一日（土曜）にこう記している。

「有楽座初日。一〇時起き。オリムピック四年後東京に開催とのニュース、新聞に出てる。丁度「東京オリムピック」を出したのはよかった。（中略）初日、補助椅子ジャン〳〵

出て、有楽座の初日としては未曾有なり。六時開幕、（中略）「オリムピック」は徳山に東京開催の挨拶をさせ大受け。「彌次喜多」は先づ大成功らしく、評判よろし。」

この年、『古川ロッパ昭和日記』にはしばしば「オリムピック」誘致活動についての記述がある。七月四日（土）には、森永製菓主催の「オリムピック応援の夕」で藤山一郎とともに、ステージに立って期待を高めている。八月一日初日の舞台でも「東京オリムピック」という出し物を演じて、そこで同名曲（作詞・上山雅輔）を披露（のちにビクターからレコード発売）。

この年の「1940東京オリムピック」への期待の高まりを体感させてくれるのが、吉本興業の「吉本ショウ」で人気者だった永田キング主演による『かっぽれ人生』である。永田キングがP.C.L.映画に出演するのは、この年の岸井明と藤原釜足主演『唄の世の中』（八月一一日、伏水修）に続いて二本目。前作では、グルーチョ・マルクスのメイクと形態模写で、漫才の相方ミス・エロ子（妻の妹）とワンシーン、オーディション場面での漫才だった。「スポーツ漫才」が売りだけに、アクロバティックなアクションに、和製グルーチョ・マルクスらしく「吾輩は……でアル」といった口調がおかしかった。

本作はクライマックスで「永田キングとその一党」が「吉本ショウ」でのスポーツ・レビューを再現。それが来たる一九四〇年の「東京オリンピック」への期待に溢れた「オリンピック・レビュー」として展開する。

もちろん、永田キングの「和製グルーチョ・マルクス」ぶり、その怪しさも堪能できる。永田キングの本名は永田義一。明治四三（一九一〇）年、京都に生まれ、新国劇の剣戟に憧れて舞台の世界へ。学生時代は体操選手でアクロバティックな動きが得意で時雨亭文男を名乗っていた。妻の妹・ミス・エロ子（のちにベテ子）とコンビを組む。吉本興業専属となり、昭和一〇年に横浜花月劇場に出演。スポーツ漫才を発展させて、アクロバティックなアトラクションのレビュー・チーム「永田キングとその漫党（のちに永田キングとその一党）」で「吉本ショウ」を牽引していく。

昭和九（一九三四）年には、J.O.スタヂオ内の撮影所、太秦発声映画のトーキー『爆笑王キング万歳』（日活配給、水島正雄）にミス・エロ子と共に出演。フィルムが現存しないので内容はわからないが、翌年「笑の王国」から「古川緑波一座」に移る三益愛子も共演している。

さて、この『かっぽれ人生』は「原作・脚本・主演・永田キング」のワンマン映画。ミス・エロ子も、永田キングとその一党の座員も総出演。この年、エンタツ・アチャコの『あきれた連中』（一月一五日、岡田敬、伏水修）からP.C.

L.と製作提携をした吉本興業としては大々的に永田キングを売り出そうとしていた。
吉本興業からは、前年に『三色旗ビルディング』(一九三五年、木村荘十二)で好評だった「しゃべくり漫才」の香島セブン・御園ラッキーも出演。音楽映画としては、アメリカ帰りのジャズ・シンガーで、前年に《ダイナ》を大ヒットさせた一人、リキー宮川とその楽団をフィーチャー。中盤から後半にかけて演奏シーンがふんだんにある。

そしてP.C.L.のトップ女優でありシンガーでもある神田千鶴子が、カフェーのマダム兼歌手・ルル子役で出演、色を添えている。ヒロインに当たるのが、放蕩息子・永田キングの妹役で、P.C.L.の三條正子。これまでワンサガールなど脇役だった三條正子としては、初のヒロイン役となった。

演出は、昭和九年の『踊り子日記』からモダン音楽映画、メロドラマを手がけてきた矢倉茂雄。東京の下町、隅田川や日比谷公園、そして映画街などでのロケーションも楽しい。当時流行のジャズ・ソングが次々とBGMや歌唱シーンで登場する。音楽監督・谷口又士のモダンなアレンジが、一九三六年のウキウキした気分を伝えてくれる。

タイトルバックに流れるのは、リキー宮川と淡谷のり子のデュエットによる主題歌《かっぽれ人生》(作詞・高橋掬太郎、作曲・大村能章)。コロムビアから一二月新譜としてリリースされた。残念ながら淡谷のり子は映画には未出演。ラストにリキー宮川、神田千鶴子、永田キングたちによって唄われるシーンに淡谷の声が聞こえる。

東京の下町。隅田川の近く。「公債株式現物賣買　中村株式店」の店主・中村(林寛)がせわしなく電話を取る。相手は「もしもし中村屋さんですね。お蕎麦五つ、大急ぎで」「こちら蕎麦屋じゃない、株屋じゃ」。次にかかってきたのは「亀屋旅館ですか?」「♪もしもし亀よ亀さんよ、じゃない。中村株式店をなんと心得ているんじゃ」。

そこへ《マドロスの唄》が聞こえてくる。放蕩息子の英太郎(永田キング)は芝居マニアで、仲間たち(永田キングとその一党)を集めて、今日も奥座敷で芝居を演じている。ちなみに「おい、倅を呼べ」と命ぜられる番頭を演じているのは、中川辨公。

芝居といってもアチャラカ。悪い船員がカスバの女を手籠にしようとしている。そこへ、白いシャツ姿の英太郎が「やい、波止場ガラス、その女には手出しをするな。嫌じゃなんぞと抜かすが最後、己がアゴへアッパーカット、ボインと行くが、どうじゃ、どうじゃ」と見栄を切る。「和製マルクス」としてのイメージが強いが、ノーメイクの永田キング、あまり華がなく、エロキューションも訛りがある。

そこへ悪党「上海くずれの波止場のジャック」たちが現れての立ち回り。さすが体操選手出身だけあって、動きは鮮やか。ジャッキー・チェンもかくやのキレの良いアクション。一党メンバーの運動神経もなかなか。昭和四〇年代、テレビでおなじみだったトランポリン・コミックの「トミ譲二とロイヤルズ」のようなアンサンブルが楽しい。

英太郎に豪快に投げ飛ばされた悪漢。「英太郎くんひどいな」とクレーム。するとポケットから一〇円札二枚を渡す。「おい、みんな張り切っていこうぜ」と悪漢役はファイティングポーズ。さらに乱闘は続き、英太郎たち勢い余って壁を突き破って、隅田川へドボン。

ちょうど、ラジオからはベルリン五輪の水泳五〇メートルの中継。隅田公園の茶店、銀座十字屋楽器店前の人だかり。その実況中継のモンタージュと、英太郎たちが隅田川で泳ぐ姿がリンク。

そこへ「MISS CARNATION」と書かれたモーターボートが疾走してくる。英太郎、ロープを摑んでボディ・スキーよろしく隅田川を快走する。まさに身体を張った笑いである。

親父は、「芝居きちがい」の英太郎だけでなく、音大で声楽を学んでいる「音楽きちがい」の妹・初枝（三條正子）にも頭を悩ましている。「第一ソップラノ（ソプラノ）なんかやる女に碌な奴はいない」。番頭・辨公は「全くですよ、あんな子を産んだ……」。親父は「親の顔が見たいというのか」と憮然とする。

音大では、南條（リキー宮川）の「さよならパーティ」開催中。美しい歌声で初枝が唄い終わると、先生（林喜美子）が「今日から南條さんは、中央劇場の唄い手となられます。これは誠に嘆かわしいと存じます。どんなにあの卑しむべきジャズ、流行歌をお唄いになっても、シューベルトの芸術、ワーグナーを忘れないように」と挨拶。

これは『ほろよひ人生』（一九三三年、木村荘十二）でもパロディにしていた藤山一郎のエピソードを思わせる。藤山の実家が世界恐慌で多額の借金を抱えて、それをサポートするために、音楽学校で禁止されていた「校外演奏」にあたるレコード吹き込みで《影を慕いて》《丘を越えて》を唄った。そのエピソードである。

南條と初枝は恋人同士。別れはつらいが南條は「生活のため」に歌手になる。二人は「いつまでも」お互いを思い合おうと約束。そこでデュエットとなる。学校の窓には同窓生たちがコーラス。「♪喜びの庭に咲く花は　優し恋の花」その中の一人にメガネをかけた学生（柳谷寛）がいる。柳谷は、中村株式店の番頭役でも出演、珍しく二役。

しばらくして英太郎は、庭で「忠次旅日記」を上演。今度は国定忠治を演じてご満悦。しかも初枝が見物にやってくる。色めき立つ座員たち。番頭や丁稚たちも、実は初枝目当て。そこへ親父が「英太郎！」と怒鳴り込む。英太郎は「今、クライマックスですから、やかましくしないでくださぃ」。怒り心頭の親父は、大学から来た授業料未払い通知を、英太郎に突きつける。英太郎は文化大学、仏文科三年生。「芝居の小道具や衣裳に注ぎ込んだんです」。親父は「茶番をやめろ！」のちに「若大将」シリーズで繰り返される「趣味に学費を注ぎ込んで、親父がカンカンに怒る」パターンである。

英太郎、調子に乗って「こうなりゃ、父であろうと容赦はしねえ、俺をいってえ、誰だと思う？」「倅じゃないか」。そんな親父は、初枝に恋文が殺到しているのも面白くない。そこで用心棒（香島セブン・御園ラッキー）を雇う。セブンとラッキーが座敷に座って、初枝に漫才口調で挨拶していると、いきなり障子を突き破って、頭から英太郎がダイビングしてフレームイン。問答無用のインパクトである。しかも上半身裸で、怪しげなパンツを履いている。「俺はバクダットの盗賊である」。ダグラス・フェアバンクスの真似なのだろうが、怪しさ百倍。

「こんな変な用心棒を置くのも、兄さんが下手くそな芝居ばかりしているからよ」と初枝に叱られる。

次のカットは、二階の窓から英太郎がジャンプして落下。スイングして逆回転でさらにジャンプ、木の枝にぶら下がる。カットの繋ぎは粗いが、永田キングのアクロバット芸を堪能できる。当時の観客は驚嘆しただろう。

英太郎、続いて自室で、付け鼻をしてシラノ・ド・ベルジュラックを気取ってフェンシングの剣を振りかざして、窓を開ける。そこで番頭の会話が聞こえる。「下手くそな芝居」に付き合わされるのはごめんだが「初枝さんがいるから」。英太郎は大ショック。「それほど俺はマズイのかなぁ」。

意気消沈の英太郎、荷物をまとめて家出をすることに。英太郎の「天才」の最大の理解者である初枝は「成功して帰ってきてね」。

やがて英太郎は旅芝居一座「三日月座」へ。「君の最も得意とする芸は？」「一口にお答えできませんねぇ。立役、二枚目、三枚目、女形、常磐津、清元、麻雀、撞球きが得意」と口から出まかせ。「舞踏の流儀は？」「バタフライ」と、あまり頼りない。

座のオーディションで「かっぽれ」を踊るが、三味線方が色気を出したり、スローテンポになったり、その度に英太郎、変な踊りになる。体幹がしっかりしているので、永田キングの動きはキビキビして、ナヨナヨ踊りもサマになっている。「なんです？　変態性じゃないですよ、僕は」とまたクレーム。今度は「男性的にやってください」。のちのコント55号の萩本欽一を思わせる不条理な笑い。体操選手出身だけに筋肉もしっかり付いていて、キレの良さはジーン・ケリーのようでもある。三味線方に振り回された英太郎。思わず三味線をポキっと折る。で、「放り出せ」と、最後は追い出される。

トボトボと隅田公園を歩く。対岸には浅草松屋デパート。バックに流れる曲は《ストーミー・ウェザー Stormy Weather》（作曲・ハロルド・アレン、作詞・テッド・コーハー）。一九三三年、ニューヨークのコットン・クラブで、エセル・ウォーターズが唄い、トミーとジミーのドーシー・ブラザースが同じ年にレコーディングしてスタンダードとなった。僕は、一九四三年に二〇世紀フォックスが制作した黒人兵向けのキャンティーン（慰問）映画『ストーミー・ウェザー』でリナ・ホーンが唄うシーンで知った。それよりも七年前にP.C.L.映画では神田千鶴子が唄っているのだ。

公園のポスター、神田千鶴子のポートレイトに「酒飲めば楽し六景」モダン劇場とある。東武伊勢崎線の鉄橋、そして浅草松屋デパートの建物。カフェーで唄うルル子（神田千鶴子）。そこへ英太郎が現れて、やけ酒を呷る。瓶ビールを半ダース飲み干して酩酊の英太郎。ルル子が男たちに酒を強要されていると思い込み「やい、その女に手出しはよせ」と酔客たちに、いきなり殴りかかる。酔客は「永田キングとその一党」のメンバー。結局、英太郎は椅子ごと担ぎ上げられ、またまた隅田川にドボン。しかし懲りずに泳ぎながら「ブレスト、バック、クロール、なんでもできらぁ。元々得意なのは長距離だよ」。ここでもオリンピック・ネタとなる。

モダン劇場の稽古場。女性ダンサーが練習しているのは《レット・ユアセルフ・ゴー Let Yourself Go》。この年七月一日、日劇で封切られたばかりのフレッド・アステア&ジンジャー・ロジャースの『艦隊を追って』（一九三六年、RKO）のナンバーである。

ルル子は、すっかり英太郎が気に入って、座長（嵯峨善兵）に「ねえいいでしょう」一度使って欲しいと頼む。英太郎は「座長、あなたは素晴らしい天才を掘り出しました。ヤァおめでとう」と売り込む。座長「馬の方の経験は？」。「馬術ですか？　オリムピックの代表選手です」とボケたものの「僕は全然乗れないんです」。座長は続ける「乗るんじゃない、馬になるんだ。君は馬の脚だ」と言われて大いにクサる。

研究熱心な英太郎、早速、道端の馬を研究。全身で馬の真似をする。永田キングのパントマイム芸をちらっと見せる趣向。そこから舞台のシーンとなる。奥田良三によるフランツ・レハールのオペレッタ曲《王様の馬》(作詞・西條八十)の朗々たる歌声が流れ「塩原多助一代記」の「アオの別れ」である。英太郎の馬の脚、観客に大受けして、座長から「金色夜叉」主役に抜擢される。

そこでルル子は祝杯を上げようと誘う。しかし英太郎、欣喜雀躍して「知らせたい人がいる」と、出かける。失恋気分のルル子が唄うは、淡谷のり子の《雨の夜は Il Pleut Sur La Route》(訳詞・藤田嗣治、作曲・ヘンリー・ヒンメル)。谷口又士のタンゴアレンジがいい。

一方、初枝は南條のことを想い続けている。次のカットで日比谷の中央劇場の外景からステージへ。ブレザーに白いパンツ、マドロス帽を斜めにかぶってリキー宮川が指揮、リキー宮川とそのバンドが演奏するスイート・スイングは《ダイナ Dinah》(作曲・ハリー・アクスト)。

「皆さんおなじみの《ダイナ》を、もしも軍楽隊がやったならば」と、マーチ・アレンジで演奏。ジョージ・ガーシュインの《ストライク・アップ・ザ・バンド》のようなアレンジが心地良い。軽快に指揮をするリキー宮川。少し色悪っぽい感じも魅力だったのだろう。

続いて「ボレロ、タンゴ、ルンバでやったならば」と様々なスタイルで演奏。続いては、なんと「《ダイナ音頭》!昭和八(一九三三)年、《丸の内音頭》を改題して大ヒットした《東京音頭》に始まる「音頭ブーム」から三年。ついに《ダイナ音頭》へ。リキーが「♪ねえ旦那、これ買って頂戴ナ、あれ買って頂戴ナ、私の旦那」と唄うと、髭のトランペッターが丸髷をかぶってシナを作って踊り出す。バンドのメンバーも全員鉢巻。「♪ねえ旦那、身請けして頂戴ナ、引かせて頂戴ナ、私の旦那」とリキーのヴォーカルは続く。最後は「ジャズはジャズらしく」とスウィンギーな演奏、リキーがビング・クロスビーのようなスキャットで締める。のちのクレイジーキャッツの音楽コントのような楽しさに溢れている。

一方、英太郎はモダン劇場で、ルル子と「金色夜叉」を演じる。なんとルル子が間貫一、英太郎がお宮という逆転のキャスティング。観客は大爆笑。ところがお宮「鎮まれ諸君、文句があったら舞台へ来い!」と観客に毒づく。永田キングはこうした罵倒芸も得意とした。「面白いことは立派な芸術よ」「あなた、成功するにはもっと図々しくやらなきゃダメ」とルル子に叱咤され、「笑わば笑え、こらお客」英太郎は発奮。萩本欽一に連なる系譜を感じる。

続いてベビー・タッパー（タップダンサー）・マーガレット・ユキが登場。《オモチャの兵隊 Yankee Doodle》を唄って踊る。シャーリー・テンプルを意識したカーリー・ヘアのマーガレット・ユキは昭和三（一九二八）年、ロンドンにイギリス人とのハーフとして生まれ、昭和八（一九三三）年に来日。ジョージ堀に師事してタップを習い、三浦環から発声指導を受け、東京、大阪、神戸のＳＹ（松竹系）劇場に出演、昭和一一（一九三六）年にコロムビア専属となった。藤浦洸作詞による《オモチャの兵隊》は映画公開後、《オ人形ダイナ》（作詞・藤浦洸）とのカップリングでコロムビアからリリース。セーラー服にカーリー・ヘア、漫画映画のベティ・ブープのようにくるくると動く目の表情も可愛らしく、リキー宮川、ベティ稲田、淡谷のり子らとステージでも共演。大人気だった。

続いて英太郎のコント、「俺は月形半平太でアール」。八双飛びで敵を斬り捨てる。なかなかのジャンプ力。芸者・染八役はなんと、永田キングの相方、ミス・エロ子！

「月様、雨が……」「誰が月様じゃ？」「あんたでしょ？」「おおそうか、そちは誰じゃ？」「染八」「染物屋か？」「染物屋じゃないわ。勤王芸者よ」「おにがあの有名な？」「まあ知っていた？」「ちっとも知らねえよ」と漫才が展開する。

そこへ佐幕の連中が斬りかかるも、半平太はあっという間に倒す。見事な殺陣、吉本ショウ「永田キングとその一党」でのステージの再現である。

「月様、雨が」「春雨じゃ、傘を差せ」「春雨なら濡れていきましょう」「濡れると着物が縮むわ」「どうして？」「わしゃ人絹じゃ」。観客大爆笑。ここで佐幕の連中が再び登場してアクロバット体操を取り入れた殺陣となる。人絹とは絹糸を模した化学繊維レーヨンのこと。人絹織物は大正後期から昭和初期にかけて広まったが、水に濡れると「縮む」のが難点。

さて、こうして「モダン劇場」の人気者となった英太郎だが、実家の中村株式店は株価大暴落で破産してしまう。ラッキー・セブンの用心棒はクビとなり、初枝は職業婦人となる覚悟をする。ここでラッキー・セブンの漫才となる。

セブン「働くという字はね、にんべんに動くと書くんだよ」

ラッキー「そりゃ違うよ、働くという字はね、人が重なる力と書くんだよ。働くというのは、他人を楽にさせるということだよ」

セブン「どうして?」
ラッキー「自分が一生懸命稼いで、はたの人を楽にしてやる。これすなわち、はたらくである」

結局、初枝は社会実地見学のため家出、兄・英太郎を頼って「モダン劇場」へ。彼女にゾッコンのラッキー・セブンは追いかけてゆく。ステージでは英太郎がグルーチョ・マルクスの扮装をしてコント「霧笛街」の真っ最中。初枝、なぜかステージを横切り、ラッキー・セブンも舞台に上がって、観客大笑い。

ここでようやく永田キングの和製マルクスが楽しめる。「もしかお前は妹ではないか?」「妹である以上、お前には兄があるはずじゃ」「その兄は俺じゃ」。

「兄さん、お父さん破産してるのよ」「破産? そらまた愉快じゃ、金持ちの破産はますます流行するじゃろう。その証拠には、貧乏人はすでに破産しているではないか!」「わからないわ」「そうじゃろう、俺にもわからない」。まさに和製グルーチョである。

初枝は自立するために「女優になりたい」と相談。妹に悪い虫がついては一大事と英太郎は「お前は俺の恋人になっておくんだ。そうすれば、誰もお前には手出しはできんからな」。それがルル子に誤解され、失恋したと思い込んだルル子は座長に英太郎をクビにしてくれと懇願。英太郎はクビになってしまう。座を出ていくシーンがおかしい。窓へとダイビングして、床に激突するも何事もなかったかのように、グルーチョの形態模写、大股潜航歩きで「さらばさらばと別れゆく」と立ち去っていく。

夜の公園、英太郎と初枝、あてもなく歩いている。バックに流れるのは《想ひ出 Among My Souvenirs》。エノケンの歌でおなじみのホラティオ・ニコリス作曲のスタンダードナンバー。BGMと思いきや、リキー宮川とそのバンドがスイート・ジャズを屋外で演奏していて、恋人たちがうっとりと聞いている。

「♪君が笑顔　忘れられず　ひとり淋しき朝夕ぞ　今ぞ儚き想い出よ」南條が甘い声で唄う。ところが雨が降り出す。初枝と英太郎が雨宿りをしているとそこへ南條が駆け込んでくる。「初枝さん」「まあ貴方!」恋人たちに挟まれる英太郎。「兄さん、この方あたしの恋人よ」「すいません」「どうぞごゆっくり」と雨の中へ消えていく和製グルーチョ・マルクス。

中村株式店最後の日、奉公人たちと主人の別れ。そこへ英太郎から手紙で「中央劇場で働くことになりました。皆さんもよろしければ、昔通り楽しく芝居をしませんか。よ

「期待待望のオリンピック大会は、ここに華々しく、その幕は切って落とされたのであったのでなかった」。グルーチョになりきっての身振り手振りがおかしい。ここからは「永田キングとその一党」によるレビュー・コントとなる。フィナーレは南條と初枝のオリンピック讃歌。

万雷の歓呼のなか、客席に現れたルル子の元へ、英太郎がジャンプ。そこへ主題歌《かっぽれ人生》（作詞・髙橋掬太郎、作曲・大村能章）が流れる。唄うは南條と初枝。ステージの男性、女性たちも大合唱。「では皆さん、我々は新婚旅行にまいります。お帰りになれば奥さんによろしく」と永田キング、カメラ目線で挨拶して、ルル子と腕を組んで劇場を後にする。

この『かっぽれ人生』は、永田キングの主演作としては唯一現存する作品。脚本も演出も、この時代のモダンなP．C．L．映画に比べ、決してスマートとは言えないが「永田キングとその一党」のステージでの雰囲気を味わえるという点では貴重な作品でもある。

ろしければ僕のところに押しかけてきてください」

そこで奉公人たちは中央劇場へ。英太郎の一座に参加することに。まるで『エレキの若大将』（一九六五年、東宝）で破産した実家を《君といつまでも》のヒットで再建させてしまう若大将みたいだが、落語の「放蕩息子の帰還」の展開でもある。

中央劇場には観客が詰めかけ、押すな押すなの大盛況。ステージではグルーチョ・マルクスの扮装をした英太郎を座長に「オリンピック・ショウ」を上演。アールデコのセットに、体操服の男性陣、水着姿の女性陣がレビューショウを展開。唄うは《国際オリンピック派遣選手応援歌─走れ大地を》（作詞・斎藤竜、作曲・山田耕筰）。昭和七（一九三二）年のロサンゼルス五輪開幕直前に、中野忠晴がコロムビアからリリースした曲である。来る昭和一五（一九四〇）年の東京オリンピックを祝賀する晴れがましさ。中村株式店の奉公人も半被を着てステージへ。シルクハットの英太郎が手を挙げて喝采を浴びると、中央からダイビング、体操選手にキャッチされ、一回転、演説を始める。

朝の並木路

一九三六年一一月一日／P．C．L．映画製作所／成瀬巳喜男
提供＝東宝映畫配給株式會社／製作＝P．C．L．映画製作所／録音現像＝寫眞化学研究所／1936.11.01・日本劇場／七巻・一六三九m／六〇分／日劇同時上映『お化けトラクター』（一九三六年、ワーナー、レイ・エンライト）（一一月一日～一〇日）

【スタッフ】作・演出・成瀬巳喜男／撮影・鈴木博／録音・山口淳／装置・北猛夫／編輯・岩下廣一／音楽監督・伊藤昇／演奏・P．C．L．管絃楽團

【出演者】千葉早智子（千代）／大川平八郎（小川）／赤木蘭子（茂代）／清川虹子（房子）／伊達里子（光子）／夏目初子／清川玉枝（マダム）／御橋公（千代の父）／三島雅夫（マダムの旦那）／山口ミサヲ（千代の母）／柳谷寛（上野公園の男）

昭和一一年のモダン東京風景が味わえる六〇分の小品『朝の並木路《あした》』。成瀬巳喜男は、前年、昭和一〇年に松竹からP．C．L．映画製作所に移籍してきた第一作『乙女ごころ三人姉妹』（一九三五年）から、ハイペースで作品を発表。これが七作目となる。

この『朝の並木路』は、翌、昭和一二（一九三七）年に成瀬と結婚することになる千葉早智子をフィーチャーして、田舎から都会に憧れて上京してきた純情娘が、カフェーに勤め、客と恋に落ち、大人へと踏み出す。というシンプルな構成。

千葉早智子といえば、第一作『ほろよひ人生』（一九三三年）からP．C．L．の看板女優として活躍、清純派の「お嬢さん女優」としてトップスターとなっていた。本作での相手役も『ほろよひ人生』から共演してきた大川平八郎。ハリウッド帰りのヘンリー大川である。

P．C．L．の美男美女スターによるメロドラマとして、成瀬がオリジナル脚本を手がけた。タイトルと映画の内容はほとんど関係ない。爽やかなイメージのタイトルとは裏腹に、東京のカフェーを舞台に、純情な女給と若きサラリーマンのひとときの恋を描いている。タイトルは、流行歌の

曲名のようだが、映画を観ていくとラストの味わいが、爽やかな『朝の並木路』の気分になるのがいい。

田舎のバス停の前の茶店。二二歳まで故郷で暮らしていた千代（千葉早智子）は、東京で自立しようと決心。父（御橋公）と母（山口ミサヲ）に別れを告げてバスに乗る。一張羅の着物を来て、新生活への期待に胸を膨らませ、バスに揺られる千代のアップ、リズミカルなモンタージュ。千葉早智子の美しさ、清純さが際立っている。

やがて東京。上野公園からのパン移動で、広小路、そして「軍艦ビル」と呼ばれた京成聚楽《けいせいじゅらく》ビルのアールデコの威容！　この京成聚楽ビルは、昭和一一年に竣工したばかり、鉄骨鉄筋コンクリート五階建で、戦後に七階まで増築された。上野駅を睥睨するようなモダンなデザインで、アメ横入り口脇に立っていた。二〇〇五年に解体されるまで現役で、建て替え後はヨドバシカメラのビルとなったが、敷地の形状が独特なので、同じような雰囲気の建物になっている。

その「軍艦ビル」が見渡せる上野公園、西郷隆盛像の前、千代が「憧れの東京」の空気を満喫している。しかし、その横に、怪しい風体の男（柳谷寛）がいる。全財産の入ったバスケットを盗まれたら一大事と、千代は男から離れる。サイレント映画的な演出で、柳谷寛の怪しさ＝都会の怖さを表現。

次のカットは丸の内。立ち並ぶビルディングを見上げる千代。鋪道を歩くオフィスガールたちを見つめる。「私もあいう風になるんだ」という希望に満ちた表情で見惚れていると、サラリーマンとぶつかる。頭を下げる千代。

カットが変わって銀座の柳。銀座通りには市電が行き交い、向こう側にある大きな建物は、銀座三丁目に、大正一四（一九二五）年五月一日に開業した銀座松屋デパート。大正一一（一九二二）年二月に着工、関東大震災に見舞われるも三年の歳月をかけて、大正一四年四月に竣工した。鉄骨鉄筋コンクリート八階建の近代建築の粋を凝らした建物。現在の銀座松屋も補強工事、増床、ラッピングはしてあるが、基本は同じ建物である。

辺りを見上げながら鋪道を歩く千代。くるりと一回りする。まさにお上りさんの喜びである。キャメラは、銀座四丁目、服部時計店側、木村屋総本店あたりからのショットとなり、三越呉服店からパンをして、再び松屋銀座を写す。「いさみや洋品・服地店」「田屋洋品店」「丸見屋食堂」「津田洋品店」「（後の）銀座三和ビル」など戦前の店舗の様子が映像からわかる。この風景の切り取り方がいい。まさしく「映画時層探検」の醍醐味である。

やがて銀座四丁目の日本堂百貨部の向かいのレストランのファサードのところで、千代が立ち止まってメモ帳を開く。丸の内〜銀座のシークエンスはわずか五七秒だが、僕たちは戦前の銀座の空気を味わうことができる。

「東京市芝区白金台町一丁目七八番地　おかだ方」。千代の女学校時代の親友で、田舎から東京に出て一人暮らしをしている村井久子（赤木蘭子）の住所である。銀座から白金まで、おそらく市電で移動してきた千代は、地名表記を確認してバスケットを抱えて階段を上がっていく。この辺りは江戸時代から閑静な住宅街だったが、大正の初めごろ市電が開通、表通りに商店街ができて、飲食店やカフェーもできた。映画では「台町」を強調するために、千代が階段を上がり切った高台にカフェー街があるが、これは撮影所のオープンセットである。

それまで軽快に流れていた映画のテーマ曲が、ここでフェードアウト。千代がカフェー街を見渡すショットから、街の雑踏ノイズとなる。

「カフェーみどり」の女給で、食いしん坊の房子（清川虹子）が店の前の掃除をしている。職人が小橋を渡る。活気のある朝の風景。BGMは劇伴奏ではなく、カフェーでかけているレコードの音となる。この年のヒット曲、渡辺はま子《忘れちゃいやョ》（作詞・最上洋、作曲・細田義勝）のリテイク版《月が鏡であったなら》である。オリジナルは昭和一一年三月に発売されるも、六月下旬に内務省によって発禁処分となった。その理由は歌詞の「ネェ」というフレーズが「娼婦ノ嬌態ヲ眼前ニ見ルゴトキ官能的歌唱デアル」と、いわば「エロ歌謡」に対する見せしめ処分である。

そのレコードが流れているカフェー街。セットとはいえ昭和一一年の風俗を体感できる。「カフェーみどり」の店内では、ベテラン女給・光子（伊達里子）がタバコを咥えて、気の無い様子で掃除をしている。「♪忘れちゃいやよ　忘れないでね」。「ネェ」はオミットされているが、渡辺はま子の悩ましい歌声。

千代はあたりをキョロキョロしながら、村井久子の下宿を探している。それを怪訝そうに見ながら、房子はタバコを路上に捨てる。一旦、店に入るが、慌てて出てきて、自分が捨てたタバコをちりとりに入れる。コメディエンヌ・清川虹子らしいキャラ造形である。

千代は房子に「岡田さんはどこですか?」「ここも岡田だけど」。ここで千代は、久子の現実を知る。彼女はカフェーに住み込みで働いていた。純情な千代は少しショックを受けるも、久子との再会の喜びが勝り、現実を受け入れる。マダム（清川玉枝）も良い人で、仕事が見つかるまで、千代を二階に置くことにする。

久子は茂代という名で店に出ていた。新協劇団に参加、新劇で活躍していた赤木蘭子がなかなかいい。久子は、房子に五〇銭を借りて、千代と一緒に汁粉屋へ。久子は「家にもあんたにも内緒にしていて悪いと思っていたんだけど、女給なんかになるつもりはなかったのよ」とタバコに火をつけながら、心情を吐露する。「田舎から出てきて、おいそれと良い仕事なんか見つかりゃしなかったわ」「仕事ってそんなにないものなの?」「田舎から出てきた人間なんかわざわざ使わなくたって、東京で働きたくて困っている人間がうじゃうじゃいるんだからね」。やるせない現実。

千代は、恋愛についても、どんなに貧しくても心中などはしたくはない、愛さえあれば二人でつましく生きていけるとポジティブ思考。しかし久子には、金をせびりに来るヒモがいて、つくづく嫌になっている。

それでも千代は、必死に新聞の求人欄をチェックして、就職活動に励む。ある夜、ストレスをためてカフェーにやってきた薄給のサラリーマン・小川(大川平八郎)が店で豪遊。久子もしこたま飲んで泥酔。その介抱をする千代。久子はいたずらして小川の万年筆を借りたままで「返してきて」と千代に頼む。

千代が小川を追っていくと、泥酔した彼は橋のたもとにしゃがみ込んで「水をください」。店に戻る千代。厨房では光子が夜食を食べている。まだその辺にいるからと、千代が小川に返しにいく。このベテラン女給・光子を演じている伊達里子は、昭和初年、松竹蒲田撮影所のモダンガール女優で、日本映画初のオールトーキー音楽映画『マダムと女房』(一九三一年、松竹、五所平之助)でマダムを演じ、実際にカフェーを経営していた。リアル・モダンガールである。

千代が持ってきた水を飲み干して生き返る小川。「わたし女給じゃないんです」「でもまた来れば会えるね」と、二人の間に暖かい感情が芽生える。

翌日、求人欄を書き写したメモを手に、千代は丸の内へ。そこで出勤途中の小川とばったり。「お茶でも」と二人は、丸ビルのティールームへ。「とにかく女給さんになることなんかはいけないな」「でも、あんまり仕事がないんで」。小川は千代の就職活動を応援すると約束。千代の顔が輝く。「僕なんかひとりぼっちで、ついカフェーなんかもいくんだけど、実際、怖いような女給さんもいるな」。ここで観客は清川虹子を思い出して笑っただろう。BGMのタンゴが二人の感情を盛り上げる。

シーンが変わって、「カフェーみどり」の厨房のコックが「女給入用」の貼り紙をしている。それを見た房子「なんだか変ね、『給』っていう字違ってやしない?」「違ってやしないよ。女給の『給』って字だから女へんに……あれだろ?」「そうだったかしら?」。この「勘違いの笑い」もおかしい。確かに「女」へんに「合」というのは「糸」へんよりも説得力がある。「始」は「みめよい」と読み「顔立ちが整った美しい女性」の意味がある。

次のシーン、千代と久子が商店街を歩いている。小川が紹介してくれた仕事も決まらなかったという話。「でも、もう一つ残っているわけなのね」「だけど、それもどうだかわからないわ」やるせない会話。風呂屋に入る久子。千代は「私、少しお買い物していくわ」。

白金台町の商店街との設定だが、次のカットで千代が歩いているのは、隅田川と旧中川を結ぶ運河・仙台堀川に架かる清澄橋の上。江東区清澄三丁目と福住二丁目間に架かる橋である。仙台堀川は、江戸時代に開削され、運河として江戸の運輸を支えてきた。北岸にあった仙台藩邸の蔵屋敷などへ、米などの特産物を運び入れるための運河で「仙台堀」と呼ばれていた。

この頃は木造の欄干で、千代が佇む背景には、江戸の名残を感じさせる家々が並んでいる。対岸には倉庫が立ち並び、この運河が機能していたことがわかる。千代はその場にしゃがむ。歩き疲れて、足袋が汚れていることに気づいて、その汚れを払う。橋の上を忙しそうに人々が行き交う。千代は恥ずかしくなり、橋の反対側へ。再びしゃがんで、口紅を取り出し、路上の石畳に「小川」と書いてみる。切ない乙女心である。そこへ「何してるの?」と通勤途中の小川に声をかけられ、はっとなる千代。

大川「どっかいい所あった?」
千代「いいえ」
大川「僕の方ね、聞いてみたんだけど、もう採用されるのは決まってるんだって」
千代「すいませんでした」
大川「まだ心当たりもあるし、がっかりすることないよ」
千代「今は田舎に帰るのは嫌だし、仕事が見つかるまで、やっぱり女給さんでもなんでも、仕方ないと思っています」
大川「……」
千代「女給さんなんていけないでしょうか?」
大川「そんなことはないよ、女給さんでもしっかりした人はいると思うし、それはその人の気持ちがしっかりしていれば、なんでもないさ」

仙台堀の対岸のディティールがよくわかる貴重な映像記

録でもある。細かいカット割で「清澄橋」が捉えられている。ここで、千代は女給としてカフェーに出ることを決意する。ここから先は、これまでの映画やドラマの展開では「転落する」様子を描いていくのだが、この映画は、そうではない。それがいい。

千代が店に出て一ヶ月、すっかり女給らしくなるが、彼女を指名するのはいつも小川。薄給のサラリーマンなのに「お金のあるうちは」と通ってくる。嬉しそうに小川の相手をする千代。女給というより「恋する女の子」の表情である。しかし観客は、小川の薄給でのカフェー通いが心配になってくる。ビールを飲み干し「ああ美味しい」とほろ酔い気分の千代。ビールを注ぐ小川。周りの女給たちも、他の客の千代への指名を断って、みんなが二人の恋愛を見守っている。

カットが変わって、千代は小川と伊豆に向かう夜の列車に乗っている。婚前旅行のようで、千代はウキウキしている。新聞を開いて、辺りを気にする小川。明らかに挙動不審である。誰かを探しながら車内を歩いてくる刑事のような風体の男にギョッとなり「次の駅で降りて、車で行こう」と小川。何かから逃げているようだ。結局、その男は刑事ではないことがわかり、ホッとする。

伊豆の旅館に着いて、最上級の部屋に泊まる二人。千代は「経済ではない」と節約を求めるが、小川は「遊ぶ時は徹底的に遊ぼう」と享楽的な面を見せる。ここからサスペンスになってくる。小川は会社の公金を遣い込んでカフェーに通い、さらに会社のお金を持ち出して、千代と逃げてきたのだ。

同時刻、カフェーに刑事がやってきて、小川の悪事が露呈。翌日の新聞にも大々的に記事となる。しかし、それを知らない無邪気な千代。警察の非常線を縫って、山に逃げこむ二人。「一緒に死んでくれ」と千代に心中を持ちかけるも、千代は「絶対に嫌、自首して、いつまでも待っている」と自分のポリシーを貫こうとする。山狩りの警察と消防団の包囲網が二人に迫る。なんだかすごい展開になってくる。やっぱり小川は遣い込みをしていたのか？

次のシーン。千代がうなされている。心配そうにそれを見守る久子。前夜、小川としこたま飲んで泥酔した千代はそのまま寝込んでいた。つまり、前のシーンのサスペンスは千代の心配が「悪夢」となったのだ。まるで瀬川昌治監督の「喜劇列車」シリーズや「喜劇旅行」シリーズのような「夢オチ」である。

久子によれば、小川は仙台支社への栄転が決まり、前夜、その別れにやってきたのだが、千代が酔ってしまったため、それを告げずに帰ったという。はっとなる千代。そこへ、階下から小川が声をかける。出勤前に、千代にお別れを言いにやってきたのだ。

　恋人たちの切ない別れ。小川は千代に「手紙をください」と仙台の住所を渡す。この朝のシーンがいい。しかし千代は、そのアドレスを書いた紙を店の近くの川に流す。ここで千代は女給を辞めて、仕事を探す決意をする。新たな一歩を踏み出すのだ。その爽やかな表情。タイトルの『朝の並木路』がここで生きてくる。わずか一時間の小品ながら、昭和一一年の上野、丸の内、銀座、そして仙台堀のロケーションが楽しめる。味わい深い一篇。

彦六大いに笑ふ

一九三六年一一月二一日／P.C.L.映画製作所／木村荘十二
提供＝東宝映畫配給株式會社／製作P.C.L.映画製作所／1936.11.21・日本劇場／八巻・一.九五三m／七一分／日劇同時上映『踊る海賊』（一九三六年、RKO、ロイド・コリガン）・同時上演「ステージ・ショウ　ワイントラウプス（一一月二一日〜三〇日）

【スタッフ】演出・木村荘十二／脚色・三好十郎／原作・三好十郎／撮影・立花幹也／音楽監督・清田茂／演奏・P.C.L.管絃楽團／装置・久保一雄／録音・安恵重遠／編輯・岩下廣一
【出演者】徳川夢声（政宗彦六）／丸山定夫（彦一）／堤眞佐子（ミル＝千代）／英百合子（お辻）／河村弘二（田所修）／清川虹子（おアサ）／小島洋々（鐵造）／小杉義男（白木軍八郎）／村井永三（コール天服の男）／嵯峨善兵（人夫頭）／三島雅夫（酔漢）／中村栄二（地廻りA）／小阪信夫（同B）／林喜美子（踊子A）／宮野照子（同B）／大村千吉（ルンペンA）／柳谷寛（同B）

三好十郎原作・脚本『彦六大いに笑ふ』。これは見事な作品。P.C.L.映画草創期から活躍してきた木村荘十二の「傾向映画」のテイストが味わえる佳作。関東大震災後に目覚ましい発展を遂げた新興繁華街・新宿を舞台にした、深夜一二時から、朝方五時ぐらいまでの一晩の物語。

タイトルバックは、新宿のネオン。当時としては珍しい、二重露光のロールテロップで、スタッフ、キャストがクレジットされる。ひときわ煌めいているのは、昭和八（一九三三）年に開店したばかりの新宿伊勢丹。もともと明治時代、今の外神田一丁目に開業した伊勢丹が関東大震災で焼失、翌年には百貨店形式で神田に再建されるが、昭和五（一九三〇）年に新しく新宿へ出店を決定。東京市電気局所有の広大な土地を落札。二階にはアイススケート場を完備するなど昭和のデパート文化を支えることになる。

その伊勢丹のネオンが眩しく煌めく。その反対側、甲州街道に程近い辺りでは、昔ながらの歓楽地の再開発が進んでいた。資本家の手駒として、力づくで立ち退きを手がけているのが、新興やくざ。不動産や飲食業を経営しながら、土地ブローカーとしても暗躍。「事件屋」と呼ばれた連中である。

この映画の舞台は、そうした「事件屋」に狙われた繁華街のアミューズメント施設。大正時代からある老朽化した建物一階はカフェー、二階はビリヤード場。他の店子たちは、脅かされ僅かの金で立ち退きを余儀なくされている。といったこれまでの状況が、登場人物たちの会話で次第に明らかにされる。

トップシーンは、このビリヤード場。新宿の劇場（おそらくムーラン・ルージュ新宿座）がはねて、踊り子・ミル（堤眞佐子）、同僚の踊り子（宮野照子、林喜美子）がタップダンスの練習をしている。アコーディオン伴奏をしているのは、劇場の若き楽士・修（河村弘二）である。修は窓の下に、怪しい男たちがいるので、気になって、テンポがおろそかになる。ミルはそのことに腹を立てて、修を激しくなじる。気性が激しい娘である。

やがてミルと修が恋人同士であること、このビリヤード場がミルの実家で、彼女が娘・千代であることが明らかになる。ビリヤード場の奥には座敷があり、店を任されている年増女性・お辻（英百合子）が、うつ伏せになりだらしない格好で、踊り子や修たちと話している。が、ミル＝千代は、お辻にぞんざいな態度。相当仲が悪いことがわかる。

お辻は、千代の父・政宗彦六（徳川夢声）の愛人で、長年の腐れ縁。浮気性のお辻は、何度も若い男に夢中になり、彦六の元を去ってきた。しかし捨てられ、無一文になるとまた舞い戻ってきた。まさに「腐れ縁」である。千代は、女として、娘として、お辻のだらしなさを受け入れることができない。

この家族の「これまで」を、セリフの端々から窺い知ることができる。そこでいよいよ彦六が登場。徳川夢声が見事である。五〇代後半の彦六は、ごろごろしているうちに病気がちになり、床に臥せっているようだが、これも立ち退き交渉のための「手」である。お辻が、階下のカフェーに行った隙に、彦六が奥から出て来る。

娘の恋人である修と酒を酌み交わし、修が気性の激しい千代の相手には、相応しいと瞬時に見抜く。彦六はかつて、府中で鳴らした無頼で「自由党」の若い衆として大暴れして投獄されたこともある。

そんな彦六が、酒の肴の「支那そば」を買いに、階下の屋台に行った隙に、やくざたちがビリヤード場に上がり込んで狼藉三昧。店を壊し始め、世帯道具をめちゃくちゃにする。実は、お辻が、階下のカフェーの主人・鐵造（小島洋々）とできていて、かつて彦六の世話になった鐵造が裏切って、地上げの元締め・事件屋の白木（小杉義男）からリベートをせしめて、立ち退きの幇助をしていたのだ。

そのお辻のずる賢さを見抜いていたのは千代だけではな

く、彦六もわかっている。その上で、悠然としている。しかも、やくざの狼藉に、彦六が一喝する。その迫力に誰もがタジタジとなる。彦六の無頼が、チラリと垣間見える。

　徳川夢声は、いつもの好々爺の雰囲気なのだが、時折、無頼の影を匂わせる。その芝居と演出が見事。お辻を演じている英百合子も、戦前から昭和四五（一九七〇）年にかけて「東宝映画の母」として、原節子から「社長」シリーズの小林桂樹の母親役まで演じた「理想のお母さん」女優のイメージが強い。しかし、ここでは身を持ち崩したたらしない女であり、相当のワルでもある。それがまた見事！

　カフェーの主人・鐵造は、たった一人しかいない女給・おアサ（清川虹子）を手籠にして「新しくできる飲食店の女給頭にしてやる」と甘言。田舎から出てきて、カフェーの女給に身をやつしたおアサは、純情を捧げた鐵造にぞっこん。しかし鐵造とお辻が通じていて、自分が裏切られるのではないかと気が気でない。というわけで、お辻には敵愾心をむき出しにしている。

　後半、地上げ屋たちが実力行使をして、建物をぶち壊していくのだが、その騒音と粉塵のなか、清川虹子と英百合子が壮絶なキャットファイトを繰り広げる。殴り合い、摑み合い、髪の毛を振り乱す二人。清川虹子も、それまでの喜劇映画のおかみさんキャラとは真逆の「女の純情」を激しく演じている。おそらく日本映画で、ここまでのキャットファイトは、これが初ではないだろうか。

　鐵造のカフェーには、酔客（三島雅夫）と、奥の席で黙々と飲んでいる彦一（丸山定夫）だけ。おアサが、鐵造の浮気をなじって大喧嘩している隙に、酔客はビール瓶を抱えて、無銭飲食で逃げてしまう。おアサが気づいても時すでに遅し。その代金はすべておアサが背負い込むことに。

　さて、一人残った彦一は、おアサの酒の相手をしながら、これまでの経緯、事件屋の白木と彦六の確執、これからこの店がどうなるかを聞く。その頃、白木は、鐵造とお辻を連れて、ビリヤード場へ。彦六に最後通牒を突きつけるためだった。白木はいつもズボンの腹にピストルを忍ばせている男であることも、おアサの話から明らかになる。

　そこに銃声！　彦一は立ち上がって、二階に行く。ビリヤード場では、白木と鐵造がビリヤードをして、お辻がカウントをして、何事もなかったのかのようである。しかし、実は修羅場があって、千代が日本刀を振りかざして、白木が発砲していたのである。

　さて二階に現れた彦一は、実は彦六の息子で、千代の兄。若い時に無頼の徒となり、親父と大喧嘩して、行く方知れず。今は府中で家庭を持って、真面目に生きている。子供が産まれたことを父と妹に報告するために、新宿へ戻ってきたのだ。この映画、ここからが見事である。深夜二時すぎに、彦一が現れ、白木たちが一旦引き下がる。そこからの父と息子、兄と妹の再会。バラバラになった家族がリユニオンして再生する。彦六は彦一から「一緒に暮らそう」と誘われ、千代も府中から劇場に通えばいい、と納得。

しかしその前に、落とし前をつけねばならないことがある。白木たちに数百円で立ち退かされた住民たちのために、一銭でも多く取りたい、という思いから彦六は粘っていたのである。聞けばすでに白木から二五〇〇円も出させている。彦六は、五〇〇〇円は吐き出させたいと考えていた。「父っあん、それぐらいでいいだろう?」「ああ、いいだろ」と彦六は、黙って出ていくことにする。

ラストシーン。お辻に三行半をつける彦六。「あたしは一体どうなるんだ?」と荒れるお辻に、ポンと三〇〇円を投げつける。すると、泣きじゃくっていたお辻が必死に金をかき集めて、握りしめる。どこまでも浅ましいのである。

すべてが終わって、彦六、彦一、千代が、着のみ着のまで、新宿駅に向かう。このロケーションが素晴らしい。南口方向に向かって歩くショット。後年「太陽にほえろ!」などで繰り返しこのあたりが出てくるが、戦前の映像、しかもロケーションはおそらくこれが初めて。ずっとセット撮影だったので、ラストのロケが効果的。このショットは前半、千代が恋人の学士・修を「物騒だから」と、新宿南口まで見送るナイトシーンに呼応している。ほとんどがセット撮影なので、このラストに希望に満ちた開放感を感じる。

P.C.L.を支えた美術の久保一雄のセットデザインも見事で、ビリヤード場とカフェーの空間設計が素晴らしい。奥行きのある空間、映画的な人物の出し入れで濃密なドラマが展開。昭和二〇年代の黒澤明映画のような、空間と登場人物たちの動き、モンタージュが本当に濃密で、見ていて惚れ惚れする。これは傑作である。

ちなみに八代目林家正蔵が、その名跡を海老名家に返上した後に、林家彦六を名乗ったのは、この『彦六大いに笑ふ』の徳川夢声にちなんだもの。昭和一一年のキネマ旬報ベストテンで八位となった。

また、四年後には続篇『彦六なぐらる』(一九四〇年、南旺映画、千葉泰樹)が作られ、徳川夢声が再び彦六を演じる。ミル=千代役は堤眞佐子→若原春江、彦六のかつての愛人・お辻役は英百合子→水町庸子、彦六の弟分だった鐵造役は小島洋々→長濱藤夫、その女房となった元女給のおアサ役は清川虹子→本間教子、そしてミルの恋人・修役は河村弘二→石黒達也とキャストが変更されている。

東京ラプソディ

一九三六年一二月一日／P.C.L.映画製作所／伏水修
提供＝東宝映畫配給株式會社／製作＝P.C.L.映画製作所／1936.12.01・日本劇場、大阪敷島倶楽部／八巻・一、八七八m／六九分／日劇同時上映『ダム地獄』（一九三六年、ワーナー、フランク・マクドナルド）、『ルイス對シャーキー』（RKO、実写）／同時上演「ステージ・ショウ　ワイントラウプス（一二月一日～一〇日）

【スタッフ】演出・伏水修／作・佐伯孝夫／脚色・永見隆二／撮影・三村明／録音・金山欣二郎／装置・戸塚正夫／編輯・岩下廣一／音楽監督・古賀政男／演奏・P.C.L.管絃楽團・テイチク管絃楽團／助監督・黒澤明／主題歌 テイチク《東京ラプソディ》（作詞・門田ゆたか、作曲・古賀政男）テイチクレコード 五〇三三八、《青春の謝肉祭》（作詞・野村俊夫、作曲・島田磐也　古賀政男）、《別れの唄》（作詞・山川アサオ、作曲・古賀政男）テイチクレコード 五〇五八六
【出演者】藤山一郎（若原一郎）／椿澄枝（ハト子）／星玲子・日活専属（マキ）／井染四郎・日活専属（船橋）／宮野照子（蝶々）／伊達里子（晴美）／御橋公（別井）／千葉早智子（和装の女性）／竹久千恵子（淑女）／堤眞佐子（ダンサー）／神田千鶴子（モダンガール）／山縣直代（喫茶店のウエイトレス）／梅園龍子（モダンガール）／藤原釜足（モダンボーイ）／岸井明（同）／中川辨公（屑屋）／大村千吉（俊坊）

『東京ラプソディ』は、数ある戦前の音楽映画の最高作のひとつ。門田ゆたか作詞、古賀政男作曲による主題歌は、この映画より七年前、昭和四（一九二九）年に大ヒットした《東京行進曲》（作詞・西條八十、作曲・中山晋平）を発展させたもの。東京のシティソングの系譜は、都市の発展とともに、さらに深化してゆく。藤山一郎は、ビクターからテイチクに移籍、その第一作となった。当時のジャズ流行歌の基本のフォックストロットのリズムで、軽快に、銀座～神田～浅草～新宿と、昭和モダン都市東京の現在をセレブレーションしている。

古賀政男と藤山一郎はコロムビアで《酒は涙か溜息か》（一九三一年）、《丘を越えて》（同年）、《影を慕いて》（一九三二年）と、昭和の初めから、流行歌の時代を築いてきた名コンビ。昭和九（一九三四）年にテイチク創立時に移籍した

古賀政男に呼ばれ、昭和一一（一九三六）年に藤山一郎もビクターとの契約が満了となりテイチクと契約。心機一転、藤山一郎と古賀政男コンビの、新たなるスタートをアピールすべく、テイチクとP.C.L.が提携して製作したのが、映画『東京ラプソディ』だった。

演出を任されたのが、P.C.L.きってのモダニスト、伏水修。音楽演出もさることながら、モダン都市・東京風景を、まるでニューヨークのように晴れがましく捉え、テンポの良いモンタージュで、時代の空気をフィルムに収め、P.C.L.のモダンなカラーを牽引していくことになる。明治四三（一九一〇）年生まれだから、この時、わずか二六歳。

昭和九（一九三四）年、P.C.L.はエノケン主演の音楽映画製作にあたり、エノケンと親交のあった「音楽がわかる」山本嘉次郎を日活から引き抜いた。その際、山本嘉次郎は最も優秀で音楽に詳しい助監督を連れてきた。それが伏水修だった。『エノケンの青春酔虎傳』（一九三四年）、『すみれ娘』（一九三五年）、『エノケンの近藤勇』（同年）の音楽演出の現場を助監督として支え、この年、昭和一一年、吉本興業との提携作・エンタツ・アチャコの『あきれた連中』（一月五日）で監督デビュー。古川ロッパ一座と提携した『歌ふ彌次喜多』（三月二六日・岡田敬と共同監督）、ビクターとの提携による岸井明のジャズ映画『唄の世の中』（八月一一日）の三作を手がけ、いずれも大成功。エンタツ・アチャコ映画、ロッパ映画、岸井明と藤原釜足の音楽喜劇、いずれも、P.C.L.から東宝にかけて音楽娯楽映画のドル箱となっていく。

ちなみに本作のサード助監督は、この年に入社して四作目となる黒澤明が務めている。

惜しまれつつ夭折した伏水修については、あまり発言や資料が残っていない。筆者が平成六（一九九四）年に、谷口千吉監督にインタビューした時に、伏水監督について伺った。「彼は音楽が好きで、とてもセンスの良い男だった。早くに亡くなったのが残念」と話をしてくれた。その伏水修の才気を堪能できる代表作がこの『東京ラプソディ』。主題歌に織り込まれた東京風景をフィルムに記録し、ハリウッド・ミュージカルを意識した音楽演出で、藤山一郎の唄う挿入歌《恋の饗宴》《東京娘》《青春の謝肉祭》、そして主題歌《東京ラプソディ》を、観客に強烈に印象付ける。

タイトルバックは、P.C.L.映画の定番でもあった、登場人物とキャストを映像で紹介。しかもそれぞれが《東京ラプソディ》をワンフレーズずつ唄う。主題歌はクライマックスまで登場しないので、これが観客の期待を高めてくれる。まずイントロでキャストクレジット。この頃は一枚で、メインスタッフを紹介するのみだった。

♪花咲き花散る宵も　銀座の柳の下で（若原・藤山一郎）
待つは君ひとり　君ひとり（ハト子・椿澄枝）
逢えばゆく　ティールーム（マキ・星玲子　日活専属）
楽し都　恋の都（船橋・井染四郎　日活専属）
夢のパラダイスよ　花の東京（蝶々・宮野照子）
楽し都　恋の都
夢のパラダイスよ　花の東京（男女コーラス）

クレジットの背景は、数寄屋橋方向、マツダビルディングの八階ニューグランド・グリルから撮影した外濠川。今では高速道路が通っている。左手に洋画ロードショー館の邦楽座の円形の建物、新有楽橋を渡る人々。右手には読売新聞社の建物が見える。タイトルバックが終わり、鐘の音とともに、画面はそのまま銀座四丁目の方角へゆっくりとパンする。四丁目の交差点には昭和七（一九三二）年竣工の服部時計店、その向かいは昭和五（一九三〇）年開業の三越銀座店、その奥には歌舞伎座の屋根も見える。マツダビルからの眺め、これぞ戦前の銀座である。

そのまま《青春の謝肉祭《カーニバル》》のイントロとなり、銀座の若原クリーニング店の屋上で、若旦那・若原一郎（藤山一郎）が唄い出す。タイトルの《東京ラプソディ》から《青春の謝肉祭》への流麗な音楽演出。これが伏水修の味わい。これぞP.C.L.音楽映画。しかも、銀座ロケーションから、若原クリーニング店のある銀座の通りは、P.C.L.撮影所のオープンセット。物干し台で一郎が唄っていると、通りの向かいの花屋の前に、いつも店を出している靴磨きの少年、俊坊（大村千吉）が声をかけてくる。

一郎は、花屋の軒先のタバコ屋に勤めているハト子（椿澄枝）と恋仲で、昨夜も、店が終わってから遅くまで話し込んでいた。なので、ハト子は寝坊したのだろう。まだ出勤していない。ヒロイン不在のままの《青春の謝肉祭》で、ハト子のことが、観客にも気になる。

続いては、ハト子のアパート。寝坊して慌てて、お櫃《ひつ》のご飯をアルマイトの弁当箱に詰めている。布団でまだ寝ているのはルームメイトのマキ（星玲子）。銀座のダンスホールのダンサーである。清純派のハト子と対照的なモダンガールのマキは、寝床でタバコに火をつけて目覚める。これは『純情の都』（一九三三年、木村荘十二）の千葉早智子と竹久千恵子のリフレインでもある。

外景ショットでニコライ堂。そして鐘が鳴る。二人は御茶の水に住んでいる。慌てて出かけるハト子にマキは、若原クリーニング店に出したドレスの催促を頼む。こうして登場人物の一日が始まる。ハト子が住んでいるのはモダンな作りの「KUDAN APARTMENT」。駆け出したハト子が渡るのは、国鉄御茶の水駅前、御茶の水から湯島に架かる聖橋。サラリーマンや大学生たちが、急ぎ足で歩いている。

この聖橋は、新海誠の『すずめの戸締まり』（二〇二二年、東宝）でヒロイン・すずめ（声・原菜乃華）が、映画の中盤でダイブする橋でもある。今では新海誠映画の聖地となっているが、八八年前は『東京ラプソディ』のハト子が慌てて駆け抜けた。これもまた「映画時層探検」の楽しみである。

オープニングが主題歌一番の「銀座」、続いて二番の「神田」と歌詞に描かれた土地が登場する。では三番「浅草」と四番「新宿」は？　となるが、ちゃんとダンスホールでジャズを演奏する三番「ジャズ」サックスプレイヤー・船橋（井染四郎）と、その恋人で四番「ダンサー」のマキが物語を進めていく。ちゃんと歌詞に倣っての構成となっている。

さて、ハト子は御茶の水から有楽町へ。聖橋の次のカットは、有楽町駅の銀座口から出てくるショットとなる。出勤したハト子に一郎が声をかける。クリーニング屋の店員たち（柳谷寛、星ひかる）も、若旦那とハト子の恋を応援している。

颯爽とモーターバイクに乗り、銀座を走る一郎。新橋方向、マキと船橋が勤めるダンスホールへ、例のドレスを届けにいく。一郎と船橋は親友で、その恋人のマキともども、音楽の世界に夢を抱いている「仲間」である。この三人にハト子を加えた「仲良し四人組」の物語でもある。

この頃のダンスホールは一曲一枚のチケット制で、男性客が、好みのダンサーを指名して踊る。その都度、客はダンサーにチケットを渡す。それがダンサーの収入源である。アメリカでは一〇セント・ダンスと呼ばれていたシステムで、ドリス・デイがルース・エッティングを演じた音楽伝記映画『情欲の悪魔』（一九五五年、ＭＧＭ）で唄う《10セント・ア・ダンス TEN CENTS A DANCE》はこのシステムに倣ったもの。東京では一曲一枚のチケットが、昼は一〇銭、夜は二〇銭位が相場だった。二〇銭のチケットだとダンサーの取り分は四割の八銭。月収で八〇円から一〇〇円ぐらいだったようだ。

マキと同僚のダンサー（堤眞佐子）が、椅子に座ってお化粧を直し、待機をしている。同僚を演じているのは、Ｐ.Ｃ.Ｌ.のトップスター・堤眞佐子。マキを演じている星玲子は、宝塚歌劇団出身で引退後、日活でトップスターとなり、音楽映画、ジャズ映画に数多く主演。古賀政男が主題歌《二人は若い》を手がけた『のぞかれた花嫁』（一九三五年、日活多摩川）のヒロインでもある。古賀政男と日活の関係もあり、また古賀政男シンガーの一人でもあった星玲子が、P.C.L.に客演。なので堤眞佐子とデュエット・ダンスを踊るシーンは、二つの映画会社の看板女優の夢の共演でもあった。

マキの恋人の楽士・船橋を演じている井染四郎も、日活のトップスター。筆者の高校の大先輩でもある。旧制獨逸学協会中学校（獨協高等学校）卒業後、法政大学を中退。築地小劇場に入るも一年で脱退、自動車会社で働いたのちに、夏川静江に師事して、日活太秦に入社したのが昭和四（一九二九）年。大日方傳《おびなたでん》、小杉勇と同期である。内田吐夢に可愛がられ『ジャン・バルジャン』（一九三一年、日活太秦）でデビュー。その後、日活多摩川撮影所に移って現代劇のスターとなる。『のぞかれた花嫁』（一九三五年、日活多摩川）に特別出演。星玲子との共演も多く、日活は二人をユニットでP.C.L.に貸し出した。

その晩、仕事が終わり、一郎はいつものように、ハト子を誘って、物干し台のランデブー。銀座通り、七丁目方向からネオン瞬く情景を捉える。大正一四（一九二五）年創業の松坂屋デパートのネオンに、モダン都市の夜を体感できる。イントロに続いて、一郎がアコーディオンを手に唄うは《恋の饗宴》（作詞・島田磬也、作曲・ファン・リョサス）。映画公開の翌年。昭和一二（一九三七）年四月にリリースされた。作曲のファン・リョサスはタンゴ作家。

ハト子の想い、一郎の気持ち。恋人たちの悩みはつきない。続いて、一郎が唄うのは《東京娘》（作詞・佐藤惣之助、作曲・古賀政男）。主題歌《東京ラプソディ》のカップリング曲である。その歌声が、夜風に乗って、隣の銀座ホテルへ流れてゆく。その一室で、原稿を執筆しているのが女流作家・晴美（伊達里子）。電話で担当者に原稿が遅れる旨を告げていると、部屋に入ってきたのが、金持ちのプロモーター・別井（御橋公）。二人は愛人同士のようである。別井が窓を開けると、一郎の《東京娘》が流れてくる。それを聞いた二人、気まぐれから、一郎を歌手デビューさせようと思いつく。

ホテルに呼び出された一郎とハト子。思わぬ展開に戸惑いながらも、千載一遇のチャンスに一郎は応じる。手放しで喜んだハト子だったが、翌朝、それを聞いたマキは、プロの歌手になったら女性関係で悩まされるかも？　と、ハト子に釘を刺す。このシーンで、ハト子の部屋に貼ってあるポスターに驚いた。フレッド・アステアとジンジャー・ロジャース主演『有頂天時代』（一九三六年、RKO）のアメリカ版ポスターである。日本公開が、この年の一二月三〇日だから、まだ公開前のアステア作品を先取っていたのだ！

これぞP.C.L.のモダニズム!

晴美と別井は一郎のために、銀座に芸能事務所を開設。その事務所開きの日に、晴美の友人のモガたちが、新聞で話題の一郎の顔を見にくる。晴美はメディア対策も万全で、まだレコーディングしていないのに、一郎と恋人・ハト子の話題を新聞記事にする。さて、晴美のお仲間のモガの一人に、P.C.L.のスター梅園龍子もいる。本編では、ワンシーンの特別出演だが、クライマックスのナンバーに再度登場する。

ハト子とマキ、船橋は一郎の門出を祝って、アパートでささやかな宴を用意する。一郎も楽しみにしていたが、レコード会社の面々と、キャバレー「美松」で、打ち合わせに参加させられる。誰もが一郎の歌で、一儲けを目論んでいる。芸能ビジネスはいつの世も同じ。

ちなみに、このキャバレー「美松」は日比谷公園の前にあった「美松百貨店」(一九三一年~一九三五年)が閉店した跡地にオープンした。

深夜になっても一郎は現れず、ハト子の寂しい日々が始まる。一方、一郎はデビュー曲《青春の謝肉祭》を吹き込み、銀座のレコード店・十字屋の店頭には幟がはためく。インサートされる銀座風景がいい。銀座の柳、銀座松屋、数寄屋橋、泰明小学校、朝日新聞社東京本社の空を鳩が飛ぶ。また丸の内の東京海上火災ビル、お濠端の情景も活写される。《青春の謝肉祭》がヒットしていくイメージのモンタージュ。ハリウッドの音楽映画さながらに演出する伏水修のセンス!

続いて、ラジオ局のスタジオで《恋の饗宴》を唄う一郎。歌声は電波に乗って、店番をするハト子にも届く。想い出の曲を複雑な想いで聴くハト子。放送が終わった一郎は、ハト子のもとに駆けつけたいが、それも叶わない。

一郎がスターになるにつれ、ハト子とはすれ違いになる。マキの懸念通りに、一郎と柳橋の芸者・蝶々(宮野照子)のスキャンダルが新聞のゴシップ欄を賑わす。なんのことはない、蝶々と一郎はおさななじみ。病気の父親のため、芸者になり苦労している蝶々を、一郎はなんとかバックアップしようとする。しかも彼女には借金があり、近く地方へ住み替えることになっている。

蝶々との仲が誤解を呼び、ハト子は寂しい日々。そんなハト子のために、マキと船橋はハト子を伴い、蝶々に直談判に行くが、すべての事情を知った三人は、一郎同様、蝶々を応援することとなる。同じ頃、一郎は、人気者であることへの疑問を抱いて、晴美に引退を申し出ていた……。

こうしたメロドラマも少々あり、すべてが氷解して、一郎は再び歌手活動を再開する。そこで用意された新曲が《東京ラプソディ》。すべてがクライマックスのこのシーンのため、というのがいい。四分半に及ぶ《東京ラプソディ》のナンバーがとにかく素晴らしい。伏水修のセンスが凝縮された最高のシーンとなっている。

まず銀座の街角で藤山一郎とヒロイン・椿澄枝が一番をデュエット。二番を山縣直代、大学生（ニコライ堂の前、聖橋で）、三番を藤原釜足&岸井明、梅園龍子、中川辨公。間奏のピアノを千葉早智子が弾き「幻の五番・花咲く都」を唄う。この歌詞は、五番として用意されたが、最初のレコードではオミットされた「幻の五番」を、星玲子と堤眞佐子がダンスホールで踊りながらデュエット。

♪花咲く都に　住んで
変わらぬ誓いを　交わす
変わらぬ東京の　屋根の下
咲く花も　赤いバラ
楽し都　恋の都
夢のパラダイスよ　花の東京

そのまま銀座のダンスホールで、レコードでは四番の「新宿」を井染四郎が唄って、藤山一郎と椿澄枝が引き継ぎ、公園で竹久千恵子、神田千鶴子らP.C.L.スターが唄って大団円となる。

このシークエンスは、ディミアン・チャゼル監督『ラ・ラ・ランド』（二〇一六年）と同じアプローチ。歌が伝播して、次々と人々にバトンタッチしていく。伏水修監督は、ルーベン・マムリーアン監督の『今晩は愛して頂戴ナ』（一九三二年、パラマウント）の演出を意識している。ディミアン・チャゼル監督もまたしかり。

昭和一一年のモダン東京の空気、シティソングの晴れがましさ。P.C.L.映画のモダニズムを支えた伏水修監督の才気！　映画史に残る音楽映画のエポックである。

武士道朗らかなりし頃

一九三六年一二月一一日／P.C.L.映画製作所／松井稔
提供＝東宝映畫配給株式會社／製作＝P.C.L.映画製作所／録音現像＝寫眞化学研究所／1936.12.11・日本劇場／八巻・一、八三六m／六七分／日劇同時上映『Gガン』（一九三六年、ワーナー、ニック・グラインド）／同時上演「ステージ・ショウ メリー・クリスマス」三景（一二月一一日～二〇日）

【スタッフ】監督・松井稔／原作・徳川夢声／脚本・八住利雄／撮影・宮島義男／録音・道源勇二／装置・北猛夫／音楽監督・清田茂／演奏・P.C.L.管絃楽團／振付・花柳壽二郎、間野玉三郎
【配役】柳家金語楼（岩見重太郎・吉本興業専属）／徳川夢声（怪仙人）／髙尾光子（妹・お辻）／宮野照子（弥平次女房）／清水美佐子（娘・お君）／林家染團治（狒々・吉本興業専属）／市川朝太郎（高山彌平次）／嵯峨善兵（篠崎）／小島洋々（父）／生方賢一郎（庄屋・番座右衛門）／丸山章治（馬子）／柳谷寛

戦後、映画「おトラさん」シリーズ（一九五七～一九五八年・東京映画）や、テレビ「ジェスチャー」（NHK）や数々のバラエティ、喜劇映画で活躍し、「エノケン・ロッパ・金語楼」の三大喜劇王の一人として、幅広い世代に大人気だった柳家金語楼。明治三四（一九〇一）年、三遊亭金勝の長男として東京市芝区に生まれる。明治四二（一九〇七）年、二代目・三遊亭金馬一座で少年落語家・三遊亭金登喜《きんとき》としてデビュー。大正九（一九二〇）年、三代目柳家小さん門下となり、初代三遊亭金三として真打昇進。その翌年に陸軍に入隊、戦地で紫斑病に冒され、薬の副作用で頭髪が抜け落ち、若くして「禿頭」となるが、それを逆手にとってトレードマークにした。除隊後、新作落語「噺家の兵隊」で売り出し、大正一三（一九二四）年六月、初代柳家金語楼となる。

昭和三（一九二八）年、曾我廼家五九郎の喜劇「二等兵」に出演。噺家だけでなく、舞台で喜劇にも次々と出演。今でいうタレント的な喜劇人となり、映画界へも進出。昭和一〇（一九三五）年、J.O.スタヂオ製作『俺は水兵』（永

富映次郎）で原作・主演を果たした。ちなみに同作は、J．O．スタヂオ第一作『百萬人の合唱』と同日、大阪常盤座で封切られた。続いて、J．O．スタヂオ内に設立された太秦発声映画で『理想郷の禿頭』（一九三五年）に主演、四代目昔々亭桃太郎が共演している。

そして昭和一一（一九三六）年、柳家金語楼の所属していた吉本興業がP．C．L．映画と提携、エンタツ・アチャコの『あきれた連中』（一月一五日・岡田敬、伏水修）が製作。P．C．L．と吉本のユニット製作が本格的にスタートした。

続いて吉本は、寄席や劇場、ラジオに引っ張りだこの主力喜劇人・柳家金語楼の本格的な映画進出を企画。それが、「ナヤマシ会」「笑の王国」を経て、P．C．L．映画にも出演していたインテリ派の喜劇人・徳川夢声原作、共演による時代劇コメディ『武士道朗らかなりし頃』である。

脚色は、この年にP．C．L．に入社、文芸部に所属していた八住利雄。戦前、戦中、戦後と二四〇作以上の映画を手がけるシナリオ作家・八住利雄のこれがデビュー作となる。監督の松井稔も、この年に松竹蒲田から移籍。清水宏、成瀬巳喜男の薫陶を受けてきた松井稔もまた、本作を皮切りに『青春部隊』（一九三七年）、『見世物王国』（同年）などのP．C．L．の音楽喜劇のメイン監督の一人となる。

ヒロインは高尾光子と清水美佐子、市川朝太郎や嵯峨善兵などお馴染みのP．C．L．メンバーが脇を固め、東京吉本からは落語家出身の漫才師・林家染團治が出演。なんと金語楼扮する岩見重太郎の「狒々《ひひ》退治」の狒々を演じている。

豪傑・岩見重太郎が諸国を漫遊しながら各地で「狒々」や「大蛇」を退治して、宮津の天橋立で父の仇敵を討つという物語は、講談や芝居、読本などで庶民に親しまれていた。その若き日の活躍を柳家金語楼が演じるというナンセンス。徳川夢声ならではの語り口で、お馴染みのヒーローのエピソードゼロを面白おかしく描く。しかも忍術使いよろしく、師匠・怪仙人に伝授された「不動観念の法」を駆使して、敵を倒していく。しかも金語楼映画らしく、なぜ「禿頭」になったのかのオチを用意している。

この『武士道朗らかなりし頃』は、二〇年近く前、CS時代劇専門チャンネルで放映実績があるが、残念ながら未見のため「梗概」をもとにストーリーをまとめておく。

天下の豪傑・岩見重太郎（柳家金語楼）にも、なかなかに苦しい修業時代があった。しかし多年修業の効あって、遂に師匠の怪仙人（徳川夢声）より、「不動観念の法」なる武藝の極意を会得した。

重太郎が師匠に忠告されたのは「酒と女」のこと。それを肝に銘じて重太郎は、武者修業に出た。重太郎が或る街道に差し掛かると女の悲鳴が聞こえ、一人の娘（清水美佐子）が雲助に絡まれて大ピンチ。もちろん重太郎は救助に飛び出したが、そこへその娘の親父（小島洋々）がやってきて、重太郎を悪い男と勘違いしてしまう。

やがて、旅を続けるなか、重太郎は或る茶店で、近くに日本一の剣客・高山彌平次（市川朝太郎）がいると聞き込んで、早速その道場へ。ところが生憎と高山は不在で、門弟達が相手に出たが、すべて「不動観念の法」で片付けてしまった。最後にそこの高弟を相手にした時、一時に最前の茶店で飲んできた酔いが発して倒れてしまう。

或る日、重太郎は或る茶店で偶然、妹のお辻（高尾光子）に逢い、妹の酌婦姿を責めるが、父と兄が仇・広瀬軍蔵のために非業の死を遂げ、変装して仇敵を求めていると知って、重太郎、無念の涙と共に仇討ちを誓う。

二人が、連れ立って信州の或る村に差し掛かると祭礼があり、村から美しい娘を一人、人身御供に上げるのだということ。而も、その白羽の矢に立てられたのは、いつぞや重太郎が街道で危うい所を救った娘・お君である。重太郎、遂にいよいよ狒々（林家染團治）退治を敢行する。

狒々が踊るのにつれて、花嫁姿の重太郎がうっかり一緒に踊り出すが、すぐ自分の役目に気づき、大格闘となる。

重太郎は「不動観念の法」の極意で、狒々に挑む。狒々もさるもの、死際に重太郎の頭をなめる。その結果、彼の頭は禿げになるが、村人らの丁重な礼を受けて、仇討ちに出かけることに。出立の朝、花火を上げて激励する人々の中からお君が出て、餞別として重太郎にかつらを贈る。重太郎、これを頭につけ、華々しく出立するのであった。

本作のキャメラを手掛けているのが名手・宮島義勇。昭和四（一九二九）年、父の友人から松竹蒲田の増谷麟を紹介されて、松竹蒲田に入社。現像技術を学び、昭和六（一九三一）年、増谷が寫眞化学研究所設立に参加、宮島も一緒に移籍してP.C.L.映画製作所の撮影部員となる。昭和一〇（一九三五）年撮影技師に昇格、昭和一一年『唄の世中』（八月一一日・伏水修）で一本立ち、本作が二作目となる。

柳家金語楼にとっては、本作が唯一のP.C.L.作品となったが、昭和一三（一九三八）年、エンタツ・アチャコ、徳川夢声と共演した『水戸黄門漫遊記 東海道の巻』『同・日本晴れの巻』（斎藤寅次郎）からは、東宝喜劇映画の主力スターとして『プロペラ親爺』『金語楼の大番頭』『金語楼の親爺三重奏』（一九三九年）などに連続主演。戦時中にもコンスタントに「金語楼喜劇」映画が連作されていく。生涯に出演した映画は、約二三〇作品にも及ぶ。

新婚うらおもて

一九三六年一二月二一日／P.C.L.映画製作所／山本嘉次郎

提供＝東宝映畫配給株式會社／製作＝P.C.L.映画製作所／録音現像＝寫眞化学研究所／1936.12.21・日本劇場／一、八三一m／六七分／日劇同時上映『大都會の戦慄』（一九三五年、コロムビア、アール・C・ケントン）／同時上演「ステージ・ショウメリー・クリスマス」三景（一二月二一日〜三〇日）

【スタッフ】作・演出・山本嘉次郎／脚色・江口又吉／撮影・友成達雄／録音・鈴木勇／山崎醇之輔／編輯・岩下廣一／音楽監督・谷口又士／演奏・P.C.L.管絃楽團／主題歌《何んでもいゝから解つてね》《あゝつまらんぞ》佐伯孝夫・作詞、佐々木俊一・作曲　ビクターレコード・五三八九七

【出演者】藤原釜足（小島太郎）／岸井明（山﨑清吉）／竹久千恵子（ゆき子）／神田千鶴子（花子）／小林千代子（ビクター専属）／伊東薫（清吉の弟）／大村千吉（増田屋の小僧）／どんぐり坊や（日活）／吉川道夫（エノケン一座）／若太刀芳之助（日活）／大方宗太郎（エノケン一座）／清川虹子（芸者）／夏目初子（同）／坂東三江紫（日活）／久富吉晴（ビクター専属）

じゃがたらコムビ（岸井明・藤原釜足）の『新婚うらおもて』は、『唄の世の中』（八月一一日）でニッポン・ミュージカルの先端を行った、岸井明と藤原釜足がゲスト出演した『東京ラプソディ』（一九三六年一二月一日）に続いて出演したサラリーマン家庭劇。監督の山本嘉次郎は『エノケンの青春酔虎傳』（一九三四年）からP.C.L.の都会派コメディを牽引してきた。

『新婚うらおもて』は、京橋の玩具会社に務める若きサラリーマン・藤原釜足と恋女房・神田千鶴子の新婚夫婦の元へ旦那と大喧嘩して転がり込んできたお妾・竹久千恵子と、その旦那・岸井明の四人の喜劇。お互い、相手を想うあまりに、どんどんボタンを掛け違えて、大騒動となる。

岸井明は、藤原釜足の務める会社の若旦那。竹久千恵子は、神田千鶴子の幼なじみ。それゆえ、誤解が誤解を呼んで……。ウィットに富んだ山本嘉次郎の演出が楽しい。岸

井明の新曲《あゝ、つまらんぞ》(作詞・佐伯孝夫、作曲・佐々木俊一)は映画公開前日の一二月二〇日にビクターからリリース。そして、そのカップリングのA面曲で小林千代子の《何んでもいいから解ってね》(作詞・佐伯孝夫、作曲・佐々木俊一)を大々的にフィーチャー。レコード店や、ラジオから歌声が流れる。岸井明が小林千代子に肩入れするあまり、竹久千恵子が嫉妬するのがトラブルの大元となる。

タイトルバックに流れるのはジャズ・ソング《私の青空》(作曲・ウォルター・ドナルドソン)。音楽監督・谷口又士の編曲、P.C.L.管弦楽團の演奏で、藤原釜足・神田千鶴子夫婦のモチーフとして本編でも随所に使われている。そして竹久千恵子と岸井明の音楽モチーフが、《アイヴ・ゴット・ア・フィーリン・ユア・フーリン I've Got a Feelin' You're Foolin'》(作曲・ナシオ・ハーブ・ブラウン)。MGMミュージカル『踊るブロードウェイ』(一九三五年)のナンバーでロバート・テイラー、ジューン・ナイトが唄った曲がインストで流れる。谷口又士のアレンジがいい。さらに岸井明を「デブ公! デブちゃん!」とからかう子供たちのモチーフには、ディズニーの短編漫画映画シリー・シンフォニーの『三匹の子ぶた』(一九三三年)の《狼なんか怖くない Who's Afraid of the Big Bad Wolf》(作曲・フランク・チャーチル)が使われている。いずれの曲もフルサイズで、延々と流れる。

このBGMが、さらに本作をモダンな都会派喜劇として印象付けてくれる。

クライマックスは、小林千代子独唱会。劇中ポスターのクレジットによればなんと村山知義脚本・演出である。ステージに組まれたアールデコの凝ったセットで、《涙の渡り鳥》《何んでもいゝから解ってね》を小林千代子が独唱。ラストは、ビクターの歌手・久富吉晴と小林千代子のデュエットで《私の青空》となる。このシークエンスでは、関東大震災直前、前衛美術団体「マヴォ」を結成し、ダダイズムの先駆者となった村山知義の斬新な舞台が味わえる。最新のビクターの流行歌と、じゃがたらコムビの笑い。昭和一一(一九三六)年の年の瀬には相応しい。

東京中央区京橋。玩具会社・山崎商店の輸出部に外国人バイヤーが商談に来ている。英語を駆使して玩具を売り込む通訳と番頭。なかなか値段の折り合いがつかない。番頭がブリキの機関銃を進めると、バイヤー「何を弾にするのか?」。番頭「小豆か、ささげ豆」と答えるが通訳、少し困って「Beans」。そこでバイヤーが連射すると、生真面目そうな会計係の社員に銃弾が打ち込まれる。この社員が本編の主人公・小島太郎(藤原釜足)である。

太郎は、店のすぐ近くの蕎麦屋「京橋・増田屋」の娘・

花子（神田千鶴子）に押し切られて結婚。目下、新婚世帯だが、すでに尻に敷かれている。世田谷区太子堂の文化住宅でつましく暮らしている。

その太郎に「五〇〇円都合つけてくれ」と無理難題を持ちかけるのが、山﨑商店の若旦那・山﨑清吉（岸井明）。道楽者でノンシャランな清吉、今度はビクターの歌手・小林千代子に入れ上げて「玩具のコマーシャルソング」を唄ってもらうため「記念品の時計を送りたい」との無心だった。

仕方なく銀行で店の金を下ろして、若旦那・清吉に渡す太郎。その前の蓄音器店の店頭ではビクターの新譜、小林千代子の《何んでもいゝから解ってね》のプロモーション中。早速、妻の実家の増田屋の小僧（大村千吉）が出前途中、歌詞カードを手に「もう覚えちゃったよ」。感化された太郎、家に帰って、妻・花子に披露するが、音痴すぎて、間違いを正される始末。

そこへ、花子の幼馴染で魚屋の娘、今はモダンガール・ゆき子（竹久千恵子）が酔っ払って現れ、太郎宅へ泊まることに。

ゆき子は、清吉の愛人で、清吉が小林千代子に贈る高級時計が、間違ってゆき子のアパートに届いたために大喧嘩して家出してきたのだ。新婚家庭に転がり込んだ居候が、会社の若旦那の愛人なので、太郎は無下にもできず、妻・花子はそれが面白くない。

ただそれだけのストーリーなのだが、岸井明と藤原釜足のキャラが立っているので、眺めているだけでも楽しい。後半、それぞれの彼女・妻と大喧嘩して、飲みに行った清吉と太郎が、深夜二時、酔っ払って、銀座の路上（P.C.L.撮影所のセット）で唄うのが主題歌《あゝ、つまらんぞ》。映画では藤原釜足とのデュエットで、二人の芸達者ぶりが味わえる。ああ、楽しき哉！　P.C.L.のモダン喜劇！

エノケンの吾妻錦繪　江戸っ子三太

一九三六年一二月三一日／P.C.L.映画製作所／岡田敬
提供＝東宝映画配給株式會社／製作＝P.C.L.映画製作所／録音現像＝寫眞化学研究所／P.C.L.・エノケン提携作品／1936.12.31・日本劇場／八巻・一、九八九m／七三分（六五分）／日劇同時上演「第十二回ステージショウ　踊る日劇」八景（一二月三一日〜一月六日）

【スタッフ】監督・岡田敬／脚色・山本嘉次郎／原作・山本嘉次郎／撮影・吉野馨治／音楽・栗原重一／録音・山口淳／装置・久保一雄／編輯・岩下廣一／音楽監督・栗原重一／エノケン管絃樂團／振付・西川扇五郎／殺陣・近藤登／主題歌・A《江戸っ子三太》（作詞・波島貞、作曲・山田栄一）、B《強がり三太》（作詞・山本嘉次郎、波島貞、作曲・栗原重一）ポリドールレコード・二三九四
【出演者】榎本健一（三太）／二村定一（清吉）／柳田貞一（ほ組の頭・新蔵）／中村是好（松井軍兵衛）／如月寛多（団子坂の仙兵衛）／宏川光子（柳屋の看板娘・お紺）／中野かほる（羽織芸者・お蔦）／山懸直代（ほ組のお初）／どんぐり坊や（同・勘太郎）／髙清子（年増女）

粋で鯔背《いなせ》な江戸っ子気質、エノケンの火消し見習いが、大騒動を繰り広げるミュージカル・コメディの快作。原作と脚色はエノケン映画のメイン監督山本嘉次郎だが、監督はこの年、『あきれた連中』（一月一五日）、『これは失礼』（八月一日）など横山エンタツ、花菱アチャコの漫才映画を撮っていた岡田敬が抜擢された。現存しているフィルムは、戦後短縮版として上映された六五分ヴァージョンだが、オリジナルが七三分のため八分程度の欠落である。しかし『エノケンのちゃっきり金太　前後篇』（一九三七年）や『エノケン法界坊』（一九三八年、東宝）の短縮版のように物語を成立させるためにギャグをカットしたものと違い、この『江戸っ子三太』はオリジナルの面白さをそのまま残している。

というのもこの映画はストーリーよりもギャグ優先なので、エノケンの笑いが堪能できる。三太の所属する「ほ組」の頭・新蔵（柳田貞一）が、松井軍兵衛（中村是好）とのトラブルで亡くなり、組を出て俠客を目指す三太が、ひょん

なことから頭の仇を討つことになる、という展開。それとて中盤以降からで、この映画は全編にわたって、ギャグと歌で構成されている。舞台のエノケンのギャグのショーケースのような作品。

　オープニング、エノケンが唄いながら主人公のキャラクターを紹介。これは翌年の山本作品『ちゃっきり金太 前後篇』の、のぞきからくりの口上に通じる。

♪さてもこのたび　ご覧に入れる
　吾妻錦絵　江戸っ子気質
　隅田の流れの　辰巳のほとり
　鳶の兄いで　ほ組の三太
　口は悪いが　腹には何にもない
　皐月の恋の　さらりと吹き流し（中略）
　末は清水の次郎長さんか　国定忠治か
　幡随院の長兵衛気取りで
　弱気を助けて強気をくじく親分さんの
　つもりでいるから朗らかなものだ
　そこでひょっこり 鯔背な姿で
　罷り出ました私こそは
　男の中の三太の兄ちゃん
　強いうちにも溢れる愛嬌
　自分じゃ断然 自信はあるけど
　女が出来るか どうだか知らない
　これをやるのが何を隠そう
　笑っちゃいけない おいらでござんす

　タイトル明け、国定忠治（エノケン）が子分（如月寛多）たちを従えて、「♪赤城の山のさよ嵐　やくざ渡世の習わしや　行方定めぬ旅鴉～」と気持ち良さそうにキメる。と、それは銭湯に入っている三太の妄想で、そのまま湯船のなかで《虎造節》となる。《虎造節》はエノケンの十八番で、戦後三木鶏郎と組んで発表したアルバムでも唄っている。

　しかし湯は相当熱くて、銭湯の客が湯船に指を入れて耳たぶで冷ます。「この湯、煮えくりけえってるぜ」。そこで三太、江戸っ子の面目躍如とばかりに、「埋めちゃいけねぇ、なんでえ、こんな日向水みてえな湯にへえれねえようじゃ、江戸っ子じゃねぇや。第一お前、幡随院の長兵衛にすまねえじゃねえか」。結局、熱さを我慢してノビてしまう。

　三太の兄貴分、清吉（二村定一）は「ほ組」の若頭。二階で「♪はぁ、目でた目出たの若松さまよ　枝もさかえて　エエ　えんやさ 葉も繁るよ」と自慢のフシをひとくさり。これは《花笠音頭》ではなく《博多祝い唄》の節回し。そこへ湯に行ったまま帰って来ない三太を心配した、頭の娘・お初（山懸直代）が上がってくる。「あの野郎、どこへ出て行ったんだろう？」。二村定一の江戸っ子ぶり、堂に入っている。

するとオリンピック・ファンファーレと共に、戸板に乗った三太が運ばれてくる。この年はオリンピック・イヤーで、ヒトラー政権下のドイツ・ベルリンで第一一回大会が開催された。

三太は、江戸っ子だからとやせ我慢するが、それが裏目に出て、結局ノビてしまう。これがルーティーンとして、劇中繰り返される。反復のギャグの面白さ。

その夜、江戸の街では火事が発生、半鐘がジャンとなる。「ほ組」の連中も支度、纏《まとい》を持った清吉に、お初が火打石を打つ。頭の新蔵（柳田貞一）が若い衆の点呼、三太も張り切って重装備。「あっしも連れてって下さいよ」。新蔵は「足手まといになるからダメだ」とケンもほろろ。「♪（チェ）おやおやおいらは　つまんねぇの　居残りだ」。

公開当時にレコード発売された主題歌《強がり三太》（作詞・山本嘉次郎、波島貞、作曲・栗原重一）のオチだけ唄われている。シチューションはレコードの歌詞と同じ展開で、まるまる唄うのではなく、場面のオチとしてワンフレーズ唄われる。これもエノケン映画の音楽センスの良さ。

悔し紛れに三太は、お初とその弟・勘太郎（どんぐり坊や）に、纏持ちなんかではなくて本当は「強きを助け、弱きをくじく、侠客の大親分になりたいんだ」と胸を張る。それを聞いたお初が笑う。三太の気持ちをわかってくれるのは勘太郎と（三太の）影法師だけ。

翌朝、三太は勘太郎を肩車して、東海林太郎の《赤城の子守唄》の唄い出しをひとくさり。すっかり国定忠治の気分である。店の前で泣いている茶店の娘を見て、「きっと山形屋に二五両で身売りされる」に違いない。《虎造節・山形屋乗り込み》と混同して、弱気を助けるべく、声をかけるが、その娘は、売り飛ばされるのではなく「歯痛」だった、というギャグ。かくしてヒーロー願望の強い三太の妄想癖はどんどんエスカレート。

それでも忠治を気取って啖呵を切るので、茶店から娘の兄が出てきて「身売りだなんぞと、嫁入り前の娘にケチをつけやがって」と棍棒でノサれてしまう。そこで再びオリンピック・ファンファーレ。近所の連中が三太を戸板に乗せて「ほ組」へと入場行進。起き上がった三太のおでこに大きなコブ。三太「お初さん、俺はな弱気を助け、強気を……」。すると清吉「くじいたのか？」。三太「くじかれちゃったい！」。抜群の呼吸。これぞエノケン！

「練馬葛西守　御下屋敷普請場」で三太が足場を組み上げスイスイ上りながら唄うは、主題歌《強がり三太》(作詞・山本嘉次郎、波島貞、作曲・山田栄一)。エノケンの身軽な動きが素晴らしい。

♪(ハァ)千葉で生まれて　神田で育ち
今じゃめ組の纏持ち　鐘がジャンと鳴りゃ
とかなんとか　威勢の良いとこ見せちゃった
おいらは江戸っ子　口ばかり(と)

「ほ組」の仕事を確認に来た練馬葛西守の家臣・松井軍兵衛(中村是好)は、見るからに悪党面。清吉から、その名を聞いた三太。「国定忠治」を慕う芸者に言い寄る悪代官「松井軍兵衛」と決めつける。また現実とフィクションを混同する。三太の妄想は、のちのダニー・ケイ主演『虹を摑む男』(一九四七年)に連なる「妄想ファンタジー」の先駆けでもある。

　豊富な音楽ナンバーもこの作品の魅力の一つ。頭に頼まれて三太が祭りの「太神楽」でひょっとこ姿で舞うシーンは、エノケンの豊かな表現力、コミカルな動きが堪能できる。嬉しそうなお初。山縣直代は、『處女花園』(六月一一日)や『君と行く路』(九月一日)では悲劇的なヒロインを演じていたが、ここでは明朗でおきゃんな町娘を可愛く演じている。

　さて三太は、恋するお初に、「お前さん、悪侍か何かに拐かされてくんねぇか」と突拍子もないことを言い出す。「まあ、聞いておくんねぇ、訳というのは他でもねぇ。お初さんがこうなるのよ」。

♪小町娘のお初さんが
兼ねて企みし悪侍に
がんじがらめに結かれて
とうとう拐《かどわ》かされちまった……

　お初に良いところを見せようと語る「武勇伝」は、たちまち妄想シーンとなり、後にレコード発売される《僕の一生》の歌詞違いヴァージョンとなる。

♪いくら泣いても　わめいても
アレと逃げても人里離れた　俺の住まいだ色良い返事か
(さもなきゃ売り飛ばすぞ)
これを聞いた男伊達　弱き助けて強気をくじく
三太のあんちゃん　それゆけやれゆけどっこいこらしょ

この曲は《ハニー・サックル・ローズ Honeysuckle Rose》などで知られるジャズピアニスト、ファッツ・ウォラー作曲の《浮気はやめた Ain't Misbehavin'》である。時代劇とジャズ・ソングの取り合わせのモダンな感覚。

三太の妄想の「男伊達」のヘアスタイルは江戸時代に流行した「鯔背《いなせ》銀杏《いちょう》」。妄想のなかのお初のピンチに駆けつけた三太。悪侍たちを一網打尽にするアクションが、歌舞伎の荒事みたいな演出となる。ひとしきり唄い終えた三太「もしそうだったら、どうするお初ちゃん?」「なんだ、お話なの?」。三太の妄想は果てしない。三太にしてみれば、愛の告白なのだが、あまりにも遠回りで、お初には伝わらない。こうしたエピソードを眺めているだけでも楽しい。

勘太郎のリクエストで三太たちは寿司屋へ。立ち食いの小さな店は、戦前に有楽町の駅前や東京の盛り場にもあったカウンターだけのスタイル。店のオヤジに「もっとサビを効かせろ!」。それがエスカレートして「シャリ抜き、ワサビだけ握れ」。ワサビを丸々一本すり下ろした握りを威勢良く、口に入れた三太、目を白黒させて……。またまたオリンピック・ファンファーレ(三度目)。三太は戸板で運ばれてくる。「ほ組」の一同、ドッと笑う。

この「江戸っ子とワサビ」のネタは、山本嘉次郎と波島貞の作詞による主題歌《強がり三太》の三番の歌詞を、そのまま寿司屋のスケッチにしたもの。歌詞の内容を演じているのが洒落ている。その夜、粉雪がちらつくなか、三太は清吉たちと、行きつけの居酒屋「柳屋」へ。ここからはレコードのA面の主題歌《江戸っ子三太》となる。

♪柳　小枝に雪が降る
小町娘の艶姿　さわりゃ落そうな艶姿
胸もワクワク袖引けば(ヘックション)

三太は、看板娘・お紺(宏川光子)に「おめえ、俺に惚れてんだろ?」「ええ好きよ」。仲間たちに「ざまぁみろい」とドヤ顔。「だってひょっとこ踊りが上手いんですもの」。一同、どっと笑う。「抜かしやがったな!」

♪おやおや　ズドンと　肘鉄砲

この一連の歌と笑いは、主題歌《江戸っ子三太》をシチュエーションのなかでうまく展開。どこへいっても女にモテない三太。店の外を、粋な辰巳の羽織芸者・お蔦(中野かほる)が通りかかる。江戸時代、深川の芸者を「羽織芸者」と呼んだ。辰巳の芸者は、男物の羽織を羽織ってお座敷へ出ていた。「男装」の芸者は「粋」とされていた。『江戸っ子三太』は、こうした江戸風情が随所に描かれている。これも脚本の山本嘉次郎の蘊蓄《うんちく》と嗜みあればこそ。

三太「あの女がおいらの色だと言ったら、お前たちどうする？」。三太はお蔦から小遣いまで貰い、一同を驚かせる。「こんなのを日本一の色男って言うんだ。ザマァみやがれ！」。しかもお蔦は、「相談があるから、近々来て欲しい。なんなら泊まりがけで」と思わせぶり。清吉たちは驚く。三太は得意げに「お蔦、お前、そんなに俺が恋しいか？」「なんだね、それが姉に向かって利く口かい？」。お蔦は三太の実の姉だった、というオチ。

この「フリ→オチ」の連続が、映画のリズムとなり、爆笑を誘発する。数あるエノケン映画のなかでも、ギャグが豊富で、エノケン＝ヤマカジ・コンビの笑いのセンスが堪能できる。岡田敬の演出も他の作品よりもキレがある。

♪本町二丁目の（ナ）糸屋の娘
姉は二一　妹は二〇歳

「練馬葛西守　御下屋敷普請場」で、「ほ組」の連中が粋に《糸屋の娘》を唄う。歌舞伎や浄瑠璃でおなじみ「本町糸娘」に登場する「江戸本町二丁目の糸屋の美貌の姉妹」を唄ったもので、江戸時代から唄い継がれてきた。この年、小林重四郎が日活映画『江戸の春遠山桜』挿入歌として唄った《あめやの歌》の一番もこのフレーズだが、メロディは異なる。完成祝いの宴で、清吉の歌に続く。本作の二村定一は、粋な江戸っ子で、口跡も鮮やか。いつものノンシャランな感じとは一味違う。

奥の座敷では頭の新蔵が、発注元の軍兵衛に勘定書きを渡す。軍兵衛は「安すぎる」と怒る。「締めて五百両というところを、七〇〇両にすれば、一〇〇両ずつ山分けに」。汚職役人である。新蔵は、「この『ほ組』新三はな、曲がったことが、鍋の蔓でも嫌いなんでぇ」と啖呵を切る。柳田貞一の江戸っ子ぶりも見事。見ていて気持ちがいい。「勘定書き誤魔化して、田舎侍の芸者狂いの金なんざ作ってやるのは、真平御免被りやさぁ」。怒り心頭の軍兵衛、刀を抜く。

それを三太が廊下で目撃。慌てて清吉たちに知らせに行く。この時、エノケンが腰を抜かしながらも、なんとか歩いていく動きが絶品。頭の新蔵が亡くなり「ほ組」は解散の危機となる。そこで三太、意を決して、勘太郎の「連れてってておくれよ」の声を断ち切ってどこかへ消えていく。

両国の賑わい。「熊娘」「泣き河童」など禍々しい見世物小屋が並ぶ。そのなかで「此の男売りもの」張り紙を掲げた三太が、自分を売っている。「この通り、ピンピンしている男が、わずか一〇貫だ。赤い血が出なかったらお代はいらないよ。よし、九貫、八貫と五〇〇！」と値下げするも、誰も買わない。やがて粋な年増（高清子）が財布を出す。しかし三太「弱気を助け、強気を挫く、侠客の大親分じゃないと、俺は買ってもらいたくないんでぇ」と啖呵を切る。結局、誰も買い手がつかず「此の男売りもの」の張り紙は寒風に舞う。

飲まず食わずの三太は、やっとの思いで「柳屋」へ。空腹すぎて、風に飛ばされそうなエノケンの動きがおかしい。その時、お紺ちゃんは、悪党たちに迫られて大ピンチ。「弱気を助け、強気を挫く」侠客気取りの三太は悪党たちに挑むが、簡単にノサレてしまう。

ヘロヘロの三太は「なんでもいいから食わしてくれ」。そこでお紺ちゃん「ほうれん草のおひたし」を持ってくる。勢い良くかき込む三太。BGMは《ポパイ・ザ・セーラーマン I'm Popeye the Sailor Man》（作曲・サミー・ラーナー）。フライシャー兄弟の短編漫画映画『ポパイ』のテーマ曲である。勇気百倍、勇ましく立ち上がる三太。悪党どもに「待て！　俺はこう見えても、♪江戸っ子だぁ〜」。最後のフレーズが《ポパイ・ザ・セーラーマン》の節となる。大暴れして、悪党どもをやっつける三太。ジャンプしたり、ダイビングしたり、エノケンの身軽なボディアクションが楽しい。敵を投げ飛ばそうとすると、一回転して三太が投げられそうになり、また敵を投げ飛ばそうとすると……の繰り返し。アクロバティックな動きが見事。

そこへ「お若えのお待ちなせえ」と「幡随院長兵衛」気取りで現れるのが、侠客・団子坂の仙兵衛（如月寛多）。三太の身軽さに感心して身内にしてくれる。喜んで仁義を切る三太の口調がいつしか《虎造節》となる。そのおかしさ。子分となった三太、早速、出刃包丁を手に、すわケンカか？と思わせといて、台所で大根を切り始める。パントマイムの笑い。

♪（ハァ）男伊達なら長脇差よ
やくざ渡世の旅鴉　賽が半と出りゃ

ご機嫌で主題歌《強がり三太》を唄う。この歌詞はレコードにはない「侠客」ヴァージョン。のちのクレージー映画の挿入歌のように、歌詞違いの映画オリジナル。「弱気を助け、強気を挫く」侠客になったものの、親分は「今どき、そんなの流行らねえんだ。そんなことしたらおまんまの食い上げだ」。しかも仙兵衛は、松井軍兵衛の屋敷で御用人相手に賭場を開いている。悪人同士、軍兵衛とは持ちつ持たれつである。仙兵衛は子分に命じて「畳んじまえ！」。三太「何？　畳む、風呂敷じゃあるめぇし」。と啖呵を切るも、形勢は明らかに不利。「殺さば殺せ」。ここでまたまた、オリンピック・ファンファーレ（四度目）。三太が戸板で「柳屋」に運ばれてくる。

さて清吉が、深川に越したというので三太が訪ねる。ところが清吉はお初と所帯を構えて、三太失恋の巻となる。清吉は頭を下げ、三太はなんとか呑み込む。ところが勘太郎「ねえちゃんは三太さんと一緒になるのが嫌だってさ」と身も蓋もないことを言う。どのシーンも「フリ→オチ」の連続で、波状的な笑いが巻き起こる。失恋した三太。「お紺に惚れられて困ってる」と負け惜しみを言って去る。そこで勘太郎「おじさんの気持ちわかるよ」。

「柳屋」に戻った三太、お紺に唄いかける。

エノケン「♪ほんとに好きだと　聞いたから　飛び立つ思いで　逢いに来た」
宏　川「私の気持ちが　おわかりか」
エノケン「ねえ、許してね　許してね　おいらは　とうから惚れていた」
宏　川「三ちゃんあなたは素敵だわ」
エノケン「ほんとにお前は　可愛いな」
宏　川「私もあなたが　恋しいわ」
エノケン「何しろおいらは　感極まっちゃったい」
二　人「ただ　もじもじとするばかり」
宏　川「（カメラ目線で）皆さん　のぞいちゃいちゃですよ」
エノケン「（カメラ目線で）そんなに見つめちゃ　恥ずかしいよ」

この曲は『エノケンの法界坊』（一九三八年、斎藤寅次郎）で再び、《おくみちゃんとのデュエット》としてエノケンと宏川光子の掛け合いで唄われるが、この時はエノケンが相手にされない。真逆のシーンとなる。

さて、今度は三太の姉・お蔦が伊勢屋の若旦那・徳さんと所帯を持とうとしていたところに、無理やり金にモノを言わせた松井軍兵衛の妾にされそうになり、大ピンチとなる。怒り心頭の三太「あの兵六玉、叩き殺して、俺は八つ裂きにしてやるんだ！」。三太は清吉、「ほ組」の連中とともに、辰巳亭でのお蔦の「引き祝い」の場に乗り込む。

座敷では軍兵衛の御用人たち、仙兵衛一家が集まっての大宴会。三太たちは「ほ組」の半纏《はんてん》、鉢巻で決めて、獅子舞として座敷に。しかし、多勢に無勢、三太は仕切り直して「ほ組」の衆と神輿を担いで、再び座敷へ。バックに流れるのはラテンのリズム変奏曲。ディック・ミネも唄った《ラ・クカラーチャ》に乗せて、粋な若い衆が辰巳亭に集結。『エノケンの近藤勇』(一九三五年)でモーリス・ラヴェルの《ボレロ》やジャズ・ソング《ピーナッツ・ベンダー》のメロディを流したのと同じ手である。

ここではチャンバラとはならない。心臓の弱い軍兵衛の胸はドッキン、ドッキンと高鳴る。心臓が着物の下から飛び出しそうになるギャグ、漫画映画のような効果音がおかしい。鳶口を手に、軍兵衛に迫る三太、清吉、「ほ組」の衆。軍兵衛たまらず心臓発作。その倒れる姿がバレエの「瀕死の白鳥」のようなパントマイムで、中村是好のコメディアンとしての体技を味わえる。

こうして軍兵衛、呆気なく心臓発作で絶命する。この「心臓発作」でジ・エンドは、昭和一二年四月新譜のエノケン・ソング《僕の一生》のオチの「♪喜ぶ途端に　心臓破裂ダァ」でリフレインされる。

悪漢が倒れるも下手人は出さずにハッピーエンド。「ほ組」の衆が、三太を胴上げ、勢い余って落下する三太。そこで五度目のオリンピック・ファンファーレ。気を失った三太が運ばれるも、すぐに気づいてのグランドフィナーレとなる。

ともあれ、ギャグと歌で物語を成立させるというヤマカジと岡田敬の狙いは大成功。歌とギャグのバランスが見事でエノケン映画の良作の一つとなった。

ハロー東京

一九三六年／P．C．L．映画製作所／松崎哲次
製作＝P．C．L．映画製作所／一九三六年／四七分

【スタッフ】監督・脚色・松崎哲次／原作・南不競／撮影・立花幹也／装置・阿部輝明／編輯・西條賢次／音楽監督・伊藤昇／演奏・P．C．L．管弦楽團／録音・市川綱二／指導・逓信博物館
【キャスト】能勢妙子／伊達里子／森野鍛治哉／小島洋々／小沢榮／辨公／斎藤英雄／伊藤智子

昭和一一（一九三六）年、P．C．L．が逓信博物館とのタイアップで製作した、国際電話利用の啓蒙を説いたPR映画。翌年、『ハリキリボーイ』（一九三七年、大谷俊夫）のヒロインを演じる能勢妙子がスクリーンテストとして出演。

昭和一二（一九三七）年

◉日本の出来事▶2月1日 松竹株式会社設立／3月30日 丸井開業／4月7日 白白教事件発覚／4月28日 第1回文化勲章授与式／7月3日 国際劇場開場／7月7日 盧溝橋事件／7月29日 通州事件／8月13日 第二次上海事変／8月21日 満州映画協会設立／8月24日 国民精神総動員実施要項決定／9月10日 東宝映画株式会社設立／11月4日 戦艦大和起工／11月6日 防共協定成立

◉世界の出来事▶1月9日 レフ・トロツキーが亡命先のメキシコに到着／1月19日 ハワード・ヒューズが米大陸横断記録樹立／4月13日 ビルマがイギリスの準自治州に／4月26日 ドイツ空軍がスペイン内戦中のゲルニカを空襲／5月6日 ヒンデンブルグ号爆発事故／8月27日 ローマ法王庁がスペイン・フランコ政権を承認／12月11日 イタリアが国際連盟脱退

◉映画▶溝口健二『愛怨峡』、木藤茂『有馬猫』、内田吐夢『限りなき前進』、渡辺邦男『検事とその妹』、マキノ正博、稲垣浩『血煙高田の馬場』、／ジャン・ルノワール『大いなる幻影』、デイヴィッド・ハンド『白雪姫』、ウィリアム・A・ウェルマン『スタア誕生』、ジュリアン・デュヴィヴィエ『望郷』

◉音楽▶淡谷のり子《別れのブルース》、ディック・ミネ《人生の並木路》、岸井明・平井英子《タバコやの娘》、月村光子《春の唄》、藤山一郎《青い背広で》、童謡《かもめの水兵さん》／アドリアナ・カセロッティ《いつか王子様が》、ビング・クロスビー《ブルー・ハワイ》、ロジャース＆ハート《マイ・ファニー・ヴァレンタイン》、周璇《何日君再来》

◉小説▶中里恒子（川端康成）『乙女の港』、吉野作造『君たちはどう生きるか』、海野十三『十八時の音楽浴』、井伏鱒二『ジョン万次郎漂流記』、徳永直『はたらく一家』、永井荷風『濹東綺譚』、山本有三『路傍の石』／ジョン・スタインベック『二十日鼠と人間』、エドモンド・ハミルトン『フェッセンデンの宇宙』、J・R・R・トールキン『ホビットの冒険』

花火の街

一九三七年一月七日／J.O.スタヂオ／石田民三
提供＝東宝映画配給株式會社／製作＝J.O.スタヂオ／東宝＝J.O.提携第一回作品／アール・シー・エー・ハイフィディリティ／1937.01.07・日本劇場／一〇巻・二、〇四〇m／七四分／日劇同時上映『鐵人對巨人』（一九三六年、ユニバーサル、ジョン・G・ブリストーン）／日劇同時上演「第十二回ステージショウ　踊る日劇」八景（一月七日～十三日）

【スタッフ】演出・石田民三／週刊朝日連載／原作・大佛次郎／脚色・武井諒／撮影・上田勇／録音・中大路禎二／音楽・深井史郎／舞台美術・高橋庚子／照明・上林松太郎／編輯・畑房雄／現像・赤松敏夫／焼付・中村定邦／衣裳・谷屋衣裳部／美粧・島谷美三郎
【出演者】小林重四郎（是枝金四郎・日活東京）／深水藤子（お節・日活京都）／竹久千恵子（お千代・P.C.L.）／原健作（門田馨）／瀬川路三郎（忠太）／清川荘司（大内田良平）／深見泰三（刑事・吉公）／石川冷（支那人・劉）／滝澤静子（七二番館の老婆）／石川秀道（馬丁）／岩居昇（唐物屋）／杉昌三（古着屋）／八幡震太郎（乾分A）／光明寺三郎（同　B）／對島和雄（荷上げ人夫）／岩間櫻子（隣りのおかみ）／岡田和子（玩具屋のおかみ）

石田民三監督が新興キネマ京都撮影所から移籍しての第一作、東宝＝J.O.提携第一回作品、大佛《おさらぎ》次郎原作、『花火の街』。セット中心の撮影だが、さすがJ.O.スタヂオ、録音技術のレベルが高いので、音声演出が素晴らしい。心の声のモノローグや無音声部分がもたらす情緒。登場人物の心象風景も観客に伝わる。石田民三がサイレントで培ってきた緩急自在のモンタージュ。すべてが登場人物の感情と観客の感情をリンクさせるための演出である。

石田民三は明治三四（一九〇一）年、秋田県平鹿郡増田町（現・横手市）生まれ。中央大学中退後、新劇の世界で活躍したのちに東亜キネマ俳優部に入り、大正一三（一九二四）年、石田司郎の芸名で『毒牙』（金森万象）で映画俳優デビュー。大正一五（一九二六）年、原駒子、団徳麿主演『愛傷』（東亜等寺院）で監督となる。『南風』（一九二七年）から『裏切小天狗』（一九三〇年）まで演出する。東亜キネマ解散後、帝国キネマの脚本部長となった竹井諒が石田を招いて

『切られお富』（同年）、『仇討日本晴　義の巻　伊賀の水月』（一九三一年）などを手がける。昭和六（一九三一）年に新興キネマへ移籍。邦枝完二原作、鈴木澄子主演、『おせん』（一九三四年）、『お伝地獄』（一九三五年）などの女性映画、毒婦ものを手がけ、昭和一一年にJ．O．スタヂオへ移籍した。

原作は大佛次郎が週刊朝日に連載した大衆小説。文明開花の横浜新開地。洋行に出るため恋人・門田馨（原健作）に捨てられたお節（深水藤子）。門田からの手切金も受け取らず、病弱の父も亡くなり、門田の子を宿したお節は姿を消す。お節とは昔なじみの是枝金四郎（小林重四郎）は、かつては旗本だったが、明治維新でざん切り頭に。今では外国人相手の仕事をしているハマの与太者・金四郎を、日活スターの小林重四郎が情感タップリに演じている。

ヒロインのお節を演じているのは、日活京都のトップスター、深水藤子。大正五（一九一六）年、東京市荏原《えばら》郡品川生まれで、江戸時代末から続く蕎麦屋「養老庵」の娘。昭和六（一九三一）年、松竹蒲田撮影所に入所、長田富士絵の芸名で、斎藤寅次郎の『三太郎満州出征』（一九三二年）などに出演。その年の秋、日活太秦撮影所の女優募集に応募、伊東深水に見初められて日活入り。深水藤子の芸名は、伊東深水の命名である。日活京都では山中貞雄『丹下左膳余話 百萬両の壺』（一九三五年）、『関の弥太っぺ』（同）のヒロインを演じた。この時一九歳だから、本作は二一歳での出演となる。山中貞雄とのロマンスでも知られる。戦後は引退していたが、昭和六一（一九八六）年、林海象の監督デビュー作『夢みるように眠りたい』、続いて『二十世紀少年読本』（一九八九年）で銀幕に復活した。

さて、ハマの与太者である金四郎にぞっこんなのが、賭場や酒場を経営しているマダム・千代（竹久千恵子）。モダンな洋装で、店を取り仕切る千代は、ならず者も一目置く鉄火な女性。ところが金四郎は、彼女の想いを知っても相手にしない。むしろ行方不明のお節が気になって仕方がない。お節が、子供を産んで、生活のため、外国人相手の娼館「ヘップバーン」で働いていることを金四郎は知る。

地元のヤクザ連中に取り囲まれて、ドスを向けられた金四郎は、彼らを次々となぎ倒す。日活スターの小林重四郎の腹の底から出てくるような低い声、啖呵を切る仕草がいい。いかにもなのだけど、それが格好いい。

小林重四郎は、明治四二（一九〇九）年生まれ。大正一三（一九二四）年、宝塚国民座に入り一三歳で初舞台を踏み、新国劇で活躍後、昭和四（一九二九）年、二〇歳で日活に入社。すぐに松竹下加茂撮影所に移籍して三〇本以上の時代劇映画に出演。昭和一〇（一九三五）年に、日活京都に戻って、大河内傳次郎主演『国定忠治』（一九三五年、山中貞雄）などに出演。同作で、あめや紋次を演じて、そこで唄った《あめやの唄》がレコードリリースされてヒット。唄う映画スターとして、歌手としても活躍することに。

小林重四郎の声がとにかくいい。タップリという感じで、ヤクザたちと渡り合う。そこに通りかかった千代が、相手のヤクザを諌めると、騒ぎは収まる。このあたり、竹久千恵子が鉄火で実にカッコいい。映画俳優をまるで新派の役者のように演出する。石田民三作品は、いつも映画を超えた味わいがある。「世話物」「新派劇」的に展開し、流麗かつ、心情タップリの演出は、見ていて惚れ惚れする。

さて、力づくでお節を奪還しかねない金四郎を制した千代は、ヤクザたちと手打ちをさせた上で、「ヘップバーン」と話をつけて、彼女を自由の身にする。千代は、鉄火でキップが良く、それでいて艶っぽい。次作『夜の鳩』（五月一一日）もそうだが、石田民三作品の竹久千恵子は、新派女優のように風情と哀感を佇まいだけで醸し出す。ヤクザのイザコザを一言で収める風格！　実に見事である。

ここで金四郎は、自分のお節への気持ちが「愛情」であることに気づいて、彼女と赤ちゃんのために、与太者暮らしから足を洗って、堅気となり、三人で真っ当に暮らすことにする。この男の純情。金四郎は、荷揚げした品物を倉庫で管理する元締めとなる。

可愛い娘のために、玩具屋の店先で、起こすと泣く仕掛けの高価な人形を、財布と相談しながら買い求めるほどの親バカぶり。そんな金四郎を「良いお父さんだ」と出入りの車夫が羨ましがる。彼は独身なのだが、金四郎は「若いうちに世帯を持った方がいい」とニコニコ顔。

同じ頃、金四郎が留守の家に、世話焼きおばさんが、帰国した門田を連れてくる。しかしお節は、逢うことを頑なに拒む。ならばと門田は、金四郎の仕事場を訪ねる。横浜の山下町の堀川沿いの倉庫街。このロケはおそらく神戸。門田と金四郎、男同士の話。このシーンの緊張感もいい。

門田は、洋行に行く時は、お節が身ごもって居たことを知らなかったこと。自分としては責任を取りたい。と気持ちを吐露する。しかし金四郎は、目の前にいる門田が、お節を不幸にしたことが許せない。そこで「お節と赤ん坊のことは、俺がなんとしても面倒見る」と啖呵を切る。

その夜はフランス公使館でのレセプションを記念して、横浜港では花火が打ち上げられる。それを知った金四郎は、娘に花火を見せてやろうと、大ハリキリ。しかし、お節が銭湯に行っている間に、赤ちゃんは寝てしまう。ささやかな幸せを噛み締める金四郎。その時、お節は、昼間、門田がやってきたが、自分は会うことを拒んだと、苦しい胸の内を打ち明ける。しかし金四郎は嫉妬もあって「お前、門田と会ったんだろう」と詰問する。お節は「あなたに申し訳なくて……」会わなかったのだと正直に話す。しかし金四郎はそこで激情を爆発させる。

お節は自分に対して愛情ではなく「申し訳ない」と思っているのか？　この辺り、大佛次郎の原作のテーマだが、石田民三は、金四郎の心理、お節の心理を巧みに観客に伝える。黙って見つめ合う二人。でも、疑いの気持ちが湧いて、その心が一瞬、通わなくなる。男のエゴと、女の愛情。話し合って済むことではなく、心と心が通い合わないと、二人はダメになってしまう。

フランス公使館では、紳士淑女たちの舞踏会が、鹿鳴館時代らしく、賑やかに、華やかに行われている。門田も出席していたが、呼び出されて階段を降りてくる。門田を呼び出したのは、お節だった。思い詰めた表情、虚な瞳、懐から合口をそっと出す。その瞬間、お節の右眼がキラリと光る。その涙も、石田民三の演出。ドキッとする一瞬。

その現場を、千代が一部始終目撃していて、お節に駆け寄る。千代は「ポリスは呼ばないで」。公使館は外国と同じで、治外法権である。とっさの千代の判断で、お節の罪は免れることに……。その後、果たして、お節と赤ちゃん、金四郎はどうなったのか？

横浜のマダムたちに、これまでの顚末を話す千代。多くは語らないが、その後三人は、どこかで幸せに暮らしていることが匂わされる。ここで竹久千恵子が、カメラ目線なのもいい。鮮やかなオチ。情感のドラマとしては完璧な構成と演出である。

心臓が強い

一九三七年一月一四日／P．C．L．映画製作所／大谷俊夫
提供＝東宝映画配給株式會社／製作＝P．C．L．映画製作所／1937.01.14・日本劇場／七巻・一、九六六m／七二分／短縮版再公開タイトル『美人島探検』・三九分／日劇同時上映『お馬に乗って』（一九三六年、ワーナー、ウイリアム・マクガン）／同時上演「第十三回ステージ・ショウ 日劇サーカス」二景（一月一四日〜二〇日）

【スタッフ】原作・秋田実／脚色・東宝文芸部／撮影・鈴木博／美術・安倍輝明／録音・片岡造／編輯・岩下廣一／音楽・谷口又士／現像・東宝現像所／監督・大谷俊夫
【出演者】横山エンタツ（横山）／花菱アチャコ（花菱）／嵯峨善兵（編輯集・長井口）／石田一松（美人島會長・石田女史）／澤村貞子（おしゃべりの女）／堤眞佐子（娘・マサ子）／牧マリ（老夫人）／清川玉枝（マサ子の母）／伊東薫（給仕）

吉本興業＝P．C．L．提携のエンタツ・アチャコ映画、第四作『心臓が強い』。原作は秋田實、脚本はP．C．L．文芸部、演出はこの作品で日活多摩川から移籍してきた大谷俊夫。

大谷の映画キャリアは大正一三（一九二四）年、小笠原プロダクションで、水谷俊夫の名前で短編『風船売りの小母さん』の原作、脚本、出演を務めたのが始まり。その後、日活太秦で杉狂児の『お前とならば』（一九三三年）、関時男の『子供バンザイ』（一九三四年）を手がける。日活多摩川ではオムニバス『わたしがお嫁に行ったなら』（一九三五年）の一編や、杉狂児と星玲子のヒット曲の映画化『のぞかれた花嫁』（一九三五年）などのコメディや家庭劇を得意とした。「ヘラヘラ」笑うところから「ヘラヘラ」とあだ名をつけられ、私生活でも面白い人だったと、東宝の文芸部にいた岸松雄が後年、回想している。

大谷俊夫は、本作を機に、ロッパの『ハリキリボーイ』（四月一四日）、『エノケンの風来坊』（一九三八年）などP．C．L．のコメディ路線を担っていくことになる。

さて『心臓が強い』は、上映時間七二分とこれまでのエンタツ・アチャコ映画では、一番の長尺だが、残念ながら

現存するのは戦後、再上映した際に、なんと三九分に再編集した短縮版なので、この作品の輪郭がなんとなくわかる程度。現存するフィルムは『美人島探検「心臓が強い」より』と改題されている。

エンタツ・アチャコは、「八足《ハッタリ》新聞」に特派されて、太平洋上にある、女性だけのパラダイス「美人島」への探検調査に出発する。冒頭「東京を離れること八〇〇海里。つまりこの点が、今申し立た美人島であります」と美人島の解説から始まる。ハート型の島は、横から観ると、美人の顔立ちになっている。マットペインティングというか、絵で描かれた美人島の全景は、のちの東宝特撮でおなじみ『モスラ』（一九六一年、本多猪四郎）のインファント島みたいな感じ。

「この島には千々花咲き、鳥笑い、この世からなる地獄、いや極楽を現出しているのであります」「なお、その上に良いことは、女ばかりしか住んでいないということであります」「この美人島は男子絶対禁制でありまして」と、美人島の様々なヴィジュアルが展開される。

昭和一二年に、このセンス！　まだ男尊女卑の時代。殿方の憧れ「女護《にょご》が島《しま》」をテーマにした南海喜劇を企画するとは！　ちなみにこのナレーション（新聞社の会議のシーンと思われる）の声は、編輯長・井口（嵯峨善兵）。改題再上映版にはクレジットされていない。

「東京八足新聞」の号外。「本社美人島探検隊の快ニュース」「特派員　横山エンタツ　花菱アチャコ　謎の美人島へ第一歩を標す」と見出しが踊る。この映画では、エンタツ・アチャコの役名はそのままで、探検隊スタイルのエンタツ・アチャコが二ショット写真を撮影しているところで、二人が登場。で、島の中へ早速探検へ。エンタツは腰から大きな目覚まし時計をブラブラと下げている。そのことをアチャコが指摘する。

エンタツ「これか？　奥さんの心尽くし」

アチャコ「奥さんの心尽くしは、わかってるがな。何をやるんだ君？　なんの役に立つんだ、そんなもの」

エンタツ「（あたりを見渡して）時計はね、時間がわかるんだよ」

アチャコ「なるほど……あたり前やないか！　時間がわかるもんやないか」

エンタツ「ハハハハ」

アチャコ「笑いごとじゃあらへんで。なに言うとるんじゃ君」

エンタツ「しかしね、お互いにこうして旅に出てね、まず先立つものは何か？」

アチャコ「そら君、言わずとしれた金やないか」
エンタツ「金？　金？（時計を得意げに持ち出して）時は金なり。ま、奥さんの心尽くし」
アチャコ「今、何時や？」
エンタツ「一〇時三〇分五分前」
アチャコ「一〇時三〇分五分前……午前か午後か？」
エンタツ「それはわからない」

ただこれだけなのに、二人の絶妙な間《ま》がおかしい。特にエンタツのボケと動きは、もう絶品である。

やがて二人は、いよいよ「美人島」のメインゲートへ。『ジュラシック・パーク』（一九九四年）のように「美人島」と描かれた（木の枝で文字を組んでいる）アーチ。入り口には検問所があり、宝塚少女歌劇の衣装を思わせるスタイルの女子警備兵が立っている。この島の造形、ほとんどがP・C・L・撮影所のセットなのだが、なかなか良くできている。

美術はのちに『ゴジラの逆襲』（一九五五年）、『宇宙大戦争』（一九五九年）など東宝特撮映画の本編を手がける安倍輝明。特に『モスラ』（一九六一年）のインファント島のイメージの原点は、本作の「美人島」にあるだろう。島の入江も同じ江ノ島でロケーションしているので既視感がある。

「美人島」警備隊には「男子入るべからず　美人局」と看板がある。「美人局」というのが笑わせる。この島の警備セクションは「つつもたせ」と書いて「びじんきょく」と読ませる。

この島は、男性に酷い目にあった女性たちが、自立を目指して「女だけのパラダイス」を作っている。昭和一二年にこの感覚、かなり先進性がある（そこまでは考えていないだろうが）。「男性は女性の敵」がこの島のスローガン。

キャストも豪華、美人島のリーダーに、女装した石田一松。《のんき節》で知られる演歌師で、この頃吉本興業東京専属のコメディアン。エンタツ・アチャコとは戦後最初の正月映画『東京五人男』（一九四五年、斎藤寅次郎）でも共演。戦後初の参議院議員選挙で代議士となる。タレント議員第一号になる石田一松が、この島での「女性革命」のリーダーというのがおかしい。

さて、今日は美人島の「感謝祭」。ロングドレスを着て、ヴァイオリンを手にステージに立つ石田一松。客席の美女たちが総立ちとなり「アー」とコールすると、一松師、左手を高く掲げて「イー」（ショッカーか・笑）。「ハイル、ヒトラー！」のもじりである。

まだこの頃は、こういう笑いが許されていた。おそらく初上映版では《のんき節》などのネタを披露しているはずだが、ヴァイオリンを手にステージに立つショットがあるのに、短縮版ではオミットされていて、観ていてフラストレーションが溜まる。ここで「かの男性どもに、私たち美人がなんでもできることを、知らしてやりたいのであります」とアジテートする。いやはや、日本初の女性運動を描いたのはこの『心臓が強い』かもしれない。

男性キャストは、エンタツ・アチャコ、石田一松の「吉本三人男」だけ。後は沢村貞子、堤眞佐子、牧マリ、清川玉枝など、P．C．L．映画ではおなじみの女優たち。特に若き日の沢村貞子と、バッチリ美人メイクをした清川玉枝の猛女ぶりがおかしい。男性が本当は好きなのに痩せ我慢をして「女性上位」を標榜している。若い娘の代表が「美人島」に疑問を抱いて脱出を目論んでいる堤眞佐子。P．C．L．専属のトップ女優である。

そこへ、エンタツ・アチャコの二人が潜入して、スキンヘッドで普段はカツラをかぶっている牧マリの、カツラと着物を盗み出して女装をする。もちろん牧マリのスキンヘッドもカツラだが、彼女は妙に艶かしい。和装婦人のアチャコに、トルコ女性ということで、口をスカーフで覆い隠して、毛布を民族衣装風に着たエンタツ。二人が島の「記念祭」に参加して、大騒動となる。

そのステージで、「何かトルコの余興を」と請われてエンタツが、ラジオの音楽をかけて珍妙に踊るダンスは、エンタツの腰振り芸が、いかに人気だったかがわかる。とにかく「ヘン」なのである。この二人の女装がいつバレるかが、サスペンスとなるが、まあ「8時だョ！全員集合」の探検隊コントみたいな展開で、しかもアチャコの女装！　昔から、こんなシチュエーション・コントがあったんだと、不思議な感慨がある。

音楽はトロンボーン奏者の谷口又士。大阪髙島屋少年音楽隊から、井田一郎のチェリーランド・シンコペターズ、コロムビア、レコードの専属楽団を経て、P．C．L．管絃楽團に参加。紙恭輔と共に、P．C．L．映画にモダンなサウンドをもたらした。前作まで紙恭輔が担当していた「エンタツ・アチャコ映画」のテーマ曲のリズムを踏襲して、ジャズもさることながら、服部良一作曲、渡辺はま子の前年のヒット曲《とんがらかっちゃ駄目よ》（一九三六年九月発売）のメロディ・アレンジが延々と流れるシーンが楽しい。

結局、囚われの身となったエンタツ・アチャコ。島の労働力となり、夜は檻の中。そこでエンタツ・アチャコが島に持ち込んだ高感度ラジオで聴いているのは、小唄勝太郎、三島一聲、徳山璉の唄で昭和九（一九三四）年にヒットしたビクター版の《さくら音頭》（作詞・佐伯孝夫、作曲・中山晋平）。同年、P．C．L．で『さくら音頭 涙の母』として映画化された。続いてニュースが始まる。そこで自分たちが行方不明となって、内地では大騒ぎになっていることが判明する。で、檻のなかで、またまた漫才が始まる。

エンタツ「え？　僕たちを捜索中？　おい、何をボンヤリしているんだ」
アチャコ「くにのことを考えているんだがな」
エンタツ「くに？　くにとは？」
アチャコ「故郷やないか」
エンタツ「あ、君は故郷生まれかい？」
アチャコ「ああ」
エンタツ「そうか」
アチャコ「僕は故郷生まれ……何を言うとるんや君。頼りないこと言うなよ。君」
エンタツ「君、故郷のこと考える言うんは、何か心残りのことがあるんか？」
アチャコ「さいな。大事なお父つぁんを残しているからな」
エンタツ「年寄りがいるの？」
アチャコ「さいな」
エンタツ「じゃ、君はまだお父つぁんが健全ですか？」
アチャコ「お父つぁんも、お母さんも達者や」
エンタツ「お父つぁんとお母さん？」
アチャコ「はいな」
エンタツ「両親があると言うことは、心丈夫だね」
アチャコ「はい、君とこはどうや？」
エンタツ「僕とこの両親は……ありません」
アチャコ「そうか……」
エンタツ「初めからなかったらしいんですね」

これがオチとなる。で、堤眞佐子の手引きで、エンタツ・アチャコの逃走劇が始まるが、石田一松の会長の命で「銃殺隊」が編成され、物騒なことになってくる。延々逃げる三人。バックに流れるのは《とんがらがっちゃ駄目よ》（作曲・三宅幹夫）のマーチアレンジ。短縮版の悲しさで、追い詰められたエンタツ・アチャコが、堤眞佐子を、身を挺して守る決意をして、銃撃を浴びる。次のカットでは、エンタツ・アチャコの穴だらけの探検服が大写しとなり、あれれ？　と思っていると、新聞社での二人の昇進パーティとなる。これには唖然とする。

ともあれ『心臓が強い』は、美人島というアイデアは良かったものの、エンタツ・アチャコの持ち味を生かし切れているかは、短縮版では判断つかない。この映画も大ヒットして、この年の八月にはさらに長尺の次作『僕は誰だ』（九月一四日、岡田敬）が作られることとなる。

女人哀愁

一九三七年一月二一日／P．C．L．映画製作所＝入江ぷろだくしょん／成瀬巳喜男

提供＝東宝映画配給株式會社／製作＝P．C．L．映画製作所＝入江ぷろだくしょん／録音現像＝寫眞化学研究所／1937.01.21・日本劇場／八巻・二〇二三m／七四分／日劇同時上映『スタアと選手』（一九三六年、ワーナー、ロイド・ベーコン）／同時上演「第十四回ステージ・ショウ スペインの印象」三景（一月二一日〜三一日）

【スタッフ】原作・演出・成瀬巳喜男／脚色・成瀬巳喜男、田中千禾夫／撮影・三浦光雄／録音・道源勇二／装置・戸塚正夫／編輯・岩下廣一／音楽監督・江口夜詩／演奏・P．C．L．管絃楽團／主題歌《黒髪に泣く》、《胡蝶日記》（作詞・西條八十、作曲・江口夜詩）コロムビアレコード二九一七六　独唱・ミス・コロムビア

【出演者】入江たか子（河野廣子）／堤眞佐子（北村よし子）／神田千鶴子（レコード店員・和子）／澤蘭子（堀江洋子）／水上怜子（堀江道子）／清川玉枝（新一の母）／初瀬浪子（廣子の母）／佐伯秀男（北村良介）／大川平八郎（益田敏雄）／北澤彪（堀江新一）／伊東薫（河野正雄）／御橋公（新一の父）／小沢栄（良介の同僚記者）／福地悟郎（堀江の友人）／三浦光子（道子の友達）／椿澄枝（同）／山根寿子（同）

タイトルバック、P．C．L．のロゴに続いて、菱形に「IRE」のデザイン。入江たか子の入江ぷろだくしょんのロゴが出る。この年、最初の成瀬巳喜男作品は「P．C．L．入江ユニット作品」。

入江たか子は、明治四四（一九一一）年二月七日、東京市四谷区に生まれた。子爵・東城坊徳長の庶子として生まれるが、早くに父が亡くなり、苦しい生活のなか文化学院中学で油絵を学んでいたが、関東大震災で家は半壊。苦労を重ねる。昭和二（一九二七）年、日活京都撮影所の俳優だった兄・東城坊恭長の住む京都へ。そこで「エラン・ヴィタール小劇場」の主宰・野淵昶《のぶちあきら》に見初められ、新劇の舞台に立つ。それが内田吐夢の目に留まって日活に入社。

内田吐夢の『けちんぼ長者』（一九二七年）でデビュー。華族出身の入江たか子の映画デビューは大きな話題となり、村田實『激流』（一九二八年）、内田吐夢『生ける人形』（一九二九年）、溝口健二『東京行進曲』（同年）などに出演。日活の

トップ女優の一人となる。

この頃、阪東妻三郎など映画スターが次々と独立プロを結成していた。入江たか子も昭和七（一九三二）年に、新興キネマと提携して「入江ぷろだくしょん」を設立、映画製作に乗り出す。泉鏡花原作『滝の白糸』（一九三三年、溝口健二）、久米正雄原作『月よりの使者』（一九三四年）と次々とヒット作に主演、名実ともに映画界のトップ女優となった。

その人気絶頂の入江たか子と、女性映画では定評があった成瀬巳喜男が、初めてコンビを組んだのが、この『女人哀愁』である。入江ぷろだくしょんとP．C．L．映画のユニット作品は鳴物入りで喧伝された。

成瀬巳喜男が入江のために原作を書き下ろし、劇作家で演出家・田中千禾夫が共同脚本を執筆。快活で自分の意見を持ちながらも、古風な生き方に満足しているヒロインが見合い結婚。夫はデリカシーのかけらもない男で、しかもその両親や妹たちは、ヒロインを道具のようにこき使う。そのことに疑問を持ちながらも従順に働いていたヒロインが、あることをきっかけに反旗を翻す。夫やその家族に隷属することが美徳、それが当たり前だった時代、ヒロインが「本当の自分」を意識して自立を決意する。現代女性の生き方を提示するラストは、当時としては斬新だった。

コロムビアレコードとタイアップ。海軍軍楽隊出身で、松平晃の《忘れられぬ花》（一九三一年）などの流行歌作家となる江口夜詩が、音楽監督として劇伴奏と主題歌を手がけている。主題歌作詞は西條八十。タイトルバックに流れる《胡蝶日記》、そしてカップリングの《黒髪に泣く》はミス・コロムビア（松原操）が唄っている。

♪あなたと　はじめて散歩した
丘の小径の　あかね雲
ふたり黙って　眺めてた
あの日から　あの日から
咲いたのよ　乙女の夢の恋の花

この《胡蝶日記》は、物語とは直接関係ないが、入江たか子演じるヒロイン・廣子が、幼い頃から慕っていた佐伯秀男演じる従兄弟・良介に抱いていた「恋心」を、観客に感じさせてくれる。タイアップの主題歌だが、入江のヒロインを印象づける曲になっている。

トップシーンは、銀座四丁目の交差点から始まる。市電が服部時計店の方向へ走り、東京乗合自動車（都営バスの前身）が五丁目の方へ向かう。歩道を行き交う人々。昭和一二年、冬の銀座の空気が伝わってくる。成瀬映画には銀座がよく出てくる。『限りなき鋪道』（一九三四年、松竹蒲田）

の舞台は銀座六丁目の喫茶店、『朝の並木路』(一九三六年)で千葉早智子が上京してくるシーンに銀座松屋や四丁目の交差点。戦後の『銀座化粧』(一九五一年、新東宝)や『秋立ちぬ』(一九六〇年、東宝)のトップシーンは銀座四丁目の交差点からだった。

銀座三越の上から横断する人々を捉え、服部時計店から銀座教文館に向けてのショットとなる。現在もこの地で営業中のキリスト教書店「銀座教文館」は、明治二四(一八九一)年に開業。昭和八(一九三三)年に竣工されたのが現在の建物である。服部時計店の竣工が昭和七(一九三二)年だから、この時代、銀座の「新しい顔」の一つだった。

余談だが、劇映画や記録映像、絵葉書で「銀座」というと服部時計店、向かいの三越銀座店を中心にした四丁目の交差点のヴィジュアルがメインだが、服部時計店が竣工するまでは京橋方向が中心だった。ランドマークができることで街並みの描写も変わってきた。

さて、服部時計店と教文館の間に、二階建ての小さな建物がある。明治二五(一八九二)年に創業した「銀座山野楽器」である。関東大震災で店舗が焼失、昭和元(一九二六)年に本店が竣工された。店内からグランドピアノ越しに銀座通りのショットで楽器店だとわかる。

ヒロイン・河野廣子(入江たか子)がレコードを梱包し、お客に「お待たせしました。ありがとう存じます」と丁寧に挨拶。レジの後ろのレコード棚、「新着・NEW ARRIVAL」コーナー、楽譜や「音楽倶楽部」などの雑誌が整然と並んでいる。昭和一二年のレコード店の店内が活写されている。これも貴重な映像である。

同僚の和子(神田千鶴子)がニコニコと駆け寄り「夕べ見合いしたって?」と興味津々。「どんな方?」「とても素敵なのよ」と満更でもない。和子は廣子に、従兄弟の北村良介(佐伯秀男)が「好きなんじゃなかったの?」とカマをかける。

廣子は、幼馴染の従兄弟だから「好きとか嫌いとかお互いに言ったことなんかないわ。会えばすぐに喧嘩ばっかり」。良介を尊敬してるが「あの人は、あたしを古くさいって軽蔑してんの」。恋心と結婚はまた別のこと。廣子は古風な考えの持ち主であることを印象づける。

このシーン、三浦光雄のキャメラは、独身時代の廣子の美しさを強調する意味もあって、少しフォーカスをかけて入江たか子と神田千鶴子のアップを撮影。P.C.L.管絃楽團の劇伴音楽も軽快で、観ていてウキウキする。

カットが変わって「有楽町驛《えき》」のガード下。良介の新聞社では、小沢栄演じる記者が「北村の記事、これはどうしたって金一封もんだぜ」。同僚も「奴には敵わないぜ」。良介は敏腕記者である。

有楽町駅の近くには朝日新聞東京本社、東京日日新聞、讀賣新聞がそれぞれあった。この編集部のシーン、セットだが天井とデスクの間を原稿送付用のチューブが設置されている。そこへ良介、朗らかな表情で口笛を吹きながら登場。金一封を同僚に見せるが嫌らしくない。スマートな好青年。戦後でいうと宝田明のようなナイスガイである。

その良介に、廣子は「夕べのお見合いの報告をしたいから」と、五時半に待ち合わせる。電話での会話。どうみても仲の良い恋人たち。

一方、見合い相手・堀江新一（北澤彪）は、会社の同僚に、廣子の写真を得意顔で見せている。「美人にして頭脳明晰なんでね」。虚栄心の塊のようなタイプ。良し悪しはともかく良介とは正反対だから、廣子が「とても素敵」に感じた。成瀬映画の「ダメ男」は一見、良識家だが、ひとたび本性を現すと……というパターンが多い。同僚との会話で、新一は女に手が速いドンファンであることがわかる。

そこへ給仕が新一に「御面会です」。ノンクレジットだが、大村千吉が演じている。大正一一（一九二二）年生まれだから、この時一五歳。本名は大村撰吉。本作で廣子の弟を演じている伊東薫と『あるぷす大將』（一九三四年）で共演した際に、山本嘉次郎から同じ音の「千吉」と命名され、戦後も東宝バイプレイヤーとして特撮映画などで印象的なキャラクターを演じていく。

来客は、新一の長妹・堀江洋子（澤蘭子）。チェックのブラウスに同じ柄の大きめのタイ、袖の広いジャケットのモダンガール。友人に不幸があり「お香典を貸して」。新一は「お友達のお父さんやお母さんを殺すなよ」。遊び人の兄とチャッカリ者の妹。この洋子がトラブルメーカーとなる。洋子は、新一の友人の会社の益田敏雄（大川平八郎）と熱烈な恋愛中。兄や家族には内緒である。それを問われ、知らんふりする洋子に新一は『軽薄』なことしちゃダメだよ」と諭す。

次のシーン、日比谷公園を歩く廣子が良介に「かなり『軽薄』な感じのする人だけど、今の若い人って、みんなそうかもしれないわね」と新一の印象を話す。この「軽薄さ」が廣子を悩ませることが示唆される。

廣子は「どうしよう？」「僕がお嫁に行くわけじゃなし、そんなことは知らないよ」。カチンと来た廣子は「いいわ、私行くことに決めちゃおう」。恋愛結婚は「ありそうもないし、誰だって同じだわ」。亮介は「君が古くさくてはっきりしないから」。二人の後ろ右に日比谷・三信ビルディング（一九二九年竣工）、その左隣は昭和六（一九三一）年開業の美松百貨店が入っていた日比谷常盤生命ビル。美松百貨店は経営不振により昭和一〇（一九三五）年六月閉店。その後は「キャバレー美松」となり、前年末の『東京ラプソディ』（一九三六年、伏水修）にも登場する。

良介は「結婚ってのは一生のことだから」慎重に考えるよう促すが、廣子は「一生のことだから、なんとかなって行く」と楽天的でどちらも正論。これぞ「尊敬と軽蔑」の従兄妹関係である。

一方、同じ日比谷公園では、堀江洋子と恋人・益田敏雄が深刻な相談。二人の交際を洋子の父母が「認めるはずがない。ならば実力行使をして駆け落ちを決行すれば」認めるだろう。肝心の洋子は「アパートなんか住むのイヤよ。郊外で良い家見つけましょう」と、どこまでも贅沢。親が認めるまでの生活資金は？「ねえ、いい考えない？」。深刻な顔の敏雄。薄給のサラリーマンには難しい。

廣子の父は早逝して、母（初瀬浪子）と中学生の弟・正雄（伊東薫）の三人暮らし。正雄がハーモニカで《峠の我が家》を吹く。ちょうど良介の妹で女学生の北村よし子（堤眞佐子）が遊びに来ている。正雄とよし子は喧嘩ばかり。良介と廣子もこんな感じだったろう。廣子の母がよし子に、近頃の若い人は「よくダンスホールで踊っているそうだけど、あんたも？」と訊ねる。ダンス一つ踊らない奥手の廣子が心配である。そこへ廣子が良介と帰宅。和やかで楽しいひととき。

「お母さん、またダンスのこと、心配してんでしょ？ダンスぐらいあたしにだってできてよ」。廣子はムキになり、よし子を相手に踊り出す。レコードの伴奏は、リチャード・ロジャース作曲、ロレンツ・ハート作詞のジャズ・ソング《ブルームーン Blue Moon》。少し怒った廣子は、踊りながら「お金があってモダンな如才のない紳士で、こんないい結婚なんてありゃしない」。踊りを止めて啜り泣く。本当は良介と一緒になりたいのに、自分の気持ちにも気づかない。弟の正雄は「ああいうのヒステリーっていうんじゃない？」と一言。「ヒステリー！」がすでにこの時代に一般的だったことがわかる。

やがて廣子は、堀江家に嫁ぐ。母（清川玉枝）も父（御橋公）も優しく、息子の嫁を可愛がってくれるが、文句ひとつ言わず甲斐甲斐しく働く廣子は、次第に便利で都合の良い「嫁」でしかなくなっていく。女学生の次女・道子（水上怜子）も同じ。姉・洋子は益田敏雄と駆け落ちして郊外のアパート住まいで、堀江家とは絶縁状態。ある日、困窮した洋子がこっそり無心に現れる。彼女に頼まれた道子に「お姉さん二〇円貸して」と言われ、廣子は驚くが内緒で、義母から預かっている財布から金を貸す。

新婚早々、新一は連夜のバー通い。美しい女房を家に閉じ込めておいて、人形のように愛でるだけの身勝手な男。廣子の味方は、まだ小学生の末弟。「義姉さん、義姉さん」と甘えて、小遣いをあげたり、勉強を教えたり。中盤は、この堀江家での廣子の居心地の悪さを、さまざまな出来事を通して描く。普段は不満一つ言わずにポーカーフェイスで、都合の良い妻、都合の良い嫁を演じている廣子。

ある日、銀座に買い物に出た折に良介を訪ねる。鳩が舞う新聞社の屋上で、久しぶりに外の空気を吸って、幸せそうな廣子は「いいわね、久しぶりでこんな広々としたとこへ来て」。キャメラがビル街をゆっくりとパンする。京橋で撮影、銀座から日本橋にかけてのビルが昭和一二年の初冬の空気とともに活写される。この後二人が銀座でお茶をして歩くのを、新一の同僚が目撃。嫉妬した新一が廣子に激しく詰寄る。じっと堪える廣子。この理不尽は当時の女性には、共感されただろう。

やがて洋子は、ダメ男の敏雄に愛想が尽きて堀江家に戻る。なんとかヨリを戻そうと敏雄が訪ねてきても、新一は頑なで洋子には会わせない。ある日、廣子は堀江家の人々への不満を便箋に綴る。

「堀江一家の人達と私とがどうしても一緒になりきれない、何かがあることをますます感じるやうになりました。蔚積《うつせき》してゐるそんな気持ちがいつどんなきっかけから爆發……」と書きかけたところで、敏雄から廣子宛に電話。実は敏雄は、洋子との暮らしのために会社の金を遣い込んでしまっていた。

大川平八郎のサラリーマンが女のために「会社の金を遣い込む」展開は、前年の『朝の並木路』のリフレイン。前作ではヒロイン・千葉早智子の「夢」だったが、今回はリアル。戦後、繰り返される成瀬映画の「ダメ男」のプロトタイプでもある。

敏雄が「洋子にひと目逢いたい」と上野駅前の「朝日ホテル」から連絡して来る。廣子は敏雄の居場所を聞き、洋子に「逢いに行って欲しい」と話す。敏雄は業務上横領の罪で警察に追われていて、新一は「堀江家の家名に傷がついては困る」。義母も「世間体ばかり」を気にする。洋子は、敏雄が自分のために大きな過ちを犯したことに重責を感じて、敏雄に会おうとする。

新一は、警察に通報することしか考えられない。横領犯だったとしても、洋子のこと敏雄のことを考えたら「もっとなさりようがあると思います」と、廣子は結婚して初めて「自己主張」する。「お前は俺に楯突いているのか？」と激昂する新一。「皆さんのなさり様は腑に落ちません」。廣子は新一に、憐みを込めて冷たく微笑む。「バカにする気か？」。目に涙を浮かべ、冷たい表情の廣子は「お暇する時が参りましたわ。皆さんの冷たいお心が、今日、耐えられなくなったのです」と堀江家を出ていく。

成瀬らしいクローズアップの切り返し、新一の愚かさ、哀れさ、廣子が夫に愛想を尽かす表情を捉える。洋子のため公金横領して、破滅した敏雄も哀れ。人間として「何が大切か」がわからない新一は、もっと哀れである。戦後の成瀬は「ダメ男」を描き続けるが、その萌芽が見られる。

結婚前、「頭が悪くて古臭い女」と自嘲していた廣子が、ここできっぱり「自分の人生は自分で切り開いていく」ことを決意、「自立する女性」へ。夜、堀江家を出ていく廣子の姿の凛々しさ。同じように夫やその家族、自分の境遇に不満を抱いていた女性たちは共感したことだろう。

ラスト、再び新聞社の屋上。自立する決意を良介に伝える廣子の表情の晴れがましさ。

廣子「もっともっと苦しまなくちゃいけないの。そして自分を作り上げ、作り直していくの。夢でもいいの。何が世の中で一番美しいか、それがわかりさえすればいいの。ずるずるになっちゃいけないの。仕方がないじゃいけないわ。人間の中にはもっと尊いものがあるはずよ。私、それをどこまでも追い求めていくの」。

この成瀬と田中千禾夫の「女性の生き方の理想」のメッセージは、この時代に「女性の理想」を明確に提示している。『女人哀愁』は成瀬としては成功作ではないが、入江たか子の「女性映画」だからこそ、最後のメッセージには説得力がある。

身勝手な夫に抑圧された妻。戦後、原節子が『山の音』（一九五四年、東宝）で、香川京子が『杏っ子』（一九五八年、同）で繰り返し演じていく。この『女人哀愁』の入江たか子は、そうしたヒロインのルーツでもあるが、なかでも最も進歩的かもしれない。それが昭和一二年に提示された「女性の理想」であることに、改めて驚かされる。

風流演歌隊

一九三七年二月一日／P．C．L．／伏水修
提供＝東宝映画配給株式會社／製作＝P．C．L．映画製作所／1937.02.01・日本劇場／八巻・一、五九八m／五八分／日劇同時上映『太平洋横断機』（一九三六年、ワーナー、レイ・エンライト）／同時上演「第十五回ステージ・ショウネオ・ゴンドリア」九景（二月一日～一〇日）

【スタッフ】演出・伏水修／原作・脚色・小林勝／撮影・三村明／録音・鈴木勇／装置・久保一雄／編輯・岩下廣一／音楽監督・清田茂／演奏・P．C．L．管絃楽團／楽器提供・鈴木バイオリン製造株式会社
【出演者】藤原釜足（鈴木大助）／岸井明（鈴木小助）／竹久千恵子（染八）／梅園龍子（ハツ子）／石田一松（演歌師・吉本興業専属）／神田千鶴子（演歌師）／リキー宮川（同）／清川虹子／宮野照子（荒川家の令嬢）／水上怜子（同）／清水美佐子（同）／小杉義男（荒川）／市川朝太郎（荒川の書生）／嵯峨善兵（壮士）／林喜美子（弟子）／柳谷寛（同）

岸井明と藤原釜足の「じゃがたらコムビ」による、自由民権運動の時代の「演歌師」たちの物語『風流演歌隊』は、ジャズ・ミュージカルの佳作『唄の世の中』（一九三六年八月一一日）や、モダンな音楽映画『東京ラプソディ』（一九三六年一二月一日）を演出した伏水修による文明開花のハイカラ時代の音楽喜劇。

《書生節》の誕生に貢献した、壮士志望の藤原釜足と没落した家の坊っちゃん・岸井明の二人の、友情と対立、そして国産ヴァイオリンを製作して財を成すまでのサクセスストーリーを、数々の《書生節》を散りばめながら展開していく。明治の壮士を主人公にした喜劇というより、国を憂う壮士の国粋主義を懐かしむムードが全面に出ているので、笑いのポイントがこれまでのモダン・コメディとは少し違う。

明治二〇（一八八七）年の東京。懐かしい銀座の街並みがオープンセットで作られて、なかなかスケール感がある。市電も走り、ハイカラな洋装の紳士淑女が行き交う街角をバックにスタッフ、キャストのクレジットが出る。脚本は『踊

り子日記』（一九三四年、矢倉茂雄）などを手がけ、文芸映画の佳作も多い小林勝。キャメラはハリー三村こと三村明。この時期のP．C．L．映画の精鋭たちによる仕事が素晴らしい。音楽監督は清田茂。

タイトルバックに流れるのは《敵は幾万》（作詞・山田美妙斎、作曲・小山作之助）。明治一九（一八八六）年に刊行された『新体詩』に収録された詩「戦景大和魂」に小山作之助が曲をつけた。つまり、この映画のタイムラインでは、最新の軍歌ということになる。ちなみに早稲田大学の応援歌《敵塁如何に》はこの曲の替え歌。この映画の四年後、大東亜戦争時の大本営発表の音楽として使用されることになる。いわば国威発揚の曲だった。

タイトル明け、勇ましくスーパーが踊る。「明治二十年。こゝに国粋保存の言論をもって立ったは、所謂壮士の群れであった。」

田舎から堅物の青年、鈴木大助（藤原釜足）が上京。屋敷に住んでいる筈の甥・鈴木小助を訪ねるが、明治維新で旗本だった鈴木家は、土地屋敷を売却。小助に残されたのは小さな家と、亡父の遺産の鶯だけ。学生の小助は、細々と鶯の鳥籠を作って売って糊口を凌いでいる。藤原釜足が「大助」、岸井明が「小助」。このネーミングは当時の笑いを呼んだだろう。しかも二人は同い年の二五歳。叔父だと威張っている小助は、壮士になりたいのでやたらと威勢がいい。

そんな二人の前に、美しき令嬢・ハツ子（梅園龍子）が現れる。鶯が迷い込んで来たので、籠を求めにきたのだ。実は、これは小助の狙いで、鶯を放せば、どこかの家に入る。そうすれば籠が売れるという読みがまんまと当たったのだ。お祝いに酒を酌み交わす二人。酔うほどに小助は自慢の《梅が枝節》を披露する。

♪梅枝の　手水鉢　叩いて
お金が出るならば
もしもお金が出た時は
その時ゃ身請けを　そうれたのむ

明治初年に流行した俗謡で、メロディは《かんかんのう》。岸井明の伸び伸びとした歌声がのほほんと楽しい。小助の才覚に感心した大助、籠で一儲けしようと家中の鶯を放ってしまう。しかしそれは親父が残した最後の遺産なのにと、小助は嘆く。しかし、才覚に溢れる小助が次に出したアイデアは、大道商売だった。

上野寛永寺の五重塔前。小助と大助が「金儲けの法を伝授する」と垂れ幕を掲げて口上。壮士気取りの藤原釜足がおかしい。「わずか一〇銭で金儲け」それに釣られた客に、大介が小声で「わし達と同じことをすればいい。必ず一〇銭儲かる」と囁く。

戦前の上野寛永寺。冬のロケで寒々としているが昭和一二年の空気を感じることができる。次に小助が考えたのは、壮士たちが自分の意見を街頭でいくら叫んでも、庶民は振り向いてくれない、ならば「歌で伝えよう」と、演歌師になることを思いつく。

やがて、改良党総裁に談判しようと、大助、鼻息も荒く、なんのツテもないのに改良党総裁・荒川（小杉義男）宅へ乗り込む。書生に門前払いを食わされるが、そこへ帰宅した総裁の娘が、なんと鶯の籠を求めにきたハツ子だったのを幸いに、渡りをつける。いきなり総裁に「《ダイナマイトドン》を知ってるか？」と鼻息も荒い。ともあれ自転車に乗ったハイカラさんの梅園龍子が可愛い。

総裁の公認を得て、小助と大助、早速、街頭に立って「書生節」のデモンストレーションを開始。唄うは《ダイナマイトドン》。

♪（藤原）民権論者の涙の雨で
磨き上げたる　大和魂
コクリミンプクゾウシンシテ
ミンリヨクキユウヨウセ
そうすりゃ日本は万々歳
あゝ　豪気だね

♪（岸井）悔やむまいぞや　苦は楽の種
やがて自由の花が咲く
コクリミンプクゾウシンシテ
ミンリヨクキユウヨウセ
そうすりゃ日本は楽天地
あゝ　豪気だね

この勇ましさ。嘲笑した聴衆の一人に、大助は「貴様、何がおかしい、真面目に聞け」と殴りかかる。おいおい。そこに通りかかった人力車に乗った粋な姐さん、柳橋の芸者・染八（竹久千恵子）が大助に微笑む。大助くんフォーリンラブの瞬間である。竹久千恵子は、昭和五（一九三〇）年、一八歳の時、エノケン一座「カジノ・フォーリー」に加わり、一座と共にP．C．L．映画のヒロインとして活躍。その後、渡米して日系人記者・クラーク・河上と結婚するが日米開戦で「第一次交換船」で帰国。戦後はハワイで晩年を過ごした。その竹久千恵子の年増っぷりがなかなか。清純な梅園龍子と好対照を成している。

二人の《書生節》は好評で、次に上野寛永寺五重塔前で、小助が月琴を手に、大助が《書生節》を唄う。月琴とは、中国の弦楽器で円形の共鳴胴に、短い首で、最大四弦で、手軽な楽器として明治時代に流行。演歌師や流しが使っていた。明治時代のギターやウクレレのようなもの。小林旭が『生きている狼』（一九六四年、日活、井田探）で、月琴を弾きながら流しをしていた。

♪書生　書生と　軽蔑するな
フランス　ナポレオン　元は書生
書生　書生と　軽蔑するな
今の大臣　元は書生

大助「今、唄ったのは《書生節》である。文句は全部、この中に書いてある」と歌詞集を、聴衆に売り始める。そこへ、また柳橋芸者・染八が通りかかる。運命の再会である。飛ぶように売れる歌詞集。気を良くした小助。「さあ、今後は新しい唄を唄う。今から五〇年ぐらい経たんと流行らん唄だから、そのつもりで長生きして、よく聞いておけ」。いよいよナンセンスの世界に突入！　そこで岸井明が唄うは、渡辺はま子の《忘れちゃいやョ》（作詞・最上洋、作曲・細田義勝）。

♪月が鏡であったなら
恋しあなたの面影を
夜毎写してみようもの
こんな気持ちでいるあたし
忘れちゃいやよ　忘れないでね

小助「お前たちのような旧弊なものにも、この歌がわかるか？　こんな歌が流行るようになったら世の中おしまいだぞ！」。ここで、当時の観客がどっと笑ったに違いない。やがて、排外主義を打ち出した改良党のメッセージを伝えるべく、銀座の街頭に立って、大助と小助が《改良節》を唄う。

♪野蛮の眠りの　覚めない人は
自由のラッパで　覚ましたい
開花の朝日は輝くぞ
覚ましておくれよ　長の夢
ヤツテケモツテケ
改良せえ 改良せえ

街頭の人々も、一緒に唄い出す。こうして《書生節》は流行したのかと得心する。これが「流行歌」の元祖かと。しかし聴衆の一人「理屈っぽい唄なんかやめて、余興をやってくれ」。大助「ばか、この非常時に何を言う！　バカめ」と一蹴する。このあたり、コメディが時流に飲み込まれて「笑えない」瞬間になる。壮士の《書生節》に対して、岸井明が未来の「流行歌」を余興で唄う。このバランスが面白いのに。そろそろジャズ・ソングも聞きたい、と思っていると……。

二人の活動が、民権運動にとって重要なものとなり、小助の自宅に「改良党演歌団本部」の看板を出して、演歌師の弟子が数多く集まってくる。弟子たちが日頃の稽古の成果を見せるシーン。これが本作のハイライトとなる。余興に反対する大助に「いいじゃないか、余興で人を釣っておいて、後で貴様の唄を聞かせる」と小助。

まず、ジャズ・シンガーのリキー宮川が唄い出すのは、一九三五年のMGMミュージカル『踊るブロードウェイ』のなかでロバート・テイラーが唄った《アイヴ・ゴッタ・フィーリン、ユア・フーリン I've Got a Feelin' You're Foolin'》。

♪あ〽　可愛いエクボに　迷って
せっかく貯めた金は
いつ間にか　すっちゃった
あ〽　バカみた〜

銀座の柳の　影で
ちょいと見て　好きになった
モダンな娘は　魔物だ
あ〽　バカみた〜

これも買って　あれも買って
歩くうちに　懐は寂しく
すっからかんに　なっちゃった

金がなくなりゃ　彼女
可愛いエクボで　あばよ
わたしゃ　ホンマに　よう言わんわ
ああ　バカみた〜

ジャズ歌手、タップダンサーとして引っ張りだこの色男・リキー宮川のビング・クロスビー・スタイルのフラな唄い方がたまらない。ナシオ・ハーブ・ブラウン作曲のメロディにピッタリの歌詞。三番の「わたしゃ　ホンマに　よう言わんわ」は、笠置シヅ子の《買い物ブギー》（一九五〇年）に先駆けること一三年前。ジャズ・ソングに「関西弁」が乗った瞬間！　である。

続いて、庭で掃除をしていた書生に「おい、貴様、唄ってみい」。メガネをしていないので、一瞬、誰かわからずだが、なんと《のんき節》で一世を風靡した演歌師芸人・石田一松（吉本興業）である。ここで本家が登場となる。石田一松は、箏をヴァイオリンに見立て柄杓を弓がわりに弾き始める。唄うは師匠・添田啞蟬坊作《ああわからない》である！

♪あゝわからない　わからない
人が　俥を引いている
馬も　俥を引いている
人だか　馬だか　わからない

♪あゝわからない　わからない
オギャーと　この世に　産まれきて
飲んで　食って　一生　終わりでは
なんのことだか　わからない

「なかなかいいことを言う」と感心する大助。石田一松の《のんき節》は戦後、昭和三〇年代、植木等が唄った一連の「無責任ソング」のルーツでもある。「石田一松、上手くなったぞ！」と褒める小助。ああ、自役自演なのか！

続いては、P.C.L.の歌姫・神田千鶴子。岸井明とコンビで《ほんとに困りもの》（一九三六年）のヒットを出している。唄うは《別れちゃいやョ》。

♪青い小鳥が　呼びかけりゃ
赤い野薔薇も　答えてよ
あなたが私に　ささやいた
愛の言葉が　ほんとなら
別れちゃイヤなの　いつまでも

この三連発。音楽映画好きの伏水修作品の楽しさがここでピークとなる。こうした「余興のための未来の流行歌、ジャズ・ソング」を下劣で「嘆かわしい」と大助が嘆く。そこへ保安条例で、改良党に帝都退去命令がくだり、総裁（小杉義男）はじめ党のメンバーが東京から三里以内からの立退を命ぜられる。しかし何故か大助と小助には、当局の命令は来ない。そこで小助は、総裁の留守宅で用心棒として党員の妻たちの面倒を見ることに。

大助は、これをチャンスと柳橋の染八のところへ転がり込んで、すっかり亭主気分に。鼻の下を伸ばす。「愛国の士を匿ってくれ」を口実にしているのは、いつの世も変わらないというシーン。一方、小助はハツ子と一緒なので、幸せなのだが、女の子たちに「金仏さん」とからかわれて、大

とに。クサリ。ここでコンビは解消して、それぞれの道を歩むこ

ここで岸井明が、恋する梅園龍子のために、ジャズ・ソングの十八番を朗々と唄ってくれる。エノケンもレコードに吹き込んだ《想い出 Among My Souvenirs》（作曲・ホラティオ・ニコルス）である。

♪君が笑顔　忘れあえず
一人わびしき　朝夕と
君が姿　清き瞳
われに与えし　恋ごころ
愛し想い　胸に秘めて
君が言葉　やさしなぐさめ
涙しつつ　その日しのぐ
今ぞはかなき　想い出よ

縁側に立つ小助。唄い終わるとキャメラは、庭の手水鉢に映る綺麗な月を捉える。これが伏水修のリリカルなセンス！　この月がオーバーラップして柳橋の染八宅の丸窓から、しんねりむっつりの大助と染八のショットになる。

音楽映画としてのピークはここまで。後半は、小助がハツ子のヴァイオリンを研究して、国産初のヴァイオリンを製作。大助は壮士を諦めて実業家として世の中を変えると発奮、小助のアイデアを頂いて「鈴木式バイオリン」を量産。演歌師となったリキー宮川&神田千鶴子たちの声がけで、演歌師が月琴からヴァイオリンに乗り換え、ビジネスは大成功。

ちなみに「鈴木式バイオリン」は、創業者・鈴木政吉が明治二〇（一八八七）年、舶来品の模倣をして国産初のヴァイオリンを製造。つまり実在の会社なのである。もちろん今でも健在である。『風流演歌隊』はフィクションながらに「鈴木バイオリン製造」誕生物語でもあったのだ！

新しき土

一九三七年二月四日／J．O．スタジオ＝ドイツ／アーノルド・ファンク、伊丹万作
製作＝J．O．スタヂオ／配給＝東和商事映画部／1937.02.04・帝国劇場／一一巻・三、一四三m／一一四分

【スタッフ】総指揮・原作・アーノルド・ファンク／監督・脚本・アーノルド・ファンク（日独版）、伊丹万作（日英版）／撮影・リヒアルト・アングスト／撮影助手・ワルター・リムル、上田勇、ハンス・シュタウディンガー／進行・カール・ブーフホルツ／編輯・アリス・ルードウィヒ／音楽・山田耕筰／伴奏・新交響楽団、中央交響楽団／作詞・北原白秋、西條八十／装置・吉田謙吉／録音・中大路禎二／衣裳・松坂屋

【出演者】早川雪洲（大和巖）／原節子（大和光子）／小杉勇（大和輝雄）／英百合子（乳母・おいく）／中村吉次（一環和尚）／高木永二（神田耕作）／市川春代（神田日出子）／村田かな江（日出子の妹）／常盤操子（輝雄の母）／ルート・エヴェラー（ゲルダ・シュトルム）／マックス・ヒンダー（独逸語教師）

山岳映画の父・アーノルド・ファンクと伊丹万作の共同監督による『新しき土』は、日本とドイツ初の国際合作映画。ドイツでの原題は『Die Tochter des Samurai（サムライの娘）』だった。

ドイツに留学した日本人青年、小杉勇が、恋人・ルート・エヴェラーを伴って帰国。貧しい農村出身の青年は、養父・早川雪洲の娘・原節子と婚約していたが、個人の自由を主張して、婚約を破棄する。ドイツ人の恋人は原節子に同情し、青年の実父・高木永二や実妹・市川春代も心を痛める。ヨーロッパの文化と日本の風習の違い、主人公やその許嫁たちの葛藤を、ドイツ人の視点で描いていく。

撮影はリヒャルト・アングストと上田勇。さらにJ．O．スタヂオで『百萬人の合唱』『かぐや姫』（一九三五年）などの円谷英二が撮影を担当。『かぐや姫』では開発途中だったスクリーンプロセスを効果的に多用している。クライマックスの火山の噴火による民家の被害シーンでは、後年の東宝特撮映画で展開するミニチュア特撮をふんだんに使用している。

この合作映画を企画した東和商事は、ヨーロッパのスタジオとの映画製作を構想、日独合作映画の企画が本格的に始動したのは昭和一〇（一九三五）年のこと。ドイツ政府の意向で「日独親善」のための映画製作を推進した。背景には日独坊共協定（一九三六年一一月締結）、日独同盟の正当性をドイツ国民にアピールするのが最大の目的。というのもナチスの人種主義では有色人種である日本人に対する偏見もあり「東洋の友好国」のイメージを高める必要があった。そこで監督には、『銀界征服』（一九二八年）、『死の銀嶺』（一九二九年）、『白銀の乱舞』（一九三一年）などで日本でも人気の高い「山岳映画の父」アーノルド・ファンクが指名された。

ベルリンに赴いた川喜多長政と、ファンクが所属していたドイツ・テラ社との契約が交わされ、そこでJ．O．スタヂオでの製作が決定した。

昭和一一（一九三六）年二月八日、ファンクは撮影隊、ドイツ側のヒロイン、ルート・エーヴェラーと共に神戸に入港。二日後に東京駅に到着するが、その歓迎ぶりをマスコミが大々的に報じた。日本に向かう客船・諏訪丸のなかでファンクはシナリオの第一稿「東の風・西の風」を執筆。パール・バックの同名作をベースに、日独文化をテーマにストーリーを構想した。

来日したファンクは、主演の大和輝雄に『人生劇場』（一九三六年、日活多摩川、内田吐夢）で青成瓢太郎と瓢吉を演じた小杉勇を指名、さらに協同監督には『忠次売出す』（一九三五年、新興キネマ）などの伊丹万作の名前が上がった。

ところが伊丹は、この企画に乗り気ではなく、参加要請を固辞。伊丹にとっては日独文化の対立と融和のシナリオに自信が持てなかった。この頃、伊丹は代表作となる『赤西蠣太』（一九三六年六月一八日、片岡千恵蔵プロ）を手がけていた。何度かの交渉ののち、伊丹万作は協同監督を引き受けるが、撮影が進むにつれて、二人の監督の創作上の対立は激しくなった。結果的には、同じフィルムをそれぞれ独自に編集したファンク版、伊丹万作版を製作することで落ち着いた。

二つのヴァージョン、それぞれ編集は違うが長さは同じ一一四分。伊丹版が初公開時に不評だったとされるが、改めて観るとさほど差異はない。おそらくは当時の日本人も、ドイツ人から観た「神秘の国日本」の描写に抵抗を感じての不評だったと思う。

ヒロインの光子の候補には、当初、松竹のトップスター・田中絹代が候補に上がっていたが、松竹側との条件が合わなかった。来日早々、東京に入る前にファンクは、日活京都撮影所で、山中貞雄の『河内山宗俊』（一九三六年四月三〇日）の撮影を見学、そこでヒロイン・お浪役で出演していた一五歳の原節子に魅了されて抜擢した。

原節子は、家庭の事情で女学校を二年で中退、義兄で監督の熊谷久虎の勧めで昭和一〇（一九三五）年、日活多摩川撮影所に入社。同年、『ためらふ勿れ若人よ』（田口哲）でデビュー、『緑の地平線』（同年、阿部豊）などに出演。フレッシュな新人として注目を集めていた。

さらに輝雄の実妹・神田日出子に日活スターの市川春代、実父・神田耕作に日活のベテラン俳優・高木永二、主人公の悩みを諭す一環和尚にやはり日活専属の中村吉次がキャスティングされた。

音楽は、日本を代表する音楽家・山田耕筰、作詞は北原白秋、西條八十が手がけることとなった。山田耕筰は本作のために《悲しき西風》《さくらさくら》《青い空みりゃ》を作曲・編曲。コロムビアレコードから映画公開前、昭和一一年一二月に《悲しき西風》（作詞・西條八十）が辻輝子の歌で、《青い空みりゃ》（作詞・北原白秋）が松平晃の歌でリリースされた。

『日本版』公開に際して、伊丹万作の言葉である。

「一人の外国人が海を超えて日本に来た。彼は自分の眼で日本を見た。そして日本を愛した。彼は愛する日本の現実を土壌として彼らしい一つの夢を描いた。其の夢が即ち此の映画である。而も是は一刷毛に描かれた略図である。従って例えば地理的その他の矛盾は篇中随所に之を指摘することが出来る、併し諸君の推量は微笑と共に是等を看過して下さる事と信ずる。

（日本版の序に代へて）伊丹万作」

映画は日本列島を俯瞰するショットから始まる。四方を海で囲まれた島国をミニチュアワークで再現。真ん中あたりで噴煙を上げているのは富士山。おそらく円谷英二が担当しているであろう、僕らにはおなじみのヴィジュアルである。ディゾルブで噴煙を上げる火山、噴火などがモンタージュで展開。地震大国であることを印象付ける。荒波に洗われる磯の風景。富士山を望む駿河湾。アーノルド・ファンクが切り取った「日本の印象」である。

ドイツに遊学して八年、大和輝雄（小杉勇）は、ドイツ女性ゲルダ・シュトルム（ルート・エヴェラー）を伴って客船で横浜へ向かっている。輝雄は、地震も恐れない日本の「大和魂」についてゲルダに説明。火山、地震、台風、厳しい自然、人口過密……「それが日本の特徴」。しかも「強い嵐はアジアから」吹き、「ヨーロッパからは、今までは風だけだった」と。ここで日本の中国大陸進出と独伊友好を暗喩として語る。ドイツから学んだ技術で、貧しい日本の産業は発展し続ける。こうしたプロパガンダが作品を貫いている。

一方、日本では、輝雄の留学費用を出した養父・大和巌（早川雪洲）と娘・光子（原節子）がその帰りを待っていた。光子は池の鯉や鳥たちに餌をあげるのが日課。家の裏にある神社へ朝のお参りに行くが、その神社はなんと広島県安芸の宮島の厳島神社。ここで鹿せんべいを買って鹿たちにあげる。原節子の美しさ、可愛さがフォトジェニックに切り取られている。

帰国した輝雄は、ゲルダを夜の街へ案内する。「ここは日本？　それともベルリン？」とゲルダ。日本の新しい顔、大都会のナイトライフのモンタージュが展開される。横浜に寄港、東京の街並みの設定だが、京都のJ．O．スタヂオ制作なので、大阪道頓堀の三笠屋、「松竹家庭劇」の提灯などのカットが次々と。銀座通りの「レストラン・オリムピック」「カフェー・クロネコ」のネオンもタクシーからの眺望で登場。バックには小唄勝太郎と三島一聲の《東京音頭》（ビクター盤）が流れる。かなりカオスなイメージ。

後の『ブレードランナー』（一九八二年、リドリー・スコット）での混沌とした近未来のロサンゼルスのような、不思議な感覚になる。この感覚は『新しき土』全編に渡っている。ファンクが提示した一九三六年の「ふしぎな日本」のヴィジュアルを味わうのも興趣である。

輝雄とゼルダが泊まるホテル・ヨーロッパは、昭和五（一九三〇）年に竣工した甲子園ホテルでロケーション。遠藤新による設計で、東京・日比谷の帝国ホテルと並び称されるモダンなホテルだった。その後、海軍病院、戦後は米軍将校宿舎となり、現在は武庫川女子大学のキャンパスとなっている。

光子は父・巌と共に夜行列車で東京へ向かう。しかしホテルでゼルダと輝雄の睦まじい姿にショックを受ける。一方、実妹・神田日出子（市川春代）と実父・耕作（高木永二）も上京するが、二人が歩く昼のモダン東京の描写がいい。築地「聖路加病院」（一九三三年）、日比谷「東京宝塚劇場」（一九三四年）、「日本橋三越」（一九一四年）、御茶の水「ニコライ堂」（一九二九年）、木挽町「歌舞伎座」（一九二四年）などの近代建築が次々と登場する。

ちなみに日出子が勤めている会社は、大阪紡績（現・東洋紡）の工場。生産ラインが劇中にも登場する。後半では、その寮で、就寝前に洗顔した日出子が顔のマッサージをする「変顔」のシーンの市川春代の表情が可愛い。

さて、久しぶりに帰国した輝雄は、「日本のために働きたい」という希望に燃えて、満州国の可能性をゼルダに力説。しかし、日本の養子制度そのものに疑問を抱いて、光子との婚約破棄を言い出す。輝雄の妻になるため、さまざまな修養を積んできた光子は、お茶、お花だけでなく薙刀もマスター。ドイツ語もドイツ人教師（マックス・ヒンダー）に学んでいる。人生の目的を見失った光子は悩み、苦しむ。

そんな息子を心配した父・耕作は鎌倉大仏にお参りをし、養父・大和巌に「以前の倅とはまるで様子が変わっておりましてな」と相談。そこで巌は、叔父・一環和尚（中村吉次）へ手紙を書く。「西からの風が家族の絆を脅かす」と。妹・日出子は「日本の風にもう少し吹かれると、きっと良くなるわよ」と兄の「日本回帰」を計画。市川春代が小杉勇にこのセリフを言うシーンは、スクリーンプロセスで撮影。土手に佇む二人、その背景に川を行き交う船のショットを投影している。美しい日本の風景のモンタージュ。満開の桜、花筏、のどかな情景。輝雄と日出子は、居酒屋のカウンターで食事。この一連のシーンに流れるのが主題歌《悲しき西風》。

次いで両国国技館で大相撲を観戦する。ここで当時の横綱・玉錦の土俵入りの勇姿が活写される。この玉錦は昭和一一年の春場所で全勝優勝していたが、双葉山が追撃。昭和一四（一九三九）年にかけて、怒涛の連勝記録を樹立。なんと六九連勝することになる。玉錦は昭和一三（一九三八）年秋場所後に早逝。そういう意味でも貴重な映像記録である。

二人は続いて新橋演舞場での「東をどり」を楽しみ、能楽堂での「能」を観て、日本の良さを満喫する。能を観ながら輝雄は、昔の歌は完全には理解できないが「俺の中にある先祖の血が呼び返される気がするんだ。あれを聞いていると、昔を思い出すような気がする」。ここで輝雄の風向きが「西風から東風」へと変わっていく。

やがて輝雄は、養父・巌となじみの一環和尚の寺へ。本堂に参詣する輝雄と和尚。切り返しのカットで和尚の後ろに「卍」の意匠が見える。ナチスのシンボル、ハーケンクロイツと似たデザインなので意図的に入れたのかもしれない。

こうして輝雄は「日本の良さ」に気づいて、故郷に戻り、父の農業を手伝う。富士の裾野の田園地帯。田圃の泥を掬い上げ、その「土」の匂いを嗅ぎ、喜びを感じる輝雄に、実父・耕作は「良い土だが古い」とつぶやく。これはラストへの伏線で、もう内地の狭い農地の「古い土」だけでは食料を賄うのは難しい、だから「新しき土」を求めて新天地満州開拓へ、という日本側が意図したテーマでもある。

一方、大和巌は、輝雄の心変わりを受容して光子との婚約を見直すための親族会議を招集。養父・巌の手紙を受け取った輝雄は、クルマを飛ばして大和家へ向かう。イメージとしては富士山から京都への移動である。

親族会議で、巌が「輝雄は光子に妹以上の感情は持てない、と言っている。いやむしろ、光子の存在を邪魔のように考えているらしい。そういう人間に自分の娘をやることはできない」と話す。それを聞いた光子は、絶望の淵に。辞世の句のような置き手紙を残し、輝雄との式で着る筈の花嫁衣装を持って家を出てしまう。

出演シーンは短いが、光子の乳母・おいくを英百合子が演じている。昭和一二年一一月三〇日、原節子はこの年に発足した東宝映画株式会社へ移籍。年末に再び英百合子と『母の曲』(山本薩夫)で共演することになる。

ここからラストまでの三〇分は、家出して自殺しようと「火の山」へと向かう光子と、光子を愛していることに気づいて、彼女を助けに向かう輝雄。命懸けのサスペンスが展開される。円谷英二の創意工夫が味わえる。

放心状態の光子が、桜並木を歩くショットでは、背景の桜がクローズアップとなる。ヒロインの哀しみを映像で巧みに表現した幻想的なシークエンス。ロケーションは昭和一一年春だが、原節子のセット撮影は九月。スクリーンプロセスにより、秋に春のシーンを撮影することができたのだ。その後、普通となる技法だが、画期的な撮影システムだった。このシークエンスに流れる音楽が《さくらさくら》である。

光子が「火の山」に向かう列車のシーンは、駅舎も車両も「愛宕山鉄道」でロケーション。京都・嵐山から愛宕山への参詣路線として清滝まで走行していた。戦前は愛宕山ホテルや飛行塔のある愛宕山遊園地もあり賑わっていた。大正五(一九二六)年に開業したが、戦時中は「不要不急線」に指定され、レールを軍に供出したために廃線となった。その「愛宕山鉄道」の貴重な映像記録でもある。

クライマックス、和装の原節子が「火の山」に登るのは、無理があるが、スタンドインも含めて山頂の和装姿の光子をロングショットで捉えるなど、リアルな描写が続く。この辺りはモンタージュの鮮やかさも含めて、さすが「山岳映画の父」である。

無事、輝雄が光子を救出。二人が下山するところで「火の山」が噴火。地震が起きて、麓の民家は絶大な被害を被る。この民家の倒壊シーンは、ミニチュアワークを活かして、映画表現の可能性を拡げ、のちの円谷特撮へと繋がっていく。

やがて輝雄と光子は結婚して、満州開拓へ。ラストシークエンスは、広大な大地をトラクターで開墾する輝雄。赤ちゃんを抱いて幸せそうな光子たちの一家の幸福を描く。そこに主題歌《青い空みりゃ》(作詞・北原白秋)が高らかに流れる。

『新しき土』は製作時から話題となり、製作中の昭和一一年一一月には「日独防共協定」が締結される。ファンクと同行していたベルリン日独協会のフリードリヒ・ハックは政治工作員で、日独防共協定締結のために暗躍した。『新しき土』により、ドイツ政府の外交政策が反日から親日に大転換。宣伝大臣・ゲッベルスが本作に最高映画賞を授与して、日独親善のイメージをアピールした。それまで日本でもヒトラー政権への批判があったが、防共協定後は、批判そのものができなくなる。

昭和一二年二月四日、東京では丸の内・帝国劇場、浅草・大勝館、新宿武蔵野館などで一斉公開された。「満一ヶ年の歳月と七〇万円の巨額を投じた日本で最初の世界的大名画」。ポスターの惹句である。

一週目は伊丹万作による「日英版」、二週目はファンクによる「日独版」が二週間にわたって上映された。当時としては破格の三週間上映。東京ではロードショーが終わると、歌舞伎座で二月二五日から五日間、五〇銭均一興行を開催。これも連日満員となった。ちなみに現在DVD化され、配信されているのはファンク版である。

伊丹万作による「日英版」公開時のプログラムには「来週は「獨逸版」公開」として次の様にアナウンスしている。

「この映画は劇としての面白さ、立派さを誇るために作ったものではなく、實に日本の大自然の姿と精神とを外国に紹介するため作った、偉大にして崇高なる文化映画である。そして今週只今上映しているものに、ファンク博士と伊丹万作との協同監督になる日本版でありまして會話は、全部、英語と日本語より成り、全世界に向って配給されるものであります。然るに次週一一日より公開される獨逸版は、その物語りは大體、日本版の方と大差ないが、ファンク氏自身が独力にて獨逸のために特に監督したものでその編輯に於いて日本版と非常に相異して居るものがあるのでありますす。日本版と獨逸版と御比較になってご覧になることも多いに有意義だと存じます。何卒、獨逸版の方もお見逃しなき様お奨めします。」(一九三七年二月四日　MUSASHINO NEWS S.Y54号・新宿武蔵野館)

三月一〇日、ドイツでのプレミア上映に招待された原節子は、義兄・熊谷久虎、東和商事の川喜多長政夫妻と共に、東京駅を立った。汽船で大陸に渡り、満鉄、シベリア鉄道を乗り継いでベルリンに到着したのは三月二六日。ドイツで原節子の通訳を担当したのが東京生まれのドロテア・ヘードヴィク・ハル・ペルツ夫人。《君が代》の編曲をした音楽家・エッケルトの孫だった。ライプツィヒ、ハンブルク、ミュンヘン、ケルンなど三〇か所での上映、舞台挨拶のハードスケジュールをこなした。

その後、原節子たちはフランスからアメリカに渡って、帰国したのが七月二八日。帰国後、J．O．スタヂオで、石田民三『東海美女傳』(一〇月二一日)に出演。東宝と専属契約を結んで『母の曲』(一二月一一日)から東宝女優としてスクリーンに美しい花を咲かせていく。

戦國群盗傳 前篇 虎狼

一九三七年二月一一日／P.C.L.＝前進座／滝澤英輔

提供＝東宝映画配給株式會社／製作＝P.C.L.映画製作所＝前進座／録音現像＝寫眞化学研究所／1937.02.11（前篇）・日本劇場／八巻・二、〇二三m・七四分（前篇）／日劇同時上映『武装せる市街』（一九三六年、パラマウント、スチュワート・ヘイスラー）同時上演「第十五回ステージ・ショウ ネオ・ゴンドリア」九景（二月一一日〜二〇日）

【スタッフ】演出・瀧澤英輔／音楽監督・山田耕筰／製作主任・村治夫／現場主任・氷室徹平／原作・三好十郎／脚色・梶原金八／撮影・唐澤弘光／録音・安惠重徳／装置・北猛夫／編輯・岩下廣一／演奏・P.C.L.管絃楽團／主題歌《野武士の歌》《恋ひ渡る》作詞・三好十郎、作曲・山田耕筰 コロムビア、レコード二九二〇四／助監督・黒澤明

【出演者】河原崎長十郎（土岐太郎虎雄）／中村翫右衛門（甲斐六郎）／河原崎國太郎（土岐次郎秀國）／山岸しづ江（田鶴）／千葉早智子（小雪姫）／坂東調右衛門（土岐左衛門尉）／橘小三郎（家老・山名兵衛）／市川笑太郎（野武士・治部資長）／中村鶴蔵（野武士・梵天）／助高屋助蔵（野武士・勝太）／市川莚司（野武士・猿丸）／中村進五郎（野武士・足柄岩松）／山崎進蔵（野武士・抗兵衛）／市川楽三郎（老僕・源吾）／嵐芳三郎（使者・畑山剛太夫）／瀬川菊之丞（代官・宮崎主人）／市川扇升（田鶴の弟・音蔵）／山崎長兵衛（百姓・六右衛門）／伊達里子（酌婦）／山縣直代（同）／宮野照子（同）／椿澄枝（同）／清川虹子／小島洋々／生方賢一郎

トップ・タイトルに「P.C.L.前進座ユニット作品」と出る。続いて作曲・山田耕筰、作詞・三好十郎による主題歌《野武士の歌》が流れる。

劇団前進座は、歌舞伎俳優の四代目河原崎長十郎、三代目中村翫右衛門《かんえもん》、五代目河原崎國太郎たちが昭和六（一九三一）年に結成した。舞台だけでなく、映画にも積極的に進出。日活太秦と提携して映画制作を続けていた。その前進座がP.C.L.と「二年間に八本」「一本あたりの撮影期間一ヶ月」という条件で映画制作を提携、これが第一回作品となる。

当初、第一回作品は、大佛次郎の原作を山本嘉次郎が脚色・演出する『ごろつき船』が決定していた。すでにキャ

スティング、台本読みも終わり、製作準備が整って、撮影隊が、昭和一一（一九三六）年九月二四日、伊豆大島ロケに出発。ちょうどその日、山本嘉次郎が大腸カタルで入院。製作中止となってしまう。

そこで急遽、企画を変更。ドイツの劇作家で詩人のフリードリヒ・フォン・シラーの戯曲「群盗」をベースにP.C.L.文芸部の三好十郎がシナリオを執筆した『戦國群盗傳』を製作することになった。シラーは、劇作家であり、ベートーヴェンの交響曲第九番《歓喜の歌》の原詞を手がけた詩人でもあり、日本でも広く知られていた。演出には、この年の晩秋、日活太秦からP.C.L.に移籍してきた滝澤英輔を、前進座が指名。三好十郎のシナリオが長すぎたため、滝澤は盟友・山中貞雄に全面改稿を依頼した。山中はマキノプロ時代、滝澤の後輩で、京都・鳴滝在住の若手映画人によるシナリオ集団「鳴滝組」を結成、「梶原金八」のペンネームで次々と野心作を手がけていた。ちなみに「梶原金八」のメンバーは、滝澤英輔、山中貞雄、稲垣浩、鈴木桃作、三村伸太郎、八尋不二、藤井滋司、萩原遼の八人。

また山中貞雄は、日活太秦で前進座との提携作品『街の入墨者』（一九三五年）の脚本・演出を手がけ、中村翫右衛門はじめ前進座の幹部たちの評価も高く、『街の入墨者』により前進座映画は映画界に注目され、P.C.L.との提携のきっかけともなった。

ともあれ、山中貞雄は本作を機に上京、P.C.L.に移籍した。自身の遺作にして最高作とされる『人情紙風船』（一九三七年八月二五日）を手がけることとなる。

一二月から御殿場でロケーションがスタート。この年、P.C.L.に入社した黒澤明が助監督として現場を支えた。黒澤は自伝『蝦蟇の油』（岩波書店、一九八四年）で、日の出前の撮影現場での様子を「まだ、暗い林の中で、火は赤々と燃え、その光で鎧姿の百姓達の姿が浮き出すように見える。それは、私も戦国時代に生きていて、たまたま、野武士の集団に出会ったような気持ちさえした」と述懐している。

この時の現場体験が、のちの黒澤映画にも多大な影響を与えた。御殿場ロケーションは『七人の侍』（一九五四年）、『蜘蛛巣城』（一九五七年）、『隠し砦の三悪人』（一九五八年）など黒澤作品の主要舞台となっていく。

北条氏政が関東管領になった永禄・元亀時代。伊豆・天城山を根城に、野武士たちが徒党を組んで暗躍していた。トップシーン、飲んで唄って大騒ぎの宴会。前進座の俳優たちがイキイキとしている。一際目立つのは策士でもある治部資長（市川笑太郎）、その弟分・梵天（中村鶴蔵）、そして若き野武士・猿丸（市川莚司）たち。特にのちの加東大介となる市川莚司が良い。彼らが唄う主題歌《野武士の歌》（作曲・山田耕筰）は、劇中で効果的に使われていく。

山田耕筰が手がけた映画音楽としては、昭和二（一九二七）年、ミナ・トーキー方式による初期の実験作『黎明』（小山内薫）、ドイツとの合作『新しき土』（一九三七年二月四日・J．O．伊丹万作、アーノルド・ファンク）に続いてこれが三作目。前述の主題歌《野武士の歌》は、黒澤明のお気に入りで、こうした合唱を時代劇に導入するスタイルは戦後の黒澤映画が踏襲することになる。

さて、野武士たちは強奪、陵辱なども厭わない悪党集団だが、ある日、放浪の野武士で「六十余州第一の狼藉者」と嘯く甲斐六郎（中村翫右衛門）が、治部の暴れ馬を奪って逃げ去る。その馬を百姓に売ろうとすると、その百姓から野武士が奪い取ったことが判明。甲斐六郎は、野武士たちとは距離を置いて、我が道を行く感じがいい。のちの植木等の無責任男のようなマイペースのキャラクターが魅力的。

一方、天城を納める土岐左衛門尉（坂東調右衛門）には、二人の息子・太郎虎雄（河原崎長十郎）と次郎秀國（河原崎國太郎）がいた。太郎は管領家である北条氏に献納する軍資金を護送する命を帯び、許嫁・小雪姫（千葉早智子）を残して出立するも、その情報を嗅ぎつけた野武士たちの襲撃に遭い、甲斐六郎が軍資金を奪い去る。

傷つき倒れた太郎を、そうとは知らずに助けて手当をする六郎は、彼が太郎と知るや素直に詫びて軍資金を返す。

その頃、土岐家には、太郎の危急を知らせに、太郎の配下が戻ってくる。野武士に襲われて軍資金を奪われたと報告を受けるや、家老・山名兵衛（橘小三郎）はその配下を斬って捨てて「太郎様が軍資金を奪って逃走した」ことにしようと、次郎に言い含める。小雪姫に横恋慕していた次郎は、太郎を悪者にして虚偽の悪行を管領家に報告。太郎は極悪人として布告される。

追われる身となった太郎だが、持ち前の性善説で「軍資金を持ち帰れば誤解が解ける」と自ら出頭して牢獄に入れられてしまう。この辺りがシラーの原作の味わい。

そこで六郎は、野武士たちに太郎を救おうと檄を飛ばす。野武士は徒党を組んで牢を襲撃、太郎を救出するが、このシークエンスは総集編ではカットされている。続くシーンではいきなり太郎が野武士たちに「権謀術策の上に栄華を築く輩は総てわが敵だ。今日からはこの怒りと苦しみを忘れぬため、鎧兜も槍も太刀も皆、血の色に染めて戦うぞ」と宣言、彼らのリーダーとなる。

ここから太郎は自ら「天城の虎」と名乗って、義賊として、庶民を助け、権力者たちに抵抗していくロマンチシズム溢れる展開となる。ロングショットで富士の裾野を騎兵団が駆け抜けていく。戦後の黒澤明作品や稲垣浩の戦国スペクタクルでおなじみのヴィジュアルの原点がここにある。キャメラはP．C．L．映画のルックを作った名手・唐澤弘光。『前篇 虎狼』のクライマックスは、「天城の虎」たちのアジトである山塞、合掌造りの大きな建物を武装した役人たちが取り囲むスペクタクルである。根っからの悪党、女に

飢えた治部と梵天が、太郎が昵懇の百姓・六右衛門（山崎長兵衛）を殺して、その娘・田鶴（山岸しづ江）を連れ去ろうとする。その狼藉を、正義を標榜する太郎や六郎に咎められ、その反発から治部は役人に太郎を密告。山塞には火が放たれ炎上、中にいる治部以外の野武士たちは絶体絶命。果たしてどうなる？ これが前篇のラストとなる。

戦國群盗傳 後篇 暁の前進

一九三七年二月二〇日／P．C．L．＝前進座／滝澤英輔
提供＝東宝映画配給株式會社／製作＝P．C．L．映画製作所＝前進座／録音現像＝寫眞化学研究所／1937.02.20・日本劇場／八巻・一．八四一m・六七分（後篇）／一〇〇分（総集篇）／日劇同時上映「嵐の翼」（一九三六年、RKO、ルー・ランダース）／同時上演「第十六回ステージショウ　大島レヴュウ」（二月二一日〜二八日）

【スタッフ】演出・瀧澤英輔／音楽監督・山田耕筰／製作主任・村治夫／現場主任・氷室徹平／原作・三好十郎／脚色・梶原金八／撮影・唐澤弘光／録音・安恵重徳／装置・北猛夫／編輯・岩下廣一／演奏・P．C．L．管絃楽團／主題歌《野武士の歌》《恋ひ渡る》作詞・三好十郎、作曲・山田耕筰 コロムビア、レコード二九二〇四／助監督・黒澤明
【出演者】河原崎長十郎（土岐太郎虎雄）／中村翫右衛門（甲斐六郎）／河原崎國太郎（土岐次郎秀國）／山岸しづ江（田鶴）／千葉早智子（小雪姫）／坂東調右衛門（土岐左衛門尉）／橘小三郎（家老・山名兵衛）／市川笑太郎（野武士・治部資長）／中村鶴蔵（野武士・梵天）／助高屋助蔵（野武士・勝太）／市川莚司（野武士・猿丸）／中村進五郎（野武士・足柄岩松）／山崎進蔵（野武士・抗兵衛）／市川楽三郎（老僕・源吾）／嵐芳三郎（使者・畑山剛太夫）／瀬川菊之丞（代官・宮崎主人）／市川扇升（田鶴の弟・音蔵）／山崎長兵衛（百姓・六右衛門）／伊達里子（酌婦）／山縣直代（同）／宮野照子（同）／椿澄枝（同）／清川虹子／小島洋々／生方賢一郎

『戦國群盗傳 後篇 暁の前進』は、前篇のラストから一年。命からがら逃げ出した野武士たちは約半数に激減するが、残党たちが太郎と六郎の元に再集結して復讐を誓い合う。治部は報奨金で贅沢三昧。その酒宴の席には、P．C．L．の伊達里子、山縣直代、宮野照子、椿澄枝たちが登場して色を添えている。そのひとり山縣直代が、治部の顔を見て、大声で笑い出す。唐突で不気味だが、その前のシーンがカットされているので、このシーンはよくわからない。そこへ、六郎が治部を「探していた」と現れる。にこやかな表情の六郎に、裏切り者の治部は、狼狽えるが、六郎はフレンドリーに火縄銃の使い方を教えて欲しいと頼む。安心した治部が指南、縄に火をつけたところで、屋敷の外景。バーン

という銃声。

六郎は治部に「落とし前」をつけに来たことがわかる。何を見せて、何を隠すか。この辺り「鳴滝組」の映画らしい鮮やかさである。

一方、土岐では、実権を握った山名と次郎が、左衛門尉を亡き者にしようと、次郎は父を遠乗りに誘い、崖下に突き落す。しかも次郎は亡き父の遺言として小雪姫に結婚を迫る。さあ、どうなる?

六郎は崖から落ちて傷ついた老人を助け、山塞で治療をしていた。太郎はそれが父・左衛門尉と知って驚き、今までの不徳を詫びる。父から山名と次郎の奸計を聞いた太郎は、土岐の屋敷に乗り込む。

ラストのショットが素晴らしい。真冬の富士山をバックに、勝利の凱歌を上げる野武士集団の馬列が、晴れがましく前進していく。そのロングショット。空はどこまでも青く、空気は澄んでいる。まさに、のちの東宝娯楽時代劇スペクタクルの原点である。

戦国スペクタクルでありながら、シラーの「群盗」のエッセンスが、どこか一八世紀のドイツ文学の精神的自由さ、ロマンチシズムを感じさせる。日活時代劇の味わいとP.C.L.のモダニズムが適度な按配で融合。これがP.C.L.にとっては初の時代劇スペクタクル大作となった。

本作以降、東宝時代劇のロケーションは御殿場で行われるのが定番となる。滝澤英輔も次作『東海道は日本晴』(七月一日、脚本・山中貞雄)で早速、御殿場を中心にロケーション。

黒澤明にとって本作の影響は大きく、戦後、昭和三四(一九五九)年に、自らが山中貞雄のシナリオを脚色。甲斐六郎=三船敏郎、土岐太郎虎雄=鶴田浩二、小雪姫=上原美佐のキャスティング、杉江敏男の監督でリメイクされた。

うそ倶楽部

一九三七年三月一日／P．C．L．／岡田敬
提供＝東宝映画配給株式會社／製作＝P．C．L．映画製作所／録音現像＝寫眞化学研究所／1937.03.01・日本劇場／八巻・一、九七八m／五八分／日劇同時上映『潜水艦SOS』（一九三七年、RKO、アール・C・ケントン）／同時上演「第十六回ステージショウ　大島レヴュウ」（三月一日～一〇日）

【スタッフ】演出・岡田敬／製作主任・萩原耐／現場主任・今井武／原作・東京日日新聞連載、大阪毎日新聞連載「うそ倶楽部」より／脚色・岡田敬、伊馬鵜平／撮影・吉野馨治／録音・片岡造／装置・安倍輝明／編輯・岩下廣一／音楽監督・谷口又士／演奏・P．C．L．管絃楽團／主題歌《うそ倶楽部》（作詞・伊藤松雄、作曲・三宅幹夫）ビクターレコード・五九五〇

【出演者】藤原釜足（大槻半四郎）／岸井明（大槻京助）／徳川夢聲（祖父）／吉本興業専属・春本助次郎（植木屋・ホラ新）／ビクター専属・小唄勝太郎／英百合子（半四郎の妻）／椿澄枝（長女・ヨシ子）／大村千吉（孫）／沢村貞子（日活）／清川虹子（お手伝いさん）

『うそ倶楽部』は、岸井明と、「じゃがたらコムビ」の相棒・藤原釜足の共演作。主演はもうひとり、活動弁士から映画俳優となった文化人・徳川夢声である。この映画の企画は、古川緑波のアイデアによるもの。東京日日新聞・大阪毎日新聞連載「うそ倶楽部」に材をとり、「人は何気なくうそをついているもの」「うそは生活の潤いにもなるが、時にはトラブルの原因にもなる」という視点で、緑波が「映画にしたら面白かろう」とP．C．L．のプロデューサー・伊馬鵜平に提案して映画化されたもの。

なのでノンクレジットだが原案・古川緑波である。この経緯は『古川ロッパ昭和日記 戦前編』の昭和一二（一九三七）年あたりに詳しい。脚本は伊馬鵜平と岡田敬。登場人物全員が「小さなうそ」「大きなうそ」をついて、それで揉め事にもなるが、最後が「うそから出たまこと」で、誰もがハッピーとなる。

天正八年、大槻家の先祖が、戦乱のさなか、子孫のため

にお宝と思い込んでいるガラクタを埋めて、その在処の地図を後世に残した。その、眉唾の伝説をまことしやかに祖父・徳川夢声が孫（大村千吉）に話している。その息子・大槻半四郎（藤原釜足）は人造羊毛会社に勤めている。しっかりものの妻・英百合子が、晩酌は一デシリットルと決め、きっちり測って、家計を守っている。

お手伝いさん（清川虹子）の恋人で植木屋のホラ新を演じているのは、吉本興業専属の落語家・二代目春本助次郎。このホラ新がいい加減な男で、ガラクタを御隠居に高値で売りつけては小遣い稼ぎをしている「口から先に生まれてきたような男」。

さて大槻家の二階には、医学生と偽って本当は音楽大学に通っている甥・大槻京助（岸井明）が下宿していて、長女・ヨシ子（椿澄枝）と目下恋愛中。二人は内緒で付き合っていて、毎晩、外でランデブーをしている。

この大槻家の面々が次々と遭遇する、大小の騒動を明るい笑いで描くホームドラマ。戦後、東宝のドル箱となる江利チエミの「サザエさん」シリーズの原点のようなアプローチ。

京助くんは、密かにビクターの歌手のオーディションを受けていて、もう少しでレコードデビューできそうな勢い。その帰りに「白木屋の食堂で待っていて」とヨシ子に言うセリフがあるが、白木屋は日本橋にあった百貨店。ビクターのスタジオでレコーディングを終えると、ロビーにいるのは小唄勝太郎。その勝太郎に、お祖父ちゃんが夢中で、という設定も後半に生きてくる。

ある日、半四郎がお祖父ちゃんに、「我が社ではガラスから羊毛を作る発明をした」と企業秘密を漏らしてしまう。戦後盛んになるグラスウールである。その会話を立ち聞きしたホラ新が、床屋で得意げに話す。それを大日本人造羊毛株式会社社長が聞いていたため、半四郎はクビになる。そのことを言えない半四郎。ここで「うそ」をついてしまう。

新聞に「右ノ者今般当社ヲ罷免ス」と社告が出て、妻とお祖父ちゃんにバレて、半四郎は窮地に陥る。同じ紙面には京助も記事になって「レコード界に天才歌手現はる　智恵巡こと大槻京助君　制服を捨ててデビュー」と大々的に報じられてしまったのだ。京助のピンチを救ったのが、たまたま家を訪ねてきた小唄勝太郎だった。お祖父さん、京助が小唄勝太郎の知り合いと知るや、急に歌手デビューを応援することになる。これも「うそから出たまこと」。

こんな感じで「うそから出たまこと」のエピソードが次々と綴られる。失業した一家の主人・半四郎にとって、頼みの綱は、先祖伝来の「埋蔵小判」だった。このクライマックスが、なかなか面白い。気を利かせたホラ新が、田舎に先回りして「小判王大歓迎」の横断幕を掲げて、お祖父ちゃんと半四郎を迎える。

派手なジンタが《東京節》を演奏して大歓迎。しかもホラ新、労働者も雇って、地元の人たちが集まっての大騒ぎ。今度は、後に引けなくなったお祖父ちゃんが窮地に立たされて……。

最後はあっと驚く急展開となるが、このシチュエーションは、山田洋次監督『喜劇一発勝負』(一九六七年、松竹)の後半、食いつめたドラ息子のハナ肇が、温泉を掘り当てて、大逆転をする展開とよく似ている。

ジャズ・シンガー、岸井明の歌唱シーンがお楽しみだが、なかなか唄わない。タイトルバックの《うそ倶楽部》(作詞・伊藤松雄、作曲・三宅幹夫)は、レコードではロッパが唄っていたが、映画版は岸井明。劇中、ハイキングに行くシーンでも岸井が唄う。ビクターのスタジオでのレコーディングの場面でも、歌が終わったカットから入る。自宅の二階の物干しで、ヨシ子と《楽しき我が家》を少し口ずさむ。

満を持してのラストシーン。歌手となった京助くんが、温泉旅館のバルコニーで「スイートハート=スーちゃん」を前に、ジャズ・ソング《スーちゃん Sweet Sue, Just You》(作曲・ヴィクター・ヤング)を唄ってくれるのだ! 昭和一二年二月二〇日にリリースされたばかりの新曲でレコードでは岸井明の日本語訳の歌詞だったが、ここでは映画版オリジナルとなっている。

♪月の夜も　星の夜も　ヨッちゃん　ヨッちゃん
いつも見る　君の夢　お丶ヨッちゃん　ヨッちゃん
ふとさめて　真夜中に　今の夢を思う
目に浮かぶ　君の顔　お丶ブーちゃん　ブーちゃん
腰弁の会社員　つまらんぞ　つまらんぞ
晩酌は一デシリットル　つまらんぞ　ああつまらんぞ
クビになっても　平気です　うそから出たまこと
素晴らしい　宿屋のおやじ　ぼくのおじさん
うそついて　金掘れば　お祖父さん　お祖父さん
その代わり　お湯が出る　お祖父さん　お祖父さん
いつもいう　口ぐせの　うそから出たまこと
おお素晴らしい　お湯が出る　(インスト)

この岸井明の歌声を聞いていると、ああ、このまま戦争の時代にならなければ良いのに……としみじみ思ってしまう。岸井明の歌声は、人の心を柔らかくして、幸せに導いてくれるのである!

ああ、楽しき哉! 戦前のジャズ・ソング!

からゆきさん

一九三七年三月一一日／P．C．L．＝入江ぷろだくしょん／木村荘十二
提供＝東宝映画配給株式會社／製作＝P．C．L．映画製作所＝入江ぷろだくしょん／録音現像＝寫眞化學研究所／1937.03.11・日本劇場／七巻・一、六一二m／五九分／日劇同時上映『空の特種』（一九三六年、ワーナー、ニック・グラインド）／同時上演「喜劇 俺は水兵」六景・柳家金語楼出演（三月一一日〜二〇日）

【スタッフ】原作・鮫島麟太郎／演出・木村荘十二／脚本・畑本秋一、東坊城恭長／製作主任・村治夫／現場主任・石橋克巳／撮影・立花幹也／装置・山崎醇之助／録音・金山欣二郎／編輯・岩下廣一／音楽担當・紙恭輔／演奏・P．C．L．管絃楽團／主題歌《からゆきさんの歌》《さらば愛児》（作詞・時雨音羽、作曲・細川潤一）
【出演者】入江たか子（おゆき）／清川虹子（たね）／清川玉枝（すぎ）／毛利菊枝（からゆきさん）／島田好乃（千代）／三條利喜江（まつ）／大月光子（たま）／伊達里子（こと）／丸山定夫（ゆきの兄）／北澤彪（羽島先生）／滋野ロヂェー（アントン）／御橋公（カトリックの神父）／鶴丸睦彦（世話役）／小杉義雄（村の有力者）／小島洋々（二重廻しの男）／嵯峨善兵（大和さん）／柳谷寛（司会者）

作家・鮫島麟太郎が昭和一一（一九三六）年『週刊朝日』（第二九巻五号）に発表した「からゆきさん」は、長崎県天草半島の「波無村」を舞台に、「からゆきさん」として南方で苦労してきた女性たちとそのコミュニティへの村人の無理解、埋まることのない溝を描いている。

この年、成瀬巳喜男『女人哀愁』（一月二一日）で、P．C．L．映画とユニット製作提携をした入江たか子の入江ぷろだくしょんが、大ヒット作『良人の貞操 前後篇』（四月一日・二一日）の直前に選んだ題材が、鮫島麟太郎の「からゆきさん」の映画化だった。入江ぷろだくしょん作品は女性映画中心で、いずれもメロドラマが多い。そういう意味では異色作であるが、そこに入江たか子のプロデューサー感覚が感じられる。

脚色は日活大将軍、太秦出身の畑本秋一と、入江たか子

の実兄・東坊城恭長。畑本は『貞操問答 高原の巻・都会の巻』（一九三五年、入江プロ＝新興キネマ）、『白衣の佳人』（一九三六年、入江プロ＝日活）と入江プロ製作のシナリオを手がけてきた。これを踏まえての入江の指名だろう。P．C．L．創立以来、音楽映画、文芸映画など様々なジャンルを手がけてきたエースの木村荘十二が演出にあたっている。

また、入江たか子扮するヒロイン・ゆきが、英国人医師との間に産んだ息子・アントンがドラマの要となる。アントンを演じた滋野ロジェー（ロジェ滋野）は、端正な顔立ちでフランス人と日本人のハーフ。本名は滋野清旭。その父・滋野清武男爵は、音楽家だったがフランス外人部隊に所属し、第一次大戦に従軍。対ドイツ空中戦の一級パイロットとしてレジオンドヌール勲章を授与され、エース・パイロット「バロン滋野」と呼ばれた。清武はフランス人、ジャーヌ・エイマールと結婚、一女、二男を設けて、大正九（一九二〇）年に帰国、その次男が滋野ロジェーである。父・バロン滋野は、大正一三（一九二四）年、四二歳の若さで急死。母・滋野ジャーヌは、夫の死後、横浜でフランス語教師をして息子を育てていた。

残念ながら現存するフィルムにはタイトルバックが欠落している。スタッフ、キャストのクレジットに続いてスーパーが出る（CS放映の際にはテキストで再現されていた）。

「むかし西日本が、外國貿易の中心地となってゐた頃のことその地方の貧しい人々の或る者にとって、悲しい救ひの一つは、
その娘達を外國へ出稼ぎに送ることであった。
〝からゆきさん〟さう言ふ人達をいつの頃からかこの附近で、
〝からゆきさん〟と呼んだ。」

「からゆきさん」は、江戸時代、寛永一六（一六三九）年頃に遡る。西洋との唯一の窓口だった長崎に丸山遊郭が誕生し、出島へ赴く遊女は「紅毛行」、唐人屋敷に赴く遊女は「唐人行」と呼ばれた。それが「からゆきさん」の語源となった。

江戸時代から長崎の外国人貿易業者により、日本人女性が妻妾や売春婦として数万人単位で東南アジアに渡っている。明治維新後も、農村や漁村の貧しい家庭の娘たちが、海外の娼館へと売られていた。その斡旋をしたのが嬪夫《ぴんぷ》と呼ばれた女衒たち。貧しい農村で年頃の娘を探して「異国での奉公」と称して親に現金を渡し、女性たちを買春業者に渡して稼いでいた。

「からゆきさん」は、シンガポール、中国、香港、フィリピン、ボルネオ、タイ、インドネシアから、シベリア、ハ

ワイ、アメリカ、アフリカなど世界中に渡っていた。

タイトルバックが明けると「明治三十九年」と字幕スーパー。貧しい漁村、深夜、巡査がパトロール中。撮影所のステージに作られたセットにスモークが焚かれている。道端に石炭の塊が落ちている。この村ではシンガポール行きの船に輸出用の石炭を出荷、その積み込みが終わったばかりで、荷車から落ちた欠片が転がっている。

「女かみゆい」の看板。二階には身売りする女たちがぎっしり。パスポートも持たない彼女達は深夜、貨物船にこっそり乗船する。巡査は「女かみゆい」の店先の老婆と会話。「明日、朝六時に出帆じゃとか」と老婆。「石炭ばかりじゃなくて、他のもんば、大分積み込んだことじゃろう」と巡査は、笑って去ってゆく。

やがて、わずかばかりの手荷物を持った若い娘たちが嬪夫に率いられてボートに乗り込む。ヒロイン・ゆき（入江たか子）が不安そうにしている。貨物船には人身売買を生業にしているトルコ帽の外国人、いかつい体型の船員が「からゆきさん」を待ち構えていて、乱暴に船に積み込む。海に荷物を落とす女の子。「お金が！　お金が！」と叫ぶが、「ネバーマイン」と船員。船は出航する。わずか三分で、島原地方の女性たちが「からゆきさん」として売り飛ばされていくプロセスをコンパクトに見せる。木村荘十二の確かな演出で、彼女たちを待ち受けている過酷な運命を観客にイメージさせる。

続いて「大正九年」のスーパーが出る。あれから一四年の歳月が流れている。波無村に向かう船。外国船が往来していた時代は過ぎ、すっかり村は寂れている。「あん頃、この辺の娘は、だいぶ石炭と一緒に南洋方面に出稼ぎに行って、一万じゃ二万じゃゆうて稼いできちょったが……」「からゆきか。からゆきももう近頃は、大分減ったごたるね」と乗船客。「ばってん、そげん時勢じゃろ、あげんごしゃ、どこの国じゃてん外聞の悪うしてほっとけんばい」。乗客の老人を若き日の東野英治郎が演じている。

明治四三（一九一〇）年、売春目的の日本人女性の海外渡航が国際的に批判を浴び、日本でも彼女たちは「国家の恥」と非難された。そこで海外の日本当局者は日本人売春宿を次々と廃止、母国の名声を保とうと取り組むようになった。風向きが変わったのである。その状況を短いセリフで説明している。

しかも帰国してきた女性たちのスタイルを「妙なもんを首に巻いて、異人くさか」と嘲笑している。家族のため、村のために苦労してきた彼女たちを醜業婦としてしか見ない。

この蔑視、侮蔑が女性たちを苦しめた。

デッキに立って、故郷の波無村を懐かしそうに見つめるゆき、その隣に混血児の息子・アントン（滋野ロヂェー）が立っている。船員（小沢栄）が「故郷へ帰るんだから、さぞ嬉しいだろうが、金を持って帰ったんなら、国より他にもっといいところがあるぜ」とアドバイス。「姐さんのような人たちには故郷なんてところは、誉めたところじゃない。とんでもねえ命取りの鬼門だ。遠くから見ているのが一番いいのさ」。小沢栄が、幾多の不幸を見てきた船員の優しさを見事に演じている。

シンガポールに出稼ぎに行った女性たちは、一〇年も二〇年も苦労をして、実家に送金して、家族の暮らしを支えてきた。やっとの思いで帰ってきても、家族や村人たちは、金だけが目当てだったという現実。人の良い女たちは、受け入れられたい一心で貯金を、地場産業「素麺」の機械購入や、火葬場建設費用に提供するが、結局、無視や嘲笑、陰湿な陰口など酷い仕打ちを受けていた。

そこで帰国女性たちは村外れの丘の上に自分たちのコミュニティを作る。ゆきとアントンも、ここに家を建てた。ゆきは一四年前、シンガポールに「からゆきさん」として渡るが、英国人医師・ケシマンに身請けされた。一人息子・アントンを授かり、ケシマンとの幸福な日々を過ごしていた。やがて夫は病没、アントンと共に波無村に戻ってきた。

アントンを演じた滋野ロジェーもまた、早くに父を亡くし、母によって育てられていた。ふとした表情、寂しげな佇まいは、そうしたロジェー自身に重なるのかもしれない。

アントンを自分の子供のように可愛がる、たね（清川虹子）、すぎ（清川玉枝）たちは、いずれも「からゆきさん」として海外で労苦を重ねて、やっとの思いで帰国。しかし「金の切れ目が縁の切れ目」で故郷には居場所がなく、丘の上のコミュニティで暮らしている。すぎの内縁の夫・大和さん（嵯峨善兵）は、女たちの宴会でせっせと料理を作り、酒を用意する気の良い男。原作では、大和さんもまたアジアに出稼ぎに行った「からゆきさん」（男性もこう呼んだ）で、現地ですぎ（原作ではキミ）と知り合い一緒に帰国。村人からの差別に耐えられずコミュニティに住んでいる。アントンの理解者の一人である。

そのアントンの最大の理解者が、学校の教師・羽島先生（北澤彪）。学校の帰り、波無小学校の五年生に編入したアントンが同級生たちに「唐から帰った、からゆきさんやーい」と、いじめられている。羽島先生は「弱い者を大勢でいじめたりするのは人間のクズだ。それにあの丘に住んでいる人たちは、皆いい人たちばかりなんだよ。村の人たちがいじめるので村にはいられなくなった。それでも村が好きで離れられずに、村の見える丘の上に家を建てて住んでいる。村の人たちが何を言ったって、君たちは仲良くしてあげなきゃいけないんだ」と、いじめっ子たちにリベラルな考えを教える。

原作ではアントンは、成績優秀の中学生。羽島先生は彼の入学時に「私生児だから」と懸念する校長に直談判して入学させた。休日にはアントンの家に遊びにきて、丘の上の女性や大和さんたちと交流。リベラルな存在で、小説は羽島先生の目線で展開していく。

映画に戻る。帰国前、ゆきは兄に、母子が住む家を建てて欲しいと送金したが、その金は、兄の借金返済や新式の製麺機に化けていた。しかもケシマンの遺産が目当ての兄はことあるごとに、ゆきから金を引き出していた。『ほろよひ人生』(一九三三年)から、P.C.L.専属として、木村荘十二作品にはほぼ全作出演してきた丸山定夫が、身勝手で無責任な兄を見事に演じている。妹への依存、ずる賢さ、人間としての弱さを、佇まいやちょっとしたセリフで表現。まさに「人間のクズ」である。

そんな家族のために、からゆきにまで落ちたゆきは夫の遺産を、アントンを立派に育てるためだけに使おうと決心する。

ある日、シンガポールからお千代(島田好乃)が帰国して、たねやすぎたちが宴会を開く。羽島先生も参加して楽しい宴となる。女性たちには子供がいないのでアントンを我が息子のように「アントンさん、アントンさん」と可愛がっている。コミュニティのマスコットのような存在。そこで千代が気になることをゆきに伝える。

ゆきは帰国の際、アントンの身元引受人、義兄・ケシマン氏に無断でアントンを連れ帰ってきた。ケシマン氏は、近くイギリスへ帰国することになり、アントンにロンドンで教育を受けさせたいと考えていて、近々、ゆきとアントンの行方を探して来日するかもしれない……。

その夜、公民館が全焼してしまう。再建資金をどうするか? 村人たちは思案する。そこで、近く村議への立候補を考えていたゆきの兄が、妹を口説いて、公民館新築のために一五〇〇円の寄付をさせる。アントンの将来を考え、村との折り合いもうまく行くようにと思い、ゆきは資金を提供する。

やがてケシマン氏が来日。日本人神父(御橋公)を伴って、ゆきに「アントンを渡して欲しい」と持ちかけるが、ゆきは拒否する。意地でもアントンは自分が育てる。コミュニティの女性たちも同じ気持ちだった。しかしアントンの本音は、叔父さんのいるシンガポールやロンドンで勉強したい。ここから母と息子の関係が微妙になる。

いよいよ公会堂が完成。その落成式に、感謝状を渡して表彰するのでアントンに出席して欲しいと依頼が来る。ゆきや仲間の女性たちは抵抗するが、結局、出席することになる。壇上のアントンに村人たちが心ない誹謗中傷をして、式典はめちゃくちゃになる。「からゆきさんが、もっとたくさん戻ってくれれば、こんだは市になるたい」。アントンはじっと堪えていたが、感謝状を受け取らずに舞台を降りてしまう。中傷や暴言が飛び交い、司会者（柳谷寛）がその場を収めようとするが、村人はますますエスカレート、収拾がつかなくなる。

そこで部屋を暗くして、予め用意していた「活動写真」を上映。『實寫 南洋の生活』なる記録映画。原作では、この映写機もフィルムもゆきが寄付した金で購入したもので、騒ぎを鎮める手段として上映。しかし椰子の木を昇る原住民が映り出すと「からゆきは、こげんとこにおったんじゃろう」「あれはおゆきさんの殿御たい」「今度はおキクさんにおスギさんの色男たい」とひどい中傷。暴走する村人たち。「アントン、南洋に帰りたいやろ！」。袖で我慢をしていたゆきの悲しい表情、会場のたねやすぎたちの怒り。たまりかねた大和さんが椅子を投げる。そこから大乱闘となる。このシーンは観ていて切ない。群集心理の恐ろしさ。村人のあまりの愚かさに、ゆきの怒りを観客が共有していく。

その酷さにたまりかねて、ゆきは舞台の中央に立つ。愚かな群衆に呆れ果て、手にしていたロザリオの鎖を引きちぎり投げ捨てる。激情の瞬間である。

ゆき「あなたたちはどこまで人をいじめるか！　こんなもの、こんなのもを寄付したのが間違いじゃったんじゃ。寄付した一五〇〇円は惜しゅうなかと。せめて上っ面なりと、せめて人間らしい付き合いばしてもらいたかった。あんたたちは蛆虫じゃ、蛆虫以下じゃ！」

入江たか子渾身の演技で、「からゆきさん」が味わってきた辛さ、苦しさ、怒りを代弁する。そのパッション。これまでも、これ以降もメロドラマでの入江たか子にはない迫力に圧倒される。入江たか子、生涯唯一のパッション溢れる怒りの演技である。

その夜、ゆきはアントンに、日本に連れて帰ってきたのは間違いだった。お前を台無しにしてしまうところだった。「母さんは、ただお前が偉くなった姿が見たい」と本音を話す。「父さんより、もっともっと立派になってくれた姿を見たいんじゃ」。アントンがシンガポールの義兄・ケシマン氏のところへ行き、イギリスで勉強させようと決意する。「お前が偉ろうなることなら、母さんはどげん辛抱でもするけん」。

鮫島麟太郎の原作には、義兄・ケシマン氏のエピソードは描かれてないので、後半は映画オリジナルの展開である。母の息子への思い、アントンのその後の幸せを観客に予見させるための脚色だが、ドラマの締めには相応しい。

やがてアントンの旅立ちの日。たね、すぎたちはその船出を止めようと懸命に港へ行く。すでにアントンはケシマン氏と乗船。アントンは「からゆき」ではなく、自分の故郷へ帰るのである。そのアントンを見送るために、女性たちはかつて密航のために乗った小さな船をチャーター。手を振る女性たち、力一杯手を振りかえすアントン。海上ロケーションでなかなか迫力がある。トップシーンの「船出」とエンディングの「船出」は、映画の額縁になっているが、その意味は大きく違う。木村荘十二の演出は、画面構成も含めていつもながらに見事である。

こうした「からゆきさん」の物語を戦後の人々が意識するようになるのは、ノンフィクション作家・山崎朋子が昭和四七（一九七二）年に発表した『サンダカン八番娼館――底辺女性史序章』（筑摩書房）と、熊井啓による映画化『サンダカン八番娼館 望郷』（一九七四年、東宝＝俳優座映画放送）のヒットからである。それよりも三〇年前、入江たか子がこの『からゆきさん』を自らのプロダクションで製作していたこと。まだ娘役や貴婦人役が多かったこの頃に、こうしたヒロインを演じていたことは特筆すべきである。

アントンを演じた滋野ロジェー（ロジェ滋野）の兄・ジャック滋野は、戦後、ジャズ・ピアニストとなり「和製カーメン・キャバレロ」として名を馳せる。ロジェーも幼い頃からドラムを始めてミュージシャンとなり、昭和三二（一九五七）年に「ブルー・コメッツ」を結成。その後「ジェリー藤尾とパップコーンズ」で出会った高木智之（高木ブー）、そして仲本工事と「ロジェ滋野とシャドーズ」を結成。戦後、ポピュラー音楽史に貢献、その後、洋画家として活躍した。

P.C.L.オンパレード 青春部隊

一九三七年四月一日／P．C．L．映画製作所／松井稔
提供＝東宝映画配給株式會社／製作＝P．C．L．映画製作所／録音現像＝寫眞化学研究所／1937.04.01・日本劇場／七巻・一．九五八m／五八分／日劇同時上映『良人の貞操』（P．C．L．、山本嘉次郎）／同時上演「第十七回 ステージ・ショウ 明治維新 七十年レヴュウ」二〇景（四月一日～一〇日）

【スタッフ】演出・松井稔／製作主任・萩原耐／現場主任・安藤由巳光／原作・脚色・永見隆二／撮影・友成達雄／録音・道源勇二／編輯・岩下廣一／音楽監督・谷口又士／演奏・P．C．L．管絃楽團／「青春部隊」主題歌・テイチク・レコードA《ジプシーの喫茶店》、B《小さい喫茶店》 一三五七／A《ボムバ》、B《青春謳歌》 一三五八／A《イタリーの庭》、B《カプリの島》
【出演者】千葉早智子（宮内の姉・貴美子）／竹久千恵子（小唄師匠）／堤眞佐子（瑛子）／佐伯秀男（日高）／神田千鶴子（かすみ）／山縣直代（緋沙子）／梅園龍子（ウーピー座の踊子）／若園（大川平八郎）／伊達里子（茶房ジョリ・モンドのマダム）／椿澄枝（ルリ子）／北澤彪（宮内）／英百合子（若園の母）／御橋公（質屋の主人）／嵯峨善兵（有賀先輩）、市川朝太郎（質屋の息子）／三木利夫（石坂）／柳谷寛（質屋の番頭）／江戸川蘭子（利根川百合子）／水上怜子／清水美佐子／村田初代／川原久美江／丸山昌治／西條英一／辯公（チンピラ）／大村千吉（質屋の丁稚）

トーキー時代を迎え、一九二〇年代末からハリウッドのメジャー各社は、自社の専属スターをラインナップして音楽シーンをふんだんにあしらった「顔見せ映画」を製作。トーキー初期のMGMでは『ホリウッド・レヴュー』（一九二九年）、パラマウントでは『パラマウント・オン・パレイド』（一九三〇年）、フォックスでは『１９３０年フォックス・フォーリース』（同年）など、各社がこぞって綺羅星のスターを揃えて、歌あり、笑いありのオールスター・レビュー映画を公開していた。

昭和八（一九三三）年、『音楽喜劇 ほろよひ人生』（木村荘十二）を第一作に、P．C．L．映画は自社の配給網を持たずに映画製作を続け、そのモダンなテイストが都会のインテリに受け、洋画ロードショー館での上映もあって、確実にファンを拡げていた。その後、自主配給を開始するが、都

市部はともかく全国での拡大上映は難しかった。

昭和一一（一九三六）年六月、東宝映画配給株式會社が設立してからは、全国各地の映画館でも上映されたが、それに脅威を感じた既存の松竹・新興キネマ・日活、大都の四社がこの年「東宝ボイコット宣言」を表明。四月一日から東宝ブロックのP.C.L.映画を抱き合わせ上映した館には、自社の作品を配給しないと宣言した。それに対抗すべく東宝カラー、魅力、スターをアピールすべく企画したのが『P.C.L.オンパレード 青春部隊』だった。

タイトルバックに流れるのは主題歌《青春謳歌》（作詞・山原泰二）。レコードでは藤山一郎が唄っている。カップリングは《ラ・ボムバ》。ドイツの学生の愛唱歌で、戦前の日本の大学生たちも口ずさんでいた。音楽映画なので、テイチクから『青春部隊』主題歌として《Aジプシーの喫茶店／B小さい喫茶店》《Aボムバ／B青春謳歌》《Aイタリーの庭／Bカプリ島》の三枚のレコードがリリースされている。音楽監督はP.C.L.管弦楽團のジャズ・トロンボーン奏者・谷口又士。《ジプシーの喫茶店》はディック・ミネが吹き込んでいる。

谷口は、明治四二（一九〇九）年に岡山で生まれ、大阪髙島屋少年音楽隊の第一期生となる。昭和三（一九二八）年にバンド・リーダー、井田一郎率いるチェリー・ランド・シンコペターズのメンバーとして上京。戦前ジャズ・シーンを支えたミュージシャンなので、モダンな音楽シーンがふんだん。

タイトルバックは、P.C.L.スタイルで登場人物のワンショットと役名が次々と出てくる。千葉早智子、竹久千恵子、堤眞佐子と三大女優がまずトップ。続いて若手スターの佐伯秀男はギター片手に登場。神田千鶴子は唄っている。

清楚な山縣直代、レビューのスター・梅園龍子、創設時からの専属・大川平八郎も学生役、喫茶店のマダムには伊達里子、可憐なウェイトレス・椿澄枝、生真面目な大学生・北澤彪、P.C.L.映画の母・英百合子、質屋の親父・御橋公、バンカラなOB・嵯峨善兵と質屋の倅・市川朝太郎、ちゃっかり屋の学生・三木利夫と質屋の番頭・柳谷寛、歌手・江戸川蘭子。いずれもおなじみのスターがずらりと顔を揃えている。

ハリウッドのカレッジ・コメディを意識しているので、佐伯秀男、大川平八郎、北澤彪がいずれも大学四年生の役である。千葉早智子と竹久千恵子は、スクリーンのイメージ通りに大人の女性役だが、堤眞佐子はなんと女学生！ 実年齢は一九歳だが、これまでもヴァンプや大人の女性役が多かったので、意外な感じである。

映画は、早稲田大学のキャンパスから始まる。授業を終えた学生が行きつけの茶房「ジョリ・モンド」に集まってくる。モダンなアールデコのセット。ウィンドウのフランス語や英語がおしゃれである。音楽好きの四年生、日高（佐伯秀男）と若園（大川平八郎）がにこやかに店へ入っていく。

小鳥の世話をしていたルリ子（椿澄枝）にキャメラを向けているのはカメラマニアの石坂（三木利夫）。喫茶店に流れている音楽は、アーヴィング・バーリン作曲の《チーク・トゥ・チーク Cheek to Cheek》。一九三五（昭和一五）年製作、翌年一月日本公開、フレッド・アステア＆ジンジャー・ロジャースの『トップハット』（ＲＫＯ）の主題歌である。テイチクでディック・ミネがカヴァーした《頬寄せて》などモダンなジャズ・ソングとして親しまれていた。

「いらっしゃいませ」と振り向くルリ子。折角のシャッターチャンスをフイにしてクサる石坂。「君たちのおかげで失敗だい」。みんなで大笑い。和やかな午後のひととき。

日高が来店してご機嫌なのは、彼にゾッコンのかすみ（神田千鶴子）。日高と若園はラグビー部の人気者。女の子の目当てはこの二人。三枚目の石坂は「俺もなんかスポーツをやっておけば良かったな」と笑う。

快活な三人とは全くタイプが違うのが、ガリ勉の宮内（北澤彪）。勉強に熱心なあまり、電車にカバンを忘れる。そのカバンを持って追いかけてきたのが質屋の娘・緋沙子（山縣直代）。清楚な彼女に一目惚れした宮内、なんとか緋沙子と話がしたいと人生初の質屋通いを始める。

そんな宮内は、ファッション・デザイナーの姉・喜美子（千葉早智子）と二人暮らし。喜美子は弟の出世のためには婚期も遅らせ、懸命に働いている。彼らが住んでいるのは高級アパート。隣室のレビュー・ガール（梅園龍子）たちは初日を前に、猛レッスン。そのレコードの音が、弟の勉強の妨げになると姉がねじ込む。

質屋の息子で、緋沙子の兄（市川朝太郎）は、師匠（竹久千恵子）にゾッコンで、その発表会の切符を茶房「ジョリ・モンド」のマダム（伊達里子）に売りつける。そんなスケッチが繰り広げられる。

さて、若園は田園調布の文化住宅で、母（英百合子）と二人暮らし。近くに親戚の娘で若園とは幼馴染の女学生・瑛子（堤眞佐子）が住んでいて、母親とは大の仲良し。若園も瑛子もお互いに惹かれ合っているのに、顔を合わせると喧嘩ばかり。

日高もまた田園調布に住んでいる。田園調布は大正七（一九一八）年、渋沢栄一たちにより「理想的な住宅地『田園都市』の開発」を目的として発足した「田園土地開発株式会社」が、大正一二（一九二三）年から分譲した高級住宅街。この映画でも放射線状に伸びた舗道や、戦後の日活青春映画でおなじみの並木路などの地形をうまく活かしたロケーションをしている。

質屋の息子は、勉強そっちのけで、レコードで小唄のレッスン。そこへ番頭（柳谷寛）が「この蓄音機を受け出しにまいりました」と持ち去る。こうした細かいギャグが随所にある。そんな倅を「少しは商売の方を覚える気になんないのかな」と嘆く親父（御橋公）の心配をよそに、暇さえあれば師匠の元へ。まるで落語の若旦那である。

さて、そんな学生たちの大先輩で、バンカラ気質で「俺に合った会社がない」と無職のままブラブラしている有賀（嵯峨善兵）もまた、マダムの喫茶店の常連。

こうしたスケッチがのんびりと展開、音楽シーンもふんだんにある。梅園龍子は、ウーピー座の踊り子で「レヴュー裏町の花」のレッスンに余念がない。梅園龍子は、昭和四（一九二九）年に、エノケンこと榎本健一の「第二次カジノ・フォーリー」に参加、一九三五（昭和一〇）年に成瀬巳喜男の移籍第一作『乙女ごころ三人姉妹』で、P.C.L.映画準専属となり、音楽映画のレビュー・シーンには欠かせないダンサーでもあった。彼女たちのレコードがあまりにもうるさいと、宮内の姉・喜美子がクレームを言って、止めさせるが、今度はアパートの別の部屋で酔った男たちが、渡辺はま子の《忘れちゃいやヨ》（作詞・最上洋、作曲・細田義勝）を大合唱。なんにもならない。

音楽好きの日高も、若園の部屋へ来て《カプリの島》（作詞・柏木みのる、編曲・杉原泰蔵）を一緒に唄う。戦後の若大将シリーズのような学生生活。この曲はディック・ミネ・エンド・ヒズ・オーケストラの歌と演奏で本作の主題歌としてリリースされた。

二人の歌に合わせて、瑛子も一緒に口ずさむ。堤眞佐子はP.C.L.第一期の専属スター。可憐な乙女からヴァンプ役まで演じてきたが、大正六（一九一七）年生まれなので、この時はまだ一九歳。

また、神田千鶴子のかすみが、茶房の開店準備をしながら唄うのは《小さい喫茶店 In einer kleinen Konditorei》（作曲・フレッド・レイモンド）。そこへ日高がギターケースを手に入ってきて伴奏を始める。「あら?」「かすみちゃんにそんな隠し芸があるなんて、ちっとも知らなかったよ」「まあ、嫌だわ」。睦まじい二人。椿澄枝のルリ子は気を利かせて、そっとバックヤードに隠れる。そのカットに鳥籠のつがいの小鳥。松井稔のチャーミングな演出。再び、すみれは、日高の伴奏で《小さい喫茶店》を楽し気に唄う。幸せなひととき。

質屋の息子も、竹久千恵子の師匠の元に足繁く通っていたが、内縁の夫が有賀先輩と知って大いにクサる。バンカラな先輩も彼女には頭が上がらない。

喫茶店の常連客、女の子たちが《青春謳歌》を楽しく合唱するシーンがいい。師匠から風呂代と散髪代と称しておい小遣いをせしめた有賀先輩も威勢よく唄っているのがおかしい。

そんな楽しい日々に、今年も別れを告げる時がやってくる。卒業試験のシーズンとなり、茶房「ジョリ・モンド」の女の子は、贔屓の学生たちとの別れを惜しむ。「もうじき、あの人たちともお別れね」「でもまた新しい学生さんたちが来るわ」「去年の今頃、やっぱりストーブを囲んで、こんな話をしたわね」。

そこで、かすみが鳥籠の前で《ジプシーの喫茶店》を唄い出す。日高との別れは寂しいけど、もしかしたら恋人になれるかもしれない。神田千鶴子のソプラノが美しい。

ある日の午後、御茶の水の「聖橋」のたもとで、人気歌手・利根川百合子（江戸川蘭子）が誰かを待っている。その姿に、こっそりとキャメラを向けるのが、三木利夫の石坂。「聖橋」は、昭和二（一九二七）年、震災復興計画の一環として、神田川の上に本郷通りを渡すために架橋された。設計・デザインは永代橋や、戦後には神奈川県川崎市の長沢浄水場などを手がけた、モダン建築の雄・山田守。

石坂の思いをよそに、歌手・利根川百合子は待ち合わせていた学生と、改札口の中に消えていく。この学生の正体はラストに明らかになる。取り残されてがっかりする石坂。

一方、宮内は意を決して緋沙子の質屋へ。姉に内緒で服を質に入れるも緋沙子には会えずじまい。その質札をみて驚いた姉に、ことの次第を説明。「お姉さんに任せて」と、姉が緋沙子に会いに行くと、それが彼女の婚礼の日だった、という苦いオチとなる。

やがて春。学生たちの就職も決まり、卒業式の後に、茶房「ジョリ・モンド」で大々的なお別れパーティが開かれる。ネクタイに背広姿の若者たち。P．C．L．管絃楽團がスウインギーにジャズを演奏。すみれもルリ子もお酌をして回る。晴れやかな宴。

有賀先輩は夫人・竹久千恵子を同伴して出席。ビール樽を寄贈してドヤ顔。そして司会の石坂が「新進歌手、利根川百合子さんをご紹介します」。江戸川蘭子が美しい歌声でタンゴを唄う。そこで日高のフィアンセはなんと百合子だったことが明らかになる。バンドがウエディングマーチを奏でる。失恋のショックのかすみを、じっと見つめるルリ子。ルリ子はバンドに駆け寄り、バンマスの谷口又士に耳打ちをする。

伴奏に合わせて、アーヴィング・バーリンの《頬寄せて》

をチャーミングに唄い出すルリ子。続いて若園が「♪二人の恋の天国」と瑛子に唄いかける。若園も瑛子と婚約したのだ。続いて瑛子も唄い、全員でコーラス。トップシーンにレコードで流れていた《頬寄せて》が出演者によってリフレインされる。至福の瞬間。

最後にかすみがステージ中央で挨拶する。

「皆さんのご卒業を心から嬉しく思います。けれど、本当を言うと私たちは皆さんとお別れする悲しみが、ずっとずっと余計なのです。なんだか春が逝ってしまうような気持ちなのです。でもやっぱり、皆さんの出発をお見送りしたいと思います」。

かすみが指揮棒を執って、主題歌《青春謳歌》を全員で高らかに合唱してエンドマーク。「P．C．L．オンパレード」に相応しいエンディングである。

なお当時制作された「梗概」によれば、ルリ子の恋人・杉本君としてリキー・宮川が出演して、与太者に襲われているところを日高に助けられ、学生グループに参加するとあるが、現存するプリントではリキー宮川は出演していない。

モダンな音楽映画を制作してきたP．C．L．ならではの明朗青春映画。専属スターのカタログとしても、戦前のカレッジ・ライフに触れる意味でも、楽しい一本となった。

良人の貞操 前篇 春来れば

一九三七年四月一日／P.C.L.映画製作所／山本嘉次郎
製作＝P.C.L.映画製作所＝入江ぷろだくしょん／配給＝東宝映画配給株式会社／録音現像＝寫眞化学研究所／1937.04.01・日本劇場、大阪千日前敷島倶楽部／九巻・二、三三四m・八五分／日劇同時上映作品『青春部隊』（P.C.L.、松井稔）／同時上演「第十七回 ステージ・ショウ 明治維新 七十年レヴュウ」二〇景（四月一日〜一〇日）

良人の貞操 後篇 秋ふたたび

一九三七年四月二一日／P.C.L.映画製作所／山本嘉次郎
1937.04.21・日本劇場／九巻・二、三四一m・八五分／日劇同時上映『Gメンの行動』（一九三五年、ユニバーサル、チャールス・フォード）／同時上演「第十八回ステージ・ショウ 孔雀と杜若」一一景（四月二一日〜三〇日）
総集篇・一〇四分

【スタッフ】原作・吉屋信子／東京日日新聞・大阪毎日新聞連載／演出・山本嘉次郎／応援演出・東坊城恭長／製作主任・村治夫／現場主任・谷口千吉／脚色・木村千依男、山本嘉次郎／撮影・三浦光雄／録音・鈴木勇／装置・久保一雄／編輯・岩下廣一／音楽監督・清田茂／演奏・P.C.L.管弦楽団／主題歌 A《邦子のうたへる》、B《加代のうたへる》（作詞・吉屋信子、作曲・中山晋平）ビクターレコード 五三九七六／助監督・黒澤明
【出演者】入江たか子（加代）／髙田稔（信也）／千葉早智子（邦子）／堤眞佐子（照子）／丸山定夫（兵助）／御橋公（白石）／清川虹子（安子）／三島雅夫（善三郎）／杉寛（丸尾専介・東宝）／高峰秀子（邦子の妹・睦子）／三條正子（加代宅の女中）

昭和一二（一九三七）年三月、松竹・新興キネマ・日活、大都映画の四社は、提携している全国の映画館一六〇〇館に対して「四月一日以降、東宝系の映画を上映した場合は、以後の作品の配給をしない」と宣言。「東宝ボイコット」事件と呼ばれる騒動が起きた。

昭和一一（一九三六）年に東京宝塚劇場を母体に「東宝映画配給會社」が設立された。同社は、前述の四社と契約している全国の映画館に、P.C.L.やJ.O.など東宝系作品の併映を持ちかけ、P.C.L.映画の市場は一気に拡大した。それを脅威と感じた邦画四社が昭和一二年四月一日以降、東宝ブロック作品の抱き合わせ上映を禁じる「東宝ボイコット」を宣言。それを打破するには、地方の小さな映画館でも上映してもらえる魅力的な作品が必要となる。四月一日公開で、大ヒットを見越した映画企画が急務となった。

そこでP.C.L.取締役の森岩雄は、前年一〇月からこの年の四月にかけて「東京日日新聞」と「大阪毎日新聞」連載の新聞小説、吉屋信子の『良人《おっと》の貞操』（一九三七年、新潮社）の映画化を企画した。自らのプロダクションを設立して日活、新興キネマと提携して映画製作をしてきたトップ女優・入江たか子を主演に迎えた。すでに入江ぷろだくしょんとは、この年、『女人哀愁』（一月二一日・成瀬巳喜男）と続く『からゆきさん』（三月一一日・木村荘十二）で提携、第三作となる。

監督に抜擢されたのが、昭和九（一九三四）年、『エノケンの青春酔虎傳』でエノケン映画の時代を拓き、P.C.L.のエース監督としてヒット作を手がけてきた山本嘉次郎。メロドラマはライバルの松竹のお家芸でもあり、演出にあたってのプレッシャーはなまなかのものではなかった。

「その勝敗は、一にかかって、ボクの『良人の貞操』の出来栄え如何にあるというのだから、ボクはつらい。この映画で、全国の映画館主を惚れさせるか、ソッポを向かせるか、まさに命の瀬戸際というところである」と著作『カツドオヤ紳士録』（一九五六年、鱒書房）で、その時のことを回想している。

そこで森岩雄は社運をかけて、キャスティングにも力を入れた。ヒロインの入江たか子の親友役にして、夫を入江に取られる妻役に、P.C.L.の看板女優・千葉早智子。自らのプロダクションを率いていた二枚目俳優・高田稔を、入江の相手役、千葉の夫役に起用。そして、千葉早智子の妹役には、この年の一月、藤本真澄が松竹から引き抜いた高峰秀子を抜擢。高田稔は、松竹蒲田の二枚目スターでその後、不二映画、新興キネマに移籍、高田稔プロダクションを設立して意欲的にトーキー映画製作を行っていた。この年の二月にP.C.L.映画と契約、これが入社第一回作品となった。

吉屋信子の同名新聞小説は、「浮気は男の甲斐性」が一般的だった時代、それまで一方的に女性のみに当てられてた「貞操」という概念を、男性の「不貞」を指す言葉にした。夫の「貞操」を女性映画の視点で描いて、センセーショナルを巻き起した。その映画化は、いわば新時代の「女性映画」でもあった。

原作のプロットはこうである。夫が早逝したヒロイン・加代は、親友・邦子の夫の信也と熱烈な恋愛の果てに、彼の子を身籠る。それを知った邦子は夫の不貞を嘆き、親友の裏切りに傷つけられ、離婚を決意。しかし、夫の贖罪を受け、男の身勝手さ、身体を痛めてしまった加代へ、限りない憐憫の情を抱く。それでも夫を愛していた邦子は、加代が産んだ信也の子を引き取って育てることを決意する。やがて加代は、南方政策に乗ってフィリピンで成功した実業家と結婚するため、日本を後にする。

といった、昭和一二年にしてはかなりアンモラルでセンセーショナルな展開だが、普遍的なテーマでもあった。

ある日、山本嘉次郎が銀座のビヤホールで、ウェイトレスから『良人の貞操』のキャスティングについて聞かれ、「加代は入江たか子、信也は高田稔、邦子には千葉早智子」と答えると、その度に「キャー!」の連続で、「こいつァ当たるぞ!」と確信したという。

山本嘉次郎が自ら脚色にあたったが、P.C.L.映画と東宝ブロックの命運をかけて、自らの娯楽映画のノウハウをすべて投入。「これまでにヒットした映画、小説、劇などを分析してヒットの要因を探り出し」、セオリーに則ってシナリオを執筆。当時の公序良俗に配慮して映画としてはギリギリのモラルを保持した。それゆえ、原作からはかけ離れ、吉屋信子の逆鱗に触れてしまう。

吉屋信子は「私がシナリオを書くから、一言一句変えてはならない」と厳命。連日、撮影所にその日の撮影分を届けてきた。しかし山本は「小説と映画は勘どころが違う」と拒絶。吉屋はますます怒り心頭。森岩雄に監督交代を命じた。しかし山本の才能を高く評価していた森岩雄は、吉屋を説得しつつ、山本には「好きなように撮れ」とすべてを任せた。

山本脚色はこういう展開となった。邦子(千葉早智子)の女学校時代からの親友・加代(入江たか子)は、九州に嫁いで幸せな日々を過ごしていた。しかし、加代の夫が急逝、幼子を抱えた加代は夫の実家から追い出される。上京した加代の就職や住居の世話を邦子から頼まれた信也(高田稔)は、加代の娘を我が子のように可愛がり、家族ぐるみの付き合いとなる。邦子との間の子供がいない信也は、自ずと加代の娘を溺愛するうちに、加代は信也に惹かれていく。

信也もまた加代を愛しはじめ、二人は邦子に隠れて逢瀬を重ねる。銀座に勤めている加代が、信也に会うために地下鉄に乗る。銀座四丁目の服部時計店、地下鉄銀座線の銀座駅、二人が待ち合わせする上野駅のホーム。ロケーションが効果的で、昭和一二年のメトロ風景が晴れがましい。上野駅のホームで加代を待つ信也。入線してきた車両には、邦子の妹・睦子（高峰秀子）が乗っていて、思わず信也は顔を隠す。当時としてはアンモラルな描写だった。

とはいえ、二人は一線を超えない。それはマストだった。上野寛永寺の参道を歩く二人。加代は信也に別れを切り出す。入江たか子と高田稔。美女と美男のよろめきドラマに、女性観客はドキドキ、その切ない顚末に涙を流した。

山本嘉次郎は、本作の現場主任（チーフ助監督）に谷口千吉を起用、セカンド助監督には黒澤明、サード助監督には本多猪四郎を選んだ。この三人はP.C.L.映画が繚乱した昭和一二年から映画制作の現場を支え、戦後は東宝娯楽映画の黄金時代を牽引していく三羽烏となる。

ちなみに、昭和二九（一九五四）年、黒澤明は『七人の侍』、谷口千吉は『潮騒』、本多猪四郎は『ゴジラ』を演出。それぞれの代表作となり、来る昭和三〇年代の東宝映画のドル箱となる「大作時代劇」「青春映画」「特撮映画」のジャンルを切り拓いた。彼らはいずれも山本嘉次郎の門下生だった。

また、本作の応援演出・東坊城恭長は入江たか子の実兄で、入江ぷろだくしょんの設立者であったが、才能に恵まれず本作の製作途中で降板、失意のまま昭和一九（一九四四）年に四〇歳の若さで、結核で病没。

「東宝ボイコット事件」の昭和一二年四月一日に公開された『良人の貞操 前篇』は、空前の大ヒットを記録。同時期の他社作品に比べてダントツの興行成績を上げた。この勢いに乗って、P.C.L.映画製作所、寫眞化学研究所は、この年の九月一〇日、京都のJ.O.スタヂオ、東宝映画配給株式會社から発展した東宝映画株式會社に吸収合併される。

なお、前編は、有楽町日劇では『青春部隊』と併映で公開、大阪千日前敷島倶楽部では二〇世紀フォックスのドル箱スタアシャーリー・テンプル主演『テムプルちゃんのゑくぼ』（一九三六年、ウイリアム・A・サイター）と同時公開された。この映画の大ヒットを受けて、松竹大船撮影所では、それまでのモダンコメディ路線から、地方にも強い、メロドラマ路線を強化、この年から翌年にかけて雑誌「婦人倶楽部」に連載された川口松太郎の「愛染かつら」を、田中絹代、上原謙の主演で昭和一三（一九三八）年に映画化。空前のブームを巻き起こすことになる。そういう意味でも『良人の貞操』がもたらした影響は大きい。

ハリキリボーイ

一九三七年四月一一日／P.C.L.／大谷俊夫
提供＝東宝映画配給株式會社／製作＝P.C.L.映画製作所／録音現像＝寫眞化学研究所／P.C.L.・東宝・ロッパユニット作品／1937.04.11・日本劇場／八巻・二〇六一m／七五分／同時上演「ロッパ一座第四回出演 歌ふ金色夜叉」一一景（菊田一夫脚色・演出）、「見世物王国」一六景（古川緑波作・演出）（四月一一日〜二〇日）

【スタッフ】演出・大谷俊夫／製作主任・瀧村和男／現場主任・野坂実／原作・古川緑波／脚色・阪田英一／撮影・宮島義男／録音・片岡造／装置・安倍輝明／編輯・岩下廣一／音楽監督・鈴木静一／演奏・P.C.L.管絃楽團／振付・益田隆、堀井英一／《ハリキリ・ボーイ》主題歌 A《酔へば大将》（佐伯孝夫・作詩、唄・古川緑波）B《タイピストの歌》（鈴木静一作曲、唄・能勢妙子）ビクターレコード番号五三九八一

【出演者】古川緑波（野川君）／三益愛子（よね子）／藤原釜足（前田君）／岸井明（小田君）／能勢妙子（ほよ子）／杉寛（村上）／江戸川蘭子（花売娘）／神田千鶴子（唄ふ女給）／ビクター専属・徳山璉／東宝古川緑波一座・ロッパガールズ／日劇ダンシングチーム 總出演

古川ロッパの代表曲にして、映画の代表作となった『ハリキリボーイ』は、まず「歌ありき」だった。昭和一一（一九三六）年六月四日に《まんざら悪くない》と共にレコーディングした《ハリキリ・ボーイ》（作詞・佐伯孝夫、作編曲・三宅幹夫）は、渡邉はま子の《とんがらかっちゃ駄目よ》（作詞・作編曲・同）のカップリングとして昭和一一年九月にビクターからリリースされた。

サラリーマンの心情を唄ったコミカルなノヴェルティ・ソングだが、この曲を元に、同年一〇月の古川ロッパ一座有楽座公演「ハリキリボーイ」（古川緑波作）として劇化。ちなみに同時上演は菊田一夫作「ギャング河内山宗俊」だった。

この舞台の好評を受け、P.C.L.が映画化した。舞台の台本を阪田英一が脚色、ストーリーは至ってシンプル。恐

妻家のサラリーマン・野川三平（ロッパ）が月に一度のハリキリ・デー＝給料日に、女房・よね子（三益愛子）に真っ直ぐ帰宅することを約束。ところがハリキリ袋（月給）を手にして気持ちが大きくなって、同僚・前田君（藤原釜足）と飲みに行き、月給を使い果たして午前様。家では女房が角を出していた。というお話。

それだけのストーリーに、歌が次々と登場する。ロッパ、能勢妙子、岸井明、藤原釜足、徳山璉、神田千鶴子、江川蘭子と「おなじみの面々」が、会社で、カフェーで、喫茶店で、路上で、唄いまくるのである。それを眺めているだけでも眼福。戦後、東宝名物となる「サラリーマン映画」の原点でもあり、そのバリエーションである「クレージー映画」の遥かなるルーツでもある。とにかくロッパの野川三平のキャラクター造形が楽しい。家ではぐうたら亭主で、会社では若い娘に鼻の下を伸ばし、上司にはおべんちゃらが言えない。一度酒が入れば《酔へば大将》とばかりに気持ちが大きくなる。昭和一二（一九三七）年、都会のサラリーマン生活をカリカチュアしているとはいえ、いつの時代も変わらない、その日常は、観ていてホッとする。

監督の大谷俊夫は、日活多摩川でオムニバス映画『わたしがお嫁に行ったなら』（一九三五年）や、杉狂児と星玲子のデュエット曲をフィーチャーした『のぞかれた花嫁』（同年）など明朗喜劇を手がけて、その手腕が認められ、P・C・L・に移籍。この年、エンタツ・アチャコの漫才映画『心臓が強い』（一月一四日）に続いて撮ったのが、この『ハリキリボーイ』である。ロッパ映画や、岸井明と藤原釜足の「じゃがたらコムビ」映画、エノケン映画など、東宝モダン喜劇のエースとなっていく。その後、満映に移って、数々の国策映画を撮ることとなる。

いつもの朝。野川家では亭主・三平（ロッパ）が寝坊している。妻・よね子（三益愛子）は、今日はハリキリ・デーということで、いそいそと朝の支度。「遅刻するじゃないの！」と言葉はキツイが、甲斐甲斐しく面倒を観ている。野川は歯磨きしながらまだ寝ている。「今日は、あなた、何日だと思ってらっしゃるの？」「月に一度のハリキリ・デーだと思ってるよ！」。月給日となると、俄然サービスがよくなる女房。晩御飯のリクエストを訊く。「エビフライとトンカツ」。なんて贅沢な亭主！　先月のハリキリ・デーも野川は、途中でカフェーに引っ掛かり、給料を飲んでしまったという前科が明らかになる。今月はそんな失敗はしないと固く約束して、出勤。

世田谷区北沢の住宅地。野川が口笛で《楽しい僕等 Sitting on a Five-Barred Gate》を吹きながらバス停に向かう。途中から同僚の小田君（岸井明）が合流して、口笛のデュエットとなる。この《楽しい僕等》は昭和一一年九月に岸井明がレコードをリリースしている。イギリスのソングライター、スタンリー・ダマエルの曲。モダンで楽しい、ハリキリ・デーの朝、という感じである。

丸の内方面行きのバス停には、やはり同僚の前田君（藤原釜足）が待っていて、これまたウキウキしている。そこへバスがやってくるが満員。バスガール「重量制限がございます」と巨漢の小田君を乗車拒否、ついでに前田君も乗りそびれる。しめたとばかりに野川君、バスのステップから二人に傘を振る。今日は午後から荒れ模様と、よね子が傘を持たせたのである。バスガール「お危のうございます」と優しい。ロッパ「モテりゃ、まんざら悪くない」。

そこでBGMは、ロッパが昭和一一年一〇月にリリースした《まんざら悪くない》（作詞・佐伯孝夫、作曲・高木静夫）のインストとなる。音楽監督・鈴木静一の編曲、P.C.L.管絃楽團の演奏がスピーディで楽しい。バスは都心へと入り、東京風景がモンタージュされる。このモダニズム！　戦後の「明るく楽しい東宝映画」のモダンなイメージは、この頃に培われたことがよくわかる。

野川君は、早めにオフィスに到着。可愛いタイピスト・ほよ子（能勢妙子）が窓を開けて、朗らかに《タイピストの唄》（作詞・佐伯孝夫、作曲・鈴木静一）を唄う。能勢妙子はロッパ一座の花形女優で、昭和一〇（一九三五）年ビクターから歌手デビュー。ベビー・ヴォイスの戦前のアイドル的な存在。ここでも猫撫で声で、野川君に「一円貸してよ。恩に着るわよ。あたし大好きよ」の殺し文句で、まんまと一円をせしめる。鼻の下を伸ばす野川君の「何だかヘンみたいだな」の一言から、音楽は《まんざら悪くない》となり、ロッパが唄い出す。「♪貸した金は　戻らないが　モテりゃまんざら悪くない」の歌詞のフレーズからの発想だが、この歌が鮮やかなオチとなる。音楽演出の楽しさ！

朝の出勤風景。ビル街、サラリーマン、女子社員たちが次々とビルに飲み込まれていく。バスに乗り遅れた二人、小田君と前田君もようやくビルへ。このビルの外景は、丸の内一丁目の東京海上ビルディングでロケーション。大正七（一九一八）年に竣工された近代建築で昭和四一年（一九六六）年一二月に取り壊されるまで丸の内のランドマークだった。このビルもモダン東京の象徴。

オフィスでは野川君たちの上司である村上課長（杉寛）が、朝からほよ子に鼻の下を伸ばしている。今でいうセクハラ、モラハラ上司なのだが、これがギャグだった時代。ほよ子は、密かに小田君（岸井明）と交際しているが、お互いのサラリーが一〇円ずつ上がるまでは結婚できない。この村上課長のモーションが執拗で、小田君は気が気ではない。しかしちゃっかり屋のほよ子は、課長の鼻の下を利用してサラリーを上げてもらえればと、気があるそぶりをしている。一方、三益愛子演じる、野川君の女房・よね子は、日本髪を結って、夜のおかずの買い物へ。そこで前田君の細君と息子にばったり会う。前田家でも今夜は、真っ直ぐご帰還の予定。「僕んとこも、ご馳走だよ」と坊や。よね子、ご機嫌でいそいそと買い物へ。

会社ではいよいよ待望のハリキリ袋＝給料の支給となる。ロッパ一座の座員が扮するサラリーマンが、待望の月給に大喜び。ミュージカル仕立てで、その喜びが表現されるが、会社の廊下には、虎視眈々と月賦取り、借金取りが待ち構えている。のちの世代には秋本治の漫画『こちら葛飾区亀有公園前派出所』の両さんの給料日に、プラモ屋たちが待ち構えているエピソードがおなじみだが、そのルーツともいうべきシークエンス。借金取りの一人がリードヴォーカルとなり、ここで《コロッケの歌》（作詞・作曲・益田《ますだ》太郎《たろうか》冠者《じゃ》）の替え歌となる。

♪今日は皆さんのサラリーデー
　どうでもこうでも　払わせようと
（コーラス）払わせようと
　みんな揃って　待っていました

払ってください　お勘定
（サラリーマン）待ってくれ
（月賦取り）待ててん
（サラリーマン）待ってくれ
（月賦取り）やーよ

「今日はどうでも払ってください。もし払わぬなんぞと言うなら」課長に言いつけるだの、お宅へ伺いましょうか？と、借金取りは執拗に迫る。観念したサラリーマンたち、ハリキリ袋からお札を出しながら唄うは、《オールド・ブラック・ジョー Old Black Joe》（作曲・フォスター）の替え歌。

♪月に一度　二度とない
哀れ悲しき　サラリー・デー
月給袋を　貰っても
すぐに借金取りが　来る

泣いたり　笑ったり
心細だよ　月給もらえば
皆来たり

月に一度　二度とない

哀れ悲しき　サラリー・デー
月給袋を　貰っても
すぐに借金取りが　来る

舞台で唄われたものをそのまま映画で再現しているのだが、このオペレッタ展開が楽しい。ロッパ一座の芝居のモダンさを、片鱗であるが味わうことができる。さて、野川君がトイレで一人、ほくそ笑みながら、悦に入っている。「いくら入っているか、って開けてみなくてもちゃんとわかってるんだけど、妙なもんで、やっぱり袋を破いてみないと、落ち着かない。幸いあたりに人もなし。どれちょいと、破いて中身を見物しようかな?」

その独り言を、トイレの外で聞いていた前田君が、野川君を屋上に誘い、自分の密かな楽しみ（サラリー袋の中身を数える）を告白。二人で思う存分数えているうちに、気持ちが大きくなり「ね、前田君、久しぶりに（一杯）どうだい?あんまり遅くならない程度に、僕が奢るがね」「君のサラリー袋が軽くならない程度に、奢られるかな」と、交渉成立。やがて五時の終業時間となる。

廊下では小田君がほよ子の帰り支度を待っている。「今日は貧弱ながら、ポケットにはお札ってものが入ってるんだ。久しぶりに銀座へノそうよ」とランデブーの約束。ほよ子も「あたしだってハリキリ袋を持ってるのよ、ビフテキぐらい奢るわよ」とご機嫌。まだ課長が帰っていないからと、ほよ子は小田君といつもの喫茶店で待ち合わせすることに。「じゃちょっとだけサヨナラ」と別れる。しかし課長は、ほよ子に昇給をちらつかせて食事に誘う。とんだモラハラ、セクハラ課長である。

五時半、野川家の食卓にはトンカツ、エビフライが並び、よね子がおめかしして亭主の帰ってくるのを待ち構えている。

その頃、野川君は前田君とおでん屋で一杯。そのうち「カフェー行こうか?」「ちょっと寄って行こうか?」「帰りが遅くならない程度にな」「月給袋が軽くならない程度にな」。

ここでラジオ局のスタジオ。「只今から、修養唱歌のお時間でございます。唱歌はおなじみの徳山璉さんがお唄いになります。」そこで徳山璉登場。「修養唱歌、題して《賢夫人》」と唄い出す。

♪サラリーマンよ　やよ聞けよ
月に一度の　この良き日
忘るな　今日の　月給日
されどもしばし　青春を
讃えんことも　忘るまじ

夜の酒場に　友は待つ
家には妻も　化粧して
待てば　カイロの　日よりかな
許せよ　妻よ　今夜だけ

昔　恋人たりし時
女は男を　待たせたり
その罪　今ぞ　報い込む

それゆえ妻は　笑顔して
狭い我が家に　待つこころ
サラリーマンの　賢夫人

既に気分は　出にけり
ネオンサインは　輝けり
それ進みゆけ　サラリーマン

どんどんエスカレートして、アナウンサーはついに徳山璉を羽交締めして止めようとするギャグで、オチとなる。この曲は、藤原義江が作曲した軍歌《討匪《とうひ》行《こう》》（作詞・八木沼丈夫）の替え歌。原曲は満州国を支配している日本軍に対する抗日ゲリラを掃討する関東軍討伐隊を唄ったものだが、当時はまだこうしたパロディが罷り通っていた。

さて、野川君たちは、いよいよカフェーへ。先月、ここで有り金叩いてしまったのに、懲りずに野川君、ご来店。女給たちは良いカモがきたと「カクテル奢って！」の連発。いつの世にも変わらない。ここでむしりとられるのだ。このカフェーのシークエンスからエンディングまでが、この『ハリキリボーイ』のハイライト。次々と歌が唄われ、ミュージカル・シーンが続いていく。まずは女給たちが《お酒良いもの》を大合唱。

♪お酒良いもの　たらふくお飲み
どうせこの世は　酒よ酒
お酒よ　お酒
みなお飲み
飲めば　晴れ晴れ　気が晴れる

♪お客可愛や　酒飲むお客
酔ってクダまきゃ　なお可愛い
お客よ　お客
さあさお飲み
飲めば　晴れ晴れ　気が晴れる

一方、銀座の喫茶店では、何時間も、小田君が恋人・ほよ子を待ち侘びている。野川家では妻・よね子に角が生えて怒り心頭。カフェーでは、放送を終えた徳山璉が、貰ったばかりのギャラを女給たちに気前よく配っている。「もう一度唄ってよ」のリクエストで唄い出すが、酔っ払って唄うことができない。

野川君と前田君。しこたま酔っているうちに、魂が幽体離脱して、自己正当化を始める。結局「今日、このチャンスを外さずに大いに飲もう！　クヨクヨするなサラリーマン、ハリキレハリキレサラリーマン」と気持ちがさらに大きくなって、女給たちと、藤山一郎のヒット曲《チェリオ！》（作詞・佐伯孝夫、作曲・橋本国彦）を唄い出す。

♪チェリオ！　チェリオ！
　夢ではないかしら

ここで「唄ふ女給」神田千鶴子も参加して、大ミュージカル・ナンバーとなる。さらには花売り娘（江戸川蘭子）が店に入ってきて、酔った野川君の目には、花売り娘が二人に増殖。江戸川蘭子が「♪召しませ愛の花を」と唄い出して、これまたハリウッド・ミュージカルもかくやのプロダクション・ナンバーとなる。振り付けは舞踊家の益田隆！バズビー・バークレイ演出のワーナー・ミュージカルのような祝祭空間となる。

一方、モラハラ、セクハラ課長の毒牙から逃げ出したほよ子は、夜の銀座を、野川君たちがいるカフェーへと逃げ込んでくる。ここで能勢妙子が、江戸川蘭子と同じ花売り娘のコスプレ（酔った野川君のイメージ）でミュージカル・ナンバーに参加。映画はどんどん派手になっていく。

やがて課長もカフェーに。しかし目的を果たせなかった課長、禿頭から湯気を立てている。これは、ロッパがこの四月にリリースした《うそ倶楽部》（作詞・伊藤松雄、作曲・三宅幹夫）の歌詞のヴィジュアル化でもある。そこで、野川君が《うそ倶楽部》を唄い出す。

♪お湯を沸かすに　火はいらぬ
　水を薬缶に入れたなら　ガミガミ叱るに限ります
　はてねはてね　はてねはてね
　薬缶怒って　湯気立てる

このセンス！　しかし、ほよ子は恋人とのランデブーの予定が台無しになってつまらない。そのつまらない気持ちが《タイピストの唄》（作詞・佐伯孝夫、作曲・鈴木静一）の替え歌となる。

♪タイプライターの　ベルのような
薬缶オヤジに　追い回されて
ネオンの街を　西東
心もそぞろに　探しているのに
恋しあの人　今どこに？
つまらない

店を出ていくほよ子。キャメラがスピーディにパンをすると、三時間待ちぼうけの小田君が、大きなあくびをして唄い出す。この曲は、岸井明が昭和一一年五月にリリースした《家へなんか帰るかい I Don't Wanna Go Home》（作曲・ジョセフ・ジョージ・ギルバート）の替え歌である。

♪（岸井明）つまらんぞ　つまらんぞ
一体　いつ逢える
タバコを吸うこと三〇本
お腹は紅茶で　ダブダブだ
（そこへほよ子が現れて）
（能勢妙子）許してね　許してね
それでも逢えたわね
（岸井明）なんだい！
逢うにゃ　逢えたが
もう夜更け
（二人）つまらない

キャメラは再びカフェーへスピード転換。野川君と前田君、女給たちを前にご機嫌に《酔へば大将》（作詞・佐伯孝夫、作曲・鈴木静一）を唄う。ロッパの代表曲となるが、この映画版のために書き下ろされた新曲で、昭和一二年四月にリリースされた。カフェーの巨大セットは、このナンバーのために設計されたもので、安倍輝明による美術は、ハリウッド・ミュージカルを意識している。中央の丸いステージ。両サイドの丸い階段。ロッパと藤原釜足中心にシンメトリーをとって、一大ナンバーが展開される。

唄うほど、飲むほどに、野川君のボルテージが急上昇！そこへ真夜中の野川家で、涙ながらにエビフライ、トンカツを頬張るよね子の姿がインサートされる。またまたキャメラはスピード転換して、「唄ふ女給」神田千鶴子の《お酒良いもの》のプロダクションナンバーとなる。

紙テープが降りてきて、紙吹雪が舞う、祝祭的空間で、神田千鶴子を先頭に、ロッパ、藤原釜足、女給たちが大行進。観客のテンションもグッと上がってくる。

いつしか銀座の路上の大行進となっている。野川君も前田君もサラリー袋のお札を、どんどんばら撒きながら大行進。もちろんイメージカットなのだが、この開き直り方に、のちのクレージー映画のような高揚感を感じる。空に舞うお札、紙吹雪、大笑いするロッパ、神田千鶴子たち。まさに絵に描いた「太平楽」！

しかし楽しい時はいつまでも続かない。野川君と前田君。路上で目が覚めて、我にかえって蒼白となる。七〇円のサラリー袋は、残金なんと一三円八〇銭。五六円二〇銭を飲んじゃったのである。さあ、どうしよう！　ここでロッパと藤原釜足、歌舞伎の口調で、慰め合うのがおかしい。ゴーンと鐘が鳴って、鳴り物が入る。そこへワンタン屋の屋台が通りかかり、笛の音が深夜の銀座に響き渡る。拍子木！

前田君が歌舞伎役者の声色で……

前田「泣くんじゃないよ、泣くじゃない。泣いて昨日が来るじゃなし。五六円は高かったが、考えてみりゃ、仕方がない。会社出るなり張り切って、バーに飛び込み飲み放題。モテたモテたが仇となり、ハリキリ袋がペチャンコにぃ」

野川「お察しください、この気持ち」

前田「だがな、力を落とすなよ。ハリキリ・デーは今日だけじゃあるまいし、月給日はきっと来月も回ってくるぜ。それに、大いにハリキレよ。ボーナスの出るのも近いうちだ」

前田「なるほどな、なるほど君の言う通り」

ここで主題歌《ハリキリ・ボーイ》のイントロが流れる。前田が「クヨクヨしたは、僕の間違い。来月も来る月給日。来月も来る月給日」と見栄を切ったところで《ハリキリ・ボーイ》を唄い出す。

♪会社出るときゃ　膨らんでたが
酒場出たときゃ　ペチャンコだ
なんの気になろ　月給袋
飲んで　トコ　ハリキレ
ハリキレ　ホイホイ
ハリキリ・ボーイ
トコ　ハリキレ　ホイ

全く呑気なものである。ここからラストにかけての一〇分間、なけなしの金で乗った円タクの車中、家の前を歩く重い足取りのなか、この《ハリキリ・ボーイ》が繰り返し唄われる。

家の近所では、まだ、ほよ子に待たされたことを怒っている小田君が《あゝそれなのに》を未練がましく唄い、それを宥めるほよ子。「ヨォ」の声がけから能勢妙子の《とんがらかっちゃダメよ》のヴォーカルとなる。ベビー・ヴォイスの能勢妙子が可愛い。岸井明とデュエットとなり、二人は仲良く、夜のアパートへ消えていく。

若い二人を見送った野川君と前田君。時計を見る。「一時半じゃ夕飯は食えない」とこれから怒る惨劇を前に縮み上がっている。「いい月だ。月は冴えれど、心は闇だ」とまだ芝居掛かっている。二人は大学の同級生。学生時代は良かった。「遅く帰っても、ワイフにのされなくて良かったな」と変に慰め合う。


そしてまた、悲壮感たっぷりの《ハリキリ・ボーイ》となり、いよいよ野川家の前、前田君から「無事を祈るよ」と励まされて、《ハリキリ・ボーイ》を力なく口ずさむ。そっと家に入った野川君だったが…… ラストカットは、恐怖におののくロッパの顔のアップでストップモーション、エンドマークとなる。

僕はこの『ハリキリボーイ』がお気に入りで、二〇一五年、ビクターから「ザッツ・ニッポン・エンタテインメント」シリーズ第一弾としてCD『ハリキリ・ボーイ　ロッパ歌の都へ行く』(二枚組)の監修・解説をした時にもタイトルに《ハリキリ・ボーイ》を冠した。ぜひ、映画本編のDVDもリリースしてほしい!

江戸ッ子健ちゃん

一九三七年五月一日／P.C.L.映画製作所／岡田敬

提供＝東宝映画配給株式會社／製作＝P.C.L.映画製作所／録音現像＝寫眞科学研究所／1937.05.01・日本劇場／八巻・一、七八四m／六五分／日劇同時上映『故郷』（J.O.、伊丹万作）／同時上演「第十八回ステージ・ショウ 孔雀と杜若」一一景（五月一日〜一〇日）

【スタッフ】演出・岡田敬／原作・横山隆一・東京朝日新聞連載／製作・萩原耐、今井武／脚色・山本嘉次郎／撮影・吉野馨治／録音・安恵重遠／装置・北猛夫／編輯・岩下廣一／音楽・谷口又士／音楽演奏・P.C.L.管弦楽團

【出演者】榎本鍈一主演（健ちゃん）／榎本健一（セトモノ屋の爺・特別出演）／お祖父さん（柳田貞一）／お母さん（英百合子）／如月寛多（お父さん）／堤眞佐子（テルちゃん）／中村メイコ（フクちゃん）／清川虹子（フクちゃんの阿母）／高峰秀子（ミーちゃん）／清川玉枝（天羽社長夫人）／柳谷寛（チカスケ）／嵯峨善兵（玉川先生）／小島洋々（校長先生）／三島雅夫（天羽社長）／辨公（八百長）／金井俊夫　エノケン一座（自転車屋）／吉川道夫　エノケン一座（豆腐屋）／ミミー宮嶋　吉本興業（天羽あき子）

昭和九（一九三四）年、エノケンこと榎本健一とその一座「ピエル・ブリヤント」は、『青春酔虎傳』でP.C.L.にユニット出演、以降エノケン映画は、P.C.L.のドル箱となり、古川ロッパ一座によるユニット出演とともに、トーキーの喜劇映画のスタイルを確立した。昭和一一（一九三六）年にはP.C.L.は吉本興業と提携、横山エンタツ・花菱アチャコの漫才映画、東京吉本専属の柳家金語楼の喜劇映画など「喜劇人の映画」をルーティーンで製作していた。

こうした喜劇映画は、子供たちにも人気で、特に「動きのエノケン」はメンコなどのキャラクターにも使用され、年少観客を獲得していた。そうした子供のファンのために企画されたのが、横山隆一の人気漫画の映画化『江戸ッ子健ちゃん』だった。

昭和一一年一月二五日、朝日新聞東京版で『江戸ッ子健ちゃん』は連載開始。その第一四回目で、角帽をかぶった幼児「フクちゃん」が登場して、サラリーマンの息子でお

じいちゃん子の健ちゃんと、隣家のフクちゃんをめぐる微苦笑のスケッチは、大人のみならず子供にも圧倒的な人気となった。

そこで企画されたのは、エノケンと妻で一座の花形女優・花島喜世子との長男・榎本鍈一《えいいち》を「江戸ッ子健ちゃん」役に起用して、エノケン一座で脇を固める映画化企画である。榎本鍈一は昭和六（一九三一）年生まれで、当時六歳。小学一年生の健ちゃんと同世代で適役だった。

脚色は、エノケン映画の名伯楽で、エノケンの信が厚かった山本嘉次郎。キャスティングを進めるうちに「フクちゃん役をどうするか？」ということになり、山本が思いついたのが、ユーモア作家として活躍していた中村正常の長女・メイコだった。昭和九年五月一三日生まれの中村メイコは、当時二歳。やっと喋り始めたばかりだったが、抜群の記憶力で、父が読み聞かせをする童話をすぐに暗誦。その愛らしさに「フクちゃん役はこの子しかいない」と山本嘉次郎が、中村正常を説得。出演することとなった。

本作の後半、フクちゃんが、子供たちを前に「因幡《いなば》の白うさぎ」を語るシーンがあるが、二歳の子とは思えないほど達者である。天才子役・中村メイコは本作で誕生した。

子役では、健ちゃんの同級生で、健ちゃんの父（如月寛多）の会社の社長令嬢・天羽あき子役で、吉本興業所属のベビー・タッパー（少女タップダンサー）のミミー宮嶋が出演。学芸会で《雀の学校》のタップを踏んで、父兄たちを驚かせるアトラクションがある。ミミー宮嶋は、吉本ショウで大人気だった少女スター。つまり本作はエノケン・ジュニア、中村正常の娘、そしてベビー・タッパーと三人の子役のスクリーンお目見えとなった。ちなみに翌、昭和一三（一九三八）年、原作漫画「江戸ッ子健ちゃん」は、フクちゃんメインの「フクちゃん部隊」に改題されることとなる。

演出は、前年一月、エンタツ・アチャコの『あきれた連中』（一九三六年）で、大都映画からP.C.L.に移籍してきた岡田敬。明治四〇（一九〇七）年、東京生まれで、昭和二（一九二七）年、日活太秦に入社。『貝殻一平』（一九三〇年）で監督デビュー、『追ひつ追はれつ梁川庄八』（一九三一年）、アノネのオッサンこと高勢實乗の『香椎の馬方』（一九三一年）などの時代劇、喜劇を手がけ、昭和七（一九三二）年に大都映画に移籍、B級時代劇を手がけるがP.C.L.から喜劇の手腕を買われての移籍となった。

以降、ロッパの『歌ふ彌次喜多』（三月二六日）、エンタツ・アチャコの『これは失礼』（八月一日）、藤原釜足と岸井明の『おほべら棒』（一〇月一日）、そして『エノケンの江戸っ子三太』（一二月三一日）と、東宝のドル箱喜劇映画を一手に担ってきた。
タイトルバックは、横山隆一の漫画キャラクターで登場人物を紹介。ジャズ・ミュージシャンでもある谷口又士が担当した音楽は、レオポルド・モーツアルトの《おもちゃの交響曲・第一楽章》のアレンジ。後半、子供たちのコーラスで《赤とんぼ》となる。健ちゃん（榎本鍈一）、フクちゃん（中村メイコ）と近所の子供たちが唄いながら帰途につく。町の真ん中には、大きな空き地があり、そこで野球やかくれんぼをしたり。その前に木下セトモノ店、道路を挟んで今井自転車店がある。子供たちが遊ぶ空き地の前にセトモノ屋というのは不吉な予感しかしないが、ここが中盤の見せ場の舞台となる。

子供たちが歩くショットの手前には、出征兵士の入営を祝う幟が翻っている。支那事変と呼ばれた日中戦争が始まったのがこの年の七月七日のこと。健ちゃんたちが、この空き地で勇ましく戦争ごっこをして遊ぶシーンが中盤にある。

さて、夕方の商店街は賑やかで、豆腐屋のラッパが鳴り、近所の主婦が天秤を担いだ豆腐屋を呼び止める。健ちゃんのお父さん（如月寛多）が会社から帰ってきて、お母さん（英百合子）に「健坊は？」「あら、お夕飯だっていうのに、どこ行ったんでしょう？」。それを聞いたお祖父さん（柳田貞一）は、隣のお花さん（清川虹子）に「ウチの健坊、来てませんか？」「あら、うちのフクちゃんもいないわ」。心配になったお祖父さん、街へと飛び出す。空き地の土管をのぞきこんだり、お祖父さん、どんどん心配になってくる。僕らの世代では赤塚不二夫の『おそ松くん』や吉沢やすみの『ド根性ガエル』でおなじみの土管のある空き地の風景。道端には荷馬が繋がれていて、飼馬桶が置いてある。

この空き地を中心とした商店街は、ロケではなく撮影所に作られたオープンセット。空き地の反対側には、お祖父さんの行きつけの碁会所がある。その普請を見てもいかにも映画のセットである。

碁会所の娘で中学生のミーちゃん（高峰秀子）によれば、健坊とフクちゃんは、お昼頃にチンドン屋の後をついて行ってた、という。

カットが変わってチンドン屋が美《み》ち奴《やっこ》の《あゝそれなのに》を演奏しながら練り歩いている。太鼓を叩いている男の背中には「ミルクチョコレート」のハリボテ、そして「明治の菓子」の垂れ幕が腰のところでたなびき、女性が「明治の菓子」の幟を持っている。これもタイアップ。その後を、健ちゃんがフクちゃんの手を引いて歩いている。

次のカットでは、健ちゃん宅の夕餉の卓。お父さん、お母さん、健ちゃんが食事をしている。「今日は随分たくさん食べたわね」とお母さん。ところが「お祖父さん、どうなすったんでしょう?」「さっき、健坊を迎えに行ったきりだねぇ」。結局、お祖父さんは、そのまま碁会所にハマって、碁敵と対局という漫画的なオチとなる。

エノケンの師匠格の柳田貞一が、横山隆一の漫画そのままのメイクと扮装なのがおかしい。そしてエノケン一座の如月寛多が、心優しきお父さん。P.C.L.時代から「映画の母」役を演じ続け、戦後も「社長」シリーズで小林桂樹の母親役を、最終作『続・社長学ABC』(一九七〇年)まで演じることとなる英百合子が、お母さん役なので、安心して楽しめる。新聞連載漫画の映画化ということでは、戦後、東宝で江利チエミ主演で連作される「サザエさん」シリーズのルーツでもある。

お父さん役の如月寛多も、エノケン一座「ピエル・ブリヤント」の幹部俳優。元はエノケンの実家、麻布十番の煎餅屋の番頭で、エノケンが浅草に通い出した頃、父から「お目付け役」に命ぜられて同行。そのうち「ミイラ取りがミイラ」となり、舞台に立った。エノケンの舞台、映画には欠かせないバイプレイヤーで、傑作『エノケンの頑張り戦術』(一九三九年、東宝、中川信夫)では、エノケンの好敵手を好演。

さて、ある日のこと、空き地で健ちゃんが涙を流している。慌てて「ご隠居さん、健ちゃんがイジメられてますよ」と、フクちゃんの阿母《あぼ》(乳母のこと)・お花さん。それは一大事と、お祖父さん、杖を手に、空き地へ飛び出す。ところが、喧嘩に勝ったのは健ちゃんで、負けて泣いているのは、一回り大きな体格のセトモノ屋の倅。「け、健ちゃんがイジメたんだい」「なんだ、健坊が勝ったのか、それならヨシヨシ」と、一事が万事、お祖父ちゃんは健坊中心である。

そこへ、大きな柳行李を担いだ青年(柳谷寛)がやってくる。子供たちは「ルンペンだ」「乞食だ」「泥棒かもしれない」と囃して、追いかける。彼は、健ちゃんの叔父の受験生・チカスケくんだった。漫画では、大学受験に失敗、要らなくなった大学帽をフクちゃんが貰い、あの、着物にエプロン、角帽のフクちゃんスタイルが確立する。この映画も「フクちゃん」エピソード・ゼロなので、そのシーンがちゃんと描かれている。

さて、チカスケくん、健ちゃんの家に居候して受験勉強の追い込みを始めるが、健ちゃんとフクちゃんがうるさくて、勉強にならない。そこで、静かなところを探す。フクちゃんの家は、お花さんとフクちゃんの二人暮らしで、不用心だから心強いと、歓迎される。お花さんはまだ女ざかり。亭主に死に別れ、しばらく経っているので、チカスケくんに、ほんの少々だが色目を使う。この辺りは、大人の観客向け。

ちなみに映画では明確に描かれていないが、フクちゃん＝福山福一のお母さんは田舎で暮らしていて、フクちゃんは東京でお祖父さん（実は・叔父さん、お母さんの兄）と暮らしている。その設定は、漫画ではもう少し後に描かれるので、ここでは、大阪のお祖父さんの家にフクちゃんが引っ越していくまでの前段が描かれる。

さて、チカスケくん、フクちゃんの家でも勉強は手につかず、結局、碁会所の二階を世話してもらう。ところがその家の向かいには、年頃の娘・テルちゃん（堤眞佐子）がいつも窓辺でピアノを弾いている。当然ながらチカスケくんはテルちゃんに一目惚れ。それゆえ、受験には大失敗。せっかく注文した角帽要らずとなり、結局はフクちゃんが被ることとなる。このシーンも微笑ましい。

チカスケくんには「サクラチル」の春となるが、健ちゃんは念願の一年生。入学式の前夜、大張り切りの健ちゃん。真夜中に起きて「遅刻しちゃいけない」とお祖父さんを起こして、制服に着替え、ランドセルを背負って準備万端。お父さん、お母さんも起き出して、可愛い我が子の晴れ姿に夢中になる。時計を見たらまだ真夜中。で、結局、張り切りすぎて、一家全員朝寝坊。健ちゃんとお祖父さんは大遅刻。

こうした漫画的な「オチのある話」が綴られる。小学生になった健ちゃんが羨ましいフクちゃんは「僕も学校行きたい」と憧れの眼差し。ある日、健ちゃん、遅刻しちゃいけないと、朝の七時に登校すると、小使いさんもビックリ。健ちゃん、教室に入るとフクちゃんが机で教科書を広げ「サイタサイタ　サクラガサイタ」と一人でお勉強。これを二歳児の中村メイコちゃんがやるのだから、可愛くて仕方がない。

健ちゃんの担任は、優しい玉川先生（嵯峨善兵）でテルちゃんの家に下宿していて、実は二人は相思相愛。何も知らぬは、浪人二年目のチカスケくんだけ。勉強机に座っていても、テルちゃんへのラブレターを綴っては、くしゃくしゃに丸めて、部屋の中は紙だらけ。碁会所の娘・ミーちゃん、健ちゃん、フクちゃんたちが、チカスケくんの部屋に上がり込んで、ラブレターの反古紙で飛行機を作って飛ばしっこ。向かいのテルちゃんも参加して、豪快な紙飛行機の空中戦。そこへ帰ってきたチカスケくんも、張り切って参加するが、テルちゃんが飛ばした飛行機を開いてビックリ。なんと自分の恥ずかしいラブレターだったとは！

ある日、空き地では、健ちゃん、セトモノ屋の倅・木下君たちが、戦争ごっこをしている。それがだんだんエスカレートして、健ちゃんが投げた球が、セトモノ屋の店先に飛び込んで、商品を割ってしまう。

これは大変と、健ちゃんのお祖父さんがお詫びに。そこで弁償金の封筒を、セトモノ屋の爺（エノケン）に渡す。ところが被害者なのに、爺は「そんなことをしてもらっては」と最初は遠慮するも、結局はお金を受け取る。早合点して「しめた五〇〇円も入っている。これじゃ金額に見合わない」と、自ら店のセトモノを叩き壊し始める。それが、どんどんエスカレート。最後に、大きなカメを二つぶつけてぶっ壊す。ところが封筒を開けると、五円札が一枚だけ！爺、ギューっとなる。特別出演のエノケンが、息子のデビュー作のために張り切って、観客を笑わせてくれる。いつもは主演だけど、今回は場面喰い、これがなかなか面白い。

やがて季節は秋。季節の変わり目も童謡で表現しているのもいい。お父さんは、社命で満州の奥地への転勤が決まる。幼い健ちゃんを連れていくわけにはいかないと単身赴任を覚悟する。お祖父さん、健坊と会えなくなるなら「そんな会社やめてしまえ」と、これまた豪快。さて、いよいよ学芸会の前夜、お父さんは荷物をまとめて、旅立つ準備。健ちゃんが目を覚ましたとき、どんな風に説明しましょう？お母さんも悩んでいる。お父さん、考え抜いた挙句に、「会社をやめる！」と宣言。東京に残ることに。もちろんお祖父さん「えらい！」と褒める。

これは、サリー・ベンソン原作、ジュディ・ガーランド主演『若草の頃』（一九四四年、MGM、ヴィンセント・ミネリ）のクライマックス。長年住んでいたセントルイスを離れがたく、ニューヨーク栄転を断る一家の父（レオン・エイムス）と同じ決断。仕事よりも家族を大事にする。当時の日本映画でこうした描写があったとは！

そして、学芸会当日。健ちゃんは一年生から三年生合同の劇「桃太郎」で主役を演じる。お祖父さん、お父さん、お母さんが息子の晴れ姿を見守るなか、健ちゃんは鬼の大将役の木下君と本気の取っ組み合いを始める。息子の大暴れに声援を送るエノケン。大慌ての玉川先生。

続いては一年赤組・天羽あき子（ミミー宮嶋）の独唱《雀の学校》。観覧席では、天羽社長（三島雅夫）と奥さん（清川玉枝）が見守っている。最初は子供らしく独唱をしていたあき子だが、途中からお母さんに仕込まれたタップを踊り出す。天才ベビー・タッパーだけになかなかのスペクタクル。「私が仕込みました」とご満悦のお母さん。しかし父兄たちはギョッとなり、校長先生（小島洋々）が大慌て、二コーラス目で、玉川先生が舞台へ上がって制止する。

そこで天羽社長は、娘の学友の父親を単身赴任で満州転勤を命じたことが間違いだと気づいて、転勤を撤回。健ちゃんのお父さんは東京勤務のままとなる。一方、チカスケくんは、テルちゃんに恋人がいたことを知り失恋。

やがて、フクちゃんは大阪のお祖父さんのところへ引っ越すことになる。健ちゃんとの悲しい別れ。最後の最後まで二人で遊んでいる。これもなかなかいい。やがて車がスタート。健ちゃんはフクちゃんが欲しがっていたラッパを餞別に渡す。

季節はめぐり、チカスケくんは大願成就して大学に見事合格。子供たちが遊んでいた空き地に、新しく家が建ち始める。遊び場がなくなったとお祖父さんが嘆いているところに、お花さんとフクちゃんが再び戻ってくる。聞けば、フクちゃんが健ちゃんのいる東京を恋しがり、不憫なのでならばと、フクちゃんのお祖父さん（本当は叔父さん）が、この土地を購入して家を建てることに。すべてが元の鞘に収まって、ハッピーエンドと相成る。

この映画が公開された昭和一二年五月は「江戸ッ子健ちゃん」連載が始まって半年目、フクちゃん人気が高まっていた。この映画の中村メイコちゃんのフクちゃんも、その人気の後押しをしたことだろう。

中村メイコは、本作を皮切りに名子役として、古川ロッパと『ロッパの駄々ッ子父ちゃん』（一九四〇年、斎藤寅次郎）や『音楽大進軍』（一九四三年、渡邊邦男）、徳川夢声と『子寶夫婦《こだから》』（一九四一年、斎藤寅次郎）、柳家金語楼と『楽しき哉、人生』（一九四四年、成瀬巳喜男）などで共演。エノケンとも『エノケンのワンワン大将』（一九四〇年、東宝、中川信夫）などで共演する。

榎本鉄一は、翌年の正月映画『エノケンの猿飛佐助　どろんどろんの巻』（一九三八年一月七日・東宝・岡田敬）でエノケンの息子役を演じ、戦後は『初笑い底抜け旅日記』（一九五五年一月三日・東宝・青柳信雄）の若侍役で父・エノケンとダブル主演を果たす。しかし、その二年後、結核で病没、まだ二六歳の若さだった。

故郷

一九三七年五月一日／J．O．スタヂオ／伊丹万作

提供＝東宝映画配給株式會社／製作＝J．O．スタヂオ／現像・J．O．現像所／1937.05.01・日本劇場／一〇巻・二、二九四m／八四分／日劇同時上映『江戸ッ子健ちゃん』（P．C．L．、岡田敬）／同時上演「第十八回ステージ・ショウ 孔雀と杜若」一一景（五月一日～一〇日）

【スタッフ】演出・伊丹万作／製作者・森田信義／主演・夏川静江、坂東簑助（東宝劇団）／特別出演・丸山定夫（P．C．L．）／原作・金子洋文／脚色・伊丹万作／撮影・三木茂／監督補助・毛利正樹、松村四郎、尾崎橘郎／撮影補助・荒木秀三郎、直江隆／装置・高橋庚子／照明・上林松太郎／衣裳・橋本忠三郎／小道具・山本保次郎／結髪・都賀かつ／床山・濱田金三／RCA HIGHI FIDELITY SOUND SYSTEM／録音・中大路禎三／音楽・ポリドールレコード

【出演者】坂東簑助（和田堅太郎）／夏川静江（妹・㐂多子）／藤間房子（母・おとく）／舟越復二（弟・剛）／丸山定夫（彦太郎・彦作）／永井柳太郎（八兵衛）／三木利夫（別荘の息子）／五條貴子（その妹）／山田好良（縣氏）／常盤操子（その妻君）／本田龍（その子）／高堂黑天（校長）

この年、ドイツとの合作大作『新しき土』（二月四日）の日本側監督として、作品を成功に導いた伊丹万作が次に手がけたのが、金子洋文の戯曲「ふるさと」の映画化。前年、昭和一一（一九三六）年九月、東宝劇団により日比谷有楽座で上演された二幕三場の現代劇。

東宝劇団は、昭和九（一九三四）年に、翌年の日比谷・有楽座開場に合わせて「新しい国民劇創成」を目指して結成。夏川静江、坂東簑助（八世三津五郎）、市川寿美蔵（寿海）、中村もしほ（一七世勘三郎）、市川高麗蔵（一一世團十郎）、片岡芦燕（一三世我童）たち三十数名の男女俳優で組織されていた。昭和一四（一九三九）年に自然消滅するまで、七一公演の歌舞伎や現代劇を上演した。

さて「ふるさと」は、アルプス連峰の麓にある農村の雑貨屋兼居酒屋を舞台に、東京の女学校を卒業したが就職できずに故郷に帰ってきた長女・㐂多子《きたこ》（夏川静江）と、苦労して彼女を卒業させた兄・堅太郎（坂東簑助）の対立と融和。

その家族や周囲の人々との物語が綴られる。

出演は、神田三朗、藤間房子、片岡右衛門、一の宮敦子、坂東簑助、中村もしほ、高橋豊子、梅野粋子、藤間清江、徳大寺君枝、鶴田重太郎、市川寿太郎、市川光男ら、東宝劇団の面々。

東京の女学校に通い、モダンなインテリとなった妹と、昔ながらの風習のなかで生きている兄。お互いを想い合っている筈なのに、それぞれの立場から対立、決定的な仲違いとなる。それに心を砕く家族や、友人たち。「都会と田舎」をデフォルメした観念的な芝居だが、批評家の高い評価を得た。

戯曲を書いた金子洋文は、秋田県秋田市の船問屋の四男として生まれ、大正五(一九一六)年に上京、武者小路実篤の書生となる。その後、大正一〇(一九二一)年に、小学校の同級生の小牧近江や今野賢三らと、プロレタリア文芸雑誌『種蒔く人』を創刊。プロレタリア文学の作家として戯曲、脚本を手がけていた。

その戯曲を伊丹万作が脚色。ロケーションを多用したリアリズムで映画化したのが『故郷《ふるさと》』である。伊丹万作は舞台劇の観念、登場人物の葛藤を、映画的なエモーションのなかに見事に描き出している。主要キャストも、妹・➊多子に夏川静江、兄・和田堅太郎に坂東簑助、母・おとくに藤間房子と舞台を踏襲。映画化に際しては、堅太郎の友人で➊多子の理解者、そして彼らの弟・剛の尋常小学校の先生・彦太郎というオリジナル・キャラクターを創造、P.C.L.の看板俳優・丸山定夫をキャスティング。舞台ではその父・彦作のみが登場。中村もしほが演じていたが、映画化では丸山定夫が、彦作と彦太郎親子を一人二役で演じている。ちなみに夏川静江はこの時二八歳。

タイトルバックは、水車が廻る情景に、列車の音。ニワトリ、犬の鳴き声。子供たちの《水師営の会見》(作詞・佐々木信綱、作曲・岡野貞一)の歌声。スポーツ観戦の応援の音が流れる。音楽を廃して日常音、生活音のみでリアリズムを追求。村の目抜通りにある酒屋兼乾物屋の店先では、この家の次男で尋常小学校に通う剛(舟越復二)が教科書を音読している。軒先にはナショナル電球の看板、明治キャラメルのポスター、ゆっくりとキャメラは丁場で音読している剛にズーム、電話が鳴る。

「ああ、別荘ですか。毎度ありがとう。はあ、え? なんだかよくわからないなぁ。ああ、パイナップル缶? ちょっと待ってください」と、店の在庫を目視して「あります」。そして注文のメモを取り始める。賢い子である。

次のカットでは別荘の手伝いのおばあさんに、パイン缶二個、シトロン五本、お酢に、味噌とお砂糖を配達。そこでおばあさんから「姉さんから何か言ってこなかったか？」「うちのお嬢さんは、あんたとこの姉さんと連れ立って帰る」とハガキに書いてあったと。

「お姉ちゃんが帰ってくる！」剛は喜ぶ。急いで帰ろうとするが、別荘の飼い犬が怖いので恐る恐るである。配達用の自転車を起用に「三角乗り」をして、村の道を駆け抜けてゆく。ここで朗らかな音楽が流れる。音楽家のクレジットはなく「音楽・ポリドールレコード」とだけ。途中ハウスでメロンを栽培している彦作の息子で、小学校の担任・彦太郎（丸山定夫）に「先生！　姉ちゃん、明日帰えってくるだ」と大きな声で叫ぶ。「本当かい？」と嬉しそうな彦太郎が、姉に好意を寄せていることがわかる。

剛は、野良仕事の帰りの母（藤間房子）を見つけ、「姉ちゃん、明日帰えってくるけ」「電信を打ってきただか」「おら、別荘で聞いただ」。この時代、遠く離れている者からの連絡はハガキか電報が手っ取り早い。

颯爽と自転車で走る剛。生き生きとしている。長野県の牧歌的な風景。昭和一二年の農村風景がリアルに描かれている。店に帰って兄・堅太郎に姉ちゃんが帰ってくることを告げても「おめえ、誰かに担がれているんじゃねえか？」とニヤニヤ。剛が家の中に入ると堅太郎は懐から電報を取り出す。兄はすでに知っていたのだ。

冒頭の七分間は、こうしたリアルなショットの積み重ねで、東京の女学校を卒業した㐂多子が帰ってくる「晴れがましさ」を描いている。

軽便鉄道が駅に入線してくる。㐂多子は、別荘の娘（五條貴子）とその兄（三木利夫）と三人で降りてくる。いずれもモダンな都会の若者である。

夏川静江も颯爽としたモダンガールのスタイル。それゆえに村では浮いてしまう。久しぶりの実家、母に「ショールよ」とプレゼント。「そんなものはいらねえ」という母に「とってもノーブルよ」とすっかり都会人の㐂多子。

夜、彦太郎もやってきて、㐂多子と久しぶりの再会。卒業免状が晴れがましい。しかし堅太郎は妹を学校に行かせるため、血の滲むような苦労をしてきた。先祖からの桑畑も、地元の有力者・縣《あがた》（山田好良）に売ってしまっていた。

それを知らない剛は、桑畑にある木の「鳥の巣」を取る。すると、いつも自分をイジメる縣の息子（本田龍）から「それはオラのとこの桑畑の木だから、オラのものだ」と言われ、「そんなことはねえ」と大喧嘩。兄・堅太郎が通りかかり仲裁をするが、弟の言い分を聞かない。そこで初めて事情を知る剛。悔しいが姉のためと我慢する。

実力者・縣の息子たちは剛をイジメる。しかし我慢を重ねる剛。「おら今、縣とは喧嘩できねえだ」教師・彦太郎は「なしてだ」「おらの姉ちゃん（の就職）のことで、縣の家に頼みをしてるからな」。彦太郎は「お前は利口な奴だぞ」と褒める。

しかし㐂多子は本ばかり読んで、店の手伝いも家事も一切しない。夕餉のおかずにも文句を言う。たまりかねた堅太郎は、㐂多子を叱る。母も㐂多子への不満が溜まっていた。かつて授業参観で東京の学校へ行った時に、㐂多子に無視された悔しさを切々と語る。母の身なりを見た学友が「あれ、あなたの婆や?」と訊ねて「ええ、そうよ」と答えたときの悲しさ。母は、我慢を重ねていたが、耐えきれずに、㐂多子への不満をぶつける。

ある日、㐂多子が店番をしている時に、昔なじみの八兵衛（永井柳太郎）がやってきて、堅太郎や母がどれだけ苦労しているか、少しは理解してやれと話す。㐂多子はその真意がわからない。八兵衛が、いつものように「角打ちで一杯」を所望するが、㐂多子は注ぎ方がわからない。「おじさん自分でして」。しかし八兵衛は店のもの（酒）を勝手には……と躊躇する。これが最低限のモラルだから。㐂多子はそれも理解していない。そこへ堅太郎が帰ってきて、妹に「酒を注げ」と命じる。

それが不満の㐂多子は、別荘の兄妹に、無理解な田舎の人々への不満、兄が手をかけたことを報告。「それはいけない。暴力はいけない」と同情する兄妹。「インテリとそうでない人は根本的に考え方が違う」。

彦太郎は、縣の指図で校長（高堂黑天）から、中学受験のための補習授業を命ぜられるが、「虐待だ」と頑としてはねつけ、辞職してしまう。剛も縣の息子の横暴に耐えかねてついに相手を倒す。

彦太郎は剛に「もう怖いもんねえだろう? 俺もねえぞ!」。縣の息子の泣きっ面を見て大笑いする彦太郎。二人ともこれでさっぱりする。

ある日、堅太郎がすごい剣幕で帰ってくる。「この前オレがお前を撲ったことを、別荘辺りでしゃべったに違いねえ」。㐂多子は「あたしにどうしろと?」「朝五時に起きて炊事、掃除、店番、夜は針物、おっかあの肩も揉むだ」と堅太郎。「あたしのできないことばっかりだわ。もう我慢できない。この家を出て行くわ」こうして㐂多子は実家を飛び出して、月日は流れていく。

これが芝居の一幕目。時間経過を、日めくりが次々と落ちていくショットで表現。季節は移ろい、剛は尋常小学校最後の年となる。

戯曲では、そこから二幕目となる。雪がしんしんと降る冬。東京で苦労を味わった巴多子が、軽便鉄道で戻ってくる。彦太郎は学校を辞めて農家を手伝いながら、スキーのコーチをしているが、巴多子のことが気になっている。それは剛も母も同じ。家の前まで来たが、堅太郎が店先で雪かきしていて、巴多子は躊躇してまた何処かへ。この日は二月一一日、紀元節である。雪の降るなか、剛の学校の前までやってくる。彦太郎に逢いたかったのだ。教室からは《紀元節の歌》（作詞・高崎正風、作曲・伊沢修二）が聞こえてくる。やがて学校が終わり、剛が飛び出てきて「姉ちゃん！」。

巴多子を家に連れて帰り、母も暖かく迎え入れる。しかし問題は堅太郎が許すかどうか。母も気遣って、帰宅してきた堅太郎に「ゆうべ巴多子が帰ってくる夢を見たよ。たいそうやつれた姿で……帰えってくればいいのになあ。そう思わねえかよ」。堅太郎は「それは夢ではなかべえ。二階に居る女は誰だね？」それが茶番だということをすぐに気づく。

またしても一触即発というとき、スキー大会から帰ってきた彦太郎が、店に顔を出す。母は「彦さんにも（堅太郎に）謝ってもらおう」と藁をもすがる思い。しかし「それは筋違いだ」と堅太郎は頑なになる。

そこで巴多子、やっとの思いで「あたしは世間の恐ろしさを知りました。どうか、ここに置いて下さい。もう、どこにも行く所がないんです。これから働きます。兄さんの気に入るようにします」。

ここからのラストに向けての、お互いを思い遣る心がいい。彦太郎の優しさ。母親の慈愛。みんなが巴多子を受け入れ、やがて村に春がやってきて。巴多子は彦太郎に嫁いで誰もが幸福となる。

室生犀星の「あにいもうと」のような究極の魂のぶつかり合いではないが、都会で苦労してきた妹と、彼女を思う兄の心情。その対立と融和がハートウォーミングに描かれ、雪解けしていくラストは味わい深い。

舞台劇の映画化なのでテーマは重く、セリフも堅いが、それを映画的なエモーションが補完している。決して成功作ではないが、丁寧な描写を重ねて見応えのある作品となっている。

伊丹万作は、この年の秋、再び戯曲の映画化に取り組む。岡本綺堂の「大岡政談」からの戯曲を映画化した江戸情緒たっぷりの『権三と助十』（一〇月八日）を発表することとなる。

男は度胸

一九三七年五月一一日／J．O．スタジオ＝P．C．L．映画製作所／渡邊邦男
提供＝東宝映画配給株式会社／P．C．L．＝J．O．協同第一回作品／製作＝J．O．スタジオ＝P．C．L．映画製作所／1937.05.11・日本劇場／八巻・一、八六一m／六八分／同時上映『夜の鳩』（J．O．、石田民三）同時上演「第十九回ステージ・ショウ 日劇二十分音楽會」三景（五月一一日〜二〇日）

【スタッフ】原作・脚色・演出・渡邊邦男／制作主任・氷室徹平、今井正／撮影・町井春美／録音・中大路禎二／装置・高橋庚子／編輯・石野誠三／音楽指揮・紙恭輔　J．O．管絃楽団／ポリドールレコード吹込み（作詞・藤田まさを、作曲・佐藤富房、唄・東海林太郎）／R・C・A録音システム
【出演者】P．C．L．岡譲二（村田健三）／滝澤修（殿村博士）／小杉義男（須永）／J．O．山田好良（太田少尉）／深見泰三（田川博士）／大崎時一郎（鈴木）／冬木京三（博士助手）／長島武夫（山本）／石川冷（植木屋）／P．C．L．堤眞佐子（殿村鈴子）／伊達里子（小唄師匠）／英百合子（鈴子の母）／J．O．五條貴子（村田妙子）／常盤操子（妙子の母）

J．O．スタヂオとP．C．L．映画製作所、初の協同作品、岡譲二主演『男は度胸』は、のちの東宝カラーとは随分とかけ離れた異色作である。

P．C．L．からは岡譲二、滝澤修、小杉義男、堤眞佐子、伊達里子、英百合子、J．O．から山田好良、深見泰三、冬木京三、石川冷、五條寛子、常盤操子と、それぞれの専属俳優が出演。

アバンタイトル。ハットにコート、タバコを手にバーカウンターに座っている岡譲二のワンショットに「東宝ブロック参加第一回出演」のスーパー。そしてレリーフに刻まれた「岡譲二主演　男は度胸」の作品タイトル。

トップシーン。田川博士（深見泰三）の研究所の前に、一九三五年に売り出されたダットサン・ロードスターのオープンカーが停まっている。研究所には天文台もある。春のウキウキした気分、口笛を吹きながらダブルのスーツにハットの岡譲二と、P．C．L．創設以来のトップスター・堤眞

佐子が、綻びはじめた桜の小道を、楽しくランデブー。二人は恋人同志。

日活太秦、松竹蒲田で活躍してきた岡譲二の主演なので、そのイメージを活かした熱血活劇。主人公・村田健三（岡譲二）は熱血漢の青年科学者。その師が、国家のために窒素研究をしている殿村博士（滝澤修）。健三の婚約者は、殿村博士の娘・鈴子（堤眞佐子）。二人は殿村博士の研究の目処がついたら結婚する約束をしている。「僕たちも一日も早く結婚して、早く叔父さんみたいな科学者になりたいな」と健三。しかし鈴子は「でも母さんは言ってたわ、科学者の妻ぐらい苦労の多いものはない」と顔を曇らせる。

鈴子は、家庭を顧みないワーカホリックの殿村博士に泣かされている母（英百合子）の悲劇を、繰り返すまじと、愛情優先の家庭を築く決意をしている。

そこへ「大変よ！」と健三の妹・村田妙子（五條貴子）と天文台の助手が駆け寄る。鈴子の実家の隣が火事で大変なことになっていると。すぐにロールスロイスに乗って、現場へ急行する健三と鈴子、そして妙子。岡譲二はハリウッドの二枚目のような雰囲気で、およそ科学者には見えない。完全に活劇ヒーローである。

京都近郊のロケーションなので、舗装された道を疾走するオープンカーのヴィジュアルは新鮮。東京製作では見慣れない風景である。三人が駆けつけた頃には鎮火していた。鈴子の母（英百合子）が、火事見舞いの対応をしていた。鈴子の母は「大変だったんだよ」と不在だった鈴子をなじる。

火事騒ぎの間も、殿村博士は「消防に任せればいい」と研究室に閉じこもったまま、マイペースである。ヒステリックに騒いだのは鈴子の母だけだったことが、出入りの植木屋（石川冷）たちの言葉で明らかになる。火事場なのに、健三は悠々とタバコを吸っている。それを見て、鈴子の母がまた騒いで、一同大笑い。渡邊邦男らしいテンポの良い演出で、変わり者の殿村博士のキャラクターを印象付けたところで、研究室の殿村博士が登場する。

まだ三一歳の滝澤修の老けメイクはさすがで、禿げ上がった額にモジャモジャ頭、度の強いメガネをかけて、少し猫背。マッドサイエンティスト風でもあり、その実験室のイメージは、ジェームス・ホエール監督『フランケンシュタイン』（一九三一年）的でワクワクする。

博士の研究は、空中の窒素を固定する方法。それが完成すれば、無尽蔵に窒素化合物が生み出され、軍事問題は一気に解決する、と博士の助手（冬木京三）が説明しているが、観客にはさっぱりわからない。でもなんとなく当時の「最先端科学」を感じさせてくれる。

健三は博士の助手だが、どこかのんびり屋で、面倒くさい叔父さんに手を焼いている風でもある。田川博士の研究所に行ったのは「爆発温度と軌跡の分析表」の受領のためだったが、火事騒ぎで受け取るのを忘れて、仕方なしに再び取りに行く。

さて、有閑マダムの母は、鈴子とともに小唄の師匠（伊達里子）に稽古をつけてもらい、贅沢三昧の日々。実は、その小唄の師匠が国際スパイ団の手先で、博士の「軍事上の発明」の秘密を探るべく、スパイ団のボス・須永（小杉義勇）の命令で、殿村家に入り込んでいる。無防備な鈴子の母は、火事見舞いに来た師匠に乗せられて、ペラペラと大事な秘密＝研究室の鍵の在処をうっかり漏らす。さらに、そこへやってきた健三が「これから重要書類を取りに行く」と沢庵を齧りながら喋ってしまう。

こうして師匠は、殿村博士の研究を盗み出すために暗躍する。この映画が公開される直前、一九三七（昭和一二）年の春、日本最初の防諜専門機関として陸軍・警務連絡班が設立された。日中戦争の激化と共に「防諜」キャンペーンが展開されていく。「あなたの隣にスパイがいる」「スパイにご用心」と国民の防諜意識を高めるため、映画や歌謡曲でも「防諜」啓蒙がなされていく。

この映画もそうしたキャンペーンの一つ。田川研究所に行く健三に、師匠は執拗に「私もそこまで、ご一緒に」と迫り、クルマの助手席へ。そこで色仕掛けのあの手この手で、健三を籠絡しようとする。夜のクルマのシーン、背景はスクリーンプロセス（リアプロジェクション）で、見慣れた手法だが、J．O．で撮影キャメラマンをしていた円谷英二が開発したもの。クルマが角を曲がり、カフェーの前で停止。そこで健三が師匠を下すまでワンカットで撮影。

カフェーのカウンター。師匠はボスに電話で「一〇時に田川研究所に健三が重要書類を取りに行く」と報告。国際スパイ団の手先が健三のクルマをパンクさせようとするが、土壇場で大失態。計画はパーとなる。相当間抜けな連中。

そこで須永は「どうしても君に頼まなきゃ」と師匠に色香で健三を籠絡するように命じる。ここで須永のクライアントは某国であることが匂わされる。一旦、殿村博士の研究室に戻った健三は、スパイの陰謀を懸念するが、博士は取り合わない。「わしの研究は国家のためにやっている仕事だ。日本国民のなかには、まさかそんな事するものはあるまい」と疑念を否定。殿村博士は、なんとしても研究を完成させなければ、国家の損失になると研究に没頭。

健三は念の為、警察を呼ぶが、この時は「思い過し」で落ち着く。さて、健三の研究は「殺人光線」であることが明らかになる。「殺人光線」の完成のためなら、殿村博士も健三の助手になると申し出ると明言。和やかな師弟の会話に「殺人光線」とは物騒極まりない。

一方、師匠は、ボス・須永に「警察が嗅ぎつけている」と報告。「誰だ？　裏切った奴は？」部下を叱咤する須永。さらに師匠は殿村邸の見取り図を須永に渡すが、どうしても研究室の鍵の在処がわからない。

そこで須永は、同窓会で友人たちとカフェーにやってきた健三をチンピラたちに襲わせる。「三週間ぐらい立てないようにしろ」。しかし「君、僕に喧嘩ふっかけるのか？」腕に憶えのある健三は逆にチンピラたちをノシてしまう。荒唐無稽な活劇のムードが楽しい。ハリウッドのギャング映画のようなヴィジュアルは、岡譲二のイメージにピッタリ。

しかし、カフェーで遊んでいた殿村家出入りの植木屋（石川冷）から、健三の武勇伝を聞いた殿村博士は「国家に仕える研究者にあるまじき行為」と激怒。「今日までワシは、お前がそんな軽佻浮薄な奴とは思わなかった」と、健三を離縁してしまう。

もちろん鈴子との婚約は白紙に。「叔父さんの最後の研究だというのに、僕が手伝えなくなったのは、残念だよ」。鈴子が「もう一度、殿村博士に謝って欲しい」と頼むも、博士の「国家的研究」の邪魔はこれ以上できないと、健三は不本意ながら鈴子の前から姿を消す。それからの健三は酒浸りの日々、自暴自棄となって、酒場で大暴れ。

さらに殿村博士は実験中の事故で負傷。これが国際スパイ団にとっては千載一遇のチャンスとなる。師匠は須永から一〇〇円をせしめて「鍵は博士の寝巻きのポケットの中」と切り札を教える。研究書類はクライアントに現金三万円で売り払おうという魂胆。一味は研究室に向かう。絶体絶命のピンチが迫る。

ところが健三は酒場で暴れて警察へ、迎えにきた鈴子からすべてを聞いて、ようやく目が醒める。夜の街を疾走するクルマ。ネオンのモンタージュ。瀕死の殿村と和解するが、殿村家の電話線が何者かに切断されたことに気づいた健三。研究室を国際スパイ団が襲撃。なんと博士が須永の人質となってしまう。さあどうする？「国家の重大な秘密を貴様らに取られてたまるか！」。健三は研究室に鍵をかけ、毒ガスを充満させてスパイ団とともに死ぬ覚悟をする。

時局迎合の「防諜映画」ではあるが、ハリウッドのスパイ活劇のような味わいは、この頃のP．C．L．やJ．O．には珍しい大衆娯楽活劇。岡譲二は、これまでの映画同様のタフガイで、喧嘩は強い、正義感は誰にも負けない。「何にも考えてなさそうな」筋肉脳のタイプだが、優秀な科学者というのは、のちの特撮ヒーローもののようで楽しい。ちなみに、東海林太郎の唄う主題歌は、タイトルバック、劇中共に流れない。本編、未使用である。

夜の鳩

一九三七年五月一一日／J．O．スタヂオ／石田民三

提供＝東宝映画配給株式會社／製作＝J．O．スタヂオ／1937.05.11・日本劇場／八巻・一、九二五m／七〇分／日劇同時上映『男は度胸』（P．C．L．、渡邊邦男）／同時上演「第十九回ステージ・ショウ 日劇二十分音楽會」三景（五月一一日〜二〇日）

【スタッフ】演出・石田民三／原作・シナリオ・武田麟太郎「一の酉」改題・世界シナリオ文学全集所載／製作者・小山一夫／撮影・玉井正夫／撮影助手・山崎一雄、大鹿榮太郎／編輯・石野誠三／演出補助・中村正／録音・藤堂顕一郎／録音助手・宮崎正信／音楽・深井史郎／装置・髙橋庚子／照明・平岡岩次郎／衣裳・前山惣一郎／小道具・中島小三郎／結髪・吉田冨美子／床山・浜田金三／スチール・熊田春陽／主題歌 ポリドールレコード《隅田夜鳩》作詞・佐藤惣之助、作曲・長津義司、歌・東海林太郎、《看板娘》作詞・佐藤惣之助、作曲・山田榮一、歌・澤雅子

【出演者】竹久千恵子（おきよ）／梅園龍子（おしげ）／五條貴子（おとし）／林喜美子（おふじ）／岡田和子（おはま）／葵令子（おつね）／松岡あや子（ボーイ）／月形龍之介・特別出演（村山）／深見泰三（藤井）／浅野進次郎（豊太郎）／澤井三郎（新吉）／石川冷（福寿し）／長島武夫（源さん）／大崎時一郎（客A）／冬木京三（客B）／大家康宏（客C）／髙堂黒天（老人）

新感覚派の作家・武田麟太郎の『一の酉《いちのとり》』を原作に、武田自身が脚色したシナリオによる石田民三の『夜の鳩』。浅草の老舗小料理屋「たむら」を舞台に、女房に頭が上がらない店の主人である兄・豊太郎（浅野新二郎）と、妹・おきよ（竹久千恵子）、そして末妹・おとし（五條貴子）の兄妹を中心に、店の人々、客たちの人間模様が描かれる。

舞台はちょうど鷲《おおとり》神社の「一の酉」の時分。かつて「たむら」の看板娘で、客たちにもてはやされたおきよは、歳を重ねて以前ほどの輝きはなく、それが悩み。P．C．L．のトップ女優・竹久千恵子が、鏡を見たり、小皺を気にしたり。なんとも切ないが、この芝居が素晴らしい。

兄・豊太郎は商売が下手で、品川の食堂の娘・おはま（岡田和子）と結婚。おはまが、高級店だった「たむら」を大衆向けの店にしてしまった。それが「たむら」の看板を守り

抜いてきた、おきよには面白くない。二人はことあるごとにいがみ合っている。

一七歳のおしげ(梅園龍子)は、おきよに憧れて「たむら」に勤めているが、毒親である母から「福寿し」の若旦那(石川冷)の二号になることを強要されていて、それが嫌でたまらない。

おきよは、以前から心を寄せている劇作家・宮川(月形龍之介)の興味が妹・おとしに移っていることに気づいて、焦燥感を抱く。

このように「たむら」の誰もが屈託を抱えている。劇的な展開はないが、それぞれの悩みの顚末が、決着はつかないにせよ、暗示という形で描かれていく。その風情を味わう映画でもある。

原作にある、おしげと豊太郎の不倫描写は、直裁的でなく、銭湯でのおきよが、おしげが「男を知っている」と察するセリフ。朝、仕入れから帰ってきた豊太郎が、おしげに自転車のベルを鳴らす。後半、酉の市への逢引きが、豊太郎の妻・おはまの「私も行こうかしら」でダメになるシーンで、匂わされる。梅園龍子の芝居で、彼女と主人ができていることが、観客に伝わる。見事な演出である。

ナイトシーン中心だが、昭和一二年の浅草風景がたまらない。タイトルバックは、夜の仲見世、仁丹ビル、六区、瓢簞池に映える劇場のネオン、隅田川とアサヒビール工場(ネオンはサッポロビール)の「浅草夜景」。そして誰もいなくなった深夜の仲見世。雨に濡れている石畳。なんとも風情がある。キャメラは、前年にJ.O.スタヂオに移籍してきた名手・玉井正夫。時折りインサートされるこうした浅草風景が何よりのご馳走。玉井正夫は、この後、東宝のメイン撮影監督となり、戦後は成瀬巳喜男作品や『ゴジラ』(一九五四年)などを手がける。

中盤、おきよがおしげを誘ってミルクホールへ。おしげは「ジャミ(ジャム)のトースト」とミルクを頼む。窓の外は、スクリーンプロセスで、浅草松屋三階に入線する東武伊勢崎線、その下を走る市電。通りを行き交う人々が描かれる。

また、隅田公園の浅草側で、おきよが、おとしと待ち合わせている宮川に不意打ちをかけるシーン。吾妻橋と東武線鉄橋の間のベンチに佇む二人。背景にはアサヒビール工場、運河も見える。ビール工場の威容がここまで活写されている映画はそう多くない。

その宮川が脚本を書いた芝居を上演しているのが、日比谷一丁目の有楽座。昭和一〇(一九三五)年に開場して二年目、ナイトシーンながら、劇場の外景、そして劇場ロビーが活写されている。そのシークエンスの最後に、アールデコの日比谷映画、有楽座の外景が一瞬画面に映るのが嬉しい。宮川は浅草から丸の内に進出した売れっ子だということがわかる。

そしてクライマックスは「一の酉」。昭和一一（一九三六）年の歳末、多くの人々で賑わう鷲神社でのロケーション！　日中戦争前夜、商人たちが思い思いに熊手を手にしている。失恋をして、屈辱的な思いをしたおきよが、呆然と深夜の鷲神社を歩くラストシークエンスの切なさ。

「たむら」の常連の老人（髙堂黒天）も大きな熊手を担いで、満席の「たむら」へ入ってくる。髙堂黒天は、戦後、高堂國典として小津安二郎『麦秋』（一九五二年、松竹）、黒澤明『七人の侍』（一九五四年、東宝）、本多猪四郎『ゴジラ』（同）などに出演。僕らにもなじみのバイプレイヤーである。

タイトルバックにクレジットされている主題歌《隅田夜鳩》（東海林太郎）は劇中には流れないが、見ながらずっと脳内に流れていた。

日本女性読本

一九三七年五月二一日／P.C.L.映画製作所／山本嘉次郎、木村荘十二、大谷俊夫
提供＝東宝映画配給株式會社／製作＝P.C.L.映画製作所／1937.05.21・日本劇場／九巻・二、一八九m／八〇分（七一分）／『ゴルフ・ウヰドウ』二三分／『離婚の権利』一九分／『楽しき哉ロッパ君』二九分／日劇同時上映『港は浮氣風』（東京発聲・豊田四郎）／同時上演「第十九回ステージ・ショウ日劇二十分音楽會」三景（五月二一日〜三一日）

第一話『ゴルフ・ウヰドウ』
【スタッフ】原作・菊池寛「日本女性読本」より大阪毎日・東京日日両新聞連載／演出・山本嘉次郎／製作・萩原耐／脚色・江口又吉／製作主任・谷口千吉／助監督・黒澤明／撮影・三浦光雄／録音・鈴木勇／装置・北猛夫／編輯・岩下廣一／音楽・清田茂／演奏・P.C.L.管絃楽團
【出演者】高田稔（啓助）／竹久千恵子（利哉子）／御橋公（砂川専務）／清川玉枝（砂川夫人）／三益愛子（銀座のマダム・東寶ロッパ）
第二話『離婚の権利』
【スタッフ】原作・菊池寛「日本女性読本」より大阪毎日・東京日日両新聞連載／演出・木村荘十二／製作・萩原耐／脚色・小崎政房／製作主任・石橋克巳／撮影・鈴木博／録音・金山欣二郎／装置・安倍輝明／編輯・岩下廣一／音楽・清田茂／演奏・P.C.L.管絃楽團
【出演者】江戸川蘭子（晶子）／北澤彪（重雄）／嵯峨善兵（三浦）
第三話『楽しき哉ロッパ君』
【スタッフ】原作・菊池寛「日本女性読本」より大阪毎日・東京日日両新聞連載／演出・大谷俊夫／製作・萩原耐／脚色・永見隆二／製作主任・小田基義／撮影・宮島義勇／録音・片岡造／装置・北猛夫／編輯・岩下廣一／音楽・清田茂／演奏・P.C.L.管絃楽團
【出演者】神田千鶴子（レヴュー・ガール　ミチコ）／清川虹子（彌左衛門の妻）／古川緑波（柄村彌左衛門）

菊池寛が昭和一一（一九三六）年に大阪毎日新聞、東京日日新聞に連載した「現代娘読本」と「現代人妻読本」をベースにP.C.L.を担う三人の演出家、山本嘉次郎、木村荘十二、大谷俊夫がメガホンを執った三話からなるオムニバ

ス。菊池寛の連載は、読者からの人生相談に答えるかたちで、現代女性のモラルや、男女同権の欧米の考え方を、女性たちに啓蒙する「人生指南書」。昭和一一年は、まだリベラルが理想だった時代で、現実は旧態依然とした男性優先社会だったが、日中戦争前は、こうした欧米的な先進的考え方がメディアでは語られていた。

菊池寛の言葉である。

「若い娘さんなり、悩みを持つ人妻の方々に、少しでも為になり、少しでも慰めになるやうにと、實際的の目的を以て書いたものである。それと同時に、陰ながら男性の戀愛や、性生活に於ける、非道と不埒とを指摘し、非難し、反省を求めておいた。従って、私はこの本は、女性にとって、可なり多くの注意や、警告や、慰安や、進言を含んでゐるつもりである。」（『日本女性読本』大阪毎日新聞社・東京日日新聞社、一九三二年）

タイアップで報じられた、東京日日新聞寫眞特報には「東日大毎紙上に連載された菊池寛氏の「現代娘読本」「現代人妻読本」から取材したP．C．L．の特作、相思相愛の若き男女が、結婚への道程に様々な夫婦生活の眞理を教へられてゆくといふモダン結婚聖書」とある。掲載写真は、霧立のぼると佐伯秀男がティールームでランデブーしているもの。

二人が劇場の座席に座っているスチルも残されているので、おそらく、第四話が製作されたが、何らかの理由でオミットされたものと思われる（初公開時の上映時間は八〇分、現存する作品は七一分）。現存するプリントにはP．C．L．映画製作所表記はなく、東宝映画株式會社のクレジットになっている。

各話とも、日比谷の劇場「有楽座」で上演されている舞台を、ラジオ中継しているというスタイルで構成。有楽座の舞台に作られた舞台装置のなかで俳優が芝居をしているところから始まり、やがて映画的な演出、ロケーション、撮影所のセットで物語が進行して、最後は劇場の舞台に、というフォーマットで作られている。

日比谷有楽座は、この映画の二年前、昭和一〇（一九三五）年六月七日、東宝創業者の小林一三の鳴物入りでオープンした東宝直営劇場。宝塚歌劇団専門の東京宝塚劇場（一九三四年一月一日開場）の斜め向かい、洋画ロードショー館・日比谷映画劇場（一九三四年二月一日開場）の右隣に開場。昭和一〇年に、浅草の「笑の王国」から引き抜かれた古川ロッパが古川緑波一座を結成、その常設小屋となった。

第三話『楽しき哉ロッパ君』は、舞台や劇場内だけでなく、楽屋口、そして日比谷の劇場街でロケーション。ロッパがホームグラウンドで、どんなふうに芝居をしていたか、その雰囲気を味わえる。

第一話『ゴルフ・ウヰドウ』（山本嘉次郎）

山本嘉次郎の演出による第一話『ゴルフ・ウヰドウ』は、「現代人妻読本」第四課「夫婦同格論」のなかの「欧米のゴルフ後家《ウィドウ》」についての記述を、ハリウッドの艶笑コメディのスタイルで描いている。モダンなタッチの夫婦のクライシス・コメディである。製作主任・谷口千吉、助監督・黒澤明が現場をサポートした。

出世コースに進路をとっているサラリーマンの啓助（高田稔）は、日曜日のたびに朝五時起きでゴルフ三昧。美しき妻・利哉子（竹久千恵子）をほったらかして、すれ違いの夫婦生活だった。利哉子は、欲求不満が高まって、いつも変な夢ばかり見ている。少し神経症気味だが、啓助はお構いなし。

今日も、会社の重役である砂川専務（御橋公）とともに、カントリー倶楽部でクラブを握っている。夫のいない日曜、ゴルフ・ウィドウの利哉子は、パーマネントへ。ピカピカの最新設備を備えた美容室には、砂川専務夫人（清川玉枝）も来ていて、二人でおしゃべりをしている。「ゴルフに夢中のうちは、浮気の心配がない」と二人とも高を括っている。やはり客の銀座のマダム（三益愛子）が、なんとゴルフ場へ電話をかけている。「砂川の家内ですけど、主人をお願いします」。ギョッとなり顔を見合わすゴルフ・ウィドウの二人。

これは一大事と、二人は急遽ゴルフ場へ。女房と愛人が鉢合わせしたら大変と、砂川専務は、マダムの相手を啓助にさせる。この展開は、戦後の東宝サラリーマン映画での定石となる。劇場中継のナレーションで、啓助は「出世のチャンスを摑むために、こういう時に上司のフォローをする」と説明。高田稔が御橋公にゴルフ場で、貸しを作って出世の糸口にする。はるかのち、植木等の『日本一のホラ吹き男』（一九六四年、東宝、古澤憲吾）で、植木等が使った手でもある。そういえば同作では高田稔も重役を演じていた。これも伝統芸として繰り返される。

クラブハウスのバルコニーに、利哉子と砂川夫人が現れて、夫たちを注視。二人の予想通り、砂川専務はマダムと初対面のフリをして、啓助は旧知の女性としてマダムを紹介する。ところが、啓助とマダムは、本当に昔からの知り合いで、どうやら恋仲だったらしい。啓助の若き日、大阪支社勤務時代、下宿をしていた家のお嬢さんで、当時一九歳の乙女だった。

浮気の心配は、砂川専務ではなく、啓助だったということで、利哉子は心穏やかではない。その夜、砂川夫人に誘われ、銀座のバーへ。ナレーションで「(有閑)マダムたちの間で、バーに繰り出して、若いバーテン目当てに酒を飲むのが流行」していると説明が入る。カクテルグラスを傾け、酔いが回ってくる利哉子だったが……

果たして啓助と利哉子夫妻のクライシスは？

まさにハリウッドの艶笑コメディの味わい。最後のシークエンスで、ヒビの入った夫婦の関係が、ストンと収まっていくのだが、これを二三分で収めてしまう、ヤマカジ演出もお見事。竹久千恵子のチャーミングさが際立つ一篇。

第二話『離婚の権利』(木村荘十二)

P.C.L.映画第一作『音楽喜劇 ほろよひ人生』(一九三三年)から、P.C.L.カラーを創出してきた木村荘十二演出による第二話『離婚の権利』(クレジットでは第三話)は、新進画家・重雄(北澤彪)と結婚したばかりの晶子(江戸川蘭子)との新婚世帯に、重雄の親友、豪放磊落だが無粋な画家・三浦(嵯峨善兵)が現れて、楽しい二人のプライベートがメチャクチャになってしまうというスケッチ。

原作『現代人妻読本』第十一課「離婚について」での菊池寛の「私の理想からいへば、離婚といふことは、妻だけに興へられる権利にしたいと思ふ」という見解から、小崎政房がシナリオ化した、昭和一二年のトレンディ・ドラマ。初期のP.C.L.映画では、こうした芸術家がしばしば登場している。プロレタリア芸術家がスタッフに多く、身近な存在であったこと、こうした高等遊民たちがトレンディ的なポジションだったことも大きい。

冒頭、アパートの部屋に巡査が住民調査にやってくる。誰にも内緒で結婚した晶子にとっては、初めての訪問者が嬉しい。部屋のバルコニーから、そのまま階段で屋上に上がって、縄跳びトレーニングをしている重雄の縄に入って飛びながら報告する。

これだけのシーンだが、二人が住んでいるアパートが、いかにモダンなのかがわかる。木村荘十二は、『純情の都』(一九三三年)や、『三色旗ビルディング』(一九三五年)などの作品で都会のアパート暮らしを描いてきた。山本嘉次郎の『すみれ娘』(一九三五年)でも、藤原釜足の彫刻家は、屋上のペントハウスに住んでいた。そうした都会生活者が増えてきたこともあるが、P.C.L.の洋画のような空間づくりには、モダンなアパート生活者は欠かせなかった。

二人きりの休日を満喫しているところに、重雄の画家仲間で野生派の三浦がやってくる。嵯峨善兵は、バンカラ学生か、大学OBなど、こうした無神経でむさ苦しいキャラクターが多い。重雄は三浦には、晶子のことを話していなかったので、晶子を隠そうとして、ひと悶着。晶子は、自分がモノのように扱われるのが面白くない。やがて三浦は晶子をモデルに絵を描きたいと言い出して、重雄も「芸術論争に勝ったらいいだろう」と簡単にOKしてしまう。それを聞いた晶子、プンプンに怒り出してしまう。

面白いのは、アパートの部屋で晶子がふて腐れて、座っているショットや、ちょっとした佇まいの構図がレンブラントの絵画風だったり。これも木村荘十二の狙いだろう。

結局、三浦がやってきたのは手元不如意で、五円を借金に来ただけのこと。金を借りてご満悦の三浦が帰りしなに、重雄は晶子に振り回されているから「もっと亭主関白になれ」と檄を飛ばす。それを間に受けた重雄、晶子に対して急に威張り始め、若夫婦はついに大喧嘩を始めてしまうが……

これもわずか一九分で、主要人物は、江戸川蘭子、北澤彪、嵯峨善兵の三人のみ。モダンなアーティストでも、中身は同じ人間で、その悩みもまた庶民と同じ、というのが面白い。江戸川蘭子はハツラツとして実に魅力的。縄跳びをしながらの甘い会話は、なかなか。ハリウッドのプレコード作品のようなセクシーさもある。

第三話『楽しき哉ロッパ君』（大谷俊夫）

日活太秦、日活多摩川出身で、この年P．C．L．に移籍、エンタツ・アチャコの『心臓が強い』（一九三七年一月一四日）や、ロッパの『ハリキリボーイ』（四月一四日）を手がけてきた大谷俊夫の演出による第三話『楽しき哉ロッパ君』。有楽座をホームグラウンドにしていたロッパの劇場での雰囲気もわかる一篇。ヒロインはP．C．L．第一作『ほろ酔ひ人生』で、レビューガールの役でロッパとワンシーン共演した神田千鶴子。今回も有楽座がモデルのカナリア座のレビューガール、ミチコを演じている。

ロッパの妻役には、清川虹子。ロッパと徳川夢声たちが設立した浅草の「笑の王国」出身で、藤原釜足の『只野凡児人生勉強』（一九三四年）から、コメディエンヌとしてP．C．L．喜劇には欠かせない顔となった。

このエピソードは「現代人妻読本」第六課「良人の貞操」で菊池寛が語った「料理屋の女中、バー、カフェの女給、ダンサーなどとの関係は、藝娼妓などとは違つて、何といっても、戀愛関係を含み易く、それだけ人妻にとって警戒すべきものだ」という見解をベースに永見隆二が脚色。ロッパ一座の芝居のような喜劇として構成している。

大正時代、柄村式体操の専門家として、一世を風靡した柄村彌左衛門（ロッパ）は、今では隠居の身。妻（清川虹子）との朝食も、すっかり食が細くなっている。「あんまり召し上がりませんね」「近頃はさっぱり体操やらないからね」。ここで《荒城の月》のメロディ。体操教師だったハリキリボーイ時代の写真、そして国民保健のために尽力した功績を讃えた「表彰状」（大正一四年）など、得意げな彌左衛門の写真。過去の栄光が虚しい。「五年前は良かったな」としみじみ。

新聞の三面記事に目をやれば、「妻子を残して　四十男邪戀の情死　春の大川端に」。中年男と若い娘の不倫記事に「実に近頃の世間は腐敗しておる」と嘆く。「要するに、健全なる精神は健全なる肉体に宿る、ということを忘れているからだ」。「ワシはもう一度立って、ワシの元気はつらつたる体操を普及させて、エイっとこう、喝を入れてやりたいもんだな」。

「あれを持って来なさい」。妻が、昔のスクラップブックを持ってくる。体操普及の先駆者・彌左衛門を称賛する記事に、にんまりとする。

そこへ、学校からの速達で、新しい体操を導入するので「旧柄村式体操法も一時、ご休講くだされたく、右卒爾ながらご通知致す次第に御座候」との通知。クビになってしまったのである。

それから一〇年。「此の間十年　相経ち申候」のテロップがおかしい。

再び、夫婦の朝食。一〇年前とほとんど同じアングル、二人ともかなり老け込んでいる。夫婦の会話も同じ。さらに食が細くなった彌左衛門「すっかり体操をやらなくなったからね」。過去の栄光の写真、表彰状を眺め、バックには《荒城の月》が流れる。すべて一〇年前と同じ。「一五年前は良かったな」。ルーティーンの笑いである。

老眼鏡をかけて新聞に目をやる。「妻子を捨て　浅間山の初夏　若いパパの情死行」の記事に嘆くと、妻が「はい。おまちどうさま」とスクラップブックを持ってくるのも同じ。さらに、一〇年前と同じ郵便屋が少々老けて、速達を届けてくる。

有楽町の劇場カナリア座から、柄村式体操をレビューに導入したいので、ついては指導をして欲しいとの報せだった。「民衆の娯楽に関し、国粋的明朗的なる体操式レビューを企画、採用することを決定し仕り候」。

一五年ぶりのオファーに、ハリキリボーイとなる彌左衛門は、日比谷劇場街にあるカナリア座へ。ロケーションはもちろん有楽座。舞台では花形レビュー・ガールのミチコ（神田千鶴子）とコーラス・ガールたちがタップダンスの練習をしている。舞台袖では、女の子たちが立ちながら食事をしている。ロッパ一座のホームグラウンドの有楽座の回転ステージなど、そのスケールが体感できる。

さて、彌左衛門の体操指導である。体操着風の衣装を着て、鉢巻をしたレビュー・ガールたちを前に、珍妙な体操を伝授する彌左衛門。とにかく動きがへなちょこ。それを大真面目に指導するも、女の子たちはつい吹き出してしまう。これがなかなか楽しい。ロッパ一座の喜劇レビューの片鱗を楽しむことができる。

久しぶりの体操に少し疲れ気味の彌左衛門。リハーサルが終わっても客席で休んでいる。ステージではミチコが、タップを踏みながら、主題歌《私のスイートホーム》を唄う。これも有楽座のステージでの撮影なので臨場感がある。

ミチコは「先生」と気安く彌左衛門に声をかけ、お茶に誘う。若い娘とティールームでお茶とケーキのひととき。青春が蘇るような楽しさを味わう彌左衛門。すっかりミチコに夢中になり、それからも劇場で出待ちをしては、食事に誘ったり。まさに「老いらくの恋」である。

ちゃっかり屋のミチコは、彌左衛門の体力を見込んで引っ越しの手伝いをお願いする。リヤカーに家財道具一式を積んで、世田谷界隈を歩く彌左衛門とミチコ。神田千鶴子はここでも《私のスイートホーム》をリフレインする。彌左衛門も大ハリキリだが、踏切で立ち往生。電車が迫る。果たして？　サイレント喜劇のようなスリリングな展開となる。通行人の協力でことなきを得るも、巡査に大目玉をくらう。

彌左衛門はどんどんミチコにのめり込み、ランデブーを続ける。食堂のショーウィンドウに並んだサンプルを見て、あれもこれも食べようと、大盤振る舞い。「お寿司に焼飯、お刺身ご飯に親子丼、鰻ご飯二つにお酒一本」を食券売り場で注文。大食漢のロッパらしいギャグである。

しかし「老いらくの恋」にはお金がかかる。ついに彌左衛門は、家の貯金通帳を持ち出して、日比谷の劇場街へ。この場面のロケーションは貴重な映像の記録である。東京宝塚劇場の前のプロムナードを歩くロッパ、その後方には三信ビル、右手には日比谷映画劇場のアールデコの建物が見える。現在の日比谷ミッドタウン、日比谷シャンテのあたりである。

通帳を落としたことに気づいて、大慌ての彌左衛門。結局通帳は見つからず、意気消沈。同じ頃、夫の挙動不審、不倫を察知した妻は、カナリア座へミチコを訪ね、自宅に招いて、彼女の真意をただす。ミチコは「親切なおじさん」「お友だち」だと思っていたと、ケロッとしている。

そこへ彌左衛門が帰ってくる。玄関先で出迎えたミチコに、びっくりした彌左衛門。ショックでその場に倒れて意識不明となり……。

「中年男と若い娘の不倫」に嘆いていた初老の男が、レビューガールの虜になって……という運命の皮肉、人間の矛盾を「ロッパ芝居」にして、なかなか楽しい小品喜劇となっている。

見世物王國

一九三七年六月一日／P.C.L.映画製作所／松井稔
提供＝東宝映画配給株式會社／製作＝P.C.L.映画製作所／録音現像＝寫眞化学研究所／1937.06.01・日本劇場／八巻・一、五九六m／五八分／日劇同時上映『オヤケ・アカハチ』（東京発聲・重宗務、豊田四郎）／同時上演「第廿回ステージ・ショウ 日劇タップ祭」二景（六月一日〜一〇日）

【スタッフ】原案・森暁紅／原作・古川緑波／演出・松井稔／製作・萩原耐／製作主任・安藤由巳光／脚色・阪田英一／撮影・三村明／録音・道源勇二／装置・中古智／編輯・岩下廣一／音楽・谷口又士／音楽演奏・P.C.L.管絃楽団
【出演者】藤原釜足（スリ万吉）／岸井明（亀さん）／大川平八郎（堀田）／神田千鶴子（キヨちゃん）／小島洋々（父親）／清川虹子（母親）／秀ちゃん（高峰秀子）／清川玉枝（女芸人）／鈴木義豊（自轉車曲乗り）／松井源水（曲獨楽）／空中軒　江川マストン・全チエ子・全小マストン（玉乗り）／特別出演・古川緑波（奇術師）

古川緑波一座で上演の「見世物王國」は、ロッパが若き日に遊び、「笑の王国」で一家をなした「懐かしの浅草（といっても二年前まで浅草を拠点にしていたが）」の、怪しげな見世物小屋や、テキ屋たちの風俗を探訪するという発想で作られた。もちろんロッパのアイデアである。原案・森暁紅、原作・古川緑波である。それを、岸井明と藤原釜足の「じゃがたらコムビ」で映画化しようというのもロッパの企画。『純情の都』（一九三三年、木村荘十二）ではモダンなレビュー、『踊り子日記』（一九三四年、矢倉茂雄）では懐かしの浅草レビューの世界に、岸井明と藤原釜足を登場させてきたP.C.L.映画だが、ここではグッと庶民的に「見世物小屋」の世界を舞台にしている。

しかも物語は至ってシンプル。秀ちゃん（高峰秀子）が、小学校を卒業した祝いに、田舎から、父っちゃん（小島洋々）、母っちゃん（清川虹子）と一緒に東京見物へ。しかし、浅草奥山の見世物小屋が立ち並ぶ雑踏で、父っちゃんは、スリの万吉（藤原釜足）に財布をスラれ、気のいいモダンボーイ・亀さん（岸井明）にスリの追跡を頼む。その騒ぎの最中、秀ちゃんが人混みに紛れて迷子に。秀ちゃんからすれば「父っちゃんと母っちゃんが迷子になった」である。

娘とはぐれてパニック状態の母っちゃんは、親切な学生・堀田（大川平八郎）とその恋人・キヨちゃん（神田千鶴子）に、秀ちゃんを「探して欲しい」と頼む。堀田はキヨちゃんに「両親と一緒にいて欲しい」と、一人で雑踏の中へ。この賑わいのなかで、逃げるスリの万吉、追う亀さん。見世物小屋を満喫する秀ちゃん。彼女を探す堀田。そしてキヨちゃんと、秀ちゃんの両親が、バラバラになって、それぞれが「見世物王国」に迷い込む、という趣向。


昭和一二年の東京、浅草でのロケーションが楽しい。冒頭、田舎から出てきた秀ちゃん一家が、東京案内のはとバスに乗るシーン。銀座四丁目・服部時計店→東京駅前・丸ビル→有楽町・日劇と巡っていく。日劇では「映画と実演・ロッパ春の國」と題してP・C・L・映画『ハリキリボーイ』（四月一四日・大谷俊夫）の上映、ロッパ一座の実演「歌ふ金色夜叉」、そしてこの映画の原作「見世物王國」を上演している。その看板が、バスの車窓から見える。

さらにバスは、桜田門・警視庁→永田町・国会議事堂（前年に竣工）→九段・靖國神社と巡る。清川虹子も高峰秀子も、スルメイカをしゃぶり、お上り感満載の感じがいい。バスはやがて中央通りを通って上野広小路へ。そして浅草奥山・伝法院へと向かう。その賑わいを見た秀ちゃん「お祭りよ、ね、お父っぁん、あたいお祭りに行きたい。ここで降りようよ」と強引にバスを止めて、浅草奥山へ……。

晴天の空には花火の白い煙、広告のビラを巻く飛行機が飛んでいる。すごい賑わいの屋台。実際のロケーションなので、その雑踏に驚かされる。木村伊兵衛や桑原《くわばら》甲子雄《きねお》の写真を見ているようで、当時の浅草の猥雑な空気が、目の前に広がる。ああ、楽しき哉、浅草探検！

その賑わいのなか、秀ちゃんは、玩具の屋台の人形を父っちゃんにねだる。その値段に一瞬怯むが、「今日はなんでも秀ちゃんの好きなようにさせてやろうよ」と母っちゃんの優しさで、父っちゃんは、懐から太い紐のついた財布を出す。それをじっと見ていたのが、巾着切り（スリ）の万吉（藤原釜足）。大きな鋏を取り出してニヤリ。まんまと父っちゃんの財布を盗んでしまう。

逃げる万吉が、偶然ぶつかったのがハンチングにストライプのスーツの粋なモダンボーイ・亀さん（岸井明）。藤原釜足が着物で、岸井明がスーツ。二人のタイプの違いが明確。ぶつかった拍子に、万吉がスった財布を落とす。亀さん「おい、君、君」と拾って、万吉、礼を言う。

これがルーティーンとなり、その後迷子になった秀ちゃんを探す、学生・堀田も、その恋人・キヨちゃんも、それぞれ万吉とぶつかり、その都度、財布を落としたことを伝える。クライマックスには、万吉から父っちゃんがタバコの火を借りる！　それでも気づかない。これぞアチャラカの楽しさ！

秀逸なのが秀ちゃん。スリの万吉を親切なおじさんと思って、見世物小屋をねだったり、一銭洋食（具のないお好み焼き）を奢らせる。結局、父っちゃんの財布から出ているのだが。そこへ、呼び込み（柳谷寛）の「顔は可愛い女の子、上半分は人間に生まれながら、足から下は魚だよー！　どんなに珍しくても、死んでいたらなんにもならない。これは本当に生きてるよ！　花ちゃんやーい！」。秀ちゃんは、半魚人の見世物に興味津々。「おじちゃん、あたい見たい！」とねだる。その花ちゃんは、上半身は可愛い女の子、下半身は人魚のようなゴムの作り物。「花ちゃんやーい！」の掛け声に「あーい！」と答えるのが可愛い。万吉がそのカラクリを暴いてしまい、お客たちが大騒ぎ、その隙に、秀ちゃん、花ちゃんを助け出して、一緒に遊ぶ。

誠にのんきな展開。その後「ろくろ首」や「筑波山中で昭和八年に捕獲した怪物」などの怪しげな見世物が次々と登場。特に後者の呼び込みは、ノンクレジットながら、左翼劇場時代、若き日の大森義夫が演じている！「事件記者」の八田老人じゃよ。この怪物、目が三つで尾が二つ、大きな歯が二本！　という触れ込み。中に入ると、大きな下駄の作り物。なんのことはない下駄の正目が三つ、鼻緒が二つに別れ、下駄の歯が二本という訳である。五代目古今亭志ん生の落語のマクラに登場する「伝説の怪物」である。

というわけで、スリを追いかけ、秀ちゃんを探しながらの「見世物王國」めぐりがのんびりと展開していく。いわば体感型アトラクション・ムービー。半魚人の見世物、ろくろ首の見世物、筑波山中の怪物の見世物、活動写真の見世物などなど。特に活動写真。弁士が恭しく登場して説明するのは、完全新作のサイレント喜劇「デブちゃんの泥棒の巻」。ロスコー・アーバックルやチャップリンのキーストン喜劇のようなテイストで、なんとデブちゃん（岸井明）の警官と、泥棒（藤原釜足）のドタバタ映画を新撮！　これは楽しい。岸井明は和製アーバックルなので、本家の真似をここでしているとは！

一方、秀ちゃんと花ちゃんは、女剣戟一座の子守をしている女の子と、小屋の裏で「かごめかごめ」をして遊んでいる。その舞台では、女剣戟の座長（清川玉枝）が「女・丹下左膳」を熱演中。昭和初期に、浅草で女剣戟ブームが巻き起こっていたことを、こうしたパロディで体感できるのも、この映画の良さ。

舞台では、独楽回し芸人・松井源水が、大小の独楽回し、刀の刃に大独楽を乗せ、芸はクライマックスへ！　この小屋の楽屋に紛れ込んだ、スリの万吉が刀を構え、亀さんは御用提灯に十手で捕物。そんなことしてたら幕が空いて、曲のイントロが始まる。ラリー・シェイ作曲、岸井明作詞《月に告ぐ（月光価千金 Get Out And Get Under The Moon)》である。亀さん、立ち上がり「♪お月さま　いくつ　十三七つ」とホンワカした歌声で唄い出す。その間に、万吉は舞台袖に逃げてしまうが、歌が盛り上がると、再び現れて踊りだす。これぞニッポン・エンタテインメント！　ここが、この映画のハイライト！

秀ちゃんを探し疲れた両親はベンチでひと休み。明治チョコレートのタイアップ・ベンチ。隣にはなんと万吉が一服。父っちゃん、万吉に火を借りる。そこへ堀田、「キヨちゃんは?」と母っちゃんに聞いている。立ち上がった万吉、雑踏でキヨちゃんとぶつかり、盗んだサイフを落とすルーティンギャグ。親切な万吉、キヨちゃんをベンチまで連れてきて、両親に引き合わせる。

空から飛行機が宣伝ビラを巻いている。見上げる人々、亀さんも上を向いている。で、またまた万吉がぶつかってきて、追っかけの再開となる。万吉、とある小屋に逃げる。亀さんも入ろうとすると、人魚の花ちゃんの親方にどやされる。舞台では、大魔術師・ロッパが「題しまして、美人の交換」大魔術を始めるところ。ここで原作者の古川ロッパが登場。ズーズー弁なのがおかしい。

この撮影は、昭和一二年四月一〇日（土曜）に行われた。古川ロッパ日記には「『見世物王国』の奇術師は、扮装ヒゲの、毛をまん中から分けの、『さらば青春』の先生の型で、東北弁でやる」とある。前日、四月九日の日記によると「千歳船橋の東京発声の撮影所へ行き、『見世物王国』の奇術師の役を撮る。P.C.L.よりひどい俳優部屋—なんだかくさくて、全くいやんなっちまふ」。東京発聲映画撮影所で行われたのだ。

東京発聲声映画製作所は、昭和一〇（一九三五）年三月、日活資本により、松竹蒲田・日活多摩川の監督だった重宗務を所長、脚本家・八田尚之を企画本部長にしてスタートした撮影所。昭和一二年に東宝ブロックに参加、豊田四郎監督『若い人』（一二月一七日）などを製作、昭和一六（一九四一）年一一月、東宝映画と合併。その後、昭和一九（一九四四）年に、この撮影所は、円谷英二を工場長に「東宝特殊技術課」の特撮専用スタジオ「航空教育資料製作第二工場」となった。

客席には、父っちゃん、母っちゃん、堀田、キヨちゃんが、秀ちゃんを探しにやってくる。さらに亀さんも、スリの万吉を追ってくる。その頃、万吉は、小屋の縁の下でウロウロして、楽屋へ。なんと奇術のハコに入ってしまう。で、いよいよロッパの奇術。「ビストルを撃ちますれば」とロッパ、ピストルをビストルと訛るのがおかしい。右の箱の少女、消えている。隣の箱に移ったことを説明しながら「これでは面白くないので」ともう一回、ビストルを発射！　少女は右の箱に戻っている。という人を食ったもの。で、左の箱には、万吉が入っていた。慌てて舞台に上がって万吉を追いかける亀さん。ロッパ、さらにビストルを発射！　すると、左の箱から、秀ちゃんと花ちゃん！　ここで感動の再会。花ちゃんの親父も娘と再会！　これで「人魚」の見世物小屋が再開できる。

舞台では、気を失った万吉のポケットから、亀さんが次々と盗品を出す。花ちゃんの「人魚の尻尾」も！　最後にはお父っちゃんの財布も出てきて、お父っちゃん、お母っちゃん、ホッとする。映画はこれで終わりではなく、夜が更けても、秀ちゃん一家は、ゆっくりと見世物小屋で曲馬団を満喫する。

自転車曲乗りの「演芸大曲馬団」では、超絶の自転車テクニックが披露され、続いては「新マストン一座」。空中軒江川マストン、江川チエ子、江川小マストンが、玉乗りのバランス芸を展開。秀ちゃん、ラムネを飲みながら大満足！

そして帰りの汽車、父っちゃんも母っちゃんもグッスリ眠っている。秀ちゃんの腕には、迷子にならないように、紐が結ばれていてで、父っちゃんと繋がっている。夜の車窓を眺めながら、キャラメルを頬張る秀ちゃん。思わず「花ちゃーん！」と叫ぶ。カット変わって浅草の見世物小屋の中から、「あーい！」と花ちゃんの声。ロッパらしい粋なサゲで、映画はエンドマークとなる。

雪崩

一九三七年七月一日／製作＝P．C．L．映画製作所／成瀬巳喜男
提供＝東宝映画配給株式會社／製作＝P．C．L．映画製作所／録音現像＝寫眞化学研究所／1937.07.01・日本劇場／七巻・一、六一四m／五九分／日劇同時上映『東海道は日本晴』（P．C．L．、滝澤英輔）／同時上演「第廿一回ステージ・ショウ　九州レヴュウ」七景（七月一日〜一〇日）

【スタッフ】原作・大佛次郎／東京大阪朝日新聞連載／演出・成瀬巳喜男／製作・矢倉茂雄／制作主任・篠勝三／構案・村山知義／脚色・成瀬巳喜男／撮影・立花幹也／録音・鈴木勇／装置・北猛夫／編輯・岩下廣一／音楽監督・飯田信夫／演奏・P．C．L．管弦楽團／「雪崩」主題歌・A《あこがれの唄》、B《ヒアシンスの唄》作詞・佐伯孝夫、作曲・飯田信夫ビクターレコードJ五四〇五四／助監督・黒澤明
【出演者】佐伯秀男（日下五郎）／江間弥生（江戸川蘭子）／霧立のぼる（横田蕗子）／汐見洋（五郎の父）／英百合子（五郎の母）／丸山定夫（蕗子の父）／三島雅夫（小柳辯護士）／生方明（弥生の弟）

この年の七月七日、中国北京郊外の盧溝橋で、日本軍と中国軍の衝突による「盧溝橋事件」が発生、これが日中戦争の引き金となった。その六日前に公開された成瀬巳喜男『雪崩』は、大佛次郎が、東京・大阪朝日新聞に連載した同名小説を、前衛芸術家、劇作家、演出家でもある村山知義が脚色している。

昭和一〇（一九三五）年、松竹から移籍してきた成瀬巳喜男は、移籍第三作『妻よ薔薇のやうに』（一九三五年）がキネマ旬報ベスト・テン第一位、『噂の娘』（同年）が八位となったが、その後の作品が批評家から評価されず、前年の『君と行く路』（一九三六年）、『朝の並木路』（同年）、そしてこの年の『女人哀愁』（一月二一日）と低調が続いていた。

そこで起死回生の意味もあって、村山知義が脚色を手がけることとなった。プロレタリア演劇活動出身の村山は、昭和九（一九三四）年に転向小説「白夜」を発表、新劇「新協劇団」の演出家となった。しかし村山が執筆したものは、お

よそ散文的で映画シナリオの体を成していなかった。そこで成瀬が自ら撮影台本にリライトした。なので村山のクレジットは脚色ではなく「構案」となっている。

ヒロインは、宝塚歌劇団出身で、入江たか子の入江ぷろだくしょん、新興キネマを経て、この年にP．C．L．に入社した霧立のぼる。これが入社第一作となった。トップタイトルに「主演・佐伯秀男　江戸川蘭子　霧立のぼる」。タイトルバック明け、大佛次郎のことばがスーパーで出る。

「雪崩と云ふ題はこの物語の中に出る日下氏の感慨から取りました。

日下氏はこの現代と云ふ世界に住んでゐる自分たちがしっかりと地面に根を下ろしてゐるやうに見えてゐて自分たちの知らぬ力で動かされて一度に斜面を滑り落ちて行くやうに見えるのを感じて驚きます

堅固な家を建てても動きやまない砂の上に皆が立ってゐます

日下氏のやうに　俺れは決して動いてゐないと信じてゐる人が　やはりその雪崩の上に乗せられて　無意識の裡に運ばれて行くと云ふことです

大佛次郎」

ある日曜日、結婚して一年、夫・日下五郎（佐伯秀男）のために、初めて日本髪を結った若妻・蕗子（霧立のぼる）だが、夫はどこかへ外出している。蕗子が窓から外を見上げると飛行機が飛んでいる。彼女は微笑む。「そうあの時も飛行機が通っていったわ。あれからもう一年……」。

ここから回想となる。名古屋のホテルの一室、モダンな洋装の横田蕗子が不安そうに佇んでいる。五郎が父（汐見洋）に電報を書いている。「ナゴヤホテルニヰル」。

吾郎は、両親に蕗子との結婚を反対され、実力行使に出たようだ。この電報を出せば「既成事実」として両親は二人の仲を認める筈。ことほど左様に五郎はすべて理屈で行動しているドライな現代人。

案の定、五郎の父が名古屋まで迎えに来る。帰りの汽車の切符も手配済み。「ホテルの支払いも」と五郎。「それはお前の問題だ。汽車代も後で請求する」。父は、ピシャリと突き放す。

父は、何もかも計算づくの五郎を「ものを知りすぎていて厄介」と考えている。蕗子は、古風な女性で、そんな五郎でも夫であれば、何があっても従う、貞女の鏡である。結婚一年、五郎は蕗子との結婚を失敗したと考えている。彼には幼馴染で結婚を約束していた江間弥生（江戸川蘭子）という婚約者があったが、いざ結婚という段になり、弥生が拒んだので、蕗子と結婚したということが次第に明らかになっていく。

もともと五郎の父も母（英百合子）も、五郎と弥生が結婚すると思っていたが、破談となり戸惑ったまま、蕗子を嫁として迎え入れた。しかし、身勝手な五郎の蕗子に対する冷たい態度にもかかわらず夫を信頼し切っている蕗子を不憫に思っている。

本作の軸は、五郎の父の昔ながらのモラルと、夫を信じきっている蕗子の愛情にある。五郎はそれが耐えられず、かつての恋人、弥生を誘い続ける。弥生も蕗子に申し訳ないと思いながらも、自分の気持ちを優先させて、五郎の誘いに応じる。

当時のモラルとしても、今の感覚でも、五郎は自己詭弁の塊でしかない。この結婚は失敗だった。自分は弥生を愛している。蕗子には酷だが、このまま彼女を騙し続けるのはもっと酷だ。だから蕗子と離婚して、自分の心に従って弥生と結婚したい。身勝手極まりない。

冒頭の「名古屋ホテル」での「実力行使」も全く同じロジックである。成瀬巳喜男の演出は、汐見洋の父親が、息子を理解しようと努力するも「相容れない」と悟り、蕗子を守り続ける。霧立のぼるが美しくチャーミングなだけに痛々しい。


日本髪を結った蕗子に、五郎の母の「お父様にも見せてきなさい」との心遣いで、蕗子は久しぶりに実家に帰る。蕗子の父（丸山定夫）は、訪ねて来た旧友の小柳弁護士（三島雅夫）と、蕗子の話ばかり。「赤ちゃんはまだか」「いや、あの娘は細すぎて大変だろう」などと身勝手な会話をしている。しかし五郎が不在の寂しい日曜、蕗子にとっては楽しいひとときとなる。

村山知義の脚色では、五郎や弥生が心情を吐露するモノローグや、回想シーンが多い。そこで成瀬は、モノローグでは、画面全体に紗を降ろす技巧で表現。映画はひたすら、弥生に気持ちを傾け、妻を裏切って彼女に逢う衝動を抑えられない五郎を描いていく。

先進的で「強い女性」として登場する弥生の最大の理解者は、鎌倉の別荘で病気療養中の弟（生方明）である。結核を患い、死と向き合い、自分にもしものことがあったら、姉が江間家を継がねばならないことを心苦しく思っている。素直で誠実な少年だけに、五郎にはなるべく「会いたくない」と思っている。とはいえ、姉の恋愛を否定しているわけではない。

ある日、父は会社の昼休みに五郎を「食事でもしよう」と昼食に誘う。レストランの窓から、銀座四丁目の服部時計店の時計塔、その向かいの銀座三越が見える。二人が食事をしたのは、銀座西五丁目、並木通りの入り口、対鶴ビルのローマイヤレストラン。

ここは、谷崎潤一郎の『細雪』に「妙子は銀座まで出かけるなら、話に聞いてゐるニュウグラウンドかローマイヤアへ行きたいと云ふので、ローマイヤアと云ふことにした」と書かれている。一階はデリカテッセンと客席、二階にはバー、そして服部時計店の時計塔が見渡せる三階にも客席があった。『雪崩』の汐見洋と佐伯秀男は、この三階で食事をしていた。

父と五郎は肝心な話をせずに世間話をしながら食事をして、その後、並木通りをぶらぶらと歩き、父は「蕗子に何か買ってやりなさい」と五郎を促す。今も昔も、並木通りには洒落た洋品店が並んでいる。銀座は海外の最新ファッションのショーケースでもあった。

こうした銀座ロケーションは、成瀬映画の楽しみの一つである。この年の『女人哀愁』(一月二一日)のファーストカットは銀座四丁目交差点を行き交う人々。銀座のランドマーク・服部時計店、その向いには三越銀座店があり、ヒロイン・入江たか子は、四丁目の山野楽器に勤めている。

五郎について、父は妻にこう言う。「今までは忙しかったので、子育てをお前に任せてきたが、これから先は私の役だ。お前も良くやってきてくれたことには感謝している」。ここから五郎の父は、積極的に息子と対峙をする。

「お前は頭がいい。物を知っている。しかしその全部がペラペラの紙だ。紙っきれでお前の頭はいっぱいになっている。何か自分の無法な行動を正しく見せかけようとすると、お前はその紙のような知識を出してきて、理屈をつける。俺が悪いと見るのはその心理だ。これは正直に汚い行為をするよりもはるかに、人間として卑しいことだよ」。

これは正論である。しかし五郎は、自分は「誠実で正しい」と詭弁を弄する。「自分の心を偽りたくないんです。大人のように老獪に誤魔化して行くのが嫌なんだ」。

父は、それを「浅知恵」と断じる。「お前たちの不幸は、いろんなことを無闇に知ったことから来てるんだな。知ってるというだけだ」。

父「お前は日下家の金があっての日下五郎だよ」
五郎「脅迫するんですか?」
父「いや、同情だよ。憐れんでるんだ。どうだ、紙のような薄っぺらな、お前の言う真実と別れるか? それともお前の地位をバックしている俺の力と手を切るか?」

父は、息子への最後通牒を突きつける。五郎は「よござんす。嘘つきになりましょう」と父に屈するふりをする。彼は蕗子を旅行に誘い、二人の出発点、五郎にとっては間違いの始まりの名古屋ホテルへ。そこで蕗子と無理心中を図れば「やっぱり五郎は蕗子を愛していた」と、父も文句を言えないはずだ。しかも蕗子だけ薬を多く飲みすぎたことにしてしまおうと、最悪の思考に陥いる。これは屁理屈でしかない。

大佛次郎の原作小説の「観念」を、村山知義が観念的に脚色したものを、成瀬が苦心してシナリオ化したことが、観ているとよくわかる。

本作では入社二年目の黒澤明がサード助監督として現場を支えた。成瀬巳喜男とはこれ一作だけだが、黒澤は成瀬の仕事ぶりを「エキスパートというほかない」と賞賛。何気ない平凡なカットの積み重ねが、一つの長いカットのように流麗に流れていて「継ぎ目が解らない」とその映画術に関心したと自伝『蝦蟇の油』で綴っている。

成瀬は、本作も失敗作として散々な評価を受けるが、息子の浮気に耐える嫁を不憫に思う父親の心理を描くという点では、戦後、川端康成作品の映画化である『山の音』（一九五四年、東宝）とよく似ている。

さて、蕗子を演じた霧立のぼるは、この後、渡邊邦男の『維新秘話 戰ひの曲』（九月二一日）、そして日活、新興キネマと三社競作となった菊池寛原作『美しき鷹』（一〇月一日）に立て続けに出演。この秋に設立することになる東宝映画のトップ女優として活躍。本作や『美しき鷹』、『愛國六人娘』（一二月一日）などで共演した佐伯秀男と、昭和一七（一九四二）年に結婚、一女を儲けるが昭和一九（一九四四）年に離婚。娘はのちに霧立はるみとして大映から映画デビューを果たす。

東海道は日本晴

一九三七年七月一日／P．C．L．映画製作所／滝澤英輔
提供＝東宝映画配給株式會社／製作＝P．C．L．映画製作所／録音現像＝寫眞化学研究所／1937.07.01・日本劇場／九巻・一、九三八m／七一分／日劇同時上映『雪崩』（P．C．L．、成瀬巳喜男）／同時上演「第廿一回ステージ・ショウ　九州レヴュウ」七景（七月一日～一〇日）

【スタッフ】原作・菊田一夫／監督・滝澤英輔／製作・矢倉茂雄／製作主任・岸川誠輔／脚色・山中貞雄／撮影・友成達雄／録音・安惠重遠／装置・久保一雄／編輯・岩下廣一／振付・花柳壽二郎／音樂・伊藤昇／演奏・P．C．L．管絃樂團／主題歌「東海道は日本晴」A《街道の王様》（岸井明）、B《たんぽぽの唄》（市丸）作詞・菊田一夫、作曲・右近愛二　ビクターレコード　五四〇二六盤／A《宿場の唄》（喜代三）、B《馬と娘》（藤原釜足）作詞・菊田一夫、作曲・右近愛二　ポリドールレコード　二四七八番
【出演者】藤原釜足（加呆六）／岸井明（助十）／竹久千恵子（お銀ちゃん）／小林重四郎（貝塚三平）／清川虹子（お絹さん）／伊達里子（お信ちゃん）／高尾光子（お高ちゃん）／宮野照子（おとしちゃん）／赤木蘭子（さくらやの酌婦）／伊藤智子（加呆六の母）／姫宮接子（おしなちゃん・吉本映画専属）／東宝ロッパガールズ／市川朝太郎（中村歌三郎）／小杉義男（無羅十三郎）／仁木独人（八倉茂兵衛）／嵯峨善兵（滝村さん）／横山運平（六兵衛・J．O．専属）／柳谷寛（雲助）

藤原釜足と岸井明。ハリウッドの「極楽コンビ」などのコメディ・チームを意識して、P．C．L．では「じゃがたらコムビ」として主演コメディを連作してきた。すでに『純情の都』（一九三三年、木村荘十二）、『すみれ娘』（一九三五年、山本嘉次郎）などで共演していたが、本格的なコンビは音楽映画『唄の世の中』（一九三六年、伏水修）から。落語長屋もの『おほべら棒』（同、岡田敬）『新婚うらおもて』（同、山本嘉次郎）と連作され、『東京ラプソディ』（同、伏水修）ではコンビでカメオ出演。この年、昭和一二年も音楽喜劇『風流演歌隊』（二月一日、伏水修）、『うそ倶楽部』（三月一日、岡田敬）とコンスタントに作られてきた。

この年、「じゃがたらコムビ」の第三作となるのが、前年

末に日活から移籍、前進座提携大作『戰國群盜傳　前後篇』（二月一一日・二〇日）を演出した滝澤英輔、そのシナリオを梶原金八名義で手がけた山中貞雄脚色による時代劇コメディ『東海道は日本晴』である。原作は古川緑波一座の座付作家・菊田一夫。菊田作の舞台「東海道は日本晴れ」は、戦後、コント55号や有島一郎のアチャラカ喜劇として度々上演されている。

東海道岩渕宿で馬子をしている岸井明と藤原釜足のコンビが繰り広げる騒動の数々に、小林重四郎の侍が「由井正雪一味」の陰謀を暴いていく。といったコメディ＋時代劇の楽しさを、岸井明の唄と共に描く。山中貞雄の脚本は時代劇の本寸法で、「じゃがたらコムビ」だけでなく、その相手の竹久千恵子や姫宮接子ら女性の微妙な心の動きも描いている。これまでのP．C．L．コメディに、鳴滝組が日活で作ってきた娯楽時代劇の味わいがプラスされた豪華版。

キャストも華やかで、岸井明の恋人に竹久千恵子、藤原釜足の想い人に吉本映画の姫宮接子。酒場の年増女に伊達里子、髙尾光子や宮野照子がカフェーの女給よろしく、街道の居酒屋の女の子として登場。富士山麓、御殿場や三島にロケーション。宿場のセットも豪華で、それまでの「じゃがたらコムビ」映画がスケールアップした印象である。

P．C．L．マークが明けてのタイトルバックは、富士山を望む東海道を行き交う駕籠屋、旅人たちの賑わいから始まる。滝澤英輔が『戰國群盜傳』で、長期間ロケーションで滞在した御殿場や箱根の風景がたっぷり味わえる。「藤原釜足・竹久千恵子・岸井明・小林重四郎 主演」と映画タイトルと共に出る。

ここからミュージカル・ナンバーとなる。殿様の広間で、振袖の踊り手たちが「♪旅はそよ風」とコーラス。ビクターからリリースされた主題歌《たんぽぽの唄》（作詞・菊田一夫、作曲・右近愛二）である。ダンサーは古川ロッパ一座の「ロッパガールズ」。花柳壽二郎の振付で絢爛たる時代劇レビューが繰り広げられる。「♪今日はたんぽぽ　明日はすみれ」。両手に花の輪を持った踊り手たちのダンスは壮観。それを満足げに観ている殿様は、なんと岸井明と藤原釜足。その隣には奥方・竹久千恵子と姫宮接子。家老には小林重四郎。メイクも凛々しく、主演四人が登場。

合いの手は《草津節》の「ちょいな　ちょいな」でリズムは音頭。和製リズムとモダンなヴィジュアルのベストマッチ。キャメラは真上からダンサーたちを捉える。万華鏡の輪のようなダンサーを俯瞰で撮影する「バークレイ・ショット」である。ワーナー映画『フットライト・パレード』（一九三三年）や『四十二番街』（同年）で、映像の魔術師・

バズビー・バークレイ監督が「映画でなければ撮れないスペクタクル・レビュー」として演出。その手法が取り入れられている。これぞP.C.L.のモダニズム。

二人の殿様は「余は満足に思うぞよ」とご満悦。そこで家老が「お次はお殿様のご番でございます」。奥方もお女中たちも「何卒お聞かせくださいませ」とリクエスト。ならばと岸井明の殿様、藤原釜足の殿様の三味線で、自慢の喉を披露する。しかし口を開けると「コケコッコー」。笑う家臣たち。慌ててやり直すもまた「コケコッコー」さらに「ヒヒーン」と馬、アヒルの鳴き声を連発。

これは、助十（岸井明）の夢だった。というオチ。寝ぼけた助十、相棒の加呆六（藤原釜足）に起こされると、家の前では鶏が「コケコッコー」と泣く。夢想家で楽天家の助十は年柄年中夢ばかり見ている。二人は東海道岩渕宿の馬方で、駕籠かきもしている名コンビ。加呆六の母（伊藤智子）は、気が良い人で、困った人を助けたくなる性分。なので大飯喰らいの助十は、母と息子の親切に甘えて居候を決め込んでいる。

「夢なんてものは、普段こうなりゃいいな、と思うことがそのまま出てくるんだな。俺もお前もお殿様なんだよ。俺たちは立派な御殿に住んでて、二人とも奥方があるんだよ。お前の奥方は六兵衛さんのとこのおしなちゃんよ」。

と聞いて、加呆六は大喜び。宿役人の六兵衛（横山運平）の娘・おしな（姫宮接子）にゾッコンなので、朝から上機嫌。助十の奥方として登場したお銀（竹久千恵子）は、宿屋「越後屋」の女中で二人は相思相愛。

越後屋の朝。お銀ちゃんは朝寝坊。慌てて帯を締めようとするも自分の帯がない。「お前の帯、あれじゃねえか？」と板前。誰かがいたずらして「助十、お銀」と紙が貼ってある人形に帯が巻かれていた。「馬鹿野郎、誰だ？　こんな悪戯して」。男まさりのお銀は口が悪い。しかも相当なヤキモチ焼き。恋人の助十に甘えたり、プンプンに怒ったり。いわゆるツンデレ。「嬉しいくせに」と女中仲間のお絹さん（清川虹子）にからかわれると「嬉しかないわよ、あんなデブ！」とごきげん斜め。

そこへ、問屋場《といやば》へ出勤途中の助十が「お銀ちゃん」のご機嫌伺い。しかしお銀は「嫌んなっちゃうよ、本当に。朝起きた時ぐらい、ちっと細くなって来られないのかい？」。朝カチンと来た助十は「何だい、女なんて手前だけじゃねえんだい。もう二度とこんなところへ来てやらないから」と小声で悪態をつく。加呆六は「言ってやるなら、もっとデカい声で怒鳴るんだ」と煽る。「デカい声で言ったら聞こえるじゃねえか」と助十。万事この調子。

「問屋場」で、荷物を運ぶ馬を準備する二人。助十が尻を押してもうんともすんとも動かない。問屋場の前には、旅役者・中村歌三郎(市川朝太郎)が出発の準備。その芝居道具を助十たちが運ぶのである。いわば運送業。そのステーションが「問屋場」である。

映画の舞台・岩渕宿(現・富士市岩渕)は、東海道の吉原宿と蒲原宿の間にある宿駅で、富士川の渡し場もあったことで栄えた。おしなの父・六兵衛は、岩渕宿の「問屋場」で宿役人をしている。宿役人は、江戸時代、宝永元(一七〇四)年、五街道の各宿場に、幕府の代官所手代の中から一人ずつ任命され、助郷および人馬差立に、不正や支障がないように監督にあたった役人。往還荷物や助郷人馬などの検査をした。特に、公用貨客の人馬による宿継ぎ輸送である「人馬継立」が、宿駅の重要な任務だった。輸送時には人馬を準備して、原則として一宿ごとに分担して馬背や人の背で輸送した。

役人とはいえ六兵衛も、その部下で帳面をつけている滝村さん(嵯峨善兵)ものんびり仕事をしていて、威張っているわけでもない。ごく普通の人として描かれている。六兵衛は加呆六を可愛がっていて、酒の相手や将棋の相手にしている。加呆六は、その娘・おしなに夢中でそれどころではないのだが。

さて、荷物を背負った馬を引きながら、助十と加呆六は駿河へ向かう。岸井明が伸びやかな声で唄うは主題歌《街道の王様》(作詞・菊田一夫、作曲・右近愛二)。二コーラス目は藤原釜足が唄う。映画ならではの楽しさ。

♪宿場通いの　峠を越すに
往きも帰りも　裸んぼ
参勤道中の　お大名も
おいらの裸を　叱りゃせぬ
おいらは街道の王様よ

♪往きは坂道　帰りは下りよ
戻り馬なら　安かろと
鞍に蝶々が　ちょいととまる
叱ってやるまい　叱るまい
おいらは街道の王様よ

岸井明の主題歌レコード《街道の王様》は、昭和一二年四月二七日にレコーディングされ、ビクターから映画公開後、七月二〇日にリリースされている。CD「世紀の楽団唄ふ映画スタア　岸井明」(ビクター 監修・解説・佐藤利明)のディスク2に収録している。

岩渕宿から駿府まで荷物を運ぶ加呆六に、おしなちゃんは「帰りに駿府でいつものお紅買ってきてくれない？」と買物を頼む。親馬鹿の六兵衛、財布から二五文を渡す。その値段の安さにおしなちゃん「もっと買って欲しい」。しかし助十は「あの店が安いわけじゃない。加呆六の奴ね、おしなちゃんのお土産だと、いつでも自分で足し前してる」とカラクリをバラす。さて、年ごろのおしなちゃんは、旅役者の中村歌三郎に夢中で、加呆六はそれが面白くない。

駿府からの帰途、助十は浪人・貝塚三平（小林重四郎）を乗せて岩渕宿へ戻ってくる。三平の男ぶりに、飲み屋「さくらや」のお信ちゃん（伊達里子）、お高ちゃん（髙尾光子）たちが色めき立つ。「問屋場に行きたい」という三平を、助十は無理やり越後屋に泊めて、お銀ちゃんの株を上げようとする。部屋付女中になれば、心付も貰えるからとご機嫌のお銀ちゃん。愛しの「デブちゃん」に客の残した燗冷ましを大サービス。

一方、加呆六も六兵衛の家でおしなちゃんの手料理で一杯。格安の「お紅」におしなちゃん大喜び。加呆六は可愛い簪をプレゼントに買ってきたが、渡す前に袂から落として、おしなちゃんに「誰に上げるの？」と聞かれ、言い出せずに「おっかさん」と答える。

さて、浪人・貝塚三平、実は無一文で、助十の馬賃はおろか宿代も出せない始末。三平は助十に「問屋場はどこだ？」と尋ねただけなのに、無理やり馬に乗せられて、越後屋に連れて来られた。問屋場で仕事を貰って働こうと思っていたと、素直にお銀に告白する。

低音が魅力の小林重四郎は、明治四二（一九〇九）年、神奈川県横須賀市生まれ。新国劇出身で昭和四（一九二九）年、日活に入社、その後、松竹下加茂を経て昭和一〇（一九三五）年に再び日活へ。山中貞雄の『国定忠次』（一九三三年、日活）で、あめや紋次を演じて主題歌《あめやの唄》を唄ってこれが大ヒット。歌手としても活躍した。昭和一二年、石田民三『花火の街』（一月七日、J．O．）を機に、P．C．L．へ移籍。以後昭和一三年まで東宝映画京都作品で活躍した。

結局、宿を追い出された三平は、加呆六の長屋の居候となり、助十と三人で布団を並べる。人材不足の問屋場で働くことに。その佇まいは、ただの浪人ではなく、もとは江戸勤めの侍だったことが次第に明らかになる。

ある日、「問屋場」に奉行所のお調べがあり、緊張が走る。「貝塚さん、あんたは新米じゃから、後ろの方で見ててよろしい」と六兵衛が指示をする。ところが奉行所の役人・八倉茂兵衛（仁木独人）は「なんだ貝塚さんではないか」と三平とは旧知の仲。「貴公がいるなら、ここは安心だ」と、お調べはその場で終了する。この一件で六兵衛は三平を気に入って、娘・おしなの結婚相手にと考え始める。おしなちゃんも、次第に三平に夢中になって、加呆六の心中は穏やかでなくなる。

ある日、紀州藩の大名行列が岩渕宿へ。これがなんと由井正雪の一行。慶応四（一六五一）年、三代将軍・徳川家光の死を契機に、幕府政策への批判と士官できない浪人の救済を掲げて各地で浪人を集めて挙兵して、幕府転覆を計画した。いわゆる「慶安の変」の首謀者で、歌舞伎「慶安太平記」（一八七〇年）や小説、映画や漫画などにしばしば登場するキャラクター。

表向きは由井三左衛門と名乗っているが、ロングショットで一瞬登場する姿は紛れもなく由井正雪のヘアスタイル。問屋場への付け届けも効いて、六兵衛は何の疑問も持たずに通そうとするが、三平はその荷物を調べ鉄砲と弾薬であることを知る。しかし越後屋もさくらやも侍たちで大賑わい。経済効果に喜んでいる。

その一行の一人、幕府の侍・無羅十三郎（小杉義男）は三平とは旧知の仲で、三平宛の手紙をお信が届けに来る。あいにく三平がいないので、お信が助十に渡すところを、お銀ちゃんが目撃。勘違いして、嫉妬からヒステリーを起こす。お銀ちゃんのヒステリーがルーティーン・ギャグとして随所に描かれる。これも山中貞雄の脚本の「緊張と緩和」。娯楽映画の楽しさである。

手紙といえば、さくらやのお高ちゃんの田舎の母親が危篤との知らせが再三届く。田舎に帰りたいが借金で縛られている身、親方が許してくれない。そこでお信ちゃんたち朋輩が、お金を出し合って、お高ちゃんを密かに逃げさせようと画策する。

一方、無羅十三郎と三平が酒を酌み交わして密談している。二人は松平伊豆守の命令で潜入捜査をしている徳川のエージェント。十三郎は「由井正雪という奴、いよいよ怪しいぞ」。一行が武器弾薬を運んでいることを一刻も早く、江戸の伊豆守に報告しないといけない。十三郎は、正雪に同行してその行き先を確認することに。こうしてフィクションと歴史が交差する面白さ。

そんな天下の一大事が迫っているとは知らない六兵衛は、三平に「おしなを嫁に」と持ちかける。そのことで加呆六はヤキモキしている。助十もお銀ちゃんに嫌われたことが悲しい。

その夜、さくらやのお高ちゃんは足抜けをして故郷へ帰ることに。十三郎は、幕府の間者であることがバレて、由井正雪の配下に斬られる。その場に駆けつけた三平が、敵を鮮やかに斬り倒す。小林重四郎の殺陣も見事。このチャンバラとお高ちゃんが抜け出すサスペンスが交互に描かれる。この辺りの演出は、さすが滝澤英輔、日活時代劇の味わい。

敵を倒した三平、さくらやのお信に手紙を託して、問屋場の馬で江戸へ向かう。こうして由井正雪の陰謀は、第四代将軍・家綱の補佐、松平伊豆守によって鎮圧される。史実では決起の寸前に、計画を密告されて、正雪は駿府の宿で町奉行に取り囲まれて自刃。その原因が、「大名取り潰しによる浪人の増加にある」として、家綱以降に「武断政策」から「文治政策」へとシフトするきっかけになった。

さて、話は三平と由井正雪一味のチャンバラ直後に戻る。仕事帰りの加呆六と助十が現場へ。「呑気な奴がいるじゃないか。こんなところに寝てるぜ」。なかなか死体に気づかない。これもコメディのルーティーンである。で、よく見たら「あ！」と腰を抜かす。それまでの間が抜群。のちのアボット&コステロや、ドリフターズの志村けんのコントの呼吸である。

翌朝、遺体は、幕府の隠し目付と悪者であると判明。問屋場からは馬が一頭と三平の姿が消えた。さくらやのお高も行方不明に。いつしか、三平とお高が駆け落ちしたとの噂が広まる。おしなちゃんは失恋のショック、しかし加呆六には再びチャンス到来となる。

同じ頃、岩渕宿は騒然としていた。次々と駿府へ向かう早馬、奉行所の八倉茂兵衛は「御触れがあるまで旅人の通行一切まかりならん」と六兵衛に厳命する。映画では、あくまでも「慶安の変」は、市井の人々の外側で起こった出来事として描いている。

さて、助十と喧嘩したままのお銀ちゃんに、お絹さんが「助十さんが表の道で大変なんだよ」「どうしたのさ、あんな男、馬に蹴られて死ねばいいのさ」とお銀。「助十さんが表の道で馬に蹴られて命が危ないんだって」。慌てて飛び出すお銀。次のカット、大したケガではなかった助十とお銀ちゃんの甘いひととき。一方、加呆六が「中村歌三郎一座」の芝居に連れていくと約束。大喜びのおしなちゃん。そこに一座が、トップシーンの夢の《たんぽぽの唄》を唄いながらやってきてエンドマークとなる。

脚本の山中貞雄は、この翌月、代表作の一つとなる『人情紙風船』（八月二五日）を発表。公開日に応召され、一年後に中国戦線で戦病死、二八歳の若さだった。滝澤英輔監督は、東宝映画の専属として翌年『地熱』（一九三八年、東宝映画東京）を発表。昭和二〇（一九四五）年、敗戦の年の『日本剣豪伝』まで、東宝作品を骨太の演出で支えていくこととなる。

藤原釜足と岸井明の「じゃがたらコムビ」は、この年『牛連れ超特急』（一一月三日、大谷俊夫）、翌年には『ドレミハ大学生』（一九三八年、矢倉茂雄）、『青春角力日記』（同年、渡邊邦男）など次々とコンビ作を発表していく。

エノケンのちゃっきり金太
第一話「まゝよ三度笠の巻」
第二話「行きはよいよいの巻」

一九三七年七月一一日／P.C.L.映画製作所／山本嘉次郎

提供＝東宝映画配給株式會社／製作＝P.C.L.映画製作所／録音現像＝寫眞化学研究所／1937.07.11・日本劇場／七巻・一、七二六m／六三分／日劇同時上映『白薔薇は咲けど』（P.C.L.、伏水修）／同時上演「第廿二回ステージ・ショウ輝く足柄」三景（七月一一日～二〇日）

【スタッフ】作・演出・山本嘉次郎／製作・萩原耐／製作主任・谷口千吉／撮影・唐澤弘光／録音・鈴木勇／装置・北猛夫／編輯・岩下廣一／音楽・栗原重一／演奏・P.B.管絃楽団／漫画・横山隆一／主題歌・ポリドールレコード／助監督・丸山誠治、黒澤明

【出演者】榎本健一（ちゃっきり金太）／中村是好（岡っ引の倉吉）／二村定一（飴やの三次）／柳田貞一（上州やの亭主）／市川圭子（上州やの娘・おつウ）／花島喜世子（でろれんのおすみ）／山縣直代（巡礼娘・おゆき）／如月寛多（小原葉太郎）／柳谷寛（田舎侍）／P.C.L.専属・エノケン一座 總出演

昭和一二年、エノケンこと榎本健一は正月映画『エノケンの江戸っ子三太』（前年一二月三一日、岡田敬）を皮切りに四本の映画に主演した。その間、エノケン一座「ピエル・ブリヤント」（以下P.B.）は浅草松竹座で毎月公演、連日大入満員だった。この時、エノケンは松竹演劇部に在籍しながら、P.C.L.映画とユニット契約。舞台は松竹、映画はP.C.L.の両輪で、休む間もなく八面六臂の大活躍をしていた。

P.B.は、榎本健一と二村定一の二人座長で昭和六（一九三一）年一二月に結成され、浅草オペラ館で旗揚げ公演をした。劇団にはエノケン、二村、柳田貞一、中村是好、花島喜世子、如月寛多など、最盛期には座員一五〇人、オーケストラ部員二五人、文芸部には菊谷栄、大町龍夫、波島貞など八人が在籍していた。当時としては最大規模の喜劇一座だった。

昭和七（一九三二）年七月、P.B.は松竹と専属契約、本拠地は浅草松竹劇場となる。ここで更なる人気となり、昭和九（一九三四）年五月、P.C.L.映画『青春酔虎傳』（山本嘉次郎）に一座でユニット出演、映画に進出した。ここから昭和一二年末封切り『エノケンの猿飛佐助』（岡田敬）まで一一本のP.C.L.映画に出演。「エノケン映画」の時代が花開いた。

この年の浅草松竹座、一月は上旬に「果報者天国」（作・大町龍夫）、「水戸黄門漫遊記・東海道の巻」（作・菊谷栄）など四本、下旬に「金平と銀平」（作・波島貞）、「スキート・ジャズ」など八本。

二月は上旬に「アルセイヌ・ルパン」（作・菊谷栄）、「エノケンの廿四孝」（作・大町龍夫）など四本、下旬に「百万弗のリンゴ」（作・池田弘）、「身代わり公方」（作・根岸三二）など四本。

三月は上旬が、「大和の六兵衛」（作・大町龍夫）、「流行ジャズ六大学」（作・菊谷栄）など四本、下旬が「弱気の日曜日」（作・志村治之助）、「助太刀長屋」（作・大町龍夫）など四本。この月は二の替わりでも「流行ジャズ六大学」を上演している。

こうして毎月八本の芝居、レビューを上演していた。しかもエノケンは、基本的には「新作絶対主義」で一度演じたものは再演しないポリシーで、文芸部はあの手この手で新作を毎月書き下ろしていた。作・菊谷栄のレビュー「民謡六大学」などの当たり狂言は例外だった。

このハードスケジュールのなか、P.C.L.でお盆と正月にはコンスタントに映画出演。正月映画『江戸っ子三太』以来となる五月一日封切の『江戸ッ子健ちゃん』（岡田敬）は、エノケンの愛息・榎本鍈一をメインにした明朗喜劇。エノケンは「セトモノ屋の親父」役の特別出演で出演シーンは短いが、エノケン映画として大きく喧伝された。

この年、邦画各社の「東宝ボイコット」があり、P.C.L.では山本嘉次郎による前後篇の大作『良人の貞操』（四月一日・四月二一日）が大ヒット。九月の四社合併による東宝映画創立に向けての弾みとなっていた。

そこで企画されたのが、『青春酔虎傳』以来、エノケン映画の名伯楽として『近藤勇』（一九三五年）、『どんぐり頓兵衛』（一九三六年）、『千萬長者 前後篇』（同年）を手がけてきた山本嘉次郎、脚本・監督による大作『エノケンのちゃっきり金太 前後篇』だった。

コンビを組んで六作目、エノケンは三三歳、山本嘉次郎三五歳。お互いの生涯の代表作に取り組むことになる。山本は、アメリカの作家、ジョンストン・マッカレーが、大正八（一九一九）年、『ディティクティヴ・ストーリー・マガジン』に連載をスタートさせた短編シリーズ「地下鉄サム」を翻案。日本でも大正一一（一九二二）年に雑誌『新青年』（博文館）で紹介された「地下鉄サム」は、ニューヨークの地下鉄で仕事をしているスリの名人・サムと、彼を追うクラドック刑事の「追いつ追われつ」をユーモラスに描いている。宝塚少女歌劇でも舞台化されている。

このサムをエノケン、クラドック刑事を中村是好にして舞台を幕末から明治にかけての激動の時代に置き換えた。エノケンの「巾着切りの金太」を捕らえんとする中村是好の「岡っ引きの倉吉」とのドタバタ。さらに金太が薩摩藩の密書を掏《す》ってしまい、侍たちに追いかけられ、江戸から逃げ出す。事情を知らない倉吉は金太を追い、如月寛多の「薩摩の侍・小原葉太郎」が密書を取り返すために仲間達と金太を狙う。さらに幕府のスパイ「飴やの三次」には、ベーちゃんこと二村定一が加わっての大騒動。

製作主任には谷口千吉、黒澤明と丸山誠治が助監督をつとめている。撮影は名手・唐澤弘光。帝国キネマ出身で当初は監督だったが、日活で伊藤大輔の才能に惚れ込み撮影に専念。『忠次旅日記三部作』（一九二七年）などを手がけた。昭和九（一九三四）年、山本嘉次郎と共にP．C．L．へ移籍、山本とのコンビで『近藤勇』『どんぐり頓兵衛』『千萬長者』などのエノケン映画のルックを作った。

音楽はもちろんエノケンの舞台、映画には欠かせない栗原重一。エノケン楽団、松竹キネマ演芸部、そしてP．C．L．のエノケン映画のサウンドを支えた音楽家である。また、エノケンも六月には、浅草松竹座「ピエル・ブリヤント」公演を休演して、本作の撮影に専念した。

さて『エノケンのちゃっきり金太 前篇 まゝよ三度笠の巻・行きはよいよいの巻』（一九三七年七月一一日）、『同（後篇）帰りは怖いの巻・まてば日和の巻』（八月一日）、四部構成の前後篇として封切られた。戦後、再上映した際に、前後篇を七一分に編集した「総集篇」が作られた。他の作品同様、ネガから編集しており、現在では完全な形では観ることができない。ところがとあるフィルムコレクター氏が後篇のフィルムを所蔵していて、氏のご厚意で拝見することができた。その後、フィルムの行方がわからなくなり、現在、確認することができないのが残念である。

タイトルバックは、いつものようにP．C．L．マーク、英字のEnokenマークに続いて始まる。エノケンが昔懐かしい「のぞきからくり」の口上で登場人物を紹介する。

♪はぁ　三都に一のお江戸は　将軍様のお膝元《しざ》
千代田の城の松緑　鐘は上野か浅草か
武蔵上総の両国を　かけて賑おう回向院
♪はぁ　さては因果は小車の　追いつ追われつクルクルと
掏摸と捕手の味比べ　東海道の西東
行方定めぬ旅の空　実におかしな物語

「はい、これがちゃっきりの金太さん、掏摸《すり》のナンバーワンだよ」と漫画家・横山隆一によるイラストで、エノケン、中村是好、二村定一、柳田貞一、市川圭子、花島喜世子、山縣直代、如月寛多と前篇の登場人物が次々と紹介される。『江戸ッ子健ちゃん』に続く人気漫画家・横山隆一の起用は、エノケン映画が子供たちのお楽しみだったことがわかる。

開巻早々「１８６８」と字幕スーパーが大きく出る。時は慶応三年、江戸の街を官軍が《錦の御旗》を演奏、行進している。「三百年の栄華と安泰を誇った徳川幕府もようやく瓦解の危機に瀕し、やがて来らんとする明治の維新を目標に控え、世を上げて勤王佐幕の反論にしのぎを削り、安政大獄の血生臭い記憶が、ただ人々の胸を騒ぐこの、西の諸国では至るところに血を血で洗う小競り合いが繰り返され、血風清風雲暗く国民の夢、迷うとき」と、大仰なナレーション（柳田貞一）に続いて、字幕で「然るに」「江戸の一角では」と出る。

江戸の芝居小屋ではレビューの踊り子たちが、美ち奴が昭和一二年にリリースした流行歌《あゝそれなのに》（作詞・星野貞志、作曲・古賀政男）を唄い踊っている。世情騒然とは裏腹に江戸庶民は太平楽である。

狼藉三昧の田舎侍の一人を柳谷寛が演じている。なかには小屋に馬を引き入れてくる侍まで。「金を払ったら文句ねえべ」と無茶苦茶である。やがて、彼等は財布を掏られたと大騒ぎになる。画面は、盗んだ財布を空にしてドブに捨てながら、「♪江戸じゃ近頃困ります。横紙破りのお侍ィ」とちゃっきり金太（エノケン）が、《あゝそれなのに》の替え歌を唄う。

♪江戸じゃ近頃困ります
横紙破りのお侍

いばるは田舎の奴ばかり
あゝそれだから　それだから　ねぇと
もさるのは　もさるのは　当たりめえでしょうねぇ（と）

金太、町人とぶつかる。「ごめんなさい」。ついうっかり町人の財布にも手を出してしまう。「あ、いけねぇ」から再び歌になる。

♪うっかりやっちゃったい
江戸のお人《しと》の品物を
もしもし　あんたの物でしょう
あゝそれならば　それならば
返えすのは　返えすのは　当たりめえでしょう（ねぇ）

「エヘヘ、さいなら」で唄が終わる。音楽とコメディが巧みに融合した見事な幕開けである。そんな金太を現行犯逮捕しようと虎視眈々の八丁堀の岡っ引・倉吉（中村是好）。戦後もエノケン映画、喜劇映画、ドラマでもおなじみとなる中村是好は、明治三三（一九〇〇）年佐賀県生まれ。エノケンの四歳年上で、昭和四（一九二九）年にエノケンとともにカジノ・フォーリーの旗揚げに参加。以来、P.B.からのちのエノケン一座、戦後の舞台、映画まで、名コンビを組んだ。

さて、金太の行きつけの居酒屋「上州屋」の亭主（柳田貞一）は、金太の理解者で、店の二階では金太の仲間の賭場が開かれている。芝居小屋で田舎侍から掏った大金を倍にしようと金太、いそいそと二階に上がるが、あっという間に丸裸で降りてくる。そんな金太に惚れているのが「その娘で名はおつウ、金太のスイートハート」である。おつウを演じる市川圭子は、P.B.の若手女優で、いかにもエノケン好みの純情可憐タイプ。

一方、薩摩藩江戸屋敷の前、飴やの三次（二村定一）が、子供たちを集めて《飴やの唄》を唄っている。

♪はぁ　長い浮世じゃ　クヨクヨしゃんすなぇ
飴でもしゃぶって　暮らしゃんせ
甘いぞ　甘いぞ　買ったり　買ったり
えぇ　さらし飴
♪はぁ　色が白うてきめ細こうてよ
おまけにぽっちゃり　柔らかで
舐めたり噛んだり　甘いぞ　甘いぞ
えぇ　さらし飴

エノケンとP．B．の二人座長だったジャズ・シンガー、二村定一のノンシャランな唄声が気持ちいい。二番が少し意味深である。しかし「この人は飴屋みたいだが、実は徳川方のスパイ」で、薩摩屋敷の様子を窺っている。薩摩藩の江戸屋敷では小原葉太郎（如月寛多）が困り果てている。芝居小屋で擦られた財布に重要な密書が入っていたのだ。藩主から京都に届けるべく預かっていた手紙が、もしも徳川方の間者の手にでも渡ったら大変なことになる。屋敷に潜入していた飴やの三次がそれをスパイして逃走。

三次を追いかける大原たちは、市中でバッタリ金太と鉢合わせ。あの時の掏摸だとピンと来た大原たちは、金太を追いかける。P．C．L．撮影所の江戸オープンセットでのドタバタが展開される。昭和一二年の初夏の日差しが眩しい。路地から路地へ、全力疾走のエノケンの身体能力が堪能できる。

かくして金太は江戸に居られなくなり、密書をおつウに預けて、東海道を旅に出る。それを追いかける倉吉。ここからは「彌次喜多」的な道中物となる。馬子に引かれて馬に乗った金太が上機嫌で主題歌《のんき旅》（作詞・山本嘉次郎、作曲・栗原重一）を唄いだす。

♪富士のお山は　青空晴れよ
ピンから晴れる　良いさね
晴れて思いの　旅の空よ

「あゝいい気持ちだ、ヘックション。誰か噂してやんな」。すると後ろの馬に倉吉が乗っている。ここで倉吉と金太の追いつ追われつとなる。馬から駕籠に乗り換えた金太。駕籠かきが、いつの間にか六人から八人に増えて全力疾走。それでは間に合わないと金太、駕籠から降りて猛ダッシュ。倉吉も駕籠から降りて走り出す。エノケンもオリンピック選手よろしく壮大な追っかけとなる。エノケンも中村是好も本気で走っている。それをロングで撮影するヤマカジ演出。こうした「映画ならでは」のヴィジュアル・ギャグが楽しい。

そんな金太の道中に、つかず離れずなのが飴やの三次。《飴やの歌》を唄いながらの道中旅。その横を小原葉太郎たち薩摩藩の侍が通る。

三島の宿「三島屋」の風呂に浸かって《ヨサホイ節》を唄ってご機嫌の金太。倉吉がその宿をようやく探し当て、金太の歌声をたどって風呂場へ。ところが倉吉が入ろうとしたのが女風呂で、大騒ぎとなる。総集編では次のカットが他の宿屋「府中屋」になるので、話が豪快に飛んで、観ていて混乱する。

浪人が巡礼娘・おゆき（山縣直代）に狼藉を働いている。

「さっきの巡礼じゃないか?」と倉吉。どうやら昼間、金太と倉吉は、このおゆきと連れの、でろれんのおすみ(花島喜世子)と出会ったようだ。金太たちがおゆきを助け出そうと浪人の部屋へ行くが、逆上した浪人は刀を振りかざして、二人を追いかける。宿屋のセットで、またしてもエノケン、中村是好の全力疾走。酔った浪人「俺を誰だと思う? 俺は泣く子も黙る新選組の近藤勇だ! 今宵の虎徹は血に飢えているぞ」と見栄を切る。

ビビった金太たち、布団部屋に隠れてブルブル震える。エノケンのリアクションがいい。被虐的な笑いはエノケンの真骨頂。死を覚悟した倉吉、金太にこれまでのことを謝る。「俺はもう決して、お前のこと、どんなことがあっても咎めねえから。安心して仲直りしてくれ」。

廊下では自称・近藤勇が「こら! 出てこんか!」と叫び続けている。そこへ宿屋に泊まっていた新選組の隊士が現れ「わが隊長、近藤大先生の名を騙るのはどういうご所存かの?」。平謝りする浪人。「しからば貴殿の部屋へ参って、とくとお考えを賜ろう」。壬生屯所の隊士たち浪人の部屋へ。しかしその隊士たちもインチキで、浪人から金を強請る。とんだ偽物たちである。結局、一〇〇両で手を打つことになるが、浪人の袂から金子がなくなっている。

様子を窺っていた倉吉、金太に「やい、やったな?」「あんな命の瀬戸際にそんなおかしなことができますかいな」。金太、倉吉に「どんなことがあっても咎めない」と言ったじゃないかと突っ込む。「あれはあの世に行ってからのことで、この世じゃそうはいかねえ」。

このあたりの二人の呼吸がいい。そこへでろれんのおすみと、おゆきが先ほどの礼を言いに部屋から出てくる。

年増のおすみに鼻の下を伸ばす倉吉。しかしおすみは、金太の同業者。金太が「おめえさんが(浪人の金を)やったんだろう?」。おすみは「お先、失礼いたしました」としゃあしゃあと言う。演じている花島喜世子は、昭和四(一九二九)年、「第一次カジノ・フォーリー」に参加以来、エノケンの公私に渡るパートナー、エノケン夫人だった。

おすみにゾッコンの倉吉は、彼女が掏摸で、何か目的があって、無理やりおゆきを道連れにしていることなど、つゆとも思っていない。おゆきは、武家の娘で母を亡くし、京都の父を訪ねる旅の途中、三島の宿でおすみと一緒になって、無理やり道連れになったと金太に打ち明けるが、総集篇ではその顚末がカットされているので、もどかしい。

次のシーンは大井川。川が氾濫して「出水のため川止」。金太と倉吉コンビも宿に長逗留。そこへ薩摩藩の小原葉太郎一行がやって来る。慌てる金太。宿屋の主人、小原から事情を聞いて、金太たちの部屋に案内することに。

金太が小原に追われていることを知らない倉吉は、挙動不審の金太が「川止のどさくさでひと仕事した」と思い込んで金太を咎める。金太は部屋を飛び出すが、目の前に小原たち。慌てて廊下を全力疾走。色々あって、小原たちともバッタリ、おすみの機転で金太は、どうにか逃げることに成功。

この宿屋には飴やの三次も泊まっていて、三次が金太を匿ってくれる。といったドタバタが続く。翌朝、快晴となり、倉吉が「勘定してくれ」と、着物と財布を探すも無くなっている。金太も姿を消してしまい、仕方なく倉吉はおすみから金を借りようと部屋へ。ところが、おすみたちはすでに早立ちしていた。途方に暮れる倉吉。

一方、金太は、おすみとおゆきと旅道中。しかし沼津あたりの道端で「勘弁してくれ、俺はこんなことしたくねえんだけどなぁ、逃げなきゃならねえんだ」と二人を縛り、おすみに猿轡をする。やはり倉吉の財布を盗んだのはおすみであることが金太のセリフでわかるが、前後の事情が飲み込めない。金太は「おゆきさん、ごめんよ」と走り去る。

大井川の宿。浴衣の倉吉、心細い思いをしている。小原葉太郎一行も旅立つ。そこへ雲助がやってきて「八丁堀の倉吉さんって方いませんかね？」と金太から預かってきた蔵吉の着物、十手、財布を届けてくれる。そこで小原が倉吉の存在を知る。「気奴にあの掏摸を渡したら、今までの苦心は水の泡となる」。警戒する小原たち。

さて、倉吉が金太からの荷物を開けると十手の下に「鼻の下ご用心　金の字」とメッセージ。ここで第一話「まゝよ三度笠の巻」第二話「行きはよいよいの巻」はエンドマークとなる。

前篇の長さは六三分。うち「総集篇」では四七分ほどに短縮されているので、十六分ほどカットされている。しかし後篇は六一分のうち「総集篇」では二四分のみ。話が見えなくなるのも当然のこと。翌八月公開の後篇はフィルムコレクター氏から観せて頂いたフィルムから詳説していこう。

白薔薇は咲けど

一九三七年七月一一日／P．C．L．映画製作所／伏水修
提供＝東宝映画配給株式會社／製作＝P．C．L．映画製作所／録音現像＝寫眞化學研究所／1937.07.11・日本劇場／八巻・二、一二一m／七七分／日劇同時上映『エノケンのちゃっきり金太 前篇』（P．C．L．、山本嘉次郎）／同時上演「第廿二回ステージ・ショウ輝く足柄」三景（七月一一日〜二〇日）

【スタッフ】原作・西條八十／音楽・古賀政男／P．C．L．入江ユニット作品／演出・伏水修／製作・野坂実／脚色・東坊城恭長／台詞・田中千禾男／撮影・三浦光雄／録音・片岡造／装置・山崎醇之助／編輯・岩下廣一／演奏・P．C．L．管絃樂団／独唱・奥田良三、奥田英子／衣裳考案・田中千代女史／衣裳調製・鐘紡東京サービスステーション／ホール パイプオルガン・三越呉服店提供／シンガーミシン会社・製品使用

【出演者】入江たか子（篤子）／佐伯秀男（淳介）／沢蘭子（珠子）／北村李佐江（林宏子）／水上怜子（お針子）／宮野照子（販売員・ぎん子）／清川玉枝（秋田）／御橋公（橋本部長）／江戸川蘭子（静子）／梅園龍子（マネキン・ダンサー）／英百合子（花屋の主人）／椿澄枝（花屋の娘・キミ子）／牧マリ（鈴木）／三好久子（お客様係・山本）／三條利喜江（月光荘・管理人）

入江たか子主演、入江プロユニット作品『白薔薇は咲けど』は、結婚適齢期を過ぎたワーキングガールの週末の三日間を描いたモダンな女性映画の佳作。西條八十の原作を、入江の実兄・東坊城恭長が脚色。

銀座のファッション・メーカーのお針子たちの日常会話など、ダイアローグはこの年九月に文学座を創設する劇作家・田中千禾夫《ちかお》が手がけている。入江の『女人哀愁』（一月二一日）も成瀬巳喜男と田中の共同脚本なので、おそらくはシナリオも田中千禾夫がまとめたのだろう。

原作・西條八十、音楽・古賀政男とトップタイトルに出る。本作の実質的なプロデューサーでもある入江たか子が、都会に生きるシングル女性の孤独とささやかな幸せ、そして淡い恋の行方をリリカルに演じている。入江たか子は二六歳。この年、入江プロとP．C．L．が提携、成瀬巳喜男

『女人哀愁』、山本嘉次郎『良人の貞操 前後篇』（四月一日、二一日）に続く三作目となる。

それまでは結婚に失敗した女性、夫に先立たれた職業婦人などを演じていたが、本作では働くシングル女性。しかも銀座のファッション・ストアのお針子をしている「自立した女性」。銀座に程近い築地のアパートで一人暮らし。充実した日々を過ごしているけど、母を亡くして、私生活はどこか寂しい。そのヒロインの土曜日から月曜日にかけての三日間を描く。しかも監督がP．C．L．きってのモダニスト・伏水修なので、舞台となる銀座や東京の風景もふんだんに味わえる。

特に、篤子（入江たか子）が土曜日の夜、銀座に出かけて一人で入る喫茶店は、銀座六丁目にあった「銀座コロンバン」二階の喫茶室。『処女花園』（一九三六年、矢倉茂雄）、この年の秋の『美しき鷹』（山本嘉次郎）にも登場する。本作ではすべてロケーション。藤田嗣治が描いたフレスコ画、アールヌーボー調の店内の雰囲気が活写されて、貴重な映像記録となっている。

また、ヒロインが勤務する「ファッションストア・マヤ」の外景は、銀座三丁目にあった「鐘紡《かねぼう》東京サービスステーション」でロケーション。向かいには「明治製菓銀座売店」があり、モダンガールたちの憧れのファッション・スポットだった。

こうしたロケーションによる「モダン東京」の記録としても、戦前の「職業婦人」のシングルライフを描いているという点でも意義のある作品である。


「五月一六日　土曜日」


朝、銀座の花屋の店内。キャメラがパンをすると美しい花々。店主（英百合子）がドアを開ける。その娘・キミ子（椿澄枝）が、まだ眠そうな表情で花に水をあげている。店の前を出勤のサラリーマンが急ぎ足。そこへ「おはよう、おばさん」とベレー帽におしゃれなワンピースを着た篤子（入江たか子）が入ってくる。「このうちに入るとホッとするわ。こんなお天気だから、電車の中、ムンムンするの」。

毎朝、篤子は白薔薇を一輪、買うことにしている。理由は亡母が好きだったから。ささやかな贅沢。キミ子は「明日お天気だといいですね」。しかし恋人のいない篤子は、あまり日曜は好きではない。

有楽町駅前の花屋はセット、前の道もオープンセット。続いて篤子の勤め先「ファッションストア・マヤ」銀座ショウルームの店内からの外景。これはロケーション。市電が走り、向かいには銀座松屋デパートが見える。入り口のガラスには「鐘紡」とある。銀座三丁目の「鐘紡銀座サービスステーション」をロケセットとして撮影。

タイトルクレジットに「衣裳考案・田中千代女史」とある。田中千代は明治三九(一九〇六)年生まれの日本のファッション・デザイナーの草分け。一六歳で社交界にデビュー、経済地理学者・田中薫と結婚するが、そのお見合いの場が大正一三(一九二四)年のアンナ・パブロワ来日公演だった。その後、ヨーロッパで暮らして商業デザインを学び、昭和七(一九三二)年三月、鐘紡がサービス・ステーションを開設。そこで注文服の仕立て、生地の裁断などを行った。それが洋裁教室に発展、田中千代はファッション・リーダーとなる。

入江たか子も鐘紡SS(サービスステーション)の常連で、カネボウのモデルもしていた。その関係で本作が企画されたと思われる。

昭和一二年の鐘紡SSの店内は、まさにモダン。ショウルームの一階の売り子・ぎん子(宮野照子)と朝のおしゃべりのため、篤子は店先から入る。ぎん子は篤子から借りた雑誌を返し、篤子は何かいいベルトがないかと、ショウケースを覗く。二年前に作ったツー・ピースに合うベルトを探しているのだ。お針子の給金だとなかなか洋服は新調できないので。ぎん子のおすすめは高くて手が出せない。「でも二月ぐらいそれ(白薔薇)買うのをよせば買えるのよ」。

篤子は裏口から、裏通りを渡って「マヤ洋装店」の仕立部へ。大勢の女の子がいてかしましい。P.C.L.の若手女優たちが賑やかに出演。コンパクトで化粧を直しているお針子(三條正子)が「♪ラララ 空はうららか」と唄い出すのは、この年の三月一日からNHK「国民歌謡」で、月村光子が唄って流行した《春の唄》(作詞・貴志邦三、作曲・内田元)。「♪春が来た来た 町から町へ」とまるで蝶々のようにウキウキ唄ってスキップ。篤子が入ってくるタイミングで、BGMのオルガンがメロディを奏でる。

珠子(沢蘭子)が昨夜観てきたばかりのケイ・フランシス主演映画の話を楽しそうにしている。陰口もしっかり話している。毎朝、白薔薇を買ってくる篤子は「ムリしている」とか、きっちりしているのは「性格なのよ、それにしては自分で寂しがってるのよ。結局いつまで経っても恋愛なんてできる人じゃないわ」。

浪費家の女の子が、堅実な子に借金を頼んだり、夫婦共稼ぎの女の子が遅刻したり。この朝の光景は、なかなかリアル。しかも伏水演出がリズミカルで楽しい。快活な朝の雰囲気。

現場は月曜に迫ったファッション・ショーの準備でてんてこ舞い。部長(御橋公)は「なんなら明日の公休潰してでも」。しかし、職長の秋田(清川玉枝)は「若いんですから。

かわいそうよ」。

思い思いにおしゃべりするお針子たち。なかには机に寝そべっている子もいる。そこへ秋田先生がやって来る。音楽はスピーディなスウィング・ジャズへ。篤子は、ファッション・ショーのメインのウエディングドレスを担当している。目下恋愛中の珠子がつぶやく。「それを着る女の相手の男の人ってどんな人かしら?」。

ここから、BGMは前年一一月公開の『巨星ジーグフェルド』(一九三六年、MGM)でルイゼ・ライナーが唄った《イッツ・ディライトフル・トゥ・ビー・マリードIt's Delightful to Be Married》(作曲・ヴィンセント・スコット)となる。クラリネットの主旋律が心地良い。ちなみにこの曲は、グレイス・マッケンジーが一九五六年にカヴァーしてリバイバル・ヒットする。

ショウルームの前に車を止めて降りて来るのは、金持ちのお嬢さん・田村静子(江戸川蘭子)。道路の向こうに千疋屋フルーツパーラーの看板が見える。静子は頼んでいたやソワレ=夜会服が仕上がっていないとおかんむり。お客様係・山本(三好久子)が応対するが、担当のお針子・林宏子(北村季佐江)の席は空いたまま。夫婦共稼ぎで忙しく遅刻常習犯のようだ。それを体調が悪いと庇う仲間たち。

ショウルームの静子はタバコに火をつけ、横柄な態度で印象が悪い。典型的なわがまま娘。「夕方までには仕上げます」と山本が納得させる。

秋田先生はミシンに向かって静子のドレスを仕上げにかかる。宏子が遅刻してきても秋田先生は「無理しないでね」と優しい。

女の子たち、理想の男性について話す。「私はロバート・テイラーみたいな人がいい」とは《春の唄》を唄っていた子。篤子は「本当にそんな人ないの」、珠子は「大体あんた臆病すぎるね。もっと大胆じゃなくっちゃ恋愛はできなくってよ」

遅刻してきた宏子は沈んだまま、洗面所で手を洗い、ふと窓の外を見やる。四丁目から三丁目の教文館、向かいの銀座松屋デパート、その隣の明治製菓銀座売店のショット。銀座通りには市電が走行している。何気ないカットに、一九三七年の銀座の空気がパッケージされている。

秋田先生が席を外した途端、女の子たちはホッと一息。BGMが主題歌《白薔薇は咲けど》(作詞・佐藤惣之助、作曲・古賀政男)に替わると、お針子の一人が口ずさむ。それがやがて大合唱となる。彼女たちの楽しさが観客に伝播する。伏水の音楽演出はいつもウキウキする。ちょうど歌の終わりのタイミングで、篤子のウエディングドレスが完成。「すごいなあ」「一体誰が着るんだろ?」憧れの眼差しの女の子たち。しかし宏子だけが浮かない顔。その場の勢いで篤子が試着することに。《ウエディング・マーチ》を合唱するお針子たち。画面は外景となる。教文館から左手に三越、向こうにはライオンビヤホール、手前には銀座山野楽器、そして服部時計店の壁面が見える。篤子を囲む女の子たちの《ウエディング・マーチ》。

そこへ秋田先生が部長と一緒に部屋へ。慌てるお針子たち。篤子は純白のドレスを纏っている。秋田先生がみんなを叱る。部長は「辞めてもらうかもしれない」。篤子がクビに？　部長の部屋に呼ばれた篤子のために、女の子たちは嘆願することに。しかし部長は、篤子の美しさに見惚れて、彼女を月曜日のショーのマネキンに抜擢、その内示の呼び出しだった。

やがて夕方、服部時計店の鐘が五時を知らせる。三丁目の文具店・伊東屋のネオン、四丁目にキャメラが向けられる。わずか数秒間のカットだが「映画時層探検者」には何よりの光景。

宏子のドレスは、篤子も手伝ってなんとか終業時間過ぎに完成。帝国ホテルの美容室で待つ静子にドレスを届けるのは、給仕（大村千吉）のお役目。責任を感じて一日、浮かない顔をしていた宏子に、秋田先生は「女の人が働いて行くって、容易なことじゃないわね」と優しい言葉をかける。

明日は楽しい日曜日。篤子は珠子のアパートに遊びに行く約束をして、帰宅する。篤子のアパートは、銀座のほど近くの築地明石町、明石橋のたもとにある「月光荘」。窓の外からは隅田川の船のエンジンの音が聞こえる。

戦後、昭和二六（一九五一）年、成瀬巳喜男『銀座化粧』（新東宝）でも、この「月光荘」の建物がワンカット映る。田中絹代が東野英治郎に電話をかけて呼び出し、倉庫に連れ込まれるシーン。戦災を耐えて木造のこのアパートが残っていたことに感動する。

篤子は亡母の肖像画に「ただいま」の挨拶をしてお湯を沸かす。ガスメーターに一〇銭を入れるとガスが出て着火。日本でもアメリカ同様、集合住宅に限らずガスはこのシステムだった。篤子の夕食は質素なもの。海苔の佃煮でご飯を食べていると、アパートの男たちが仲間と銀座に繰り出そうとの話し声。土曜の夜だから。

篤子も「ならば」と着替えて銀座へ。六丁目角に昭和六（一九三一）年に開店したフランス式のカフェ、銀座コロンバン本店の二階サロンの窓側の席に佇む篤子。店内には昭和一〇（一九三五）年に藤田嗣治画伯による天井壁画が描かれ、銀座を訪れる人々の目を楽しませた。窓から見下ろす行き交う恋人たち。篤子は銀のスプーンでアイスクリームを頬張り、独身の気ままさを楽しんでいるようだか、どこか寂しい。

銀座コロンバン二階サロンは、ヨーロッパの調度品を配したゴージャスな空間。日本に居ながらパリの気分が味わえるために、画家・東郷青児や作家・菊池寛など、文化人たちが集まっていた。写真集でしか見たことがない銀座コロンバンの店内でのロケーションは貴重な映像資料となっている。

結局、篤子は孤独を感じて歩いてアパートへ。隅田川にかかる清洲橋を歩くカットがある。成瀬巳喜男『噂の娘』（一九三五年）にも登場した「隅田川の華」と謳われた復興建築である。銀座から清洲橋を渡って築地明石町に行くのは少し無理があるが、ヴィジュアルとしては「モダン東京」を味わえる。帰宅しても待つ人もいない。向かいの部屋では学生たちが大騒ぎ。都会の喧騒のなか孤独な篤子の哀しげな表情。ここで篤子が、耳を塞ごうとして、手を上げる時に、ちょっと胸に触れる。ドキッとするショットである。

「五月一七日　日曜日」

日曜日、爽やかな朝。篤子も晴れやかな顔。洗濯物を屋上で干すシーンがいい。隅田川を渡る船上生活者の一家。母親に着物を直してもらっている小さい女の子の風車が回る。船から月光荘の屋上を捉えるショット。風車の向こうに篤子がいる。BGMのスウィング・ジャズが心地良い。屋上からは、昭和七（一九三二）年に着工したものの、資材不足で建設が進まない勝鬨橋《かちどきばし》の右岸側が見える。竣工するのはこの三年後、昭和一五（一九四〇）年になってから。

さて篤子は、五月の爽やかな風のなか、白いジャケットにタイトスカートでお洒落して珠子のアパートへ。途中、花屋で白薔薇を買い、果物屋でリンゴを土産にする。しかし珠子はボーイフレンドから「早慶戦」に誘われて、結局、篤子をすっぽかしてしまう。行くあてのない篤子は、渋谷駅へ。

日曜なので、改札口は人の波。誰もが行楽に出かけるようだ。篤子も思い切って東京横浜電鉄・東横線に乗って郊外へ。流線型のボディがヨーロッパ風の一両編成の電車は「キハ1形気動車」。一九三六年に導入されたガソリンカーである。しかしガソリン価格が高騰したためにすぐに廃止され、電化されることとなる。

東急東横線・渋谷駅からの列車は発車。多摩川を越えて、大田区田園調布の「多摩川園前駅（現・多摩川駅）」へ。行楽電車で白薔薇を胸に差しているのは相応しくないと、篤子がさっと隠すショットもいい。お洒落したモダンガールが、日曜日の多摩川園前駅で降りるアイロニー。テラスのカフェでレモンスカッシュをストローでのむ。遊園地の賑わいに孤独を紛わせる篤子。

散策していると、思い詰めた表情の青年とすれ違い、気になってその後をつけて人物観察。やがて青年は河畔で、篤子の土産のリンゴを川に落としてしまい、ズボンの裾をたくし上げて懸命に拾う。これが二人の出会いとなる。青年はサラリーマン・淳介（佐伯秀男）。二人は楽しく多摩川園で遊ぶ。夕方の東横線渋谷駅の改札。別れがたいまま、レストランでビールを飲み、そのあとダンスホールへ。

すぐに惹かれ合う二人。ダンスホールでは、白いタキシード姿の歌手・奥田英子が古賀政男のタンゴを唄う。マイクに手を添えて男装の奥田英子が唄うシルエットが美しい。カウンターに佇む外国人のジャズプレイヤー。「あの人、お国のことを思ってるんでしょ？　賑やかなところで働いている人って、みんな憂鬱そうなの。どうしてでしょう？」と篤子。「自由じゃないから、でしょう」と淳介。彼にも屈託がありそう。そこで流れてくるのは《人の気も知らないで Tu ne sais pas aimer》（作曲・モーリス・アウベルト）。淳介は続ける。「誰だって何かに縛られている。例えば生活のためだって。あるいは義理とか」。

奥田良三の歌声が聞こえてくる。テノール歌手・奥田良三はベルリン音楽大学を卒業、帰国してポリドールの歌手となり、《モンテカルロの一夜 Eine Nacht in Monte Carlo》、《これぞマドロスの恋 Das ist die Liebe der Matrosen》などをヒットさせていた。

ダンスホールに集う人々は、都会での寂しさ、苦しさを紛らせに来ている。淳介の屈託は、会社の上司の娘との気の進まない縁談を断りきれない自分の弱さにある。しかし篤子は淳介との出会いに、希望を感じ、これからの夢を抱き始める。そのアイロニー。

アパートまでの円タクのなか、篤子は次のランデブーを夢想している。しかし淳介はそれを叶えてあげることができない。

「五月一八日　月曜日」

翌朝、土砂降りの雨。篤子は昨日の心地良い疲れで朝寝坊。大事なファッションショーなのに。慌てて支度をする。そこへ花屋が淳介からの白薔薇の花束を届けてくる。嬉しさいっぱいの篤子。しかし添えられていた手紙には、淳介が近く結婚すること、篤子の思い出を抱いて生きると書かれていた。悲しみに暮れる篤子。

ファッション・ショーの控え室では、篤子の到着を今かと待ち構えている。ようやく篤子が到着し、ヘアメイクに取り掛かるが浮かない顔。秋田先生は、篤子が花嫁の花束を買うので花屋へ寄って遅くなったのだと、言い訳をしてくれる。

いよいよファッション・ショーの開幕。会場は「鐘紡SS」ではなく、日本橋三越本店。今も現役の中央階段、その上にあったパイプオルガンが奏でる音楽。江戸川蘭子が軽やかにステップを踏んでダンスをしながらランウェイを歩く。本格的なファッションショーである。本作は、おそらくフレッド・アステアとジンジャー・ロジャースのミュージカル映画『ロバータ』(一九三四年、RKO)からヒントを得たと思われる。華やかなファッション界の裏で描かれる悲恋のメロドラマ。

やがて篤子が、自らがミシンを踏んだ純白のドレスを着て階段の上に登場。観客たちは息を呑む。しかしその顔はどこか哀しそう。お客様係の山本が、柱の影から篤子に「笑って」と指示する。客席には、わがまま娘・静子と、そのフィアンセが来ている。なんと静子のフィアンセは淳介だったのだ。篤子はさらにショック。しかも静子は、篤子のウエディングドレスが気に入って、その場で発注する。まさに「人の気も知らないで」である。

ファッション・ショーが好評で、さらにドレスの注文が来て、誰もが大喜び。篤子にとっては雨のブルーマンデーだったが、ラスト、気を取り直して、静子のドレスに取り掛かることに……。

わずか三日間の出来事を、伏水修は登場人物たちのちょっとした表情、仕草で心の綾を描く。アップを多用して感情の変化を観客に伝える。しかもロケーションや音楽も気が利いていて、一九三〇年代のモダニズムを体感するにはもってこいである。「おひとりさま」という言葉が生まれる遥か以前、都会で生きる孤独なシングル女性を、こうした形で描いた作品があった。P.C.L.映画の都会的な味わいと、適度なメロドラマ、一九三七年型の女性映画の佳作である。

本作が公開される四日前、盧溝橋事件が勃発、支那事変と新聞は大々的に報道。それがやがて日中戦争へと発展していく。時局は少しずつ変化し始め、後戻りのできない泥沼の戦争となる。やがて、この『白薔薇は咲けど』に満ちていたモダニズムが次第に映画から失われていくことになる。

お嬢さん

一九三七年七月二一日／P．C．L．／山本薩夫
提供＝東宝映画配給株式會社／製作＝P．C．L．映画製作所／録音現像＝寫眞化学研究所／1937.07.21・日本劇場／九巻・一、九五七m／七一分／日劇同時上映『歌ふ彌次喜多　京大阪の巻』（J．O．、久保為義）／同時上演「第廿二回ステージ・ショウ輝く足柄」三景（七月二一日～三一日）

【スタッフ】演出・山本薩夫／製作・村治夫／原作・吉屋信子／製作主任・澤田浩／脚色・永見隆二／撮影・三村明／録音・道源勇二／装置・戸塚正夫／編輯・岩下廣一／音楽監督・伊藤昇／演奏・P．C．L．管絃楽團／「お嬢さん」主題歌・A《お嬢さん》（作詞・佐伯孝夫、作曲・鈴木静一）、B《碧空》（作詞・一條実、永見隆二　編曲・伊藤昇）ビクターレコード　五四〇三二
【出演者】霧立のぼる（お嬢さん）／山縣直代（瀬田先生）／嵯峨善兵（安河内公弘）／北澤彪（藤波邦雄）／清川玉枝（悦子）／澤蘭子（多磨子）／三島雅夫（教頭先生）／伊藤智子（教頭先生の妻）／御橋公（医者・長井）／宮野照子（藤子）／高峰秀子（失業した先生の娘）

『婦人公論』昭和一一（一九三六）年一月号所収、吉屋信子の同名少女小説を永見柳二が脚色した『お嬢さん』は、映画とレコードの連動、霧立のぼるの愛らしさもあって、ちょっとしたブームとなった。監督はこれがデビュー作となる山本薩夫。前半のモダンな都会描写、後半のローカリズムあふれる島の女学校の描写、いずれもロケーションを多用して、宝塚少女歌劇団出身の霧立のぼるの魅力を最大限に引き出すことに成功している。

大金持ちのお嬢さん・霧立のぼるが、親の決めた縁談を拒否して「自立したい」と、九州南端の小島の女学校の英語教師となる。苦労知らずのお嬢さんが、苦労を買って出るも、前途は多難。女学校の同僚教師・山縣直代は、貧しい出でサナトリウムに入院中の恋人の子を身籠もっているが、収入源を失いたくないと、誰にも内緒で奮闘している。それを知ったお嬢さん、彼女のために何ができるか？　を真剣に考えて……。昭和一二（一九三七）年の進歩的な働く

女性を、霧立のぼると山縣直代が好演。

　霧立のぼるは、大正六（一九一七）年生まれだから、この時二〇歳。昭和四（一九二九）年に青山学院高等部に入学するも、翌昭和五（一九三〇）年四月に中退して宝塚少女歌劇団へ入団。二〇期生となる。娘役としてトップスターとなり、昭和九（一九三四）年に、入江たか子の入江ぷろだくしょんに入社。その後、新興キネマに移籍して、高田稔の主宰する高田プロの『世紀の青空』（一九三四年、牛原虚彦《きよひこ》）で映画初出演。この時、山縣直代とすでに姉妹役を演じている。洋装の似合うモダンガールの霧立のぼると、和装の正統派美人・山縣直代。戦前の邦画アイドルがこうして顔合わせをした。

　新興キネマのトップ女優として『暁の令嬢 前後篇』（一九三五年、新興東京、曾根千晴）、『大地の愛 前後篇』（一九三六年、同）などに出演、昭和一二（一九三七）年には幹部社員となるも、P.C.L.に引き抜かれて移籍。成瀬巳喜男監督『雪崩』（一九三七年七月一日）に出演、愛のない結婚をした夫・佐伯秀男との冷めた結婚生活に悩むヒロインを演じた。この時共演した佐伯秀男と恋に落ちて、のちに結婚。

　この頃、P.C.L.は俳優や監督を積極的に引き抜いて、製作体制を強化、ラインナップの充実を図っていた。この『お嬢さん』は、霧立のぼるを千葉早智子に続くP.C.L.の看板女優として大々的にアピールするために企画された。

　劇中には流れないが、主題歌として発売された平井英子の《お嬢さん》の歌詞「♪たばこふかしてお嬢さん」どおりに、タイトルバック、P.C.L.スタイルの「お嬢さん 霧立のぼる」の紹介カットで、シガレットに火をつけてポーズ。続いて和装で清楚な表情で本を読んでいる「瀬田先生　山縣直代」が、顔を上げて観客に微笑む。お嬢さんの頼もしき叔父「安河内公弘　嵯峨善兵」とその親友で独身主義者の金持ち「藤波邦雄　北澤彪」、お嬢さんの母「悦子　清川玉枝」、姉「多磨子　澤蘭子」、九州の小島の女学校の「教頭先生　三島雅夫」と「教頭先生の妻　伊藤智子」、女学校の校医「医者長井　御橋公」とお嬢さんの親友「藤子　宮野照子」、「失業した先生の娘　高峰秀子」が次々と紹介される。

　何不自由なく育った大金持ちのお嬢さん（霧立のぼる）は、女学校出のインテリ。シガレットをいつも手にして「女性の自立」を目指しているモダンガール。母・悦子（清川玉枝）とロンドン勤務の夫に嫁いだ姉・多磨子（澤蘭子）が、お嬢さんを連れて音楽会へ。トップシーン、演奏会途中の東京宝塚劇場のドアがバーンと開き、お嬢さんがプンプン怒って出てくる。

　しばらくして母と姉が、彼女を追いかけてドアから出てくるが、お嬢さんはもういない。探そうとするも、客席の同伴者（お見合い相手）を気にして、劇場に戻る。ワンショット、フィックスで、ドアの前のお嬢さんと、母・姉の攻防戦を、巧みな省略で描く。ハリウッドのスクリューボールコメディの手法を取り入れた山本薩夫のモダン演出！

音楽会に誘われ、出かけたら「お見合い」だったことにプンプン怒っているお嬢さん。物わかりの良い叔父・安河内公弘（嵯峨善兵）だけが唯一の理解者である。お嬢さんは「英語教師になりたい」と密かに叔父さんにお願いをしていた。親の決めた縁談で一生が左右されるのはイヤ、もっと自分の可能性を試してみたい。昭和一二年のモダンガールは、かくも進歩的だったのか！

東京では教師の口がどこもいっぱいで、叔父さんが紹介してくれたのが、九州の南端の小島の女学校。それでも「行くわ」とお嬢さん。母や姉の反対を押し切って行動開始。出発の前夜、近くお嫁に行く、女学校時代の親友・藤子（宮野照子）と夜の銀座に繰り出しての送別会。自立を決意している割には、お嬢さんの贅沢は治らない。この「お嬢さん」気質が微笑ましいが、それゆえに本人の悩みのタネとなる。

サラリーガールになるのだから、節約のために二等車に乗ったものの、あまりの混雑ぶりと、庶民のやりたい放題（お嬢さん目線で）に辟易するのがおかしい。隣に座った男（辨公）に気安く声をかけられたり、子供連れの夫婦が、子供を寝かすために座席を占拠していたのに義憤を感じて怒ったり。この子連れの夫婦が、実は赴任先の女学校の教頭先生夫妻（三島雅夫、伊藤智子）だったというオチもおかしい。

ほうほうの体で食堂車へ。お嬢さんは「お紅茶とサンドウィッチ」を頼む。相席したのは独身主義者の二枚目・藤波邦雄（北澤彪）。この頃の北澤彪はハリウッドの二枚目の様にダンディでシュッとしている。ここはロマンチックコメディの雰囲気があり、P.C.L.のモダンイメージはこうした描写によるところが大きい。この邦雄、実は、お嬢さんの叔父さんの親友で、彼はすでに叔父さんの事務所の前で、お嬢さんとすれ違って見初めていた。

結局、お嬢さんは、寝台車で寝ることになる。夜汽車に揺られて、ようやく到着すると、国文の瀬田先生（山縣直代）が迎えに来ていて、一緒に連絡船へ。女学校も東京の金持ちの令嬢が来るというのでお嬢さんを特別扱い。だけど、そういう「お嬢さん」扱いで、お嬢さんのプライドは傷つけられる。

ここからは『坊っちゃん』のような青春学園ものとなっていく。P.C.L.では一九三五（昭和一〇）年に、夏目漱石の『坊っちゃん』（山本嘉次郎）を初映画化、この吉屋信子の『お嬢さん』、石坂洋次郎の『若い人』（同年一一月二七日、豊田四郎）と、青春学園もののルーツ的作品を連続映画化。それが戦後も繰り返されていく。

お箏の師匠の家の二階に、下宿することになったお嬢さん。瀬田先生との共同生活で、人として大事なことを知って成長していく。実は瀬田先生が妊娠していて、恋人が結核でサナトリウムに入院中、その治療費のために俸給を仕送りしていることを知ったお嬢さん。「世の中には、結婚したくてもできない」恋人たちがいることに衝撃を受けて「自分には何ができるか？」を真剣に考える。

さらに、島に着いてからしばしば登場する、体を悪くして杖をついている父と、その介助をしている娘（高峰秀子）が、お嬢さんにきつい眼差しを送る。後半に、その理由が明らかになる。お嬢さんが無理矢理「英語教師になりたい」と希望して、前任者の英語教師が失業してしまったのだ。しかも、その英語教師はショックで病気になって寝込んでいた。「お嬢さんはお金持ちなのに、なぜ働くの？　貧乏人の仕事を奪って、なぜ働くの？」。デコちゃんのキツい一言に打ちのめされるお嬢さん。

こうした厳しい現実、ハードルを用意して「果たしてお嬢さんはどうする？」という展開が、一時間一六分の尺でコンパクトに描かれる。後年の山本薩夫作品のような社会的なテーマを内包しつつ、P.C.L.のモダン映画のテイストも味わえる。ヒロインの成長物語としても味わい深い。

音楽監督は成瀬巳喜男映画でおなじみの現代音楽家・伊藤昇。前半、都会でのお嬢さんの気ままな暮らしのモダンなサウンド、後半、小島の女学校での女生徒たちに囲まれての「お嬢さん先生」の清純なイメージ。本編の展開に寄り添った音楽が効果的。

タイトルにクレジットされている主題歌《お嬢さん》（作詞・佐伯孝夫、作曲・鈴木静一）は、平井英子歌唱によるイメージソングで、ハワイアンのモダンな伴奏、ちょっと気だるい感じの平井英子のベビーヴォイスのヴォーカルが、前半の霧立ぼるの東京での怠惰な日常をうまく表現している。

カップリングの《碧空》（作詞・一條実、永見隆二、作曲・鈴木静一）は、後半、生徒たちのアイドル的モダン先生となったお嬢さんと、女学生のテーマソングとして唄われる。

なお、「お嬢さん」の平井英子、《碧空》の女学生のヴォーカルのサントラに、東宝の若手スター堀越節子がモノローグを吹き込んだレコードもリリースされている。映画のストーリーに合わせた「イメージドラマ」ともいうべきノヴェルティ・レコードである。

歌ふ彌次喜多 京・大阪の巻

一九三七年七月二一日／J.O.スタヂオ／久保為義
配給＝東宝映画配給株式會社／製作＝J.O.スタヂオ／吉本興業部、J.O.、P.C.L.／東宝劇團新㐂劇 提携作品／1937.07.21・日本劇場／八巻・一、六一〇m／五九分／同時上映『お嬢さん』（P.C.L.、山本薩夫）／同時上演「第廿二回ステージ・ショウ輝く足柄」三景（七月二一日〜三一日）

【スタッフ】製作者・森田信義／原案・古川緑波／シナリオ・作詞・菊田一夫／演出・久保為義／演出補助・市川崑／撮影・町井春美 N・S・C／撮影補助・中川重蔵／録音・中大路禎二 RCAビクター／音楽・谷口又士／演奏・P.C.L.管絃楽團、J.O.管絃楽團／編輯・秦房雄／設計・久光五郎／照明・丸川武郎／製作主任・中村正／主題歌・テイチクレコード吹込《戀の弥次㐂多》楠木繁夫、《お染の唄》神田千鶴子（作詩・菊田一夫 作・編曲・谷口又士）
【出演者】藤尾純（喜多八・劇團新㐂劇）／有馬是馬（亀八・同）／森野鍛冶哉（彌次郎兵衛・同）／神田千鶴子（お染・P.C.L.）／澤村昌之助（久松）／深見泰三（彦兵ヱ）／山島秀二（芦澤勇）／五條貴子（おたか）／山本雪恵（おれい）／淡路良子（およし）／芦ノ家雁玉（雁玉親分・吉本興業部専属）／林田十郎（弟分十郎・同）／花月亭九里丸（九里丸親分・同）

古川緑波一座の当たり狂言「歌ふ彌次喜多」は、一九三五（昭和一〇）年に有楽町・日本劇場で初演され、翌年、P.C.L.で映画化された。舞台、映画版ともに彌次郎兵衛には古川緑波、喜多八にはビクターの歌手で緑波の盟友・徳山璉が演じて、その後も、一九三七（昭和一二）年八月には「歌ふ彌次喜多 木曾街道小唄道中」が上演されている。

この『歌ふ彌次喜多 京・大阪の巻』は、原案・古川緑波、シナリオと作詩が菊田一夫となっているが、古川緑波一座とのユニット作品ではない。京都のJ.O.スタヂオの製作で、劇團新㐂劇の森野鍛冶哉、有馬是馬、藤尾純をフィーチャー、さらに吉本興業の人気漫才・芦乃家雁玉《がんぎょく》・林田十郎、花月亭九里丸、P.C.L.の神田千鶴子と、三社のスターを揃えて、おなじみの舞台のスピンオフ映画として製作。本作公開の二ヶ月後、この年の九月一〇日に、「J.O.スタヂオ」「P.C.L.映画製作所」「寫眞化学研究所」「東宝映画配給」が合併して「東宝映画」が設立されるが、そのプレイベント的なユニット企画だった。

演出は、マキノ・プロダクション出身の久保為義。京都市立第一商業学校では、マキノ正博の一年先輩、山中貞雄の二年先輩。山中貞雄とともにマキノプロに入社。宝塚キネマを経て、マキノトーキー製作所設立に参加。盟友・マキノ正博と共同監督で『江戸噺鼠小僧』(一九三五年)や『忠治血笑記』(一九三六年)などを手がけて、この年J.O.スタヂオに移籍してきた。

彌次郎兵衛には森野鍛治哉、昭和六(一九三一)年に開場したムーラン・ルージュ新宿座に、本作で亀八を演じている有馬是馬とともに参加。東京喜劇のホープとして活躍、昭和八(一九三三)年には発足当初のP.C.L.映画製作所に参加、P.C.L.やJ.O.スタヂオ製作映画に出演。この頃は東宝が結成した喜劇一座・劇團新㐂劇の専属だった。

喜多八には藤尾純。エノケンの「カジノ・フォーリー」に参加、その後、ムーラン・ルージュ新宿座で森野鍛治哉らとともに喜劇を演じ、劇團新㐂劇に所属。本作に抜擢された。戦後、日活で活躍した中原早苗の父である。

森野鍛治哉と藤尾純の彌次喜多コンビは、どうしても古川緑波と徳山璉の名コンビと比べると見劣りしてしまうが、音楽喜劇としては楽しい。また芦乃家雁玉・林田十郎、花月亭九里丸、戦前の吉本興業のトップ芸人たちとの共演は東西喜劇研究の上では貴重な映像資料でもある。

彌次喜多の二人を用心棒にスカウトする浪花の雁玉親分を演じている芦乃家雁玉は、昭和三(一九二八)年、俄《にわか》の女形出身の林田十郎と「雁玉・十郎」を組んでいた。吉本興業では「エンタツ・アチャコ」に次ぐ人気者で、十郎が雁玉の風貌を「タコツボ」と言うギャグで一世を風靡。映画ではあきれたぼういず解散後、ミルクブラザースを結成した川田義雄の『ハモニカ小僧』(一九三九年、東宝、斎藤寅次郎)で、川田の父親役を演じている。ちなみに芦屋雁之助、小雁、雁平は弟子にあたる。

相方の林田十郎は、六歳で旅回りの役者として舞台に立ち、その後、大和家宝楽一座で、女形のモダンガール役で人気を得るが白粉の鉛毒で体調を崩して漫才に転向。何人かパートナーを変えたのちに芦乃家雁玉と結成した「雁玉・十郎」でブレイク。雁玉が「タコツボ」なら十郎は「サイラ(サンマ)」と呼ばれた。戦後はNHK大阪放送局「上方演芸会」の司会で全国的にその名を知られることとなる。

雁玉親分のライバル・九里丸親分を演じた花月亭九里丸は、活動弁士出身の漫談家・大辻司郎に師事した、大阪で最初の漫談家。父は楽隊を使った「チンドンマン」として一世を風靡した丹波屋九里丸で幼少期から地方巡業に参加。作家・直木三十五とは、近所の幼馴染で、三十五の随筆「大阪を歩く」では九里丸の思い出が綴られている。漫談家としては尾崎紅葉の「金色夜叉」を大阪弁で語ったり、巨大なしゃもじを琵琶に見立てての「滑稽琵琶」などで一世を風靡した。

こうした大阪芸人たちの笑いは、寄席でしか見られないものだったが、エノケン・ロッパの映画がそうだったように、映画を通して全国の観客たちがそのパフォーマンスに触れることができた。

タイトルバック。立体的なイラストでデフォルメされた彌次喜多が登場。そこにメインタイトル。このアニメーション的演出は、チーフ助監督、市川崑なればこそ。谷口又士の軽快なアレンジによる主題歌が流れる。原案・古川緑波、シナリオ・作詞・菊田一夫のクレジットが期待を高める。

♪またも出ました　ご存知彌次喜多
道中双六　ふり出た賽は
京・大阪の膝栗毛
彌次さん　喜多さん
向こうに見えるは　京都じゃないか
鐘が鳴る鳴る　寺の鐘

♪祇園の舞妓か　舞妓の祇園か
ゆらぐぼんぼり　あの花吹雪
やれさ　ほんまに　夢心地
彌次さん　喜多さん
江戸を忘れて　遊ぼじゃないか
巻いていますよ　振袖が

ここで富士山の実景カットがインサートされ、ワイプで桜並木を歩く彌次喜多のショットとなる。この桜並木のカットはスクリーンプロセス。素材は、この年伊丹万作とアーノルド・ファンクが監督した日独合作『新しき土』(二月四日)で、円谷英二が手がけたショットの流用。スクリーンプロセスで次々と風景が変わるなか、喜多八(藤尾純)と彌次郎兵衛(森野鍛冶哉)が唄いながらの道中が続く。この一連のスクリーンプロセス・ショットはまだJ・O・に在籍していた円谷によるものだろう。

♪旅に疲れて　振り分け荷物
肩に重たく　仰げば空に

お前も流れる　白い雲
彌次さん　喜多さん
そろそろ　お次へ急ごうじゃないか
山の向こうで　呼んでいる

喜　多　八「ああ京都だ」
彌次郎兵衛「来たぞ」

「京都篇」

鐘がゴーンと鳴って東寺の五重塔のショット。喜多八の都々逸に乗せて、京都の風物のモンタージュ。江戸っ子の二人は宿屋でのんびり「京都はイイねえ」。彌次郎兵衛は京都名物を次々と上げる。「八ツ橋があって千枚漬けに……」「あ、一番大事なこと忘れていた、東男に京女……ああ女だ、女、京の女」と窓の下を通る「油屋」のお嬢さん・お染（神田千鶴子）を見初める。

ここでおなじみ「お染久松」と「彌次喜多」がシンクロする。これぞ「アチャラカ劇」の楽しさ。お染は、久松（澤村昌之助）に声をかけて店の奥へ。続いてストーカーのようにフラフラと彌次喜多もお染を追って店へ。

久松を演じている澤村昌之助（二代目澤村宗之助）は一九三四（昭和九）年に東宝劇団に参加、P・C・L・映画『さくら音頭　涙の母』（一九三四年、木村荘十二）に澤村敞之助《しょうのすけ》名義で出演。長兄が『透明人間』（一九五四年、東宝、小田基義）や『ゴジラの逆襲』（一九五五年、東宝、同）など特撮映画でもおなじみのバイプレイヤー、澤村宗之助。次兄が個性派の伊藤雄之助。三人兄弟の末弟で、戦後は伊藤寿章の芸名で日活アクションの脇役などを演じることとなる。

お染に一目惚れの彌次喜多は「油をくんな」「少ねえ方がいい」と一合だけ求める。彌次さん「少ねえ方がいいは、江戸っ子らしくねえ」「そこが遠謀深慮のあるところさ」と喜多さん。渡りがつくまで油を買い続ける魂胆である。画面がワイプすると宿の部屋中に山のような油の桶。この省略のギャグは漫画映画的、市川崑のセンスを感じる。

しかし彌次喜多の思いは届かない。そこで流れる、美ち奴のヒット曲でおなじみ《あゝそれなのに》（作曲・古賀政男）の旋律。谷口又士のアレンジが切ない。ここで替え歌となる。

（喜多八）
♪今日も昨日も　油買い（ふう）
通いつめたるこの気持ち
わかってくれよと　買うたに

（喜多八・彌次郎兵衛）

♪あゝそれなのに　それなのに（ねぇ）
溜まるのは　溜まるのは
油ばかりだよ

唄い終わってため息。ところが宿屋の下をお染と女中のおよし（淡路良子）が通って、慌てて下へ。喜多八が放り投げた油桶の油で彌次郎兵衛がコケる。こうした細かいギャグが随所に入る。

さて、彌次喜多がお染の後をついていくと、追い抜かしていくのは油屋の番頭・亀八（有馬是馬）。旦那さんに言いつけられた亀八が、久松と申し合わせて逢瀬をするのではないかと詰問。無理やり店に連れ戻そうとする。そこで江戸っ子の彌次喜多がべらんめえ調の啖呵を切って、亀八を追い返す。

ところが二人がお染の方を見やると、なんと久松とのラブシーン。諦めてトボトボ帰る二人の後ろ姿がおかしい。カット変わって、油屋の番頭・亀八が先ほどの顚末を有る事無い事脚色して主人に伝える。いつの間にか、彌次喜多は敵方の「スッパイ」つまり「スパイ」だということに。

宿屋では、彌次喜多それぞれの夢のなかで、お染ちゃんとランデブー。二重露光で、お染が彌次喜多それぞれの相手をしている。つまりフォーショットである。

（彌次喜多）
♪いつもフラれているゆえに
口説き文句は覚えたが

（お染）
♪陽気の加減で気が変で
私が貴方に惚れたらば
あなた

（彌次喜多）
♪ほーいよ

（全員）
♪馴れぬ恋ゆえ　その後の
殺し文句が出てこない

二コーラス目は、彌次さんとお染がデュエット、その隣で喜多さんとお染が会話。マルチ画面のような不思議な光景だが、歌とセリフがぶつかって、狙いはわかるがよくわからない。ここも円谷英二の仕事だろう。三コーラス目は、それが逆転となって、最後は……。

（全員）
♪馴れぬ恋ゆえ　その後の
殺し文句が出てこない

お　染「主さん、雨が……」
彌次さん「春雨じゃ濡れて行こう」
（棚から油がポツン、ポツンと落ちてきて……）
彌次さん「いやにねっとりした雨ですな」
お　染「はい。主さんとあたしの仲のように」
（最後は油が土砂降りになって、というオチ）

ここからは「お染久松」の定石通り、女中のおよしは暇を出されて、お染は蔵の二階に閉じ込められる。久松から「ただ一目会いたい」と頼まれた彌次喜多は、ひと肌脱ぐ。蔵の中でしばしの逢瀬を楽しむお染と久松。

ここでお染が唄うのは、テイチクレコードから主題歌として神田千鶴子がリリースした《お染の唄》（作詞・菊田一夫、作曲・谷口又士）。それを蔵の外で聞いて「こいつはいけねぇ」。バレたらどうしようとヤキモキする彌次さん。そこへ亀八がやってきて……このシーンは神田千鶴子の歌がメインなので、森野鍛治哉と有馬是馬のパントマイム芝居がおかしい。結局、油屋の番頭たちが彌次郎兵衛を取り囲んで「女みたいな声で唄って」「もういっぺん唄ってみろ」とお染の歌を彌次さんだと勘違いして。ボコボコにされてしまう。

「大阪篇」

♪京の女の仇情け
受けてしっぽり濡れ燕
飛んで帰ろうと　思うたに

京都はもう懲り懲りの彌次さんと喜多さん。「遅れた時間だけでも取り返すつもりで、予定のスケジュールだけでもどんどん進行させせようぜ」と喜多さん。三十石舟《さんじっこくぶね》で大阪へ向かう。

♪京の夢は大阪で
さましてやりましょ さっぱりと
女ひでりがするじゃなし
くよくよするな　気にするな
皐月の恋の吹き流し
おいらは江戸の神田っ子

夜の船、大声で唄う二人に、コワモテの浪人・芦澤勇（山島秀二）が「こら！」と怒鳴る。やがて朝となる。伏見から淀川を淀屋橋まで降ってきた三十石舟。静かにクラシック音楽が流れる。船を下りる人々。ロングショットで彌次喜多は船に戻り、下船する昨夜の浪人・芦澤勇を海に突き飛ばす。溺れる芦澤。ここで音楽が盛り上がる。これがオチかと思いきや、怒り心頭の芦澤、彌次喜多を追っかける。

逃げる彌次喜多が紛れ込んだのは、雑喉場《ざこば》魚市、つまり魚河岸。江戸時代は上魚屋町（現座の東区安土町）にあった。威勢の良い若い衆が魚を売り買いするなか、彌次喜多が勝手に手を上げ、どんどん値を釣り上げてしまう。「ちょっと頼まれてんか」と連れ出された二人、怖いお兄さんに「われ一体なんやねん？」「何って？　人間だい」と喜多さん。「ワイら江戸っ子のモグリやな」と脅かされて、一瞬怯む彌次喜多だが、ここで反撃。江戸っ子言葉で捲し立てて、浪花っ子を威嚇。「親子の縁の薄いもんから、俺っちの前に面だしやがれ」。で定石通りのドタバタとなる。

そこへ雁玉親分と弟分・十郎が登場。ここでいきなり漫才になる。

十郎「やらんかいも、もらわんかいも、あんた同じ催促やないか」

雁玉「はあ」

十郎「そこ飛ばそう」

雁玉「飛ばして言うもおこがましいが、ここに現れ出たるは」

十郎「あ、それ光秀や」

雁玉「浄瑠璃か。控えましたわ」

十郎「それあんた見世物やわ」

雁玉「ちょいと出ました」

十郎「それ、八木節やわ。もう、そこ飛ばそう」

雁玉「飛ばしてばっかりやな。まるで神風みたいやな」

十郎「よう飛ぶなぁ」

最後にようやく芦乃家一家の雁玉親分と名乗って、その場を収める。このコテコテの脱線は、大阪の笑いの定番なのだが、当時の東京の観客には新鮮だったろう。さらに十郎「もう、そこ飛ばそ」「飛ばしてばっかりやな」と自分たちのギャグを引っ張る。

雁玉親分、彌次喜多の江戸っ子ぶりを買って、自らが経営しているカフェー「歌笛《かふえー》」でご接待。「うち江戸っ子の人大好きやわ」と女の子。鼻の下を伸ばす彌次喜多。

そこへ二人の天敵、浪人・芦澤勇と、そのボス九里丸親分が現れる。雁玉親分とは縄張り争いをしているライバル。お互いを潰そうと虎視眈々。
十郎「今宵の炬燵は火に飢えてまんな」
芦澤「何？」
十郎「寒おまんな」
芦澤「今宵の虎徹は血に飢えておる」

　これぞ関西喜劇のおかしさ。せっかく「歌笛」に来たが、九里丸親分はお目当てのおたか（五條貴子）が休みと聞いて、「こんなムサイ家に一刻も居られるか！」と出て行こうとする。怒った雁玉親分「うちとこの店にケチつけるのか！」。しかし九里丸親分に「汚い」と指摘されて「ま、そこもあるけどな」と納得。このノリツッコミ。のちの新喜劇の呼吸がすでに完成している。で十郎は、九里丸に「舌、前歯届かん。その代わり舌嚙まないからええわ」と舌足らずをからかう。地団駄を踏む九里丸。悔しいので芦澤勇に「先生なんとかしてくれ」。そこで芦澤、刀を抜いて「今宵の虎徹は血に飢えておる」。すかさず十郎「寒おまんな」。

　雁玉親分、九里丸との抗争に終止符を打ちたいので、彌次喜多に「用心棒になって欲しい」と持ちかけるが、二の足を踏む二人。そこで雁玉「こないぎょうさん、飲んだり、食べたりしても飽きまへんか？」。そこへ、雁玉の妹で店のナンバーワン、おたかが出勤してくる。

　おたか役の五條貴子は、高田稔の高田プロダクションを経てＪ．Ｏ．へ。石田民三『夜の鳩』（五月一日）や、岡譲二主演『男は度胸』（同・渡邊邦男）などに出演している看板女優の一人。

「この人らは純粋な江戸っ子やで」「その江戸っ子をな、若いもんらに教えてもらおうと思うてんのに、みんなイヤや言うてはる」。しかし、おたかの美しさに二人は態度をコロッと変え、用心棒を引き受けてしまう。

　九里丸親分も若い衆を集めて「一触即発、先端開始や」。戦闘を先端と間違えている。そして「歌笛」に斥候を送り込む。

　一方、彌次喜多は「歌笛」の女給、芦乃家一家の若い衆を集めて「江戸っ子」戦法の授業を開始。つまり「闘いは最初の五分間の言論戦で決まる」という訳である。

「うるせえ」「べらぼうめ、てめえらに舐められてたまるけ」と喜多八がデモンストレーション。女給と若い衆が復唱する。このナンセンスさ。この頃の軍事教練のパロディでもある。彌次さんの指名でおたかが可愛く「べらぼうめ、てめえらに舐められてたまるけ」をリフレイン。続いて「張り倒すぞ！　土手っ腹を蹴破るぞ！」。物騒である。

この様子を、斥候の芦澤勇が九里丸に報告。相手が「咲呵」ならこちらは「喧嘩」だと九里丸。「啖呵と喧嘩は似ているようで違うのである。ええか、ケとタの違いや。ケタ違いや」とどこまでも漫談なのがおかしい。「俠客の興廃この一戦にあり！　皇軍努力せよ」と檄を飛ばす。日中戦争が始まって二週間、まだこんなギャグが罷り通っていた。九里丸親分、ホイッスルを吹いて「ゴー！」。《軍艦マーチ》の替え歌を唄いながら進軍する若い衆たち。

♪守るか　攻めるか　知らへんが
鍛えた腕が　もの言うぜ
敵が啖呵を　切ったかて
ちっとも怖いこと　あらへんわ
来るなら　来やはれ
いて倒せ　男も女子も
やっつけたろかいな

《軍艦マーチ》の大阪弁の替え歌。これぞパロディ。時局迎合しつつ、実はしゃれのめしている。一方、雁玉親分勢は、彌次喜多による「歌の啖呵」も効果的ということで「唱歌の時間」と相成る。歌唱指導は喜多八。

♪何言ってやんでぇ　べらぼうめ
おいらの足を踏みやがって
すまねえが　聞いてあきれら
ぐずぐず抜かして　手間取ると
土手っ腹を　蹴破るぞ

真面目な顔で練習する女給と若い衆たち。いい気になった喜多八「なんと言う拙劣な唄い方です。もっと元気を出して」。彌次郎兵衛「もっと歯切れ良く唄わねばいけません。例えば歯の良い人が、沢庵を嚙む時のポリポリ、という調子で唄うんです」。続いて男子、女子のコーラス・レッスンとなる。

そうこうしているうちに、九里丸勢も「♪守るか　攻めるか　知らへんが」と行進しながらどんどん迫ってくる。歌唱シーンが交互に展開されるのは、のちの「ウエストサイド物語」の多重唱の先取りのようで楽しい。「さて、ケンカというものは須《すべから》く……」と彌次郎兵衛が演説を打とうとすると九里丸勢が押し入って来る。

九里丸親分の「いてまえ！」で戦闘開始。このシークエンスのための「歌笛」の巨大セットだったのか！　ドタバタが繰り広げられる。しかし、形勢不利な雁玉親分が「もう、あかんわ」。十郎は「あかんいうても戸が開かんのと違う。わてらがあかんのや」。どこまでも漫才である。

女給軍の結束は固く、最後の戦いに挑むも、腰抜けの彌次喜多が逃げ出そうとして、女の子たちに怒られるが、彌次郎兵衛は「潮時がある」と腰くだけ。

結局、残された、おたかたちは九里丸に和平交渉。「この上この店を荒らされたら、元も子もあらへんわ」と九里丸の嫁になると申し出る。「そいつは不承知」と彌次喜多。しかしおたか「しょうもない。あてらやっぱり九里丸さんのところに行きまっさ」。しかも、先ほど習った江戸っ子啖呵で捲し立てる。

一文の得にもならなかった彌次喜多は江戸へ向かう。へとへとになり、街道筋で休んでいると「お染久松」が幸せそうに馬に乗って通り過ぎてゆく。ここから主題歌となる。

♪濡れぬ先こそ　梅雨をもいとえ
ふられ ふられて　道中すれば
受ける肘鉄　苦にならぬ
彌次さん　喜多さん
おいらの顔は　千枚針さ
ナマズの面に　雨垂れさ
♪旅に疲れて　振り分け荷物
肩に重たく　仰げば空に
お前も流れる　白い雲
彌次さん　喜多さん
そろそろ　お次へ急ごうじゃないか
山の向こうで　呼んでいる

彌次喜多道中はまだまだ続く、というところで「おはり」の文字。古川緑波の「東京喜劇」テイストとは、味わいの異なる「大阪喜劇」が楽しめる、J.O.スタヂオらしいコメディ映画。演出の久保為義は、この年、長谷川伸原作の『裸武士道』を監督直後、応召されて福知山歩兵第二〇連隊に入隊。バターン半島攻略で上陸したキナワン岬で、所属隊が全滅。昭和一七（一九四二）年二月五日、戦死公報が届いた。満三五歳での戦死だった。

盟友のマキノ雅弘は、久保が出征する日のことをこう記している。

「舞鶴に出発するときの見送りは女ばかりで、その中には女優の原駒子や大倉千代子もいて、J.O.の女優もたくさん来ていた。誰もバンザイを云わず、皆泣いていて、久保だけが軍服姿で汽車のデッキに立って敬礼したまま笑っていた。」（マキノ雅弘『映画渡世　地の巻——マキノ雅弘自伝』（平凡社、一九七七年）。

エノケンのちゃっきり金太
第三話「帰りは怖いの巻」
第四話「まてば日和の巻」

一九三七年八月一日／P.C.L.／山本嘉次郎
提供＝東宝映画配給株式會社／製作＝P.C.L.映画製作所／録音現像＝寫眞化学研究所／1937.08.01・日本劇場／八巻・一、六七九m／六一分／日劇同時上映『南風の丘』（P.C.L.、松井稔）／同時上演「第廿三回ステージ・ショウ 開戦レヴゥウ」十景（八月一日〜一〇日）

【出演者】榎本健一（ちゃっきり金太）／中村是好（岡っ引の倉吉）／二村定一（飴やの三次）／市川圭子（上州やの娘・おつウ）／柳田貞一（上州やの亭主）／宏川光子（女歌舞伎・市川手古光）／千川輝美（女歌舞伎・市川多喜）／P.C.L.専属・エノケン一座總出演／如月寛多（小原葉太郎）／北村武夫／近藤登／金井俊夫／椿澄枝／宮野照子／清水美佐子／南弘一／小坂信夫／斎藤務／松ノボル／榊田敬治／九州男博

エノケンこと榎本健一と山本嘉次郎の名コンビによる『ちゃっきり金太 前篇』（七月一一日）は公開と同時に大評判となった。エノケンがスピーディーに駆け回るドタバタ、栗原重一によるモダンなサウンド、ハリウッド・ミュージカルもかくやの音楽演出。セット中心の喜劇が多いなかで、エノケンが一ヶ月公演を休んで取り組んだ地方ロケーションが最大の効果を挙げている。

当時のキネマ旬報で、映画評論家・友田純一郎は「演出者は笑劇俳優としてのエノケンを生かし、エノケンも又かつてない魅力を放ってこの映画のなかに躍動している」と絶賛。またジョンストン・マッカレーの小説「地下鉄サム」を翻案したことについても「成功の半は、山本嘉次郎監督の才能に帰す可きであるが、一方又サムたり、クラドックたり得る個性を有してゐたエノケン、是好のパーソナリティが有用に作用してゐたことを忘れてはなるまい」と評している。

さて、公式として現存する『エノケンのちゃっきり金太』総集篇は、戦後再公開の際に短縮版編集のため前篇六三分、後篇六一分が、七一分に大幅短縮された。特に後半部分は現存するのがわずか二四分。しかし昭和一二（一九三七）年公開の「後篇」のフィルムが、奇跡的にコレクターによって保存されていた。経年劣化していたが「総集篇」からシーンを補完すると五五分。ほぼ「後篇」の内容を確認することができる。

P.C.L.マーク、英字のEnokenマークに続いて、前篇同様「のぞきからくり」のエノケンが唄い出して「エノケンのちゃっきり金太」のタイトル。横山隆一画によるエノケンの紹介。ここから前篇のあらましとなる。

「時は幕末、勤王だ佐幕と世間がうるさい。そこに付け込んで、どこかわからない田舎侍が江戸の街を暴れ回る。そこに現れたのがこの金太さん。憎い田舎侍の懐を失敬しては江戸の溜飲を下げるというスマートさ」。映像は東海道を三度笠スタイルで歩く金太。

続いて「岡っ引きの倉吉・中村是好」、「飴やの三次・二村定一」の紹介。金太のナレーションは続く「金太ひとりを追って、岡っ引きと、お侍と隠密とが、卍ともえに入り乱れ。ところは東海道、時は幕末、あゝ如何相成るかというところで、これまでのお話。このほかに色々人物がいる」と「上州やの娘　おつウ・市川圭子」「上州やの亭主・柳田貞一」と前作のキャラクターを紹介した上で、後篇登場の「女歌舞伎 市川手古光・宏川光子」「女歌舞伎 市川多喜《ターキー》・千川輝美」の紹介。「さあ、いよいよ始まり始まり」となる。

♪あゝお江戸日本橋七つ立ち ままよ三度笠ちょいとかぶり
行きは良いよい　足まかせ 足は西やら東やら
さても因果な旅鴉　実に馬鹿げた物語

主題歌が終わって「第三話　かへりは怖いの巻」とタイトルが出る。バックに流れる音楽は飴やの三次（二村定一）の《飴やの唄》のイントロ。やがて、のどかな畑の道を三次が唄って歩く。

♪はぁ　長い浮世じゃ　クヨクヨしゃんすなぇ

飴でもしゃぶって　暮らしゃんせ
甘いぞ　甘いぞ　買ったり　買ったり
えぇ　さらし飴

♪はぁ　色が白うてきめ細こうてよ
おまけにぽっちゃり　柔らかで
舐めたり噛んだり　甘いぞ　甘いぞ
えぇ　さらし飴

付いて来るのは子供ではなく、農作業をしていた年頃の娘たち。一方、江戸は騒然としていて「上州や」の看板娘で金太のスイートハート・おつウ（市川圭子）は、彼女目当ての田舎侍に「酒っこ持って来い」と絡まれても無視。ぼうっとしている。金太を想っているのである。痺れを切らした田舎侍。「そっちから来ねえんだば、こっちから行くぞ」。そこに亭主（柳田貞一）が出てきて愛想笑い。田舎侍、亭主を突き飛ばして、おつウを無理やり自分の席へ。勝気なおつウが抵抗して騒ぎに。

その騒ぎを聞いて、二階で博打をしていた、ガラの悪い金太の遊び仲間たちがゾロゾロと降りてくると、田舎侍、慌てて帰り支度。「以後、気をつけろよ」と捨て台詞。「金は後で屋敷に取りに来い」と横柄な態度。仲間の一人が「こんな時に金太が居りゃなぁ」。

ところ変わって、街道の「めし屋」。丼を持った金太「ヘックション。嫌だ嫌だ。くしゃみをするときっと倉吉の野郎が来るんだ」と大いにクサる。噂をすれば倉吉が、その「めし屋」に現れる。前篇のラストで、大井川の宿に置き去りにされて以来、久々の再会。「おい金太、やっと追いついたな」と喜ぶ倉吉。「また旦那と道連れですかい？」「金太、おめえ江戸に帰るんだろ？　その方がいい。西へ行っちゃいけねぇ。命が危ない。あの小原ってのは勤王方の侍だ。何でもお前が大事な密書を取ったとかで、お前を見つけ次第叩き斬ると言ってるぜ」。気を利かせた倉吉は、小原たちに金太は西へ行ったと騙してきたから「江戸へ帰ろう」という話。

「なあ、金太、これもみんな、お前のためを考えたからだ」と得意気な倉吉。「ありがてえ、旦那、お前さん、さすが江戸っ子だ。恩に気やすぜ」と涙ぐむ。そこで倉吉は「ものは相談だが、お前、俺に手柄をさせちゃくれないか」。勤王方の密書をお上に差し出したい、これも何もお上のためだから「お前一つ、すまねえが俺に捕まってくれないか？」「え？」ここで再び仲違い。「冗談じゃない」と金太が立ち上がる。ベンチ型の長椅子だったので金太が立った拍子に倉吉がひっくり返る。その隙に金太は出ていく。

倉吉、慌てて追いかけようとすると「めし屋」の主人が、「お勘定」と引き留める。「食い逃げしたのはあの野郎だ」「あんたのお連れじゃありませんか？　二〇文」。倉吉、仕方なく財布を探すと、金太に掏られて無一文。仕方ないから、黙って羽織っていた旅合羽を差し出す。その時の中村是好のポーズが抜群におかしい。

この一連が「総集篇」では、バッサリと切られている。続いて金太の手配書を、宿屋で見せる小原たち。主人は「いいえ、お見えになりません」。大原は「してみると西へは行ってはおらんな」。これだけ探していないのだから「金太は江戸へ向かったに違いない」。ここから道中の折り返しとなる。

金太が江戸への道を急いでいると、物陰から倉吉が現れ「いくら巻こうたってもうダメだぜ、いい加減観念して白状しちゃえ」「何もあっしは悪いことをしちゃいませんぜ」。金太が薩摩藩の密書を掏ったことを認めて縛につけば、幕府に密書を献上できる。倉吉はそのことしか考えていない。

のどかな田舎の風景。遠くで飴やの三次が《飴やの唄》を唄いながら流している。三次と子供たちの前を通り過ぎる金太たち。倉吉は「あの飴や、江戸を出る時からずっとくっついてきやがる。気味の悪い野郎だ」。金太は「そういやどっかの誰かさんも、ずうっとくっつき通しですね」と嫌味を言う。このシークエンスもまるまるカットされている。

大井川會所。金太は岡っ引きの財布を掏って倉吉に罪を着せる。その騒ぎのなか、金太が逃げ出す。その間。岡っ引きが取り戻した財布を金太が持って行くのがおかしい。再び、東海道を江戸へ向かいながら、全力疾走で追いかけっこをする金太と倉吉。やがて宿屋で酒を飲み、横になって主題歌《ちゃっきり金太の唄》（作詞・波島貞、作曲・山田榮一）を、上機嫌で唄う金太。

♪お江戸見捨てて　旅がらす
足の向くまま　歩くまま
追われて　箱根の峰越えりゃ
富士のお山が　呼びかける
てなこと言うけど　わしゃつらい

そこへ、走り通しでクタクタの倉吉が入ってくる。金太が酒を勧めても不機嫌の倉吉。酒を口に含んで痛んだ足に吹きかけ、またまた大喧嘩。「何を言ってるんだい、このカンプラチンク！」。カンプラチンクとは「カンフラチンキ」と呼ばれる鎮痛作用、消炎作用のある外用薬でカンフル剤の語源。

二人が喧嘩を始めると、そこへ隣部屋の浪人・小林八兵衛（北村武夫）が「ご両人、その喧嘩はこの拙者にお預けくださらまいか。仲裁は時の氏神、仲良く一献酌み交わそうではないか」と座敷の真ん中で飲み始める。金太と蔵吉も飲み始める。いつしかお銚子の山。宿屋の女中を集めて大宴会。枕を回して自分の前に来たら歌を唄うお座敷遊びをしている。

《大江戸出世小唄》（作詞・湯浅みか、補作詞・藤田まさと、作曲・杵屋正一郎）に始まり《おはら節》（民謡）、《高い山ギッチョン》（俗謡）、《二人は若い》（作詞・サトウハチロー、作曲・古賀政男）、《うちの女房にゃ髭がある》（作詞・星野貞志、作曲・古賀政男）と、流行歌、民謡メドレーが続く。ここは「総集篇」にも残されているが、エノケン映画の音楽の楽しさを体感できる名シーンである。

小林八兵衛は「酒だ！　酒だ！」と女中に命じる。「浪人こそはしておれ、今に天下を握るのはこの俺だ。その時は貴様を取り立てて召し抱えてやる！」と豪語するがアテにはならない。翌朝、金太と倉吉が目覚めると、布団の下に隠していた財布がない。小林八兵衛はすでに出立している。聞けば八兵衛は、無一文で宿賃を払えず逗留していたが、借金を全部払って出て行った。がっかりする二人。エノケンと中村是好のショボンとした表情がいい。

宿賃に荷物を全部差し出した金太と倉吉。浴衣一枚で飲まず食わずの道中となる。次のカットでは二人は浴衣も売ったと見えて、金太は「稲荷大明神」の幟を合わせて着物にしている。頬はげっそり、目は落ち窪んで、二人とも幽霊みたい。茶店で大福を美味しそうに食べている客を見て生唾を呑む二人。その客は、小判がぎっしり詰まった財布を出す。「おい、あるところにはあるもんだなぁ」と倉吉。しかも客が残した大福がある。目ざとい倉吉は金太に謎をかける。「俺は疲れたから寝るからな」。しかし金太、察することができない。「寝るからな」を連発する倉吉。そのうち店の親父が大福を下げてしまう。

夜、野宿の場所を探す二人。寂しい茂みのなか、金太は「狐でも狸でも出てくれ。天ぷらか蒲焼にでも化けてくれればいいや」。そのうちゴザ掛けの小屋を見つけてそこで寝ることに。

深夜、寝ぼけた金太が倉吉の方を見ると、倉吉の顔が虎に！　実は棚から落ちた虎のお面を被っていたのだ。びっくりした金太、絶叫して逃げる。振り返ると骸骨が……。ドリフターズの「8時だョ！全員集合」のコントみたいな「お化け」ギャグが続く。大騒ぎの金太と倉吉。エノケンのオーバーなリアクションがおかしい。

二人が寝ていたのは芝居小屋の道具部屋。少女歌劇ならぬ少女歌舞伎「市川多喜（千川輝美）一座」が逗留していた。座長がターキー（ＳＫＤの水の江滝子の愛称）なのがおかしい。女の子だけの一座で、二人は座に加わっての旅道中となる。花形の娘役・市川手古光を演じている宏川光子は、ピエル・ブリヤントのアイドル的女優で『エノケンの千萬長者』（一九三六）年でもヒロインを務めていた。

　ある日、小原たちが金太と倉吉を探して芝居小屋に現れる。すでに嗅ぎつけていたのだが、ことなきを得る。さて、金太は一座の若い衆となり、堂々たる口上で「お江戸の名物、音に聞こえた少女歌舞伎・市川多喜一座だよ」。芝居は大盛況。

　座の前を大名行列が通りかかる。「殿が通る街道に、少女歌舞伎とは何事だ！」と武士が難癖をつけてくる。そこへ「侍だからと言ってあんまり威張るな」と飴やの三次が颯爽と現れて、侍相手に派手なチャンバラとなる。ここは二村定一の見せ場だが「総集篇」ではバッサリ切られている。

　そのドサクサで、武士の財布を拾った金太が「役得」と喜ぶ。ところが倉吉は、現行犯とばかりに縄をかけようとする。金太は「落としたものを拾ったまで」と抵抗。そこへ、市川手古光が楽屋へ戻ってきて、金太に「あんた強いんだってねぇ」。倉吉は金太と江戸へ帰ろうとするが、咄嗟に金太は「倉吉が喧嘩に強くて頼もしい」と一座の女の子に吹聴する。「すごいわねぇ」。座長・市川多喜は、倉吉の首に手を回してうっとり。鼻の下を伸ばす倉吉。座長は「二人がいなかったら初日の幕が開かなかった」と感謝して「何か望みがあったら言ってごらん」。

　次のシーンでは、金太が明智光秀に扮して舞台で踊っている。倉吉は浪曲師・八丁堀倉吉となり、テーブル掛けも晴れがましい。二人は舞台に立ちたかったのだ。

「絵本太功記」十段目「尼崎閑居の場」を自信満々に唸る倉吉。いよいよ金太の出番だが、袖で手古光とイチャイチャ。倉吉が小声で「出番だよ」。恋する二人には聞こえない。しかも金太の武具が戸に引っかかって身動きが取れない。仕方なく「現れ出たる」「現れ出たる」。繰り返すが、一向に出る気配がない。

「なかなか出そうで出ないのが、これまた年季でござる。しばらくのご辛抱、ひとえに願い奉る」と時間稼ぎをする倉吉。ようやく金太の手が自由になり、舞台へ。見栄を切る金太。

　張り切って、竹槍を作るために笹を扱《しご》くが、勢い余って豪快に倒れる。小さい体の金太には鎧兜が重すぎたのである。客たちに助けられ、客の一人に笹を扱いてもらい、無事に舞台に戻るかと思いきや、背の低い金太には舞台が高くて登れない。結局、客たちに抱えてもらい、なんとか舞台に戻る。この一連がおかしい。これがエノケンの舞台の笑いだろう。

金太の光秀、屋敷に忍び込んで竹槍をグッと一刺し。宿敵・真柴久吉かと思いきや、母・皐月を刺してしまう名場面。金太は勢い余って小屋の外の田んぼに落ちてしまう。騒然とする客席。田んぼに落ちた金太のカツラがすっ飛び、その中にカエルが侵入。金太気づかず、カエルごとカツラをかぶって、再び舞台へ。芝居を続けるが、セリフを言おうとするとカエルが「ゲロゲロ」泣く。

母・皐月役の市川多喜、念の為、金太の口を開けて声帯を確認するが問題なし。しかしセリフの段になると「ゲロゲロ」。まさに七転八倒、抱腹絶倒のアチャラカ狂騒曲となる。このシークエンス、本筋とは関係ないが、他のエノケン映画にない舞台の笑いが堪能できる。まるまるカットされているのは残念。

この「絵本太功記」のクライマックス、客席に小原葉太郎たちが乱入。舞台からそれを見つけた金太と倉吉、あわてて逃げ出す。追いかける小原たち。またしても全力疾走となる。

「その頃」「江戸では」ともものしく字幕が立ち上がる。江戸大木戸から逃げ出す町人たち。「布告　近々彰義隊　砲撃有之候付　早々立退可事　官軍司令」で、彰義隊と戦闘を開始することが告げられたのだ。上州屋でも避難の準備。しかしおつウは、金太が戻ってくるかもと、なかなか店を離れない。騒然とする江戸の街。

金太と倉吉の旅は続いている。橋を渡ったところで「待て！」と小原たちの襲撃。川のなかで薩摩藩士に取り囲まれる金太と倉吉。絶体絶命のピンチ。そこへ物陰から石つぶてが飛んでくる。飴やの三次がまたまた助けてくれたのである。

三次は、金太だけを連れて、江戸にほど近い宿場の小料理屋へ。三次は金太に「お前もあんな手紙を盗ったのが因果と思い諦めな」「旦那は一体何者です？」「わからねえ方が身のためだよ」。さすが幕府のスパイ。「もしかするとこれが飲み納めかもしれねえ」と金太に酒を勧める。便所に行くフリをして逃げようとする金太に「あの岡っ引きや田舎侍と違ってこの俺にはちょっとばかり、筋金があるんだからな」と睨みを利かせる。二村定一のドスの効いた芝居がいい。

金太、女中の着物を着て田舎娘のコスプレをして逃げようとすると、倉吉もバレないように田舎者のメイクで現れる。そこへ小原たちがやってきて、勧進帳よろしく、金太と倉吉はコスプレをしたまま逃走。このシークエンスも「総集篇」にはない。

こうして金太と倉吉。江戸の街に入るために官軍に紛れ込む。鉄砲担いで江戸に入る。「右むけ右。休め」。官軍の兵隊が三人一組で鉄砲を立てて座る。しかし金太と倉吉、二人だけなのでどうやっても鉄砲を立てられない。このおかしさ。行進の途中、金太はおつウに会うために上州屋を訪ねるも、上司に咎められて、そのまま行進を続ける。店の中のおつウも金太を待ち焦がれている。そこへ小原たちがやってきて、おつウを拉致して「密書の在処」を吐かせようと拷問する。

一方、金太と倉吉は官軍の本隊に組み入れられ「これから我々は上野の山で彰義隊と一線を交えるのである。もし臆病風を吹かせたら直ちに斬って捨てる！」と物騒この上ない命令に絶望する。

♪宮さん　宮さん　お馬の前に
ひらひらするのは　何じゃいな
トコトンヤレ　トンヤレナ

♪あれは朝敵　征伐せよとの
錦の御旗じゃ　知らないか
トコトンヤレ　トンヤレナ

官軍は勇ましく《トコトンヤレ節》を唄って行進開始。ここからエンディングまでの展開は「総集篇」に残されているが、おつウへの拷問や、官軍に紛れ込んだ金太たちのシーンが細かくカットされていて展開がわかりにくい。いよいよ上野に出発という時、長州藩の隊長が馬で駆けつけて「斥候一名を貸して欲しい」と金太と倉吉をピックアップする。何とこの隊長は飴やの三次だったのである。「おい金太、すぐここ（馬）へ乗れ。何をグズグズしている？　おつウが小原に引っ立てられて、今、折檻されているぞ」。

三次の馬に乗り、薩摩屋敷に急ぐ金太。絶体絶命のピンチ。隊長と金太は薩摩屋敷を急襲！　おつウを無事救出したその瞬間、上野からの大砲がドーン。たちまち屋敷は瓦解するが、金太とおつウは無事だった。

「かくて」「明治二〇年」と字幕スーパー。文明開化から二〇年。金太もおつウもモダンな洋装で闊歩している。仁丹の広告がハイカラ時代を感じさせる。金太に男がぶつかって足早に去ってゆく。金太の手には男の懐中時計。「エヘヘ」金太が笑った瞬間に「ハクション。いけねぇ」とカメラがパンすると髭面の警官・倉吉が睨んでいる。「コラー！」と金太を追いかける倉吉。

バックに流れる音楽は「♪爺さん酒飲んで酔っ払って死んじゃった」でおなじみのメロディ。原曲はドイツのオペラ作曲家フロトウの歌劇「マルタ」第一幕第四場《真面目で働き者の娘さん、さあおいで》である。この曲はのちに、本作の助監督を務めた黒澤明の『酔いどれ天使』(一九四八年、東宝)で志村喬が酔っ払って口ずさむ曲でもある。

かくして『エノケンのちゃっきり金太　第三話「帰りは怖いの巻」第四話「まてば日和の巻」』はエンドマークとなる。この「後篇」ではエノケンのギャグ、舞台で展開していた笑いが凝縮されている。もしも完全な形で残っていたらと悔やまれる。筆者が二〇数年前に観せて頂いたフィルムコレクター氏のフィルムはその後、行方がわからない。もしも発見されたらフィルムスキャンをしてデジタル修復して、東宝の「総集篇」と編集して「完全版」が製作されることを切に願う。

昭和一二年、映画評論家・友田純一郎はキネマ旬報に「山本嘉次郎の演出は実に才気に富んでゐる。日本トーキーでは快適なペースを誇る笑劇は不可能かと思はれたが、彼はきれいにそれをやってのけている。そして、エノケンが彼と離れてはかくまで精彩を放たないではないかと思われるほどエノケンの笑劇的個性を射あてかたちである。エンタテインメントを企する演出家としては日本映画では確かに一流の腕前である。」と称賛している。

山本嘉次郎はその後も、『エノケンのびっくり人生』(一九三八年)、『エノケンのがっちり時代』(一九三九年)、『ちゃっきり金太』の続篇『エノケンのざんぎり金太』(一九四〇年)、『巷に雨の降る如く』(一九四一年)と手がける。

戦後、三木のり平が金太を演じる、山本嘉次郎脚本によるリメイク『ちゃっきり金太』『続ちゃっきり金太』(一九五八年、東宝、青柳信雄)が製作され、昭和三九(一九六四)年にはテレビで古今亭志ん朝が金太、エノケンが倉吉を演じるテレビドラマ『ちゃっきり金太』(NTV、八月二四日～一一月三〇日、原案・山本嘉次郎、作・野末陳平)がオンエアされた。

南風の丘

一九三七年八月一日／P．C．L．映画製作所／松井稔
提供＝東宝映画配給株式會社／製作＝P．C．L．映画製作所／録音現像＝寫眞化學研究所／1937.08.01・日本劇場／八巻・一，七三八m／六三分／日劇同時上映『エノケンのちゃっきり金太 後篇』（P．C．L．、山本嘉次郎）／同時上演「第廿三回ステージ・ショウ 開戦レヴュウ」十景（八月一日〜一〇日）

【スタッフ】P．C．L．高田ユニット作品／演出・松井稔／製作・萩原耐／製作主任・安藤由巳光／原作脚色・古賀文二／撮影・宮島義勇／録音・道源勇二／装置・吉松英海／編輯・岩下廣一／音楽・服部正／演奏・P．C．L．管絃楽團
【出演者】主演・高田稔（里見光一）／江戸川蘭子（奈津子）／大川平八郎（三公）／高峰秀子（光一の娘・光子）／小杉義男（加藤運送店主）／嵯峨善兵（留公）／林寛（権田・東宝）／中村メイコ（加藤の坊や）／中川辨公（村人）

大ヒット作『良人の貞操 前後篇』（四月一日・二一日、山本嘉次郎）に続く、高田稔の高田プロダクションとのユニット作品。東洋音楽学校出身で浅草オペラの舞台に立っていた高田稔は、帝国キネマで映画デビュー、大正一三（一九二四）年、東亜キネマ甲陽撮影所で、山本嘉次郎の入社第一作『断雲』に出演。キャリアを重ねて、松竹では小津安二郎『大学は出たけれど』（一九二九年、松竹蒲田）に主演した。その後、不二映画、新興キネマを経て昭和九（一九三四）年、高田稔プロダクションを設立。新興キネマと提携してトーキー映画製作に乗り出した。しかし新興キネマの不振により、P．C．L．と契約、俳優としては専属、高田プロを維持しながらユニット製作を続けていた。

『南風の丘』の原作・脚色は古賀文二。この年、一二月一一日公開、丸木砂土原案の『たそがれの湖』（伏水修）の脚色を手がける。長野県の牧歌的な風景を舞台に、前科がありながら、それを隠して娘と静かに暮らす男。彼に恋をしている日曜学校の教師。男に敵対している村会議員の嫌がらせを受け、その上、かつての仲間が現れて、男は過去と向き合わねばならなくなる。

この「過去と向き合い、それを克服するための闘い」と

いう展開は、戦後、石原裕次郎を中心にアクション映画王国となっていった日活映画が得意とした物語構造。穏やかで、誰からも好かれる人格者の意外な過去が「ある事件」がきっかけで明らかになる。

舞台となる長野県大里村は、北佐久郡にあった村で、昭和二九（一九五四）年二月、小諸町発足に伴い廃止された。

高田稔の娘役には、この年の始め、松竹蒲田から移籍してきた高峰秀子。前年、P．C．L．企画課の藤本真澄が引き抜き交渉にあたり、一月に松竹を退社。『良人の貞操』で高田稔の義妹・睦子役でP．C．L．映画に初出演を果たした。

また高田稔を陥れようとする地元の村会議員には小杉義男。その幼い息子役に、この年、五月一日『江戸ッ子健ちゃん』（岡田敬）で、二歳でスクリーンデビューを果たした中村メイコが出演。あどけない可愛さを振りまく。

高田稔に恋している牧場の娘で日曜教室の教師には、江戸川蘭子。昭和七（一九三二）年、東京松竹楽劇部（のちのSKD）に入団、翌年にはコロムビアから歌手デビューして、P．C．L．と契約。この年、オールスター映画『青春部隊』（四月一日）、オムニバス『日本女性読本』（五月二一日）、成瀬巳喜男『雪崩』（七月一日）、入江たか子主演『白薔薇は咲けど』（七月一一日）とコンスタントに出演、本作でヒロイン役に抜擢された。

浅間山を頂く長野県大里村。小林牧場の一人娘・奈津子（江戸川蘭子）は日曜学校の教師。弟・明から「今日は日曜だよ」と言われて大急ぎで準備をする。

牧童・三公（大川平八郎）は、搾りたての牛乳を積んで出発。奈津子が「三ちゃん！」と馬車を呼び止め、想い人への手紙を託す。「ああ、毎朝牛乳を会社へ運ぶんだか、ラブレターを配達するのか、まるっきりわかりゃしねえ」と三公は大いにクサる。これまでサラリーマンや都会の若者役が多かった大川平八郎が、ローカリズム溢れる牧童を演じているのが意外で、それゆえに新鮮。三公、馬車を走らせながら唄い出す。

♪草は萌えてる　丘は南風
牛は超えてる　乳がたっぷり　エーホー
おいらの女王様　村の女王様
草は萌えてる　丘は南風　エーホー

歌声は、大川平八郎ではなく、明らかに灰田勝彦の吹き替えである。灰田勝彦がP．C．L．に初出演するのは、一一月公開の『たそがれの湖』での唄う郵便配達夫の役だが、その三ヶ月前に、ノンクレジットながら吹き替えを担当していた。「♪エーホー」の部分のファルセット、得意のヨーデル唱法なので間違いないだろう。

三公が手紙を届けに来たのは、村の人々の事業や生活をバックアップする「大里村信用組合」。手伝いのおばあさんは耳が遠くて、コミュニケーションに苦労する。これが後半までルーティーンの笑いとなる。信用組合を任されているのが里見光一（高田稔）。その娘・光子（高峰秀子）は、三公が手紙を届けに来ると「決まって機嫌が悪いもん」。図星である。三公は奈津子に惚れているから。ところが光一は、日曜学校で飾る薔薇の花を切りに花畑に行って不在だった。

日曜学校。光一の心尽くしの薔薇に気を良くした奈津子。シューベルトがゲーテの詩に曲をつけた《野ばら》をオルガンを弾きながら、子供たちのために唄う。ワイシャツにネクタイ、ジャケットにスカートのボーイッシュなスタイルの江戸川蘭子。松竹歌劇団出身の歌声が楽しめる。

その歌声が流れるなか、「南風の丘」の大きな木の下に立つ里見光一のショット。窓越しに唄う奈津子がインサートされ、二人が心を通わせていることがわかる。

さて、村の子供たちが集まって、まだあどけない加藤の坊や（中村メイコ）の「なぞなぞ」に耳を傾けている。「ワンワンはね、オシッコするとき、アンヨ一本上げるでしょう。どうしてでちゅか？」。子供たち「わかんないなぁ。教えてよ」。そこで坊や「二つ上げると転んでちまうから」。まだ三歳になってすぐの中村メイコちゃん。たどたどしいが賢くて可愛い。

そこへ、坊やの父親で加藤運送店主（小杉義男）がトラックで帰ってくる。メイコちゃん「お父ちゃん！」と走り出すが、じゃり道、ヨチヨチなので見ている方がハラハラする。

坊やにお土産の玩具を渡して抱き上げる加藤。典型的な親バカである。村会議員で地元の有力者・加藤は、事業の不振でどうしても信用組合からの融資が必要だが、真面目な光一は融資を許可しない。

「あの里見の野郎、誰のおかげで信用組合長にまでなって、ああして村の金庫を預かっていられるのかも忘れやがって」。

腹心の権田（林寛）は「あんたの村会議員のご威光で一つ懲らしめてやりますかな？」。二人は時代劇の悪役のように「ハハハ」と高笑い。

小諸城址の石垣の道を、物思いに耽りながら歩く里見光一。村人や三公が挨拶しても気づかない。「近頃、何かよほど心配事でもできたんじゃないのかなぁ」。

日曜なのに、加藤が再三信用組合を訪れるも、懸案の融資は断られる。一触即発の空気、権田は、人を踏みつけにするなと居丈高な態度。加藤の担保物権は三番抵当であるから融資はできない。しかし二人は不承服。ますます溝が深まる。加藤は「女もろとも吠え面かかしてやるわい」と捨て台詞。

シューベルトの《野ばら》が流れるなか「南風の丘」で、奈津子と光一のランデブー。お互い愛し合っているのに「なぜ一緒になれないの？　私は光っちゃんのいいママになれる自信があるのよ」。そこで光一は、自分は前科者だと告白する。しかし奈津子は揺るがない。「どんなことがあったって、周囲に負けない覚悟はあります」。光一の懺悔を受け入れる奈津子の愛情。ヒロインが日曜学校の教師という設定は、この図式のためでもある。

そこに悪魔が忍び寄る。二人が立つ「南風の丘」に冴えない格好の留公（嵯峨善兵）が現れる。実は、里見光一は「ピカイチの里公」の異名を持つ、名うての金庫破りで留公は相棒だった。光一は、光子が産まれて悔悛し、刑に服して更生をしたが、妻は亡くなり、光子とともに、この大里村で第二の人生を歩んでいた。

金庫破りの「前科者」が、信用組合長になるのは、いくら昭和一二年とはいえ経歴チェックが甘すぎるし、モラル上あり得ない。ともあれ、そこはフイクション。落ちぶれた留公は、娘や村人に過去を「バラすぞ」と脅して、光一から金をせびる。

その金で留公は料亭へ。廊下で芸者に絡んで「酌をしろ」。最低な男である。それが加藤と権田の座敷の芸者だったことで、加藤は留吉に「一緒に飲もう」と座敷に招く。悪は悪を引き寄せる。

夏休みも近づいたある日。光一と光子、奈津子は岩魚釣りへ。出掛けに奈津子は、教会で集めた「オルガンを買う募金と名簿」を明日まで預かって欲しいと頼む。光一は古い金庫を開けながら「近く頑丈なものを買う」。募金と書類をしまう。

さて、渓谷ではまるで家族のようにはしゃぐ三人。一三歳の高峰秀子がイキイキとしていて可愛い。魚が釣れないとクサリ、お父さんが川に落ちたと大喜び。奈津子も幸せそう。そんな父と奈津子の写真を撮る光子も幸せそう。

その夜の明け方、光一が写真を現像していると信用組合の事務所でゴトゴトと物音がする。不審に思った光一が降りていくと、金庫が開いていて、何者かが走り去っていく。侵入したのは留公だった。盗まれたのは教会の募金と名簿だったので、光一は奈津子に相談、「お金は必ず戻すから」と内聞にしてもらう。

ところが逃走中に、留公が名簿を道端に捨てる。それを加藤運送店の若い衆が見つけて、加藤は「光一と奈津子を懲らしめる格好の材料」とニンマリ。というわけで、光一たちはピンチとなる。

そのさなか、東京から新しい金庫を業者が運んでくる。この金庫、耐火は抜群、ただし中に閉じ込められたら外部と遮断されて空気も入らず、一〇分間で窒息死してしまう。「どれどれ?」と村人や子供たちが中を覗いたりして大騒ぎ。

その時、なんと加藤の坊やが、暗証番号を書いた紙を持ったまま金庫の中へ。人だかりで押し合いの結果、金庫のドアが閉じられる。

肝心の暗証番号がわからないので、扉を開けられない。東京の本社に電話をかけても繋がるまでに一〇分以上かかる。「坊や!」。加藤夫妻は半狂乱。「誰か、金庫を開けられないか?」。

かつての金庫破り「ピカイチの里公」は、ここで苦悩する。自分が金庫を開けてしまえば、前科者の過去がバレて、この村で光子との幸福な暮らしはできない。しかし坊やの命が危ない。光子は「お父さんなら開けられるでしょう?」。奈津子も「光一さん!」と懇願する。苦渋の決断をした光一は、金庫へと走る、走る、走る。

原作・脚色の古賀文二は、この「前科のある男が、過去と向き合い、他人の幸福のために献身する」というワン・アイデアにドラマを集約。クライマックス、時間をかけて金庫を開けるプロセスが描かれる。音に集中するために目隠しをした光一がようやく金庫を開ける。坊やは無事だった。歓声と拍手。

結局、光一は仕事を辞め、光子と一緒に村を出ていくことに。出発の朝、「南風の丘」に向かって三公の馬車が走る。奈津子は牧場を父、弟・明、そして三公に任せて、光一と光子と一緒に新天地で、三人で暮らす決意をしていた。

かくして映画はハッピーエンドを迎える。長野県への長期ロケを敢行、風光明媚な牧場の風景をたっぷりと見せる、観光映画としての役割は果たしている。

演出の松井稔は、元々松竹蒲田で清水宏に師事。『森の鍛治屋』(一九二九年)や『ステッキガール』(同年)、『不壊の白珠』(同年)などの助監督を務めた。また成瀬巳喜男作品でも『夜ごとの夢』(一九三三年)、『限りなき鋪道』(一九三四年)などの助監督を経て、清水宏の『東京の英雄』(一九三五年)を最後に、松竹蒲田を退社、P.C.L.に移籍。昭和一一(一九三六)年、柳家金語楼の『武士道朗らかなりし頃』で監督デビューを果たし、この年『青春部隊』(四月一日)、『見世物王國』(六月一日)に続いてメガホンを執ったのが本作である。

また、松井は本作に続いて、合併後の東宝で『愛國六人娘』(一二月一日)を監督する。霧立のぼる、能勢妙子、神田千鶴子、佐々木信子、椿澄枝、山根寿子と、若手人気女優をズラリと並べた。「熱誠溢るる銃後の少女達の涙ぐましい程の活躍、彼女達の気持ちは少年航空兵の母でもあるのです。銃後の皆様に贈る名画」。時局迎合作品だが、のちのアイドル映画のように大ヒットした。

清水宏の抒情性を受け継ぎつつ、P.C.L.から東宝映画、宝塚映画で「少女映画」を数多く手がけた。戦後は、清水宏の蜂の巣映画『大仏さまと子供たち』(一九五二年、新東宝)の製作同人として名を連ねている。

一九三七年東宝オンパレード 樂園の合唱

一九三七年八月一一日／P.C.L.／大谷俊夫
提供＝東宝映画配給株式會社／製作＝P.C.L.映画製作所／1937.08.11・日本劇場／一〇巻・二〇〇三m／七三分／日劇同時上映『南國太平記』（J.O.、並木鏡太郎）／同時上演「第廿四回ステージ・ショウ　ロシヤ・バレーの試み」（八月一一日～二〇日）

【スタッフ】演出・大谷俊夫／製作・萩原耐／製作主任・石橋克己／作・八住利雄、阪田英一／撮影・鈴木博／録音・金山欣二郎／装置・安倍輝明／編輯・後藤敏男／音楽・鈴木静一／演奏・P.C.L.管絃楽団／衣裳指導・大阪そごう百貨店／美容・そごう小出政子／主題歌ビクターレコードJ五四一〇六・A《霧の街かど》、B《独身のせいだわ》

【出演者】藤井貢（東京発聲・清正）／丸山定夫（伯父さん）／岸井明（小田）／大川平八郎／佐伯秀男（箱根の二枚目）／嵯峨善兵（助監督）／市川朝太郎（映画スタッフ）／北澤彪（本人）／御橋公（医師）／小林重四郎（本人）／大日方傳（東京発聲・本人）／入江たか子（本人）／高田稔（本人）／岡譲二（映画監督）／竹久千恵子（本人）／椿澄枝（フミ子）／英百合子（看護婦長）／梅園龍子（フミ子の姉）／神田千鶴子（本人）／山縣直代（箱根のお嬢さん）／江戸川蘭子（操縦士）／霧立のぼる（お見合いのお嬢さん）／清川虹子（スクリプター）／伊達里子（マダム）／高峰秀子（半玉）／武智豊子（東宝・花嫁学校の校長）／逢初夢子（東京発聲・本人）／横山エンタツ（医師）／花菱アチャコ（医師）／永田キング（怪人）／古川緑波（文豪の先生）／榎本健一（牧師）

一九三〇年代、ハリウッドでは『パラマウント・オン・パレイド』（一九三〇年）のように、スタジオ専属のスターをズラリと並べたオールスター映画を製作していた。これに倣って日本でも第一作『ほろよひ人生』（一九三三年）から四年、創立五周年を迎えたP.C.L.映画製作所、寫眞化学研究所、J.O.スタヂオ、東宝映画配給と合併、東宝映画株式会社の設立を記念して東宝ブロックのオールスター映画が作られた。それが一九三七年東宝オンパレード『樂園の合唱』である。

東宝映画配給のクレジット、P.C.L.マークの後「一九三七年東宝オンパレード」とサブタイトルが晴れがましく出る。岸井明と江戸川蘭子のデュエット《独身のせいだわ》

（作詞・佐伯孝夫、作曲・鈴木静一）の映画テイクが流れるなか、星のデザインにスターの顔写真と共に出演者のクレジットとなる。（役名は筆者が追加）

藤井貢（東京発聲・清正）、丸山定夫（伯父さん）、岸井明（小田）、大川平八郎、佐伯秀男（箱根の二枚目）、嵯峨善兵（助監督）、市川朝太郎（映画スタッフ）、北澤彪（本人）、御橋公（医師）、小林重四郎（本人）、大日方傳（東京発聲・本人）、入江たか子（本人）、高田稔（本人）、岡讓二（映画監督）、竹久千恵子（本人）、椿澄枝（フミ子）、英百合子（看護婦長）、梅園龍子（フミ子の姉）、神田千鶴子（本人）、山縣直代（箱根のお嬢さん）、江戸川蘭子（操縦士）、霧立のぼる（お見合いのお嬢さん）、清川虹子（スクリプター）、伊達里子（マダム）、高峰秀子（半玉）、武智豊子（東宝・花嫁学校の校長）、逢初夢子（東京発聲・本人）、横山エンタツ（医師）、花菱アチャコ（医師）、永田キング（怪人）、古川緑波（文豪の先生）、榎本健一（牧師）。

お屋敷で清正の父親（藤井貢・二役）が大嫌いな蛙に遭遇してショック死する。父は女嫌いの息子・清正（藤井貢）が早く結婚して、跡を継ぐことを願っていた。その時、肝心の清正は少年たちと野球に興じている。伯父さん（丸山定夫）の命を受けた、大勢の女中たち（若手女優陣！）が自転車で野球場へ。ホームランをかっ飛ばした清正、そのまま屋敷にかけてゆく。さすが陸の王者、『大学の若旦那』（一九三三年、松竹蒲田、清水宏）だけのことはある。スポーツマン・藤井貢を強調する演出。走る自動車を追い抜く、まるで8《エイト》マン！

道端で自動車に轢かれそうになったフミ子（椿澄枝）を助けるが、清正は「女は嫌いだ！」と突き放す。極端な性格！カフェーで伯父さんが「遺産の半分を相続できる」と、鼻の下を伸ばして、意中のマダム（伊達里子）にベラベラ喋っている。演じているのは、本邦初のトーキー映画『マダムと女房』（一九三一年、松竹蒲田・五所平之助）でマダムを演じた伊達里子！「六年後のマダム」というわけ。そこで伯父さん、兄の遺言を開陳する。

一、蛙はお玉じゃくしのうちに撲滅すべきです。
二、女嫌ひの倅清正を速やかに結婚せしめよ。そは清正の叔父の畢生の大事業なる事。
三、清正を結婚せしめ得る場合に於いては叔父は余が残せる全財産の半分を得ることができる。

この遺言に従って、伯父さんの奮闘努力が始まる。演じる丸山定夫は、築地小劇場の第一期メンバーで、一九三五年、創立直後のP.C.L.と契約、『妻よ薔薇のやうに』（一九三五年、成瀬巳喜男）など数々の作品に出演。昭和二〇（一九四五）年八月六日、広島に投下された原爆で壊滅した劇団「桜隊」の隊長を務め、八月一六日に亡くなった。

舞台はアールデコのデザインの小さな喫茶店。和服姿の姉（梅園龍子）が女手一つで切り盛りしている。そこへ妹・フミ子（椿澄枝）が帰宅。店では怪しい男が、ずっとフミ子を待っていた。グルーチョ・マルクスのようなメイクをしたその怪人（永田キング）は、自称「ハラタチア国」の要人。

永田キングは相方のミス・エロ子と「スポーツ漫才」で「吉本ショウ」の人気者となり、前年『唄の世の中』（一九三六年、八月一一日）にゲスト出演、主演作『かっぽれ人生』（同年、一〇月二二日）が公開された。この映画でも和製マルクス、永田キングの怪演が楽しめる。

さて、女嫌いの清正をどうやって結婚させるか？ そこでマダムが紹介したのは、呑気なブローカー・小田（岸井明）。初登場シーンでは、キャバレーの階上で、岸井明が作詞した《僕は二人前》（作曲・三宅幹夫）をワンコーラス朗らかに唄う。ジャズ・シンガー岸井明の歌のうまさが堪能できる。伯父さんから、清正の嫁探しを頼まれた小田「明日、箱根に行きましょう」と話が早い。

翌日、無理矢理、箱根に清正を連れてきた伯父さん。小田の旧知のお嬢さん（山縣直代）と清正を見合いさせようとするが、彼女には恋人（佐伯秀男）がいるので上手くいかない。清正は偶然、芦ノ湖畔でフミ子と再会するが、なんと怪人・永田キングが、フミ子の姉の喫茶店の窮状を救ったため、無理矢理、遠出に誘っていた。

オールスター映画なので、次々とスターの出番を用意している。小田が次に仕組んだお見合いは、良家の子女の和装美人（霧立のぼる）だったが、フミ子以外眼中にない清正は、酒に酔って虎造節《清水次郎長伝》のサワリをひとくさり。で、見合いはパー。

「もう少し遊びを覚えた方がいい」と、小田と伯父さんが清正を連れて行ったのが、大阪の「心斎橋そごう」デパートの屋上遊園。タイアップとはいえ、ここだけ大阪ロケーションは贅沢。「衣裳指導・大阪そごう」とクレジットにある。

この屋上遊園でモギリをしていたのが、なんとフミ子！ 清正は元気一〇〇倍、フミ子と睦まじくなる。そこへまたまた怪人・永田キングが登場。清正とフミ子の仲を裂こうと一計を案じて、小田に協力を持ちかける。

そんなことは知らずに、どうしたものかと伯父さん、思案にあぐねて、なじみの料亭へ小田を誘う。ところが小田は、さらに高額で永田キングの怪人からフミ子との取持ちを頼まれ、清正と三角関係になるからと伯父さんの話を断る。その料亭の隣の座敷には、芸者衆を連れて縁日で遊んできた文豪の先生（古川緑波）が上機嫌で唄っている。なんとその歌は、ライバルのエノケンの十八番《洒落男》。歌詞は「文豪ヴァージョン」で、ロッパの恩人で芸能界入りを勧めた文豪・菊池寛の真似をしているのがおかしい。文豪の先生の隣にいる可愛らしい半玉は高峰秀子！

♪僕は文壇でいちばん
流行《はや》りっ子と言われる男
小説でも　脚本でも　流行歌でも
原稿は　羽根が生えて　売れる

♪朝から電話や面会人
身の上相談や座談会
自動車の　中で　髭を剃り
飯を　食うのは　風呂の中

♪麻雀に　競馬に　ゴルフ
なんでも　かんでも　ござれ
酒と　女も……
だけど　こりゃ君　内緒だよ

お座敷で文豪の先生、清正に恋愛を教えるために、自分の原作「蝶々夫人」が映画化され、現在ＡＢＣ撮影所でクランクインしたばかりだから、見学に行ってきなさいと口を利いてくれる。

ここから舞台は、Ｐ．Ｃ．Ｌ．ならぬＡＢＣ撮影所となる。第一、第二ステージの前に集まる東宝ブロックのスターたち。小林重四郎と竹久千恵子が談笑し、ステージのなかでは岡譲二が映画監督役で、アメリカ帰りの阿部豊そっくりに「シュート！」と声を張り上げている。やたら英語混じりなのがおかしい。助監督は嵯峨善兵、スクリプターは清川虹子。

映画『蝶々夫人』の主役・ピンカートンには高田稔、マダム・バタフライには入江たか子。この年の大ヒット『良人の貞操 前後篇』（四月一日・二一日、山本嘉次郎）のゴールデン・コンビである。岡譲二監督「ここで芝居、ここでミュージック」と力が入る。カリカチュアされた形態模写で、阿部ジャッキー監督はこうだったのかとイメージできる。

で、その悲恋に感極まった見学の清正が本番中に大声で叫んで、撮影は中断。たちまち撮影所に噂が走る。第一ステージの前にある食堂では、北澤彪、神田千鶴子、大日方傳がその話題でもちきり。「女嫌いが撮影中に発狂」と穏やかではない。北澤彪が「女嫌いなんて病気、本当にあるのかな？」。大日方傳は「あるさ、医学用語でラメンチョン・プレコックスっていうんだ」。ほんとかよ、おい！

いつの間にか、清正が撮影中に狂ってしまったと大袈裟なことに。で、病院に担ぎ込まれ、「ラメンチョン・プレコックス」の権威の医学博士（御橋公）が、看護婦長（英百合子）たちを従えて、清正の手術にのぞむ。御橋公がボリス・カーロフみたいな不気味な表情なのがおかしい。そこで休憩していた助手の医者（エンタツ・アチャコ）に声がかり、手術が始まる。ところが、エンタツ・アチャコの二人は、例によって漫才を始める。ネタは十八番「僕の女房」。

エンタツ「ニコニコ笑ってるが、君、どうかしたのか？」
アチャコ「いや、実はな、もろうたんや」
エンタツ「もろた？　もろた？　ほんとかい？」

延々と漫才が繰り広げられる。二カメ、フィックスで撮っているので、これも貴重な映像資料である。その漫才に、看護婦、医者、伯父さん、手術台の清正も大笑い。そこで、医学博士から「完治じゃ」とお墨付きをもらう。

一方、怪人・永田キングはアジトに、怪しげな外国人の手下、小田を集めて「フミ子を誘拐してこい」と命じる。「チョロマカ・オーケー」と手下たち。お礼の金が欲しい小田も加担することに。空港にフミ子を「小田が待っている」と拉致してきて、飛行機に乗せて母国・ハラタチアに連れ去ろうというのだ。小田はフミ子の誘拐に成功するが、怪人は「謝礼の金、財布を見つけ次第払う」と誤魔化す。これこそ「チョロマカ・オーケー」である。結局、金にならないことに気づいた小田は、フミ子の一大事を病院の清正に伝え、二人は空港に急行。

一方、伯父さんは小田の言葉を信じて、清正とフミ子を今度こそ結婚させようと、空港へ牧師（榎本健一）を連れてくる。滑走路で「チョロマカ・オーケー」の怪人たちと、清正と小田が大立ち回り。悪党どもをやっつける。飛行機に乗り込んだ女性操縦士（江戸川蘭子）が、離陸しようとするが、一向に飛行機は飛ばない。一五〇キロの巨漢の小田が乗っていたからだ。結局、飛行機にはエノケンの牧師と新郎新婦だけとなり、無事離陸。空中結婚式と相成る。

レコードの《ウエディング・マーチ》に合わせてエノケンの牧師が唄う。これが楽しい。

♪たまにゃお拗ね　ときにゃお妬き
けれどもそれだって　時と場合
月給日の朝なんか　うっかり拗ねてごらん
付き合いがはしごをかけて　それからそれと
もう一〇時　あらもう十一時
十二時　一時　二時　三時
えー

「てなことになるから、それも程度問題、お前一〇〇まで、わしゃ九九まで　共に白髪の生えるまで」

♪夫は妻を　騙してなるな
けれどもそれだって　時と場合
浮気や付き合い　するならば
すべからく決算期に　まとめておやり
今夜も居残り　明日も残業
なんでも決算　決算　決算
えー

エノケンの牧師「これはお二人に対する教訓である」の言葉を残して、傘を手に飛行機から機外へジャンプ！　その時のポーズ、スタイルが、バスター・キートンの『キートンの蒸気船』（一九二八年）を意識しているのがおかしい。

東宝特撮のルーツともいうべきミニチュアの飛行機が飛ぶショット。最後は、江戸川蘭子の操縦士が《レッド・ウィング Red Wing（An Indian Fable）》（作曲・F・A・ミルズ）を唄って大団円となる。

とにかく楽しい映画。昭和一二年の大阪そごう、P．C．L．撮影所にタイムスリップして、東宝スターパレードを味わう。この『樂園の合唱』スクリーンでの上映を切望、そしてソフト化も希望！　あゝ、楽しき哉、戦前のP．C．L．映画！

南國太平記

一九三七年八月一一日／J.O.スタヂオ／並木鏡太郎

提供＝東宝映画配給株式會社／製作＝J.O.スタヂオ／1937.08.11・日本劇場／一一巻・二、三六五m／一〇一分／日劇同時上映『樂園の合唱』（P.C.L.、大谷俊夫）／同時上演「第廿四回ステージ・ショウ　ロシヤ・バレーの試み」（八月一一日～二〇日）

【スタッフ】製作者・池永和央、押山保明、井上正之／原作・直木三十五　大毎・東日連載／脚色・三村伸太郎／演出・並木鏡太郎／仝補助・今井正、松村四郎、赤星弥次、林幸次郎／撮影・玉井正夫、安本淳／仝補助・荒木秀三郎　黒田武一郎／録音・仲大路禎二、藤堂顕一郎　R.C.A.システム／編輯・石野誠三／現像・J.O.現像所／音楽・深井史郎／主題歌・コロムビア、レコード　伊藤久男、豆千代／殺陣構成・早稲田大學剣道師範　高野弘正／美術・島康平

【出演者】大河内傳次郎（島津斉彬、益満休之助）／黒川彌太郎（八郎太の子・仙波小太郎）／清川荘司（すりの庄吉）／鳥羽陽之助（お由羅の父・岡田小藤次、西郷吉之助）／高堂黒天（調所笑左ヱ門）／上田吉二郎（薩摩藩主・島津斉興）／永井柳太郎（大工・源公）／山田好良（名越左源太）／進藤英太郎（兵法家・牧仲太郎）／深見泰三（家老・碇山將曹）／澤井三郎（一ノ木又七郎）／大家康宏（下僕・又蔵）／山口佐喜雄（岩城重兵ヱ）／長島武夫（竹公）／冬木京三（松公）／今成平九郎（奈良崎敬助）／大崎時一郎（四ツ本喜十郎）／高松文麿（村野伝之助）／工藤城次郎（中村嘉右衛門）／正宗新九郎（山内重作）／鬼頭善一郎（仙波八郎太）／沢村昌之助（島津久光）／汐見洋（桃牛舎南玉　P.C.L.）／竹久千恵子（富士春　P.C.L.）／花井蘭子（八郎太の娘・綱手）／鈴村京子（七瀬）／五月潤子（お由羅）／桜町公子（綱手の妹・深雪　特別出演・宝塚歌劇）

トップに「大河内傳次郎入社第一回主演」と出る。言わずと知れた剣戟スター、大河内傳次郎は、明治三一（一八九八）年、福岡県郡上郡岩屋村大河内（現・豊前市大河内）生まれ。劇作家を目指して「新民衆劇学校」に入るが、「新国劇」創設者でもある主宰者・倉橋仙太郎に「俳優の体験も必要」と示唆され「新民衆座」の舞台に立つ。大正一四（一九二五）年、大河内が執筆した舞台「若き日の忠次」を、衣笠貞之助が『弥陀ヶ原の殺陣』（聯合映画芸術協会）として映画化、同作が映画初出演となった。

その後、「第二新国劇」の旗揚げに参加、同時に映画出演

も果たし、大正一五（一九二六）年八月、日活大将軍撮影所に入社。舞台での大河内傳次郎を評価していた伊藤大輔が、自らの日活入社第一作に、大河内主演で『長恨』（一九二五年）をクランクイン。そのラッシュを観た撮影所長・池永浩久が大河内の存在感に大器を感じ、すぐに『水戸黄門』（池田富保）、『照る日くもる日』に抜擢。結局、デビュー作『長恨』の撮影が遅れて、主演第三作となった。

当初、芸名は、新国劇の恩師・澤田正二郎の「二」にあやかって大河内傳二郎だったが、宣伝部の表記ミスで「大河内傳次郎」となり、それが定着した。名字は出身地の大河内村にちなんだもの。デビュー翌年、伊藤大輔との『忠次旅日記』三部作（一九二七年）が高く評価され、続く『新版大岡政談』（一九二八年）で丹下左膳を演じて、これが生涯の当たり役となる。その後も『御誂次郎吉格子』（一九三一年、伊藤大輔）、『仇討選手』（同年、内田吐夢）、『丹下左膳余話 百萬両の壺』（一九三五年、山中貞雄）などで伝説的スターとなる。

昭和一二年四月三〇日封切『丹下左膳 完結咆吼篇』（渡邊邦男）を最後に、足掛け一二年在籍、百本以上主演作に出演した日活を退社。六月一日、J.O.スタヂオに移籍した。東宝ブロックとして本格的に時代劇製作を考えていたJ.O.スタヂオは、大物剣戟スターを確保することが急務であり、ビッグネームの大河内傳次郎の移籍は鳴物入りとなった。

その「入社第一回作品」として企画されたのが、直木三十五原作『南國太平記』だった。昭和五（一九三〇）年六月一二日から、昭和六年一〇月一六日にかけて、東京日日新聞、大阪毎日新聞に連載された新聞小説『南國太平記』は、直木三十五の代表作。昭和六年四月に前篇、七月に中篇、一一月に後篇が刊行され、大評判となった長編小説。

薩摩藩、島津家の内紛「お由羅騒動」を中心に幕末の侍たちを描いている。島津家の第二七代当主（薩摩藩・第一〇代藩主）島津斉興《なりおき》の愛妾・お由羅の方が、実子である島津久光への家督相続を画策。斉興の長男・島津斉彬《なりあきら》の子供たちを、次々と呪い殺す。それに対する「正義の側」が、藩士・仙波八郎太と息子・小太郎、そして維新の風雲児として名高い益満休之助たち。彼ら「改革派」と島津斉興を擁する「保守派」の戦いが、激動の幕末維新のなか波乱万丈に展開される。

大衆小説として、何より面白いのは、小太郎と反目しながらも改革派に味方するスリの庄吉、キーマンとなる講釈師・南玉、常磐津の師匠で鉄火女の富士春などのサイドキャラクターの活躍。直木三十五の筆致も映画的で、その描写の面白さは、今読んでもワクワクする。

この滅法面白い『南國太平記』は、戦前、戦後を通して一〇本の映画が製作されている。直木三十五の原作映画化の二割を占めているほど。初作品は、連載中の昭和六年一月一〇日に、松竹と東亜キネマで競作され、同日に封切られた。松竹下加茂撮影所版は『前後篇』（監督・井上金太郎、主演・月形龍之介、高田浩吉）、東亜キネマ撮影所版は『三部作』（監督・山口哲平、主演・羅門光三郎、市川竜男）だった。それから六年後、三度目の映画化がこのJ.O.スタヂオ版である。大河内傳次郎が島津斉彬と益満休之助の二役、やはりこの年J.O.に移籍した黒川彌太郎が仙波小太郎、スリの庄吉には清川荘司とベスト・キャスティング。

演出の並木鏡太郎は、『夜討曾我』（一九二九年、マキノ・プロダクション）でキャリアをスタートさせ、嵐寛寿郎プロダクションで嵐寛寿郎の「鞍馬天狗」シリーズを手がけ、市川右太衛門プロダクションでも「旗本退屈男」を演出してきた娯楽時代劇のベテラン。やはり本作でJ.O.スタヂオに移籍、その後は東宝京都で時代劇を手がけることとなる。

脚色は「鳴滝組」の梶原金八の一人、三村伸太郎。昭和一一（一九三六）年に日活を退社。P.C.L.に移籍して山中貞雄『人情紙風船』（八月二五日）と共に手がけたのが本作である。J.O.スタヂオは、主演、脚本、監督ともに「時代劇の逸材」を集めて『南國太平記』を製作、東宝ブロックのプログラムがさらに充実する。

タイトルバックにコロムビアの伊藤久男が唄う主題歌が流れる。伸びやかなバリトンの歌声が心地良い。巻頭、幕末、徳川家の実権は失墜して「政治も制度も民衆の生活にも、威力と信望を失いつつあった。そして、内憂に外患に大きな不安と混亂が新しき時代の潮流の中に渦巻いてゐた。」とテロップ。

その渦中「南國の雄藩島津斉興の嗣子斉彬は雄図大略世界の大勢に通達して達識先見—而もよく天下の信望を繋ぎ『維新回天』の偉業は一つに懸って斉彬の双肩に在りとさへ囑望されてゐた」。

しかし薩摩藩の第一〇代藩主・島津斉興（上田吉二郎）は、江戸の大工頭・岡田小藤次（鳥羽陽之助）の娘、お由羅（五月潤子）を側室として寵愛していた。島津家の長子・島津斉彬（大河内傳次郎）を差し置いて、お由羅は自分が産んだ三郎久光（沢村昌之助）への家督相続を画策。こうして薩摩藩家中では、三郎久光を擁立しようとする「お由羅派」と、反対勢力の「斉彬派」の激越な対立が繰り広げられていた。

お由羅は久光を家督相続させるために、兵道家・牧仲太郎（進藤英太郎）に命じて、次々と斉彬の息子を呪殺。斉彬の三人の子はいずれも原因不明の病で亡くなり、さらに次男・寛之助が重態に陥っていた。寛之助の看病をしている乳母・七瀬（鈴村京子）がふと行燈を見ると、不気味に蠟燭がゆらめいている。呪詛をイメージさせる描写はまるで怪談映画のようで不気味。洋学の研究に集中している斉彬は、息子危篤の知らせを受け、助からないと知るや「天命じゃ」と、再び書物に没頭する。斉彬は冷たいわけではなくリアリストなのである。

面白いのは、「お由羅派VS斉彬派」として暗闘しているのは周囲だけであって、三郎久光は、義兄・斉彬を慕っていて、斉彬もまた義弟を可愛がっている。当人同士は仲が良いのだ。

やがて斉彬派である仙波八郎太（鬼頭善一郎）が、寛之助の寝所の床下で呪詛の人形を見つけたと、抗議をするも、斉興は「こんな石ころ同然の人形ひとつ、証拠と申して、たわけ！」と激怒する。上田吉二郎が憎々しい。これぞ映画の仇役である。横でじっと八郎太を睨むお由羅。日活から大河内傳次郎、黒川彌太郎と共に移籍してきた五月潤子が見事な悪女ぶり。実にわかりやすい。

同席の岡田小藤次は、大工頭だが裃《かみしも》をつけている。お由羅の父ということで屋敷に出入りしているのだ。演じる鳥羽陽之助もまた悪党の面構え。江戸っ子の大工の元締めだが、どこか間抜けなところもあって、映画のアクセントになっている。

その小藤次は、「斉彬派」の八郎太の息子、仙波小太郎（黒川彌太郎）を憎んでいる。たまたま通りかかった小太郎をからかおうと、スリの庄吉（清川荘司）に「侍の物を掏ったことがあるかい？」。一両の褒美で、小太郎の印籠を盗ませる。ぶつかり様に庄吉は小太郎に「江戸は物騒だ、気をつけろ！」。

ところが文武両道の小太郎。いとも簡単に庄吉の腕を捻り、放り出す。「江戸は物騒だ、気をつけろ！　印籠は呉れてやる」。悲鳴を上げる庄吉、腕を折られたのだ。

そこへ小藤次、「おい仙波、手前どんな了見でこんな真似しやがったんだ！」。始末をつけないと「大殿様にお願い申して、相当なことをするつもりだ」とお由羅の父であることを嵩にかかる。

その現場に、小太郎の親友・薩摩藩の風雲児・益満休之助（大河内傳次郎）が通りかかり、寛之助が亡くなったことを伝える。この休之助、小藤次を全く相手にしていない。「束になってかかって来い。材木を削るより手応えがあるぞ」。大河内傳次郎のエロキューションは、いつもながらにわかりにくいが、休之助は、薩摩藩士のなかでも二十人力の腕前。小藤次、「二十人力も三十人力もあるかい！」と嘯くが、完全に貫禄負け。

とはいえ休之助は堅物でもなく、常磐津の師匠・富士春

（竹久千恵子）とは深い仲。その富士春が入れ揚げているのがスリの庄吉。しかし庄吉は、小太郎の末妹・深雪（桜町公子）に惚れている。それゆえ斉彬派に味方して、庄吉が後半にかけて大活躍する。こうした人物の出し入れが楽しい。

その夜、富士春の家に、講釈師・桃牛舎南玉（汐見洋）が、休之助に「渡してくれ」と風呂敷包みを持参。実はそれは変装の衣装で、休之助は二階から、小藤次の家に里帰りしてきたお由羅を短銃で狙う。大河内傳次郎がコスプレしてスーパーヒーローに変身するが、残念ながら暗殺は未遂に終わる。

ここでP．C．L．映画でおなじみの竹久千恵子と汐見洋が登場。竹久千恵子は『花火の街』（一月七日、石田民三）、『夜の鳩』（五月一一日、石田民三）に続いて三度目のJ．O．スタヂオへの出演。出番は少ないが適度なお色気、そしてモダンな感覚で、江戸の常磐津の師匠を好演している。汐見洋も飄々とした芸人の風情を出しつつ、改革派＝尊王攘夷派に協力するリベラルな江戸知識人の雰囲気が見事。

さて、お由羅暗殺に失敗しただけでなく、小太郎の父・仙波八郎太が「不埒儀有」として暇を出される。先般の斉興への直訴、小藤次からの告げ口もあり、斉彬派への牽制の意味だった。

これをチャンスと八郎太は、小太郎と共に比叡山にいる「お由羅派」の先鋒、進藤英太郎演じる兵法家・牧仲太郎を斬ろうと計画。妻と長女・綱手（花井蘭子）も連れて江戸を出ることに。そこで休之助は一計を案じる。なんと自分に心を寄せている綱手に、薩摩にいる総大将、家老・調所笑左ヱ門（高堂黒天）の「寵愛を受けるように」と命じる。斉興の腹心、調所こそが悪の根源、京都の牧仲太郎も調所の指図で動いている。その元締めを籠絡するという作戦である。これには綱手も母も驚く。

しかし休之助は「操を捨てるんだ。夫のために捨てるものなら、家のために捨ててもよろしい。操などと他愛もない。もし、七〇にしておぼこだとしたら、褒められるよりも、小野小町だと笑われる。操を捨てて、操を保つんだ」。男性社会でのご都合主義の暴言だが、こうしたロジックが罷り通っていた時代でもある。

さらに末妹・深雪には、薩摩藩江戸屋敷に潜入させるために奉公に出すことに。しかも彼女に岡惚れしている大工の親方・小藤次の鼻の下を利用して。その仲介をするのが講釈師・南玉。「お世話になる以上は、一通りの御殿勤めもして、礼儀作法を見習ってから、あんた（小藤次）の奥様になりたいとね」と、小藤次を上機嫌にさせ、お由羅の元へ。

南玉もまた策士である。

一方、仙波八郎太、小太郎の父子は、比叡山の牧仲太郎を襲撃する。既所《すんでのところ》で八郎太は瀕死の傷を負い、敵である牧を目前にして憤死。牧は手下を斬り捨ててゆく小太郎を見て、「見事な働きじゃ」と感心する。ここでも久光と斉彬のように、八郎太がいかに斬りかかろうとも牧仲太郎は、八郎太を友人と思い、その息子の成長を喜ぶ。「一かゼロか?」の対立ではないのである。黒川彌太郎の殺陣は前半の見せ場。やがて小太郎もまた敵の凶刃に倒れ、崖から落下。そのまま行方不明となる。

こうした活劇としての見せ場を次々と用意して、並木鏡太郎の緩急の演出は、観客を飽きさせない。休之助は、仙波父子のために暗躍する。いわば裏街道での活躍なのだが、これも見せ場の連続である。

やがて薩摩へ辿り着いた、花井蘭子演じる綱手は、予定通り黒幕、家老・調所笑左ヱ門の元へ。しかし笑左ヱ門は「この娘をわしの側に置くというのは、易いことじゃが、仙波の娘とあっては万一の場合にのう……」とすべてお見通し。「色仕掛けの、間者のと、周りがうるさいから」と老獪に笑う。八郎太の長女・綱手の苦労は水の泡となる。

一方、スリの庄吉は休之助の指示で、調所笑左ヱ門の寝所に忍び込み、斉興が幕府に内密にしている琉球国と交易国への密貿易の書状を盗み出す。これで形成逆転となる。

そのことを斉興に報告する笑左ヱ門は、狼狽えることなく「手前にとっては死に際でございます」と潔い。懐から毒薬を出して「なめるとコロリと死ぬ。一名、なめコロと申します。フフフ」と不敵な笑い。髙堂黑天(國典)の老獪さ、天晴れである。死を覚悟した腹心に斉興は「笑左、藩の財政を救い、島津の礎を築いてくれた功績、斉興、礼を申す」と頭を下げる。悪役二人の覚悟。この上田吉二郎と髙堂黑天の遣り取りは、本編の白眉の一つ。

休之助は、島津斉彬に、斉興と笑左ヱ門の不正を報告する。ここは大河内傳次郎の二役による芝居場である。切り返し編集なのだが最大の見せ場。この作品のテーマを、一人二役の対話で観客に伝える。大河内傳次郎の独壇場である。斉彬は休之助にこう言う。

「お前はわしが居んと何もできない男か? 人間には寿命がある。わしがいつ死ぬかしれんぞ。わしが居んでも、わし以上にやるという心がけがのうて、今の若いものはどうするんじゃ? 今の日本の国情を考えてみい。徳川は悪戯に外国を恐れ、悪戯に外国を排撃している。が、その外国に学ぶべき点が多々あるのじゃ。外国と比べて、日本の劣っているのは、軍事武器ばかりではないぞ。財政にも、医学にも、摂理にも、歴史にも、はるかに学ぶべき点が多い。この外国がひしひしと日本を取り巻いて、どうしようとしているのじゃ？　わかるか？　わかるのに、お由羅を討つの、調所を討つのと、なぜそう志が狭いんだ？　志を天下に持て、わかるじゃろう益満」。

ここで休之助は「天下のための正義」に目覚め、幕末維新の風雲児として西郷吉之助と共に立ち上がる。

一方、江戸屋敷。笑左ヱ門がお由羅を訪ね「年を取ると疲れましてなぁ」と笑っている。斉興は、密貿易を笑左ヱ門の罪にして事態を収めたのだ。そのことに「感心の至り」と諦め気味に嘯《うそぶ》く笑左ヱ門。そこへ奉公している、八郎太の次女・深雪がお茶を持ってくる。老獪な笑左ヱ門は、「お前は、仙波の娘ではないか！」と見抜く。すかさず深雪は小太刀を抜くが、刺すことができずに取り押さえられる。

とはいえ深雪は「小藤次の紹介」ということもあり、密かに暇を出される。こうして、仙波八郎太と休之助たちが、斉彬のために企てた作戦は失敗に終わる。大勢に影響を与えることはできなかった。

史実では、久光やお由羅暗殺計画は事前に情報が漏れ、首謀者一三名は切腹、また連座した約五〇名が遠島・謹慎に処せられた。かくして嘉永四年（一八五一年）二月、島津斉興が隠居し、島津斉彬が一一代藩主に就任した。

やがて、休之助、深雪、スリの庄吉、南玉たちが、江戸を立つ。その後、笑左ヱ門が毒を飲んで死を遂げ、斉興が隠居を決意、斉彬の時代になったと、休之助が深雪に話す。

庄吉は、笑左ヱ門から書類を盗み出す時に腕をやられて片腕となる。これではスリができなくなるが、すべては深雪に惚れているからこそである。

その直後、行方不明だった小太郎と瀬田の唐橋で再会を果たし、喜ぶ深雪。ムッとする庄吉、相変わらず小太郎を嫌っているのがおかしい。しかも小太郎は、庄吉の大活躍を知らない。

休之助は、未だに父の仇の牧を討とうと血眼の小太郎に「なぜ、志が低い？」と、かつて斉彬に言われた「天下のための正義」を説く。その時、三条大橋を攘夷党の若者たちが捕縛されて引き回しに。天下のために命懸けで働いている浪人たちである。今の世の正義は「王政復興させることなのに、牧ごときを相手にしている場合ではない」と檄を飛ばす。「志を天下に持て！」。しかし小太郎は理解できずに、深雪を連れて仇討ちに向かう。

史実では島津斉彬は、薩摩藩の富国強兵を進め、洋式造船、反射炉や溶鉱炉を建設、ガラスやガス燈の製造などの

「集成館事業」を推進。アメリカから帰国したジョン万次郎を保護して、藩士に造船法を学ばせるなど、積極的に近代化に取り組んだ。幕政改革を江戸幕府に訴え、公武合体、武備開国への道を主張。老中・阿部正弘の内諾を受けて、琉球王国を介してフランスとの交易を画策。その後、阿部正弘が亡くなり、次の大老・井伊直弼と将軍後継問題で対立「安政の大獄」で、斉彬は敗れる。その抗議のために、五千人の藩兵を率いて上洛する計画中、斉彬は安政五（一八五八年）七月八日、コレラを発病、重篤な状態となる。

その報せを受けた、休之助、西郷吉之助（鳥羽陽之助・二役）たち藩士が集結する。斉彬の死に慟哭する藩士たち。その悲しみのなか、休之助は「西郷、俺はやるぞ！」、西郷も「やる、やろう。斉彬公のために頼むぞ」。「天下のための正義」に立ち上がる薩摩藩士たち。幕末維新の動乱を予見させてエンドマークとなる。

大河内傳次郎の堂々たる島津斉彬と幕末の風雲児・益満休之助の二役は、当時の観客にとって満足度の高いものだったろう。お家騒動、復讐のドラマを描きながらも、それがすべて水泡に期してしまうフラストレーションを、「天下のための正義」という幕末維新のロジックの提示という形で、新たなカタルシスにする。これは前年の「二・二六事件」、この映画の封切り一ヶ月前、七月七日に勃発した「日中戦争（当時は支那事変と呼称）」がもたらす「時代の気分」をビビッドに反映している。

ともあれ直木三十五の小説のダイナミズム、映画的な描写を、巧みに取り入れた三村伸太郎の脚色。長大な物語を、当時の長尺とはいえ一〇〇分にまとめ上げた並木鏡太郎の演出は見事。

それゆえ、J．O．スタヂオ製作の時代劇の代表作の一つとなった。この二週間後、三村伸太郎の「鳴滝組」の盟友、山中貞雄がP．C．L．で初監督した『人情紙風船』（八月二五日）が公開される。かくして戦後の黒澤明映画へと連なる「東宝時代劇」というジャンルは、本格的にスタートをすることとなる。

当初、本作は『前篇』として製作された。この後、「一藩の中の抗争に嫌気が差した益満が、より大きな理想である討幕・維新に向かい、元部下の一弾に倒れるまでを描く」『後篇』が製作される予定だった。『東宝三十年史』（一九六二年）の封切リストや、国立映画アーカイブのデータベースには『南國太平記 前篇』と記録されている。

人情紙風船

一九三七年八月二五日／P.C.L.映画製作所／山中貞雄
提供＝東宝映画配給株式會社／製作＝P.C.L.映画製作所／録音現像＝寫眞化学研究所／1937.08.25／一〇巻・二、三五二m／八六分

【スタッフ】製作・武山政信／演出・山中貞雄／製作主任・大岩弘明／脚色・三村伸太郎／原作・河竹默阿弥／撮影・三村明／音楽・太田忠／演奏・P.C.L.管弦楽団／装置・久保一雄／録音・安恵重遠、片岡造／編輯・岩下廣一／美術考証・岩田専太郎

【出演者】河原崎長十郎（海野又十郎）／中村翫右衛門（髪結新三）／坂東調右衛門（按摩籔市）／市川楽三郎（目明し弥吉）／市川菊之助（錠前屋の兼吉）／中村鶴蔵（金魚売源公）／山崎長兵衛（徳兵衛）／中村進五郎（夜そば屋の甚七）／坂東みのる（吉兵衛）／山崎島二郎／市川章次（役人）／市川莚司（源七乾分百蔵）／中村公三郎（流しの与七）／市川進三郎／市川笑太郎（弥太五郎源七）／助高屋助蔵（家主長兵衛）／嵐敏夫（平六）／市川扇升（長松）／瀬川花章（らをしかへや）／嵐芳三郎（白子屋久兵衛）／澤村千代太郎／澤村比呂志（磨師の卯之公）／市川岩五郎（古傘買ひの乙松）／山崎進蔵（源七乾分猪助）／橘小三郎（毛利三左衛門）／御橋公（白子屋久左衛門）／瀬川菊之丞（忠七）／岬たか子（乙松の女房おくま）／原緋紗子（源公の女房おてつ）／河原波留子／平塚ふみ子／岩田富貴子（久兵衛の女房おなつ）／一ノ瀬ゆう子（甚七の女房おちよ）／山岸しづ江（又十郎の女房おたき）／霧立のぼる（白子屋の娘お駒）

二八歳の若さで夭折した天才・山中貞雄作品で現存しているのは三作品のみ。『丹下左膳余話 百萬両の壺』（一九三五年、日活）、『河内山宗俊』（一九三六年、日活）そして、P.C.L.で手がけたこの『人情紙風船』（一九三七年）が遺作となった。

山中貞雄は、学生時代から映画好きで、マキノ正博に手紙を書いてアピール。マキノ・プロダクションに入社。その後、昭和三（一九二八）年、マキノプロから独立した嵐寛寿郎主演作のシナリオを執筆したのが、映画キャリアの本格的な始まり。それから四年後、昭和七（一九三二）年に、二二歳の若さで『磯の源太 抱寝の長脇差』（嵐寛寿郎プロ）で監督として一本立ちした。その表現力、映画の情感、テ

ンポの良さで批評家の注目を集めて、『小判しぐれ』(一九三二年)、『盤嶽の一生』(一九三三年)、『風流活人剣』(一九三四年)、大河内傳次郎主演のトーキー『国定忠次』、『丹下左膳余話 百萬両の壺』(一九三五年)と、発表する作品が常にジャーナリストの注目を集めた。サイレント時代、モンタージュと字幕を効果的に編集して、観客に心地良い、独特の「映画のリズム」を生み出した。

そして昭和一〇(一九三五)年、前進座との初めての提携作品、長谷川伸原作の『街の入墨者』を演出。前科者であるがゆえ、世間から冷たい目で見られる主人公を、河原崎長十郎が演じ、三代目中村翫右衛門《かんえもん》が彼を庇う義弟、そして女形の五代目河原崎国太郎を芸者役で起用。日本映画で「初めて写実主義の映画と言える最初の作品」と、作家の川崎長太郎に絶賛された。

そして昭和一一(一九三六)年、二度目の前進座との提携作となる『河内山宗俊』(日活)を手がけた。その撮影中、スタジオの枠を超えて監督たちが「日本映画監督協会」を設立。山中貞雄もその発足メンバーとなった。

同年八月、前進座が映画製作のパートナーを日活から、P.C.L.映画製作所に変えることにした。P.C.L.としても作品のラインナップを充実させるために、この頃、吉本興業と提携するなど、積極的にユニット作品の幅を広げていた。この頃、スランプに陥っていた山中貞雄は、先輩の滝澤英輔がP.C.L.に入社したこともあり、京都から上京することにした。そこで最初に手がけたのが、滝澤の入社第一回作品で、前進座とP.C.L.映画製作所の初提携作品『戦國群盗傳 前後篇』(一九三七年)のシナリオだった。

この時、山中貞雄は、前進座経由でP.C.L.への入社を持ちかけられ、『森の石松』(一九三七年、日活)を最後に、日活を退社。四月一日付でP.C.L.へ移籍した。入社第一回作品として企画されたのが、この『人情紙風船』である。河竹黙阿弥の「梅雨小袖昔八丈《つゆこそでむかしはちじょう》」、その落語化でもおなじみの「髪結新三《かみゆいしんざ》」を、三村伸太郎が脚色した「人情裏長屋もの」。しかし、三村のシナリオがあまりにも長かったために、山中が箱根温泉で改稿を重ね、二ヶ月をかけて完成したのが六月のこと。「人情長屋もの」といってもここでの「人情」は、薄情でもあり、儚いものであるので『人情紙風船』とタイトルが付けられた。

中村翫右衛門の髪結新三がとにかくいい。トッポくて、怖いもの知らず。ヤクザの目を盗んで、もぐりで賭場を開いては、そのたびに親分・弥太五郎源七(市川笑太朗)たちにボコボコにされる。その一の子分・百蔵(市川莚司、のちの加東大介)の不気味な薄ら笑い。

前進座のユニット作品なので、のちにおなじみとなる役者がたくさん出ており、眺めているだけでも楽しい。髪結新三のトッポさと対照的に、長屋の奥に住んでいる浪人・海野又十郎（河原崎長十郎）は、真面目な男。かなり性格のきつそうな女房・おたき（山岸しづ江）に暗黙のプレッシャーをかけられて、毎日、仕官のために出かけている。

頼みの綱は、亡父の知人・毛利三左衛門（橘小三郎）なのだが、ケンもほろろで歯牙にも掛けない。私利私欲の塊の毛利は、質屋・白子屋久兵衛（嵐芳三郎）の娘・お駒（霧立のぼる）を、自分の口利き武家に嫁入りさせようと画策している。

肝心のお駒は、番頭・忠七（瀬川菊之丞）とできている。その忠七は、ちょっとした小悪党で、弥太五郎源七の賭場にも顔を出している。

誰もが緩やかな因縁で結ばれている。髪結新三は、白子屋とべったりの弥太五郎源七をギャフンと言わせようと、白子屋の娘・お駒を拐かして、長屋に連れ帰るが……。

長屋の人々も生き生きとしていて、眺めているだけでも、江戸風情を味わえる。登場人物の出し入れも見事で、お駒・拐かし事件の顚末も面白い。そして、切ないラストシーン。武士の意地を貫くというより、女房の手前、という感じの又十郎の悲劇……

霧立のぼるはどこまでも可憐で美しい。河原崎長十郎夫人でもある山岸しづ江は、キッツイ女房を本当に見事に演じている。

一九三七年七月、『人情紙風船』撮影中に、盧溝橋事件が勃発、日中戦争が始まった。撮影の仲間たちが、次々と招集されるなか、『人情紙風船』封切の八月二五日、撮影所で完成試写を終えた直後、山中貞雄に召集令状が届いた。

京都・平安神宮で壮行会が行われ、山中は神戸港から中国戦線へ出征。戦地での手記に「紙風船が遺作とはチト、サビシイ」と記している（山中貞雄「陣中日記」『中央公論』昭和一二年一二月号）。そして一九三八（昭和一三）年九月一七日、山中貞雄は、河南省で戦病死。二八歳の若さで夭折した天才監督に、すべての映画人が悲しんだ、という。

怪奇 江戸川乱山

一九三七年八月二五日／今井映画製作所／下村健二
提供＝東宝映画配給株式會社／製作＝今井映画製作所／1937.08.25・大阪敷島倶楽部／八巻・一、七一一m／六二分

【スタッフ】原作・脚色・演出・下村健二／撮影・町井春美J.O.／録音・竹内英雄J.O.システム／音楽・中原務／製作・今井理輔
【出演者】主演・羅門光三郎（江戸川乱山）／山田好良（風外隠士）／伊田兼美（高木平左衛門）／大倉文雄（大阪屋五兵衛）／泉清子（鼈甲お藤）／宝久美子（新井敏江）／石井寛二（高木文七郎）／川端繁（新井鉄心斎）／渡草二（狢の源八）／小森敏（芳公）／若月輝夫（骨董屋）／林寛（熊公）／大池欣弥（八公）／富樫延好（横山軍蔵）／国創典（大島伝八）／添原三郎（関根一角）／岡崎晴夫（同心村田）／月岡久（居酒屋亭主）／田中辨楽（医者）／殺陣・沢村太郎

昭和一二年五月、後に東宝京都撮影所長となる今井理輔が、東宝の資本で「今井映画製作所」を京都に設立した。同時に東宝映画配給會社と提携して、今井映画作品は東宝ブロックで上映されることとなった。今井映画には、東亜キネマの剣戟スターだった羅門光三郎、日活出身の海江田譲二、新興キネマで活躍していた泉清子、日活京都から移籍した高津愛子などが在籍していた。監督には、甲陽映画から移籍してきた下村健二、戦後映画プロデューサーとして活躍する児井英生が、児井英男名義で在籍。他にも極東映画から稲葉蛟児《こうじ》、後藤昌信らが今井映画に参加した。今井映画製作所では、設立からハイペースで時代劇映画を製作、東宝映画設立までの作品は次のとおり。

七月一日『高杉晋作』（監督・下村健二、出演・羅門光三郎、泉清子、大倉文男）
七月八日『青葉城異変』（監督・児井英男、出演・海江田譲二、高津愛子、宝久美子）
七月一二日『平手造酒』（監督・稲葉蛟児、出演・海江田譲二、上田吉二郎、高津愛子）
七月一五日『快闘　富士の男伊達』（甲陽＝今井、監督・下村

健二、久保田富彦、出演・羅門光三郎、桜井京子）
七月二九日『赤尾の林蔵』（監督・後藤昌信、出演・羅門光三郎、月岡久、高津愛子）
八月二五日『怪奇 江戸川乱山』
九月一日　『吉良仁吉』（監督・児井英男、出演・海江田譲二、鬼頭善一郎、月宮乙女）

さて『怪奇 江戸川乱山』は、ちょうどお盆時期「怪談映画」の季節に封切られた怪奇映画の傑作。羅門光三郎の鬼気迫る演技は、ユニバーサル映画のベラ・ルゴシやボリス・カーロフのような不気味さ。しかも、欧米の怪奇映画で、マッドサイエンティストにあたる役割の呪術師が、殺された主人公を蘇らせるところから物語が始まる。

主人公の江戸川乱山は、映画の冒頭で殺され、父を死に追いやった男たちに積年の恨みを晴らすために、冥府から蘇る。幽霊ではなく、死体に魂が宿った「ウォーキング・デッド」、ゾンビなのである。ということもあり怪談映画のムードとは違う、海外の怪奇映画のテイストに溢れている。

遅れてきた世代としては、ジョージ・A・ロメロの『ナイト・オブ・ザ・リビングデッド』（一九六八年）よりも遥か昔に、日本映画でこうしたゾンビ・ホラーが製作されていたことに驚く。

ゾンビ映画の嚆矢とされるベラ・ルゴシ主演の『恐怖城』（一九三二年、ユナイト、ヴィクター・ハルペリン）が日本で公開されたのが昭和八（一九三三）年六月。ブードゥ教の司祭に操られるゾンビは、怪奇映画の歴史のなかでも斬新だった。当時のハリウッドでは『魔人ドラキュラ』（一九三一年、ユニバーサル）、『フランケンシュタイン』（同）などの古典的なモンスター映画が主流だった。

独立系のプロデューサー、ハルペリン兄弟がブロードウェイの舞台「ゾンビ」をベースに『恐怖城』を企画製作した。『魔人ドラキュラ』のベラ・ルゴシをゾンビマスター役にして、同作のセットを使って撮影。こうしてハイチの民間信仰だった「ブードゥ教」のゾンビ伝説が広く知られるようになった。

ちなみにヴィクター・ハルペリン監督は、『恐怖城』に続いて、一九三六年に『ゾンビの反乱 Revolt of the Zombies』を製作、演出しているがこちらは日本未公開。つまり『怪奇江戸川乱山』は世界で三本目の「ゾンビ映画」なのである。

今井映画製作所の監督・下村健二はおそらく、この『恐怖城』にヒントを得て、呪術師・風外隠士が、死者を蘇らせる儀式を着想したのだろう。それまでの日本の怪談映画にはない発想が斬新。同時にショック演出もハリウッドのホラー映画を参考にしている。この「リビングデッド」が次々と復讐を果たしていく。当時の観客にも相当怖かったと思う。

タイトルロールの江戸川乱山を演じた羅門光三郎は、明治三四（一九〇一）年大阪生まれ。舞台で活躍の後、昭和二（一九二七）年『彼は復讐を忘れたか』（大阪港パーク撮影所）で映画デビューを果たし、東亜キネマへ。芸名は剣戟スター・光岡龍三郎とハリウッド俳優・ラモン・ナヴァロにちなんだもの。松竹キネマの競作となった『南國太平記』（一九三一年、東亜キネマ、山口哲平）では益満休之助を堂々と演じてトップスターとなる。

やがて東亜キネマが経営不振となり、東活、富国映画社、宝塚キネマへと移るも、会社がことごとく解散。フリーとなって極東キネマ甲陽撮影所で主演した『益満休之助』二部作（一九三五年、仁科熊彦）などに連続主演。やがて極東キネマは分裂、羅門は甲陽映画社に残留するも経営不振で解散。そこで今井映画製作所の専属スターとして招かれた。

今井映画では『高杉晋作』（七月一日）、『快闘 富士の男伊達』（七月一五日）、『赤尾の林蔵』と連続主演。四作目にして怪奇映画のタイトルロールを演じているが、本当に鬼気迫る演技で、他の剣戟スターにはない役者魂を感じる。沼の中からヌッと顔を出したり、天井を突き破って逆さまに現れたり。下村健二のショック演出、不気味な映像設計と相まって、戦前に作られた怪奇映画のなかでは出色の出来となっている。まさに和製ベラ・ルゴシである。

タイトルバックのトップ。「国民精神総動員　帝国政府」と旭日旗が画面いっぱいに広がる。この年、七月七日、盧溝橋事件をきっかけに日中戦争が勃発、当時は「支那事変」と呼称していた。この「国民精神総動員」のスローガンは、大日本帝国政府が九月から本格的に行った軍国主義政策の一つ。第一次近衛文麿内閣は、非戦闘員（女性・子供）を含む国民の戦意を高揚させること、戦争完遂への協力を目的として、この映画の公開前日、八月二四日に「挙国一致」「尽忠報国」「堅忍持久」のスローガンを掲げた「国民精神総動員実施要綱」を閣議決定した。その内閣訓令は九月九日なので、本作のトップタイトルは、そのスローガンをいち早く観客に伝えていた。この後、東宝ブロックに限らず、映画の冒頭にこうしたスローガンが掲げられる。

トップシーン。夜も更け、不気味な老人がどこからか運んできた遺体を背負って、怪しげな家に入っていく。セットにスモークを焚き、ヴァイオリンが不気味なムードを醸す。音楽は中原務。老人が戸を開けるとカットが変わって、アップとなる。眉間に皺を寄せて乱れた長い髪は真っ白。

カメラを見据える鋭い眼光。呪術師・風外隠士（山田好良）である。

演じる山田好良は、日活からこの年にJ．O．スタヂオに移籍。『故郷』（五月一日、伊丹万作）、『南國太平記』（八月一日）に続いての出演となるが、その不気味な佇まいは、本作の恐怖イメージを支配している。

炉端では、仇っぽい鼈甲《べっこう》お藤（泉清子）がキセルに火を付けて、風外隠士を待ち構えていたが、隠士は無視して亡骸を背負ったまま隣室へ。マッドサイエンティストの研究室か魔法使いの部屋、という感じの不気味な部屋に亡骸を置く。「お前の頼みなら、聞かなくてもわかっておる」。

蠟燭に火を灯して、隠士の儀式が始まる。「わしの霊術は、穢らわしい泥棒などに施すことはできん」。大いにクサるお藤は「その術さえ私に譲ってくれれば、どんなお城の深くへだって、どんな厳重な金蔵へだって入れるんだもの」とボヤく。彼女は泥棒なのである。「そうすりゃお爺さんだって宮殿のような素晴らしいお家を建ててあげられるし、世間からは生き神さまのように崇めさして見せる」と甘言を弄するが、隠士は取り合わない。

隠士は亡骸を大きなテーブルに乗せて、その周りに蠟燭を立て、洋式の椅子に座っている。実験室には骸骨の標本模型。不気味なアイテムがずらり。時代考証よりも怪奇ムード優先。

お藤があまりにもしつこいので、隠士は九字を切って法術を使い、お藤の前に骸骨を現出させる。ここで「お化け屋敷」的な怖さを見せる。隣室にいる筈の隠士の声「フフフ、その死霊とゆっくり話すがいい。だが取り憑かれたら、それっきりだぞ」。恐怖のあまり逃げ出すお藤。

ここから隠士が死体を蘇らせる儀式となる。『恐怖城』のホワイトゾンビから、良い意味で飛躍して日本的な恐怖、マジカルな儀式が繰り広げられる。呪文が終わると、亡骸から幽体がムックリと起き上がる。シンプルな二重露光だが、効果は抜群。本作の撮影、録音技術は、J．O．スタヂオのスタッフが協力。この頃、円谷英二はJ．O．の撮影部に所属していたので、本作のこうしたシーンやクライマックスのミニチュアワークによる大火のシーンなどは、円谷が参加しているのかもしれない。遅れてきたファンに、そう思わせてくれる。

肉体から遊離した霊体は、罪悪の限りを尽くした死罪の男。慚愧の念と共に「どうせこうなるのは当たり前のこと」と一言、そのまま亡骸に戻る。どうやら隠士は、この世に未練を持つもの、というより志半ばで亡くなった人の無念を晴らすために、死者再生の儀式を続けているようだ。

これが前段となり、物語は動き出す。川縁、水車小屋の近くを、高木文七郎（石井寛二）と取り巻きの悪党たちが歩いている。話題は江戸川乱山。絵描きでありながら剣術の達人であること、新井敏江（宝久美子）の絵を描いていること、敏江が乱山に夢中であることなどが次第にわかってくる。どうやら文七郎は乱山の素性を知っているらしい。

カラスが不気味に鳴く。そこで頭巾の横山軍蔵（富樫延好）が鉄砲を撃つ。川辺の江戸川乱山がその凶弾で命を落とす。お藤は、乱山の亡骸を川辺で発見する。横山は大阪屋五兵衛（大倉文雄）の手先で、軍蔵、大島伝八（国創典）、関根一角（添原三郎）の三人に乱山殺しを命ぜられていた。

一方、乱山を河原で待っていた敏江の前に、高木文七郎が現れる。「江戸川乱山でなくて残念だな」と不敵に笑う。敏江は文七郎の許嫁だったが、彼女はそれが嫌でたまらない。文七郎は、稀代の悪党・高木平左衛門（伊田兼美）のバカ息子で、嫌がる敏江を拉致監禁する。

お藤は、乱山の亡骸を風外隠士の館へ運び、隠士は呪文を唱えて蘇生の儀式を始める。「阿耨《あのく》多羅《たら》三藐三菩提《さんびやくさんぼだい》」と唱え九字を切ると、乱山が蘇る。この禍々しさ！　まさに怪奇映画の醍醐味。怒りの形相で起き上がる乱山。その眼前に大阪屋五兵衛、高木平左衛門、新井鉄心斎の嘲笑う姿。二重露光によるイメージカットだが、左側に乱山の大きな横顔、右側に三人の姿がレイアウトされた構図がなかなかいい。カッと眼を見開く乱山の不気味な「大阪屋五兵衛、新井鉄心斎、高木平左衛門……」のモノローグ。相当恨みを抱いているのだ。

隠士によれば乱山は「現世の義務を果たすために蘇った」のである。乱山の「復讐……だ」の声に恨みが籠もっている。隠士の霊術は、これまで死人の霊を呼び戻すだけだったが、「今こそ肉体を伴うことができた。不滅の霊魂はその肉体と共に、いかなる現世の迫害をも退けるであろう。望みを遂げた上は再びここへ帰れ」と隠士。生ける屍となった乱山が立ち上がり、歩き出す。まるでフランケンシュタインの怪物のようである。

乱山に岡惚れしていたお藤は、「ね、あたし、いつかお前さんに心のありったけを、打ち明けようと思っていたんだよ」と乱山に縋り付くが、乱山は「わしの心を知るものは、復讐より他に何もない」と無表情で言い放って、館を出て行ってしまう。

二五年前、江戸川乱山の父・江戸家重兵衛はお大尽だったが、身に覚えのない密貿易の罪で牢屋に入れられた。さらに一服盛られて亡くなり、一家離散となる。実は、番頭だった大阪屋五兵衛、新井鉄心斎、町与力・高木平左衛門の計略だった。その積年の恨みを晴らすべく、乱山は舞い戻ってきたが、大阪屋に殺害された。過去の経緯が、高木文七郎の酒の上の話で明らかになる。拉致されていた敏江は、自分の父が乱山の仇と知りショックを受ける。

一方、大阪屋は乱山殺しの横山軍蔵ら三名を口封じに殺害。新井鉄心斎も、与力の高木平左衛門もそれを織り込み済み。悪党たちの絆は今なお堅牢である。「枕を高くして寝れますなぁ」と大阪屋、高木平左衛門と高笑い。定番の時代劇の悪役ぶりがいい。ここで新井鉄心斎、平左衛門にその息子・文七郎の素行について「もう少しなんとかならんか」と注意する。これでは敏江を嫁にやれない。すると平左衛門は「貴公の娘が無垢の乙女だと思っているのか？　江戸川との噂を知らんか？　知らぬは親父ばかりなりかな？」と嘯く。「黙れ、あれは大阪屋とも示しを合わせて、囮にしたまでよ」と鉄心斎。娘も悪巧みに利用していたのだ。いがみ合う平左衛門と鉄心斎の間に入った大阪屋「二五年前のことを忘れては、たとえ敵が亡くなっても安心はなりませんぞ、それに今日は江戸屋重兵衛の命日ですぞ！」。

深夜の墓場。江戸川乱山が父の墓にヌッと現れる。「彼らの栄華二五年の長きにわたり、なおかつ我が命をも絶って、永遠に繁栄を貪らんとする」。おもむろに墓を掘り起こし、父の形見の短刀を手にとすごい形相で「今宵こそ」と呟く。羅門光三郎の無表情、低い声が怪奇ムードを盛り上げる。やはりベラ・ルゴシを思わせる。

一方、文七郎は監禁している敏江に襲いかかる。同時に、配下の者と夜道を帰宅途中の平左衛門に、鉄心斎が斬りかかる。貞操の危機とチャンバラ。これが同時進行で展開する。沢村太郎による殺陣はなかなか見事で、京都の時代劇の伝統を堪能することができる。悪党同士の仲間割れ。カットバックで緊張感を高め、敏江が文七郎を彼の刀で殺害してしまう。

勝負のつかないまま、平左衛門はその場を逃げ出す。狂ったように刀を振り回す鉄心斎。その様子を見ていたお藤が「とんだ伊右衛門役者だね」と、鉄心斎を「四谷怪談」の田宮伊右衛門に見立てて冷笑する。無闇に刀を振り回す鉄心斎。「あたし、お岩さんじゃないのよ」とお藤。

そこへヌッと現れた江戸川乱山、父の形見の短刀を手に「父、重兵衛の恨み！」と躍り寄る。鉄心斎は乱山の腹に刀を突きつけるも、乱山の妖術で刺すことができない。カッと睨む乱山の眼力。鉄心斎の頭を摑んで、短刀をグサッと刺す。絶命する鉄心斎。この一連のモンタージュが素晴らしい。乱山の虚な目の奥に復讐の炎が熱く燃える。怪奇役者・羅門光三郎の独壇場である。

居酒屋ではお藤が一部始終を話している。鉄心斎が乱山の幽霊に喉を突き刺されて八幡様の横に片足を突っ込んでいた。戦慄する客たち。それを聞いた駕籠かきの熊公（林寛）と八公（大池欣弥）は怖じ気づいて「今日は早仕舞いしよう」と駕籠を担ぐが、誰かが乗っている。「大阪屋までやってくれ」。江戸川乱山である。小判に目が眩んだ二人は、喜んで駕籠を担ぐ。

大阪屋では、乱山を殺害した横山軍蔵、大島伝八、関根一角の通夜が行われている。弔いの読経が外にも聞こえている。そこに熊公と八公が到着。駕籠の中から、乱山は「背を向けて目を瞑るように」と二人に指示。二人が眼を瞑って数を数えている間に乱山がヌっと出てくる。目を開け、驚く二人。これは喜劇のルーティーン。緊張と緩和は、ホラー映画の鉄則。

弔いが続くなか、大阪屋は、蔵の床下に隠していた財宝の壺を取り出しニンマリ。乱山の父・江戸家重兵衛から奪ったお宝だ。ギギギと不気味な音、音楽が高鳴る。大阪屋が振り返る。乱山のシルエットが近づく。大阪屋、恐怖に慄くも壺を抱えて逃げようとする。鬼気迫る乱山の顔、短刀がキラリと光る。乱山、大阪屋の首に手をかける。サイレント映画の様な細かいモンタージュが緊張を高める。蠟燭の火が蔵の書物に引火。大阪屋、絶叫！　宝物の中に倒れ込む。乱山の高笑い。大阪屋、白目を剝いて絶命する。

やがて蔵から引火。大阪屋が火に包まれる。逃げ惑う弔問客。僧侶の「南無阿弥陀仏」。人々の叫び。燃え盛る屋敷の中を、満足気な乱山が悠然と歩く。大阪屋炎上のロングショットは、精巧に作られたミニチュアワーク。短いカットだが効果的。J.O.スタヂオ撮影部に在籍していた円谷英二が参加しているのかも知れない。

騒ぎのなか、振袖姿で放心状態の敏江が彷徨っている。「江戸川様、なぜ来てくださらないの？」と呟く。お藤が「お嬢さん」と声をかけるも、「文七郎の馬鹿、寄らないで、ケダモノ！」と敏江は走り去る。文七郎を刺し殺した敏江は、恐怖のあまり発狂してしまったのである。

川端。熊公と八公は、乱山の小判を本物かどうか確かめている。その前を火事で大騒ぎの町人たちが走り、気のふれた敏江が通り過ぎる。「どうせ、お前、あれも幽霊のせいだろう」。二人がガタガタ震えていると、川面が泡立ち、ヌっと乱山が顔を出す。絶叫する二人。『地獄の黙示録』（一九七九年）のマーティーン・シーンのように。これはかなり怖い。羅門光三郎の不気味さは、日本の怪奇映画随一かも知れない。

川の中から出てきた乱山。いよいよ最後のターゲットである与力・高木平左衛門の屋敷へ。同心村田（岡崎晴夫）の報告。大阪屋五兵衛が蔵で喉を掻き切られ焼死体で発見され、炎上する屋敷で江戸川乱山が目撃されたと知った平左衛門は、乱山が来ることを見越して屋敷を厳重に警護させる。

大阪屋、鉄心斎の殺害現場のイメージが二重露光で、平左衛門の頭をよぎる。そこに乱山の高笑い。これも効果的。下村健二のどこまでも細かい恐怖演出。

焦燥する平左衛門、酒を飲もうと盃を手にすると、一匹の蜘蛛が落ちてくる。乱山の「高木平左衛門……」の声がすれども、姿は見えない。「醜悪の報い二五年……父、重兵衛の命日……」。不気味な声に狼狽しつつ、平左衛門は短銃を構え、襖の陰に立つ男に発砲。ところが倒れたのは同心・村田だった。これも怪談映画では定石の演出。

乱山はどこに？　高笑いが天井から聞こえてくる。平左衛門が槍で天井を突きまくる。高鳴る音楽。この描写がしばらく続く。天井の板が破れ、漆黒の闇の中から、乱山が逆さまに顔を出す。しかも三白眼！　これは怖い。天井をぶち破り、平左衛門に飛びかかり短刀で喉元をグサっと刺す。まさに「逆さ吊り幽霊」である。この羅門光三郎の形相がすごい。

戦前に、こうしたショッカー演出があったとは！　中川信夫『東海道四谷怪談』（一九五九年、新東宝）や、山本迪夫《みちお》『血を吸う薔薇』（一九七三年、東宝）に匹敵する。下村健二、本当にお見事である。

さて、三人の仇に復讐を果たした乱山、道端で御用提灯の捕方に囲まれるが、ものともしない。生ける屍の乱山は悠然と歩き続ける。そこへ発砲！　倒れたかと思いきや、また立ち上がる。これぞゾンビ！　首を傾け、のっそり歩く。

「不滅の霊魂はその肉体と共に、いかなる現世の迫害をも退けるであろう」。風外隠士の言葉が、一部始終を見ていたお藤の頭を過ぎる。乱山に惚れていたお藤の悲しみの表情。

怪奇映画のクライマックスとしては申し分ない。羅門光三郎は、ボリス・カーロフの「フランケンシュタインの怪物」のように堂々たるモンスター演技。

神社の境内から敏江が現れ、乱山に縋りつく。二人に発砲する捕方たち。乱山は撃たれて絶命した敏江を抱き、悲しげに空を見上げる。そのまま乱山は、隠士の館へ。ピアノとヴァイオリンの切ないメロディが高鳴る。

「望みを遂げた上は、再びここへ帰れ」と隠士の声。こうして「怪奇 江戸川乱山」はエンドマークを迎える。

今井映画製作所の映画はほぼ現存しないが、『怪奇 江戸川乱山』だけでも、下村健二演出の見事さ、確かさに驚かされる。わずか六二分の中編だが、ホラー映画としても復讐の時代劇としても、クオリティはかなり高い。本邦初のゾンビ映画としても、怪優として名高い羅門光三郎の代表作として映画史に残る作品である。また鼈甲お藤を演じた泉清子、髙木平左衛門役の伊田兼美など、今井映画の俳優の魅力に触れられる。東宝カラーとは異なる、甲陽映画や宝塚キネマなどのプロダクションが培ってきた娯楽映画の系譜を味わうことができる。

下村健二は、明治三五（一九〇二）年、京都生まれ。帝国キネマでカメラマンとなり、東亜キネマ、市川右太衛門プロ、マキノ映画、月形龍之介プロで活躍。その間にシナリオを学び、監督となった。今井映画では、演出家だけでなく総務部長も兼任。その後、記録映画作家となり一九七〇年代まで活躍した。

東宝映画設立後も、今井映画製作所は独立プロとして映画製作を続け、東宝が配給した。東宝映画設立後に製作された今井映画作品は次の通り。

昭和一二（一九三七）年

一〇月八日　『両越大評定』（監督・廣瀬五郎、出演・羅門光三郎、高津愛子、進藤英太郎）

一〇月二九日『海の大将軍』（監督・児井英男、出演・羅門光三郎、泉清子、林雅美）

一〇月二九日『雲霧仁左衛門　前篇』（監督・土肥正幹、出演・海江田譲二、上田吉二郎、里見良子）

一一月一〇日『西郷南州』（監督・下村健二、出演・羅門光三郎、高津愛子、月宮乙女）

一一月一五日『やくざ囃子』（監督・稲葉蛟児、出演・海江田譲二、高津愛子、月宮乙女）

一一月不明　『雲霧仁左衛門　後篇』（監督・土肥正幹、出演・海江田譲二、上田吉二郎、里見良子）

昭和一三（一九三八）年

一月一二日『鼠小僧初鰹』（監督・廣瀬五郎、出演・海江田譲二、田中謙三、月宮乙女）

一月二七日『女間諜』（監督・廣瀬五郎、出演・泉清子、進藤英太郎、上田吉二郎）

二月一日　『里見八犬伝　前篇』（監督・後藤昌信、出演・羅門光三郎、泉清子、高津愛子）

二月九日　『里見八犬伝　後篇』（監督・後藤昌信、出演・羅門光三郎、泉清子、高津愛子）

三月九日　『大江戸春の夜話』（監督・児井英男、出演・海江田譲二、月宮乙女、進藤英太郎）

三月九日　『鬼吉喧嘩往来』（監督・児井英男、出演・羅門光

三郎、鬼頭善一郎、高勢実乗）
三月二三日『猛虎一代』（監督・稲葉蚊児、出演・海江田譲二、月宮乙女、林雅美）
四月二一日『両国剣囃子』（監督・後藤昌信、出演・海江田譲二、月宮乙女）
四月二一日『俵星玄蕃』（監督・児井英男、出演・羅門光三郎、泉清子、進藤英太郎）

昭和一三（一九三八）年二月、今井映画製作所は東宝映画京都撮影所に吸収される。四月封切りの作品をもって、今井映画作品は東宝京都作品となった。羅門光三郎は、同年五月に新興キネマ京都撮影所に移籍。およそ一〇年間に及んだ弱小プロダクション遍歴に終止符を打ち、昭和一七（一九四二）年、新興キネマが大映に統合された後も、大映の時代劇スターとして数多くの映画に主演、助演して、戦後の日本映画黄金時代まで活躍してゆくこととなる。

北支の空を衝く

一九三七年九月一日／P．C．L．映画製作所／渡邊邦男
提供＝東宝映画配給株式會社／製作＝P．C．L．映画製作所／録音現像＝寫眞化学研究所／1937.09.01・日本劇場／八巻・一、六六〇m／六一分（現存・四一分）／日劇同時上映『大帝の密使』（一九三七年、RKO、ジョージ・ニコルズ・ジュニア）／同時上演「第廿六回ステージ・ショウ　進軍バレー」（九月一日～一〇〇日）

【スタッフ】製作・氷室徹平／演出・渡邊邦男／脚本・八住利雄、永見柳二／撮影・友成達雄／音楽・伊藤昇／演奏・P．C．L．管絃楽團／主題歌・《戦火の下に》伊藤久男（作詞・佐藤惣之助、作曲・奥山貞吉）、《決死のニュース》松平晃（作詞・佐藤惣之助、作曲・江口夜詩）／装置・北猛夫／録音・片岡造／編輯・岩下廣一
【出演者】岡讓二（杉浦健而）／大川平八郎（長谷川誠）／堤眞佐子（妹・明美）／英百合子（健而の母）／小杉義男（社会部長）／小島洋々（女学校の校長）／丸山章治（八百屋・朝吉）／山野一郎（魚屋・八公）／原文夫（運転手）／清川虹子（女中・お春）／佐々木信子（健而の妹・奈津子）／入江たか子（特別出演）／竹久千恵子（同）／神田千鶴子（同）／山縣直代（同）／江戸川蘭子（同）／伊藤智子（同）／小林重四郎（同）／佐伯秀男（同）

盧溝橋事件に端を発する「支那事変」から二ヶ月、最前線を取材する熱血記者の奮戦記。岡讓二が危険を顧みず、北支への決死の取材を試みる新聞記者を演じる。陸軍のプロパガンダとして企画された時局映画。陸軍省・朝日新聞社後援で、鳴物入りで製作された。

演出は岡讓二との『男は度胸』（J．O．、五月一一日）などで、活劇に定評があった渡邊邦男。脚本の八住利雄は、昭和一一（一九三六）年にP．C．L．に入社。松井稔演出、柳家金語楼主演の喜劇『武士道朗らかなりし頃』で脚本家デビュー、本作と同日公開のオールスター映画『樂園の合唱』（九月一日・大谷俊夫）を阪田英一と共同執筆。年末公開、山本薩夫演出、原節子の『母の曲 前後篇』（一二月一一日・二一日）を手がけ、東宝娯楽映画を支えていくシナリオライターとなる。

主人公の婚約者に堤眞佐子、その兄で新聞社のパイロットに大川平八郎。社会部長に小杉義男。ハリウッドの戦争

活劇のスタイルで銃後の人々に、中国戦線で戦う兵士たちと、報道記者の活躍を描く。入江たか子、竹久千恵子、神田千鶴子、山縣直代、江戸川蘭子、伊藤智子。小林重四郎、佐伯秀男たちP.C.L.の専属スターが特別出演。日劇では、RKO映画『大帝の密使』（一九三七年）が同時上映。こちらは、キエフの貴族による、ウクライナ平原のアジア系遊牧民族を軍事征服する物語。ハリウッド製のスペクタクルとの併映だった。チラシや新聞広告に踊る惹句である。

「東寶映畫提供非常時特別映畫　壮烈無比なる我が飛行士の出動戦線に放火を浴びる指導戦士の活動！」

「聴け！北支の空に砲煙を！銃聲を！敢へて勇躍銃後の人々に捧ぐる此の巨篇！」

「映畫報國の赤誠こめて函都出征軍人の銃後に捧ぐ！」

本作は未見のため、制作当時、P.C.L.宣伝部が作成した「梗概」に配役を加えてリライトした。およそのストーリーは次の通り。

戦雲黒く立ちこめる北支の空！　国民銃後の意気はいまや沸騰点に達して居る。国防献金に、軍用機献納に千人針に、まさに世を挙げて赤誠は白熱化しつつある。特に国民の眼とも心臓ともいうべき新聞社の活動は特に凄まじいものである。号外に、電光ニュースに、ニュース映画に国民の血を湧き立たせて居る東朝社の青年記者・杉浦健而（岡譲二）は陸軍省詰めとして、事変発生以来、寝食を忘れて活動して居たが北支の事態ますます急を告ぐるや、現地特派員として砲煙の間に派遣されることとなった。

杉浦の父は、北支の最前線で奮闘して居る杉浦部隊長だった。幾度か敵の猛襲に遭いながらも、これを撃退して赫赫たる武勲を現はして居た。この父にしてこの子あり、烈々たる新聞記者魂に燃えた杉浦は勇躍、機上の人となって北支の空をめがけて行く。

見送りに来たのは許婚者の明美（堤眞佐子）が只一人、あとは母（英百合子）にも逢えぬほどの慌ただしさであった。お互いの身は千里の彼方に離れようとも、日毎の新聞で奮闘が見られるという明美の優しい鼓舞は、杉浦の心をどれだけ奮い立たせた事であろう。

しかも社機の操縦士である長谷川誠（大川平八郎）は明美の兄である。死なば諸共と、北支の空へ空へと、前線へ！前線！　非戦闘員ではあるが従軍記者の活動は皇軍の将卒にも劣らぬ困苦と危険にさらされて居た。

生い茂る高梁畑の中を杉浦の加わった部隊は、前進！亦前進するのであったが、突如として敵に襲われ後方の連絡を断たれた。然も敵は大部隊である。腕に傷ついた杉浦は身を挺して連絡に当たるべく、単身本隊を目指し突進した。

数刻の後、美事に使命を果たした、杉浦は銃創を受けた腕に直ちにペンを握って、故国への第一信を報道するのであった。杉浦の身命を賭した連絡に依って、空軍は出動し其の威力を発揮すべく、暁の雲を突き破って驀進した。

杉浦の活動も其のペンは火花を散らさんばかりに、原稿紙の上を走りつゞけるのであった。銃後の熱誠に応えて活動する従軍記者の、これは奮闘第一頁である。さらに第二頁、第三頁は死闘苦闘のうちに繰りひろげられるであろう。

主題歌《戦火の下に》(作詞・佐藤惣之助、作曲・奥山貞吉)を伊藤久男が唄い、コロムビアからレコード・リリースされた。カップリングは、松平晃が、主人公の熱血記者・杉浦健而の活躍を勇壮に描いた、主題歌《決死のニュース》(作詞・佐藤惣之助、作曲・江口夜詩)を唄っている。

♪銃《つつ》は執らねど　戦線翔けて
行くは北支の空の上
僕も戦士だ　従軍記者だ
ペンを剣《つるぎ》に敵を衝く

♪赤いこゝろの千人針を
巻いて飛び起つこの首途《かどで》
僕の手柄が知りたいならば
電光ニュースを街で読め

♪進む機上に敵弾わけて
翔ける辛苦も国のため
生命捧げし決死のニュース
明日は紙上の花と咲く

裸武士道

一九三七年九月八日／J．O．スタヂオ／久保為義
提供＝東宝映画配給株式會社／製作＝J．O．スタヂオ／1937.09.08・東横映画／七巻・一，五五〇m／五七分

【スタッフ】製作者・森田信義／演出・久保為義／原作・長谷川伸「三段敵」／脚色・入江一夫／撮影・河崎喜久三N・S・C／録音・宮崎正信RCA／設計・高橋庚子／音楽・市川元

【出演者】黒川彌太郎（江田左門）／清川荘司（白川主水）／高堂黑天（船部庄五右ヱ門）／鳥羽陽之助（熊右ヱ門）／永井柳太郎（彌十）／山田好長（百姓・與兵衛）／石川冷（茂七）／大崎時一郎（與右衛門）／横山運平（老僕・治平）／鬼頭善一郎（お梅の父・鵠南先生）／澤井三郎（佐仲太）／深見泰三（森垣三五郎）／冬木京三（佐藤要人）／小森敏（九八）／今成平九郎（一兵ヱ）／長島武夫（京の侍A）／光明寺三郎（同B）／沼崎勲（同C）／花井蘭子（お梅）／常盤操子（主水の母）／月宮乙女（おたね・特別出演）／里見よし子（與右衛門の新妻・特別出演）

昭和一一（一九三六）年、長谷川伸が発表した『藁人形の婿』（サイレン社）所収のユニークな短編「三段敵」を入江一夫が脚色。黒川彌太郎と花井蘭子が主演した『裸武士道』は、主人公が、許嫁と婚礼の直前に、肩がぶつかったと因縁をつけてきた侍を、斬ってしまったために国許を出奔。さらに偶然の連続、やむにやまれぬ出来事で、結局「三段敵」から追われる。その運命の皮肉と、鮮やかなオチは、いかにも長谷川伸の世界。

劇作家、大衆文芸作家で大人気だった長谷川伸は、明治一七（一八八四）年、横浜市日の出町の生まれ。若い頃から「身体より頭を使う仕事がしたい」と芝居評を新聞に投稿。それがきっかけで新聞記者となり、都新聞の演芸欄を担当、大正一五（一九二六）年に都新聞を退社して作家となる。やがて「沓掛時次郎」「関の弥太っぺ」「一本刀土俵入り」など次々と代表作を発表。

映画化作品も多く、市川百々之助『関東綱五郎 前篇』（一九二六年、帝キネ蘆屋）を皮切りに、大河内傳次郎『沓掛時次郎』（一九二九年、日活太秦）、林長二郎『関の弥太っぺ』

（一九三〇年、松竹下加茂）、片岡千恵蔵『瞼の母』（一九三一年、千恵プロ、稲垣浩）、阪東妻三郎『雪の渡り鳥』（一九三一年、阪妻プロ）など、一九二〇年代から時代劇映画の黄金時代を支えてきた。

この『裸武士道』は九五作目の映画化作品だが、意外なことに東宝ブロックでの長谷川伸作品の映画化は本作が初めてとなる。東京発聲で藤井貢主演『一本刀土俵入』（一九三六年、重宗務）が製作されているが、東宝映画配給と契約する前、日活系だった時代である。

演出の久保為義は、京都市立第一商業学校の二年後輩の山中貞雄とともにマキノ・プロダクションに入社。昭和一〇（一九三〇）年に設立されたマキノトーキー製作所の監督部で活躍していたが、同社の解散により、昭和一二（一九三七）年にJ．O．スタヂオに移籍。『歌ふ彌次喜多　京大阪の巻』（七月二一日）に続いて本作を手がけた。

主演の黒川彌太郎は、戦後、テレビで松本白鸚版『鬼平犯科帳』（一九七年）の佐嶋忠介役などでも活躍していたので、僕の世代でもなじみ深い。明治四三（一九一〇）年、横浜市生まれで、昭和八（一九三三）年、新国劇に入団。その時、芸名をつけたのが長谷川伸だった。子母沢寛原作「弥太郎笠」の主人公の名前が由来である。やがて片岡千恵蔵に代わる時代劇スターを探していた日活京都撮影所に入社。花井蘭子と共演した『堀部安兵衛』（一九三六年、太秦発声、益田晴夫）などが大ヒット、やはり時代劇スターを必要としていたJ．O．スタヂオに招かれて、昭和一二年に移籍。日活の片岡千恵蔵版と競作となり、同時公開された吉川英治原作『宮本武蔵　風の巻』（六月一一日・石橋清一）が入社第一作。日活から移籍してきた大スター・大河内傳次郎との大作『南國太平記』（八月一一日）に続く、J．O．での第三作が『裸武士道』となる。

とある村。暴れ者・熊右ヱ門（鳥羽陽之助）が狼藉三昧。今日も、弥十（永井柳太郎）の軍鶏を「道端に落ちていた」と茂七（石川冷）に売りつける。事情を知らない弥十は、茂七が盗んだと勘違い。茂七に詰め寄る。熊がすべての元凶、トラブルメーカーである。生まれっぱなし、無精髭の熊は、とにかく手がつけられない。村の鼻つまみ者である。

鳥羽陽之助が実に豪快、無茶苦茶の熊をパワフルに熱演。のちの山田洋次『馬鹿まるだし』（一九六四年、松竹）などの「馬鹿シリーズ」でハナ肇が演じたキャラクターがおとなしく感じられるほど。

熊の父・与兵衛（山田好長）は庄屋で村の元締め。熊には後は継がせられないと次男・与ヱ衛門（大崎時一郎）に嫁取りをさせる。相手は元々熊の許嫁（里見よし子）だったことから、怒り心頭の熊が傍若無人に大暴れ。婚礼をメチャクチャにしてしまう。

このシーンの鳥羽陽之助が、かなり強烈。座敷で与兵衛が列席者に挨拶していると、女中たちの絶叫が響き渡る。ものすごい轟音とともに、戸を破って、片肌脱いだ熊が現れ「この祝言、文句があるぞ！　誰に断ってこんなことしやがったんでぇ！　憚りながら、俺はこの家の総領だ。その総領を差し置いて、弟の野郎が勝手に祝言するとは何事だ」。その総父は「己はなにしに帰ってきやがった！　とうの昔に勘当されたことを忘れやがったか！」熊を思いっきり叩く。

のちの「男はつらいよ」の寅さんと家族の大喧嘩とは同根だが、とにかく鳥羽陽之助が良い意味で悪ノリ。「やいやい、俺を殴りやがったな！　こうなったら、どいつもこいつも容赦ねえからな、片っ端から殺してやるからそう思え！」。花嫁の首を摑んで投げ飛ばす。鳥羽陽之助渾身のワイルド演技！

五七分の冒頭一〇分で延々と熊の狼藉を描いているが、主人公は熊ではない。次のシーンで「おーい、熊が殺されたぞ！」と村人が大騒ぎ。村の外れの森で、熊が何者かに斬られて死んでいたのである。弟・与ヱ衛門が「これは一体、どうしたことだっていうんだ？」。

そこから話は回想シーンとなる。ここで主人公・黒川彌太郎＝江田左門の登場である。江戸で士官をしている二〇年来の友人・白川主水《もんど》（清川荘司）が、浪人・江田左門（黒川彌太郎）に「貴公が、その百姓を殺したのにはやむにやまれぬ訳があるはずだ」と、事情を聞く。

さらに回想シーン。江田左門は、父が亡くなり、下男・治平（横山運平）と二人暮らし。庭の朝顔を丹精するなど、優しい性格である。そこへ恋人・お梅（花井蘭子）が訪ねてくる。結婚の約束をした二人は、明日、お梅の父に許しを得ることになっている。その夜、左門はお梅を途中まで送る。「明日は間違いなくお伺いして、お父さんに（結婚の）お願いをします」。

そのすぐ後、振り向き様に、三人組の侍の一人の肩が触れて、相手は激怒。「ただ謝るだけではすまん！」と斬りかかる。しかし、左門は剣の達人で一瞬にして三人を斬り倒してしまう。それゆえお梅に別れも告げることなく、国許を出奔した。

左門を仇と狙う武士に追われ、旅に出たのである。路銀も持たず、切り売りしながらの道中、ついに一三日間、飲まず食わずで疲弊していた。その時に、村はずれの森で、酒を飲み眠りこけている百姓の脇に、食べかけの握り飯を見つける。空腹に耐えかねた左門は、恥を忍んで百姓から握り飯を分けてもらおうと、眠っている百姓を起こす。なんとそれが、熊右ヱ門だったのである。

意地悪な熊は、左門が憔悴しているのをいいことに、空の酒徳利を見せて「お前が飲んだな」と言いがかりをつけ、力任せに左門に襲いかかる。そこで咄嗟に左門は、刀を抜いてしまったのである。

左門はそのことを後悔して、いつかその百姓の家族に「仇討ち」をさせてやりたい、それまでは国許から「仇討ち」にやってくる武士たちから逃れないといけない。つまり、左門は「二段敵」なのである。

左門はそれまでの経緯を、主水だけでなく、その妻・おたね(月宮乙女)、主水の母(常盤操子)にも打ち明ける。おたねと母は、恋人・お梅が気の毒になり、密かに手紙を出して、お梅に左門の居どころを伝える。

さて、主水は江戸屋敷勤めで、他の同僚たちと長屋に住んでいるが、上司である御用人・船部庄五右ヱ門(高堂黒天)に「部外者を住まわせるとは何事だ」と叱責を受ける。この船部庄五右ヱ門が独善的な男で、このまま生かしておいても藩のためにならないと、主水たちは、同僚・森垣三五郎(深見泰三)たちと、近く襲撃して斬ろうと画策している。

憎々しげな悪役を演じている高堂黒天(國典)もこの年、松竹下加茂からJ.O.スタヂオに移籍、石田民三『夜の鳩』(五月一一日)を皮切りに東宝ブロックで活躍していくことになる。戦後は小津安二郎『麦秋』(一九五一年、松竹)や黒澤明『七人の侍』(一九五四年、東宝)、本多猪四郎『ゴジラ』(同年)などで、世界の映画ファンにもおなじみとなる。

主水は「武士としてやらねばならない」と船部庄五右ヱ門襲撃を決意、そのことを母と妻にも伝え、決行の直前に、累が及ばないように、母と妻を親類である紀州屋敷に預けることに。

それを知った左門は、親友のため、世話になっている主水の母や妻のため、自分が代わりとなり、船部庄五右ヱ門を斬る決意をする。このあたりがなかなかいい。主水を演じている清川荘司は、松竹蒲田から昭和四(一九二九)年に日活に移籍、数々の時代劇に出演している。この年、大河内傳次郎とともにJ.O.スタヂオに移籍、黒川彌太郎と『宮本武蔵 風の巻』『南國太平記』と共演。この後も東宝専属のバイプレイヤーとして作品を引き締めていく。

しかし主水は、左門に「拙者は臣として為すべきことを為すので、貴公には関わりのないこと」と断る。左門は「拙者には母も妻もないが、貴殿にはある」。しばらく考えた左門は「拙者はこの苦しみから逃れたいのだ。あの百姓を殺してからと言うものは、拙者の武士道は廃っているんだ。この廃れ者の拙者の命を、せめてこの機会に、役に立てたいのが拙者の願いだ」と懇願する。

しかし、主水も武士、「お家の大事に人手を借りたとあっては、拙者の武士道が立たん」と、友情に感謝しながらも、申し出を断る。

しかし、その夜、左門は御用人・船部庄五右ヱ門襲撃に成功する。ここで左門は「三段敵」を持つこととなる。その大騒ぎのなか、左門は主水に「拙者はこれからあの百姓の身内の者に斬られに行くつもりだ。お梅殿が、もし江戸へ訪ねてきたら、左門は酒色に身を持ち崩して、人を殺め、己も傷を受けて死んだと伝えてくれ」。しかし主水は「もし、貴公が軽はずみなことをすれば、梅殿は一生、泣きの涙で暮らさねばならなくなるぞ。梅殿が可哀想だと思うなら、命を粗末にせず。安住の地を見つけて、便りでも寄越せ」。美しい友情である。「死ぬより生きろ」と。これが『裸武士道』のテーマでもある。

旅に出る左門、とある宿場で、江戸からの「仇討ち一行」とニアミス。武士の「義」のための一行は、佐仲太（澤井三郎）など、どう見ても悪党面で、どこか抜けている。一方、お梅も治平とともに、左門を探す旅を続けている。後半は、この三者の道中を描きながら、左門は「あの百姓の身内の者」に斬られるために、追っ手を交わしていく。

やがて、左門はようやく、熊の弟・与ヱ衛門の家に辿り着く。「その方に兄があったな？　この夏の中頃、森の中で非業の死を遂げはしなかった？　その兄を理不尽にも手をかけたのは、この江田左門だ。さぁ、拙者を討て、討ってこの首を兄の墓に手向けてくれ」。

江戸からわざわざ討たれに来た主水に、戸惑う与ヱ衛門。そこへ父・与兵衛が、極道息子の熊について話す。手を焼いて勘当したこと。弔いの日には、疫病神がいなくなったと村中で大喜びをしたこと。「そんな奴の仇を討つの討たないのと、とんでもねえことでございます。かえってお礼を申し上げたいくらいでございます」。

それを聞いた左門、「そうか」と大笑い。スッキリした表情で、「親父、石塔代だ」と懐の金を渡して走り出す。すると、江戸から追ってきた船部庄五右ヱ門の身内、つまり「三段敵」の三段目一行が待ち構えている。名乗りをあげる佐仲太、一兵ヱ（今成平九郎）、九八（小森敏）たち。しかし、腕に覚えのある左門の敵ではない。刀を構えたところで次のショット、仇討ち一行は、全員負傷してトボトボ歩いている。省略の笑いである。

ラストは、街道をゆくお梅と治平、左門のカットバックで二人の再会を匂わせたところで「終」マークとなる。実にあと口の良いエンディング。

黒川彌太郎は、この後J・O・スタヂオが東宝映画京都撮影所となり、最初の『東海美女傳』（一〇月二一日・石田民三）で再び花井蘭子、そして原節子と共演。引き続き長谷川伸原作は黒川彌太郎主演で『母親人形』（一九三八年、石田民三）、『伊太八縞』（同年、中川信夫）と連作され、昭和一二年に東宝に移籍してきた長谷川一夫主演で『瞼の母』（一九三八年、東宝映画東京）が大ヒットすることとなる。

波止場やくざ

一九三七年九月八日／東京発聲映画製作所／重宗務
提供＝東宝映画配給株式會社／製作＝東京発聲映画製作所／1937.09.08・東横映画／七巻・一，五八九ｍ／五八分

【スタッフ】監督・重宗務／原作・北林透馬／脚色・村田武雄／撮影・田中武治／録音・奥津武／美術・河野鷹思／装置・角田五郎／音楽・今澤將矩

【出演者】中野英治（レフトの木野）／三井秀男（矢澤邦男）／逢初夢子（妹・ゆき）／堀川浪之助（父・大助）／林千歳（母・るい・特別出演）／伊達里子（バアのマダム・眞弓・同）／押本映治（司厨長・坂口）／松林清三郎（陳）／山野辺閃（船員・平公）／小田切潜（陳の配下A）／内山禮吉（同B）／高島敏郎（若い船員）／菊川郁子（喫茶ガール花江）

東京発聲映画製作所は、松竹蒲田撮影所から、日活多摩川撮影所に移籍、『三つの真珠』（一九三五年）などの監督・重宗務を所長に、昭和一〇年三月、日活資本で設立したトーキー専門映画撮影所である。やはり日活多摩川撮影所の脚本部の八田尚之を企画脚本部長に抜擢した。その設立第一作は、八田尚之脚本、重宗務演出『乾杯！学生諸君』（八月二五日）だった。

同作には、設立メンバーである、藤井貢（松竹蒲田から移籍）大日方傳（同）、三井秀男（同）、逢初夢子（日活多摩川から移籍）、市川春代（新興キネマから移籍）たちが出演している。翌、昭和一一（一九三六）年には、大日方傳の誘いで、松竹蒲田から豊田四郎が移籍。『東京―大阪特ダネ往来』を監督した。豊田四郎も助監督生活が長く、フラストレーションが溜まっていての東京発聲撮影所入りだった。

当初は日活と配給提携しており、日活系の映画館で封切をしていたが、昭和一一年九月二三日封切『剣辰旅ごよみ』（重宗務）を最後に日活との配給契約が終了。配給会社の当てがなくなり、半年間、映画製作が中断された。やがて、東宝が資本参加して、昭和一二（一九三七）年三月、世田谷区世田谷四丁目（現・桜三丁目）に自社のトーキースタジオが

完成した。

そして五月一一日封切、豊田四郎監督『港は浮気風』から、配給を東宝映画配給株式會社が手がけることとなり、東宝ブロックの傘下となった。続いて鳴物入りで公開されたのが、沖縄、八重山諸島石垣島大浜の豪族の闘いを描いた伊波南哲の叙事詩を映画化した『オヤケ・アカハチ』(六月一日、重宗務、豊田四郎)、主演・藤井貢と市川春代だった。

六月三〇日には、重宗務演出、藤井貢と逢初夢子、中野英治主演『若旦那日本一』が封切られた。脚本はいずれも八田尚之、所長である重宗務は立て続けに演出を手がけていた。

東京発聲撮影所の作品は、P.C.L.やJ.O.作品に比べると低予算で、やはりこの年七月から東宝映画配給となった京都の今井映画作品も同様。東宝ブロックは封切作品を増やしてコンスタントに作品提供を行った。九月一〇日、P.C.L.映画製作所、寫眞化学研究所、J.O.スタヂオ、東宝映画配給株式会社の四社が合併して東宝映画となるが、その直前、九月八日に公開されたのが『波止場やくざ』である。

港町・横浜を舞台に、中野英治扮する「波止場やくざ＝レフトの木野」が、やくざな船員暮らしから足を洗い、母と妹のために懸命に生きようとする三井秀男のためにひと肌脱ぐが、中華街に巣食う悪党たちに阻まれて……。といった活劇に、三井の盲目の母・林千歳と、可憐な妹・逢初夢子たちのお涙頂戴メロドラマが絡んでいく。

P.C.L.映画やJ.O.作品に比べて、明らかに低予算、少人数による小品で、モダンな東宝カラーとはかけ離れているが、東京発聲映画製作所作品のテイストを知る上では貴重な作品。

映画界のプレイボーイとして浮名を流した中野英治は、昭和一〇(一九三五)年に、永田雅一の第一映画社を退社して、P.C.L.映画製作所で『都會の怪異7時03分』(一九三五年、木村荘十二)、『處女花園』(一九三六年、矢倉茂雄)に出演。その後、マキノ正博のマキノトーキー製作所の設立に参加。翌年、マキノトーキーを退社して、高田稔の高田プロダクションを経て、この年、東京発聲製作所に入社。六月二〇日封切りの『若旦那日本一』(重宗務)に藤井貢とともに出演した。

プライベートでも喧嘩と女に明け暮れ、ヤクザとの立ち回りなどの伝説も多い。本作のレフトの木野も、そのイメージを地で行くキャラクター。

その愛人役には、松竹蒲田出身で、松竹初のトーキー『マダムと女房』(一九三一年、五所平之助)でマダムを演じ、モダンガール女優として一世を風靡した伊達里子。その後、日活太秦、前進座で舞台女優となり、昭和一〇（一九三五）年からP.C.L.の専属となった。ここで伊達里子が演じているのは、レフトの木野が根城にしているバーのマダム。これもプライベートのイメージそのままのキャラクターである。

そして物語の中心となる若きチンピラを演じている三井秀男（のちに弘次）は、松竹蒲田「与太者」シリーズで人気者となった若手スター。明治四三（一九一〇）年、神奈川県横浜市西区生まれ。慶應義塾大学商工学校在学中、松竹蒲田撮影所への見学がきっかけで、映画俳優の道へ。大正一五（一九二五）年に一五歳で映画デビュー、端役として活躍後、昭和六（一九三一）年、磯野秋雄、阿部正三郎と「与太者トリオ」を結成。『与太者と令嬢』（松竹蒲田、野村浩将）を第一作に「与太者」シリーズがスタートして、昭和九（一九三四）年には秋野、阿部と三人で準幹部待遇となる。シリーズ第一〇作『与太者と小町娘』（同、一九三五年、野村浩将）、清水宏『東京の英雄』（同）出演後、松竹蒲田の監督だった重宗務の東京発聲映画研究所創立に参加した。

東京発聲では、『乾杯！学生諸君』（一九三五年、重宗務）、『街の笑くぼ』（一九三六年、同）、『燃えろ！魂』（一九三六年、同）などに、藤井貢、大日方傳と共に出演。この年、『オヤケ・アカハチ』（一九三七年、重宗務、豊田四郎）に続いて本作に出演した。

港町横浜の夜、モダンガール、モダンボーイたちがダンスに興じている。軍艦で寄港したアメリカの水兵たちも享楽の一夜を楽しんでいる。東京発聲のスタジオのセットに組まれたキャバレーやバーの店構えはかなりチープ。二人の水兵が喫茶店に入る。喫茶ガールの矢澤ゆき（逢初夢子）と花江（菊川郁子）は「また外国の船がついたのね」。バックに流れるタンゴのリズム。

ゆきは、盲目の母・るい（林千歳）と本牧でつましく暮らしている。ゆきの父・大助（堀川浪之助）は外国航路の船乗りだったが、彼女が幼いときに、不慮の事故で亡くなっている。ゆきには兄・邦男（三井秀男）がいたが、八年前に父を継いで船乗りになった。母・るいは、船乗りに辟易していて、勘当同然の家出だった。

るいはそれからの苦労が祟って、目を患ってついには失明。音沙汰のない八年間、邦男は勝手放題、酒を浴びるように飲み、喧嘩も絶えず、その度にクビになり、船を転々としていた。ある日、ゆきから兄の消息を訊ねる手紙が届く。それまで港、港を転々としてきたため、その手紙は、三年がかりで邦男の元に届いたのである。自分の愚かさに気づいて、改心してからは懸命に働いて大金を作ることに成功。晴れて、母と妹の暮らす横浜に戻ってきた。

故郷に錦を飾る嬉しさでいっぱいの邦男。彼が貯めた大金を狙う、船の司厨長・坂口（押本映治）が、邦男を中華街の賭場に誘う。フィクサーの陳（松林清三郎）と結託して、坂口たちは邦男の貯めた全財産を巻き上げる。

無一文となった邦男。実家に帰ることもできずに、横浜を彷徨い、空腹に耐えかねて、我慢しきれずに山手教会の近くで、外国人婦人のハンドバッグを放ったくる。

婦人の叫び声を聞いたレフトの木野が、邦男を追いかけて強烈なパンチ！　飲まず食わずの邦男はダウン。

木野は空腹の邦男を、マダム・真弓（伊達里子）のバーに連れて行き炒飯をご馳走する。いかにも中華街の近くという雰囲気を出すための炒飯だろう。木野とマダムに、これまでのことを話す邦男。木野は義侠心から、邦男の母親のためにひと肌脱ぐことに。邦男は木野を兄貴と慕い、二人は名コンビとなる。

一方、母・るいは、行方知れずの息子の帰りを待ち焦がれている。幼い頃に、兄と別れ、その顔も覚えていないが妹・ゆきも同じ気持ちである。

さて木野は、陳の賭場に乗り込んで、そのテラ銭を奪ってしまおうと計画。邦男も陳や坂口たちに一泡吹かせようと張り切る。他に方法がないのか、あまりの安直さに驚くが、当時の活劇はストーリーよりも、こうした「場面」からの発想が多い。ハリウッドのギャング映画の場面を再現する程度のものが多かった。

原作者・北林透馬は、明治三七（一九〇四）年生まれ。横浜市中区馬車道の「平安堂薬局」の次男坊で、旧制中学時代から清水孝祐のペンネームで小説を執筆。横浜貿易新報（現・神奈川新聞）に連載した新聞小説「波斯猫《ぺるしや》」でデビュー。昭和五（一九三〇）年、中央公論社の文芸アンデパンダンで「街の国際娘」が第一席に選ばれ、北林透馬を名乗り、都市風俗小説、ミステリなどを大衆小説作家として活躍していた。清水宏監督の『港の日本娘』（一九三三年・松竹蒲田）の原作も手がけている。「ハマを代表するモダンボーイ」として知られており、中野英治とも付き合いがあったと思われる。遊び仲間で作った映画の気軽さも感じられる。

脚本の村田武雄は、後年『ゴジラ』（一九五四年、東宝、本多猪四郎）を執筆する。明治四一（一九〇八）年東京生まれで、日大文学部中退後、姉が松竹キネマ蒲田撮影所の監督・重宗務と結婚したのをきっかけに、昭和九（一九三四）年に日活多摩川撮影所に入社、脚本部に配属された。翌、昭和一〇年、義兄・重宗務が東京発聲映画製作所を設立したため移籍。演出部で重宗務、豊田四郎の助監督を務め、その後、東京発聲が東宝に統合された後も所属して、『大日向村』（一九四〇年、東宝、豊田四郎）、『奥村五百子』（同）のB班監督を経て、『大地に祈る』（一九四一年）で監督デビュー。

戦時中、陸軍航空本部嘱託となり航空記録映画を手がけ、シンガポール、パレンバン、ジャワなどで戦地記録映画を撮影。山本嘉次郎『加藤隼戦闘隊』（一九四四年）の劇中で使用されている戦闘機の実写は村田が撮影したもの。

戦後、東宝が開発した日本初の立体映画『飛び出した日曜日』（一九五八年）の脚本・演出を担当し、以後、脚本家に転向、『ゴジラ』、『ゴジラの逆襲』（一九五五年、小田基義）、テレビ「特別機動捜査隊」（NET）などを執筆。その村田武雄の最初の脚本がこの『波止場やくざ』だが、いろんな意味でアベレージの活劇となっている。

ユニークなのは、邦男とその家族の「それまで」が、映画がスタートして一六分ほど経ったところで、回想という形で延々展開される。レフトの木野が邦男にマダムと一緒に身の上話を聞くシーンが一〇分間ほど続く。木野はゆきが兄に当てた手紙を読んで情にほだされる。

邦男はその手紙を糧に頑張って働いてきた。手紙をそらんじる邦男。

「お母さんは毎日兄さんのことを心配しています。お母さんは歳をとりました。目が見えなくなりました。あんまり泣いたからだろうとお医者様は言います。毎日毎日、家の窓から海の方を眺めて泣いています……」

相当ウエットな「お涙頂戴」である。その邦男の母への想いのために、レフトの木野が立ち上がる。「俺がその金を取り返してやろうじゃないか！　だが断っておくぜ、これはお前のためじゃねえや、お前のお袋さんと妹のためだぜ」。

邦男を嵌めた坂口が「上海、横浜をまたにかけた札付きのインチキ師」で、南京町のボス陳とグルになっていることを知った木野は「相手がインチキで来るからには、こっちもインチキで行くんだ」。マダムは「もしも、バレたら？」。木野は「その時は上海だ！」とうそぶく。

その夜、賭場に向かう木野は、「様子を探ってくるから待っててくれ」と喫茶店に邦男を置いてゆく。そこは妹・ゆきが勤めている店だった。コーヒーを運んでくるゆきは、邦男に気づかない。邦男は名乗りたい気持ちをグッと堪える。

賭場に乗り込み大勝負をかける木野。坂口も来ている。汚い連中の前で、木野は堂々とイカサマをやる。それがバレて大乱闘。二人はテラ銭をかき集めて、逃走しようとする。その時に陳の手下が発砲！　邦男は絶叫して倒れる。

虫の息の邦男は、木野に母親と妹にこの金を渡して欲しい。その時に、邦男と名乗って二人を安心させて欲しいと頼む。母・ぬいは失明しているし、妹・ゆきは自分の顔を憶えていないから。それを言い残して邦男は絶命する。

陳の追手が迫るなか、木野は本牧の邦男の実家へ。「お前がゆき子か？」「兄さん！」。ぬいも「まあ、よく帰ってきて」と喜ぶ。木野は邦男になりきって、これまでの不義理を詫び、お金を渡す。かなりウエットでベタ。「男はつらいよ」の「寅さんの夢」みたいなシチュエーション。

そこへ陳の追手が迫る。「友達が来たようだ。行って断ってくるから、お茶でも淹れて待っててくれ」とゆきに言い残して、木野は出ていく。陳の配下が木野を連れていく。なかなか兄が帰ってこないので、心配したゆきが外に出た途端に「パン！」と銃声。木野は撃たれて絶体絶命。

「兄さん、しっかりして」。木野はやっとの声で「心配するんじゃない。俺は兄貴でもなんでもないんだ。お前の兄貴はな、お前みたいなやくざものじゃねえんだ。立派な船の船長なんだ。俺はただ兄貴に頼まれてあの金を届けにきただけなんだ……」。

「何、言ってるの？　兄さん」「さっきの金はな、お前の兄貴が一生懸命働いて貯めた金なんだ。俺は嬉しいんだ。たとえ一時でも、お前さんたちをお袋にし、妹にしただけで……」「兄さん、死んじゃ嫌！」「俺はレフトの木野よ、可哀想な男よ」と言い残して亡くなる。

何も知らない母・ぬいは、息子の帰還を喜び「二、三年も経ったら嫁を貰う。それから孫ができる。ゆき子はいつか嫁になる。ああ、これからは何もかも良くなるんだ」。ここで「終」となる。

さて、東宝映画配給株式會社が四社合併で「東宝映画」となった後も、東京発聲映画製作所の配給は続いた。翌、昭和一三（一九三八）年、重宗務がプロデューサーに転向、重宗和伸と改名。創立以来、企画脚本部長として支えてきた八田尚之が東宝映画東京撮影所に移籍、後任は、日活多摩川から移籍してきた八木保太郎が務めた。またこの時、大日方傳も東宝へ移籍。その後、脚本・八木保太郎、監督・豊田四郎のコンビで『小島の春』（一九四〇年）、『大日向村』（同）、『わが愛の記』（一九四一年）などクオリティの高い作品を連作。

昭和一六（一九四一）年一一月一七日、『わが愛の記』を最後に、東京発聲映画製作所は映画製作を終えて、東宝映画と合併。撮影所は「東宝映画第三撮影所」として戦後まで東宝映画を撮影。昭和二二（一九四七）年、「新東宝第二撮影所」となり、その後、富士映画、大蔵撮影所となるが、昭和四九（一九七四）年、アミューズメント施設「オークラランド」となり、現在も営業している。

エンタツ・アチャコの僕は誰だ

一九三七年九月一一日／P.C.L.／岡田敬
提供＝東宝映画配給株式會社／製作＝P.C.L.映画製作所＝吉本興業／1937.09.11・日本劇場／九巻・二、二四〇m／八二分／日劇同時上映『マドリッド最終列車』（一九三七年、パラマウント、ジェームズ・P・ホーガン）／同時上演「第廿七回ステージ・ショウ 魔術の秋」十三景（九月一一日〜二〇日）

【スタッフ】演出・岡田敬／製作・萩原耐／製作主任・今井武／作・岡田敬／台詞・秋田実／撮影・吉野馨治／録音・村山絢二／装置・戸塚正夫／編輯・岩下廣一／音楽・谷口又士／演奏・P.C.L.管絃楽團
【出演者】横山エンタツ（エンタツ氏、石田探偵・吉本興業）／花菱アチャコ（アチャコ氏、怪人藤木君・同）／椿澄枝（アチャコ氏愛人・邦子）／姫宮接子（エンタツ氏愛人・加代・吉本興業）／清川虹子（石田探偵夫人・まち子）／三島雅夫（満月劇場主・木々要之助氏）／丘寵児（株屋玉成屋・主人）／榊田敬治（同・番頭）／小坂信夫（劇場裏方）／特別出演・中川三郎（タップ・吉本興業）／応援・吉本ダンシングチーム

吉本興業とP.C.L.提携による「エンタツ・アチャコ映画」第四作となる『僕は誰だ』は、昭和一二年九月一一日に有楽町・日劇で封切られた。原作は秋田實、脚本・監督は『あきれた連中』『これは失礼』（一九三六年）を手がけた岡田敬。今回のエンタツ・アチャコは、人気漫才師。つまり自役自演。『あきれた連中』では保険外交員のアチャコと失業者のエンタツ。『これは失礼』では公設市場の肉屋のアチャコと店員のエンタツと、一応、シチュエーションのなかでそれぞれの役柄を演じていたが、前作『心臓が強い』（二月一四日、大谷俊夫）では漫才師ではないが、横山エンタツと花菱アチャコ自役で美人島探検をする。「何かを演じる」のではなく「エンタツ・アチャコ」として映画に出ているだけで良かったのである。

ミッキー・マウスやドナルド・ダックが、どんな設定の漫画映画でもミッキーであり、ドナルドというキャラクターだったように「エンタツ・アチャコ」なのである。どの

映画でも二人がぶつかった瞬間、会話が漫才となる。観客は二人の「しゃべくり漫才」を期待し、エンタツのワンダーなリアクション、珍妙な動き。常識人のアチャコが、エンタツの奇想天外に振り回される姿を観たかったのである。

さて『僕は誰だ』は、秋田實のアイデアによる「バックステージもの」。楽屋のエンタツ・アチャコの姿が描かれる。ステージでは仲良くコンビを組んでいるが、楽屋に戻ると、寄ると触るといがみ合う。ニール・サイモンの「サンシャイン・ボーイズ」みたいに、二人の喧嘩と友情が展開されていく。しかも八二分と、これまでのなかで一番の長尺である。

とはいえ、岡田敬の演出は、コメディ映画としては、いささかフラストレーションがたまる。モダンな設定だけに、『東京ラプソディ』(一九三六年)の伏水修だったら、もう少し洒落た感じになるのに……。

トップシーン。日比谷の一流劇場(外景は、東京宝塚劇場)のステージでは、和製フレッド・アステアと呼ばれた中川三郎が華麗なタップを披露している。中川は一七歳で単身渡米をして、CCNY(ニューヨーク州立大学シティカレッジ)を卒業して、日本人としては初めてブロードウェイのステージに立ったタップダンサー。この映画の前年、昭和一一(一九三六)年、帰国して東京吉本の専属となる。その銀幕でのお目見えでもある。

劇場支配人は三島雅夫。『これは失礼』では米屋失踪事件の鍵を握る怪しい八百屋を演じていたが、ここでは麻生豊の人気漫画「ノンキナトウサン」みたいなスタイルで、漫画チックでオーバーな芝居をしている。エンタツ・アチャコの出番が迫り、屈強な男たちに命じて、舞台に穴を開けないように「怪我をさせず、傷つけず、脅かして」無理やり、ステージに上げる。それがルーティーンで展開される。

楽屋でいそいそとおめかしをしているエンタツ。そこへアチャコが入ってきて、豪快にぶつかる二人。

アチャコ「気ぃつけい、君」
エンタツ「ちょっと」
アチャコ「どこへ行くんや?」
エンタツ「彼女」
アチャコ「彼女?」
エンタツ「ああ」
アチャコ「彼女ってなんやの?」
エンタツ「なんやて君(両手を丸くして)そんなん、格好できないよ」
アチャコ「ちょっと待て」

エンタツ「君にね、いっぺん紹介したでしょ」
アチャコ「ああ、ああ、あれか」
エンタツ「ああ、あれや……こら、そんな失礼な言い方すな、僕のためには、大事な、大事な恋人や」
アチャコ「恋人。そや、今日は恋人と約束した日や」
エンタツ「恋人？」
アチャコ「ああ」
エンタツ「あいつか？」
アチャコ「あいつかって、君にまだ一回も紹介してないよ」
エンタツ「ああ、そう」

相変わらずエンタツのボケの間が絶妙で、二人は「こんなことしてられへん」と慌てて着替え始める。エンタツは、すでに着替えた服をわざわざ脱いで、また着直す。どこまでもボケに徹している。

ことほど左様にステージの漫才がメインではなく、あくまでも楽屋＝バックステージでの会話を漫才として見せる。このあたりが秋田實のアイデアだろう。で、エンタツはお好み焼き屋の彼女・加代（姫宮接子）に会いに行く。姫宮接子は、明日待子と並ぶ「ムーラン・ルージュ新宿座」の看板スターで、この頃、東京吉本に移籍したばかり。ルックスも良く、タップダンサーとしても評判で、P.C.L.映画では『牛づれ超特急』（一一月一八日、大谷俊夫）、『花束の夢』（一九三八年、松井稔）などに出演する。

そこでエンタツの恋人・加代に懸想している男が現れる。見るからにアホぼんの藤木（アチャコ二役）だが、エンタツは相方のアチャコだと思って激怒する。『僕は誰だ』の趣向は、アチャコそっくりの藤木、そしてエンタツそっくりの石田探偵（エンタツ二役）が登場して、本物とそっくりさんが、入り乱れての大騒動が展開される。二役の喜劇である。それが二倍なのがおかしい。

エンタツは、藤木に加代を諦めさせようと一計を案じる。「お母さんが眼病で千円必要なの」と加代に言わせ、困り果てた藤木（アホぼんなので、あまりそうは見えないが）が、フラフラと街をさまよう。そのうち、エンタツ・アチャコが出演している劇場の楽屋口へ。そこで支配人に「千円……」と囁くと、「他ならぬアチャコの頼みなら」と、三島雅夫は前借りを渡す。

一方、アチャコも、恋人・邦子（椿澄枝）から「お母さんが眼病で手術の費用、千円が必要」と相談を受ける。この偶然が事態をややこしくする。邦枝を演じた椿澄枝は、P.C.L.映画の清純派ヒロインで人気があった。『東京ラプソディ』（一九三六年）での藤山一郎の恋人役など、今見ても可愛い。

さて、楽屋ではそれぞれの恋人の話をしているうちに、例の「千円」の話になり、またまた勘違いで二人は大喧嘩。散々揉めて罵り合う二人。でも、一度ステージに上がれば……。

エンタツ「だからあたしは考えた。電気、ガス、油、ロウソク、火の気一切用いずして、世の中をパッと明るくする工夫。どや？」
アチャコ「それ、僕にちょっと教えてくれ」
エンタツ「電気、ガス、ロウソク、油、火の気一切用いずして、世の中をパッと明るくする工夫」
アチャコ「うん。それはどうする？」
エンタツ「夜の明けるのを待つ。言うたら笑われるぞ。ははは」
アチャコ「もうちょっと君、真面目な話をせい、君」
エンタツ「愉快でしょ」
アチャコ「何が愉快なものか。僕は一生懸命に聞いているもの」

時々インサートされる劇場のロビーや事務所は、実際に東京宝塚劇場でロケーション。外景のショットでは、すぐ前にあったフランク・ロイド・ライト設計の帝国ホテルも登場する。小林一三が計画した「日比谷アミューズメント」計画が完成して三年、昭和一二年、日比谷の劇場街の空気がフィルムに刻まれている。遅れてきた世代にとっては、何気ないショットが、たまらなく嬉しい。

やがてアチャコ自身も支配人に「千円」前借りを申し出たために、ニセのアチャコ＝藤木の存在が明らかになる。そこで、藤木の知り合いの名探偵・石田（エンタツ）に捜査依頼をする。この探偵事務所に、アチャコの恋人・邦枝が勤めている。で、石田探偵は恐妻家で、怖い女房に清川虹子。ここから、二組のエンタツ・アチャコが入り乱れて、観ているこっちも何がなんだかわからないほどの混乱となる。

コメディ映画として着想もいい、エンタツ・アチャコの漫才も勢いがある。モダン東京を舞台に大阪弁の漫才と言うのも楽しい。しかし岡田敬の演出は、人物の出入りなどの詰めが甘く、時々、展開がわからなくなる。娯楽映画としてはマストの「明快でわかりやすい」映画とはいえない。ナントモハヤ。

でも、素晴らしいのは「僕は誰だ？」というテーマ。自分が誰で、相手が誰か？　この混乱。のちにクレイジーキャッツの谷啓が、『奇々怪々 俺は誰だ?!』（一九六八年、東宝・坪島孝）に主演するが、この「アイデンティティーの崩壊」をテーマにした喜劇は、坪島監督が幼き日に観た『僕は誰だ』のイメージがあったという。さて、ドタバタのあと、街角でばったり会ったエンタツ・アチャコの会話。

アチャコ「おう」

エンタツ「どこへ行くんだい？」

アチャコ「ちょっとそこまで買い物に」

エンタツ「しかし、君はアチャコだろうな？」

アチャコ「はっきりしてくれ、僕はホンマもんのアチャコや」

エンタツ「そう思うけども」

アチャコ「しかし、冗談抜きで、君こそホンマのエンタツやろな」

エンタツ「僕はエンタツです」

クライマックス。ステージに紛れ込んだ、藤木と石田探偵、本物のエンタツ・アチャコとごちゃごちゃになって、珍妙な漫才が大受け。結局、四人でユニットを組むことになってのハッピーエンド。

この映画の翌年、昭和一三（一九三八）年東宝に強力な助っ人が現れる。松竹大船から「喜劇の神様」斎藤寅次郎監督が移籍。『エノケンの法界坊』でエノケン映画をさらに進化させ、昭和一三年八月公開、次なるエンタツ・アチャコ映画『水戸黄門漫遊記 東海道の巻』では、喜劇映画でのエンタツ・アチャコの面白さを、さらに引き出すこととなる。

怒濤を蹴って―軍艦足柄渡欧日誌―

一九三七年九月二一日／P．C．L．映画製作所／白井茂
提供＝東宝映画株式會社／製作＝P．C．L．映画製作所／録音現像＝寫眞化学研究所／1937.09.21・日本劇場／八巻・七六分／日劇同時上映『維新秘話　戦ひの曲』（P．C．L．）／同時上演「第廿七回ステージ・ショウ 魔術の秋」十三景（九月二一日～三〇日）

【スタッフ】撮影・白井茂／編輯・亀井文夫／指導・松島慶三／音楽・伊藤昇／演奏・海軍軍楽隊／解説・徳川夢声

この『怒濤を蹴って―軍艦足柄渡欧日誌―』は、ヨーロッパで「虎狼」と呼ばれた日本海軍の重巡洋艦「足柄」の欧州訪問を記録したドキュメンタリー映画。公開時のパンフレットに踊る惹句である。

「英国新聞紙をして「飢えたる狼」と叫ばしめ、列強海軍を畏怖せしめたる我が精鋭「足柄」！「國民戰線」と「人民戰線」との風雲急を告げる欧羅巴に、準戰時體制下の世界の怒濤のさ中に、堂々カメラを持ち込んだ無敵「足柄」！諸君はこの映畫に一齣の作爲もない貴重な記録と力強い報告を見るであらう！」

当時、P．C．L．が作成した「梗概」を再録しておく。

「昭和一二年四月三日、巡洋艦『足柄』は英國皇帝載冠式参列及びドイツ國訪問の重天使命を帯びて横須賀を出港、三萬五千哩の波濤を蹴って欧洲の地へと向った。

その途中、香港、シンガポール、コロンボ、アデン、ポートサイド、マルタに寄港し、その人物風物を紹介し、スエズ運河から地中海を経て、英国ポーツマスに到り、倫敦に於ける戴冠式及び国際大親艦式に参列。更にドイツ、キール軍港に寄港、伯林を訪問してナチ國民の熱狂的歓迎をうけ、日獨親善の実を十二分にあげた。

遠く西欧の地にて国威を輝かし、無事にその使命を全うしたわが「足柄」は感と興奮の真只中に朝の途につくのである。」

昭和四（一九二九）年八月二〇日、神戸川崎造船所で竣工

した、日本海軍が誇る重巡洋艦「足柄」。昭和一二（一九三七）年二月一八日、イギリスからの正式要請で、同年五月二〇日のジョージ六世戴冠式記念観艦式への正式派遣が決定。三月一一日に、第二艦隊司令長官より参加命令が降って、四月三日「足柄」はイギリスに向けて出港した。海軍省からの要請で、P.C.L.映画のスタッフが同行、この航海の記録映画を撮影することとなった。撮影は白井茂、編集は亀井文夫が担当。

五月一〇日にポーツマスに到着、観艦式の当日には小林少将がジョージ六世に拝謁、観艦式に参列した秩父宮夫妻が「足柄」を訪問。その模様も記録された。また、イギリスでの観艦式の模様だけでなく、前年に締結された「日独防共協定」の同盟国、ドイツとの友好関係を日本国民にアピールするための「記録映画」でもあった。

ポーツマスを出港した「足柄」は北海とバルト海を繋ぐ「キール運河」を通行料免除で通過。キールでは乗船していた海軍軍楽隊が演奏、行進を行い、小林少将はニュールンベルグで、アドルフ・ヒトラーに謁見。ベルリンではドイツ国民の熱狂的な歓迎を受ける。

亀井文夫による巧みな編集、徳川夢声のナレーションで、ベルリンでの熱狂ぶり、親日ぶりが強調される。日章旗とハーケンクロイツ、在留邦人の幼い子供たちが無邪気に旗を振る。ブランデンブルグ門から無名戦士の墓まで、約五〇分の道程を、海軍軍楽隊が《軍艦マーチ》を勇壮に演奏しながら行進する。「我が陸戦隊の、げに威風堂々の行進でありかます。日独親善熱は凄まじいばかり」。

旗を振る在ドイツ法人の子供たちの無邪気な表情。ヒトラー政権を美辞麗句で讃えるナレーション。イタリアのムッソリーニを讃え、スターリンの脅威をインサートする。風雲急を告げる世界情勢へのアジテーションが、観客の興奮を誘い、愛国心を鼓舞するモンタージュ。八七年の時を経て、プロパガンダの恐ろしさを実感する。

この映画が公開されて二ヶ月後「日独防共協定」に、イタリアが原署名国として加盟、「日独伊防共協定」が結ばれ、日本は枢軸国の一員となる。そうした時代の空気、国民のムードを、劇映画だけでなくこうした記録映画によって醸成した。

維新秘話 戦ひの曲

一九三七年九月二一日／P．C．L．映画製作所／渡邊邦男
提供＝東宝映画株式會社／製作＝P．C．L．映画製作所／録音現像＝寫眞化学研究所／1937.09.21・日本劇場／八巻・一．九五六m／七一分／日劇同時上映『怒濤を蹴って―軍艦足柄渡欧日誌―』（P．C．L．）／同時上演「第廿七回ステージ・ショウ 魔術の秋」十三景（九月二一日〜三〇日）

【スタッフ】製作・氷室徹平／監督・渡邊邦男／脚本・渡邊邦男／原作・今東光／撮影・唐澤弘光／音楽・伊藤昇／美術・中古智／録音・片岡造

【出演者】岡譲二（関口鐵之助・関口幾之助）／北澤彪（白石大八）／霧立のぼる（妹・お絹）／竹川みゆき（母）／小杉義男（田村四郎兵衛）／小島洋々（桂小五郎）／大月光子（幾松）／嵯峨善兵（加藤一郎）／西森高茂（横山）／原文夫（片山）／榊田敬治（仲間）／細川ちか子（不知火）／古楠頸理（外國士官）

「P・C・L作品。東寶映画提供。今東光《こんとうこう》の原作「ヤッパンマルスの作曲家」より、『北支の空を衝く』の渡邊邦男が脚色及び演出せるもの。撮影は名手・唐澤弘光。録音は片岡造。音楽は伊藤昇が夫々担当している。」当時の劇場プログラムに掲載された概略。

作家・今東光が大正一五（一九二六）年に雑誌『苦楽』（プラトン社）に掲載した「ヤッパンマルスの作曲家」は、「日本最古の洋楽の太鼓」のための曲を作曲、新式歩兵調練に洋式太鼓を活用した旗本鉄砲組・関口鐵之助と、勤王佐幕に命をかける弟・幾之進たちの波乱万丈の物語。当時、西洋式の軍隊の合理性を痛感していた薩長の武士は、洋式軍事教練を行う際には、どうしても洋式の軍楽隊による行進曲を必要とした。原作の題名にある「ヤッパンマルス」とは、西洋式太鼓の譜面のこと。

のちに僧籍に入り、破天荒な生き方で「悪名」シリーズなどの原作者としても知られる今東光と映画界の関わりは、大正時代に遡る。今東光は、川端康成の推薦で、第六次『新思潮』同人となり、菊池寛の声がけで『文藝春秋』創刊に

も参画した。直木三十五が編集に関わった雑誌『苦楽』に「朱雀門」を発表。新感覚派文学運動の作家として注目を集めたのが、大正一三（一九二四）年のこと。翌年、剣戟スター、阪東妻三郎が設立した日本初のスター・プロ「阪東妻三郎プロダクション」の第一回作品となったのが、今東光が『苦楽』で発表した『異人と武士』（一九二五年、井上金太郎）の映画化だった。これが大ヒットして、今東光は阪妻プロの顧問となる。余談だが阪妻プロでは、二川文太郎監督『雄呂血』（同年）の製作が先行していたが、東亜キネマと阪妻の契約の関係が残っていて『異人と武士』が第一作となった。

その後、昭和二（一九二七）年、芥川龍之介の自殺のショックもあって、今東光は出家を決意。その後、昭和九（一九三四）年には、阪東妻三郎を主役に、トーキー大作『支倉常長』の製作を企画、バチカンロケを考えていたが頓挫した。

この『維新秘話 戦ひの曲』は、支那事変によるナショナリズムの鼓舞、時代回帰のムードのなか企画された。『南国太平記』に続く「維新秘話もの」となる。演出は『北支の空を衝く』に続く渡邊邦男。この年、J・O・スタヂオに移籍、東宝ブロックに参加した岡譲二の信も厚く、『男は度胸』（五月一一日）、『北支の空を衝く』（九月一日）に続く、三本目のコンビ作となった。本作は未見のため、当時の「梗概」を元にキャストを加えてリライトしたものでストーリーを紹介する。

時勢とはいえ連綿三〇〇年も続いた徳川幕府が朽木のように倒れようとする間際、父祖の代から禄を食んでいた旗本たちは時代の正鵠なる認識を持っていても、幕府と運命を共にしなければならぬと覚悟している者も多かった。旗本鉄砲組・関口鐵之助（岡譲二）もその典型的な一人だ。それ故に弟の幾之進（岡譲二・二役）が勤王倒幕へ全情熱を傾注しているのが羨やましく、又同情を惜しまなかつた。

当時江戸では世紀末的な馬鹿騒ぎ「ええじゃないか」が流行していた。許婚お絹（霧立のぼる）の兄である白石大八（北澤彪）がこれの通で、そのことから長崎留学を命ぜられ、新式歩兵調練の洋式太鼓の研究をするために鐵之助と二人で江戸を立つことになった。

京都ではひょっこり、弟・幾之進に会って力づけたり、横山（西森高茂）という勤王の士と弟のことを語りあったりした。

長崎に着けば大八が茶屋女・不知火（細川ちか子）と熱くなり、寧日《ねいじつ》ない放蕩三昧のうち鐵之助は外國士官（古楠頸理）について音楽の勉選をした。

なるほど調練太鼓は士気を鼓舞するという事を知った彼は、内心勤王の心に燃えつつ、ヤパンマルスの曲を完成し横山氏を通じて弟への餞けに贈るのだった。

愈々感迫して鐵之助と不知火を連れた大八が大阪に帰った頃、鳥羽伏見の開戦直前だった。鋮之助は士気を喪った大八を残して一人敗れる戦いに出陣する。

不知火は鐵之助に対して長崎以來の焼けつくような恋情を抱くのだが、一人淋しく死んでゆく。


岡譲二は東宝専属となり、この年『母の曲 前後篇』(一二月一一日・二一日)で原節子の父親を好演して、東宝東京撮影所のトップスターとして活躍。渡邉邦男とのコンビで『鉄腕都市』(一九三八年)、『愛情一路』(同年)、『新妻鏡 前後篇』(一九四〇年)、『新編 坊っちゃん』(一九四一年)、『維新前夜』(同年、大寶映画)、『武蔵坊弁慶』(一九四二年)などに主演。長谷川一夫とともに、戦前、戦中の東宝作品を牽引していく。

禍福 前篇

一九三七年一〇月一日／東宝映画東京／成瀬巳喜男
製作＝東宝映画株式會社／東宝・入江・高田・ユニット作品／1937.10.01・日本劇場／九巻・二、一三八m／七八分／日劇同時上映『美しき鷹』（P.C.L.、山本嘉次郎）／同時上演「第廿八回日劇ステージ・ショウ古典バレーの試み」三景（一〇月一日〜一〇日）

【スタッフ】演出・成瀬巳喜男／原作・菊池寛 主婦の友連載／東宝・入江・高田 ユニット作品／製作主任・篠勝三／脚色・岩崎文隆／撮影・三浦光雄／録音・鈴木勇／装置・北猛夫／編輯・後藤敏男／音楽・仁木他喜雄／演奏・P.C.L.管絃楽團／主題歌・コロムビアレコード《我が子思へば》、《女の味方は女だけ》作詩・西條八十、作曲・江口夜詩

【出演者】入江たか子・高田稔 主演／入江たか子（船田豊美）／竹久千恵子（眞山百合惠）／逢初夢子（瀧澤三千子・東京發声）／高田稔（皆川愼太郎）／大川平八郎（早川達雄）／丸山定夫（愼太郎の父）／御橋公（豊美の父）／汐見洋（百合惠の父）／嵯峨善兵（友人・太田）／生方明（愼太郎弟・昌二）／伊東薫（仝・昌助）／英百合子（愼太郎の母）／伊藤智子（愼太郎の母）／堀越節子（愼太郎の妹・節子）／清川玉枝（成澤夫人）／三條利喜枝（百合惠の母）／神田千鶴子（友人）／梅園龍子（仝）／山縣直代（仝）

成瀬巳喜男としては、この年、『女人哀愁』（一月二一日）『雪崩』（七月一日）に続く三作目となる『禍福』は、菊池寛が主婦の友に連載していた同名メロドラマ小説の映画化。公開時のプログラムの記述である。

「情熱の一夜を持った恋人同士であったが、男は持参金のある幼馴染と婚約し、女を裏切った。女はやがて生まれ出づべき愛の結晶のことも、男に秘めて憎悪に燃えた身を忽然と何処かへ運んでいった……。」

菊池寛の原作は、この時代の大衆小説らしく、運命に翻弄されたヒロインが、別れた恋人の妻と友人になる運命の皮肉。しかもその妻は乳飲子を抱えたヒロインを、夫の海外赴任中、何も知らずに家に迎え入れて世話をする。戦前としてはアンモラルな、まさに「恩讐の彼方に」の物語が展開する。

この年の四月、他の映画会社による「東宝ボイコット」に対抗するために、入江たか子の入江ぷろだくしょん、高田稔の高田プロとユニットで製作した、吉屋信子原作のメロドラマ『良人の貞操 前後篇』（四月一日・四月二一日）が、大ヒット。やがて、九月一〇日、P．C．L．映画撮影所は、寫眞化学研究所、J．O．スタヂオ、東宝映画配給株式會社と合併、東宝映画株式會社が発足した。

そこで東宝では、各社競作として製作が進められていた菊池寛の小説「美しき鷹」の山本嘉次郎による映画化と同時に、やはり菊池寛の「禍福」の映画化権を獲得。合併後の東宝映画第一作として、『良人の貞操』の入江たか子と高田稔主演で前後篇の大作映画化を企画した。『美しき鷹』封切日が一〇月一日に繰り上がったため、期せずして、菊池寛原作映画の二本立て興行となった。

脚色はこの年、松竹大船で田中絹代、佐野周二主演で映画化された『花籠の歌』（一月一四日、五所平之助）の原作「豚と看板娘」を執筆した岩崎文隆。生々流転のメロドラマを、モダンな現代の女性映画としてシナリオ化した。

入江たか子のライバル的存在の第二ヒロインには竹久千恵子。入江たか子の女学生時代の親友には、昭和一〇（一九三五）年、東京發声映画撮影所発足に参加した松竹蒲田出身の逢初夢子をキャスティング。

逢初夢子は、大正四（一九一五）年生まれ。昭和五（一九三〇）年、東京松竹楽劇部（のちのＳＫＤ）に入団。その後、松竹蒲田撮影所長・城戸四郎に「新時代の女性映画のホープ」として迎えられ『蝕める春』（一九三二年、松竹）で銀幕デビュー。この『蝕める春』の原作は菊池寛、監督は成瀬巳喜男。それもあって本作への抜擢となった。

その二年後、島津保次郎の『隣の八重ちゃん』（一九三四年、同）でモダンな現代的女性のホープとして大人気となる。その後、重宗務が東京發声映画製作所を創立する際に、松竹蒲田の豊田四郎、脚本家・八田尚之と共に設立に参加。これが初のP．C．L．作品となる。

入江プロの入江たか子、P．C．L．の竹久千恵子、東京發声の逢初夢子の三大女優競演は、まさに東宝映画株式會社発足に相応しい企画だった。

船田豊美（入江たか子）と瀧沢三千子（逢初夢子）は女学生時代からの親友。原作で豊美が早生まれの二一歳、三千子は二二歳とある。中学教師だった豊美の父（御橋公）は定年退職、下谷区の上根岸で、妻（伊藤智子）と豊美と暮らしている。三千子の父は実業家で本郷西片のお屋敷に住んでいる。生活程度も家庭の雰囲気も違うが、二人は女学校で八年、机を並べた無二の友である。

瀧沢三千子は早川達雄（大川平八郎）と近々結婚の予定。見合いだけど婚前交際で、恋愛のような気持ちでいる。豊美は、帝大の学生で、外交官試験にパスして将来有望の皆川愼太郎（高田稔）と交際中。原作では前年の夏に、三千子の軽井沢の別荘で愼太郎に紹介され、結婚を前提に付き合っている。

トップシーン、上根岸の豊美の家に、三千子が遊びにきて、二人の会話からこうした人間関係が観客に伝えられる。三千子は豊美に「一緒に出かけない？」と愼太郎の下宿に遊びに行く口実を作る。逢初夢子のブルジョアお嬢さんは洋装、何事にも慎重派の豊美は常に和装である。

一方、愼太郎の下宿では、バンカラの友人・太田（嵯峨善兵）と卒業の祝杯を上げている。下宿があるのが、現在の台東区池之端一丁目、旧岩崎庭園のあたり。この下宿に行く道のショットに旧岩崎庭園の塀が写っている。

外交官試験にパスした愼太郎は、豊美との結婚を考えている。ところが桐生の実家の織物工場は、この不景気で資金繰りにも困る始末。そこで父（丸山定夫）から資産家の眞山六郎（汐見洋）の次女・百合恵（竹久千恵子）と結婚すれば、家業を持ち直せると見合いを強要される。政略結婚である。

このままだと、二人の弟も学校を辞めなければならず、妹・節子（堀越節子）もお嫁に行けない。愼太郎は縁談を父に断るつもりでいるが、優柔不断で流されやすい性格が、大きな不幸をもたらすことになる。

夕方、豊美が下宿を訪ねる。愼太郎は桐生で「二人の結婚を認めてもらう」と嬉しいことを言う。その夜、二人は結ばれる。昭和一二年の映画なので、直裁的な描写はないが、この夜の出来事が豊美の運命を大きく変えてしまう。

その夜、太田から愼太郎の見合話を聞いた早川は「豊美さんに一応話しとくべきだな」と三千子に相談することに。アールデコの内装がモダンな店で、太田は酒でなく「水」ばかりを注文するのがおかしい。このシーンのウエイトレスは、ノンクレジットだが三條正子が演じている。

愼太郎が桐生に立つ日、豊美は国鉄上野駅まで見送る。この一連のロケーションがいい。上野恩賜公園、西郷隆盛像の前のベンチで、三千子と待ち合わせる。明治二六（一八九三）年から銅像を建てるための募金運動が始まり、その寄付金で高村光雲作による銅像が製作され、明治三一（一八九八）年一二月一八日に除幕式が行われた。

後ろには昭和一一（一九三六）年に竣工したばかりの上野京成ビル（聚楽ビル）のアールデコの建物の丸窓が見える。軍艦の船橋のような先端部が特徴的で、現在は建て替えられているがデザインはオリジナルを踏襲している。

広小路側の階段から上がって来る三千子の左後ろには上野松坂屋が見える。関東大震災で甚大な被害を受け、昭和三（一九二八）年四月にリニューアルオープンした地下一階、地上七階建てのルネサンス様式の建物である。切り返しの映像では、豊美の後ろに寛永寺・清水観音堂が見える。

上野公園を歩く二人。三千子は愼太郎が「桐生で見合いするかも」と豊美に話しておきたかったのである。上野公園から国鉄上野駅への階段を降りる。この階段は戦後、撤去された。切り返しではホームに入線する省電（山手線）。結局、三千子は、愼太郎を信じきっている豊美が不憫で、話すことができない。

上野駅の出札広間、待合広間で愼太郎が待っている。ここはセットではなくロケーション。成瀬巳喜男の『乙女ごころ三人姉妹』（一九三五年）のラストシーンもここで撮影した。昭和七（一九三二）年に竣工してから五年、まだピカピカの上野駅が活写されている。二人が芝居をする待合室はセットに切り替わる。

豊美は愼太郎が桐生に帰るのは「なんとなく嫌」と本音を伝える。愼太郎の「僕たちはもう別れられないんです」の言葉に勇気づけられ、豊美は「ご夫婦ね」と微笑む。ここで二人が結ばれたことが匂わされる。

結局、愼太郎は、頑固な父に気圧され、仕方なく眞山百合恵と見合いをする。見合いの前、愼太郎が桐生川の土手を歩く場面に流れるショパンの《別れの曲》が、豊美との別れを示唆する。そこに颯爽とハイカラな乗馬姿の百合恵が現れる。愼太郎は彼女の快活な人柄にたちまち魅了される。

見合いの夜、桐生で唯一のダンスホールで百合恵と踊る愼太郎。彼女に惹かれるが、それでも豊美のことを打ち明ける。百合恵に「その女の方と無理ではない別れ方をしてくださるのなら」と言われ、愼太郎は自己正当化して、ずるずる流される。

一方、三千子は早川と、豊美を励まそうと大垂水峠までドライブへ。八王子と神奈川県相模原の間、高尾山の南側にある大垂水峠の眺望。豊美の気も晴れるが、気がかりなのは桐生から帰った愼太郎が会ってくれないこと。

三千子の結婚式が近づいたある日。豊美と三千子は銀座へ。外濠川にかかる山下橋を渡る二人。この山下橋は、数寄屋橋の隣にある日比谷から銀座へ、みゆき通りに向かう橋である。二人の後ろに国鉄の高架が見える。『ゴジラ-1.0』（二〇二三年、山崎貴）で、ゴジラが省電を襲い、乗客の浜辺美波が落下するのがこの外濠川である。

銀座みゆき通り。二人は三千子の行きつけの「アゼリヤ洋装店」へ。気の良いマダム・成澤夫人（清川玉枝）と店員の本田さん（北林谷栄）はとてもフランク。ここで二六歳、若き日の北林谷栄が登場。コメディリリーフ的な明るいキャラクターが印象深い。北林谷栄は前年、新協劇団「どん底」（築地小劇場）のナスチャ役で注目を集め、共演した滝澤修、小沢栄が準契約していたP．C．L．に紹介され、出演。これが長いフィルムキャリアの初期の作品である。

同じ頃、銀座通りの千疋屋フルーツパーラーから、愼太郎と百合恵が出てくる。豊美と三千子が出てきたタイミングで、百合恵と愼太郎がアゼリヤへ。百合恵もまた常連客、運命の皮肉である。愼太郎はみゆき通りを歩く豊美を見つめる。昭和一二年初夏の銀座風景、陽射しが眩しい。

豊美はその日も愼太郎の下宿を訪ねるが、例によって不在。その帰り道、旧岩崎庭園の脇で乳母車の母親とすれ違う。赤ちゃんを見る豊美の暗い表情。彼女はすでに身体の変化に気づいている。

さて、三千子の独身最後を記念して、女学校時代の仲間でパーティ。同級生役に梅園龍子、山縣直代、神田千鶴子たちP．C．L．の女優陣が登場。神田千鶴子が《カロリナの月 Carolina Moon》を唄う。ジョー・バークとベニー・デイビスが一九二四年に書き、一九二八年にアメリカのクルーナー、ジーン・オースティンによって初録音。一四週間チャートインし、全米一位を七週獲得した。

楽しいひとときだが、豊美は気分が悪くなり別室で休む。愼太郎に肝心なことを相談できない辛さに加えて、悪阻の症状である。心配した三千子が寄り添ってくれる。豊美は「あの方が愛してくださらなくなっても、あの方を捕らえておかなくちゃならない理由もあんのよ」。三千子に妊娠を告げようとするが、そこへ早川が現れ、思いとどまる。

三千子は友達とダンスホールでの二次会に向かい、豊美は愼太郎の真意を確かめに下宿に行く。ダンスホールで、百合恵と踊る愼太郎に怒った三千子は、その不誠実さに呆れる。

ようやく豊美と愼太郎が対峙する。縁談を断りきれなかった。意思が弱かったと、詭弁を弄する愼太郎は「どうか僕を憎んで下さい」。豊美は「それで気が済むの？　あなたは家庭の事情とおっしゃるけど、みんなそれは嘘よ」ときつく睨む。

愼太郎は最低の男である。豊美の身体と心を弄び「今になって、他に幸福を求めろなんて、卑怯よ！」と愼太郎を罵る。一度は妊娠していることを告げようと思っていたが、愼太郎の情けなさに絶望する。「あなたに束の間の憐れみを乞おうと考えたことは、あたしの一生の恥辱だったわ。あなたを一生軽蔑してやるわ」と出ていく。

帰宅した豊美は父母に叱られても口を閉ざしたまま。三千子への手紙を書く。

「私はその子を自分一人の力で、立派に育てて行こうと決心しました。そして私一人でも、もう一つの新しい生命を育て上げて、二人して憎んでやるわ」。


ここで映画は「女性の自立」を決意表明。これが菊池寛のテーマでもある。しかし、身籠った豊美は、これからどうなるのか？　トランク一つ下げた豊美は、上野不忍池の弁天堂にお参り。そこに切々と流れる主題歌。上野公園のベンチに佇む豊美の運命やいかに？　観客の期待が高まるなか、前篇はエンドマークを迎える。

美しき鷹

一九三七年一〇月一日／東宝映画東京／山本嘉次郎
製作＝東宝映画株式會社／1937.10.01・日本劇場／一〇巻・二、二五九m／八二分／日劇同時上映『禍福 前篇』（P.C.L.、成瀬巳喜男）／同時上演「第廿八回日劇ステージ・ショウ 古典バレーの試み」三景（一〇月一日～一〇日）
【スタッフ】作・菊池寛 東日大毎連載／演出・山本嘉次郎／製作・武山正信／製作主任・黒澤明／脚色・飯田心美／撮影・三村明／録音・道源勇二／装置・中古智／編輯・岩下廣一／音楽・太田忠／演奏・P.C.L.管弦楽團／主題歌 テイチク・レコード《美しき鷹》《乙女心は》（作詞・佐藤惣之助、作曲・古賀政男）／演奏及洋琴 小野ピアノ店提供／演奏・片山信四郎、太田節子／ホルゲールピアノ使用
【出演者】霧立のぼる（安宅弓子）／佐伯秀男（井上恭一）／神田千鶴子（池野雅子）／北澤彪（眞庭英三）／椿澄枝（村岡とし子）／汐見洋（池野子爵）／御橋公（倫理の先生）／嵯峨善兵（ピアノの先生）／三木利夫（堀貞夫）／伊東薫（池野清）／鉄信正（湯沢健三）／清川玉枝（井上とも子）／伊藤智子（池野夫人）／林喜美子（女中おたき）

菊池寛がこの年、四月一六日から九月一二日まで、「東京日日新聞」と「大阪毎日新聞」に一五〇回に渡って連載した「美しき鷹」は、吉屋信子の『良人の貞操』に続く話題の新聞小説。連載中から各社が映画化権獲得に動き、東宝、新興キネマ、日活の三社がそれぞれ映画化することになり、連載終了直後の一〇月一日に、同名タイトルで同日公開された。

本作は『良人の貞操 前後編』で「東宝ボイコット」宣言を覆したドル箱監督、山本嘉次郎が再びメガホンを執った。しかも、この時、P.C.L.映画製作所は、寫眞化学研究所、京都のJ.O.スタヂオ、東宝映画配給の四社を吸収合併して、製作・配給・興行、演劇興行経営を一本化して東宝映画株式會社が設立された。その新体制となった最初の作品。

山本嘉次郎監督は、ヒロイン・安宅弓子のキャラクターを「顔立ちがエキセントリックであること」「性格もエキセントリック」「小悪魔的」「男にとって堪らなく魅力的」な女性像であると考えた。そんな弓子を魅力的に描くには、既存の女優では難しいと山本嘉次郎は、新人女優のオーディ

ションを始めた。三〇名から、最終的に二名まで絞ったが、弓子役には「小悪魔的な魅力」に欠けていたため、断念した。ちなみに、最終候補の二人は新興キネマで、美鳩まり、淡島みどりとして活躍した。

そこで抜擢したのが、宝塚歌劇出身で、この年、新興キネマからP．C．L．に移籍、成瀬巳喜男の『雪崩』（七月一日）、山本薩夫の『お嬢さん』（七月八日）、山中貞雄の『人情紙風船』（八月二五日）、東宝映画設立記念オールスター映画『樂園の合唱』（九月一日・大谷俊夫）に連続出演してきた霧立のぼる。彼女はこの時二〇歳だった。

『美しき鷹』は、東宝、新興東京、日活多摩川が当初、三社の協定により、一一月第一週の同日公開となった。

霧立のぼるを主演に、山本嘉次郎は余裕を持って四七日間のスケジュールを組んだが、新興キネマと日活が、封切日を一〇月一日に繰り上げてしまう。春の「東宝ボイコット」宣言の敗北もあって、東宝に水をあけようと画策したのである。予想外の展開に、東宝首脳陣は「一〇月一日封切」厳守を山本嘉次郎に要請。それが九月の半ばのこと。封切まで半月しかなかったが、是が非でも完成させるために、異例の三班体制で撮影を進めた。当初は『良人の貞操』のような前後篇の大作として予定されたが、それどころではなくなった。

山本嘉次郎はA班、応援監督としてマキノ正博がB班、日活時代からの山本の頼もしき相棒だった伏水修をC班に、三人のエース監督による同時撮影を敢行した。さらに前年にP．C．L．に入社した若き黒澤明が、初の製作主任＝チーフ助監督に抜擢されて現場を支えた。

とはいえ十三日間の撮影期間は、ほぼ毎日徹夜。「霧立のぼると神田千鶴子が本番でセリフのやりとりをしている最中どちらかともなく凭れ掛って眠ってしまった」（山本嘉次郎『カツドオヤ紳士録』鱒書房、一九五六年）。相当なハードスケジュールだった。

マキノ正博、伏水修両監督は、山本嘉次郎の描いたコンテを忠実に撮影しているので、全体のトーンが統一され、違和感なくドラマが展開している。

トップタイトルに「挙国一致」と出る。この年、七月七日に発生した盧溝橋事件は、日中戦争へと拡大していった。そうした時代の空気がこのタイトルから窺える。そして「東宝マーク」に東宝映画株式會社、そして「霧立のぼる主演」とスーパーが出る。タイトルバックに流れるのは、フレデリック・ショパンの《幻想交響曲》。

安宅弓子（霧立のぼる）は、幼くして両親と死に別れ、池野子爵夫妻（汐見洋、伊藤智子）に引き取られ、わがまま放題で育った。そんな弓子を、長女・池野雅子（神田千鶴子）は疎ましく思っているが、中学生の長男・清（伊東薫）と弓子は大の仲良し。

自由奔放に振る舞い、わがまま三昧の弓子だが、実は屈託を抱えている。女学校では音楽教師（嵯峨善兵）の指導に反発して、自由なスタイルでピアノを弾く。国語の授業でも、先生の話は上の空なのに、質問には完璧に答えることができる。問題児だが聡明、しかもチャーミング。

ある日、弓子は「腹痛がする」と仮病を使って、親友・村岡とし子（椿澄枝）を誘って銀座に映画を観に行く。夜になり、嫌がるとし子を説き伏せて「もう一本映画を観ましょう」と、腹ごしらえに、「ジャーマンベーカリー」を思わせるレストランで「クラブハウスサンド」を注文。

昭和一二年の東京の女学生が、かくもハイカラな都市生活者として描かれる。そこへ雅子の許嫁者でピアノ教師・真庭英三（北澤彪）が通りかかり、弓子はとし子を置き去りにして、英三と一緒に帰宅。そんな自由な弓子に、英三は次第に惹かれていく。

しかし古いタイプの雅子は、恋人・英三が弓子に奪われるのではないかと心を痛める。霧立のぼるがチャーミングで、自由過ぎる弓子の小悪魔的魅力に、観客も次第に惹かれていく。

ロケーションも魅力的。弓子が英三を銀座に誘い出すシーンに、銀座六丁目の「銀座コロンバン」が登場する。英三が弓子を待っていると、現れたのはなんと雅子だった。この「銀座コロンバン」は菊池寛の原作にも登場する。天皇の料理番を経て渡仏した門倉國輝が、大正一三（一九二四）年に創業したフランス菓子店である。

キャメラが天井の意匠を捉えるが、この絵画は門倉國輝がパリ滞在中に知り合った画家・藤田嗣治に製作を依頼。昭和一〇（一九三五）年一一月に六枚の天井壁画の一枚がスクリーン一杯に広がる。ちなみに「銀座コロンバン」二階のカフェは、この年のP.C.L.映画、入江たか子主演『白薔薇は咲けど』（七月一一日、伏水修）にも登場している。北澤彪と神田千鶴子が芝居をするシーンは、ロケではなくセットだが、店内の意匠やテーブル、椅子などの再現が見事。

物語の中盤、クサクサした弓子が学校帰りの清を誘って浅草に遊びに行く。水上バスで浅草に向かうシーン、隅田川の河風にあたりながら、小悪魔的な弓子が思春期の清を挑発する。顔を赤らめる清の手を握る弓子。年ごろの男の子ならドキドキしてしまうのも無理はない。

そんな弓子の素行不良に激怒した池野夫人は、弓子を全寮制の更風学園に入園させる。そこでもマイペースの弓子は、同級生たちからは浮いている存在。どこでも「我が道を行く」弓子に惹かれるのが、経営者・井上とも子（清川玉枝）の息子・恭一（佐伯秀男）。彼もまたマイペースで、弓子の奔放さも受け入れていく。後半は二人のロマンスが展開され、ハッピーエンドに向かっていく。

のちに霧立のぼるは、この時共演した佐伯秀男と、実生活でも結婚することになる。

さて、三社競作となった『美しき鷹』だが、田中重雄監督による日活版のヒロインには轟夕起子、新興キネマ版では志賀暁子がそれぞれ演じている。轟夕起子は宝塚では霧立のぼるの一年後輩で、この年に映画界入りしたばかり。志賀暁子は、前年に阿部豊監督との堕胎スキャンダルでマスコミを賑わせた。それゆえ弓子役に相応しいと、新興キネマがキャスティングした。同日公開の三作ともヒット。この年の秋の映画界の話題をさらった。ちなみに、東宝では他社に水をあけようと、成瀬巳喜男の『禍福 前篇』と同時公開、つまり「菊池寛・原作」二本立てだった。

小唄捕物帳　江戸の白鷺

一九三七年一〇月八日／P.C.L.映画製作所／石橋清一
東宝映画株式會社／製作＝P.C.L.映画製作所／1937.10.08・大阪千日前敷島倶楽部／七巻・一、六九八m／六二分

【スタッフ】製作・矢倉茂雄／監督・石橋清一／原作・岩崎榮／脚本・槇本宏／撮影・宮島義男／音楽・宇賀神美津男（勇）／主題歌《お diverse誂重四郎小唄》、《江戸の白鷺》（作詞・佐藤惣之助、作曲・古賀政男）／演奏・P.C.L.管絃楽團／美術・山崎醇之輔／録音・道源勇二
【出演】小林重四郎（不動重四郎）／春本助次郎（がら金）／嵯峨善兵（市川一之助）／柳谷寛（竹橋傳五郎）／清川玉枝（お蔦）／清水美佐子（お半）／梅園龍子（お七）／山縣直代（お仙）／椿澄枝（お花）／二木獨人（島田左近）／三島雅夫（岡ッ引き朝次）／小島洋々（島津家江戸家老）／小杉義男（鳥居耀蔵）／秋月正夫（上席與力）／瀧澤修（甚兵衛）／生方賢一郎（植久）／大村千吉（弟子三平）／伊藤智子（お仙の母親）

原作者・岩崎榮は、昭和九（一九三四）年八月、佐山榮太郎のペンネームで『改造』に発表した『天保忠臣蔵』が、昭和一〇年に片岡千恵蔵プロダクションの製作、稲垣浩監督で映画化。戦後は、「徳川女系図」シリーズを連作、東映で石井輝男監督『徳川女系図』（一九六八年、石井輝男）など、時代劇の原作者で知られる。

さて、この『江戸の白鷺』はサブタイトルに「小唄捕物帳」とあるように、唄う映画スター、小林重四郎の低音の魅力を生かした娯楽時代劇。吉本興業の春本助次郎を子分に従えて、粋な八丁堀の岡っ引きが大活躍する痛快篇。東宝映画株式會社のスタート作品に相応しく、清水美佐子、梅園龍子、山縣直代、椿澄枝たちフレッシュな女優陣が賑やかに花を添えている。

監督の石橋清一は、日活京都の出身で、稲垣浩、山中貞雄に師事。山中貞雄の『国定忠次』（一九三五年、日活京都）、『丹下左膳余話 百萬両の壺』（同）、『河内山宗俊』（一九三六年、同）の助監督を務める。山中が見出した、アノネのオッサンこと高勢實乘と鳥羽陽之助の「極楽コンビ」をフィーチャーした第一作『一刀流指南』（一九三六年、原作脚本・稲垣浩）で監督デビューを果たした。昭和一二年、黒川彌太

郎と共に、日活からJ．O．スタヂオへ移籍。黒川主演の大作『宮本武蔵 風の巻』（六月一一日）を手がけ、本作は東宝ブロックへの移籍第二作となる。製作は監督からプロデューサーに転じた矢倉茂雄。撮影は名手・宮島義勇。本作は未見のため、当時の「梗概」から配役を加えてリライト。ストーリーは次の通りである。

薩摩屋敷内で、お小姓が麻薬を嗅がされて南蛮渡来の名器「金龍の鍔《つば》」が盗まれる。詮議の手掛かりとなるお小姓は、底なし井戸に身を投じたらしい。犯人の目星はつかないまま、三〇〇両の懸賞金が懸けられた。御家人・市川一之助（嵯峨善兵）と竹熊傳五郎（柳谷寛）は、八丁堀の親分・不動重四郎（小林重四郎）を動かして、ご褒美を物にしなければなるまいと考えていた。

ところが重四郎は、八丁堀の岡っ引きなのに「捕物」が嫌い。植木屋の職人になりすまして、粋な小唄に陶酔している。そのノドに惚れ込んだのが小唄師匠のお蔦（清川玉枝）。最初は、彼が「八丁堀の旦那」とはつゆとも知らなかった。市之助と傳五郎は、重四郎を口説いたが、てんで言うことを聞かない。

重四郎はもし、植木屋の親分・植久（生方賢一郎）が召し捕られたという知らせを受けなかったら、梃子でも動かなかっただろう。植久は彼の乳母の亭主でもある。現場に、植久の手拭いが遺留してあったというのだ。意外な手がかりが出てきた。

薩摩候のご愛妾・お仙の方（山縣直代）の母親（伊藤智子）に当たって見ると、井戸に飛び込んだお小姓は、お蔦の従兄弟だったという。重四郎は考え込んだ。折から酒膳を運んで来たお蔦の妹・お半（清水美佐子）が、あの行方知れずの小姓ではないか？　お蔦の家出入りの慌て者のがら金（柳谷寛）、こいつが一枚加わって、岡っ引きの真似事を始めるが、肝心の重四郎は昼寝ばかりしているのだ。

お蔦の家を見張っていた御家人二人組、一向にお蔦が姿を見せぬので、踏み込んでみたら、藻抜けのからだ！　重四郎、さてこそと緊張して、俄然、箱根へ湯治に行こうと言い出した……。

石橋清一は、本作の準備中、師匠である山中貞雄が出征。その後戦病死したショックで東宝総務部を退社、ニュースや文化映画の製作に転じたが、撮影中に失火事故を起こし、ノイローゼとなり映画界を引退。その後、病死したと伝えられているが、生年月日、出生地、没年ともに不詳とされている。

権三と助十

一九三七年一〇月八日／J．O．スタヂオ／伊丹万作
提供＝東宝映画配給株式会社／製作＝J．O．映画製作所／録音＝アールシーエービクターシステム／1937.10.08・大阪千日前敷島倶楽部／九巻・二、二三〇m／八一分

【スタッフ】製作・森田信義／演出・伊丹万作／原作・岡本綺堂／脚色・伊丹万作／撮影・三木茂／録音・中大路禎二／音楽・紙恭輔／設計・高橋庚子／照明・上林松太郎／演出補佐・佐伯清／撮影補佐・荒木秀三郎
【出演者】高堂黑天（大家六兵衛）／沢村昌之助（倅・新七）／横山運平（源三位の政）／鬼頭善平（中津山祐見）／澤井三郎（山中安兵衛）／山田好良（猫丸）／上田吉二郎（運の行者）／新藤英太郎（按摩の六蔵）／深見泰三（大岡越前守）／冬木京三（彦三郎）／大家康宏（屑屋正兵衛）／石川冷（鳶の者）／高松文麿（助八）／花澤徳衛（願哲）／五月潤子（お百）／濱路良子（乳母）／藤間房子（お源）／金剛麗子（おかん）／小笠原章二郎（助十）／花井蘭子（おとわ）／鳥羽陽之助（権三）

この年、九月一〇日にJ．O．スタヂオはP．C．L．映画製作所などと合併して東宝映画が設立、スタジオは東宝京都撮影所となる。伊丹万作が『新しき土』（二月四日）、『故郷』（五月一日）に続いて手がけた『権三《ごんざ》と助十』、作は岡本綺堂の戯曲の映画化。大正一五（一九二六）年に初演された新歌舞伎の演目で、一八世紀以降に成立、庶民に親しまれてきた講談「大岡政談」のエピソードの一つ「権左と助十」をベースにしたもの。この物語はさまざまな芝居、講談、映画の題材となっているが、岡本綺堂の戯曲を映画化したのは、この伊丹万作版だけ。

「権左と助十」は、講談「大岡政談」の「小間物屋多兵衛」の登場人物をスピンオフさせ、歌舞伎化されたのが、明治三〇（一八九七）年。東京市本郷区の春木座での上演が最初で、三代目片岡我當が権三を演じた。それを元に岡本綺堂が二幕の「世話物」として戯曲にまとめ、一九二六（大正一五）年七月、東京・歌舞伎座で上演。この時、権左を一五代目市村羽左衛門《うざえもん》、助十を二代目市川左團次《さだんじ》が演じている。初演では、大岡越前守が登場せずに、長屋を舞台に、町

人、駕籠かき、左官屋、願人坊主など庶民だけで物語が展開したが、伊丹万作による本作では、深見泰三演じる大岡越前守が登場する。

映画版で、江戸っ子で威勢の良い駕籠かき、権左を演じているのが鳥羽陽之助。新劇出身で大正後期には舞台で活躍していたが、大正一五（一九二六）年、京都・御室のマキノ・プロダクションで、月形龍之介主演『修羅八荒』（二川文太郎）で映画デビュー。昭和二（一九二七）年に日活へ移籍。のちにアノネのオッサンとして一世を風靡する高勢實乘と「極楽コンビ」を組んで、山中貞雄『丹下左膳余話 百萬両の壺』（一九三五年、日活太秦）などに出演。山中貞雄『森の石松』（一九三七年、日活太秦）で清水次郎長を演じたのち、この年J．Oスタヂオへ移籍した。「極楽コンビ」でのユーモラスなイメージが本作に帰結した。

一方、おっとり刀の相棒の助十を演じているのは小笠原章二郎。旧唐津藩の子爵・小笠原家一四代当主・小笠原長生の次男。まさに子爵の息子で、そのお坊っちゃんキャラで若殿役などを演じていた。兄は映画監督・小笠原明峰。その小笠原プロダクション専属として大正一〇（一九二一）年に映画界入り。ちなみに長男・明峰は映画監督となり廃嫡、次男の章二郎も俳優になったため家督は四男・長勝が継いだ。日活からJ．O．スタヂオへ移籍。『権左と助十』での演技が好評で、この年、J．O．スタヂオが東宝映画京都となり、アノネのオッサンこと高勢實乘とコンビを組んで『日本一の殿様』（一二月八日、萩原遼）でダブル主演。「バカ殿」を演じて人気者となる。

この二人をフィーチャーしての長屋を舞台にしたコメディで、貧しくても明るくたくましく生きている長屋の連中がイキイキしていて楽しい。

トップシーンは、小言ばかりの大家六兵衛（高堂黒天）が、溜まっている店賃を集めに長屋を回る。そこで住人のさまざまな人物が浮き彫りにされ、滞納の言い訳や、それぞれの事情が描かれる。

運の行者（上田吉二郎）が屑屋正兵衛（大家康宏）の息子の「ムシ」を抑えようと加持祈禱。上田吉二郎の口跡がなかなかいい。長屋仲間のよしみで祈禱料はタダ。だから金が全くない。家賃は貯める一方。大家は「私の用事は言わなくてもわかっているが、用さえ済めばすぐお暇するよ」。画面はワイプとなり、ロングショットで「大家さん頼む、頼む」「じゃぁ一〇日には間違いないだろうね」。加持祈禱の権威はどこへやら、頭を下げる運の行者。

軒割長屋を俯瞰ショットで捉え、大家は次の店子の家へ。古道具屋の親父、倅の女房がカンカンだから「早く帰ったほうがいい」と追い返そうとする。「冗談じゃないよ。貰わないうちは、私は死んだって帰らないよ」「今日は命懸けで取りに来たね。しかし、不思議だなぁ、お前が現れると不思議に幾らか持っていくね。未だかつて、お前はんのところから持ってきた試しはねえね」「店子のところに店賃を持ってくる大家はないよ」。一時が万事この調子。

続いて向かいの「二八そば屋」源三位の政（横山運平）のところへ。娘・おとわ（花井蘭子）が、大家の倅新七（澤村昌之助）から、付け文された話をする。「読んだのか？」「面白かったわ」「それあんた持ってるだろ？」「はばかりへ持ってってって使っちまったわ」。大家はひと安心して「実は店賃が三つ溜まってるんだがな」。

寝ていた源三位の政が起きて大家に頭を下げる。「あったわ！」とおとわ。店賃のお金かと思いきや、倅の付け文を持ってくる。息子の恥を何とか取り戻したいから「それをこの大家に売らないか？」「いやいや」。完全におとわのペースである。大家の横顔のアップ。「一〇〇文」「じゃ三〇〇文」とどんどん大家が値を釣り上げていく。「一体幾らなら？」「そうねえ店賃を……」。結局、大家は倅の手紙を買い取るために店賃、半年分を棒引きにしてしまう。このおかしさ。花井蘭子のチャーミングな魅力が際立っている。

先ほど、運の行者の家にいた屑屋正兵衛のところへ行くと、子供が「ちゃん、腹減った」と泣く。見かねた大家「これで何か食べさせなさい」とお金を置いていく。

続いては浪人・山中安兵衛（澤井三郎）。「実は先だってからちゃんと用意をして待っていたのだ」「えらい、さすがお武家様」。しかし、「ご承知の通り、我が家の店賃は二つしか滞ってない」しかし、長屋連中は全員「三つ以上」貯めている。そこで「歩調を合わせて欲しい」との取り決めで「三つ以上滞らせてもらいたい」。でないと仲間から排斥されることになったから払わない。「義理というのは辛いものだなぁ」と無茶苦茶な理屈で追い返す。結局、大家は今月も店賃を取りはぐれのまま。

ここまで映画が始まって二〇分。まだ権左と助十は登場しない。原作の戯曲の構成通りだが、この店賃取り立てシーンが、まるで落語のようで楽しい。ドリー撮影、俯瞰、そしてワイプ、モンタージュも見事で、髙堂黑天のユーモラスなリアクション、強かな住人たちのキャラクターも鮮やかに描き分けられている。

ここで長屋のおかみさんの絶叫。奥の井戸を挟んで、権左と助十が大げんか。助十は片肌脱いで、包丁を持って啖呵を切る。「今俺が、権三の野郎を頭からぶつ切りにして、わさび醬油をかけて食っちまうから見ててくれ」。権左も包丁を手に「どっこいそうは行かねえわ。秋刀魚の干物なら知らねえこと。こっちも生きてる人間だ。てめえの鈍《なまくら》包丁が一寸とも動かねえうちに、己の魚を刺身にして……」と物騒なこと。

まさに落語の世界。権左と助十、二人とも威勢が良くて啖呵が気持ちいい。聞けば、祝儀の分け前を四分六分か、五分五分にするかで揉めている。

ひと騒動あったところで大家、権三に「今日は店賃を入れてもらおう」。急に低姿勢の権三「もう二、三日……」と拝む。この変わり身がおかしい。「金がないなら仕方ない」、店賃のカタに駕籠を持って行こうとする。権三「じゃあ、しょうがない。好きにしてもらいましょうよ」。ところが助十「この駕籠は手前一人のもんじゃないぞ、半分は後棒を担いでいる俺のもんだ！」と権利を主張。ならば「こうすりゃ文句はねえんだろう？」と権三は、駕籠を真っ二つに切ってしまう。「半分はてめえのもんだ」。もう無茶苦茶。鳥羽陽之助の口跡の良さに惚れ惚れする。

結局、その夜、権三と助十、大家さんに頭を下げる。「新しい駕籠を買うには幾らかかる？」と聞かれて「二分もありゃ、新しいのが買えるんですがね」「呆れけえった野郎だ」。こんな調子で、長屋連中の賑やかな日常が展開されるく。のちの「落語長屋」シリーズのような楽しさがある。

ここから物語が動き出す。金貸し・お源（藤間房子）から借りた借金のカタに、おとわが四日市屋に奉公に行くことになる。「音に聞こえたヒヒオヤジ」にみすみす行かせてなるまいと、恋人の助十が止めるが、金が仇の世の中、どうにもならない。「助さんよりも誰よりも、一番悔しいのはこのあたいよ」。結局、権三と助十は、おとわを駕籠に乗せて四日市屋へ。

一方、おとわの父・源三位の政が、そばの丼を取りに行くと、お源が何者かに殺されていて、お源殺しの下手人として牢に入れられる。しばらくして、政の倅、彦三郎（冬木京三）が上方から戻ってきて、父の汚名を晴らすべく、真犯人探しを始める。権三と助十も、犯行の夜に、真犯人らしき男を駕籠に乗せていて、彦三郎に協力するが……

クライマックスは「大岡裁き」となる。J.O.スタヂオ専属で、石田民三の『花火の街』や伊丹万作の『故郷』にも出演していたバイプレイヤー、深見泰三が大岡越前守を演じている。江戸風情、そして長屋の人情、江戸っ子の権三と助十のコミカルなキャラクター。娯楽映画としての楽しさに溢れた快作となった。

チーフ助監督は佐伯清、市川崑がその助手を務めていたが、撮影中に権三と助十が半纏を着てないシーンがあり、画面が繋がらないことが判明した。現場での確認を怠った責任を感じた市川崑と佐伯清が、伊丹万作に謝罪をすると、「どうして君たちが謝るんだ。監督の僕がうかつだったんだ。セットを建て直して、撮り直そう」と怒ることなくリテイクに臨んだ。

伊丹万作は、翌昭和一三（一九三八）年、ヴィクトル・ユーゴーの『レ・ミゼラブル』を翻案した、大河内傳次郎主演の『巨人傳』（東宝映画東京）の脚色、監督を務めるが、公開直後に結核を患い、七年間の療養生活を余儀なくされる。

その後、稲垣浩の『無法松の一生』（一九四三年、大映）のシナリオを手がけ、高く評価されるが、昭和二一（一九四六）年九月二一日、四六歳の若さで亡くなる。

伊丹万作は、一九三七年から三八年にかけての東宝時代を『新しき土』ののち、東宝で、二倍の時間と労力を費し、私は一年間の精力を意味なく浪費した」（『伊丹万作全集 第3巻』筑摩書房、一九六一年）と述懐している。

若い人

一九三七年一〇月八日／東京発聲映画製作所／豊田四郎
提供＝東宝株式会社／製作＝東京発聲映画製作所／1937.10.08、1937.10.17・福岡寿座、1937.11.17・日比谷映画／一〇巻・二、四一〇m／八八分

【スタッフ】原作・石坂洋次郎（三田文学掲載・改造社出版）／監督・豊田四郎／脚色・八田尚之／撮影・小倉重弥／聖楽・津川主一／音楽・久保田公平／録音・中川弘一／美術・河野鷹思／装置・角田五郎

【出演】大日方傳（間崎先生）／市川春代（江波恵子）／英百合子（恵子の母・ハツ・P.C.L.）／夏川静江（橋本スミ先生・特別出演・東宝劇団）／山口勇（佐々木先生）／伊藤智子（山形先生・P.C.L.）／林千歳（橋本の義母）／押本映二（視学官）／鹿島俊策（視学官）／松林清（山川博士）／稲田勝久（校長）／春日章（船員・江口）／松田宏一（車掌）／平陽光（小使）／吉川英蘭（長野先生）／井上千枝子（下宿の小母さん）／川田喬子（佐々木の妻）／芝由美（泉先生）／アルガード夫人（ミス・ケート）／松川和子（看護婦・細川）／菊川郁子（畠山）／田代桂子（田代ユキ）／川上蓉子（増井アヤ）／更科弓子（ミス・チョコレート）

石坂洋次郎は、青森県弘前市に明治三三（一九〇〇）年に生まれ、慶應義塾大学文学部を卒業後、郷里に戻り、青森県立弘前高等女学校（現・弘前中央高等学校）勤務を経て、秋田県立横手高等女学校（現・横手高等学校）での教員生活中に小説を執筆。『三田文学』に昭和八（一九三三）年八月から昭和一二（一九三七）年一二月にかけて、断続掲載した『若い人』は昭和一二年二月に改造社から単行本前半、一二月に後半が刊行され、高い評価を受ける。

石坂は、この『若い人』で、教員のまま人気作家となった。北国の港町のミッションスクールを舞台に、若き男性教師と女学生、そして女性教師の揺れ動く心を描いた内容は、当時としてはセンセーショナルだった。しかし日中戦争が激化しつつある時代「こうした内容はけしからん」と右翼が「一部内容が不敬にあたる」と検事局に告訴。「軍人の剣は鉛筆を削ったり、果物の皮を剝くのにも使われる」と言う表現が問題とされるが、結果的には不起訴となる。軍

国主義のなか、リベラルな石坂文学は、それ自体がセンセーショナルだった。

「若い人」が『三田文学』に掲載中に、東京発聲映画製作所が映画化を企画。八田尚之が脚色、豊田四郎が演出にあたった。昭和一二年一〇月に地方で先行上映後、一一月一七日、東宝映画の配給で、東京日比谷の洋画ロードショー館・日比谷映画で封切られた。

東京発聲映画製作所は、昭和一〇（一九三五）年、松竹出身の日活の監督・重宗務が、日活資本で設立したトーキー専門会社。本作の脚本を手がけた八田尚之も日活出身で、企画製作部長を務めていた。豊田四郎も、松竹蒲田から設立と同時に移籍してきた。いわば新進気鋭の映画会社だった。だからこそ、石坂洋次郎の「若い人」を選んだのだろう。

北海道・函館にあるミッション・スクールに勤める、二八歳の青年教師・間崎慎太郎（大日方傳）は、女生徒・江波恵子（市川春代）の奔放さに振り回されながらも、次第に惹かれてゆく。恵子は、料亭の女将・江波ハツ（英百合子）の一人娘だが、酒にだらしなく、男関係も多いハツの私生児として、強烈なコンプレックスを抱いている。それゆえ、間崎に父性を求め、問題行動を次々と起こして、注意を引いて、その愛情を求める。一方、同僚教師・橋本スミ（夏川静江）も間崎に惹かれているが、間崎の江波の指導に対して痛烈な批判をする。

日活出身のチャーミングな市川春代は、僕らの世代でもマキノ雅弘監督『鴛鴦《おしどり》歌合戦』（一九三九年、日活太秦）などでおなじみ。日活のスターだったが、昭和一〇年、東京発聲映画製作所の設立に加わって、トーキーの時代を担っていく。この年二月四日公開のアーノルド・ファンクと伊丹万作の日独合作『新しき土』、豊田四郎の『オヤケ・アカハチ』（六月一日）出演後に、『若い人』のヒロインを演じた。

ここでも、市川春代のベビーヴォイスが堪能できる。ミッションスクールの女の子たちの日常は、当時の女学生たちのリアルな感じを見せてくれる。戦前の学校というとどこかスクエアなイメージがあるが、ミッションスクールの女の子たちは、極めて現代的である。

その女学生の憧れの的である青年教師を演じた大日方傳は、松竹蒲田の若手スターとして、田中絹代との『恋の花咲く伊豆の踊子』（一九三三年、五所平之助）や小津安二郎の『出来ごころ』（一九三三年）などで大人気となる。

また、当時としても「新しい女性」を演じた夏川静江は、一九二三（大正一二）年、一四歳で日活向島撮影所の作品に出演、『街の子』（一九二四年）の主演となり、その後日活京都で活躍。トーキー専門スタジオ、京都のJ．O．スタヂオに移籍して、第一作『百萬人の合唱』（一九三五年）のヒロインとなる。

原作やその後のリメイクでも物語の中心となる、東京への修学旅行のシークエンス。間崎先生が引率役となり、東京への夜汽車の車掌室で、恵子が声を上げて泣くシーンもあるが、彼女の複雑な心境を映像化するまでには至っていない。特に、恵子の情熱が恋愛感情となっていくプロセスは、流石に描かれていない。

後半、母・ハツと喧嘩した恵子が、間崎の下宿に転がり込んでからの展開は、パッションがセックスとは結びつかず、未消化の印象を受けるが、当時としてはこれでもギリギリだろう。

間崎は恵子を下宿に泊めるわけにもいかないので、橋本スミに頼んで、彼女の下宿に連れてってもらおうとするが、橋本先生は、恵子が間崎を愛していることを知り、間崎に恵子との結婚をすすめるために、嵐のなか、恵子を外に待たせて、間崎の下宿に戻る。ここで「北國篇　終」とエンドマーク。なんともモヤモヤする結末となっている。

原作では、間崎はハツの料亭でハツの内縁の夫と酔客たちの喧嘩の仲裁に入って大怪我を負う。このシーンは石原裕次郎版にもあったが、原作ではその後、江南宅で療養していた間崎が恵子と結ばれる。その後も恵子の行動はどんどんエスカレートする。また、橋本先生は、自宅の勉強会が左翼集会にあたるということで検挙される。そこから二転三転して、恵子は間崎に「私たちは終わった」「これからは橋本先生との関係が始まる」と告げる。

その後の映画化でも、恵子の行動は、母親の愛を求めても得られない感情を、若い先生にぶつける「青春の感情」として描かれ、それゆえ恵子を演じた女優が輝く、という黄金律となっていく。

その後の映画化作品は次の通り。

昭和二七（一九五二）年、東宝、市川崑監督、和田夏十脚本。島崎雪子（江南恵子）、池部良（間崎慎太郎）、久慈あさみ（橋本スミ）。

昭和三七（一九六二）年、日活、西河克己監督、三木克己脚本。吉永小百合（江南恵子）、石原裕次郎（間崎慎太郎）、浅丘ルリ子（橋本スミ）。

昭和五二（一九七七）年、東宝・サンミュージック、河崎義祐監督、長野洋脚本。桜田淳子（江南恵子）、小野寺昭（間崎慎太郎）、三林京子（橋本スミ）。

新選組

一九三七年一〇月一一日／P.C.L.映画製作所＝前進座／木村荘十二
東宝映画株式會社／製作＝P.C.L.映画製作所＝前進座／1937.10.11・日本劇場／八巻・一.九九二m／七三分／日劇同時上映『高圧線』（一九三七年、ワーナー、レイ・エンライト）／同時上演「第廿九回日劇ステージ・ショウグッドバイ・ヒロセ」二景（一〇月一一日〜二〇日）

【スタッフ】作・村山知義　中央公論所載／東寶・前進座提携第三回作品／演出・木村荘十二／製作・武山正信／製作主任・石橋克己／撮影・鈴木博／録音・安惠重遠／装置・久保一雄／編輯・岩下廣一／音楽・太田忠／演奏・P.C.L.管絃樂團

【出演者】前進座総出演／河原崎長十郎（近藤勇）／中村翫右衛門（土方歳三）／嵐芳三郎（沖田総司）／山岸しづ江（姉・おしづ）／山縣直代（おきぬ）／河原崎國太郎（新選組隊士・中村小三郎）／橘小三郎（原田左之助）／市川菊之助（永倉新八）／山﨑進藏（岸島芳太郎）／中村公三郎（矢内賢之助）／市川岩五郎（安富才輔）／澤村千代太郎（林信太郎）／市川進三郎（久米部正親）／瀬川花章（尾岡政一郎）／澤村比呂志（前野五郎）／中村鶴藏（勝安房守）／助高屋助藏（松本良順）／坂東調右衛門（榎本對馬守）／市川楽三郎（慈圓）／市川笑太郎（床屋）／市川莚司（金さん）／瀬川菊之丞（鉄さん）／御橋公（植甚）／三島雅夫（大島屋）／小杉義男（音五郎）／中村進五郎（馬丁忠助）／中川章次（佐藤駿河守）／市川扇升（村の若者・池田）／山﨑島二郎（日本人醫師）／坂東みのる（小使）／嵐敏夫（鉄砲屋の小僧）／山﨑長兵衛（名主助左衛門）／一の瀬ゆう子（お孝太夫）／清川玉枝（深雪太夫）

前衛芸術家にして劇作家・演出家として大正時代から戦後にかけ、さまざまなアプローチを試みてきた村山知義。P.C.L.映画『戀愛の責任』（一九三六年）で監督デビューを果たし、成瀬巳喜男の『雪崩』（一九三七年）の構案（シナリオ原案）を手がけてきた。

村山知義は、大正二（一九一三）年、私立開成中学に入学してほどなく、内村鑑三に師事してキリスト教に心酔。反戦主義のキリスト教を信仰したため、同級生から理不尽な暴力を受け、心ある同級生の戸坂潤の影響でショーペンハウアーやニーチェに夢中になりキリスト教を棄教した。

その後、日本共産党に入党、マルキストとしてプロレタリア演劇運動を続けるも逮捕を機に、昭和八（一九三三）年、転向して出獄した。村山にとって、この「棄教」と「転向」体験がのちの文学、演劇活動に大きな影響を与えている。

昭和一二（一九三七）年、『中央公論』に発表した「新選組」は、マルクス主義歴史観をベースに、歴史における敗者としての新選組がたどった「滅びゆく刻」を描いている。時代の変革、近代化の波に乗ることなく、滅びの道をひたすら辿らざるを得なかった非ブルジョア集団・新選組。変わることを拒否し、江戸幕府が続いていくことを信じ続けた近藤勇、変わらねばならないと思いながらも自分のスタイルを貫いた土方歳三、そして死と向き合いながら生きたかった沖田総司。鳥羽伏見の戦いに敗れた後、わずか四四名となった敗残の隊士たちの最後を描いている。しかも、そこには「滅びの美学」もロマンチシズムもない。村山知義のクールな視点が貫かれている。

「東寶・前進座提携第三回作品」とタイトルにあるように、この年P.C.L.と前進座は、『戦國群盗傳 前後篇』（二月一一日・二月二〇日、滝澤英輔）、『人情紙風船』（八月二五日、山中貞雄）とユニット作品を製作してきた。これまでの二作は「鳴滝組」の滝澤英輔と山中貞雄が手がけてきた。第三作となる『新選組』は、村山知義原作脚色ということもあり、村山の盟友でもある木村荘十二が演出。東宝映画株式會社創立を記念しての大作として大々的に喧伝された。

近藤勇を河原崎長十郎、土方歳三を中村翫右衛門、沖田総司を嵐芳三郎の幹部俳優が演じ、前進座俳優が、それぞれ新選組隊士を演じている。時代劇大作とはいえ、この『新選組』は、鳥羽伏見の戦いに敗れ、官軍の猛追から逃れて、大阪から幕府の軍艦・富士丸で江戸に向かうところから物語が始まる。江戸に着いて早々、勝海舟（中村鶴藏）から命ぜられ「甲陽鎮撫隊」として甲府城へ向かうが、それも勝ち目のない戦いとなる。

村山知義のシナリオ、木村荘十二の演出は、どんなに追い詰められても、近藤勇も、土方歳三も、沖田総司もそれまでの自分であり続けようとして、それゆえに時代の波に飲み込まれていく。カタルシスも悲壮感もない。時代に取り残された男たちの悲劇とも取れる。

慶応四（一八六八）年、鳥羽伏見の戦い、淀千両松の戦い、橋本の戦いで新選組の隊士たちは負傷し、戦死者も多数出ていた。榎本武揚（坂東調右衛門）が指揮する幕府の軍艦・富士丸で江戸へ向かう隊士たち。近藤勇（河原崎長十郎）、土方歳三（中村翫右衛門）も疲弊していた。

荒波のなか、深傷を負っていた隊士・山崎丞が亡くなる。「山崎が死んだぞ！」大声で叫ぶ隊士。左腕を負傷して横になっている近藤勇が「大声で怒鳴るな。士気が阻喪する。バカなやつだ」と叱る。これが河原崎長十郎の初登場のシーン。メイクも鬼気迫る形相。

一方、土方歳三は静かに隊士の名簿を記している。「四四人、この一〇日の間に、新選組も二〇〇人から四四人になってしまったぞ」。近藤は「土方、お主の顔はベソをかいているようだぞ。お主がベソをかき、俺が笑う。この気性はお互いにどうにもならんな」と笑う。ここで二人の資質の違いを明確にする。

やがて隊士たちが山﨑丞の亡骸を抱えて船のデッキへ。セット撮影だが、木村荘十二らしく、ロングで全体を捉える前に、隊士たちの足元、嵐に濡れた船のデッキを移動撮影で見せる。船上での葬送。隊士のほとんどが、頭や腕に包帯を巻いている。そのなかで無傷に見えるのが美剣士・沖田総司（嵐芳三郎）である。

演じている五代目嵐芳三郎は、明治四〇（一九〇七）年、東京・上野の生まれ。七歳のとき本郷座で初舞台、昭和二（一九二七）年に五代目嵐芳三郎を襲名。前進座に参加して、女形、二枚目を得意とした。面差しが少し長く、長身だが、本作ではほとんどのシーン、床に伏せっているだけに、このファーストカットのキリリとした表情が印象的。

近藤勇が弔辞を読む。「就中《なかんずく》、密偵として池田屋に忍び、古高俊太郎らの朝廷ご遷座の大陰謀を暴き出し、池田屋に一味を斬って、大変を未然に防ぎたる功は、永久に没すべからず」とその功績を称える。

この「昔は良かった」「あの時は何人を斬った」という過去の栄光が、亡霊のように登場人物を支配する。江戸へ戻って、体勢を立て直して、再び薩長と戦おう。幕府が新選組を必要としている。それが近藤勇たちの縁《よすが》となっていく。

榎本武揚の弔辞もまた虚しい。最後に沖田総司が、山﨑の亡骸を吊るしているロープを一刀両断。これが、本作で唯一、沖田総司が刀を抜くショットである。荒海に沈んでいく山﨑丞。

一方、京都では新選組の井上源三郎、中村玄道、和田十郎が処刑され「梟首《きょうしゅ》」。つまりさらし首にされている。「新選組もこうもなったら、もうなんともないわ」「新選組も鉄砲の前にかかったらあかんな」と町人たち。その噂話に耳を傾ける駕籠の女性。土方歳三が愛した島原の深雪太夫（清川玉枝）である。その脇を官軍が《錦の御旗》を演奏しながら行進していく。

深雪太夫が訪ねたのは、妹・お孝太夫（一の瀬ゆう子）。のちのドラマや映画では、この深雪太夫とお幸太夫の姉妹が、近藤勇を取り合うエピソードも描かれているが、史実では、近藤勇が早逝した深雪太夫を忘れることができずに、お孝太夫を身請けしたという。村山知義版では、お孝は原田左之助（橘小三郎）に身請けされ一子を設けている。

深雪太夫は、使者が近藤勇の手紙を届けに来て「近藤はんも原田はんも、江戸へお行きやしたで」と伝えに来たのだ。鳥羽伏見の戦いから、今日までの顚末を深雪太夫が語る。「原田左之助も一緒と書いておるで、どないしまほ」と泣き崩れるお孝。「江戸へお行きやして、どないするつもやろ」。

赤ん坊を抱えて、これからどうしよう。お孝は呆然とする。深雪も、「島原木津屋の深雪太夫いうたら、近藤はんのものと知らん人があらへんさかいに、これからどない苛められることやら」とため息。

そこへ、おきぬ（山縣直代）がやってくる。沖田総司の恋人で、胸を患っている沖田が心配でならない。深雪は近藤から「沖田はんのことは思い切るようにって。沖田はんにも別れの手紙を書かせる」。残された女たちも、また時代の波に翻弄されていく。

さて江戸に着いた新選組。負傷した者は、横浜の外国人医師の診療所で療養。「攘夷の急先鋒、病んでは異人に頼るか」「土方先生もいくら洋服を着るからといって、我々も毛唐の病院に入れんでもいいのに」と自嘲気味に笑う。そこへ日本人医師（山﨑島二郎）が、沖田総司に、近藤勇からの指示で、浅草今戸の医師・松本良順（助髙屋助藏）で「胸の療養をするように」と告げる。

浅草の床屋「吉床」では、職人の金さん（市川莚司）が鉄さん（瀬川菊之丞）に「品川に軍艦を見にいかないか」と誘う。公方の海陽丸、新選組の富士丸などの幕府海軍の軍艦見物である。「軍艦眺めてイナダの夜釣りか？　腰が冷えるぜ」「先に抱くってのはどうだ？」と金さんは品川での女郎買いが目的だった。このワンシーンだけだが、市川莚司、のちの加東大介の江戸前の芝居がいい。ここで品川での永倉新八（市川菊之助）の狼藉が噂話となる。

その床屋のすぐ近く、浅草今戸の松本良順は幕府の御殿医でもあり、江戸城中の情報を近藤勇に伝えてくれる。将軍家は恭順の意を示して、上野東叡山《とうえいざん》で謹慎することになった。勝安房守（中村鶴藏）の策略で初めから戦う気がなかった将軍家は江戸城を明け渡すことになる。

史実では、二月一二日、徳川慶喜は江戸城を徳川慶頼と松平斉民に委任して退出し、上野寛永寺大慈院に移って、謹慎生活を送る。

近藤勇はその日、新選組で上野に行く将軍を警護しようと考える。松本良順はどうせ戦わないのなら、できるだけ恭順した方が「上様のおためになる」と近藤を諭す。「京、大阪のような短気はお越しなさんな」と。

松本良順の診断では、沖田総司の病状は良くなく、静かな郊外で療養するのが一番ということで、良順の知り合いの植木屋・植甚（御橋公）の離れに移る。その看病を、料理屋に嫁いだ総司の姉・おしづ（山岸しづ江）がすることに。総司とは二人きり、天涯孤独の姉弟。せっせと料理を折り詰めにして、弟との日々を大事に過ごしている。演じる山岸しづ江は、昭和六（一九三一）年、前進座の創設に参加、前年に河原崎長十郎と再婚。晩年は大島渚の『儀式』（一九七一年）まで出演した。

一方、京都のおきぬは、病気で寝ている総司のことが心配で、江戸へ立つ決意をする。山縣直代は、松竹蒲田、新興キネマを経て、昭和一一（一九三六）年、『處女花園』（矢倉茂雄）に出演、成瀬巳喜男『君と行く路』（同年）の悲劇のヒロインなどを演じ、P.C.L.映画の看板女優となる。昭和一三（一九三八）年の『青空二人組』（岡田敬）を最後に、映画界を引退した。P.C.L.から東宝へ、わずか二年間の専属期間だが、その可憐さは遅れてきた世代も魅了する。

幕府の対応に腹を据えかねた近藤勇。「この上、上様の御意向に従うことは、薩長の奸賊《かんぞく》ばらに引き渡すことになる。たとえ朝敵の汚名を受けるとも、断じて戦うことこそ、上様のお為だ」と激する。小栗上野介の言う通りに駿河湾に軍艦を置いて、西軍を総攻撃して箱根の険を破れば新選組の勝利だったのに、と松本良順は臍《ほぞ》を噬《か》むが、それは後の祭。

そこに、勝海舟＝勝安房守の命が下る。五千両の軍資金を新選組に与え、甲州城で官軍を迎え撃てと、近藤勇に指示を出す。土方歳三も「やっと時が来たな」。いよいよ「甲陽鎮撫隊」の結成である。なぜ勝海舟が、新選組の後押しをして、金子を貢いだのか？

「江戸市中には、彼らを含め暴発を好む輩が少なくない。いかに言い聞かせても大勢を見ることはできません。密かに官軍に通じて、上様のご一身をも安泰にしようとする勝の意中をわかろうはずはございません。追討令は追悼令。恭順していられる上様には、必ず相当な礼を尽くすことは、この勝安房、向こうとはちゃんと約束固めてございます。近藤、土方の一味などは、結句、いずれにしても自滅することこそ、望ましい連中。上様のお許しが出たと称し、おだて上げて、無頼の輩ともども、甲州へ追いやる謀でございます」。これが勝の本音である。

巷間言われていることや、史実とは微妙に異なるが、これが村山知義の「新選組」のテーマである。世の中の流れを無視して、変革を受け入れることのできない近藤勇や新選組。「時代に取り残された男の悲劇」である。勝海舟の強《したた》かさこそが、時流であるのに……。

新選組は嬉々として、鉄砲を大島屋（三島雅夫）から仕入れ、隊士たちに武装させ、大砲を誂えて甲州へ向かう。意気揚々の近藤勇は、途中、久しぶりに生まれ故郷の上石原へ立ち寄る。兄・音五郎（小杉義男）との再会。隊士たちも英気を養うが、官軍が迫っているとの知らせにすぐに甲州へ。慣れぬ鉄砲を抱え、大砲を運ぶ一行に容赦なく豪雨が襲いかかる。遅々として進まぬなか、脱走者が相次ぐ。

本作は戦いのシーンがほとんどない。敗走と、負けとわかっている戦いのための行軍で疲弊していく男たちの描写が続く。同時進行で、沖田総司の最期の日々が描かれる。

あと僅かで甲府、という時に先に官軍が甲府城へ。応援を待つべく、待機する鎮撫隊。次第に追い詰められていく。土方歳三は「退くべき時に退くことができなきゃいかん」と近藤勇に退却を促し「会津へ行こう」と提案するが、近藤は頑なに譲らない。「上様のおいでになる関東をこのまま見捨てて走ろうと言うのか？　俺は嫌だ。俺はなんとしてでもここでひと戦するんだ！」と渦中に飛び込む。土方は「犬死にするのは嫌だ」と会津へ向かう。

史実では、その後、近藤勇は敗走して、三月八日、八王子宿で江戸引き揚げ宣言をする。永倉新八、原田左之助らは残党たちと会津での再起を図る計画を立てるが、近藤は二人に家臣となる条件を提示し、両者は決裂。永倉と原田は離脱。その後、四月三日に近藤勇は捕縛され、四月二五日、板橋刑場で断首された。

映画は、沖田総司の病状が予断を許さなくなった頃、近藤勇の断首が人々の噂にのぼる。姉・おしづは、弟にショックを与えまいと、そのことを耳に入れないようにする。そこへ、京都からおきぬが、ようやく到着。愛しい総司と感動の再会を果たす。おきぬを抱き寄せる総司。「もう大丈夫だよ。おきぬさん、近藤先生もきっと許してくれるよ。おきぬさん、俺は三万石のお大名になったんだ。お前にも苦労させたな」と嬉しそうに話す。そこで、おきぬは何か言いかけようとするが、おしづのアイコンタクトで、それをやめる。総司はおきぬを強く抱く。近くを行進する官軍の《錦の御旗》が高鳴り、新選組の時代の終結で「終」マークとなる。

数ある「新選組」映画でも、これは異色作であるが、村山知義による「時代に取り残された男・近藤勇」の描き方は、美学とは無縁の「敗残の悲しみ」である。この年、日中戦争が勃発して、日本は後戻りのできない軍事国家となっていくが、ここまで「負け戦」を描いた作品が作られていたことは特筆すべきである。P.C.L.は、プロレタリア映画人、舞台人、俳優たちが「志」を抱いて映画作りをしてきた。ここでP．C．L．の時代から、東宝映画の時代へとシフトしていくのも、象徴的である。

前進座と東宝ユニット作品はこの後も『阿部一族』（一九三八年、熊谷久虎）、『逢魔の辻　江戸の巻』（一九三九年、滝澤英輔）、『その前夜』（同年、萩原遼）、『幡随院長兵衛』（一九四〇年、東宝映画京都、千葉泰樹）、『大日向村』（同年、東京発聲・豊田四郎）と続く。

また『音楽喜劇 ほろよひ人生』（一九三三年）から四年、一七本の作品を撮ってきた木村荘十二にとっても『新選組』は代表作の一つとなった。この後、木村荘十二は『牧場物語』（一九三八年）、『揚子江艦隊』（一九三九年）、『海軍爆撃隊』（一九四〇年）を東宝で手がけ、満州映画社へ移籍。そこで『蘇少妹』（一九四五年）を監督することとなる。

東海美女傳

一九三七年一〇月二一日／J．O．スタヂオ／石田民三
提供＝東宝映画株式會社／製作＝J．O．スタヂオ／1937.10.21・日本劇場／一〇巻・二、六〇六m／九五分／日劇同時上映『透明人間』（一九三三年、ユニバーサル、ジェームズ・ホエール）／第廿回日劇ステージ・ショウ スポーツ・レヴュウ」（一〇月二一日〜三〇日）／改題再上映『将軍を狙う女　東海美女傳』六六分

【スタッフ】製作・小山一夫／原作・大毎・東日連載／脚色・白浜四郎、加戸野恩児／撮影・上田勇／美術・高橋庚子／録音・宮崎正信／照明・丸川武郎／音楽・伊藤宣二／監督助手・中村正／編輯・畑房雄／演出・石田民三／主題歌 ポリドールレコード・A《東海美女傳》（作詩・佐藤惣之助、作曲・伊藤宣二、唄・上原敏）・B《涙の十字架》（作詩・佐藤惣之助、作曲・伊藤宣二 唄・青葉笙子）／合唱・ポリドール合唱団
【出演者】原節子（小西行長娘・お由利）／花井蘭子（築山の娘・お鶴）／黒川彌太郎（豊臣残党・磧田与四郎）／鳥羽陽之助（徳川家康）／横山運平（石雲斎）／進藤英太郎（家康腹臣・野中三五郎）／永井柳太郎（金山奉行・大久保長安）／深見泰三（本多佐渡）／鈴村京子（阿茶の局）／山田好良（大久保忠隣）／大家宏康（松木新左衛門）／長島武夫（是枝九内）／大崎時一郎（伴天連）／五月潤子（家康愛妾・築山御前）

この年、アーノルド・ファンクと伊丹万作の協同監督による日独合作『新しき土』（二月四日）でヒロイン、大和光子を演じた原節子。三月から七月にかけてドイツ各地で映画館のステージに立った。その後フランス、アメリカへと洋行して帰国後、出演したのが同じJ．O．スタヂオでの石田民三作品『東海美女傳』である。

ポスターの惹句には「原節子帰朝歓迎映画・JO超特作・東寶映画提供」とある。九月にJ．O．はP．C．L．映画製作所、寫眞化学研究所、東宝映画配給と合併、東宝映画株式會社となった。本作の後、原節子は東宝と正式に契約、看板女優となっていく。ともあれモダンな東宝のスクリーンに相応しい可憐さ、美しさで原節子は銀幕の伝説となるが、そのスタートが本作である。原節子はこの時一七歳。

もう一人のヒロインは、この後、石田民三作品を彩って

いく一九歳の花井蘭子。子役としてキャリアをスタートして、昭和三（一九二八）年、松竹下加茂撮影所に入社。その後日活太秦撮影所で一年先輩の山田五十鈴と共に看板女優となる。そして昭和一二年六月、大河内傳次郎らとＪ．Ｏ．スタヂオに入社。並木鏡太郎『南國太平記』（八月一一日）、『裸武士道』（九月八日）、伊丹万作『権三と助十』（一〇月八日）と時代劇のヒロインを可憐に演じていた。

　原作は、村松梢風が大阪毎日新聞・東京日日新聞に連載した新聞小説。映画公開後に中央公論社から刊行された。小西行長の遺臣・磧田《せきた》与四郎が、徳川家康の正室・築山御前の遺児・お鶴と共に、家康暗殺を目論む。やはり家康に恨みを持つ小西行長の遺児でキリシタンのお由利は、二人を手引きしたために島送りを命ぜられるが……。歴史小説ではあるが虚実入り混じっての展開は伝奇小説の味わい。

　前年に新興キネマからＪ．Ｏ．スタヂオに移籍、『花火の街』（一月七日）、『夜の鳩』（五月一一日）を手がけてきた石田民三の演出は、次々と急展開するドラマの面白さもさることながら、花井蘭子、原節子の美しさを、クローズアップを多用して際立たせる。ヒーロー・磧田与四郎（黒川彌太郎）やお鶴（花井蘭子）たちの宿敵であるはずの徳川家康（鳥羽陽之助）を実にユーモラスな好人物として描いている。鳥羽陽之助は、日活京都で、アノネのオッサンこと高勢實乗と「極楽コンビ」を組んで山中貞雄『丹下左膳余話 百萬両の壺』（一九三五年）や荒井良平『江戸の春 遠山桜』（一九三六年）などでコミカルな味を見せてくれていた。本作の最大の魅力はこの鳥羽陽之助のユーモラスな徳川家康だろう。

　『東海美女傳』は、敗戦後、製作本数が激減した時に、再編集され『将軍を狙う女 東海美女傳』と改題再上映された。オリジナルは九五分だが、再上映版は六六分。当時は映画館との取り決めで「リバイバル公開」という概念はなく、短縮版は改題されて「別な映画作品」として上映された。のちのゴジラ映画が「東宝チャンピオンまつり」で改題上映されたのも、こうした慣習ゆえ。しかも当時は、ネガで編集することが多く、『エノケンのちゃっきり金太』（一九三七年）同様、本作も原版が存在せず『将軍を狙う女』ヴァージョンしか観ることができない。

　タイトルバックに流れるのは、上原敏が唄う主題歌《東海美女傳》（作詞・佐藤惣之助、作曲・伊藤宣二）。ポリドールから昭和一二年一一月新譜としてリリースされた。

♪富士の朝焼け　白帆に染めて
故国を出船の　波枕
濡らす飛沫が　あゝ忘れりゃろか

思い切りましょう　切られもしましょう
何を駿河の　あの山も
今は時雨の　あゝ雲の下

関ヶ原の戦いで、西軍の将として奮戦するも敗北して捕縛された小西行長は、キリシタンゆえ切腹を拒否して断首された。その家臣で、今は浪々の身である磧田与四郎（黒川彌太郎）は、徳川家康（鳥羽陽之助）の駕籠を襲撃するも、討ち損じてしまう。山小屋に逃げ延びると、そこでは石田三成の客分だった老人・石雲斎（横山運平）が、若い娘・お鶴（花井蘭子）と暮らしていた。

石雲斎は、鶴に芋粥を作らせて与四郎を歓待する。鶴もその精悍さに惹かれる。実は鶴は、家康の正室だった築山御前（五月潤子）の遺児で、実父である家康と腹心・野中三五郎（進藤英太郎）を「母の仇」として狙っていた。

一方、駿府城の家康は、小西行長の娘・由利（原節子）を人質として預かっていて、その美しさに魅了されて寵愛していた。寵愛とはいえ、この映画の家康は、キツイ性格の正室・阿茶の局（鈴村京子）の前では恐妻家で、その反動というか「癒し」に由利を愛でている。手を出したという感じではない。

さて由利は、父・小西行長同様にキリシタン信者。史実では行長には四人の娘がいたが、原節子の由利はそのいずれでもない。いわば架空のヒロイン。信仰にすべてを捧げている。

やがて築山御前の命日。鶴は与四郎の手を借りて、本懐を遂げるべく野中三五郎の屋敷に乗り込むも、与四郎は囚われてしまう。鶴や与四郎と親しくなっていた由利は、自ら手引きをして与四郎を無事脱獄させる。しかし、家康に見つかってしまい、由利は島送りと相成る。

一方、鶴は野中の手を逃れて、伴天連（大崎時一郎）たちに助けられて、隠れキリシタンの潜んでいる洞窟へ。そこで脱獄してきた与四郎と再会を果たす。

ある日。伊豆の岬で、与四郎は金山奉行・大久保長安（永井柳太郎）と再会。長安は、もとは武田の家臣だが、その昔、与四郎から爆破術を伝授され、その腕を家康に認められて徳川家の金山奉行として召し抱えられていた。長安にとって与四郎は大恩人である。

史実では、大久保長安は武田信玄の家臣で、黒川金山などの鉱山開発に従事、武田氏滅亡後、金山に関する才能を売り込み、家康に仕えるようになった。

キリシタンたちの讃美歌を聞いた長安。すべて得心して「奉行と言っても係が違う。私は何も関わらない、何も見ない、何も知らない」と笑って去る。永井柳太郎もまたユーモラスに長安を演じている。去り際に「屋敷に遊びに来い」と長安。鶴には「あなたを一層、待ってますぞ」と呵呵大笑。こういうキャラクターが娯楽映画を豊かにしてくれる。

いよいよ由利の島流しの日。野中が軍勢を率いて、伊豆の浜へと由利を連れてくる。ここから船に乗せて「遠投」と相成る。与四郎と鶴たちはキリシタンを率いて、その行列を狙う。鉄砲で軍馬を撃つ与四郎。既所《すんでのところ》で由利の救出に成功する。

駿府城では、嫉妬から「由利憎し」の阿茶の局が「宗徒どもに？」奪われたのかと驚く。しかし家康はのん気にキセルをふかして「うん、とうとう取り返されたよ」とニコニコ。野中三五郎は崖から落とされたが九死に一生を得たようだ。阿茶の局「それでは上様も、さぞご安堵のことと思います」「あるいはしからん」と冗談を言う家康。数ある鳥羽陽之助の映画のなかでもピカイチのおかしさ。

伊豆金山。豪快な爆発が続く。それに合わせてリズミカルに音楽。金山で働く工夫たちの歌声。

♪ハァ　一度はおいで　伊豆金山
どんと火が見える　ハァ
どんとぶっこめ　ガラッと崩せ
ぶっこめぶっこめ　消し飛ばせ

結局、大久保長安が「恩人のために」と機転を利かせて、由利を伊豆金山に匿ってくれる。由利と鶴は、飯場で工夫のために食事を作り世話をして、労働の喜びを噛み締める。ここは土肥金山。建徳、文中、天授時代（一三七〇年代）、足利幕府の金山奉行が土肥を支配し金山を開発。慶長六（一六〇一）年、徳川家康が伊豆金山開発に注力、佐渡金山に次ぐ生産量を誇ったが、明治四〇（一九〇七）年に閉山した。

この金山から飯場での食事のシーンにかけて、槌を叩く金属音のリズムに、ミュージカル的な高揚感がある。花井蘭子の笑顔、原節子の笑顔が、いかつい男たちの心の支えになっている。音楽の伊藤宣二は、『東京の宿』（一九三五年、松竹蒲田）、『一人息子』（一九三六年、松竹蒲田）、『淑女は何を忘れたか』（一九三七年、松竹大船）などトーキー初期の小津安二郎作品をサウンドで支えた。清水宏作品などでも知られるが、石田民三とは傑作『花ちりぬ』（一九三八年）でもコンビを組んでいる。

見回りにきた長安。その人柄が、人夫たちにも慕われている。食器を洗う、鶴と由利にも優しく声をかける。「大変ですなぁ、辛くはありませんか？」。鶴は「世を忍ぶ仮の方便ですから」と答える。「大変気持ちのいい仕事でございますわ。多くの人たちに喜ばれて」。男たちの逞しい食欲、見ているだけでも「爽快」と長安。食材の「不足があれば遠慮なく」と鶴たちにニコニコ話す。工夫たちを常に満足させておかないと「私の仕事が捗らない」。気持ちの良いキャラクターである。しかも長安、野中を天敵として憎んでいるので、結果的に由利たちと共闘している。

ここで由利は与四郎に愛の告白をする。

「私はただいま、デウス様さえ見失いました。びるぜんマリアのように一生不犯で通そうとした由利に、悪魔が魅入りました。私は私の心の中に、神の戒律を犯してしまいました」。

由利はいつしか与四郎に恋愛感情を抱いていた。そんな二人の姿に、やはり与四郎を愛していた鶴はショックを受ける。この辺りが石田民三の細やかな味わい。

与四郎は、由利が自分の主君の娘でなければ、その仇討ちをする大望がなかったら「私は喜んであなたのお志をお受けしたでしょう」。しかし、自分たちには忘れてはならない大望があるはずと、由利を説得する。

この一連のシーンでは、原節子だけでなく、花井蘭子のリアクションもインサートして「揺れ動く乙女心」を描く。しかも、お鶴に思いを寄せていた長安は与四郎に、か弱い女を泣かせるとは何事だと、お鶴への仕打ちに憤慨する。そこへ泣きながら由利が歩いて来る。長安は「何、二人まで？けしからん、女二人に満足も与えられないで何が大望だ」と噴飯する。この思い込みもおかしい。

やがて事態は急転する。家康は大久保長安に金山を掘らせるだけ掘らせて、切り捨てようとしていることを、与四郎から指摘される。家康に梯子を外されたことを自覚した長安は、工夫たちに休暇を出して、自爆死する覚悟を決める。与四郎は「私たちにふさわしい最後を遂げるため、潔くここを逃げましょう」と鶴と由利を連れ下山する。

ひとり金山の道具場で、《辞世の歌》を唄う長安。そこへ野中三五郎が鉄砲隊と共に現れる。後年、東映時代劇で悪役を演じる進藤英太郎だが、出てくるタイミングといい、憎々しげな形相はこの時から変わらない。長安は「見せる物がある。ついて来い」と野中たちを山中の洞窟へ誘う。洞窟の中へ走る長安を追って野中が入った途端に大爆発！命からがら洞窟から出てきたところで、与四郎の鉄砲が火を吹いて、野中は絶命。

鉄砲隊と与四郎の銃撃戦。時代劇だが、全編にわたって鉄砲での戦いが中心。そういう意味では西部劇的な新味もあるが、やはり抒情派の石田民三。ここからのクライマックスは良い意味で、観客の期待をはぐらかす展開となる。スペクタクルのカタルシスよりも人間の機微、情感が味わえる。

駿府城では家康が病に伏して、城下にも沈鬱なムードが漂う。そうしたなか、与四郎とお鶴はいよいよ本懐を遂げることに。由利も覚悟を決めて「あなたにお別れして、一人になって、どうして私が生きていかれましょうか？　宗門の掟に背こうと構いません。」与四郎は、運命を共にしようとする由利を説得する。

「あなたのお家柄、あなたの気高さ、あなたの強い御信仰、すべて日本国中のキリシタン信者のものですぞ。どうぞ小西家のお跡継ぎ、日本のジュリー様として雄々しく生き通してくださいますよう」。ここで由利は、信者たちの元へ帰る決意をして、与四郎と鶴に、駿府城の図面を差し出す。

図面を手に、駿府城へ忍び込み、家康の寝所にたどり着いた鶴と与四郎。部屋には側近の本多佐渡守（深見泰三）しかいない。家康を前にした鶴は「御命申し受けに参りました者。母上の仇！」。家康「さては築山の？」。鶴は「娘、鶴！　御覚悟！」と小刀を抜く。

家康は「よく参った。待っておったぞ。さあ、刺せ」と意外なリアクション。戸惑う鶴に「この期に及んで遠慮はいらぬぞ」と優しい父親の表情を見せる。余命幾許もない家康は、「同じ死ぬなら其方の手にかかりたい。冥土へ参って、せめて築山への詫びの一端にしたいのだ」。

鶴は母への詫びを口にする家康を、討つことはできない。「お父上、お父上……」と泣き伏す鶴に、家康は「父と呼んでくれたの……鶴、母を殺させたこのわしを許してくれるのか？」

仇討ちが、「父と娘の再会と融和」へと転換する。娯楽時代劇としてのカタルシスを求めるか、ドラマの昇華を味わうかで、このクライマックスの受け止め方が変わるが、良い意味で石田民三作品のリリカルさ、静謐さ、美しさがこのシーンに集約される。とにかく花井蘭子が美しい。仇への憎しみから、父親への愛情へ。その表情の変化をアップで味わうことができる。

さらに家康は、与四郎に「小西の娘、由利を奪ったのは其方達じゃの？　どうじゃ幸せに暮らしているかの？」「無事、西国へ落ち延びましてでございます」「ああ、それは良かった」。家康は、与四郎を武士と見込んで「生まれてこの方、人の喜びも知らず、乙女の楽しみを知らぬこの鶴を、そちの手で幸せにしてやってはくれまいか？」と頼む。

これまた意外な展開。黒川彌太郎のびっくりした表情がいい。家康は「二人とも日本の国を離れるが良い」。しかもシャムに向けて出帆する日本丸に乗せてくれるという。「心の煩いのない土地で、伸び伸びと新たな暮らしを立てるが良い。これで皆、幸せに暮らせる」。最後にすべてを、鳥羽陽之助の家康が持って行ってしまう。なんとも爽やかな結末である。

エピローグ。キリシタン一行と共に由利は「小西ジュリー」として西国へ出発する。史実では小西行長の娘は四人いたが、いずれもキリシタン、そのうち朝鮮人養女の名前が「小西ジュリア」。本作の由利のキャラクターは創作だが、モデルは小西ジュリアだろう。

また、家康の正室だった築山御前が家康の命で殺害されたのは史実だが、その娘・鶴のキャラクターは創作。虚実入り混じってテンポの良い娯楽時代劇が楽しめるが、クライマックスの意外な展開こそ、この映画の味わいでもある。

花井蘭子は、石田民三とは『花ちりぬ』(一九三八年)、『むかしの歌』(一九三九年)でもヒロインをつとめ、J.O.スタヂオは東宝京都撮影所となり、その看板女優として多くの作品に出演することになる。

原節子は、年末に『母の曲 前後篇』(一二月一一日・二一日、山本薩夫)のヒロインをつとめ、伊丹万作『巨人傳』(一九三八年)、山本薩夫『田園交響曲』(同年)、豊田四郎『冬の宿』(同年)などに出演、東宝映画のトップスターとしてキャリアを重ねていく。

血路

一九三七年一〇月三一日／東宝映画京都／渡邊邦男

製作・東宝映画京都撮影所／1937.10.31・日本劇場／八巻・二〇三三m／七四分／日劇同時上映『キング・ソロモン』（一九三七年、英、ロバート・スチーヴンソン）、『北支戦況報告』（記録映画・井口静波）

【スタッフ】製作・池永和央／演出・脚色・原作・渡邊邦男／撮影・町井春美／音楽・白木義信／美術・島康平／録音・藤堂顕一郎、中大路禎二／照明・阪口菊太郎／剣導・尾上緑郎

【出演者】大河内傳次郎（篠山俊之助）／英百合子（その母おみち）／横山運平（百姓六兵衛）／花井蘭子（その孫娘お加代）／鳥羽陽之助（中沢丈太郎）／上田吉二郎（黒岩佐武郎）／永井柳太郎（仲間伝八）／小森敏（仲間佐平）／山田好良（三太夫荒川）／市川小文治（宮部鼎蔵）／山口佐喜雄（梅兵泰次郎）／鬼頭善一郎（韮崎貞司）／今成平九郎（裏切りの侍）／工藤城次郎（京の奉行役人）／三原正（その囚人侍）／深見泰三（会津藩士阿部）／忠海聖二（流しの男）／千葉晴一郎（酔いどれ侍）／高堂黒天（芹沢鴨）／月宮乙女（お仙・今井映画）／歌島道子（流しの女・同）／酒井米子（小女・同）

『南國太平記』に続く大河内傳次郎の東宝ブロック第二作として、渡邊邦男監督が原作、脚色、演出をした大作時代劇。これが、J.O.スタヂオから改称した東宝京都撮影所の第一回作品となる。未見のため、当時の「梗概」にキャストを加えてリライトした。ストーリーは次の通り。

徳川三百年の夢破れた転換期。ある寒村の百姓・六兵衛（横山運平）は、数年うち続いた水飢饉に悩む村人のため、隣村の水門を破った。役人に追われて逃げ込んだのが、郷士・篠山俊之助（大河内傳次郎）邸。俊之助は六兵衛の身代わりとなって、二年の刑を受けた。

出獄の日。だが、彼の犠牲を感謝する筈の村人は冷たかった。しかも六兵衛は、侘び死にして亡く、母・おみち（英百合子）と許嫁で六兵衛の孫娘・加代（花井蘭子）は、前科者の身内としていじけてしまっている。故郷を捨てた彼が、流転半歳、会津藩黒岩家に仲間《ちゅうげん》・俊吉となって更生の生活を求めたが、ここでも彼の忠節がふみにじられた。彼は身

を呪い、世を呪うに至る。夜毎、京の町に侍と見れば襲う！　俊之助の隠れ家は、勤王武士の集会場だった。盟主・宮部宮部鼎蔵（市川小文治）は俊之助の剣の冴えに信頼をかけていたが、俊之助は依然、酒を追い、女を追い、人の世の嘲りに暮れている。

そうしたある夜、闇の女・お仙（月宮乙女）に見出した、思いがけない純情から、さすがの彼も、故郷を思い、黯然とするのである。折から現れた宮部は、言々句々、火を吐く、愛国の熱情が俊之助に犠牲の大義を悟らしめた。そして彼が辻斬った男から何気なく手に入れた、紫袱紗の包みが佐幕派の密書なのであった。

時――文久三年八月一八日、彼らの隠れ家を突き止めた新選組と会津藩隊を引き受けて、同志を大和に旗揚げの天忠組に送る「血路」を切り拓くため、只一人、俊之助は、潮のような大軍に飛び込んで行った。

何もかも失い、挫折してアウトローとなった男が、幕末維新の改革に生きる道を見つけてヒーローとなる。『南國太平記』の益満休之助もそうだが、剣戟スターの大河内傳次郎が「目覚めてゆく」カタルシスは、日中戦争による軍国ムードを鼓舞する役割を果たしていた。当時の劇場プログラムに、大河内傳次郎の「次は『源九郎義経』で、林長二郎と顔合わせをする」とアナウンスされている。本作の公開から一一日後の一一月一二日にクランクイン。その当日、大河内傳次郎の武蔵坊弁慶、林長二郎の源九郎義経の衣装合わせと、スチール撮影が行われた。

源九郎義経

一九三七年一一月未完成／東宝映画京都／渡邊邦男
製作＝東宝映画京都撮影所／キャスト＝林長二郎（源九郎義経）、大河内傳次郎（武蔵坊弁慶）

昭和一二年の映画界を揺るがした「長谷川一夫、顔斬り事件」は、長谷川一夫の東宝入社第一作『源九郎義経』（渡邊邦男）クランクイン当日、一一月一二日夕方に発生した。その日の撮影を終えた林長二郎（長谷川一夫）が撮影所を出たところで、暴漢に襲われて顔を斬りつけられた。

長谷川一夫は、松竹の看板スター・林長二郎として一世を風靡した。歌舞伎から映画界へ転身。昭和二（一九二七）年、松竹下加茂撮影所に入社。師である初代中村鴈治郎から「林長二郎」の芸名を貰い、犬塚稔監督『稚児の剣法』（一九二七年）で映画デビューを果たした。この時に撮影を担当していたのが、若き日の円谷英二だった。林長二郎はその美貌、凛とした佇まいで女性ファンをたちまち魅了。阪東妻三郎、嵐寛寿郎、片岡千恵蔵、市川右太衛門と共に「時代劇六大スタア」と呼ばれていた。特に衣笠貞之助監督とコンビを組んだ『雪之丞変化』三部作（一九三五〜三六年）は空前の大ヒットとなり、文字通り日本映画のトップスターとなった。

この頃、松竹蒲田撮影所は、周辺の町工場の騒音に悩まされトーキー映画の撮影に支障をきたしていた。またサウンド・システムを本格的に導入するには手狭だったために、昭和一一（一九三六）年一月、神奈川県鎌倉市大船町に、松竹大船撮影所を竣工、移転した。余談だが、この時に土地ブローカーとして暗躍したのが、のちに小津安二郎作品などでおなじみとなる菅原通済だった。さて、この大船撮影所の土地取得、撮影所建設、移転費用は、林長二郎の『雪之丞変化』シリーズの収益がもたらしたとされている。

昭和一二年二月、林長二郎は師・初代中村鴈治郎の三回忌追善興行に出演。そこで六歳の長男（のちの林成年）が初舞台を踏んだ。その時の費用、二万円を関西松竹の演劇部が出してくれたが、公演が終わるとすぐに「返済」を請求された。映画で相当儲けさせている意識があった長二郎は松竹に不信を抱く。しかも映画のギャラは、阪東妻三郎が三千円、片岡千恵蔵が千五百円、大河内傳次郎が千円といわれた当時わずか二百円で、比べ物にならないほど安かった。

松竹は「演劇部門」と「映画部門」の両輪で運営していたが、実際のところ歌舞伎部門の赤字を映画の利益が補塡していた。しかし歌舞伎部門は映画を単なるアトラクションとして見下していた。二つの部門は水と油で仲が悪かった。その間の意識の違いなのだが、すぐに林長二郎と松竹の確執は映画界に広まり、東宝ブロックをより堅牢なものにしたい東宝にとっては渡りに舟。すでにJ.O.が四月に黒川彌太郎、六月に大河内傳次郎を引き抜いており、J.O.スタヂオから改称した東宝京都撮影所としても林長二郎の移籍には積極的だった。

まずその交渉にあたったのがJ.O.のキャメラマンで、松竹で林長二郎のデビュー作『稚児の剣法』を撮影して以来、親しくしていた円谷英二だった。交渉を重ね、最後には阪急電鉄のトップ・小林一三が面談、高額な契約金が提示された。ちょうど九月一〇日、P.C.L.映画製作所とJ.O.スタヂオを吸収合併、東宝映画が設立する頃のこと。林長二郎と松竹の契約が満期となるのは九月七日だった。が、松竹が何も言ってこないので長二郎は、未契約状態のまま一〇月一三日、東宝の取締役専務・大澤善夫の別邸で、東宝映画との契約書を調印した。そのメディア発表を担当したのが、この年の七月に、P.C.L.から東宝映画配給の宣伝課に移動した藤本真澄だった。翌、一〇月一四日の讀賣新聞の記事である。

「長二郎が東寶へ　引抜き合戦　時局下に再燃

長二郎は十三日夜八時、京都市河原町三条上ル、大澤東宝専務宅で大澤氏、今井（理輔・東宝京都撮影）所長、大河内傳次郎三氏と会見。芸術上の悩みを打ち明け、東宝転社によって芸風転換を希望したので、東宝では長二郎対松竹の契約満了を確かめたうえ契約調印（五カ年）を終了。今井所長は同夜、松竹副社長・白井信太郎氏に長二郎の辞表を手交したが、白井副社長がこれを拒否したので、今井氏は直ちに篠山（克己）松竹京都（撮影）所長まで郵送した。」

林長二郎の移籍は新聞や雑誌などで大々的に報じられ、それが大きな波紋を呼んだ。一一月八日、成駒屋・林長三郎（師・初代中村鴈治郎の長男）名義で「鴈治郎一門からの破門」と「林長二郎の名前の返上」が求められた。メディアは「忘恩の徒」と長二郎を非難した。

特に地元、京都日日新聞の論調は厳しく、一〇月二五日に東京で開催された松竹系の映画館主による「館主大会」

での決議をこう報じている。

「本連盟は忘恩、変節の林長二郎を断固排撃し、松竹本社の方針を信頼、絶対これを支持す。時まさに国家総動員の秋、協力一致、松竹映画の進展を図り、もって映画報国を期す。」

そうしたなか、入社第一作『源九郎義経』がクランクインされた。監督は、この年に日活から移籍、岡譲二の移籍第一作『男は度胸』(五月一一日、J.O.)や、大河内傳次郎の『血路』(一〇月三一日、東宝京都)を手がけていた渡邊邦男。林長二郎は源義経、大河内傳次郎が武蔵坊弁慶を演じる話題の大作だった。

しかしクランクイン初日、一一月一二日に、事件が起こった。翌日の東京朝日新聞の社会面の記事を引用する。

「松竹を脱退してセンセイションを巻き起こしている問題の林長二郎(三〇)は一二日午後五時五〇分ごろ、京都右京区蚕の社、東宝京都撮影所で撮影を終え、正門を出て同撮影所前の大澤東宝専務別邸に行く途中、茶色のジャンパーにニッカーをはいた二四、五歳の青年が、背後から鋭利な剃刀様のもので長二郎の左顔を耳下から鼻の下にかけて斜めに切りつけ、長さ一二センチ、深さ一センチ、骨膜に達する重傷を負わせ、逃走し、傍らにいた同撮影所員や俳優ら多数追跡したが、いずれにか姿を消した。」

実行犯は、撮影所に出入りしていたやくざ・増田三郎とその子分・金成漢とのちに判明するが、その背後には「東宝ブロック」に対する既存四社の「ボイコット」騒動、東宝映画創立への危機感が大きかった。捜査段階で検挙された一人が、新興キネマ撮影所長だった永田雅一だった。松竹の白井信太郎が永田雅一に「長二郎引留め」を依頼、永田もしくは手のものが増田たちに指示した、という説が最も有力である。しかし俳優の命である「顔」を斬りつけたことは明らかにやり過ぎだが、本人も関係者も「真相」については語らなかったので、「真相は藪の中」である。

この事件をモチーフに細野辰興監督が戯曲を執筆、舞台で上演。それを映画にした『貌斬り KAOKIRI~戯曲「スタニスラフスキー探偵団」より~』(二〇一六年)を製作、脚本、演出している。

さて『源九郎義経』は「顔斬り事件」で撮影中止となり「幻の映画」となったが、林長二郎と大河内傳次郎のスチル写真が残されている。

「忘恩の徒」としてバッシングされた長二郎だったが、この事件で一気に同情が集まり、バッシングが収まった。成駒屋から「林長二郎の返上」を求められて、本名・長谷川一夫を名乗ることに。東宝社内、関係者からは林長二郎のネームバリューにこだわる向きもあったが、小林一三が、契約書の名義が長谷川一夫だから「これでいい」と「林長二郎改メ長谷川一夫」が誕生した。

長谷川一夫は、翌年、菊池寛原作、山本嘉次郎監督による芸道もの『藤十郎の恋』(一九三八年五月一日、東宝映画東京)で東宝のスクリーンにお目見えする。この作品で現場主任(チーフ助監督)を務めていたのが黒澤明だった。

さて、この事件の影響が大きく、以後、長谷川一夫作品は時代劇、現代劇ともに、京都ではなくほとんどが、世田谷区砧の東宝東京撮影所で製作された。合併後、東宝は東京で「現代劇」、京都で「時代劇」と他の映画会社のように棲み分けを考えていたが、長谷川一夫作品だけでなく、エノケンの時代劇なども、舞台との掛け持ちもあって東京で撮影されるようになる。当初は長谷川一夫作品以外の時代劇は、京都で撮影していたが、その後合理化もあって、京都は東京撮影所のサポート的な位置付けとなり、昭和一六(一九四一)年九月一九日に閉鎖された。

禍福 後篇

一九三七年一一月一一日／東宝映画東京／成瀬巳喜男
製作・東宝映画株式會社／東宝・入江・高田・ユニット作品／1937.11.11・日本劇場／九巻・二、一五一m／七九分／日劇同時上映『素晴らしき求婚』（一九三六年、パラマウント、レオ・マッケリー）／同時上演「第卅一回日劇ステージ・ショウ 大阪レヴュウ」九景（一一月一一日〜二〇日）

【スタッフ】演出・成瀬巳喜男／原作・菊池寛 主婦の友連載／東宝・入江・高田 ユニット作品／製作主任・篠勝三／脚色・岩崎文隆／撮影・三浦光雄／録音・鈴木勇／装置・北猛夫／編輯・後藤敏男／音楽・伊藤昇／演奏・P.C.L.管絃楽團
【出演者】入江たか子・高田稔 主演／入江たか子（船田豊美）／竹久千恵子（眞山百合惠）／逢初夢子（早川三千子・東京發声）／高田稔（皆川愼太郎）／大川平八郎（早川達雄）／丸山定夫（愼太郎の父）／嵯峨善兵（友人・太田）／伊東薫（愼太郎の弟・昌助）／清川玉枝（成澤夫人）／伊藤智子（豊美の母・郁子）／堀越節子（愼太郎の妹・節子）／北林谷栄（本田さん）／清川虹子（おとしさん）

前篇から一ヶ月後に封切られた『禍福 後篇』では、音楽が仁木他喜雄から成瀬映画常連の伊藤昇に変わった。前作のラストはコロムビアとのタイアップで主題歌が流れたが、今回それはない。

恋人・皆川愼太郎（高田稔）の裏切りとその不実への復讐の想いを抱いて、船田豊美（入江たか子）は身重の身体で家を出た。前作では豊美の実家が上根岸だったこともあり、上野界隈のロケーションが多かったが、今回は昭和一二年の銀座、数寄屋橋、築地明石町界隈の風景がふんだんに味わえる。時層探検映画としても楽しめる。

トップシーンは、銀座通りを市電が走っている。銀座の柳越しに、市電の車両、商店のファサードが活写される。銀座六丁目の「東京茶房」から出てきた白いスーツにハットの愼太郎とワンピースに帽子の百合惠（竹久千恵子）。モダンなカップルである。そこへ和装にカンカン帽、ノンキナトウサンのような風体の太田（嵯峨善兵）が「よお」と声をかける。大学は出たけれど太田は「相変わらずの就職運動さ。君は真昼間からご同伴で買い物とはキツイぞ」と言いたい放題。

愼太郎はクルマの百合惠に「太田とお茶を飲むから」と断る。「六時ジャストに日劇の下の休憩所で待ってますわ」と百合惠。旧友同志、お茶というわけにもいかず、二人は銀座七丁目のビヤホール「ライオン」へ。創業は明治三二（一八九九）年、この建物は昭和九（一九三四）年竣工の日本最古のビヤホール。ウエイトレスがビールを運んでくるショット、背景の大壁画は建築家・菅原栄蔵によるもの。建物は建て替えられているが内装は現在も当時のまま。

ピッチャーからグラスにビールを注いで乾杯。「ビールってやつは最初の一杯がなんとも言えんうまさだね」と太田は、百合惠のことを「なかなかシャンじゃないか、それに持参金数万円と来ちゃこたえられんよ」。愼太郎は早川（大川平八郎）たちが自分の不実について、どんなことを言ってるかを気にする。「心配するなよ、仕方ないじゃないか」と太田。

その頃、百合惠は「アゼリヤ洋装店」で「この間頼んだイブニングのお直しできてて？」。成澤夫人（清川玉枝）が愛想良く応対する。船田豊美（入江たか子）は、三千子（逢初夢子）の紹介で、店員として勤めている。新婚の三千子は青山隠田の新居から「電話が引けた」からとアゼリヤの豊美に電話。隠田とは現在の渋谷区神宮前。個人で電話を引けるのは、相当な資産家夫人。

電話で嬉しそうに話す豊美を見て、百合惠は「とても綺麗な方ね」と興味を示す。ハンドバックから出したお菓子を「食べない？」と成澤夫人、本田さん（北林谷栄）、豊美に渡す。豊美ももちろん百合惠が、愼太郎の結婚相手だとは知らない。この運命の皮肉。

一方、愼太郎は太田と別れ、有楽町の日劇へ。昭和八（一九三三）年に竣工した日本劇場の内装がフィルムに記録されている。柱も床もピカピカである。元気のない愼太郎を心配する百合惠。太田のことを「あのお友達、相当明朗篇らしいわね」。「〜篇」という言い回しはこの頃の流行語。「入りましょうか？」二人は客席へ。

服部時計店の時計塔が夜八時五〇分を示している。銀座に出てきた三千子が、成澤夫人に挨拶。豊美はアゼリヤの同僚、本田の築地明石町のアパートで一緒に暮らしている。明石町から銀座までは徒歩圏内。この時二六歳の北林谷栄が、快活なモダンガールを演じている。

豊美と三千子は「茶寮アキ」でソーダ水を飲む。豊美は一度も実家に帰っていない。頑固一徹な父との間に入っている母（伊藤智子）が困っている様子が「目に浮かぶようよ」。三千子は、お母様だけには打ち明けた方がいいから「手紙を書いたら？」。

蒸気船の音が聞こえるアパート「明石ハウス」。手紙を書き上げ、ポストに投函する豊美。明石町のアパートといえば、この年、入江たか子が『白薔薇は咲けど』（七月一一日、伏水修）で住んでいた「月光荘」も明石橋の袂にあった。

しばらく後の朝、隅田川を往来する船、渡船乗り場。窓から川面を見つめる豊美。本田さんは歯磨き、支度をする豊美。そこへ母・郁子が訪ねてくる。母と娘の再会である。屋上でしみじみ言葉を交わす母と娘。「いいよ、いいよ、あんな無責任な男に騙されたのも、悪い夢を見たと思って諦めるんだね。くよくよしてないで洋裁で生活を立てるようにして、生まれてくる赤ちゃんを立派に育て上げていけるように、しっかりするんですよ」と優しい言葉。アパートの屋上はロケーション。隅田川の対岸、月島の町工場からの煙。材木を運ぶダルマ船など下町風情が味わえる。

ある日、「アゼリヤ洋装店」に来た百合恵は、「一緒に映画でも観て、それからいろんなお話をしてみたいの」と豊美を誘う。パーラーで水菓子を食べながら仲良く談笑する二人。百合恵はすっかり豊美が気に入ってしまった。

この年九月にオープンしたばかりの後楽園球場。百合恵がチケットを手配して、豊美と本田さん、成澤夫人とパトロンが野球観戦。実は愼太郎の弟・昌助（伊東薫）が上京、野球部のエースとして試合に出場。「桐生の中学でピッチャーやってて、鳴らしたもんだそうだわ」と本田さん。豊美は百合恵が「桐生の生まれ」と聞いて顔を曇らせる。スタンドでは愼太郎と百合恵も観戦。

後日、アゼリヤに来店した百合恵とマダムの会話で、百合恵の結婚相手が「皆川愼太郎」と知って豊美はショックを受ける。

お使いに出た豊美。数寄屋橋公園へ。背景には日劇、その隣には朝日新聞社東京本社の建物。呆然とベンチに佇む豊美の視線の向こうに、睦まじい親子連れが遊んでいる。男の子はおもちゃの鉄兜に日の丸の旗を手にしている。それをキャメラで撮影するお父さん。この年の七月、日中戦争が勃発、次第に街中に戦時色が色濃くなっていった。

その夜、豊美は三千子を呼び出して、先日の「茶寮アキ」で、ことの次第を話す。「ずいぶん皮肉ね。せっかくお友達になった人が、あなたを捨てた皆川さんと結婚する相手だなんて」。豊美は「ますます皆川さんて憎いわ」とその憎悪を新たにするが、幸福そうな百合惠には何もいえない。
三千子は明石ハウスまで送ってくれる。そろそろ臨月なので、店を辞めて出産の準備をしないと。「少し早めに病院に入ったら？　心配いらないわ。もしお金のことでしたら、私、どうとでも都合するから」と三千子はどこまでも頼もしい。

やがて正月、豊美は女の子を出産。清子と名づける。産後は、かつて三千子の屋敷に奉公していた女中・おとしさん（清川虹子）の実家の二階に間借りすることに。下町で今川焼と駄菓子の店を営むおとしさんは気の良いおかみさん。こうしたおばさんを演じて清川虹子の右に出るものはいない。

そこへ百合惠がクルマで乗り付けてくる。行方知れずの豊美をようやく探し当てた、と遠慮がない。素直に心配しているのである。今住んでいる屋敷が広くて、夫・皆川愼太郎もフランスへ赴任中だから、赤ちゃんと一緒に住めばいい。と一方的に段取りをつける。戸惑いながらも、百合惠の親切に感謝し、同時に愼太郎への復讐心もあって、豊美は愼太郎の家に住むことになる。清子が可愛くて仕方がない百合惠は、まるで我が子のように清子を可愛がってくれる。

この辺りの展開は菊池寛のメロドラマらしい。しかし百合惠の無垢さに、その気持ちが柔らいでいく。ある日、庭で百合惠が、清子と豊美と日向ぼっこをしていると、学校から帰ってきた昌助が「どこかへ遊びに行こう！」。

昌助を演じている伊東薫は、昭和九（一九三三）年、『あるぷす大將』（山本嘉次郎）以来、P．C．L．映画で子役として活躍。この時一五歳。すっかり精悍な中学生だが、どことなく「いたづら小僧」の面影もある。屈託ないキャラクターがアクセントになっている。

そこで、一同は清子を連れて、郊外の遊園地へ。飛行塔、観覧車、ウォータースライダー、園内を走る汽車と遊具がたくさんある。田園調布の多摩川園遊園地でロケーション。大正一四（一九二五）年、田園都市株式会社が田園都市居住者のためのアミューズメントとして開園。『白薔薇は咲けど』で日曜日、行くところのないヒロイン・入江たか子が、東急線に乗って出かけたのもこの遊園地だった。

しかし帰宅後、清子が熱を出してしまい、豊美と百合惠が懸命に看病する。赤ちゃんは持ち直してホッとする二人だが、豊美は百合惠に心から感謝をする。

やがて愼太郎が帰国、家に帰ると豊美と赤ちゃんがいるので驚く。高田稔の情けなさは、前篇と変わらず。それぞれが悩み、苦しみ、その解決法も見出せなかったが、そこですべての事情を知った百合惠は「私に任せて」とある提案をする。愼太郎には一切、口を挟ませずに、豊美も百合惠も清子も幸せになる方法である。

「私に赤ちゃんをください。ちゃんと籍を入れますわ」。百合惠は清子を自分の子供にして、私生児ではなく皆川家の娘として育てますと提案。もちろん豊美の悲しみも理解してのこと。あれよ、あれよの展開だが、竹久千恵子演じる百合惠が、誠実な人柄なので、ここは観客も納得する。

すべてが丸く収まって、豊美は託児所「春光園」で子供たちの世話をすることに。三千子が訪ねてきて「しかし、百合惠さんて利口ね。あの赤ちゃん、自分が産んだ子だって、桐生のご両親に思い込ましちゃったんですって」と豊美に報告。ホッとする豊美。

成瀬巳喜男作品としては、成功作とはいえないが、菊池寛ならではの運命に翻弄される主人公たちのドラマ、葛藤、そして。このハッピーエンドは「メロドラマ」を求めていた当時の観客にとってはまさにエンタテインメントだった。

成瀬はこの『禍福』からしばらく間をおいて、翌、昭和一三(一九三八)年、戦前の代表作の一つとなる長谷川一夫と山田五十鈴の芸道もの『鶴八鶴次郎』(九月二九日、東宝)を演出。

入江たか子は、引き続き一二月一一日公開のメロドラマ、原節子と英百合子の『母の曲 前篇』(東宝・山本薩夫)にゲスト出演することとなる。

牛づれ超特急

一九三七年一一月一八日／東宝映画東京／大谷俊夫
製作＝東宝映画株式会社（東京撮影所）／1937.11.18・大阪千日前敷島倶楽部／一〇巻・二、一五一m／七九分
【スタッフ】演出・大谷俊夫／製作・野坂実／製作主任・小田基義／脚本・伊馬鵜平、永見隆二／撮影・友成達雄／録音・片岡造／装置・山崎醇之助／編輯・岩下廣一／振付・間野玉三郎／音楽・谷口又士／演奏・P．C．L．管絃楽団
【出演者】藤原釜足（刈太）／岸井明（五郎助）／渡辺篤（駅長）／姫宮接子（アキコ・吉本興業）／音羽久米子（おハナ）／由利あけみ テイチク（矢車弥生）／御橋公（源兵衛）／市川朝太郎（作右衛門）／小島洋々（熊さん）／生方賢一郎（助さん）／柳谷寛（芋七）／大村千吉（駅員）／丸山章治（東洋チャップリン）／福地悟郎（喜劇役者）

岸井明と藤原釜足の「じゃがたらコムビ」による牧歌的なローカル喜劇『牛づれ超特急』。まだこの映画を観ることができなかった四半世紀前、ムック時代の『映画秘宝』にどんな映画だろうという期待を込めて（浦山珠夫名義で）、近江俊郎の『カックン超特急』（一九五九年、新東宝）、水野晴郎の『シベリア超特急』（一九九六年）と並ぶ、未見の脱力系作品として紹介したことがある。その期待に違わぬ「どこが超特急？」の、のどかな東宝喜劇だった。

『唄の世の中』（一九三六年）でP．C．L．のモダンな音楽喜劇のイメージを作った岸井明と藤原釜足のコンビだが、今回はグッと藤原釜足寄りに「ローカライズ」された喜劇映画。舞台は千葉県流山市を走行している「流鉄」こと「流山鉄道」。これはぐらもくらぶ主宰の盟友・保利透氏が数年前に教えてくれた。「流鉄」は流山から馬橋までの五・七キロを結ぶローカル鉄道。大正二（一九一三）年に設立された「流山軽便鉄道株式会社」が、地元の商店主などから資金を集めた。土地買収を進めて、大正五（一九一六）年三月一四日に開通した。大正一一（一九二二）年に社名を「流山鉄道」に改称した。

映画の冒頭、運転士・五郎助（岸井明）が小さな機関車を

運転し、車掌・刈太（藤原釜足）が一両しかない客車で昼寝をしている。牧歌的な風景のなか、本当に小さな蒸気機関車がのんびりと走っている。この機関車は「サドルタンクにダイヤモンド形の火の粉止め付き煙突という特異な形態」とのこと。

この「流鉄」が『牛づれ超特急』である。冒頭、岸井明と藤原釜足が、当時の特急「つばめ」「富士」などの名前を織り込んで、東海道線への憧れを唄う。《新鉄道唱歌》のようなモダンソングで、瀬川昌治監督の『喜劇急行列車』（一九六七年、東映）の挿入歌として作られた渥美清の《駅弁唱歌》（作詞・星野哲郎、作曲・米山正夫）の遙かなるルーツでもある。

♪（岸井）帝都を後に　颯爽と
　東海道は　特急の
　流線一路　ふじ　さくら
　つばめの影も　うららかに

♪（藤原）小田原ゆけば　湯の箱根
（岸井）天下の嶮も　バス電車
（二人）越えゆく伊豆の　海青く
　温泉沸きて　谷深し

♪（二人）霞の高嶺　富士の雪
　松原はるか　静岡へ
　石垣いちご　艶そえて
　三国一よ　世界一

汽車は、川でドジョウ取りをしている作右衛門（市川朝太郎）に呼び止められて一時停車。ドジョウとともに乗車する。続いて、梨畑で働くヒロイン・アキコ（姫宮接子）が登場。五郎助と刈太の憧れのマドンナである。演じる姫宮接子は東宝の女優ではなく吉本興業の専属の人気のダンサー。ムーラン・ルージュ新宿座に昭和一〇（一九三五）年に入団、たちまち人気者となり、明日待子とともに看板女優に。長身痩軀を生かしたダンスは、男性ファンを魅了した。

そのアキコは、五郎助と刈太の上司の駅長（渡辺篤）のお嬢さん。本当は都会育ちなのに、父が栄転（？）で、東京の踏切番から「流鉄」の駅長になったために、田舎暮らしをしている。五年前、そのきっかけを作ったのが五郎助と刈太の二人だった。ある日、遮断機を下ろしたところに、アキコが弁当を持ってきた。そこに、酒屋の小僧だった五郎助と刈太が「リヤカーに酒の一升瓶をたくさん積んで、いきなり遮断機を突き飛ばしよった」。そこで踏切番の渡辺篤、二人を助けようと飛び込んで、汽車にはねられた。その時、人命救助で表彰され、栄転になったが、頭に大きなハゲができてしまったと、駅長、仕事をサボって、前の床屋「ヤング軒」の親父に、その経緯を話す。

ロッパ一座で活躍したコメディアン・渡辺篤は、戦後も喜劇映画だけでなく、黒澤明や山田洋次作品で名バイプレイヤーとして映画ファンにもおなじみ。本作では岸井明、藤原釜足と並んで、主役の一人としてクレジットされている。駅長の娘に恋をした機関士と車掌。あの手この手で取り入ろうとする、というのは瀬川昌治監督の「旅行」シリーズでもあったパターン。この頃、すでに「鉄道喜劇」のフォーマットができていたということでもある。

というわけで「流鉄」の蒸気機関車と駅が本作の舞台。ある日、東京からレビュー団が夏祭りにやって来るので人々は色めき立つ。その一座の花形が、東洋チャップリン！ 演じる丸山章治は、徳川夢声門下の活動弁士から俳優となった。成瀬巳喜男の『桃中軒雲右衛門』（一九三六年）や山本嘉次郎の『綴方教室』（一九三八年）に出演しているが、本作では、チャップリンの形態模写で地方を回っている旅芸人。ステージの場面で「東洋チャップリン」として、その芸を披露してくれる。戦後は記録映画の監督として数多くのドキュメンタリーを演出する事になる。

もう一人のレビューの花形の座長・矢車弥生を演じているのが、テイチクの人気歌手・由利あけみ。ステージで《上海リル Shanghai Lil》（作曲・ハリー・ウォレン）の替え歌を、レビューガールを従えて唄うアトラクションが楽しめる。そのレビュー団の勧進元が、「流鉄」の経営にも参画している有力者・源兵衛（御橋公）。アキコに懸想をして、駅長に「結婚」を申し込んでいるがアキコは鼻にもかけていない。

夏祭りでの東京レビュー団の興行は大成功。勤勉なトラック運転手・芋七（柳谷寛）と恋人・おハナ（音羽久米子）の結婚話などを交えて、物語は賑やかに進んでいく。しかし五郎助と刈太の大失態と、アキコが源兵衛を袖にしたことで、源兵衛は怒って「流鉄」の役員会を招集、駅長と五郎助・刈太はクビになってしまう。その後の「鉄道喜劇」なら、逆転劇があって、主人公たちは復職するだろうが、そんなことはない。三人とも失業。

五郎助と刈太は、ならばと隣町で興行している「東京レビュー団」の座長・矢車弥生を頼って、一座に加わろうとする。しかし隣町の興行は散々で無観客開催。それではと一座は解散することに、その夜逃げがバレないように、五郎助と刈太が舞台に立たされる。二人が唄っている間に、一座はまんまと逃げてしまう。ここでは、岸井明と藤原釜足のパフォーマンスが楽しめる。

岸井明が、ポリネシアン・スタイルの腰蓑をつけてフラダンスで《酋長の娘》（作詞・作曲・石田一松）を唄う。戦後、岸井明のタイヘイレコード時代の曲で《南洋トロリコ》というノヴェルティ・ソングがあるが、それを連想させる。藤原釜足が次々とお題を出して、岸井明が流行歌を即興で唄う《流行歌数え歌》となる。このシーンがなかなか楽しい。

失業した三人はどうなるのか？　誰もいなくなった芝居小屋で、酒盛りをしながら、アキコが「みんなで梨を作ろう」と梨園の経営をすることに。そこに芋七とおハナ夫婦もトラック輸送を申し出て、みんなで働くことに。

ご都合主義というなかれ、昭和一二年の映画ながら、組織に縛られずに起業しようという「資本からの離脱」を奨励する、後でいう「脱サラ」映画だったのだ。その「自由の空気」がなんとも楽しい。翌年には日中戦争が激化して、映画からその「自由さ」がなくなり、国策映画の時代に突入していく。

たそがれの湖

一九三七年一一月二一日／東宝映画東京／伏水修
製作＝東宝映画株式會社（東京撮影所）／1937.11.21・日本劇場／八巻・一、六八九ｍ／六二分／日劇同時上映『空中劇場』（一九三六年、獨、ハンス・H・ツェルレット）／同時上演「第廿一回日劇ステージ・ショウ大阪レヴュウ」九景（一一月二一日〜三〇日）
【スタッフ】原案・丸木砂土／演出・伏水修／製作・武山政信／製作主任・野坂実／作・佐伯孝夫、古賀文二／撮影・立花幹也／録音・木下利正／装置・吉松英海／編輯・岩下廣一／音楽・鈴木静一／演奏・P.C.L.管絃楽團／ピクターレコード作詞・佐伯孝夫、作曲・鈴木静一
【出演者】江戸川蘭子（細谷ルミコ）／岸井明（細谷権六）／細川ちか子（ホテルの支配人）／神田千鶴子（女中キヨ）／北澤彪（藤原辨護士）／灰田勝彦（郵便配達夫）／汐見洋（ホテルの支配人・山岸）／小杉義男（筈見天海）／三木利夫（その倅・恒蔵）／三島雅夫（巡査）／榊田敬治（昆虫博士）／山根壽子（その娘・蝶子）

この年、P.C.L.に入社、音楽映画を中心に活躍していた江戸川蘭子と、花形女優・神田千鶴子をダブルヒロインにした、伏水修の才気溢れる音楽映画の佳作『たそがれの湖』には、岸井明がなんと老け役で出演している。

原案の丸木砂土は、レマルクの『西部戦線異状なし』ゲーテの『ファウスト』、の翻訳や、『半処女』（一九三二年）などの小説などを発表していた作家。本名は秦豊吉。昭和八（一九三三）年、東宝に入社して日劇の運営を担当、日劇ダンシングチームや東宝名人会を設立。東宝映画のプロデューサーとなった。戦後は、日本初のストリップショー「額縁ショー」を考案したことでも知られる。脚本は『南風の丘』（八月一日）の原作・脚本の古賀文二、共同クレジットの佐伯孝夫は劇中の挿入歌の作詞を手がけている。

夏の終わりの箱根・芦ノ湖。湖畔のホテル「レイクサイドホテル」を経営するマダム・カヨ（細川ちか子）は、昨年、ホテルに滞在して、楽しい時を共にした青年弁護士・藤原氏（北澤彪）の来訪を待ち侘びていた。しかし、裁判に忙しい藤原氏は、いまだに来ていない。藤原氏のために特別室

の一号室を誰にも貸さずに待っていたのだ。

そんなマダムを密かに愛しているのが支配人・山岸（汐見洋）。汐見洋は、小山内薫らと共に、築地小劇場創立に参加、日本のトーキー映画の黎明となった皆川式トーキー（ミナ・トーキー）『黎明』（一九二七年、小山内薫）に築地小劇場のメンバーと共に出演。P．C．L．第三作『さくら音頭 涙の母』（一九三四年、木村荘十二）から、準契約者として出演。先ごろ発見、修復上映されたJ．O．スタヂオ製作、円谷英二撮影『かぐや姫』（一九三五年、田中喜次）で翁を演じていた。この『たそがれの湖』では、イギリス映画の執事のように、寡黙で「すべてわかっている」感じで、まさに名脇役。後半、夏祭りの会場まで出張して、ホテルの客に、スイカを配る芝居がスマートで、実にいい。

その支配人・山岸はマダムの藤原氏への想いを理解している一方、この夏、氏が来なかったことに少し安堵している。その山岸支配人の将棋仲間が、巡査（三島雅夫）。三島雅夫は、僕が通っていた獨協中学校の大先輩（灰田晴彦も！）でもある。築地小劇場に参加するが小山内薫の死に伴い、新築地劇団に入る。昭和九年に新協劇団創設に参加、同時にP．C．L．映画でバイプレイヤーとして活躍。本作でも、明朗な巡査を好演している。冒頭とラストに登場するのだが、伏水監督の演出で、制服が最初は白い夏服で、秋を迎えた最後は冬服で、季節感を出している。

この「レイクサイドホテル」で、おそらく繁忙期だけメイド（当時の表現で女中）として働きに来ているキヨ（神田千鶴子）が可愛い。映画でよくある「あんれまあ」みたいな田舎言葉の、歌好きの女の子で、美しい声を聞かせてくれる。ラストの《庭の千草 The Last Rose of Summer》（スコットランド民謡）がなかなかいい。その恋人の郵便配達夫（灰田勝彦）も歌が大好きな好青年。キヨと同じく田舎言葉で朴訥としている。灰田勝彦は、兄・晴彦が結成したハワイアンバンド、モアナ・グリー・クラブで活躍。P．C．L．映画の音楽を手がけていた紙恭輔に乞われ、映画音楽のコーラスで参加、『南風の丘』では、大川平八郎の歌の吹替をしている。仕事を探していたこともあり、そのルックスと歌声を買われて『たそがれの湖』に出演。これがきっかけとなり俳優として、東宝映画の顔となる。

冒頭、牧場で草刈り女たちが歌を唄っている。途中からキヨが美しい声でソロで唄う。

♪山の煙はどなたへ　なびく
私しゃ　むしかど　心任せじゃえ
しゃしゃほう　しゃしゃしゃほう

♪ひとり　さびしい　麓の桔梗
寄って　おいでよ　渡り鳥さんえ
しゃしゃほう　しゃしゃしゃほう

さて、そんな「レイクサイドホテル」に、モーターボートに乗って、客の父娘がやってくる。出版社社長・細谷権六（岸井明）と令嬢・ルミ子（江戸川蘭子）。彼らが、なぜ季節外れの湖へとやってきたのか？「♪パパの神経衰弱　直しに来たのだから」。オペレッタ映画なので、ルミ子が歌で説明してくれる。メロディは中野忠晴とコロムビア・ナカノ・リズム・ボーイズの《山の人気者》（一九三四年）で知られるヨーデル《アルプスのミルク屋 The Alpine Milkman》。

♪東京離れて　山の中
逃げてくるにゃ　深いわけ
人の版権　ちょろまかし
訴えられて　大クサリだ

細谷の出版社が盗作で、ライバルの筈見氏（小杉勇）から訴訟されて、どうにもならなくなって逃げてきたのである。ところが、その筈見氏の担当弁護士が、マダムが待ち焦がれている藤原氏だったことで、話はややこしくなる。支配人・山岸は、マダムが藤原氏のためにリザーブしている特別室を細谷父子に貸してしまう。その細谷の事件を新聞で、マダムは知ってしまう。新聞記事が画面いっぱいに紹介される。

「前代未聞の版権侵害　五十万円の大訴訟　筈見天海堂主人　細谷書房を凹ます」

新聞には困った顔をした岸井明の写真が載っている。その新聞を見せられた山岸「ほう、不思議ですね」。マダム「不思議どころか皮肉じゃないの」と憮然としている。誰もいないロビーに響き渡る、ひぐらしの声。夏の終わりを感じさせる。

ホテルの一号室。先ほどまで眼鏡っ子だったルミ子がイブニングドレスに着替えながら、《庭の千草》（アイルランド民謡）を唄っている。江戸川蘭子の歌声をたっぷり聞かせようという趣向である。部屋に藤原氏のポートレートが飾ってあることに気づいたルミ子。そこへメイドのキヨがやってきて、この部屋はマダムの大事な人のためにキープしておいたことをルミ子に話す。「だあれ？　その人」「弱っちゃったな」。カナカナとひぐらしの声。トーキー技術も格段に進歩して、伏水演出はこうしたＳＥを意識的に使って効果を上げている。ルミ子に問い詰められたキヨ。ついに告白をするが、こちらもオペレッタ式に神田千鶴子が歌で答える。

♪写真の主は　藤原さん
今、売り出しの弁護士で
逢えばどなたも　好きになる
明るい　愉快な紳士です
去年来たとき　奥さんを
恋のとりこに　しましたの
今日までここは　あの方の
ために　用意がしてあった
損を覚悟の　真実です
けれどとうとう　来なかったので
この夏は　泣きの涙で　このお部屋
客に譲ってあげたのも
支配人への　遠慮です

これまでの状況、マダムの気持ちまで、神田千鶴子の歌が代弁している。ことほど左様に、この映画は次々と歌がドラマを推し進めていく。ミュージカルというよりシネ・オペレッタを目指している。そこへ郵便配達が電報を届けに来て、藤原氏が来訪することが告げられる。いそいそと迎えに行くマダム。困ったのは支配人・山岸とキヨ。なんとか、細谷父子を説得しないといけない。というドタバタとなる。結局、ルミ子が、藤原を籠絡して、裁判に有利に持っていく作戦を立て、細谷も納得する。ところがルミ子は藤原に会った途端に一目惚れしてしまう。

夕暮れ。高原に日が沈み、夜が来る。ホテルのカッコウ時計が七時を告げる。コロムビア・ナカノ・リズム・ボーイズである。コーラス・ボーイが二人、一人はギターを手に、女性ピアノと一緒に伴奏、そして唄う。

♪カッコウ　カッコウ
カッコウが泣く
山は楽し　若き日よ
カッコウ　カッコウ
カッコウが泣く
山は楽し　若き日よ

そこへ、バーで一杯やっていた岸井明の細谷社長が唄い出す。

♪山じゃろうが　海じゃろうが
酒　酒なくて　なんの己が
山じゃろうが　海じゃろうが
酒　この世はなんでも　酒じゃよ

コーラスがカッコいい。そして岸井明のユーモア！　音楽が「蝶々」に転調すると、捕虫網を手に探検服の昆虫博士（榊田敬治）が、蝶々を追いながらホテルへ入ってくる。この昆虫博士と細谷社長が意気投合、映画の後半の笑いとなる。

万事この調子で、去りゆく夏のひととき、湖畔のホテルでのユーモラスな協奏曲が繰り広げられていく。伏水修の演出は、前年の『唄の世の中』（一九三六年）がハリウッド・ミュージカルだとするならば、こちらはフランス映画やドイツのオペレッタ映画のような味わい。伏水修監督が音楽映画に眼と耳が届く人だったことがわかる。

すべてが終わって、万事解決、客たちがホテルを去り、秋風が吹いてゆくラストの味わいも含めて六一分の短さながら、ギュッと音楽映画の魅力が詰まったモダンなオペレッタ映画となった。

愛國六人娘

一九三七年一二月一日／東宝映画京都／松井稔

製作＝東寶映画株式會社（京都撮影所）／1937.12.01・日本劇場／七巻・一、七五四m／六四分／日劇同時上映『報道戦』（一九三七年、パラマウント、アレクサンダー・ホール）／同時上演「第廿二回日劇ステージ・ショウ女とオーケストラ」一景（一二月一日～一〇日）

【スタッフ】製作・氷室徹平／監督・松井稔／脚本・永見柳二／撮影・吉野馨治／音楽・谷口又士／美術・戸塚正夫／録音・道源勇二

【出演】神田千鶴子（吉野文惠・女學生）／霧立のぼる（藤間美耶子・同）／能勢妙子（星野智江子・同）／椿澄枝（水野萬里子・同）／佐々木信子（中澤正代・同）山根壽子（佐藤綾子・同）／伊東薫（文惠の弟・少年航空兵）／小島洋々（文惠の叔父）／清川玉枝（文惠の叔母）／三木利夫（美耶子の兄・義雄）／三條利喜江（美耶子の嫂・久榮）／嵯峨善兵（智江子の兄・修介）／杉寛（萬里子の父）／佐伯秀男（片岡毅）／英百合子（毅の母）／山野一郎（アパートの主人）／清川虹子（オールドミス）／福地五郎（番頭）／少年航空兵・女學生大勢

P．C．L．映画を彩ってきた、神田千鶴子、霧立のぼる、椿澄枝、山根寿子、能勢妙子に加えて、『北支の空を衝く』（九月一日）に出演した佐々木信子が、銃後の「愛國六人娘」を演じて同世代の少年航空兵を鼓舞する。この年、三月二四日に封切られた『青春部隊』の脚本・永見隆二、監督・松井稔とスタッフ、メインキャストによる「明朗青春映画」。七月七日の盧溝橋事件に端を発する支那事変のさなか、セーラー服の少女たちが「軍国少女」として、日中戦争の銃後の庶民に「愛国」をアピールする。以後、こうしたプロパガンダ映画が連作されていく。公開当時、映画館で配布されたチラシに踊る惹句を紹介する。

「熱誠溢るる銃後の少女達の涙ぐましい程の活躍、彼女達の気持は少年航空兵の母でもあるのです。銃後の皆様に贈る名畫」

「非常時日本の若き女性群と少年航空兵を描いた愛國映画。こゝには銃後を守つて第二の母性たる女學生の時局に對する覺悟が、歌と若さのリズムとなつて大空に響き渡る」

「事變は愈々長期戦に入り、銃後の熱誠は益々熾烈に燃え上り愛國六人娘もじっとして居られず或は軍國ハイキングと構して三笠艦見學の強行軍に乙女らしい朗らかな雰囲気の中で愛国心を湧き立たせてゆく明朗近代女性の若い魂を通じて描き出された銃後赤誠篇」

残念ながら、国立映画アーカイブにも所蔵されておらず、CS放映実績もなく、未見なので当時の「梗概」からストーリーを引用、キャストを加えてリライトした。

青春の夢華やかな女学生六人組、その可憐な心にも時局は色濃く反映していた。吉野文恵（神田千鶴子）の弟（伊東薫）は、少年航空兵。文恵のお隣の片岡毅（佐伯秀男）は飛行教官、その従妹が中澤政代（佐々木信子）でおハネさん。藤間美耶子（霧立のぼる）は履物屋の娘で兄の義雄（三木利雄）が出征、星野智江子（能勢妙子）の兄・修介（嵯峨善兵）はレコード會社の作曲家で愛國歌の作曲に熱中している。

この四人に水野萬里子（椿澄枝）と佐藤綾子（山根壽子）の二人を加えた六人が、即ち愛國六人娘である。戦線に出動した毅から勇ましい手紙が文恵を訪れた。然し乍らやがて彼の壮烈な戦死の報がみんなを驚かせた。

敵数機と激闘の果てに名誉ある輝かしい最期を遂げたのである。文恵の弟も霞ヶ浦航空隊に編入、勇躍征途につく。

智江子は感激のなかに一気に歌詞を作り上げ、作曲家になった修介と期せずして美事愛國の歌曲が完成。戦死者への哀悼と共に、いつまでも悲しむことなく、来るべき明日への明るい希望と強い精神を奮い立たすべく六人組は、萬里子の宅に集まった。

「合唱、心を籠めて歌ひ出す愛國の歌、六人組の合唱は廣く街々へ、やがては海を渡って北支、南支の空にまで響き流れよと、高らかに唱ひ続けられるのであった」。

♪燃え立つ血潮よ　から紅に
今日ぞ輝く　祖国の御旗
銀の翼に　彩りて
いざ征け若人　われらの戦士

♪高鳴る翼よ　あの大空に
ひびく歓呼は　祖国の希望
深き感謝に　送られて
いざ征け若人　われらの戦士

♪轟く砲火よ　この戦いに
競うニュースは　祖国の勝利
胸も湧き立つ　感激に

いざ征け若人　われらの戦士

♪銃後の護りよ　いざ諸共に
盡すわれらは　祖国の乙女
大和桜と　勢いゆく
いざ征け若人　われらの戦士

主題歌《愛國六人娘》（作詞・佐藤惣之助、作曲・古賀政男、編曲・大久保徳二郎）は、由利あけみの歌唱でテイチクからリリースされた。カップリングは、やはり主題歌で、藤山一郎の《勇敢なる航空兵》（編曲・宮脇春夫）。

日本一の殿様

一九三七年一二月八日／東宝映画京都／萩原遼
製作＝東寶映画株式會社（京都撮影所）／1937.12.08・新宿劇場／七巻・一・六五〇m／六〇分

【スタッフ】脚色・演出・萩原遼／原作・小林正／撮影・河崎喜久三（N・S・C）／録音・宮崎正信／設計・島康平／音楽・高橋虎之助／演出補助・毛利正樹／撮影補助・南田常治／編輯・江原義雄／照明・丸川武郎
【出演者】小笠原章二郎（若殿様・壱岐守）／高勢實乗（殿様）／花井蘭子（おふじ）／鈴村京子（奥方）／澤井三郎（馬さん）／深見泰三（半ちゃん）／山田好良／永井柳太郎（軍太夫）／上田吉治郎（浪曲師・白澤登良蔵）／進藤英太郎（代官）／大崎時一郎／石川冷／今成平九郎／千葉晴一郎／山口佐喜雄／三藤城治郎

東宝映画株式會社への合併統合を機に、J.O.スタヂオは東宝映画京都撮影所へと改称。ほどなく製作されたのが、小笠原章二郎と「アノネのオッサン」こと高勢實乗《みのる》のコンビによる時代劇コメディ第一作『日本一の殿様』である。

小笠原章二郎は、旧唐津藩主・子爵小笠原家第一四代当主・小笠原長生の次男。長兄・明峰は映画監督となったために廃嫡、章二郎も俳優となり家督は四男が継承した。大正一二（一九二三）年、兄・明峰が小笠原プロダクションを設立。そこで『行けロサンゼルス』（一九二三年）、『我れは海の子』（一九二六年）などを演出。監督としても活躍した。小笠原プロダクション解散後、日活太秦へ移籍。そのおっとりした「若殿様」的な容貌で、浅野内匠頭、松平長七郎、前田犬千代などを演じ、その後松竹下加茂へ、トータルで五十数本の作品に出演後、J.O.スタヂオに移籍。日活京都から移籍してきた鳥羽陽之助とのコンビで、伊丹万作『権三と助十』（一〇月八日）に出演した。

本作で初めて東宝のスクリーンに登場した「アノネのオッサン」こと高勢實乗は、戦前、戦中、戦後にかけて特異なメイクに、独特のエロキューションで「アーノネ、オッサン、ワシゃかなわんよ」のフレーズで一世を風靡した。コメディアンではないのに、エノケンやエンタツ・アチャコ、ロッパを向こうに回しての珍演、怪演で「出てくるだけでおかしい」コメディ・リリーフとなった。

明治三〇（一八九七）年、北海道函館に生まれた高勢實乗（本名・能登谷新一）は、七歳で上京、舞台役者となる。長じて高勢實一座を旗揚げ、新派の大御所となる。大正四（一九一五）年に『龍神の娘』（Mカシー商会）に出演。その後、日活、国際活映に所属するも長続きせずに、大正一〇（一九二一）年「高勢映画研究所」を設立したが、わずか三ヶ月で解散した。

関東大震災後は京都へ移り、衣笠貞之助『狂った一頁』（一九二六年）に相馬一平名義で出演。その後、嵐寛寿郎プロダクションに入社して高勢實乗と名乗り、昭和三（一九二八）年、日活太秦撮影所に入社。伊藤大輔『御誂次郎吉格子』（一九三一年）などに出演。伊丹万作『國士無双』（一九三二）年で演じた伊勢伊勢守役のコミカルな演技が好評で、コメディリリーフへ転向。山中貞雄『怪盗白頭巾』、『丹下左膳余話 百萬両の壺』（一九三五年、日活）、『河内山宗俊』（一九三六年、同）などで、鳥羽陽之助と珍演、「極楽コンビ」として人気を博した。

これらの原作やシナリオを手がけた創作者集団「梶原金八」の山中貞雄、滝澤英輔、そして本作の監督・萩原遼が揃ってP.C.L.へ移籍、相棒の鳥羽陽之助もJ.O.専属となったこともあり、昭和一二年、高勢實乗も東宝映画京都と契約。本作が移籍、第一作となった。

脚色と演出は「梶原金八」の萩原遼。「極楽コンビ」の産みの親であり、萩原にとってもこれが日活京都からの移籍第一作となる。のちの東宝カラーのモダンさ、スマートさというよりは、日活京都の明朗時代劇の味わい。子爵家の出身の小笠原章二郎のおっとりした「バカ殿」「若さま」と、高勢實乗の「親・バカ殿」のコンビ作として企画された。

浪曲師・上田吉二郎（吉治郎）の「水戸黄門漫遊記」に感化されて、街中に出かけた若殿の行状と、その身分を知らずに彼に心を寄せる居酒屋の看板娘との恋を、明朗な笑いと共に描く。ヒロインには石田民三『東海美女傳』（一〇月二一日）、渡邊邦男『血路』（一〇月三一日）に続いて、東宝京都のトップスター・花井蘭子。

アノネのオッサンのキャラクターが確立するのは、翌年のことなので、あの怪演を期待すると少し拍子抜けする。そういう意味では「オッサン」が化ける前夜の貴重な作品でもある。

浪曲師の白澤《しろさわ》登《と》良《ら》蔵《ぞう》（広沢虎造のもじり、上田吉治郎）が、お城に呼ばれ、表御殿の広間で若殿・壱岐（小笠原章二郎）の前で「水戸黄門漫遊記」を唸っている。若殿のアタマに広がるイメージ。お白洲の前で、縛られている黄門様（小笠原章二郎）と助さん、角さん（澤井三郎、深見泰三）。

「控えい、控えい、この方をなんと心得る。天下の副将軍、先の中納言、水戸光圀公であらせられるぞ」。おなじみのフレーズの声はすべて登良蔵。悪代官・軍太夫（永井柳太郎）は平身低頭。

画面は変わって殿中となる。白澤登良蔵が自慢のノドで、虎造ばりの名調子。若殿、身を乗り出して大興奮、「光圀公は偉い方じゃのう。我々大名の鏡とすべき名君じゃ」。「それに引き換え自分は一体なんだ？」と疑問を持って、御殿の広間を飛び出していく。

困ったのは登良蔵。自分の芸を若殿がお気に召さないのか？「わしもそれを考えていたところ」と家老。「え？」。こうしたフリ、オチの細かい笑いが随所に散りばめられている。

若殿は父・大殿様を探して奥庭へ向かう。大殿は腰元相手に鞠遊びをしている。オッサンの足捌きがなかなか見事で、キックした鞠が相当高く真っ直ぐ伸びる。双肌脱いだオッサン、のちの志村けんの「バカ殿」のルーツのような風貌。そこで若殿は「一生に一度のお願い」をする。が、大殿は「そちの一生に一度のお願いはこれまで何回あったかのう」と信用ならない。

若殿「水戸黄門のように漫遊してみたい」。しかしオッサンは、思い止まらせようと、登良蔵に「水戸黄門が名君であったんでなくって、バカ殿様であったというようなのはないかな？」。登良蔵は「水戸黄門をバカ殿様にしては、我々の芸術的良心が許しませんよ」。

さて腹に一物ある軍太夫（永井柳太郎）と、大殿の奥方（鈴村京子）は、古人の言葉にもあるから「可愛い子には旅させよ」と大殿に進言。しかしオッサンは「古人もまた無責任なことを言い残したじゃないか、他人事と思って。そいつにはきっと子供がないのに違いないのだ」と噴飯する。

結局、若殿は実力行使、漫遊の旅に出る。しかも殿様スタイルのまま。最初は快調に街道を進むが、だんだん疲れてきて、しまいにはヘトヘトとなる。このモンタージュがおかしい。

で、通りかかった駕籠に乗って街道筋の茶店へ。「ご苦労」平然と駕籠を降りるが、代金を払う意志は毛頭ない。「駕籠賃？　そのようなものがいるのか？　百？　百万両か？」「ただの百ですよ」「そりゃ安い、だが金はない」。駕籠かきが「痛え目に会いたいか？」と怒っても「目は別に痛くない」と惚け顔。

「その方たちが乗ってくれと頼むから、乗って遣わせたのじゃ。不服があらば、余を乗せたところまで送り返せ」。駕籠かきは代官所まで若殿を連れて行き、結局、牢屋へ。

その夜、おふじ（花井蘭子）の居酒屋。駕籠かきの二人組が、「薩摩守とは恐れ入る」と先ほどの話を肴に一杯。おふじは常連の馬さん（澤井三郎）と半ちゃん（深見泰三）に「薩摩守ってなんだか知ってる?」。平家の武将「平忠度《たいらただのり》」またの名を「薩摩守忠度《さつまのかみただのり》」だからの洒落で「タダ乗り」のことだったというオチ。

この居酒屋の親父は、浪曲師の白澤登良蔵。お城に出かけたまま帰って来ないので、娘のおふじが心配している。結局、騒動のとばっちりで親父は朝帰り。

翌朝、代官所では浪曲「水戸黄門」よろしく、縄で縛られた若殿がお白州へ。「余に不浄の縄をかけたとあっては、その方たち、腹を切らねばならぬ筈じゃ」と猛抗議。代官（進藤英太郎）を「さぞ、民百姓を苦しめているのだろう」と一方的に決めつける。若殿の素性を知らない代官「その方は気は確かか？ わしに調べてもらう前に、まず医者に調べてもらわないといかん」。

お城では、お家乗っ取りを企む軍太夫が、奥方に「壱岐守様のお姿は、二度と再びこの城中ではお目にかかれぬことでございましょう」と不敵な笑み。一方、オッサンには密偵からの報告の手紙が届く。「アノネ、弾正。わしはね、あの子の夢を見ましたよ」と破顔しながら手紙を読む。「代官所!!」。オッサンの独壇場である。まだ「かなわんよ」は言わないが。

釈放された若殿が城下町に入った途端、軍太夫の差金の浪士たちが斬りつけてくる。そこで大殿の密偵が応戦。その隙に若殿は、馬さんと半ちゃんの長屋へ逃げ込む。物音がするが、不用心な二人は若殿になかなか気づかない。「家に来るのは、大家か月末の借金取りだけだよ」。馬さん役のバイプレイヤー・澤井三郎は、帝国キネマ、市川右太衛門プロを経て松竹下加茂で活躍していた時代劇役者で七〇作以上に出演後、Ｊ．Ｏ．スタヂオへ。伊丹万作『権三と助十』（一〇月八日）での浪人・山中安兵衛などコミカルな演技で活躍。関西弁ネイティブの馬さんと、江戸っ子の半ちゃんの息の合わないコンビがおかしい。

半ちゃん役の深見泰三は、溝口健二『祇園の姉妹』（一九三六年）出演後、第一映画からＪ．Ｏ．スタヂオと契約。東宝映画京都では、澤井三郎とコンビを組んで数々の時代劇に出演、バイプレイヤーとして活躍し、戦後は東宝で、黒澤明『わが青春に悔いなし』（一九四六年）の文部大臣役や、谷口千吉『銀嶺の果て』（一九四七年）の警察署長役などを演じた。昭和三〇年代は日活に移籍してバイプレイヤーとして『狂った果実』（一九五六年）では石原裕次郎の父親を演じている。

暗がりの竈に、お殿様の格好をした男がいるので、びっくりした馬さん「人の家、黙って入ったりしてあきまへんやないか?」。そこへ江戸っ子の半ちゃん「出て行かないんだったら、こっちでつまみ出すまでだ。さぁ出ろい!」と袖を捲る。若殿は「苦しゅうない、余を早く匿え」と悠然としている。

結局二人は、正体を知らないまま長屋に置くことに。その身なりではと、若殿の印籠を質入れして、粋な江戸前の若衆姿となる。若殿の「身分を隠して世直し」の夢に一歩近づく。

言葉遣いもおかしいからと、おふじの居酒屋で、半ちゃんの「江戸っ子啖呵」講義を受ける。『やい、丸太棒の提灯野郎め、喧嘩なら出てこい!』と、こういう具合にやるんだよ」と半ちゃん。若殿、復唱するが、おっとり過ぎてダメ出し。馬さん「わいがもっとええのを教えたるわ、『ええか。こら、ワレなんぞえ、ごちゃごちゃ抜かすといてもうたるぞ!』」と大阪弁の啖呵指南と相成るが、殿様、江戸っ子言葉となにわ言葉をごっちゃにしてしまう。これは漫才の笑いである。

おふじに名前を聞かれ、「オレはトノと申す」と名乗る。「トノちゃんてぇの? いいお名前ね」。ここからトノちゃんとおふじはいい仲になる。馬さんと半ちゃんにはライバル出現だが、おふじはトノちゃんに夢中。ところが、居酒屋の主人が白澤登良蔵だったことで、トノちゃんが若殿であることは、登良蔵だけが知る秘密となる。さらに軍太夫の差し向けた刺客とオッサンの密偵たちの暗闘も加わり、賑やかなコメディが展開する。

お城ではオッサンが心労のあまり、寝込む。軍太夫は医師に毒薬を処方させ、大殿の生命を狙う。一度は軍太夫に与した奥方は、良心の呵責に耐えかねる。虫の息のオッサンは、若殿の名前を呼び続ける。そんな状況を知らない若殿はおふじと逢引きを重ねていいムード。二人の逢引きの場所を聞いた軍太夫の配下が若殿に斬りかかる。逃げる若殿とおふじ。この辺りの殺陣はセリフなしのアクションのみ。無声映画の呼吸。もちろん密偵たちの大活躍で悪党どもは一網打尽。

病床のオッサン。「壱岐はまだか……」と憔悴しきっている。そこへ、若殿・壱岐守が戻ってくる。オッサン喜んで起き上がり「どうだ? 水戸黄門、少しは得るところがあったか?」。若殿はキリッと引き締まった顔で「別にこれと申して御座りませんが、ただ軍太夫に遣わそうと、持ち帰りましたる土産物が」。

襖を開けると、一味が縄で縛られている。驚く奥方、狼狽える軍太夫。若殿畳み掛けるように「やいやいやい、この丸太ん棒の提灯野郎、無礼者め！」。と半ちゃん指南の「江戸っ子啖呵」を切る。軍太夫が奥方とグルになってすべてを仕組んでいたことを暴く。「ど阿呆めが！」と大阪弁も混じるのがおかしい。もちろんここで派手なチャンバラとなる。

怖くて布団に隠れていたオッサンがむっくり起き出し「こら、そのものたちは余に毒を飲ませるつもりであったろうが、その毒はちゃんと畳が飲んでくれおったんじゃ！」。とところが若殿がいない。オッサンが呼ぶと、布団の中から若殿も出てくる。オッサン「あっぱれ、あっぱれ、それでこそその方、黄門以上、日本一の殿様じゃ」。若殿「よせやい、それほどでもねえや！」。

一方、おふじは、急に「トノちゃん」が居なくなって意気消沈。切ない日々を過ごしている。若殿もおふじ会いたさに、駄々をこねている。結局、若殿は兄貴分の馬さんと半公を家来として召し抱えて「助さん、角さん」の役割に。そしておふじを城へ招いて奥方にしてハッピーエンドとなる。

アノネのオッサンの破壊的なギャグはまだ見られないが、日活時代劇でのコメディ・リリーフで人気者となった勢いを味わえる。小笠原章二郎が戦後「バカ殿」を演じていくが、そのルーツでもある。翌年には高勢實乘とのコンビで、姉妹編『日本一の岡っ引』（一九三八年、東宝京都・中川信夫）に主演。続いて松竹蒲田から移籍してきた斎藤寅次郎の東宝での第一作『エノケンの法界坊』（一九三八年、東宝東京）で榎本健一と共演することとなる。

さて、J.O.スタヂオ改め東宝京都撮影所は、太秦蚕《かいこ》の社《やしろ》（木嶋坐天照御魂神社）前にあり、合併後東京撮影所が現代劇、京都撮影所が時代劇に製作分担をしていたが、東京の施設を拡充して、東京で時代劇製作が可能となり、京都撮影所は補助的なポジションとなっていく。やがて昭和一六（一九四一）年九月一九日に閉鎖され、東宝映画の製作はすべて東京撮影所が行うこととなる。

雷親爺

東宝映画京都／一九三七年一二月八日／矢倉茂雄
製作＝東宝映画（京都撮影所）／配給＝東宝株式會社／1937.12.08・東横映画／八巻・二、〇〇七ｍ／七三分
【スタッフ】製作・萩原耐／監督・矢倉茂雄／脚本・伊馬鵜平、阪田英一／撮影・宮島義勇／音楽・谷口又士／装置・安倍輝明／録音・安恵重遠
【出演】徳川夢声（わらび屋主人・幸七）／佐伯秀男（息子・幸太郎）／高峰秀子（娘・まち子）／大川平八郎（番頭・平吉）／榊田敬治（橘医学博士）／清川玉枝（同・夫人）／堤眞佐子（娘・美智子）／西條英一（睦屋主人）／美澤由紀子（女房）／音羽久米子（主人妹・佳子）／御橋公（伊賀屋主人）／末廣好子（同・内儀）／伊藤智子（ミクニ堂・主婦）／百太郎（同姪・桃子）／泉虎夫（自転車屋主人）／柳谷寛（同・職人）／福地悟郎（天狗倶楽部主人）／山野一郎（玉榮堂主人）／清川虹子（汁粉屋・お内儀）／小島洋々（スミダ軒・主人）／宮野照子（同女給・お袖）／齋藤英雄（金庫屋・若旦那）／生方賢一郎（洋服屋）／水上怜子（モダンガール）

徳川夢声としては、『うそ倶楽部』（三月一日、岡田敬）に続く、二本目の明朗喜劇。東宝京都撮影所で製作したオールスターの「商店街喜劇」でもある。古い価値観の雷親爺・徳川夢声と、大学の拳闘選手でモダンボーイの息子・佐伯秀男、ちゃっかり者の妹・高峰秀子たちが織りなす騒動の数々。のちの加山雄三の「若大将」シリーズのフォーマットでもある。東宝合併後なので、P.C.L.とJ.O.スタヂオ出身の俳優たちの共演も楽しそうである。本作は未見のため「梗概」にキャストを加えてリライトした。こんなストーリーである。

年中ゴロゴロ鳴っている親爺であると言ったところで、空きっ腹をゴロゴロ鳴らしている親父ではない。繁華な商店街である三丁目町内でも、名にし負う袋物の老舗「わらび屋」の旦那・幸七（徳川夢声）が、即ちその雷親爺である。さて、この親爺の息子・幸太郎（佐伯秀男）は、世に言う

鬼子というべきであろう。親爺は名うてのモダン嫌いにも拘らず、倅は大学の拳闘選手。妹のまち子（高峰秀子）も三味線のお稽古よりは、マンドリンをという近代娘だから、世は儘ならぬものである。

しかも雷親爺にとって幸太郎は、眼の中に入れても痛くないほど可愛いのだ。近所の「ミクニ堂薬店」の娘・桃子（百太郎）に目をつけていて「あんな日本風の淑やかな娘を、倅の娘に」と秘かに極めている。ところが、この桃ちゃん「わらび屋」の番頭・平吉（大川平八郎）とすでにハニカミ合う仲になっていようとは、雷親爺も、誰も知る由もないのである。

「かみなり横丁」にはこんな店が並んでいる。まず雷親爺の本元「わらび屋」を始めとして「布団屋」「金庫屋」「食料品屋」「汁粉屋」「薬屋」「下駄屋」「自転車屋」「新聞屋」「カフェー」もあれば、囲碁の「天狗屋倶楽部」もある。というのだから至れり尽せり。

「金庫屋」の若旦那（齋藤英雄）は、「カフェー」の女給・お袖（宮野照子）にのぼせて、いささか精神的乱視に陥り、「汁粉屋」のお内儀（清川虹子）に、内々斡旋方を頼んでいる。「布団屋」では、今やお内儀さん（末廣好子）が臨月で、満月のようなお腹をしている様な有様。

「布団屋・伊賀屋」主人（御橋公）は都合のいいことに、産婦人科の橘医学博士（榊田敬治）と懇意である。ある日、橘夫人（清川玉枝）が買物に来て、雷親爺と衝突した。

ところが、幸太郎が拳闘の練習中、のされて入院したのは橘婦人科医院。院長は大の拳闘ファンになり、令嬢・美智子（堤眞佐子）と仲良くなる。雷親爺の目算は違ったか。こうして二組の縁談がまとまる。

徳川夢声にとっては、これが初の東宝京都撮影所作品。この後、黒川彌太郎主演の時代劇『山茶花街道』（一九三八年、並木鏡太郎）、エンタツ・アチャコ、柳家金語楼のコメディ『水戸黄門漫遊記 東海道の巻』（同年、斎藤寅次郎）、『同日本晴の巻』（同）など、京都作品にも積極的に出演していくこととなる。

母の曲 前篇

一九三七年一二月一一日／東宝映画東京／山本薩夫

製作＝東宝映画（東京撮影所）／配給＝東宝株式會社／1937.12.11・日本劇場／九巻・二、一五六m／七九分／日劇同時上映『唄ふ陸戦隊』（一九三七年、ワーナー、レイ・エンライト）／同時上演「第卅三回日劇ステージ・ショウ大勝利オーケストラ」一景（一二月一一日～二〇日）

【スタッフ】演出・山本薩夫／作・吉屋信子 婦人倶樂部連載／製作主任・澤田浩／撮影・友成達雄／録音・片岡造／装置・中古智／編輯・今泉善珠／音楽・伊藤昇／演奏・P.C.L.管絃樂團／主題歌・ビクターレコードＪ五四二二〇・Ａ《母を恋ひて 桂子の唄》（作詩・吉屋信子、作曲・橋本国彦）・Ｂ《母なればこそ お稲の唄》（作詩・吉屋信子、作曲・鈴木静一）

【キャスト】英百合子（母・お稲）／原節子（娘・桂子）／岡譲二（父・純爾）／佐伯秀男（加賀見健五）／入江たか子（藤波薫・特別出演）／丸山定夫（井出辨護士）／三島雅夫（田中龍作）／小島洋々（木村博士）／伊藤智子（仝夫人）／水上怜子（仝娘・律子）

日独合作映画『新しき土』（二月四日）で、一躍、スターとなった原節子は、この年一一月三〇日、正式に東宝映画株式會社と契約、専属俳優となり、『東海美女傳』（一〇月二一日、石田民三）に続いて出演したのが、吉屋信子原作『母の曲』である。母親役には『さくら音頭 涙の母』（一九三四年、木村荘十二）からP.C.L.映画の「母親」役には欠かせない英百合子。原節子とは『新しき土』でも共演している。

この年、他社による「東宝ボイコット」の危機を救った『良人の貞操』（四月、山本嘉次郎）同様の前後篇として企画された。一二月一一日に前篇（七九分）、二一日に後篇（七〇分）、合わせて一四九分の大作は、東宝の原節子への期待が窺える。しかし昭和二五（一九五〇）年に、総集篇として再公開された時に、他の作品同様ネガから編集したために原版が失われ、現在は九一分の総集篇しか観ることができない。

原作者・吉屋信子は、連作短編小説「花物語」（一九一六年）でデビュー、少女小説、家庭小説の第一人者としてサイレント時代から映画化作品は多い。この年、P.C.L.と東宝での吉屋信子作品の映画化は『良人の貞操』、『お嬢さん』(七月八日)に続いて三作目となる。

この「母の曲」は、婦人倶樂部に連載された「母もの」であるが、オリーブ・ヒギンズ・プローティの小説『ステラ・ダラス』の翻案である。プローティが一九二三年に発表した『ステラ・ダラス』は、当時のアメリカ社会における階級対立や、女性の地位などをテーマにした小説。これまで『ステラ・ダラス』(一九二五年、ヘンリー・キング監督、ベル・ベネット、ロナルド・コールマン)、『ステラ・ダラス』(一九三七年、キング・ヴィダー監督、バーバラ・スタンウィック、ジョン・ボールズ、アン・シャーリー)、『ステラ』(一九九〇年、ジョン・アーマン監督、ベッド・ミドラー、トリニ・アルバラード)と三度映画化されている。

余談だが、初作と二作目は、サミュエル・ゴールドウィンのプロデュース、ベッド・ミドラー主演の三作目は、その息子であるサミュエル・ゴールドウィン・ジュニアがプロデュースしている。本作に限らず『ステラ・ダラス』のプロットや設定、メロドラマ要素は、戦後、大映のお家芸となる「母もの」に多大な影響を与えている。「母もの映画」は『ステラ・ダラス』のバリエーションといってもいいだろう。

この『母の曲』は、二度目の映画化である、バーバラ・スタンウィック版がアメリカで公開(一九三七年八月)されて大ヒットしている頃、吉屋信子が翻案して連載、映画化が企画された。同作が日本で公開されたのは、昭和一三(一九三八)年一二月だから、吉屋版の方が一年早い。『ステラ・ダラス』のストーリーは次の通り。

下層階級出身のステラが、上流社会のスティーブンに恋をして結婚、一人娘・ローレルを授かる。しかし、上流社会に馴染めない妻と夫の間の溝が深まる。夫のニューヨーク勤務で、家族は別居。やがてスティーブンはかつての婚約者・ヘレンと再会。未亡人となったヘレンはローレルと親しくなり、ローレルも大富豪の息子・リチャードと恋に落ちる。

一方、ステラの場違いな振る舞いが、富裕の人々に嘲笑される。ステラは自分が上流階級に馴染めないことを自覚、自分と一緒にいる限りローレルもまた嘲笑されると悟る。ステラは意を決してヘレンを訪ね「スティーブンと離婚するから、彼と再婚してローレルを娘として引き取って欲しい」と懇願する。

ヘレンはステラの自己犠牲精神に感動して、スティーブンと再婚することに。それを知ったローレルはショックを受け、ステラに真意を糺すと、ステラはわざと娘を邪険にして「自分は他の男と一緒になるから」と嘘をついて、娘を突き放す。

それから数年後、ローレルと富豪の御曹司・リチャードとの結婚式。雨のなか、窓越しに花嫁姿の娘をみつめて、ステラは涙を流す。やがてステラは静かに去ってゆく。

この感涙のメロドラマを、吉屋信子は日本に置き換えて翻案。監督は、霧立のぼる主演『お嬢さん』で、吉屋信子の覚えも良かった山本薩夫。キャストも、原節子の父には岡譲二。父のかつての恋人に入江たか子が特別出演。原節子の相手役の御曹司に佐伯秀男。周りを固めるのは、P.C.L.映画ではおなじみの丸山定夫、伊藤智子、三島雅夫らが顔を揃えている。

なお、映画公開に合わせて「東寶十二月興行」として、東京宝塚劇場で東寶劇團、藝術座水谷八重子合同公演として「母の曲」（三幕八場、脚色・水木久美雄、演出・金子洋文）が一二月三日から二六日にかけて上演された。父・純爾を市川壽美藏、母・お稲を水谷八重子、娘・桂子を霧立のぼる、薫を夏川静江が演じている。

さて映画『母の曲』である。基本的なストーリーは、オリーブ・ヒギンズ・プローティの小説と映画版を踏襲しているが、東宝版ではタイトルにある「母の曲＝音楽」が重要な役割を果たす。原節子がピアノで弾くメンデルスゾーンの《ゴンドラリード》（映画ではゴンデルリードと発音）が音楽モチーフとなる。しかも入江たか子は、岡譲二と別れてクラシック・ピアニストとして大成している。

昭和一二年とはいえ、英百合子演じる母・お稲が、下層階級の女工出身だからと、原節子の同級生の母親・伊藤智子に代表される上流階級のマダムたちに、言われもなく差別されるのは、かなり無理がある。とはいえ『ステラ・ダラス』の翻案として割り切れば楽しめる。入江たか子の気品、原節子の初々しさ、そして英百合子の熱演と、P.C.L.から東宝にかけてのスタジオの充実ぶりが味わえる。

女学校の「マザース・アソシエーション（母親の会）」が開催されている。「木村の奥様、この前の歌舞伎ご覧になりまして?」「一昨日、律子と見てまいりましたの」と答えるのは木村博士夫人（伊藤智子）。その娘・律子（水上怜子）は、波多野桂子（原節子）の同級生。桂子の母・お稲（英百合子）は、マダムたちの会話について行けずに肩身の狭い思いをしている。俯いてコーヒーをスプーンで掬って飲む姿は、「身分の差」を印象付けるためだが、あまりにも哀れな感じ。

さて会議では読書が話題になり、木村夫人は、お稲に「いろんな経験をお持ちでしょうから」と水を向ける。お稲は素直に「小さい時から講談ものが好きでした。ことに『沓掛時次郎』のようなお話が……」と話すと、マダムたちが冷笑する。その空気にお稲は耐えられない。現在の「ママ友」のSNSグループでのイジメに近いのだろうが、それを大真面目に演出している。

お稲の行状は噂となり、夫である医師・波多野純爾（岡譲二）に、心配した親友の井出弁護士（丸山定夫）が苦言を呈する。純爾は「あれは、なんとかして必要な教養を身につけようと一生懸命努力してるんだよ」と妻をフォローするが、井出弁護士は「所詮、無駄な努力だよ」と冷徹。身分不相応というわけである。このままでは、お稲の存在が純爾の「社会的地位に影響してくる」と井出弁護士は釘を刺す。

しかし純爾は、苦しい時に支えてくれたお稲のために、地位を失っても厭わないと考えている。純爾の学院論文が評価され、近くドイツへ三年間の研究留学が決まっており、その間の桂子の教育はどうする？　お稲では荷が重すぎる。井出弁護士の懸念はそこにある。それが純爾の気がかりでもある。

やがて純爾はベルリンへ。「三年間はあっという間だ」と純爾。お稲は「一生懸命勉強してどこへ出ても恥ずかしくない奥さんになる」と約束。純爾は、その健気さを愛している。桂子もお母様が大好きで、仲良し家族だが、周囲の悪意と冷笑が、波風を立てていく。

「それから後、お稲は上流社會の立派な母親にならうと努力した」とスーパー。お稲が懸命に、読み書きの勉強、お花の稽古、習字を勉強するモンタージュで、三年の月日を表現。原作ではステラが立ち振る舞いや話し方などの社交術を学ぶシーンだが、ここでは教養を身につけるための努力として描いている。階級差の壁の描き方の違い、アメリカと日本の文化の差なのだが、見比べると面白い。

いよいよ、純爾が帰国する日。桂子は嬉しくてピアノを弾いている。メンデルスゾーンの《ゴンドラリード》である。お稲は、曲名を一生懸命覚えようとするが、なかなか覚えられない。これも切ない。

しかもお稲は、夫の同僚や友人たちに気遣うのが辛くて、横浜への出迎えも遠慮する。家でご馳走を作っているのが性に合っているのだ。日本髪を結ってお洒落をするお稲。道端で木村夫人と娘・律子のクルマが通りかかり、お稲は頭を下げて挨拶をする。その姿に怜子は「私のママがあんなんだったら、私ママを勘当しちゃうわ」と母娘で大笑い。水上怜子のはっきりとした顔立ちが、キツイ印象なので、余計に意地悪に見える。

純爾は三年ぶりの我が家を満喫するが、欧州式の暮らしに慣れているので、次第にお稲に違和感を感じるようになる。桂子のリクエストで、純爾はピアニスト・藤波薫（入江たか子）帰朝第一回ピアノ獨奏会」に出かけるが、実は薫はかつて純爾が結婚を約束しながら別れた恋人だった。

しばらくして、桂子にせがまれた純爾は、山中湖畔の富士ニューグランドホテルへ。木村博士夫妻と娘・律子も同じホテルに宿泊していた。

富士ニューグランドホテルは、昭和一一（一九三六）年七月、横浜のホテルニューグランドの経営で山中湖に開業したばかり。木造三階建て、一部鉄筋コンクリート造りで四〇の客室、英国のハーフティンバー様式とスイスのシャーレー様式のミックスで、戦前、リゾートホテルとして人気だった。しかし昭和一九（一九四四）年九月、横須賀海軍部隊に借り上げられて営業を休止。敗戦後はGHQ将校の専用ホテルとして接収された。その後、返還されて昭和五〇（一九七五）年五月まで営業を続けた。

さて、純爾は、ホテルに滞在していた藤波薫と再会。二人の関係を知らない桂子は、憧れのピアニストと父が知り合いと知って大喜び。一七歳の原節子は、初々しく本当に可愛らしい。喜んだり、悲しんだり、拗ねたり。ちょっとした表情が実に魅力的である。

現存する『総集篇』では描かれていないが、純爾の父で銀行家・波多野圭之助は、銀行が破産して自殺。そのために、婚約をしていた純爾と薫は愛し合いながら別れた。薫はフランスへ留学、純爾は深川の貧民窟へ求職に行く。とある屋台で一緒になった田中龍作（三島雅夫）との縁で、その晩は、龍作の仲間の女工・お稲の部屋で厄介になる。男まさりのお稲は、純爾に同情して仕事を探してくれた。やがて純爾はお稲と同棲することに。お稲が好きだった龍作は純爾をひたむきに愛するお稲の幸福のために自ら身を引いた。これが純爾の過去である。

薫と純爾は、お互いの「これまで」を話す。薫は「あなたは医学で、私は音楽でどちらか立派に才能を完成させるか競争するんだって。私、あのお約束だけは守ってまいりましたの」。純爾は、学問を続けていくために、職工となった頃に、お稲に相当世話になり、苦労をかけたこと。「僕もあれの恩義と愛情には一生報いてやるつもりです」。薫は「何もかも忘れて打ち込むことができる音楽というものがあるお陰でやれましたのよ」と本音を話す。この会話を、偶然桂子が聞いて、二人が恋人だったことを知ってショックを受ける。

その頃、お稲と昔なじみの田中龍作がふらりと家に現れる。その昔、お稲と純爾が世話になった恩人である。今は競馬のノミ屋をやっているという龍作は、身なりは貧しいが好人物。お稲にとっては、澄ました上流階級の人々よりも、自然体の龍作といる方が楽なのである。

しかし、お稲が龍作と話している姿を、またクルマで通りかかった木村夫人が目撃。「ご主人と桂子さんの留守中に、下賤の男を家に引っ張り込んでいた」と、夫人がマダムのネットワークに噂を流して、大変なことになる。

しかもお稲が久しぶりにリラックスして、龍作と昔話をしていると、間の悪いこと井出弁護士が純爾を訪ねてくる。一方、河口湖の桂子は「お母様が可哀想」「お母様に逢いたい」と泣き出し、父に頼んで、その日のうちに帰京することに。「ねえお父様、お母様を不幸にしちゃ嫌よ。もうどこへも行かないでちょうだいね」と懇願する。

その頃、満州で疫病が流行、その研究のために純爾は奉天へ赴任が決まる。家族一緒で行きたいが、桂子の学校もあるし、疫病が流行している土地には行けないと、また単身で海外赴任することに。以前にも増してお稲は心細い日々を過ごすことになる。

やがて桂子の誕生日が近づき、桂子は律子たちを誕生日パーティに招待する。デコレーションケーキに、お寿司、お稲は張り切って支度をして、桂子の友達に挨拶をしようとスピーチの猛練習。約束の六時になっても誰も来ない。時間はどんどん過ぎてゆく。木村夫人が、マダムの電話ネットワークで「あんなふしだらな家庭へ娘を出すなんてとんでもないこと」と示しを合わせたのだ。結局、母娘二人だけ、涙の誕生会となる。

どんなに誹謗をされようとも、お稲は桂子を愛し、桂子は母を慕っている。毎朝、学校に行く時に「行ってまいります、しておくれ」とお稲が頼むと、桂子は母の頬を手のひらで撫でる。これが母娘の決まり。二人にはかけがえのない優しい時間。

学校では、律子たちが桂子を無視する。いつの世にもあるイジメである。律子は「あなたと遊んじゃ行けないってママに言われたのよ」。ショックを受ける桂子。その日、家に帰ると龍作が遊びに来ている。その無神経さに耐えられない桂子は「おじさん、帰ってちょうだい！」。桂子の気持ちを察した龍作は「もう、二度と来ないよ」。玄関を出たところで、また井出弁護士にばったり。龍作は手鼻をチンとかんで「ハハハ」と笑って去ってゆく。この反骨精神！

母の曲 後篇

一九三七年一二月二一日／東宝映画東京／山本薩夫
製作＝東宝映画（東京撮影所）／配給＝東宝株式會社／1937.12.21・日本劇場／8巻・一，九一五m／七〇分／日劇同時上映『軍艦旗に栄光あれ』（東宝・記録映画）／同時上演「第卅四回日劇ステージ・ショウ 日劇ショウ 一年のスケッチ」二景（一二月二一日～三〇日）／『母の曲』総集篇・一九五〇年、九一分

【スタッフ】演出・山本薩夫／作・吉屋信子 婦人倶樂部連載／製作主任・澤田浩／撮影・友成達雄／録音・片岡造／装置・中古智／編輯・今泉善珠／音楽・伊藤昇／演奏・P.C.L.管絃樂團／主題歌・ビクターレコード J五四二二〇・A《母を恋ひて（桂子の唄）》（作詩・吉屋信子、作曲・橋本国彦）・B《母なればこそ（お稲の唄）》（作詩・吉屋信子、作曲・鈴木静一）
【キャスト】英百合子（母・お稲）／原節子（娘・桂子）／岡譲二（父・純爾）／佐伯秀男（加賀見健五）／入江たか子（藤波薫・特別出演）／丸山定夫（井出辨護士）／三島雅夫（田中龍作）／小島洋々（木村博士）／伊藤智子（仝夫人）／水上怜子（仝娘・律子）

前篇から一〇日後に公開された『母の曲 後篇』は、お稲が桂子と共に富士ニューグランドホテルに滞在しているところから始まる。『総集篇』ではカットされているが、「秋、純爾の手紙が奉天から届いて、そのすすめで、お稲は桂子とともに箱根に行った」と「梗概」で紹介されている。

晩秋の河口湖畔、富士山が見える道を、桂子（原節子）が物思いに耽って歩いていると、猛スピードでクルマが通り、桂子が転んでしまう。運転していたのは御曹司・加賀見健五（佐伯秀男）。桂子の美しさに健五は夢中になり、やがて二人は交際することに。

この時は「母親の会」が藤波薫のピアノ演奏会を企画して、マダムと娘たちが富士ニューグランドホテルへ。お稲（英百合子）も仕方なく参加しているが、西洋式のホテルは勝手がわからず、マダムたちの冷笑も辛くて身の置き所がない。そんなお稲に優しいのは薫（入江たか子）だけ。ここで二人の信頼関係が生まれる。しかし、またお稲が失態をして、マダムたちに馬鹿にされることに。この辺りは、見

ていてつらい。原作にある「階級差」というものが、マダムたちの「無理解と悪意」でしかない。

さらにある日、井出弁護士（丸山定夫）が「離婚届」を持参して、お稲に「判を押して欲しい」と持ちかける。屈辱的な気持ちのお稲は離婚届を破って「身の振り方はあたし、自分がつけます。人様にご厄介かけたくございません」ときっぱり。

悩んだお稲は、薫を訊ねる。ここは原作通りである。自分が身を引くから、夫と結婚して娘を立派に育てて欲しいと、ステラがヘレンに頼む場面である。

お稲は「私は決心しました。私のような母親がおりますと桂子を不幸にするばかりで」。薫は「ピアノの方は、及ばずながら私が引き受けて、きっと立派な音楽家にしてお目にかけます」。お稲は「それほど仰ってくださるのでしたら、桂子の母親になってくださいまし」。自分が一緒にいると桂子も世間から笑われてしまう。いいところからもお嫁にもらって頂くことができない。

薫「奥様は、あれだけ純爾さんを深く愛してくださいました」

お稲「それだけでは駄目だったのでございます。私も色々及ばない努力をしました。でも、駄目だったのでございます」

当時のモラルもあるので、原作のようにストレートではないが、英百合子の渾身の演技は切なく、戸惑いながらもお稲の心情に共感していく入江たか子の芝居、佇まいもいい。

やがて母娘の別れの朝。桂子のスカートのほつれを直してあげるお稲。ここで原作のように、わざと娘に罵詈雑言を浴びせるでもなく、お稲はこう切り出す。「ねえ桂子、母さんがいなくなったら、お前どうする？」。何かを察した桂子は、大声で笑って、そこから先を打ち消そうとする。この時の原節子の悲しみを湛えた笑顔が素晴らしい。

「ねえ桂子、母さんはね、難しいお父さんも嫌、うるさいお前さんも嫌、何もかも嫌になったんだよ」。桂子は「私をからかってらっしゃるのね」と笑いながら取り合わない。「桂子そんなお話大嫌い。もう時間だわ。行ってまいります」と出かける。玄関の戸を開け「行ってまいります」の声。お稲は「これが一生の別れだというのに、なぜいつものように頬を叩いてくれなかったんだ」と悔やむ。

それからお稲は、龍作（三島雅夫）と暮らし、純爾（岡譲二）は薫、桂子と新たな生活を始める。ある日、龍作が上機嫌で「お前さんを喜ばせることがあるんだぜ」と新聞のラジオ欄を見せる。「新進ピアニスト波多野桂子さんの独奏」とある。喜び勇んでラジオ屋の前で放送を待ち構えるお稲。店頭の「ナショナル受信機Ｒ－２５」から流れる桂子の《ゴンデルリード》を誇らしげに聴くお稲。そこへ酔っ払った男が「こんなのより俺の浪花節の方がよっぽどいい」と絡む。お稲「これがお前たちにわかってたまるもんか」。

やがて加賀見健五と桂子の結婚式の当日。会場はお濠端、丸の内の東京會舘である。大正一一（一九二二）年、皇居前に結婚式やパーティを開催する「社交場」として開場。田辺淳吉設計によるルネサンス様式の本館でロケーション。この本館は、エノケンの『九十九人目の花嫁』（一九四七年、新東宝、佐藤武）のお見合い会場、森繁久彌の『サラリーマン忠臣蔵』（一九六〇年、東宝、杉江敏男）の「松の廊下」ならぬ「宴会場・松の間」としても登場する。

雨の降るなか、ボロボロの傘を差して、東京會舘の前で、桂子の花嫁姿を一目見ようとお稲が待っている。薫があらかじめ日取りを教えていたことが前後の会話で匂わされる。薫がボーイに「波多野桂子の車と言ってください。名前もハッキリ呼んでくださいね」と念を押す。お稲に聞こえるように配慮である。この辺りの「言わずもがな」は観客の琴線に触れただろう。お稲にズーム、薫にズーム、そして純爾にズーム。それだけで胸が締め付けられる。やがてエレベーターから花嫁衣裳の桂子と、正装の健五が降りてくる。

薫が一言「桂子さん、今日のあなたの幸福は、どこで暮らしてらしても、きっとお母様の心に通じているわ」。ゆっくりと大きく頷く桂子。原節子の美しさが際立つカットである。薫がこう続ける。「一生忘れることのできない、深い、深い御恩なのよ」「ええ」。

続いてお稲のアップ。車に乗り込む桂子と健五を見つめるお稲。去ってゆく車を見送っていると車に轢かれそうになり、警備員が「どうしてこんな所に立ってるんだね？」。お稲は「さっきのお嫁さんが、あんまり綺麗だったものですから、つい見惚れて。本当に綺麗なお嫁さんでございましたね」。

その姿を車の中から見て、涙ぐむ薫。純爾は静かに目をふせる。この辺りの演出はなかなか上手い。純爾の後悔と慚愧の念も一瞬だが表現している。

構成も展開も吉屋信子原作が『ステラ・ダラス』を踏襲しているので、英百合子のお稲＝ステラによる「三度目の映画化」として位置付けることもできる。サミュエル・ゴールドウィン製作によるバーバラ・スタンウィック版『ステラ・ダラス』（一九三七年）が日本で公開されるのが、昭和一三年一二月、本作の一年後。本作公開の二ヶ月後、昭和一三年二月には、劇作家で演出家の川村花菱が、『ステラ・ダラス』を「愚かなる母」として翻案劇化、歌舞伎座で上演された。

『母の曲』は、一八年後の昭和三〇（一九五五）年、新東宝で笠原良三脚本、小石栄一監督によってリメイクされている。この時は、三益愛子が母・波多野春子、安西郷子が娘・波多野桂、上原謙が父・波多野純吉、木暮実千代が藤田香苗を演じている。

さて、原節子は、本作に続いて、翌年には伊丹万作がヴィクトル・ユゴーの『レ・ミゼラブル』を翻案した『巨人傳』（一九三八年）、山本薩夫『田園交響楽』（同年）、豊田四郎『冬の宿』（同年）など野心的な作品に出演。着実にフィルムキャリアを重ねていく。

英百合子は『巨人傳』で再び原節子と共演、「東宝映画の母」役女優として、戦中、戦後もコンスタントにスクリーンに登場。晩年は「社長」シリーズで小林桂樹の母親役として、『社長三代記』（一九五八年、松林宗恵）からシリーズ最終作『続社長学ＡＢＣ』（一九七〇年、同）まで出演することとなる。

エノケンの猿飛佐助 ありゃありゃの巻

一九三七年一二月三一日／東宝映画東京／岡田敬
製作＝東宝映画（東京撮影所）／配給＝東宝株式會社／1937.12.31・日本劇場／八巻・二、〇六七m／七五分／日劇同時上演「第卅五回日劇ステージ・ショウ 踊る日劇」十景（一二月三一日〜一月六日）

【スタッフ】演出・岡田敬／製作・氷室徹平／製作主任・今井武／作・山本嘉次郎、岡田敬／撮影・吉野馨治／録音・鈴木勇／装置・戸塚正夫／編輯・岩下廣一／音楽・栗原重一／演奏・エノケン管絃楽團／主題歌・ポリドール・レコード《俺は猿飛佐助》（作詞・岡田敬、作曲・山田栄一）、《若しも忍術使へたら》（作詞・山本嘉次郎、作曲・山田栄一）／殺陣・道藤登／ミネチュア製作・杉政湘雲
【出演者】榎本健一（猿飛佐助・モウロク仙人）／瀧姫（梅園龍子）／柳田貞一（眞田幸村）／中村是好（志賀綺堂軒）／如月寛多（志賀綺堂腹臣・十近半兵衛）／小坂信夫（九里久太夫）／宏川光子（おしづ）／エノモト・エイ一（猿飛佐助二世）／市川朝太郎（穴山小助）／福地悟朗（天文博士）／吉川道夫（三好清海入道）／田島辰夫（居酒屋主人）／エノケン一座総出演

昭和一二年の大晦日。P.C.L.から東宝に社名が変わっての最初のお正月映画が、喜劇王・エノケンこと榎本健一の娯楽時代喜劇『エノケンの猿飛佐助』だった。この年の夏の興行で大成功した『エノケンのちゃっきり金太 前後篇』（七月一一日・八月一日）同様、こちらも年末封切りの前篇『ありゃありゃの巻』（七五分）、正月封切りの後篇『どろんどろんの巻』（五七分）の前後篇での製作となった。

前後篇合わせて一三二分の大作である。現存するのは戦後、新作が足りない時に再公開された九〇分の総集篇のみなので、三二分欠落しており、その面白さは片鱗から窺い知るしかないのが残念である。

猿飛佐助は、講談でもおなじみの忍術使いだが、明治時代に一世を風靡した「立川文庫」で、真田幸村に仕える真田十勇士の筆頭として登場。フィクションのキャラクターとして親しまれていた。「三雲新左衛門賢持の子、三雲佐助賢春が猿飛佐助」という説もある。「立川文庫」では、佐助の父・鷲尾佐太夫は森武蔵守の家臣で、佐助は戸隠山中で修業をしていたところ、甲賀流忍術の開祖・戸沢白雲斎に

見出されて弟子となった。

という通説をベースに、エノケン版は『エノケンの近藤勇』（一九三五年、山本嘉次郎）同様に、本歌取りの自由脚色。なんでもありの時代劇コメディとなっている。脚本は山本嘉次郎と岡田敬監督。『ちゃっきり金太』に次ぐ大作として企画された。

主題歌もポリドール・レコードタイアップで《俺は猿飛佐助》（作詞・岡田敬、作曲・山田栄一）と《もしも忍術使へたら》（作詞・山本嘉次郎、作曲・山田栄一）のカップリングで昭和一三年（一九三八）年二月新譜としてリリースされた。

現存する総集篇は、戦後の東宝マークに、いつもの《エノケン・ファンファーレ》（作曲・栗原重一）、英語のEnokenサインから始まる。タキシード姿に白の蝶ネクタイ、オールバックのエノケンが『エノケンの千萬長者』（一九三六年、山本嘉次郎）同様、観客への挨拶代わりに《もしも忍術使へたら》を唄ってタイトルバックとなる。

♪今日は会社の　ボーナスで
ちょいと一杯　つきあって
気がつきゃ　夜更けの空袋
若しも　忍術使えたら
ウチで待ってる　女房を
ラランドロドロ　煙にまく

総集編のタイトルバックの文字は勘亭流で、いつものスタッフがクレジットされる。今回は忍術シーンの特撮が売り物で、スクリーンプロセスや同ポジを多用しているが、特撮スタッフはクレジットされていない。スタッフの最後に「ミネチュア製作　杉政湘雲」とクレジットされている。杉政湘雲は「盆景」の第一人者で戦後まで活躍した人。「盆景」は、お盆の上に土や砂、石、苔などをレイアウトして自然の景色をミニチュアで再現する伝統芸。庭園、盆栽、生花同様、古くから自然を再現する趣味として親しまれてきた。日本特撮初期のミニチュア造形は、この「盆景」の大家・杉政湘雲が手がけていたのである。

とある山中、猿飛佐助（エノケン）は師匠のモウロク仙人（エノケン二役）のもとで、忍術修業を続けていた。朝の風景。ハンモックで目覚めた仙人が「窓よ開け」と言うと、朝の光が差し込んでくる。「火よ燃えろ」と指差すだけで、へっついに火がついて釜戸はグラグラと煮える。「ホイ」の一言でハンモックは同ポジで消えて、一日が始まる。単純なトリック撮影だが、当時の子供たちは、目を見張ったことだろう。

仙人に起こされ、寝ぼけ眼の佐助は朝の食事の支度。といっても火吹き竹を渡すだけ。仙人はそれを口に咥えて、あたりの霞を吸い始める。逆回転で霞＝煙を吸っているように見せているだけなのに「霞を食う仙人」のイメージを巧みにヴィジュアル化している。「朝の霞は格別」と仙人も大満足。調子に乗った佐助が霞を吸おうとすると、仙人が「お前は湯気でも吸っておけ」と嗜める。いよいよ朝の修業。ラジオ体操の音楽に合わせて、手を取って、押したり引いたりの乱取り。これも子供たちがすぐに真似したくなるコミカルな動き。ジャンプをすると同ポジで消えたり、現れたり、ただそれだけなのに、エノケン二役のトリック撮影に「忍術映画」の醍醐味を感じていたことだろう。

　場面は変わって上田城。ダミアが唄ってヒットし、エノケンも昭和一二年三月に、レコード・カヴァーした《暗い日曜日》（作曲・シェレシュ・レジェー）のインストが流れて、重々しい雰囲気。天守閣の眞田幸村（柳田貞一）に天文博士（福地悟朗）が「殿、胡乱な星が動きますゆえ、御用心あそばせませ」とご注進。真田家に危急が迫っていることを予言する。そのバックに《暗い日曜日》が流れるのは、この曲がグルーミーで不吉な曲というイメージが浸透していたことがわかる。「この幸村の城を狙うとは不敵な奴！」。エノケン一座のまとめ役、エノケンの師匠でもある柳田貞一の大真面目な表情。すぐにその敵が隣国の志賀綺堂軒だと察知する幸村。

　さて、その志賀綺堂軒（中村是好）が家臣を集めて、作戦を告げようとするのだが、しどろもどろ。偉そうにふんぞりかえっているだけで、デクの棒だということがわかる。エノケン一座のベテラン・中村是好らしいコミカルなキャラクター。綺堂軒は、何を言ってるかさっぱりわからないと家臣たち。そこへ、綺堂軒の娘・瀧姫（梅園龍子）が現れて、真田攻めの作戦を説明する。家臣たちは、腹臣・十近《トーチカ》半兵衛（如月寛多）を首領と頂き、上田に間諜＝スパイとして潜入。真田の有力な家臣たちを人知れずに暗殺するというものだった。「いざ開戦という時に、少しでも敵の力を弱くしとくためだわ。つまり間諜兼、暗殺団として派遣されるのよ」。

綺堂軒「どうじゃ名案じゃろ？」

瀧　姫「あたしがお父さんのために考えてあげたのよ」

　中村是好は、時代劇口調を拗らせてしどろもどろ。梅園龍子はモダンガールの口調のまま。というのがおかしい。いよいよ真田家の危急が迫る。

　その頃、山中では佐助の修業が続いている。「高いところからふんわりふんわり」と飛び降りる術の呪文「ふんだらけたら」を教わった佐助。実践したら真っ逆さまに落下。大失敗してしまう。師匠が呪文を間違えていた。というギャグ。これもロケーションが効果的で、エノケン二役の芝居がなかなか楽しい。「どうも師匠、耄碌《もうろく》しているから、とってもいけねえや」と佐助。師匠に愚痴を漏らして、猛烈に抗議をする。二役の芝居は、二重露光と吹き替えを巧みに使って、アフレコでエノケンがコミカルなセリフを入れているので、全く違和感がない。

追い詰められた師匠「くどい……やよ、佐助。お前はもう一人前じゃ、卒業しなさい、早く卒業しちまいなさい」と無理矢理免許皆伝。師匠は喘息もあり、くたびれたので「ここで五、六年、寝るとする」と引退宣言。忍術の奥義を記した巻物を渡す。「わしは耄碌しているから、これを読んだ方が確かじゃ」。さらに大きな杓文字を「これをわしの身代わりにお前にやる」手渡す。師匠が授けた杓文字がないと忍術を使うことはできないという「縛り」がここで用意される。

こうして、猿飛佐助が、人里へ降りてくることになる。山育ちの佐助、見るもの、聞くものが楽しくて仕方ない。忍術を乱用して消えたり、現れたり。透明人間もかくやの神出鬼没となる。消えた佐助が歩くと、地面に足跡がつく。草履だけが見えていて、蕎麦屋の縄のれんだけが開いて透明の佐助が店に入っていく。

蕎麦屋で客が蕎麦を食べようとすると、箸が宙に浮いて、蕎麦を手繰る。佐助が啜っている音だけが店に響く。この一連は、ユニバーサルの怪奇映画『透明人間』（一九三三年、ジェームズ・ホエール）のトリック撮影を意識したもの。佐助が忍術を使うときに「タラッタ、ラタタタ、タタタタ……」とラッパのSEが入る。当時の子供たちはこれを真似しただろう。透明人間・佐助のいたずらは、ますますエスカレート。町娘たちに抱き着こうとしたら、杓文字を落として、佐助の姿が現れる。それに気づかずに抱き着こうとして「キャー」。完全に『透明人間』である。

一方、上田城では、星を読んだ天文博士が幸村に「この土地に奇妙な人物が現れますする印と相成ります」と佐助の出現を予言。だけど「その人物は不思議な力を持ちながら、これはちと頼りない男と思われまする」。ここで観客はドッと笑ったことだろう。

ある日、佐助は桃の花の咲く野辺で、遍路旅の少女・おしづ（宏川光子）に一目惚れしてしまう。

♪桃の花咲く　丘にこいて
遥かに思う　故郷の空
今はなき　父母の

おわせし頃の　ひな祭り

美しい声で唄うおしづに夢中になった佐助。おしづが桃の枝を取ろうとすると、忍術でそっと枝を手前に飛ばしてやる。ここで恋に落ちるかと思ったら、おしづは「あら、まあ気味が悪い」と枝を放り投げてしまう。このあと、おしづは佐助をストーカーまがいの嫌らしい男として毛嫌いをしていく。この極端さも、当時は笑いとして用意されたものだろう。しかし佐助は、一方的に思いを寄せて……姿を隠して《桃の花咲く》を唄う佐助。その声が桃畑にこだまする。ここでおしづは、うっとりすることなく、気味が悪いと一目散に駆け出す。

一方、綺堂軒は上田に潜入。本拠地を確保して、間諜と暗殺隊を城内に派遣させる。その綺堂軒一味が居酒屋で酒に酔っていると、通りかかったおしづに「酌をしろ」とセクハラ的な強要をする。そのピンチを救うべく、佐助が忍術を使って悪漢を成敗。佐助を殴った手が大きく腫れた悪漢、水で冷やすとその手がたちまちしぼむギャグがおかしい。ここでも透明人間となった佐助が、大勢の悪漢たちを薙ぎ倒すアクションが展開される。悪漢たちのリアクションだけで、佐助の八面六臂の活躍を表現。

そこへ通りかかったのが、真田十勇士の穴山小助（市川朝太郎）と三好清海入道（吉川道夫）。おしづのピンチを救ったのは佐助なのに、おしづは穴山小助に「危ういところをお助けくださいました御恩は忘れません」と礼を言う。一目惚れしたのだ。やがて二人は相思相愛となる。可哀想なのは佐助。一生懸命、口笛で《桃の花咲く》を吹いたりしてアピールしているのに、おしづに無視され続ける。

このナンセンス。エノケンのモテなさ加減が笑いとなる。穴山小助は、佐助の活躍に気づいて「どうやら、その御仁の働きのおかげじゃ」。佐助はご満悦となり「いや、よくわかりましたな」と、二人と意気投合する。小助はおしづに、佐助に礼を言うように言うが「でもこの方は、はじめに投げられたっきり、どこにもお見えになりませんでしたが」と冷たいリアクション。

居酒屋で、おしづの身の上話を聞いて、天涯孤独と知った佐助。ますます彼女に同情、自分も孤児だとしみじみ。だけど手元の酒がなくなったので、忍術で三好清海入道の徳利を引き寄せてしまう。ウエットとドライの同居。エノケン映画の真骨頂である。

一方、上田城では、佐助が救世主になるかも知れない、と言うことで早速、佐助を召し抱えることとなる。山出しの佐助、作法も弁えずのマイペース。幸村との謁見でも「余が幸村じゃ」「あ、そうすか。あたし、佐助です。こんちわ、えへへ」とタメロ。そんな佐助に幸村は「猿飛」と言う名字を与えて「猿飛佐助」となる。しかし、幸村は佐助に「滅多なことでは忍術を使うな」と釘を刺して、「余が許すと言うまで、断じて人に見せてはならんぞ」と術を封印させる。

田舎者の佐助を、からかってやろうとする同輩たちに、穴山小助と三好清海入道は「相当の忍術使いなんだぜ。」「あまり軽蔑してはいかん」と、佐助を絶賛。ならば、佐助の腕前を見せてもらおうということに。家臣の一人、ズーズー弁の侍を演じているのは、東宝専属のバイプレイヤー・柳谷寛。佐助も「そんなことは朝飯前」と張り切って引き受ける。しかし、幸村の目の前では、術を使いたくても使えない。その悶々とした表情がおかしい。エノケン得意の「顔芸」である。結局、仲間の前で大失態。もの笑いのタネとなる。

一方、志賀綺堂軒の娘・瀧姫は、上田暗殺隊の首尾がうまくいかず、さらに幸村が忍術使いを雇ったと聞いて「忍術使いですって、面白いわあ。そうだ、私がその男、専門の間諜になって上田にいくわ」と、自らが女間諜として、猿飛佐助に近づいて、籠絡する作戦に出る。

先日の居酒屋に勤めたおしづ、穴山小助に、佐助から恋文をもらって迷惑していることを相談。おしづの着物の袂から次々と出てくる恋文。しかしおしづは、佐助のことなど眼中にない。城内ではバカにされ、おしづにも嫌われて、大いにクサっている佐助の前に、瀧姫が現れる。

♪きれいな花　召ませ花
やさしい花　召ませよ
きらびやかな　ヒヤシンス
姿やさしい　カーネーション
愛のしるし　与える君に
匂うすみれ　ゆりの花
恋の香り　胸に沁む
この花を　さあ召ませよ

花売り娘に扮した瀧姫にたちまち夢中になる佐助。

綺堂軒一味のアジト。瀧姫は「妾は今日、かの猿飛佐助を誘惑してきましたぞよ。ちょっと興味の持てる人物でした」と満更でもない。半兵衛たちは「世話を焼かせる厄介な間諜だ」と迷惑がっている。

総集篇ではこのシーンまでが、前篇『エノケンの猿飛佐助ありゃありゃの巻』パートである。

エノケンの猿飛佐助　どろんどろんの巻

一九三八年一月七日／東宝映画東京／岡田敬
1938.01.07・日本劇場／七巻・一、五六九ｍ／五七分／日劇同時上映『戦ふ民族』（英、ミルトン・ロズマー）／同時上演「第卅五回日劇ステージ・ショウ　踊る日劇」十景（一月七日〜一三日）

【スタッフ】演出・岡田敬／製作・氷室徹平／製作主任・今井武／作・山本嘉次郎、岡田敬／撮影・吉野馨治／録音・鈴木勇／装置・戸塚正夫／編輯・岩下廣一／音楽・栗原重一／演奏・エノケン管絃楽團／主題歌・ポリドール・レコード《俺は猿飛佐助》（作詞・岡田敬、作曲・山田栄一）・《若しも忍術使へたら》（作詞・山本嘉次郎、作曲・山田栄一）／殺陣・道藤登／ミネチュア製作・杉政湘雲
【出演者】榎本健一（猿飛佐助・モウロク仙人）／瀧姫（梅園龍子）／柳田貞一（眞田幸村）／中村是好（志賀綺堂軒）／如月寛多（志賀綺堂腹臣・十近半兵衛）／小坂信夫（九里久太夫）／宏川光子（おしづ）／エノモト・エイ一（猿飛佐助二世）／市川朝太郎（穴山小助）／福地悟朗（天文博士）／吉川道夫（三好清海入道）／田島辰夫（居酒屋主人）／エノケン一座総出演

後篇は年が明けて、昭和一三（一九三八）年一月七日、引き続き、有楽町・日本劇場の正月興行として上映された。「前篇を見落としの方」のために、翌週、神田・銀映座、高輪・芝園館で前篇『ありゃありゃの巻』が上映されている。

志賀綺堂軒（中村是好）一味は、穴山小助（市川朝太郎）と三好清海入道（吉川道夫）を襲った（この辺りは現存する総集編ではカットされているので、セリフから類推）。そこで眞田幸村（柳田貞一）は、敵方の探索のリーダーに猿飛佐助（エノケン）を命じる。リーダーとなり嬉しい佐助、威張って、ふんぞり帰ると、そのまま後ろにコケてしまうギャグがおかしい。「どうもあんな奴の下につくかと思うと心外千万じゃよ」と不満げな同輩たち。

そこで眞田幸村、「みんなに佐助の実力を見せてやれ」と命ずる。いよいよ忍術が大っぴらに使えるようになったと大喜びの佐助。「今まで私をいじめた奴を、少々ばかり……よろしうございますか？」「おお、十分に見せてやれ」「しめた！」。ここで周りをギャフンといわす忍術披露と相成るはずだが、残念ながらカットされていて、不自然に次のシ

ーンに飛んでしまう。

桃山で、穴山小助とおしづ（宏川光子）のランデブー。「猿飛はおしづさんを想っているから、こうして会うのは気がひけるなぁ」「あんな弱虫なんか大嫌いだわ」。どこまでもおしづは手厳しい。「忍術使いなんて大嫌い。消えたり出したり、ガマガエルにだってなるんでしょ？　キミが悪くて嫌い」。しかも小助といいムード。おしづ「桃の花って綺麗ですわね」、小助「いや、もっと綺麗なものがあるさ」。その一部始終を聞いてた佐助。

「桃の花なんか、ちっとも綺麗じゃないや！」。怒り心頭で、桃の花を忍術で散らしてしまう。この極端さ！　失恋に荒れた佐助、居酒屋の客の徳利を忍術で盗み飲みをしたり、またまた忍術の乱用を始める。そこへ「♪花を召ませ」と瀧姫（梅園龍子）が現れて、サインをねだられ「あたしとっても忍術ファンなの」と甘い言葉に、佐助はメロメロになる。いい気になった佐助、早速忍術を披露。そこで主題歌《俺は猿飛佐助》（作詞・岡田敬、作曲・山田栄一）のイントロが流れてきて、唄い出す。

♪こらこら汝ら　この俺に
刃を向けて　なんといたす
俺は猿飛佐助だぞ
名高い猿飛佐助なるぞ
手向かいすると　損しちゃうぞ
「ええい寄るな！　寄らば消えるぞ！」
ドロンドロンと　九字を切る
どうだ見えない
エヘン　ざまあみろい

♪年改まり　春来る
この大空を　ひとっ飛びに
俺は猿飛佐助なり
空を飛ぶのも　わけはない
朝の散歩に　飛び上がり
「はて麗かな　眺めじゃな。あれあれあれ？　なんか足に？　奴凧が絡まってやがら」
富士の高値も　足の下
フワリフワリと
へへ　ああいい気持ちだ

唄い終わってパッと消える。エノケンの唄と忍術で、正月映画らしい華やかな展開となる。「とても素敵ね。私がお酌するわ」と瀧姫。ご機嫌の佐助「今度は一つ、女の声で唄ってやろう」と、忍術を使って、別な場所にいる琵琶語り《本能寺》を語る女性の歌声を盗んで、女性の声で唄い出す。佐助が唄うと、琵琶語りの声が出なくなる。佐助は大事な杓文字を琵琶代わりに弾いている。

その杓文字を手に取る瀧姫「それなんなの?」、佐助は「これがなければ、拙者は術が使えないんだよ」と忍術の秘密をベラベラと喋ってしまう。とまあ、こんな風に瀧姫のモーションにメロメロとなった佐助。簡単に籠絡されてしまう。そこへ、おしづと小助のカップルが入ってくる。気まずい空気。佐助は、これ見よがしに瀧姫を抱き寄せて見せつける。

綺堂軒一味のアジトに戻ってきた瀧姫、猿飛佐助にゾッコンとなり「素晴らしい人だわ」とミイラ取りがミイラに。「♪ラララン」と浮ついている。それを観た半兵衛「女間諜の物語にはよくこうしたことがあるからのう」。マレーネ・ディートリッヒ主演『間諜X27』(一九三一年、パラマウント、ジョセフ・フォン・スタンバーグ)などのスパイ映画の話をするのがおかしい。敵方のヴィクター・マクラグレンに恋をしてしまい、反逆罪として処刑されるディートリッヒのことである。

綺堂軒一味は、居酒屋に忍びこみ、穴山小助と三好清海入道が飲む酒に毒を入れて、二人を眠らせ、そのまま拉致してしまう。そんなことは露とも知らず、佐助は瀧姫と桃畑でデレデレしている。「あたし本当にあなたが好きなの」「好きって意味は、恋してるって意味ですか!」と佐助は有頂天に。

上田城では眞田幸村がイラついている。三好、穴山の二人の行方もわからず、佐助の去就も不明。佐助を探し出して、二人の救出作戦を指揮するように伝えるよう厳命が下る。

「ねえ、二人は本当に愛し合っているのでしょう?」と瀧姫は「恋人同士、秘密があるとあとで問題だから、あたし、思い切って秘密を言っちゃうわ」と素性を明かす。「あたしはね、あなたにとっては、敵国の間諜よ! スパイなの」「じゃ、あなたは敵の大将のお嬢さん?」。しれっとしている梅園龍子がなかなか可愛い。

「仇同士、一緒になれませんから、逃げちゃいましょう」と佐助。これまでの映画の展開を覆すような爆弾発言。二人は支度をして居酒屋で待ち合わせして、逃げることに。瀧姫は、佐助の気が変わらないようにと「いいもの取っちゃったわ」と、大事な杓文字を持っていってしまう。どう考えても、スパイに秘密兵器を渡す大失態。佐助が気づいた時はすでに遅し。ここまでのナンセンスな展開は、それまでのエノケン映画にもない。

しかしアジトに戻って、駆け落ちの支度をしている瀧姫はどうやら本気のよう。しかも半兵衛が猿飛暗殺団十名を送ったと聞いて取り乱す。半兵衛に取り上げられた佐助の杓文字を「それがないと、あの人は何にもできないんだわ。返して！」。瀧姫は幽閉されてしまう。

居酒屋で瀧姫を待ち続ける佐助に、眞田の家臣たちは困り顔。いつしか、佐助を取り囲んでいるのは綺堂軒一味の佐助暗殺団だった。エノケンのアクションがここで堪能できる。テーブルからテーブルへ飛び移り、敵の刺客を変わす。忍術は使えずとも、身軽な佐助。

一方、半兵衛は、杓文字の秘密を知らないまま、焚き付けとして、火にくべてしまう。辛抱たまらんとお師匠・モウロク仙人（エノケン二役）が中から出てくる。まるで「アラジンと魔法のランプ」である。お師匠さんは再び杓文字に化けて、佐助の元へ飛んできて、佐助は百人力。三好と穴山の様子も、居酒屋の壁の額をテレビがわりにして、一部始終を把握。いよいよ佐助は、忍術を駆使して、二人が拉致されているアジトへ飛んでいく。そこからはトリックを駆使した立ち回り。エノケン管弦楽団のスピーディなスウィング・ジャズ演奏が楽しい。

そこで幽閉されていた瀧姫を助け出して、綺堂軒一味を一網打尽にする。佐助が綺堂軒を「殺しちゃおう」と提案するも、瀧姫に「あたしのお父さんよ」「なら謝らしちゃおう」。なんとも平和的な解決。結局、綺堂軒は、幸村に屈服して降参。上田に平和が戻る。瀧姫を伴って佐助は、アラジンよろしく魔法の絨毯ならぬゴザに乗って、上田城へ戻ってくる。

エピローグ。佐助は瀧姫を嫁に取り、猿飛佐助二世（エノモト・エイ一）を儲ける。『江戸ッ子健ちゃん』（一九三七年五月一日）でデビューした、エノケンの長男である。朝帰りの佐助がそっと屋敷に戻ってくる。息子は瀧姫に「お母さん、昨夜もお父さん帰ってこない。本当にしょうがないね」。女房どのにバレないように、忍術で消える佐助。透明人間よろしく足跡だけ残して、屋敷の中へ。女房にはバレバレ。「男らしくもない。忍術を使ってまで、あたしを誤魔化さなくてもいいじゃありませんか！　大体、これがいけないんです」と杓文字を焚き火に放り投げてしまう。「あたしの苦労のタネですわ。あんなもの無くなった方がいいんです」と厳しい。火の中からお師匠が現れて「これ女、夫婦喧嘩の結果、あろうことかあるまいことか、ワシを火の中に放り込むとは何事だ！　焦げたぞ。佐助、お前もお前じゃ。朝帰りのごまかしに、ワシを使うとは何事じゃ！」とお説教が始まる。「夫婦というものは、仲良くするものじゃ。諺にいわく……」。

師匠「♪せまいながらも　楽しい我が家」
佐助「愛の光の差すところ　で、ございましょ？」

とジャズ・ソング《私の青空》を唄ったところで、師匠は消えて杓文字に戻って、ハッピーエンド。そこへポリドールから、昭和一三年二月リリースの主題歌《もしも忍術使へたら》が流れてエンドマーク。

♪好いちゃおれども　胸のうち
口に出すさえ　恥ずかしい
だってあたしは　娘なの
もしも忍術使えたら
好きな彼氏のアパートへ
ラランドロドロ　飛んでゆく

昭和一三年五月、エノケンこと榎本健一は、松竹を退社、これにより映画、演劇ともに東宝の専属となる。ピエル・ブリヤントは、東宝榎本健一一座となり、六月には「エノケンの突貫サーカス」（六月一一日～三〇日、作・演出・和田五雄）で初の日劇出演を果たす。この舞台には、本作で瀧姫を演じた江戸川蘭子もエノケンの相手役として出演。六月一八日からは、この年、松竹から移籍してきた喜劇の神様・斎藤寅次郎監督『エノケンの法界坊』（一九三八年）が同時上映され、映画と実演でエノケンを観れるというので、連日大盛況となった。

ちなみに昭和一三年のエノケン映画は本作『エノケンの猿飛佐助 どろんどろんの巻』（一月七日）、『エノケンの風来坊』（三月二四日、大谷俊夫）、『エノケンの法界坊』（六月二一日、斎藤寅次郎）、『エノケンの大陸突進 前篇 悲観また悲観の巻』（一〇月一六日、渡邊邦男）、『同 後篇 躍進また躍進の巻』（一一月三日、同）、『エノケンのびっくり人生』（一二月二九日、山本嘉次郎）と続篇『エノケンのがっちり時代』（一九三九年一月四日、同）とコンスタントに作られ、いずれも大ヒット。東宝ロッパ一座と共に、エノケンのさらなる黄金時代が花開いてゆく。

あとがき

令和六（二〇二四）年、一〇月一一日。昭和の喜劇王・エノケンこと榎本健一が生誕一二〇年を迎えた。浅草オペラの舞台に立ち、関東大震災で京都へ。喜劇役者として舞台、映画に出演して、昭和初期に再び浅草へ戻ってきたエノケンは、そのモダンかつ大衆的なスタイルで一躍時代の寵児となった。その全盛期の舞台は、残された資料や、当時の記録をもとにイメージするしかない。しかしトーキー時代になり、そのパフォーマンスが「映画」に記録され、遅れてきた世代にも、エノケンやロッパの笑い、モダニズムが当時の空気と共に味わうことができる。

まさに映画はタイムマシンである。本書では、昭和七（一九三二）年に設立された寫眞化学研究所、そして翌年にスタートしたP．C．L．映画製作所が産み出した娯楽映画の数々の成り立ち、関わった人々の物語を、各作品の「詳説」という形で辿ってきた。

エノケン、ロッパ、エンタツ・アチャコ、徳川夢声、永田キング、高勢實乗といった喜劇人たちが、いかにして映画に進出、大衆の心を摑んだのか。そして最新のアメリカ文化やジャズ、ミュージカル、スタンダード・ナンバーの数々を、いかに取り入れていたのか。また、昭和七年に竣工した東京・銀座四丁目の服部時計店や、その翌年に開場した有楽町の日劇、その向かい、数寄屋橋にあったマツダビルディングなどのランドマークの晴れがましさを映像で体感できるのだ。

スクリーンを輝かせた千葉早智子、堤眞佐子、竹久千恵子、神田千鶴子から、原節子に至るP．C．L．映画のビューティーたち。大川平八郎、丸山定夫、藤原釜足と岸井明の「じゃがたらコムビ」といったP．C．L．専属俳優に加え、J．O．スタヂオに移籍してきた大河内傳次郎、黒川弥太郎など時代劇スターたち。彼らの昭和八（一九三三）年から一二（一九三七）年にかけての銀幕での活躍を記録したのが本書である。

P.C.L.映画の時代を語ることは、その時代の音楽や都市生活、流行を語ることであり、時代の空気を伝えることでもある。各作品のディティールを通して、満州事変後、日中戦争までの数年間の穏やかでリベラルな時代の空気、そしてP.C.L.映画製作所が東宝映画となった昭和一二年、日中戦争により、それまでのモダンで自由な空気に満ちていた映画にも「時局迎合」が余儀なくされていくプロセスが見て取れる。

ともあれ「明るく楽しい東宝映画」の源流は、かくもモダンで自由だったことを体感していただければ幸いである。

筆者はこれまでP.C.L.映画主題歌、挿入歌を収録したCDを4タイトル監修・解説してきた。『音楽喜劇 ほろよひ人生』（一九三三年）から『お嬢さん』（一九三七年）までの、主要作の楽曲を集めた『ザッツ・ニッポン・キネマソング 1931－1940』（ぐらもくらぶ G-10042）。エノケンこと榎本健一のポリドール時代の音盤を集成した『エノケンの浮かれ音楽 榎本健一コレクション 1936－1950』（ぐらもくらぶ G-10054-5）。そして古川緑波が一九三〇年代にビクターに残した音盤を網羅した『ハリキリ・ボーイ ロッパ歌の都へ行く 古川緑波』（ビクター VICL64652～3）。岸井明のビクター時代の集成『世紀の楽団 唄ふ映画スタア 岸井明』（ビクター VICL65588～9）。これらのCDには、スタアや歌手の歌唱と共に映画製作当時の空気もパッケージされている。本書と併せてお聞きいただくと、より「P.C.L.映画の時代」楽しんでいただけると思う。各CDに収録したP.C.L.映画（一部、J.O.、東宝）主題歌表記のある楽曲は次の通り。

『ザッツ・ニッポン・キネマソング 1931－1940』（ぐらもくらぶ G-10042）
1933『音楽喜劇 ほろよひ人生』より《恋は魔術師》長崎秀夫
1934『浪子の一生』より《月の夜》山村道子
1934『あるぷす大將』より《樽をたゝいて》神谷眞佐子、東海林太郎、玉野小花

1934『絹の泥靴』より《遠い日よ》東海林太郎
1935『乙女ごころ三人姉妹』より《浅草ブルース》藤田稔（灰田勝彦）
1936『唄の世の中』より《唄の世の中》岸井明
1936『かっぽれ人生』より《かっぽれ人生》リキー宮川、淡谷のり子／《王様の馬》奥田良三
1936『エノケンの吾妻錦絵 江戸ッ子三太』より《僕の一生》榎本健一
1937『ハリキリボーイ』より《タイピストの唄》能勢妙子
1937『夜の鳩』（J.O.）より《隅田夜鳩》東海林太郎
1937『お嬢さん』より《お嬢さん（上・下）》堀越節子、平井英子、P.C.L.女声合唱団

『エノケンの浮かれ音楽 榎本健一コレクション 1936–1950』（ぐらもくらぶ G-10054-5）
1936『エノケンの吾妻錦絵 江戸ッ子三太』より《江戸ツ子三太》／《強がり三太》榎本健一
1937『ちゃっきり金太』より《ちゃっきり金太の唄》／《のんき旅》榎本健一
1937『エノケンの猿飛佐助』（東宝）より《俺は猿飛佐助》／《もしも忍術使へたら》榎本健一

『ハリキリ・ボーイ ロッパ歌の都へ行く 古川緑波』（ビクター VICL64652〜3）
1936『歌ふ彌次喜多』主題歌《歌ふ弥次喜多》古川緑波、徳山璉
1937『ハリキリボーイ』主題歌《ハリキリ・ボーイ》／《酔えば大将》古川緑波

『世紀の楽団 唄ふ映画スタア 岸井明』（ビクター VICL65588〜9）
1936『唄の世の中』より《唄の世の中》岸井明／《ほんとに困りもの》岸井明、神田千鶴子／《楽しい僕等》岸井明
1936『新婚うらおもて』より《あゝつまらんぞ》岸井明

1937『うそ倶楽部』より《スーちゃん》岸井明
1937『街道の王様』より《街道の王様》岸井明
1937『ハリキリボーイ』より《家へなんか帰るかい》岸井明
1937『樂園の合唱』より《独身のせいだわ》岸井明、江戸川蘭子／《僕は二人前》岸井明

＊　＊　＊

本書を執筆するにあたり、この四半世紀、さまざまな方のご協力、ご支援、サジェッションをいただいてきました。未見の作品をご提供いただいた方々にも心より御礼申し上げます。

戦前映画の魅力を語り合い、ロケ地巡りをご一緒した大瀧詠一さん、P.C.L.映画の放映に尽力してくださった南大介さん、深田誠剛さん、林宏之さん、キネマ倶楽部のパッケージをご一緒した山崎純一さん、ぐらもくらぶ主宰の盟友・保利透さん、未見の映画を見せてくださった下村健さん、岸野晋司さん、佐藤俊哉さん、中村章一さん、宮国登さん、資料協力の堀田秀雄さん、本当にありがとうございます。

WEB「note佐藤利明の娯楽映画研究所」で執筆してきた「詳説」をベースに書籍にまとめようと企画してくれたフィルムアート社の沼倉康介さんなくしては本書は成立しませんでした。当初はエノケンやロッパの喜劇、音楽映画のセレクションと考えていましたが「どうせなら可能な限り収録しましょう」と沼倉さんの心強い提案で、書き下ろしだけで五〇作品を超えました。

その出会いの場となったのが、二〇二四年一月の美学校での講座「ゼロから聴きたい新春特別編　戦前／戦後のニッポン・リズム大縦断」でした。美学校の岸野雄一さん、大阪大学大学院教授・輪島裕介さん、ありがとうございます。また「唄う編集者」としてライブに編集に活躍されている福田直子さんには、校正のお手伝いをしていただきました。

この四半世紀「娯楽映画研究家」の研究家として、筆者の映画研究を支えてくれている妻・佐藤成なしには娯楽映画研

究活動を続けることはできませんでした。心より感謝しております。

また、二歳のときP.C.L.でスクリーン・デビューを果たし、エノケン、ロッパ、柳家金語楼、徳川夢声と共演した名優・中村メイコさんには、テレビ番組「武田鉄矢の昭和は輝いていた」(BSテレビ東京)で、二度もご一緒して、幼き日々のエピソードをたくさんお伺いしました。ありがとうございます。

そして、P.C.L.映画には音楽が溢れ、いかにモダンで楽しかったかを話してくださった、敬愛する瀬川昌久先生には、エノケンとエディ・カンターの音楽喜劇の相関についてご教示いただきました。ありがとうございます。中村メイコさんと瀬川昌久先生に、本書を捧げます。

令和七(二〇二五)年は、ちょうど昭和一〇〇年となります。昭和初期のニッポン・エンタテインメントが、いかに豊かで、いかに楽しかったのかを、本書を通して感じていただければ、筆者としてこれに優る喜びはありません。

二〇二四年一〇月

佐藤利明

参考文献

『東寶十年史』東京宝塚劇場、一九四三年
『東宝二十年史抄』東宝、一九五四年
東宝三十年史編纂委員会『東宝三十年史』東宝、一九六三年
東宝五十年史編纂委員会『東宝五十年史』東宝、一九八二年
古川緑波『古川ロッパ昭和日記　戦前篇』滝大作監修、晶文社、一九八七年
榎本健一『エノケンの泣き笑い人生』日本アート社、一九四七年
榎本健一『喜劇こそわが命　エノケン自伝』栄光出版社、一九六七年
井崎博之『エノケンと呼ばれた男』講談社文庫、一九九三年（初版＝講談社、一九八五年）
東京喜劇研究会編『エノケンと「東京喜劇」の黄金時代』論創社、二〇〇三年
山本嘉次郎『カツドオヤ紳士録』鱒書房、一九五六年（初版＝『カツドウヤ紳士録』大日本雄弁会講談社、一九五一年）
山本嘉次郎『カツドウヤ水路』筑摩書房、一九六五年
山本嘉次郎『春や春カツドウヤ』日芸出版、一九七一年
山本嘉次郎『カツドウヤ自他伝』昭文社、一九七二年
村川英編『成瀬巳喜男演出術——役者が語る演技の現場』ワイズ出版、二〇〇四年
川本三郎『成瀬巳喜男——映画の面影』新潮社、二〇一五年
山中貞雄『山中貞雄作品集』全三巻、実業之日本社、一九八五年
円谷英二『定本円谷英二随筆評論集成』竹内博編、ワイズ出版、二〇一〇年
『ユリイカ　詩と批評』特集＝円谷英二——特撮の映画史・生誕１２０年、青土社、二〇二一年一〇月号
黒澤明『蝦蟇の油——自伝のようなもの』岩波書店、一九八四年
森岩雄『映画製作者の仕事』中央公論社、一九五五年
森岩雄『私の藝界遍歴』青蛙房、一九七五年
尾崎秀樹編『プロデューサー人生——藤本真澄映画に賭ける』東宝、一九八一年

瀬川昌久『ジャズで踊って――舶来音楽芸能史』サイマル出版会、一九八三年
毛利眞人『ニッポン・スウィングタイム』講談社、二〇一〇年
保利透『SPレコード博物館』Pヴァイン、二〇二三年
秋田實『私は漫才作者』文藝春秋、一九七五年
『キネマ旬報』一九三一～一九三七年、キネマ旬報社
嶋地孝麿編『キネマ旬報 増刊号 日本映画監督全集』キネマ旬報社、一九七六年
中川右介『社長たちの映画史――映画に賭けた経営者の攻防と興亡』日本実業出版社、二〇二三年
麻生豊『人生勉強 只野凡児』新潮社出版、一九三四年
吉川英治『あるぷす大將』改造社、一九三四年
佐々木邦『いたづら小僧日記』家庭社、一九四七年
佐々木邦『人生初年兵』講談社、一九三五年
牧逸馬「七時〇三分」『日の出』昭和10年9月号、新潮社、一九三五年
佐々木邦『求婚三銃士』春陽堂、一九六四年
吉屋信子『良人の貞操』新潮社、一九三七年
横山隆一『江戸ッ子健ちゃん』中央公論社、一九三六年
鮫島麟太郎ほか『「からゆきさん」と娘子軍』Amazon Kindle、二〇一七年
菊池寛『禍福』玄理社、一九四八年
映画遺産　国立映画アーカイブ映画資料ポータル　https://www.nfaj.go.jp/onlineservice/nfajfilmheritage/
佐藤利明の娯楽映画研究所（ｎｏｔｅ）https://note.com/toshiakis/

作品	監督	公開年月日	製作会社
母の曲 後篇	山本薩夫	1937.12.21	東宝映画東京
軍艦旗に栄光あれ	秋元憲	1937.12.21	東宝映画
エノケンの猿飛佐助 ありゃありゃの巻	岡田敬	1937.12.31	東宝映画東京
十字砲火	豊田四郎	1937.12.31	東京発聲映画製作所
エノケンの猿飛佐助 どろんどろんの巻	岡田敬	1938.1.7	東宝映画東京
女間諜	広瀬五郎	1938.1.21	今井映画製作所(1937年製作)
里見八犬伝 前編	後藤昌信	1938.2.1	今井映画製作所(1937年製作)
里見八犬伝 後編	後藤昌信	1938.2.9	今井映画製作所(1937年製作)

作品	監督	公開年月日	製作会社
怪奇 江戸川乱山	下村健二	1937.8.25	今井映画製作所
吉良の仁吉	児井英男	1937.9.1	今井映画製作所
北支の空を衝く	渡辺邦男	1937.9.1	P．C．L．映画製作所
裸武士道	久保為義	1937.9.8	J．O．スタヂオ
波止場やくざ	重宗務	1937.9.8	東京発聲映画製作所
エンタツ・アチャコの 僕は誰だ	岡田敬	1937.9.11	P．C．L．映画製作所
怒涛を蹴って 軍艦足柄渡欧日誌	白井茂	1937.9.21	P．C．L．映画製作所
維新秘話 戦ひの曲	渡邊邦男	1937.9.21	P．C．L．映画製作所
両越大評定	広瀬五郎	1937.10.8	今井映画製作所
雲霧仁左衛門 前編	土井正幹	1937.10.29	今井映画製作所
禍福 前篇	成瀬巳喜男	1937.10.1	東宝映画東京
美しき鷹	山本嘉次郎	1937.10.1	東宝映画東京
小唄捕物帳 江戸の白鷺	石橋清一	1937.10.8	P．C．L．映画製作所
権三と助十	伊丹万作	1937.10.8	J．O．スタヂオ
若い人	豊田四郎	1937.10.08	東京発聲映画製作所
新選組	木村荘十二	1937.10.11	P．C．L．映画製作所＝前進座
東海美女傳	石田民三	1937.10.21	J．O．スタヂオ
海の大将軍	児井英男	1937.10.29	今井映画製作所
血路	渡邊邦男	1937.10.31	東宝映画京都
源九郎義経	渡邊邦男	1937.11	東宝映画京都(未完成)
西郷南洲	下村健二	1937.11.10	今井映画製作所
禍福 後篇	成瀬巳喜男	1937.11.11	東宝映画東京
牛づれ超特急	大谷俊夫	1937.11.18	東宝映画東京
たそがれの湖	伏水修	1937.11.21	東宝映画東京
雲霧仁左衛門 後編	土井正幹	1937.11	今井映画製作所
やくざ雉子	稲葉蚊児	1937.11.15	今井映画製作所
愛國六人娘	松井稔	1937.12.1	東宝映画京都
日本一の殿様	萩原遼	1937.12.8	東宝映画京都
雷親爺	矢倉茂雄	1937.12.8	東宝映画京都
母の曲 前篇	山本薩夫	1937.12.11	東宝映画東京

作品	監督	公開年月日	製作会社
日本女性読本	山本嘉次郎、木村荘十二、大谷俊夫	1937.5.21	P.C.L.映画製作所
見世物王國	松井稔	1937.6.1	P.C.L.映画製作所
オヤケ・アカハチ	重宗務、豊田四郎	1937.6.1	東京発聲映画製作所
宮本武蔵	石橋清一	1937.6.11	J.O.スタヂオ
若旦那三国一	重宗務	1937.6.20	東京発聲映画製作所
雪崩	成瀬巳喜男	1937.7.1	P.C.L.映画製作所
東海道は日本晴	滝沢英輔	1937.7.1	P.C.L.映画製作所
エノケンのちゃっきり金太　第一話「まゝよ三度笠の巻」第二話「行きはよいよいの巻」	山本嘉次郎	1937.7.11	P.C.L.映画製作所
白薔薇は咲けど	伏水修	1937.7.11	P.C.L.映画製作所
お嬢さん	山本薩夫	1937.7.21	P.C.L.映画製作所
歌ふ彌次喜多 京・大阪の巻	久保為義	1937.7.21	J.O.スタヂオ
高杉晋作	下村健二	1937.7.1	今井映画製作所
青葉城異変	児井英男	1937.7.8	今井映画製作所
平手造酒	稲葉蚊児	1937.7.12	今井映画製作所
快闘 富士の男伊達	下村健二、久保田富彦	1937.7.15	今井映画製作所
赤尾の林蔵	後藤昌信	1937.7.29	今井映画製作所
エノケンのちゃっきり金太　第三話「帰りは怖いの巻」第四話「まてば日和の巻」	山本嘉次郎	1937.8.1	P.C.L.映画製作所
南風の丘	松井稔	1937.8.1	P.C.L.映画製作所
一九三七年東宝オンパレード 樂園の合唱	大谷俊夫	1937.8.11	P.C.L.映画製作所
南國太平記	並木鏡太郎	1937.8.11	J.O.スタヂオ
人情紙風船	山中貞雄	1937.8.25	P.C.L.映画製作所

作品	監督	公開年月日	製作会社
東京ラプソディ	伏水修	1936.12.1	P．C．L．映画製作所
武士道朗らかなりし頃	松井稔	1936.12.11	P．C．L．映画製作所
新婚うらおもて	山本嘉次郎	1936.12.21	P．C．L．映画製作所
エノケンの吾妻錦繪 江戸っ子三太	岡田敬	1936.12.31	P．C．L．映画製作所
ハロー東京	松崎哲次	1936	P．C．L．映画製作所
花火の街	石田民三	1937.1.7	J．O．スタヂオ
心臓が強い	大谷俊夫	1937.1.14	P．C．L．映画製作所＝入江ぷろだくしょん
女人哀愁	成瀬巳喜男	1937.1.21	P．C．L．映画製作所
風流演歌隊	伏水修	1937.2.1	P．C．L．映画製作所
新しき土	アーノルド・ファンク、伊丹万作	1937.2.4	J．O．スタジオ＝ドイツ
戦國群盜傳 前篇 虎狼	瀧沢英輔	1937.2.11	P．C．L．＝前進座
戦國群盜傳 後篇 暁の前進	瀧沢英輔	1937.2.20	P．C．L．＝前進座
うそ倶楽部	岡田敬	1937.3.1	P．C．L．
からゆきさん	木村荘十二	1937.3.11	P．C．L．＝入江ぷろだくしょん
P．C．L．オンパレード 青春部隊	松井稔	1937.4.1	P．C．L．映画製作所
良人の貞操 前篇 春来れば	山本嘉次郎	1937.4.1	P．C．L．映画製作所
ハリキリボーイ	大谷俊夫	1937.4.11	P．C．L．映画製作所
良人の貞操 後篇 秋ふたたび	山本嘉次郎	1937.4.21	P．C．L．映画製作所
江戸ッ子健ちゃん	岡田敬	1937.5.1	P．C．L．映画製作所
故郷	伊丹万作	1937.5.1	J．O．スタヂオ
男は度胸	渡辺邦男	1937.5.11	J.O.スタジオ＝P．C．L．映画製作所
夜の鳩	石田民三	1937.5.11	J．O．スタヂオ
巷は浮気風	豊田四郎	1937.5.11	東京発聲映画製作所

作品	監督	公開年月日	製作会社
人生初年兵	矢倉茂雄	1935.12.11	P．C．L．映画製作所
噂の娘	成瀬巳喜男	1935.12.22	P．C．L．映画製作所
エノケン十八番 どんぐり頓兵衛	山本嘉次郎	1936.01.07 （1935.12.29・ 日本劇場で 先行公開）	P．C．L．映画製作所
あきれた連中	岡田敬、 伏水修	1936.1.13	P．C．L．映画製作所
女軍突撃隊	木村荘十二	1936.1.22	P．C．L．映画製作所
求婚三銃士	矢倉茂雄	1936.2.21	P．C．L．映画製作所
魔術の女王	木村荘十二	1936.3.12	P．C．L．映画製作所
小唄礫 鳥追お市	円谷英二	1936.3.19	J．O．スタヂオ
歌ふ彌次喜多	岡田敬、 伏水修	1936.3.26	P．C．L．映画製作所
勝太郎子守唄	永富映次郎	1936.3.26	J．O．スタヂオ
桃中軒雲右衛門	成瀬巳喜男	1936.4.29	P．C．L．映画製作所
吾輩ハ猫デアル	山本嘉次郎	1936.5.1	P．C．L．映画製作所
處女花園	矢倉茂雄	1936.6.11	P．C．L．映画製作所
兄いもうと	木村荘十二	1936.6.21	P．C．L．映画製作所
エノケンの千萬長者	山本嘉次郎	1936.7.21	P．C．L．映画製作所
エンタツ・アチャコ これは失礼	岡田敬	1936.8.1	P．C．L．＝吉本興業
唄の世の中	伏水修	1936.8.11	P．C．L．映画製作所
太洋の寵児	矢倉茂雄	1936.8.21	P．C．L．映画製作所
續篇 エノケンの千萬長者	山本嘉次郎	1936.9.1	P．C．L．映画製作所
君と行く路	成瀬巳喜男	1936.9.11	P．C．L．映画製作所
母なればこそ	木村荘十二	1936.9.21	P．C．L．映画製作所
おほべら棒	岡田敬	1936.10.1	P．C．L．映画製作所
戀愛の責任	村山知義	1936.10.11	P．C．L．映画製作所
かっぽれ人生	矢倉茂雄	1936.10.21	P．C．L．映画製作所
朝の並木路	成瀬巳喜男	1936.11.1	P．C．L．映画製作所
彦六大いに笑ふ	木村荘十二	1936.11.21	P．C．L．映画製作所

P．C．L．映画関連作品リスト

※公開年月日は、東宝社史のデータをベースに、日本劇場、日比谷映画、大阪敷島倶楽部などの劇場封切日、当時の広告などを優先して補足した。

作品	監督	公開年月日	製作会社
音楽喜劇 ほろよひ人生	木村荘十二	1933.8.10	P．C．L．寫眞化学研究所
純情の都	木村荘十二	1933.11.23	P．C．L．寫眞化学研究所
只野凡児　人生勉強	木村荘十二	1934.1.5	P．C．L．映画製作所
踊り子日記	矢倉茂雄	1934.2.12	P．C．L．映画製作所
さくら音頭　涙の母	木村荘十二	1934.3.8	P．C．L．映画製作所
エノケンの青春酔虎傳	山本嘉次郎	1934.5.3	P．C．L．映画製作所
浪子の一生	矢倉茂雄	1934.6.28	P．C．L．映画製作所
人生勉強 續篇・只野凡児	木村荘十二	1934.7.12	P．C．L．映画製作所
エノケンの魔術師	木村荘十二	1934.10.25	P．C．L．映画製作所
あるぷす大將	山本嘉次郎	1934.11.15	P．C．L．映画製作所
百萬人の合唱	富岡政雄	1935.01.13	J．O．スタヂオ＝ビクター
絹の泥靴	矢倉茂雄	1935.2.7	P．C．L．映画製作所
乙女ごころ三人姉妹	成瀬巳喜男	1935.03.1	P．C．L．映画製作所
坊っちゃん	山本嘉次郎	1935.3.14	P．C．L．映画製作所
女優と詩人	成瀬巳喜男	1935.3.21	P．C．L．映画製作所
すみれ娘	山本嘉次郎	1935.5.11	P．C．L．映画製作所
ハイキングの唄	松崎啓次	1935	P．C．L．＝鉄道省
放浪記	木村荘十二	1935.6.1	P．C．L．映画製作所
三色旗ビルディング	木村荘十二	1935.7.11	P．C．L．映画製作所
舊恋	矢倉茂雄	1935.7.21	P．C．L．映画製作所
ラヂオの女王	矢倉茂雄	1935.8.11	P．C．L．映画製作所
妻よ薔薇のやうに	成瀬巳喜男	1935.8.15	P．C．L．映画製作所
いたづら小僧	山本嘉次郎	1935.9.13	P．C．L．映画製作所
サーカス五人組	成瀬巳喜男	1935.10.1	P．C．L．映画製作所
都會の怪異７時０３分	木村荘十二	1935.10.9	P．C．L．映画製作所
エノケンの近藤勇	山本嘉次郎	1935.10.11	P．C．L．映画製作所
かぐや姫	田中喜次	1935.11.21	J．O．スタヂオ

は

ま

や・ら・わ・英数

な

た

か

さ

ま

や・ら・わ

事項

あ

さ

た

な

は

舞台・小説・戯曲・漫画ほか

あ

か

な

は

ま

や・ら・わ・英数

さ

た

か

や・ら・わ

『やくざ囃子』(1937)　544
『彌次喜多道中記』(1958)　233
『山の音』(1954)　379, 466
『雪之丞変化』三部作 (1935〜36)　35, 607
『雪の渡り鳥』(1931)　550
『夢みるように眠りたい』(1986)　365
『酔いどれ天使』(1948)　512
『陽気な食客』(1931)　23, 29
『要心無用』(1923)　69
『揚子江艦隊』(1939)　597
『夜討曾我』(1929)　527
『夜ごとの夢』(1933)　517
『与太者』シリーズ　557
『与太者と小町娘』(1935)　557
『与太者と令嬢』(1931)　557
『夜の鳩』(1937)　366, 443, 447, 501, 529, 552, 599
『四十二番街』(1933)　232, 468
『落語長屋』シリーズ　586
『落語長屋は花ざかり』(1954)　311
『ラヂオの女王』(1935)　145–147
『ラヂオは笑ふ』(1932)　283
『ラ・ラ・ランド』(2016)　284, 345
『離婚の権利』(1937)　450, 453
『龍神の娘』(1915)　629
『両国剣囃子』(1938)　545
『両越大評定』(1937)　544
『旅行』シリーズ　618
『黎明』(1927)　53, 113, 138, 397, 621
『戀愛の責任』(1936)　312–313, 315–317, 591
『路上の霊魂』(1920)　45, 50
『ロッパの新婚旅行』(1940)　19
『ロッパの駄々ッ子父ちゃん』(1940)　437
『ロバータ』(1934)　274, 489
『わが愛の記』(1941)　560
『若い人』(1937)　460, 493, 588–589
『若草の頃』(1944)　436
『わが青春に悔いなし』(1946)　631
『若大将』シリーズ　26, 155, 191, 322, 414, 634
『若旦那日本一』(1937)　556
『吾輩ハ猫デアル』(1936)　251–252
『若者よなぜ泣くか』(1930)　241
『忘れられぬ人々』(2001)　138
『わたしがお嫁に行ったなら』(1935)　368, 422
『わたしは別よ』(1933)　101
『我れは海の子』(1926)　628
『ワンダー・バー』(1934)　227

英数

『1930年フォックス・フォーリス』(1930)　411
『Gガン』(1936)　346
『Gメンの行動』(1935)　417
『P.C.L. オンパレード 青春部隊』(1937)　289, 347, 411–412, 417, 420, 514, 517, 625

楽曲

あ

《あゝそれなのに》　430, 433, 477, 497
《あゝつまらんぞ》　349, 350, 351
《ああわからない》　385
《アイヴ・ゴット・ア・フィーリン・ユア・フーリン I've Got a Feelin' You're Foolin'》　295, 350, 384
《愛國六人娘》　627
《愛して頂戴》　25, 204, 235, 236
《青い空みりゃ》　389, 393
《碧空》　490, 493
《青空恋し》　90
《赤城の子守唄》　354
《あこがれの唄》　462
《浅草ブルース》　103, 106
《アナザー・デイ・オブ・サン Another Day of Sun》　284
《雨の夜は Il Pleut Sur La Route》　324
《あめやの唄》　366, 471
《飴やの歌》　478, 479, 505, 507
《アラその瞬間よ》　25, 235–236
《アルプスのミルク屋 The Alpine Milkman》　622
《イエス・イエス (My Baby Said)Yes,Yes》　23, 56
《イエス・サー・ザッツ・マイ・ベイビー Yes Sir, That's My Baby》　90, 209, 277
《家へなんか帰るかい　I Don't Wanna Go Home》　428
《イタリーの庭》　411, 412
《イッツ・ディライトフル・トゥ・ビー・マリード It's Delightful to Be Married》　485
《糸屋の娘》　357

『巴里の屋根の下』(1930)　88
『春と娘』(1931)　9
『ハロー東京』(1936)　361
『ハワイ・マレー沖海戦』(1942)　80, 107
『盤嶽の一生』(1933)　21, 534
『バンド・ワゴン』(1953)　274
『番場の忠太郎 瞼の母』(1931)　550
『曳かれゆく男』(1929)　96
『彦六大いに笑ふ』(1936)　335, 338
『彦六なぐらる』(1940)　338
『美人島探検(『エンタツ・アチャコの心臓が強い』改題)』　368
『一人息子』(1936)　201, 601
『百姓万歳』(1930)　23, 29
『百萬人の合唱』(1935)　14, 127, 180–181, 183, 240, 287, 347, 387, 590
『平手造酒』(1937)　536
『風船売りの小母さん』(1924)　368
『フーピー』(1930)　56–57
『風流演歌隊』(1937)　380, 386, 467
『風流活人剣』(1934)　534
『不壊の白珠』(1929)　517
『武士道朗らかなりし頃』(1936)　346–347, 517, 546
『藤原義江のふるさと』(1930)　47, 135
『武装せる市街』(1936)　395
『フットライト・パレード』(1933)　75, 290, 468
『冬の宿』(1938)　604, 645
『ブラウンの千両役者』(1935)　202
『フランケンシュタイン』(1931)　444, 537
『故郷』(1937)　431, 539, 583, 586
『ブレードランナー』(1982)　390
『フレッシュマン若大将』(1969)　188, 190
『プロシヤの旗風』(1935)　216
『へそくり社長』(1956)　147–148
『報道戦』(1937)　625
『放浪記』(1935)　126–127, 132–133, 252, 265
『朗らかに歩め』(1930)　26
『北支戦況報告』(1937)　605
『北支の空を衝く』(1937)　568–569, 625
『牧場物語』(1938)　597
『坊っちゃん』(1935)　82, 84, 110–111, 114, 122, 138, 142–143, 189, 251–252, 292, 492–493
『坊っちゃん社員』(1954)　188, 190
『ホトトギス』(1909)　60
『ボヘミアン・ラプソディ』2018)　241
『ホリウッド・レヴュー』(1929)　411
『堀部安兵衛』(1936)　550

ま

『魔術の女王』(1936)　223–225
『魔人ドラキュラ』(1931)　537
『益満休之助』(1935)　525–528, 532, 538, 606
『マダムと女房』(1931)　8, 22, 87, 123, 138, 331, 520, 556
『街の入墨者』(1935)　85, 396, 534
『街の笑くぼ』(1936)　557
『街の子』(1924)　589
『街の手品師』(1925)　10
『祭りだお化けだ全員集合！！』(1972)　280
『マドリッド最終列車』(1937)　561
『真夏の夜の夢』(1921)　111
『瞼の母』(1938)　554
『見世物王國』(1937)　517
『弥陀ヶ原の殺陣』(1925)　525
『三つの真珠』(1935)　555
『水戸黄門』(1925)　526
『水戸黄門漫遊記 東海道の巻』(1938)　348, 475, 565, 635
『水戸黄門漫遊記 日本晴の巻』(1938)　348, 635
『港は浮氣風』(1937)　450
『宮本武蔵 風の巻』(1937)　550, 552, 582
『むかしの歌』(1939)　604
『無限の青空』(1935)　286
『武蔵坊弁慶』(1942)　570
『蝕める春』(1932)　572
『娘尖端エロ感時代 第一篇 私の命は指先よ』(1930)　135
『無法地獄』(1936)　302
『無法松の一生』(1943)　255, 587
『明朗五人男』(1940)　169
『メリー・ウィドウ』(1934)　151
『猛虎一代』(1938)　545
『燃えろ！魂』(1936)　557
『モスラ』(1961)　369–370
『森の石松』(1937)　534, 584
『森の鍛治屋』(1929)　517
『モロッコ』(1930)　217

『桃中軒雲右衛門』(1936)　240, 245, 298, 618
『動物曲藝團』(1934)　312
『透明光線』(1936)　230
『透明人間』(1933)　21, 598, 649
『透明人間』(1954)　497
『都會の怪異7時03分』(1935)　171, 175, 257, 557
『時の氏神』(1932)　8
『毒牙』(1924)　364
『徳川女系図』(1968)　581
『突貫勘太』(1931)　23, 56
『特急艦隊』(1933)　181
『トップ・ハット』(1935)　85, 205, 284, 413
『怒濤を蹴って－軍艦足柄渡欧日誌－』(1937)　566, 568
『隣の八重ちゃん』(1934)　35, 572
『利根の朝霧』(1934)　104
『飛び出した日曜日』(1953)　559
『虎の尾を踏む男たち』(1945)　108, 297
『トレスパッサー』(1929)　96
『ドレミハ大学生』(1938)　142, 473
『どん底』(1936)　27, 202

な

『ナイト・オブ・ザ・リビングデッド』(1968)　537
『流れる』(1956)　197
『泣蟲小僧』(1938)　183
『雪崩』(1937)　141, 317, 462, 465, 467, 491, 514, 571, 578, 591
『浪子の一生』(1934)　59–60, 65, 100, 145, 252
『楠公の唄』(1926)　111
『南國太平記』(1931)　527, 538
『南國太平記』(1937)　519, 525–527, 532, 539, 550, 552, 599, 605–606
『南風』(1926)　364
『南風の丘』(1937)　504, 513, 620–621
『新妻鏡 前後篇』(1940)　570
『二十世紀少年読本』(1989)　365
『虹を摑む男』(1947)　355
『虹をつかむ男　南国奮斗編』(1997)　264
『日輪』(1926)　312
『ニッポン無責任時代』(1962)　210
『日本一の岡っ引』(1938)　633
『日本一の殿様』(1937)　584, 628
『日本剣豪伝』(1945)　473
『日本女性読本』(1937)　450–451, 514
『日本人なればこそ』(1934)　94
『女人哀愁』(1937)　374, 379, 404, 418, 462, 465, 482–483, 571
『人情紙風船』(1937)　16, 96, 108, 396, 473, 527, 532–535, 578, 592
『鼠小僧初鰹』(1938)　544
『熱火の十字架』(1924)　111
『のぞかれた花嫁』(1935)　343, 368, 422
『ノンキナトウサン 活動の巻』(1925)　71
『ノンキナトウサン 花見の巻』(1925)　71

は

『ハイキングの唄』(1935)　125
『博士の子』(1933)　13
『馬鹿まるだし』(1964)　550
『白衣の佳人』(1936)　405
『白銀の乱舞』(1931)　388
『麦秋』(1952)　449, 552
『爆笑王キング万歳』(1934)　94, 319
『支倉常長』(未製作)　569
『はだかの女王』(1934)　259
『裸武士道』(1937)　503, 549–550, 553, 599
『旗本退屈男』　527
『初戀』(1939)　317
『初笑い底抜け旅日記』(1955)　437
『波止場やくざ』(1937)　555–556, 559
『花籠の歌』(1937)　572
『花束の夢』(1938)　288, 563
『花ちりぬ』(1938)　601, 604
『花のセールスマン背広三四郎』(1960)　188
『花火の街』(1937)　364, 471, 529, 586, 599
『母親人形』(1938)　554
『母なればこそ』(1936)　127, 302
『母のおもかげ』(1959)　197
『母の曲』(1955)　645
『母の曲　後篇』(1937)　642
『母の曲　前篇』(1937)　615, 636–638
『母の曲　前後篇』(1937)　392, 394, 546, 570, 604
『ハモニカ小僧』(1939)　495
『パラマウント・オン・パレイド』(1930)　411, 519
『はりきり社長』(1956)　193
『ハリキリボーイ』(1937)　361, 368, 421–422, 426, 430, 454, 458

『素晴らしき日曜日』(1947)　108
『すみれ娘』(1935)　84, 118–119, 125, 134–135, 138, 282, 340, 453, 467
『世紀の青空』(1934)　491
『世紀は笑ふ』(1934)　229
『青春酔虎傳』(1934)　14–15, 19, 23, 48, 55–57, 74, 78, 111, 118–119, 176, 196, 273, 294, 340, 349, 418, 431, 475
『青春角力日記』(1938)　142, 473
『生の輝き』(1919)　89, 127
『世界中がアイ・ラブ・ユー』(1996)　57
『関の弥太っぺ』(1930)　549
『関の弥太っぺ』(1935)　365
『一九三七年東宝オンパレード 樂園の合唱』(1937)　519, 524–52, 546, 578
『戦國群盗傳』(1937)　16, 19, 468, 534, 592
『戦場にかける橋』(1957)　142
『潜水艦ＳＯＳ』(1937)　401
『続・社長学ＡＢＣ』(1970)　434
『續篇 エノケンの千萬長者』(1936)　206, 274, 293, 297
『蘇少妹』(1945)　597
『空の特種』(1936)　404
『ゾンビの反乱　Revolt of the Zombies』(1936)　537

た

『大学の若旦那』(1933)　520
『大学の若旦那・日本晴れ』(1934)　136
『大学は出たけれど』(1929)　513
『第三階級』(1934)　104
『大地に祈る』(1941)　559
『大地の愛 前後篇』(1936)　491
『大帝の密使』(1937)　546–547
『大都會の戦慄』(1935)　349
『大仏さまと子供たち』(1952)　518
『太平洋横断機』(1936)　380
『太洋の寵児』(1936)　113, 286
『高杉晋作』(1937)　536, 538
『滝の白糸』(1933)　374
『たそがれの湖』(1937)　513–514, 620–621
『只野凡児 人生勉強』(1934)　30, 36, 50, 137, 141–142, 188–189, 257, 454
『狸御殿』(1939)　238
『楽しき哉、人生』(1944)　437
『楽しき哉ロッパ君』(1937)　450, 454
『ダム地獄』(1936)　339
『タムタム姫』(1935)　259
『ためらふ勿れ若人よ』(1935)　85, 389
『俵星玄蕃』(1938)　545
『弾丸か投票か』(1936)　318
『丹下左膳 完結咆吼篇』(1937)　526
『丹下左膳余話 百萬両の壺』(1935)　310, 365, 526, 533–534, 581, 584, 599, 629
『男児一諾』(1926)　111, 142, 189
『稚児の剣法』(1927)　607–608
『地熱』(1938)　473
『忠次売出す』(1935)　85, 388
『忠治血笑記』(1936)　495
『忠次旅日記 三部作』(1927)　476, 526
『長恨』(1925)　526
『チョコレートガール』(1932)　136
『血を吸う薔薇』(1973)　543
『月と接吻』(1957)　117
『月夜鴉』(1934)　104
『月よりの使者』(1934)　374
『綴方教室』(1938)　618
『つばさの天使』(1933)　24, 142
『妻よ薔薇のやうに』(1935)　15, 113, 142, 156, 162, 195, 298, 462, 520
『釣りバカ日誌』シリーズ　70
『鶴八鶴次郎』(1938)　183, 245, 250, 615
『貞操問答 高原の巻・都会の巻』(1935)　405
『出来ごころ』(1933)　21, 60, 88, 589
『鐵人對巨人』(1936)　364
『鉄腕都市』(1938)　570
『テムプルちゃんのゑくぼ』(1936)　420
『照る日くもる日』(1925)　526
『田園交響曲』(1938)　604
『東海道は日本晴』(1937)　400, 462, 468
『東海道四谷怪談』(1959)　543
『東海美女傳』(1937)　394, 554, 598–599, 629, 636
『東京一大阪特ダネ往来』(1936)　555
『東京五人男』(1945)　169, 211, 370
『東京の英雄』(1935)　517, 557
『東京の宿』(1935)　601
『東京ラプソディ』(1936)　19, 209, 284, 292, 339–340, 342, 349, 377, 380, 467, 562–563
『藤十郎の恋』(1938)　610

『極楽槍騎兵』(1935)　207
『小島の春』(1940)　560
『古城の扉』(1935)　195
『ゴジラ』(1954)　30, 37, 44, 248, 272, 420, 448, 449, 552, 558–559
『ゴジラの逆襲』(1955)　370, 497, 559
『ゴジラ－1.0』2023)　574
『子寶夫婦』(1940)　437
『子供バンザイ』(1934)　368
『小判しぐれ』(1932)　534
『ゴルフ・ウヰドウ』(1937)　450, 452
『権三と助十』(1937)　442, 583, 599, 628, 631
『コンチネンタル』(1934)　93
『今晩は愛して頂戴ナ』(1932)　284, 345

さ

『サーカス五人組』(1935)　15, 136, 168
『西郷南州』(1937)　544
『さくら音頭 涙の母』(1934)　50, 54, 60, 139, 256–257, 371, 497, 621, 636
『桜隊散る』(1988)　255
『叫ぶ亜細亜』(1933)　11, 24
『山茶花街道』(1938)　635
『殺人都市』(1936)　293
『ザッツ・エンターテインメント！』(1974)　226
『里見八犬伝　後篇』(1938)　544
『里見八犬伝　前篇』(1938)　544
『侍ニッポン』(1931)　239
『サラリーマン出世太閤記』(1958)　190
『サラリーマン忠臣蔵』(1960)　644
『三色旗ビルディング』(1935)　82, 113, 134–135, 138, 143, 320, 453
『サンダカン八番娼館 望郷』(1974)　410
『三匹の子ぶた』(1933)　21, 350
『潮騒』(1954)　420
『地獄の天使』(1930)　96
『七人の侍』(1954)　396, 420, 449, 552
『死の銀嶺』(1929)　388
『忍びの者』(1962)　317
『芝居道』(1944)　245
『シベリア超特急』(1996)　616
『ジャズシンガー』(1927)　12, 22
『社長外遊記』(1963)　193
『社長三代記』(1958)　645
『社長』シリーズ　50, 147, 193, 337, 434, 645
『社長太平記』(1959)　193
『ジャバの東』(1935)　171
『上海』(1931)　8
『ジャン・バルジャン』(1931)　343
『驟雨』(1956)　115
『自由を我等に』(1931)　27
『淑女は何を忘れたか』(1937)　601
『修羅八荒』(1925)　246, 584
『ジュラシック・パーク』(1994)　370
『純情の都』(1933)　11–12, 14, 16, 29–30, 36–37, 42–44, 46, 50, 52, 103, 121, 134, 137, 282, 341, 453, 457, 467
『将軍を狙う女　東海美女傳より』(1937)　599
『少年漂流記』(1943)　263
『情欲の悪魔』(1955)　342
『昭和新撰組』(1932)　11, 140
『女軍突撃隊』(1936)　212, 215, 256
『處女花園』(1936)　219, 256–257, 262–263, 355, 483, 556, 595
『女優と詩人』(1935)　15, 114, 156
『白き王者』(1932)　202
『治郎吉格子』(1934)　104
『白薔薇は咲けど』(1937)　261, 474, 482, 489, 514, 579, 613–614
『新婚うらおもて』(1936)　349, 467
『人生劇場』(1936)　201, 388
『人生初年兵』(1935)　145, 188–190, 192–194, 216
『人生勉強 續篇・只野凡児』(1934)　30, 189
『新選組』(1937)　317, 591–592, 597
『心臓が強い』(1937)　211, 368, 371–372, 422, 454, 561
『新東京行進曲』(1930)　135
『新版大岡政談』(1928)　242, 526
『新編 坊っちゃん』(1941)　252, 570
『スキーの妙技(スキーの驚異)』(1920)　195
『すずめの戸締まり』(2022)　342
『スタアと選手』(1936)　373
『ステッキガール』(1929)　517
『ステラ』(1990)　637
『ステラ・ダラス』(1925)　637
『ステラ・ダラス』(1937)　637, 645
『ストーミー・ウェザー』(1943)　323
『素晴らしき求婚』(1936)　611

『怪盗白頭巾』(1935)　629
『快闘 富士の男伊達』(1937)　536, 538
『貌斬り KAOKIRI～戯曲「スタニスラフスキー探偵団」より～』(2016)　609
『會議は踊る』(1930)　107
『限りなき鋪道』(1934)　16, 35, 363, 374, 517
『隠し砦の三悪人』(1958)　396
『かぐや姫』(1935)　13–14, 180–182, 287, 387, 621
『影なき男』(1934)　277
『香椎の馬方』(1931)　432
『カックン超特急』(1959)　616
『勝太郎子守唄』(1936)　93, 240, 242, 244–245
『かっぽれ人生』(1936)　140, 319, 327, 521
『加藤隼戦闘隊』(1944)　559
『禍福 後篇』(1937)　141, 197, 571, 577, 615
『禍福 前篇』(1937)　141, 197, 571, 611, 615
『雷親爺』(1937)　634
『ガラスの鍵』(1935)　251
『からゆきさん』(1937)　127, 410, 418
『カレッヂ・コーチ』(1933)　138
『彼は復讐を忘れたか』(1927)　538
『河向ふの青春』(1933)　11, 23–24, 29–30
『カンターの闘牛士』(1932)　56
『艦隊を追って』(1936)　205, 288, 291, 323
『間諜X27』(1931)　654
『関東綱五郎 前篇』(1926)　549
『乾杯！学生諸君』(1935)　555, 557
『キートンの蒸気船』(1928)　524
『キートンの爆弾成金』(1934)　176
『祇園の姉妹』(1936)　201, 631
『奇々怪々 俺は誰だ?!』(1969)　564
『喜劇一発勝負』(1967)　403
『喜劇急行列車』(1967)　617
『喜劇旅行』シリーズ　333
『喜劇列車』シリーズ　333
『奇跡の五ツ児』(1936)　281
『来るべき世界』(1936)　298
『絹の泥靴』(1935)　144–145
『君と行く路』(1936)　156–157, 160, 298, 355, 462, 595
『キャラバン』(1934)　110
『求婚三銃士』(1936)　216, 222
『九十九人目の花嫁』(1947)　644
『舊恋』(1935)　144–145, 266
『京なまりだらりの帯』(1933)　13
『恐怖城』(1932)　537, 539
『狂乱のモンテカルロ』(1931)　76
『巨人傳』(1938)　587, 604, 645
『巨星ジーグフェルド』(1936)　201, 485
『吉良仁吉』(1937)　537
『切られお富』(1930)　365
『銀界征服』(1928)　388
『キング・ソロモン』(1937)　605
『銀座化粧』(1951)　375, 486
『銀座の踊子』(1950)　225
『銀嶺の果て』(1947)　631
『空中劇場』(1936)　620
『空中サーカス』(1928)　24, 142
『空中レヴュー時代』(1933)　93, 192, 211, 228
『国定忠次』(1935)　85, 471, 534, 581
『沓掛時次郎』(1929)　9, 549, 638–639
『グッド・ニュース』(1947)　226
『雲霧仁左衛門 後篇』(1937)　544
『雲霧仁左衛門 前篇』(1937)　544
『蜘蛛巣城』(1957)　396
『鞍馬天狗』(1928)　242
『鞍馬天狗』シリーズ　527
『グランドホテル』(1932)　134
『狂った一頁』(1926)　629
『狂った果実』(1956)　631
『クレオパトラ』(1934)　229
『グレン・ミラー物語』(1954)　241
『黒地獄』(1935)　212
『黒猫萬歳』(1933)　181
『軍艦旗に栄光あれ』(1937)　642
『激流』(1928)　373
『けちんぼ長者』(1927)　373
『血路』(1937)　609、629
『源九郎義経』(1937、未製作)　606–607, 609
『絢爛たる殺人』(1934)　104
『恋にめざめる頃』(1969)　35, 572
『恋の花咲く 伊豆の踊子』(1933)　21, 589
『高圧線』(1937)　591
『航空十三時間』(1936)　256
『巷説・濡れつばめ』(1936)　90
『小唄捕物帳 江戸の白鷺』(1937)　581–582
『河内山宗俊』(1936)　94, 389, 533–534, 581, 629
『國士無双』(1932)　629

『エノケンの近藤勇』(1935)　84, 143, 176–179, 205, 206, 297, 340, 360, 475, 476, 647
『エノケンの猿飛佐助』(1937)　20, 76, 475, 646
『エノケンの猿飛佐助　ありゃありゃの巻』(1937)　646, 651, 652
『エノケンの猿飛佐助　どろんどろんの巻』(1938)　437, 646, 656
『エノケンの青春酔虎傳』(1934)　14, 15, 19, 23, 48, 55–57, 74, 78, 111, 118–119, 176, 196, 273, 294, 340, 349, 418, 431, 475
『エノケンの千萬長者』(1936)　46, 206, 272, 274, 299, 476, 509, 647
『エノケンの大陸突進 後篇 躍進また躍進の巻』(1938)　656
『エノケンの大陸突進 前篇 悲観また悲観の巻』(1938)　656
『エノケンのちゃっきり金太 前後篇』(1937)　352, 353, 476, 646
『エノケンのちゃっきり金太　第一話「まゝよ三度笠の巻」第二話「行きはよいよいの巻」』(1937)　476
『エノケンのちゃっきり金太　第三話「帰りは怖いの巻」第四話「まてば日和の巻」』(1937)　512
『エノケンのどんぐり頓兵衛』(1936)　179, 203, 205–206, 266, 271, 475–476
『エノケンの爆弾児』(1941)　297
『エノケンのびっくり人生』(1938)　512, 656
『エノケンの風来坊』(1938)　368, 656
『エノケンの法界坊』(1938)　352, 359, 565, 633, 656
『エノケンの魔術師』(1934)　74, 77, 114, 118, 119, 135, 176, 272
『エノケンのワンワン大将』(1940)　437
『絵本一九三六年』(1934)　181
『エレキの若大将』(1935)　25, 327
『エンタツ・アチャコ これは失礼』(1936)　143, 211, 276, 280, 352, 432, 561–62
『エンタツ・アチャコの僕は誰だ』(1937)　211, 372, 561–565
『御誂次郎吉格子』(1931)　526, 629
『追ひつ追はれつ梁川庄八』(1931)　432
『お馬に乗って』(1936)　368
『逢魔の辻　江戸の巻』(1939)　597
『オーイ何處だい！』(1934)　146
『大江戸春の夜話』(1938)　544
『大日向村』(1940)　558, 560, 597
『丘の一本松』(1936)　308
『奥村五百子』(1940)　558
『オヤケ・アカハチ』(1937)　457, 556–557, 589
『鴛鴦歌合戦』(1939)　177, 589
『お嬢さん』(1937)　490–491, 493, 494, 578, 637, 638
『おせん』(1934)　365
『お茶づけ侍』(1936)　94
『良人の貞操 後篇 秋ふたたび』(1937)　17, 19, 404, 411, 417, 420, 475, 483, 513–514, 522, 572, 577–578, 636–637
『良人の貞操 前篇 春来れば』(1937)　17, 19, 404, 411, 417, 420, 475, 483, 513–514, 522, 572, 577–578, 636–637
『お伝地獄』(1935)　365
『男はつらいよ』　264, 551, 560
『男はつらいよ　寅次郎花へんろ』(未製作)　264
『男は度胸』(1937)　443, 447, 501, 546, 569, 609
『乙女ごころ三人姉妹』(1935)　15, 63, 96, 101–103, 105, 114, 136, 142, 156, 168–170, 328, 414, 574
『踊子』(1957)　43
『踊り子日記』(1934)　44, 48, 61, 118, 145, 147, 252, 263, 282, 320, 457
『踊る海賊』(1936)　335
『踊るブロードウェイ』(1935)　223, 225, 295, 350, 384
『鬼吉喧嘩往来』(1938)　544
『お化けトラクター』(1936)　328
『おほべら棒』(1936)　310–311, 432, 467
『お前とならば』(1933)　368
『雄呂血』(1925)　569
『音楽喜劇 ほろよひ人生』(1933)　7–8, 11–12, 14, 18–20, 22–23, 29–30, 33–34, 36, 42–44, 46–47, 50, 57–58, 61, 73–74, 102, 118, 121, 125, 136, 139, 142, 156, 182, 259, 261, 287, 302, 321, 328, 408, 411, 453, 519, 597
『音楽大進軍』(1943)　19, 437
『女間諜』(1938)　544
『女國定』(1931)　8
『女探偵物語 女性SOS』(1958)　212

か

『貝殻一平』(1930)　432
『怪奇 江戸川乱山』(1937)　175, 536–537, 543
『海軍大国日本』(1935)　94
『海軍爆撃隊』(1940)　597

映画

あ

『愛國六人娘』(1937)　466, 517, 625
『愛して頂戴』(1929)　235
『愛傷』(1926)　364
『愛情一路』(1938)　570
『愛の囁き』(1922)　230, 234
『青葉城異変』(1937)　536
『赤尾の林蔵』(1937)　537–538
『暁の偵察』(1930)　24, 142
『暁の令嬢 前後篇』(1935)　491
『赤西蠣太』(1936)　388
『秋立ちぬ』(1960)　375
『あきれた連中』(1936)　140, 208, 211, 276–277, 281, 319, 340, 347, 352, 432, 561
『悪魔島脱出』(1935)　264
『悪名』(1961)　243
『悪名』シリーズ　568
『浅草紅団』(1952)　43
『朝の並木路』(1935)　156–157, 298, 300, 328–329, 334, 375, 378, 462
『アジア大陸横断』(1933)　168
『足にさはった女』(1926)　81
『吾妻錦絵　江戸っ子三太』(1936)　311
『仇討選手』(1931)　526
『仇討日本晴　義の巻　伊賀の水月』(1931)　365
『新しき土』(1937)　14, 17, 387, 390, 393, 397, 438, 496, 583, 587, 589, 598, 636
『當り屋勘太』(1936)　271–272
『天晴れ一心太助』(1945)　297
『あにいもうと』(1953)　264
『あにいもうと』(1976)　264
『兄いもうと』(1936)　127, 264–265
『阿部一族』(1938)　597
『荒木又右衛門 天下の伊賀越』(1933)　94
『嵐の翼』(1936)　399
『歩く死骸』(1936)　276
『あるぷす大將』(1934)　30, 78, 81, 107, 137, 220, 247, 376, 614
『或る夜の出来事』(1933)　35, 160
『杏っ子』(1958)　379
『生きている狼』(1964)　383
『粋な紐育っ子』(1936)　272, 275, 282, 299
『生きる』(1952)　173
『生ける人形』(1929)　373
『行けロサンゼルス』(1923)　628
『維新前夜』(1941)　570
『異人と武士』(1925)　569
『維新秘話 戦ひの曲』(1937)　466, 566, 568–569
『磯の源太 抱寝の長脇差』(1931)　533
『いたづら小僧』(1935)　80, 84, 163, 166, 216
『伊太八縞』(1938)　554
『イチかバチか』(1963)　160, 301
『一刀流指南』(1936)　581
『一本刀土俵入』(1936)　550
『ウイリアム・テル』(1933)　180
『ヴェルダン／歴史の幻想』(1928)　163
『牛づれ超特急』(1937)　563, 616–617
『うそ倶楽部』(1937)　93, 401, 467, 634
『歌行燈』(1943)　245
『歌ふ彌次喜多』(1936)　25, 239, 281, 340, 432
『歌ふ彌次喜多 京・大阪の巻』(1937)　490, 494, 550
『唄の世の中』(1936)　19, 281–285, 299, 319, 340, 348, 349, 380, 467, 521, 616, 624
『唄ふ陸戦隊』(1937)　636
『宇宙大戦争』(1959)　370
『有頂天時代』(1930)　226
『有頂天時代』(1936)　343
『美しき鷹』(1937)　19, 261, 466, 483, 571–572, 577–578, 580
『美しき野獣』(1936)　281
『馬』(1941)　96
『海の大将軍』(1937)　544
『海辺の映画館―キネマの玉手箱』2020)　255
『裏切小天狗』(1930)　364
『裏窓』(1954)　68, 108
『噂の娘』(1935)　15, 195, 197, 245, 462, 487
『運ちゃん武勇傳』(1934)　134
『江戸ッ子健ちゃん』(1937)　431, 438, 475, 477, 514, 655
『江戸噺鼠小僧』(1935)　495
『エノケン虎造の春風千里』(1941)　297
『エノケンの江戸っ子三太』(1936)　311, 352, 357, 432, 474, 475
『エノケンのがっちり時代』(1939)　512, 656
『エノケンの頑張り戦術』(1939)　57, 434

ら

わ

や

ま

は

な

た

さ

か

索引

人名・グループ名

あ

佐藤利明（さとう・としあき）

娯楽映画研究家・オトナの歌謡曲プロデューサー。ハナ肇とクレイジーキャッツ、渥美清、榎本健一、古川ロッパなどの昭和のアーティストの魅力を、さまざまなメディアで発信を続ける「昭和のエンタテインメントの伝道師」。音楽プロデューサーとしても活躍、由紀さおり & PINK MARTINI『1969』のスペシャル・アドヴァイザー、小泉今日子・浜田真理子「マイ・ラスト・ソング」構成・プロデュースなどを手掛ける。2015年文化放送特別賞受賞。著書に『クレイジー音楽大全』（シンコーミュージック）、『石原裕次郎 昭和太陽伝』『みんなの寅さん from 1969』（アルファベータブックス）、『番匠義彰 映画大全: 娯楽映画のマエストロ佐藤利明の娯楽映画研究所』（佐藤利明事務所）、『笠置シヅ子ブギウギ伝説』（興陽館）など。

P.C.L.映画の時代

ニッポン娯楽映画の源流 1932–1937

2024年10月30日　初版発行

著者　　佐藤利明

装画　　柳智之
装丁　　山田英春
編集　　沼倉康介（フィルムアート社）
編集協力　　福田直子（歌と編集社）

発行者　　上原哲郎
発行所　　株式会社 フィルムアート社
〒150-0022
東京都渋谷区恵比寿南1-20-6　プレファス恵比寿南
tel 03-5725-2001　fax 03-5725-2626
https://www.filmart.co.jp//
印刷・製本　　シナノ印刷株式会社

ISBN978-4-8459-2402-8　C0074